# ASK ME ANYTHING

## 무엇이든 물어보세요

우주에서부터 공룡, 아이스크림 맛의 비밀까지 모든 것을 알고 있는 책

A Dorling Kindersley Book

**Original Title: Ask Me Anything**



First published in Great Britain in 2009 by
Dorling Kindersley Limited,
80 Strand, London, WC2R 0RL

**옮긴이 손향구** 서울대학교 생물교육학과를 졸업하였다.
원래 발생학에 관심이 많았지만 고등학생 시절부터 고민하던
"과학자는 어떻게 대량 살상 무기인 핵폭탄을 만들게 되었을까?"라는 문제를 마음에서 놓지 못했다.
그 해답을 찾기 위해 서울대학교 과학사 과학 철학 협동 과정에서 과학 철학을 공부하였고,
그 이후에는 고려대학교에서 과학기술학을 연구하며 과학과 사회의 관계를 조명하는 등 다양한 주제를 섭렵하였다.
동국대와 시립대 등에서 과학기술학을 주제로 강의하며, 과학기술학연구소에서
연구 활동과 함께 대중을 위한 과학 기술 문화 행사 기획에 참여하고 있다.
저서로 『과학 시간에 사회 공부하기』(공저)가 있고
역서로는 『레오나르도가 조개 화석을 주운 날』(공역)이 있다.

# 무엇이든 물어보세요

**지은이** DK편집부
**옮긴이** 손향구
**발행인** 홍지웅 **발행처** (주)별천지
**주소** 경기도 파주시 교하읍 문발리 499-3 파주출판도시
**대표전화** (031)955-4000 **팩스** (031)955-4004
**홈페이지** www.openbooks.co.kr

**ISBN** 978-89-94041-30-8 03400
**발행일** 2011년 1월 31일 초판 1쇄

이 도서의 국립중앙도서관 출판시도서목록(CIP)은 e-CIP 홈페이지(http://www.nl.go.kr)에서
이용하실 수 있습니다(CIP제어번호: CIP2010003308).

DK
ASK ME ANYTHING
무엇이든 물어보세요
킴 브라이언, 리사 버크,
두걸 딕슨, 수전 케네디, 짐 파이프,
캐럴 스콧, 리처드 워커,
클레어 와츠 **공저**

# 차례

## 우주



## 지구



## 사람의 몸



## 과학과 기술



## 사회와 문화



## 역사

# 우주

# 우주의 나이는 얼마나 될까?

우주의 나이는 대략 137억 년이다. 생성 초기 우주는 오늘날과는 전혀 다른 모습을 하고 있었다. 하지만 형태만 달랐을 뿐, 오늘날 우주에 있는 모든 것들은 그때에도 존재했었다. 우주는 빅뱅과 함께 시작되었다. 빅뱅으로 인해 우주 안의 모든 물질이 생성되기 시작했으며 이는 곧 빅뱅이 시간의 출발점이라는 의미이다.

## 태양의 구성 원소들

태양을 구성하는 상위 10개의 화학 원소는 다음과 같다.

| | | |
|---|---|---|
| 01: | 수소 | 71% |
| 02: | 헬륨 | 27.1% |
| 03: | 산소 | 0.97% |
| 04: | 탄소 | 0.4% |
| 05: | 질소 | 0.096% |
| 06: | 규소 | 0.099% |
| 07: | 마그네슘 | 0.076% |
| 08: | 네온 | 0.058% |
| 09: | 철 | 0.014% |
| 10: | 황 | 0.04% |

## 살짝 엿보기

### 우주의 생성

**01:** 태초에 우주는 방사능 에너지로 뭉친 뜨겁고 단단한 공과 같았다.

**02: 1,000분의 1초라는 짧은 시간에 미세한 방사능 입자가 아주 작은 물질 입자를 만들어 냈다. 이것들이 서로 결합하여 첫 번째 화학 원소인 수소와 헬륨이 만들어졌다.**

**03:** 우주가 젊었을 때 몇몇 지역에서는 다른 원소보다 수소나 헬륨이 약간 더 많이 분포해 있었다. 이것이 응집되면서 최초의 별이 생성되었다.

**04: 별의 내부에서 일어나는 핵융합 반응을 통해 탄소와 산소 같은 화학 원소들이 생성되었다.**

**05:** 오늘날 우주에 존재하는 원소들은 빅뱅이 일어날 당시에 생성된 원소들로부터 만들어진 것들이다.

## 우주 만들기

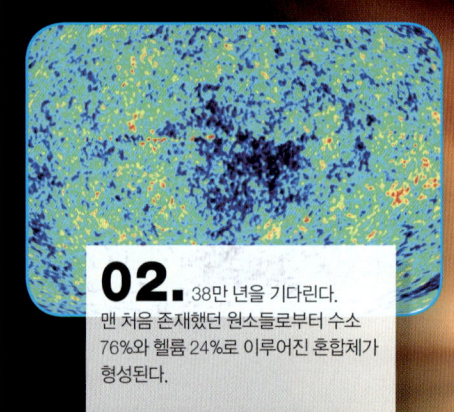

**01.** 빅뱅과 함께 시간 측정을 시작한다. 빅뱅은 1조분의 1초보다도 짧은 시간에 일어나는 거대한 폭발이다. 이 폭발로 인해 마침표 크기보다도 작은 미세한 방사능 입자가 생성된다.

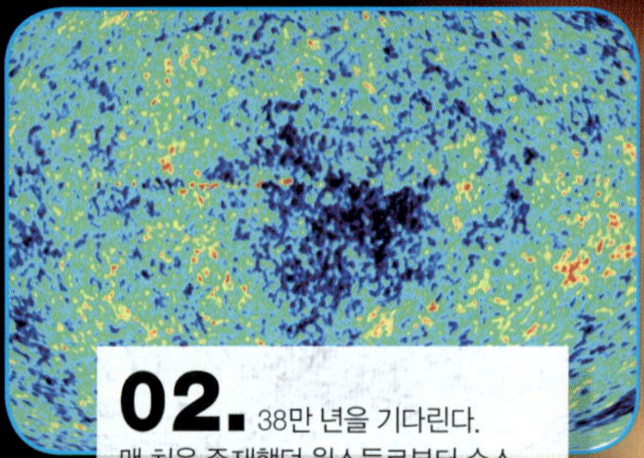

**02.** 38만 년을 기다린다. 맨 처음 존재했던 원소들로부터 수소 76%와 헬륨 24%로 이루어진 혼합체가 형성된다.

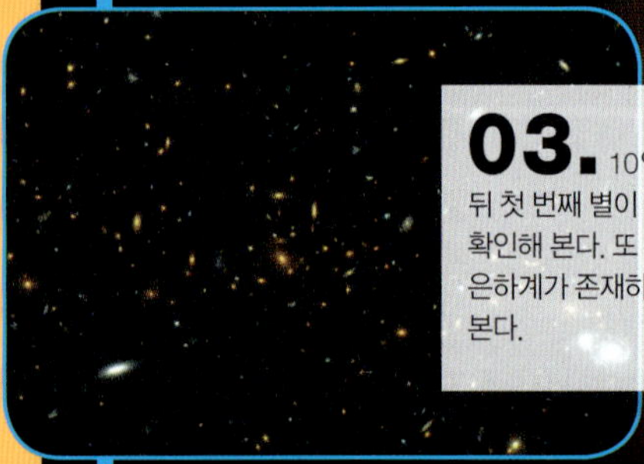

**03.** 10억 년이 지난 뒤 첫 번째 별이 나타났는지 확인해 본다. 또 우주 안에 왜소 은하계가 존재하는지도 확인해 본다.

우주의 모든 것들은 에너지를 뿜어낸다. 우리가 운동을 할 때에 에너지가 나오듯이 별 내부에서 핵융합 반응이 일어날 때 빛 에너지가 생성된다.

## 무슨 뜻일까?

**'빅뱅'**이라는 용어는 1950년 프레드 호일에 의해 처음 사용되었다. 그는 우주에는 시작도 끝도 없다는 내용을 담고 있는 자신의 정상 우주론과 빅뱅 이론의 차이를 라디오 청취자들에게 설명하는 과정에서 이 용어를 사용하였다.

## 정말 뜨겁군!

**1000000000000000000000000000000000000**

우주가 생성되기 시작한 태초의 10억분의 1초 동안 우주의 온도는 섭씨 10,000,000,000,000,000,000,000,000,000,000,000,000도, 즉 100구℃였다. 구는 $10^{32}$을 일컫는 단위이다.

생성되었으며 그 이후에도 지속적으로 변화하며 팽창하고 있다.

## 과거의 모습

우리가 우주의 물체를 볼 수 있는 것은 빛이 있기 때문이다. 별들은 스스로 빛을 생성하지만 달이나 행성들은 별에서 오는 빛을 반사하여 반짝이는 것이다.

빛은 초속 299,800km의 속도로 움직이는데 이는 세상 어느 것보다도 빠른 속도이다.

지금 우리가 보고 있는 먼 별의 모습은 빛이 그 별을 출발한 시점의 모습, 즉 과거의 모습이다.

우리가 볼 수 있는 은하계 중 가장 멀리 있는 것은 130억 광년 떨어져 있다. 즉 130억 광년 전 초기 우주의 모습을 지금 우리가 보고 있는 것이다.

우주는 초속 약 70km의 속도로 **팽창**하고 있다.

## 주요 일지

**1931년**
벨기에인 르메트르는 우주의 모든 물질의 기원은 자그마한 공 모양의 응집체가 폭발한 데서 비롯되었다고 주장하였다.

**1948년**
러시아 출생 물리학자 가모는 최초의 원소가 폭발을 통해 형성되었다고 설명하였다.

**1955년**
영국인 호일은 무거운 원소들이 어떻게 육중한 별들로부터 생성되었는지 밝혔다.

**1965년**
미국인 물리학자 펜지어스와 윌슨이 우주 배경 복사를 발견하였으며 남아 있는 복사는 처음부터 빅뱅에 의해 생성되었다는 사실도 발견하였다.

**1980년**
미국인 구스는 인플레이션 개념을 이용해 빅뱅 이론을 수정 보완하였다. 이에 따르면 우주가 시작된 후, 눈 깜짝할 사이에 급속히 팽창하는 짧은 기간이 있었다고 한다.

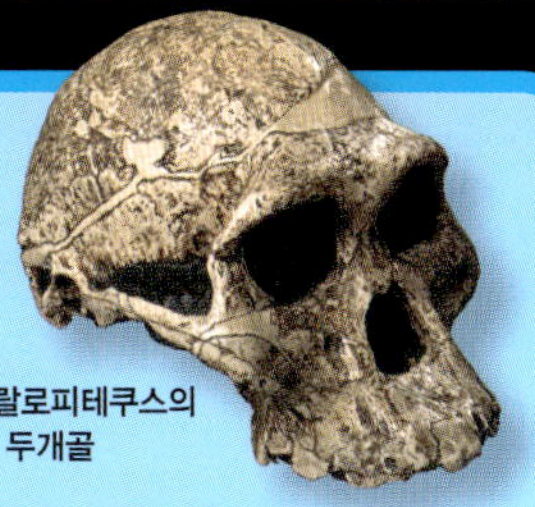

오스트랄로피테쿠스의 두개골

## 인간의 기원

### 50억 년 전
수소와 헬륨 그리고 소량의 다른 원소들로부터 태양이 형성되었다.

### 45억 년 전
태양에 소진되지 않고 남아 있던 몇몇 물질이 합쳐져 지구를 형성하였다.

### 약 37억 년 전
어린 지구의 바다에 있던 탄소 함유 분자로부터 박테리아와 같은 세포들이 진화했다. 이것이 최초의 원시 생물이다.

### 100만 년 전
지구 위를 걸어 다니는 인간이 처음 출현하였다.

## 가까이, 멀리… 더 멀리

우주 내의 거리는 물체들이 서로 얼마나 멀리 떨어져 있느냐에 따라 다양한 측정 단위를 사용하여 나타낸다.

★ **킬로미터**
행성, 달, 소행성과 같이 태양계 내에 상대적으로 가까이 있는 물체들의 거리를 측정하는 데 유용하다.

★ **천문단위**
태양계 내 행성들 간의 거리를 측정하는 데 사용되는 단위로, 태양에서 지구까지의 거리가 1 천문단위(AU)이다. 1 천문단위(AU)는 약 1억 4960만km이다.

★ **광년**
이 측정 단위는 우리은하계 내부 또는 천체와 천체 사이의 거리를 측정하는 데 유용하다. 1광년은 빛이 1년 동안 이동하는 거리로 약 9조 4670억km에 해당된다.

**05.** 우주의 나이가 90억 살 되었을 때 은하계에 태양계가 형성된다.

**04.** 우주의 나이가 30억 살 되었을 때 작은 은하계들이 합쳐져 거대 은하계를 형성한다.

## 우리 몸은 뭘로 만들어졌을까?

지구상의 모든 원소들과 마찬가지로 우리 몸 안의 원소들도 별에서 생성된 것이다.

## 점점 커지네

**행성**
얼핏 지구는 큰 것으로 느껴질 수도 있다. 하지만 지름이 12,757km인 이 행성은 팽창하는 우주 속에서는 자그마한 알갱이 하나에 불과하다.

**별(항성)**
행성은 중심 별(항성)의 주위를 돌고 있다. 태양은 지구의 항성이다. 태양이 없다면 생명체도 존재하지 못할 것이다. 태양의 지름은 140만 km이다.

**은하**
별들은 은하 내에 존재한다. 은하는 거대한 항성계이며 그 크기와 모양은 다양하다. 지구는 우리은하에 속한다.

**은하단**
은하단 내에는 수많은 은하들이 존재한다. 우리은하는 국부 은하단에 속하며 가로 길이가 1000만 광년에 달한다.

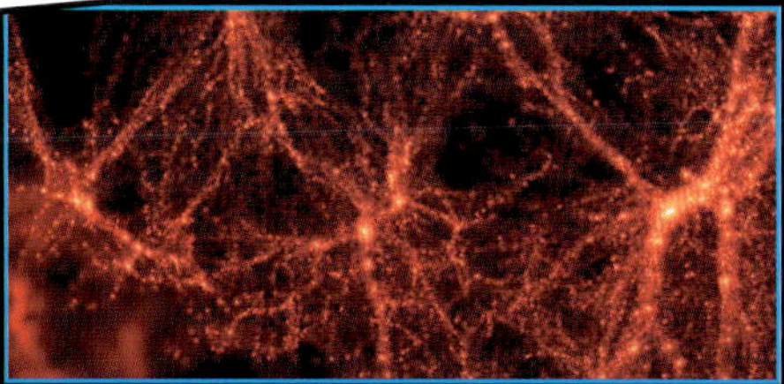

**초은하단**
초은하단 내에 은하단이 존재한다. 우리는 처녀자리 초은하단에 속해 있으며 한쪽 끝에서 다른 쪽 끝까지의 거리는 2억 광년이다.

**빈 공간**
우주의 가장 큰 구조물은 사슬처럼 연결되어 있는 초은하단들이다. 초은하단 중간 중간에 거대한 빈 공간이 존재한다.

# 우주에는 얼마나 많은 은하가 존재할까?

현재로서는 알 수가 없다. 천문학자들이 우주를 관찰할 때마다 새로운 은하가 발견된다. 아직 밝혀지지 않은 부분도 여전히 존재하고 또 망원경으로 관찰할 수 없는 부분도 있다. 가장 믿을 만한 추측에 따르면 최소한 1250억 개의 은하가 존재한다.

### 무슨 뜻일까?

**은하**(galaxy)라는 말은 우리가 사는 우리은하(the Milkey Way Galaxy)를 칭하는 그리스어 이름에서 유래했다.

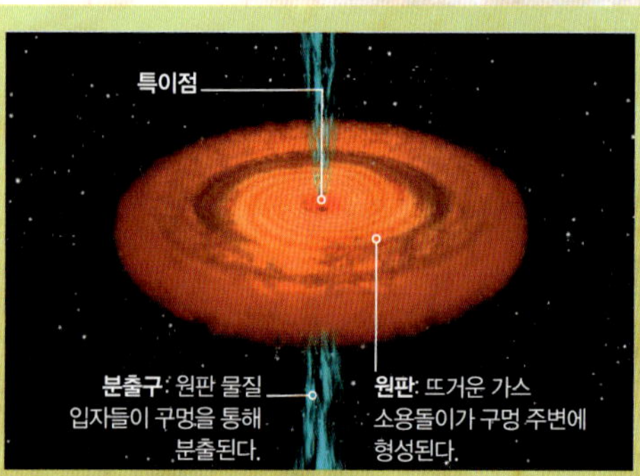

특이점
분출구: 원판 물질 입자들이 구멍을 통해 분출된다.
원판: 뜨거운 가스 소용돌이가 구멍 주변에 형성된다.

## 블랙홀

- 블랙홀은 믿을 수 없을 만큼 강력한 중력이 작용하는 영역을 의미하며 특이점이라 불리는 작은 공간 또는 특정 지점으로 물질들을 끌어당겨 밀집시킨다.
- 빛도 이곳으로 빨려 들어가면 다시 나올 수 없어 검다고 말한다.
- 거대한 별들이 폭발할 때 블랙홀이 형성된다. 이 폭발을 초신성 폭발이라 부른다.
- 살아 있는 은하계의 중심은 수백만 개의 태양이 합쳐진 것과 같은 질량을 갖는데 이곳 역시 블랙홀이다.

### 우주 대충돌

이웃해 있는 은하들은 보통 자체 지름의 10배 이상 떨어져 있다. 그럼에도 은하들은 충돌할 수 있다. 옆의 그림은 NGC 6050과 IC1179 은하가 충돌하는 과정이다.

### 살짝 엿보기: 은하

**01:** 은하란 엄청난 양의 가스와 먼지, 별들로 이루어진 거대한 항성계이다.

**02:** 은하는 수백만, 수십억, 심지어는 수조 개 이상의 별들로 이루어지며 다양한 크기와 형태를 갖고 있다.

**03:** 살아 있는 은하로 알려진 몇몇 은하는 엄청난 양의 에너지를 갖고 있다. 이 에너지는 블랙홀로 빨려 들어가는 물체들로부터 나오는 것이다.

**04:** 어떤 은하들은 은하들 간의 충돌에 의해 모양이 변한다.

### 여러 가지 은하

**나선 은하**
중심이 볼록하고 나선형 팔이 뻗어 있는 모양의 은하

**막대 나선 은하**
은하 중심부가 막대처럼 생긴 나선 모양의 은하. 우리은하가 여기에 해당된다.

**타원 은하**
공, 계란 또는 시가 담배 모양의 은하로, 나이 든 별들의 집합

**렌즈형 은하**
타원형과 나선형의 중간 모양을 하고 있는 렌즈 모양의 은하이다.

**불규칙 은하**
규칙적인 모습을 나타내지 않기 때문에 위의 어느 그룹에도 속하지 않지만 가스와 먼지가 풍부하다는 특징이 있다.

## 은하 갤러리

은하를 구성하는 별, 가스, 먼지들이 회전하는 모습들은 그야말로 장관을 이룬다. 은하는 그 모양이나 비슷한 물건의 이름을 따서 명명된다.

솜브레로(챙이 넓은 멕시코 모자) 은하

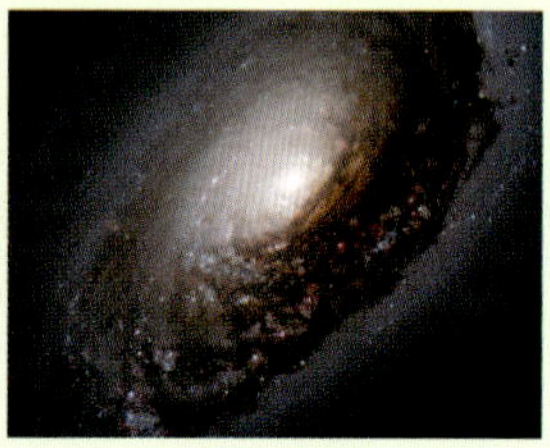

검은눈 은하

시가 담배 은하

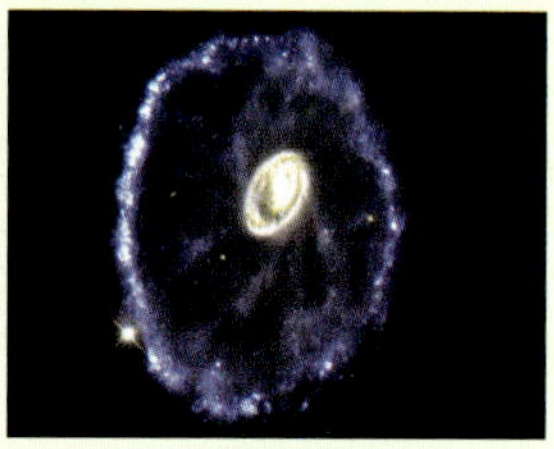

수레바퀴 은하

## 주요 일지

### 1784년
허셜이 우리은하의 크기와 모양을 계산하였다. 하지만 그는 우리가 은하의 중심에 있는 것으로 잘못 생각하였다.

### 1917년
캘리포니아의 윌슨 산에서 2.5-m 후커 망원경으로 관찰한 바에 따르면 안드로메다 성운이 은하라는 사실이 밝혀졌다. 우리은하 외에 또 다른 은하가 존재한다는 사실이 이때 밝혀졌으며 안드로메다가 최초의 다른 은하로 등록되었다.

### 1920년
샤프리에 의해 태양이 우리은하의 중심으로부터 3분의 2 지점에 위치해 있다는 것이 밝혀졌다.

### 1924년
허블이 우주에 다른 은하들이 존재하다는 것을 증명하고, 이후 이들의 모양과 구조에 따른 분류 체계를 정리하였다. 또한 그는 우주가 팽창하고 있다는 사실을 밝혀냈다. 은하는 멀리 있을수록 움직이는 속도가 더 빨라진다.

### 1985년
루빈은 많은 은하들이 거무스레한 물질들을 포함하고 있다는 사실을 발견하였다.

# 세 방향에서 바라본 우리은하

### 01. 위에서 바라본 모양
위에서 우리은하를 내려다보면 거대하게 빛나는 회오리 모양을 하고 있다. 우리 태양계는 오리온 팔에 위치해 있다.

### 02. 옆에서 바라본 모양
옆에서 바라보면 우리은하는 평평한 원반 모양이다. 너비는 10만 광년이고 깊이는 4,000 광년의 크기이다. 맨눈으로 볼 수는 없지만 중심부에 블랙홀이 있으며 태양보다 300만 배 더 무겁다.

### 03. 지구에서 바라본 모양
지구에서 우리은하 원판의 한 면을 들여다볼 수 있다. 우리 눈에는 밤하늘을 가로지르는 반짝이는 띠 모양으로 보인다. 우리은하에는 대략 2000억~5000억 개의 별이 존재한다.

지구 위에 있는 우리가 **맨눈으로 쉽게 관찰할 수 있는 은하**로는 우리은하 외에도 세 개가 더 있다. 안드로메다, 대마젤란운, 그리고 소마젤란운이 그것이다.

## 정말 믿을 수 없어!

불규칙 은하인 소마젤란운과 대마젤란운은 우리은하 주위를 회전한다. 우리은하는 이들 은하로부터 물질들을 끌어당기고 있다. 언젠가 변화의 시기가 오면 그 은하들이 해체되고 우리은하로 흡수될지도 모른다.

## 태양계에는 무엇이 있을까?

태양계에는 행성 외에도 우주 공간을 질주하는 수많은 물질이 함께 존재한다.

- 1개의 태양
- 4개의 바위 행성
- 4개의 거대 행성
- 최소한 5개의 왜소 행성
- 160개 이상의 달
- 수십억 개의 소행성
- 해왕성 너머에 있는 수천 개의 카이퍼 띠 물체와 수조 개의 혜성들

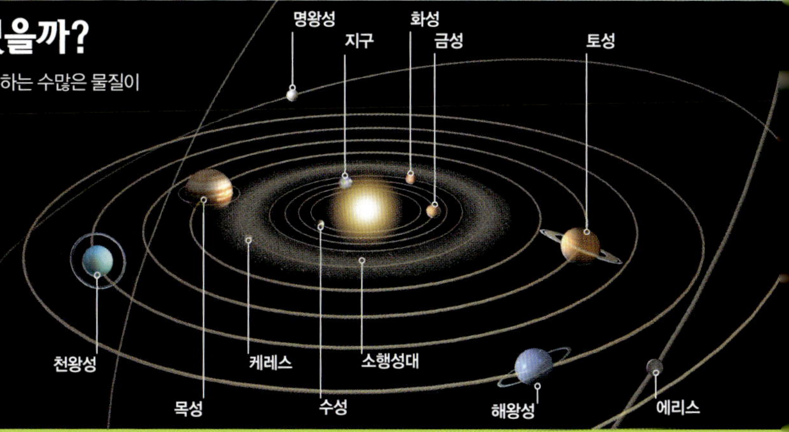

# 별들은 모두 똑같을까?

아니다. 모든 별은 저마다 다른 특성을 가지고 있다. 태양을 제외한 모든 별들은 지구로부터 멀리 떨어져 있어 우리 눈에 모두 반짝이는 작은 점으로 보인다. 맨눈으로 보면 이렇게 모든 별들이 똑같아 보이지만 각각의 특성은 모두 다르다. 나이가 몇 살이냐에 따라 크기, 온도, 색깔, 밝기 등도 다르다.

## 정말 믿을 수 없어!

우주에 있는 별 가운데 절반은 서로 공전하는 두 개의 별이 한 쌍을 이루는 형태로 존재한다. 2008년 천문학자들은 이 중 가장 거대한 한 쌍을 발견하였는데, 이것이 바로 성단 NGC 3603에 속해 있는 A1이다. 두 별 중 하나는 태양보다 116배나 무겁다.

## 숫자로 알아보기

**4만 5,000°C**
가장 뜨거운 별의 온도

**2,500°C**
가장 차가운 별의 온도

**600만 배**
가장 밝은 별은 태양보다 600만 배 많은 빛을 방출한다.

**100억 년**
가장 오래 살 수 있는 별의 수명

## 별은 어떻게 만들어질까?

**01.** 별이 만들어지려면 주로 수소, 헬륨 그리고 먼지로 이루어진 구름이 필요하다.

**02.** 구름 덩어리들이 충돌한다. 이것이 응집되어 원시별이 생성된다. 원시별은 별의 생애 중 첫 단계에 해당된다.

**03.** 별의 중심에서 핵융합 반응이 일어난다. 이로 인해 별은 지속적으로 빛을 내게 된다.

## 별의 수명

별을 구성하고 있는 물질의 양, 즉 별의 질량이 별의 수명을 결정한다. 질량이 클수록 수명은 짧아진다.

## 태양에서 가장 가까운 별들

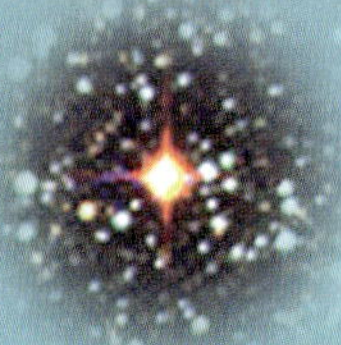
켄타우루스 자리 프록시마

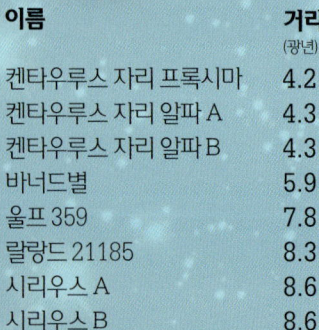

| 이름 | 거리 (광년) |
|---|---|
| 켄타우루스 자리 프록시마 | 4.2 |
| 켄타우루스 자리 알파 A | 4.3 |
| 켄타우루스 자리 알파 B | 4.3 |
| 바너드별 | 5.9 |
| 울프 359 | 7.8 |
| 랄랑드 21185 | 8.3 |
| 시리우스 A | 8.6 |
| 시리우스 B | 8.6 |

## 최고 기록은?

모든 별들은 자전한다. 몇몇 별들은 다른 별들보다 더 빨리 자전한다. **가장 빨리 자전하는 별**은 XTE J1739-285라고 알려진 중성자별인데, 1초에 1,122번이라는 엄청난 속도로 자전하고 있다.

## 밤하늘에서 가장 밝은 별 다섯 개

지구의 밤하늘에 있는 별의 밝기는 그것이 방출하는 빛의 양(명도)뿐만 아니라 지구로부터 떨어져 있는 거리에 의해 결정된다.

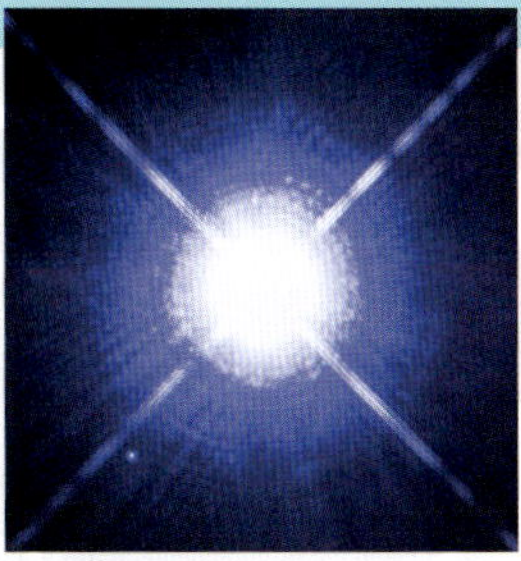

**시리우스**
**거리:** 8.6광년
**겉보기 등급:** -1.44등급

**카노푸스**
**거리:** 313광년
**겉보기 등급:** -0.62등급

**켄타우루스자리 알파**
**거리:** 4.3광년
**겉보기 등급:** -0.28등급

**아르크투루스**
**거리:** 37광년
**겉보기 등급:** -0.05등급

**베가(직녀성)**
**거리:** 25광년
**겉보기 등급:** 0.03등급

### 별의 밝기

가장 밝은 별을 1등성, 그다음으로 밝은 별을 2등성이라고 한다. 맨눈으로 겨우 구별할 수 있을 정도로 어두운 별을 6등성이라고 부른다.

# 아름답게 흩어져 사라지는 별들

행성상 성운은 그 이름과 달리 행성이나 성운과는 관련이 없다. 행성상 성운의 바깥층에 있는 가스들이 팽창하고 원래 있던 별은 줄어들어 백색 왜성이 된다. 그리고 백색 왜성 주변에 장관을 이루는 고리 모양을 만들어 행성상 성운이 생긴다.

### 갈색 왜성

갈색 왜성은 중심부에 핵융합 반응이 촉발될 만큼 충분한 질량을 갖고 있지 못한 별이다. 결국 이들은 스스로 빛나지 못하고 대신 어두운 적갈색을 띠게 된다.

개미 성운

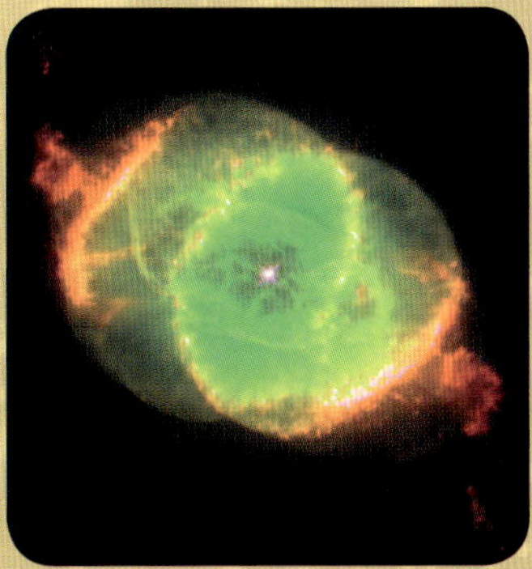

고양이눈 성운

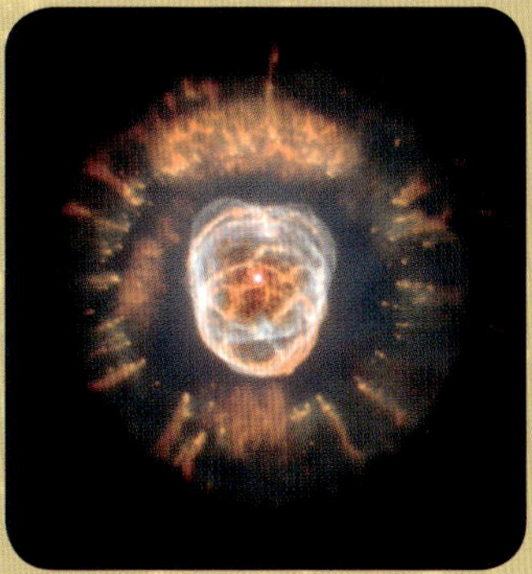

에스키모 성운

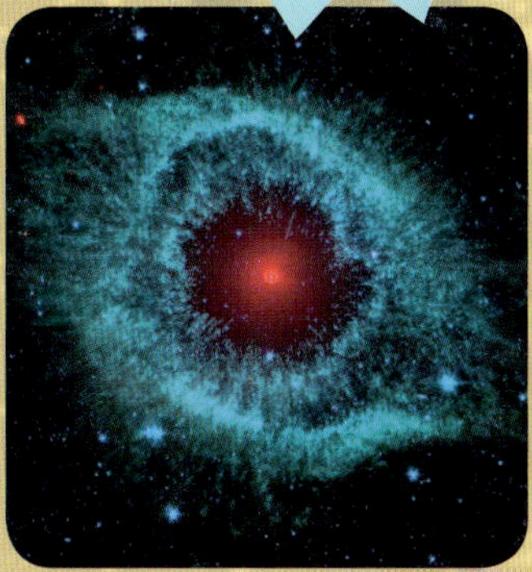

나선 성운

**04.** 폭발과 함께 거대한 별이 생을 마감한다. 그런 뒤에는 초신성 잔여물, 중성자별 또는 블랙홀 등이 남는다.

## 외부 행성

**태양 외에도 공전하는 행성을 가지고 있는 별은 많다. 이러한 별은 태양계 밖에서 330개 이상 발견되었으며 지금도 계속해서 새로운 것들이 발견되고 있다.**

외부 행성(태양계 밖에 존재하는 행성)은 1992년 처음 발견되었다.

**지금까지 발견된 외부 행성은 주로 목성처럼 무겁고 거대한 것들이다.**

행성에 생물이 존재하기 위해서는 행성이 별(항성)로부터 일정한 거리를 두고 있어야 한다. 그래야만 물이 존재할 수 있고 적정한 온도가 유지될 수 있기 때문이다.

## 우주에서 생명체를 탐색하는 세 가지 방법

**01** 미국의 앨런 망원경 관측소에는 42개의 접시형 전파 망원경이 배치되어 있는데 이는 커다란 귀와 같이 외계 생명으로부터 오는 신호를 듣기 위한 것이다.

**02** 원하는 사람은 누구나 외계 지능 찾기에 참여할 수 있다. 자신의 컴퓨터에 앨런 망원경으로부터 전송되는 데이터 패턴을 찾는 화면 보호기를 설치하면 된다.

**03** 지구와 같이 생명체가 존재하는 행성이 있는지를 탐색하기 위해 2015년에 '다윈'이라 불리는 우주선이 발사될 예정이다. 우주선에 장착된 망원경을 통해 행성의 빛을 분석할 계획인데 이는 생명체가 존재할 경우 방출될 수 있는 기체의 흔적을 추적하기 위한 것이다.

# 태양은 영원히 빛날까?

태양은 거대한 공 모양의 별이며 빛을 내는 가스로 이루어져 있다. 가스가 핵 속에서 핵융합 반응을 일으켜 빛을 낸다. 지금은 매일 변함없이 빛나고 있지만 대략 50억 년 후에는 부풀어 오르다 차갑고 거무스레한 재로 분해되어 우주 속으로 사라질 것이다.

## 좀 더 알아보기: **태양의 표면**

**플레어**: 태양의 대기 하층부에서 폭발하듯이 분사되는 다량의 에너지 덩어리로 태양 폭발이라고도 한다.

**스피큘**: 태양 표면에서 분출되는 가스로 짧은 시간 동안 분출되었다가 가라앉는다.

**홍염**: 가끔씩 태양 바깥쪽 수십만 킬로미터까지 고리 모양으로 소용돌이쳐 오르는 불꽃 모양의 거대한 가스 구름 덩어리이다.

**광구**: 우리 눈에 보이는 태양의 표면은 울퉁불퉁하다. 태양 안쪽에서 솟아오르는 다량의 가스 때문이다.

**흰 반점**: 태양에서 가장 뜨거운 부분으로 흰색을 띠고 있으며 태양의 자기장으로 인해 움직임이 매우 활발하다.

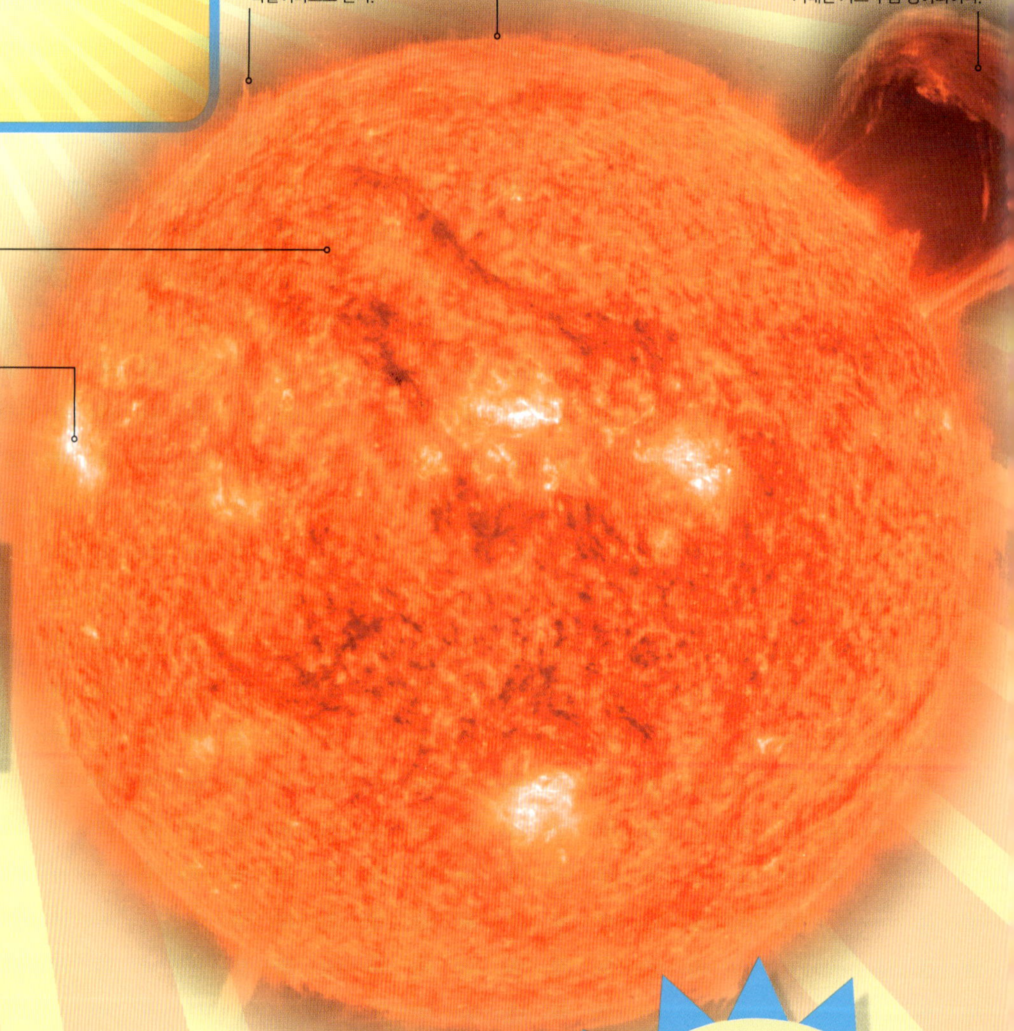

## 정말 믿을 수 없어!

태양은 지구보다 332,945배 더 무거우며 태양계의 모든 행성을 다 합친 것보다도 750배나 더 무겁다.

## 숫자로 알아보기

**130만 개**
태양 안에 집어넣을 수 있는 지구의 개수

**6억 톤**
태양의 핵 속에서 일초 당 헬륨으로 전환되는 수소 가스의 양

**220km/초**
태양이 우리은하의 중심을 공전하는 속도

**2억 2000만 년**
태양이 우리은하를 한 번 회전하는 데 걸리는 시간

## 태양에 대한 연구

**우주에서의 관측**
1960년대 이후 태양을 관찰하는 데 우주선을 이용했다. 1995년 이후로는 소호 탐사선이 계속해서 태양을 관측하고 있다.

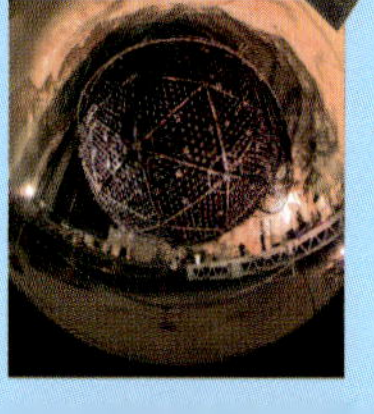

**지하에서 이루어지는 연구**
캐나다에 있는 서드베리 관측소는 지하 2,073m에 자리 잡고 있다. 이곳에서 과학자들은 태양 중심에서 지구로 날아와 이곳저곳으로 움직이는 입자들을 탐색하고 있다.

## 기묘한 이야기

태양의 가스들은 중력으로 인해 안쪽으로 몰려든다. 반대로 태양의 중심에서는 상승하는 가스의 압력으로 인해 기체가 바깥쪽으로 밀려난다. 이 두 힘이 균형을 이루어 태양이 공 모양을 유지하게 되는 것이다.

살짝 엿보기

## 오로라

**01:** 태양의 코로나(바깥층)에서 들어오는 입자들의 흐름을 일컬어 **태양풍**이라 한다.

**02:** 태양풍이 지구로 불어오는 속도는 대략 **초속 450km**이다.

**03:** 태양풍으로 인해 지구 극지방의 기체 입자들이 빛을 발하게 되는데 이것이 바로 형형색색의 아름다운 빛을 내는 **오로라**이다.

## 좀 더 알아보기: **태양**

- 태양의 75% 가량은 수소이고 나머지의 대부분은 헬륨으로 이루어져 있다.
- **태양은 가장 가까운 별 프록시마 센타우리와 대략 4.28광년이나 떨어져 있다.**
- 태양의 나이는 50억 년이다. 생일 축하 케이크에 엄청난 양의 양초가 필요하겠죠!
- **태양의 지름은 약 140만km이다.**
- 8개의 행성이 태양 주위를 돌고 있다. 우주의 별들 중 약 4%만이 행성을 가지고 있다.

## 주요 일지

### 기원전 434년
그리스 철학자 아낙사고라스가 말하기를, 태양은 불타는 돌이며 그 크기는 그리스의 4분의 1정도 된다고 했다.

### 기원전 270년
처음으로 태양까지의 거리를 측정하려고 시도한 사람은 그리스 천문학자인 아리스타르코스였다. 그는 이 거리를 실제 거리의 31분의 1에 불과한 것으로 생각했다.

### 1609년
이탈리아 천문학자 갈릴레이는 태양이 자전하는 데 약 한 달이 걸린다는 것을 깨달았다.

### 1842년
프랑스 사진작가 레레버스가 처음으로 태양을 촬영했다.

### 1869년
영국인 로키어가 태양을 관찰한 후 헬륨이라는 화학 원소를 발견했다. 헬륨이라는 이름은 그리스 태양의 신 헬리오스에서 유래했다.

## 좀 더 알아보기: **개기 일식 관찰하기**

**01.** 일식 관측기를 사용해 태양 앞을 지나가는 달을 관찰한다. 드물게 일어나는 일이니 절대 놓치지 마라.

**02.** 달의 그림자가 검은 원반처럼 보인다. 달의 그림자가 점점 태양을 가려 낮이 천천히 밤처럼 어두워진다.

**03.** 태양이 달의 그림자에 완전히 가려져 보이지 않는 개기 일식이 일어나 코로나와 채층을 볼 수 있다. 3~4분 동안 지속된다.

**04.** 달이 자기 궤도 위로 계속 움직이면 태양이 다시 모습을 드러낸다. 하늘은 다시 밝아지고 멀리 있는 별들이 보이지 않게 된다.

**05.** 일식이 거의 끝나간다. 태양의 끝자락만 아직 가려진 채로 남아 있다. 지구에 드리워졌던 달의 그림자는 거의 사라진다.

## 여섯 층으로 이루어진 태양

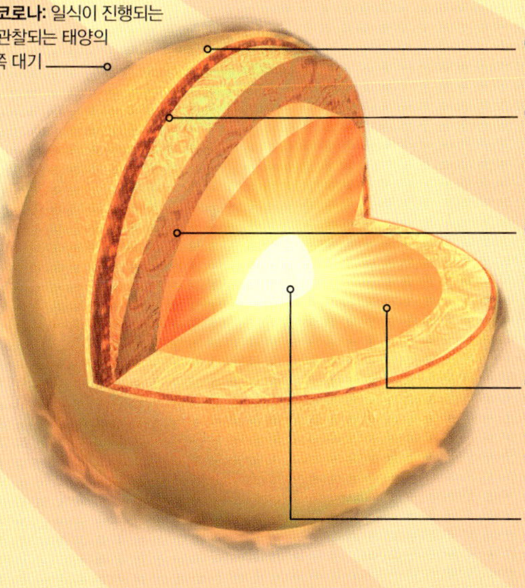

**01. 코로나:** 일식이 진행되는 동안 관찰되는 태양의 바깥쪽 대기
**02. 채층:** 안쪽 대기
**03. 광구:** 이글거리는 빛과 함께 에너지가 방출되는 태양의 표면으로 관찰이 가능한 부분
**04. 대류 영역:** 태양에서 방출되는 에너지가 대류에 의해 바깥쪽으로 이동할 때 통과하는 영역
**05. 복사 영역:** 태양의 핵에서 생성된 에너지가 복사에 의해 바깥쪽으로 움직일 때 통과하는 영역
**06. 핵:** 수소를 헬륨으로 전환시켜 에너지를 생성하는 핵융합 반응이 일어나는 핵의 중심부

## 태양이 보고 싶다고?

무슨 일이 있어도 절대로 태양을 직접 바라보면 안 된다. 태양이 위험한 방사능을 방출하기 때문에 우리 눈 안쪽에 있는 세포들을 파괴해 시력을 잃게 될 수도 있다.

### 뜨거워! 정말 뜨거워!

태양은 얼마나 뜨거울까?
태양의 온도는 우리가 태양 어느 곳에 온도계를 꽂느냐에 따라 다르다.

**코로나:** 200만℃
**전이 영역(코로나와 채층 사이):** 2만℃와 100만℃ 사이
**채층:** 바닥부터 꼭대기까지. 4,500℃에서 2만℃ 사이
**광구:** 5,500℃
**핵:** 1500만℃

# 왜 달은 모양이 자꾸 변할까?

달은 공 모양으로 생긴 커다란 바위 덩어리로 그 모양이 항상 일정하다. 단지 모양이 변하는 것처럼 보일 뿐이다. 우리 눈에 보이는 달의 모양은 달 표면에 비친 햇빛의 양에 따라 달라진다. 그래서 때로는 얇은 초승달로 때로는 반달이나 보름달로 보이게 된다.

## 달의 주기

우리가 보는 달은 태양, 지구, 달이 서로 어떤 위치에 놓여 있느냐에 따라 그 모양이 변한다. 달의 모양이 한 바퀴 순환하는 데 걸리는 시간은 29일이다.

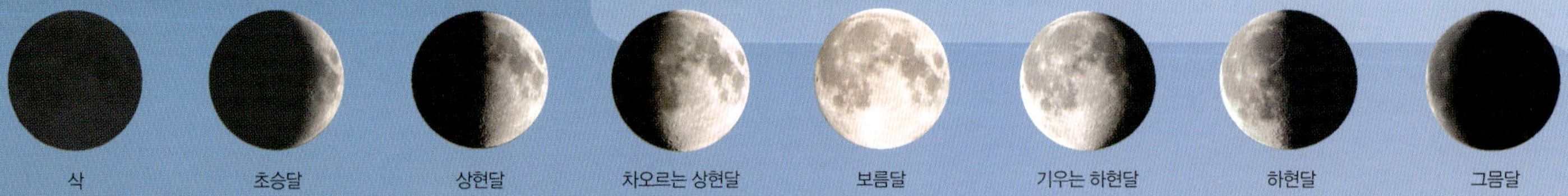


## 주요 일지

**1546년**
헤이우드는 달이 녹색 치즈로 만들어졌다고 생각했다. 여기서 녹색이란 우리가 보통 말하는 색깔이 아니고 풋풋하고 제대로 성숙되지 않았다는 의미였다.

**1609년**
영국인 해리엇이 처음으로 망원경을 통해 달을 관찰했다. 몇 달 후 갈릴레이도 달 표면에서 산을 관찰했는데 산에 의해 드리워진 그림자의 길이를 보고 그 높이를 가늠하였다.

**1969년**
7월 20일 닐 암스트롱이 처음으로 달 표면을 걸었다. 아래 그림의 올드린도 19분 뒤 그를 따라 달 표면을 걸었다.

## 좀 더 알아보기: 달은 어떻게 형성되었을까

대부분의 천문학자들은 45억 년 전 지구의 일부가 분리되어 달이 형성된 것이라고 생각하고 있다. 이를 거대 충돌 이론이라고 한다.

**01:** 화성 크기의 소행성이 초속 20km의 속도로 지구와 충돌한다.

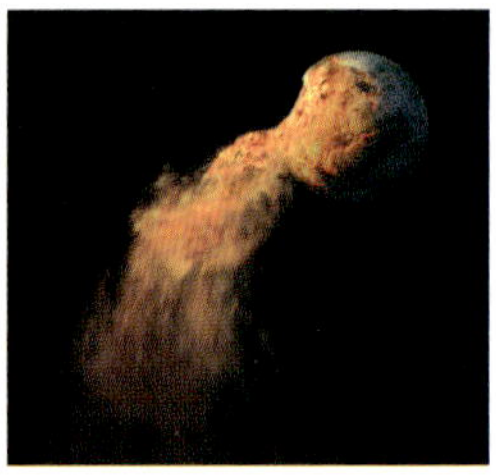

**02:** 부서진 소행성 조각과 지구의 암석 맨틀 층으로부터 쏟아져 나온 물질들이 지구 주위에 고리 모양을 형성한다.

**03:** 수백만 년에 걸쳐 지구 주위를 회전하는 물체 조각들이 서로 부딪히고 또 결합한다.

**04:** 이것들이 하나의 커다란 덩어리인 달을 형성한다. 지구 크기의 대략 4분의 1에 해당하는 달이 서서히 움직여 현재의 궤도에 자리 잡게 되었다.

## 무슨 뜻일까?

1969년 아폴로 11호의 우주 비행사들이 새롭게 발견한 광물에 이들의 업적을 기리기 위한 이름이 붙여졌다. 그 광물의 이름인 **아말콜라이트(Armalcolite)**는 아폴로 11호의 비행사인 암스트롱(Armstrong), 올드린(Aldrin), 콜린스(Collins)의 이름을 합쳐 지은 것이다.

## 정말 믿을 수 없어!

1835년 '뉴욕 선'이라는 신문에 망원경을 통해 관찰한 달의 생명체에 관한 여섯 개의 기사가 실렸다. 이 생명체는 박쥐 날개가 달린 사람 모양으로 묘사되었는데 놀랍게도 사람들은 5~6주 동안이나 이 이야기를 사실로 믿었다.

달의 대기에는 기체가 거의 없어 아폴로 우주선이 달 표면에 착륙할 때 로켓 모터가 두 배로 사용되었다.

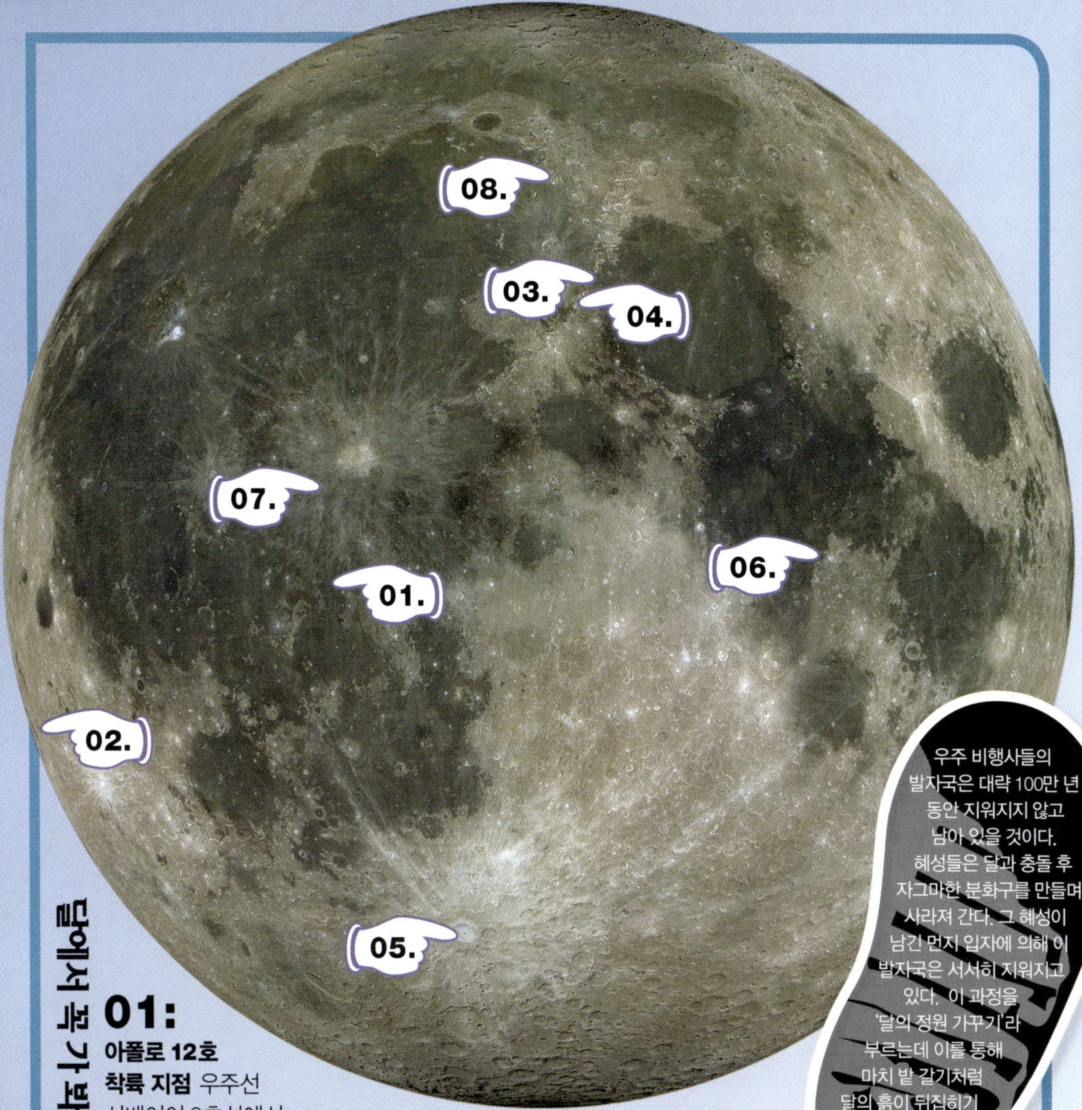


## 달에서 꼭 가 봐야 할 여덟 곳

**01:** **아폴로 12호 착륙 지점** 우주선 서베이어 3호선에서 걸어서 금방 도착할 수 있는 거리에 있다.

**02:** **동쪽 바다 분화구** 산에 둘러싸인 커다란 분화구

**03:** **린네 분화구** 이 지역에서 변화가 일어나고 난 후, 어느 순간 분화구가 시야에서 사라졌다.

**04:** **아폴로 15호 착륙 지점** 첫 번째 월면차인 해들리 릴이 아직 여기에 있다.

**05:** **고지대, 티코 분화구** 달에서 가장 오래된 부분. 혹시 이곳 깊숙이 뭔가가 묻혀 있을지 누가 알겠는가?

**06:** **아폴로 11호 착륙 지점** 역사상 최초로 달에 발을 내딛은 암스트롱의 발자국을 볼 수 있을지도 모른다.

**07:** **돔 모양의 지형 호르텐시우스 분화구** 머나먼 과거 달 표면 위로 용암을 흘려보냈던 화산 돔

**08:** **몬스 피톤** 2.3km나 솟아오른 채 따로 떨어져 있는 이상한 산

## 살짝 엿보기

**01:** 지구의 중력으로 인해 달에 인력이 작용하게 되고 결과적으로 달은 궤도를 유지하게 된다.

**02:** 달 표면의 중력은 대략 지구 중력의 6분의 1에 해당한다.

**03:** 달의 중력은 지구의 바닷물을 잡아당기며 결과적으로 조수 간만의 차가 생긴다.

**04:** 평소에 우리가 볼 수 없는 달 양쪽 끝의 모습이 1959년 구소련의 우주선 루나 3호에 의해 처음으로 드러났다.

**05:** 달은 마치 흐린 거울에 빛을 반사하는 것과 같다. 보름달은 밝은 것처럼 보이지만 태양보다 40만 배 희미하다.

**06:** 달은 태양의 400분의 1 크기이다. 하지만 거리상 400배 가깝기 때문에 크기가 같은 것처럼 보인다.

**07:** 달의 표면 온도는 날마다 변한다. 끓는 물보다 더 뜨거울 때도 있고 액화 공기보다 차가울 때도 있다.

우주 비행사들의 발자국은 대략 100만 년 동안 지워지지 않고 남아 있을 것이다. 혜성들은 달과 충돌 후 자그마한 분화구를 만들며 사라져 간다. 그 혜성이 남긴 먼지 입자에 의해 이 발자국은 서서히 지워지고 있다. 이 과정을 '달의 정원 가꾸기'라 부르는데 이를 통해 마치 밭 갈기처럼 달의 흙이 뒤집히기 때문이다.

## 숫자로 알아보기

**384,400km**
달과 지구 사이의 거리

**60시간**
지구를 떠난 우주선이 달에 도착하는 데 걸리는 시간

**27.32일**
달이 자전축에 대해 한 바퀴 회전하는 데, 그리고 지구 주위를 한 바퀴 공전하는 데 걸리는 날짜 수. 이렇게 공전 주기와 자전 주기가 같다는 것은 지구에서 보이는 달의 표면이 항상 같다는 것을 의미한다.

**3.82cm**
매년 늘어나는 지구와 달 사이의 거리

**0.00018초**
지구와 달 사이의 거리가 멀어지면서 지구의 하루가 1세기마다 0.00018초 늘어난다.

## 달의 암석

- 1969년과 1972년 사이 달 표면을 걸었던 6명의 아폴로 우주 비행사들이 지구로 가져온 바위, 모래, 먼지 표본은 2,000개 이상이다.
- 구소련이 보낸 세 개의 로봇 우주 비행사들 역시 표본을 채취해 지구로 가져왔다.
- 50개 이상의 암석이 소행성 충돌에 의해 달 표면으로부터 튕겨져 나와 운석이 되어 지구로 떨어졌다.

# 지구와 같은 행성이 또 있을까?

아니다. 지구에만 생명체가 살고 있다. 그리고 우리가 아는 한 지구와 정확히 똑같은 행성은 존재하지 않는다. 하지만 지구는 태양 주위를 돌고 있는 수성, 금성, 화성 같은 행성과 비슷하긴 하다.
네 행성 모두 암석과 금속으로 이루어져 있고 태양 주위를 돌고 있으며 표면 온도는 상대적으로 뜨겁다. 이들은 보통 지구형 행성이라고 불린다.

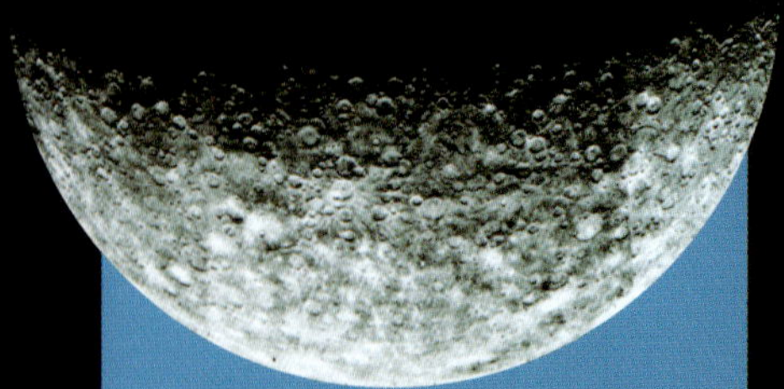

## 신속한 수성

- **수성의 영어 이름인 머큐리(Mercury)는 로마 신화 속 민첩한 전령의 신인 메르쿠리우스의 이름을 따 지어졌다.**
- 수성은 가장 작은 행성이다. 지구는 수성보다 2.5배나 더 크다.
- **거대한 핵이 철로 이루어져 밀도가 가장 높다.**
- 수성의 온도는 낮에는 최고 430℃, 밤에는 최저 영하 180℃이다.
- **행성의 표면은 어둡고 먼지가 많으며 분화구로 덮여 있다. 이런 상태는 수십억 년 동안 변하지 않고 유지되고 있다.**

## 우주에서 길을 잃으면 어떻게 할까?

지구형 행성 중 하나로 재빨리 가야 한다면, 과연 어느 행성으로 가야 할까?

**수성:** 밤에 이곳에 도착한다면 얼어 죽을 것이다. 낮에 도착하면 바싹 구워진 토스트처럼 타 버릴 것이다.

**금성:** 열에 의해 타 버리기 전에 이미 황산 구름 속으로 녹아 버릴지도 모를 일이다.

**지구:** 물에 떨어질 경우에 대비해 수영을 배워 둬라. 우연히 다른 생물체와 마주친다면 그들이 친절하게 보이는지 아니면 굶주린 것처럼 보이는지 잘 확인한 후 웃어 주든지 아니면 도망가든지 해라.

**화성:** 자체 산소 공급원이 있다면 가장 따뜻한 지역을 골라 착륙해라. 한동안은 무사히 지낼 수 있을 것이다. 하지만 거친 바람과 먼지 폭풍을 참아 내기란 아주 힘든 일일 것이다.

## 중요한 수치들

### 수성
**지름:** 4,875 km
**태양까지의 거리:** 5,790만 km
**자전 주기:** 59일
**태양 공전 주기:** 88일

### 금성
**지름:** 12,104 km
**태양까지의 거리:** 1억 820만 km
**자전 주기:** 243일
**태양 공전 주기:** 224.7일

### 지구
**지름:** 12,756 km
**태양까지의 거리:** 1억 4,960만 km
**자전 주기:** 23.93시간
**태양 공전 주기:** 365.26일

### 화성
**지름:** 6,780 km
**태양까지의 거리:** 2억 2,790만 km
**자전 주기:** 24.63시간
**태양 공전 주기:** 687일

## 지구 위의 생명체

- 지구는 생명체가 서식하는 것으로 알려진 우주 내 유일한 장소이다.
- 지구는 150만 종의 생명체들의 보금자리이며 지금도 계속해서 새로운 종의 생명체가 발견되고 있다.
- 액체 상태의 물은 생명체에 반드시 필요하다. 현재 지구에서 태양까지의 거리는 액체 상태의 물이 존재하기 적당한 거리이다. 더 멀거나 가까웠다면 물을 얻기 어려웠을 것이다.
- 지구의 70% 이상이 물로 덮여 있다. 만약 지구 표면이 완전히 매끄러운 구형이었다면 2.8km 두께의 바다가 지구 표면 전체를 덮고 있게 되었을 것이다.
- 지구의 온도는 물이 액체 상태로 존재하기에 딱 알맞은 온도이다. 수성과 금성은 너무 더워 물이 증발할 것이고, 화성에 있는 물의 대부분은 표면 아래 얼어 있는 상태로 존재한다.

## 살짝 엿보기

### 지구형 행성

**01:** 지구형 행성은 대략 45억 6천만 년 전 태양과 태양계 내 다른 행성을 만들어 냈던 바로 그 거대한 가스와 먼지 구름으로부터 형성되었다.

**02:** 태양에 가까이 있던 물질들이 서로 뭉쳐 마침내 네 개의 커다란 덩어리, 즉 지구형 행성이 만들어졌다.

**03:** 금속은 행성의 핵 속으로 가라앉고 가벼운 암석들은 표면으로 떠올랐다.

**04:** 시간이 흐르면서 행성들의 온도가 내려가고 운석 충돌, 화산 활동, 물, 행성 표면의 이동 등에 의해 제각기 다른 표면이 형성되었다.

# 금성을 찾아보자

지구의 하늘에서 가장 손쉽게 관측할 수 있는 행성이 바로 금성이다. 태양이 뜨기 직전 동쪽 하늘에서, 또는 태양이 지기 직전 서쪽 하늘에서 금성을 찾아볼 수 있다. 유달리 반짝이는 별처럼 보이는데 이로 인해 금성을 '샛별' 또는 '태백성'이라고도 부른다.

## 정말 믿을 수 없어!

금성에서는 하루가 1년보다 길다. 금성은 모든 행성 중에서 가장 느린 속도로 자전하며 한 번 자전하는 데 걸리는 시간은 243일이다. 하지만 자전과 동시에 224.7일에 한 번 태양 주위를 공전한다. 한 번 태양이 뜬 후 다시 태양이 뜨는 것을 보려면 지구 날짜를 기준으로 117일을 기다려야 한다.

# 금성의 화산들

금성에는 수백 개의 화산이 있으며 이 행성의 약 85%는 화산 용암으로 덮여 있다. 이 중 가장 큰 것은 하와이에서 볼 수 있는 것과 같이 야트막한 순상 화산이다.

| 이름 | 높이 | 지름 |
|---|---|---|
| 마트 몬스(Maat Mons) | 8 km | 395 km |
| 굴라 몬스(Gula Mons) | 3 km | 276 km |
| 시프 몬스(Sif Mons) | 2 km | 200 km |
| 사파스 몬스(Sapas Mons) | 1.5 km | 217 km |

## 구름으로 덮인 금성

**01:** 금성의 영어 이름 비너스(Venus)는 사랑과 아름다움을 관장하는 로마 여신의 이름에서 유래했다.

**02:** 표면으로부터 80km 위까지 분포해 있는 밀도 높은 구름이 금성 전체를 둘러싸고 있다.

**03:** 구름은 저농도 황산 물방울로 이루어져 있어 태양 빛의 80%를 반사하기 때문에 금성 하늘은 항상 흐린 상태로 있다.

**04:** 비닐 온실에 열이 갇히는 것과 같은 원리로 열이 구름에 갇혀 있다.

## 화성에 얽힌 이야기들

**1870년 이탈리아 우주 비행사의 말이 오역되는 바람에 사람들은 그가 화성에서 화성인이 만든 운하를 본 것으로 잘못 이해했다.**

웰스의 책 '세계의 전쟁'이 1938년 라디오에서 방송되었을 때 청취자들은 겁에 질렸다. 라디오를 들으면서 화성인이 지구에 착륙했다는 경계경보를 듣고 있는 것으로 착각했기 때문이다.

**1976년 우주선에서 촬영한 화성 표면 사진에 3.2 km 길이의 사람 얼굴이 나타났다. 이후에 이것은 거대한 암석이 우연히 만든 모양으로 밝혀졌다.**

약 50년 전에 화성의 달 포보스를 연구하던 천문학자는 그것을 화성인이 만든 속이 빈 공 모양의 금속이라고 결론지었다.

**붉은 표면:** 마르스라는 영어 이름은 전쟁을 주관하는 로마 신의 이름을 따서 지어졌다. 화성의 색깔이 피와 같이 붉기 때문이다.
**아스크레우스 화산:** 거대한 순상 화산
**대기:** 95%가 이산화탄소로 이루어져 있다.
**마리너 계곡:** 길이가 4,000km 이상이고 평균 깊이가 8km에 달하는 광대한 협곡이다.

**올림푸스 몬스**는 화성과 태양계 내에서 가장 **거대한 화산**이다. 높이는 24km이고 횡단 길이가 648km나 된다.

## 정말 믿을 수 없어!

100여 년 전, 최초로 외계인과의 통신에 성공하는 사람에게 거액의 상금이 내걸린 적이 있다. 하지만 화성은 대상에서 제외되었다. 당시 사람들은 화성인과는 매우 쉽게 접촉할 수 있으리라고 생각했기 때문이다.

# 태양계에서 가장 큰 행성은 뭘까?

목성이 가장 큰데, 실로 거대하다. 목성의 지름은 지구의 11배에 달하며 부피는 1,300배에 이른다. 태양계 안에는 4개의 거대 행성이 있다. 목성 다음으로는 토성이 크고 그다음으로는 천왕성과 해왕성이 크다. 이들의 대기는 차갑고 화려한 색을 띠고 있는 가스로 채워져 있어 거대 가스 행성이라고 부른다.

**정말 믿을 수 없어!**

목성은 점점 작아지고 있다. 목성이 어렸을 때는 지금 크기의 5배였다. 온도도 점점 내려가고 있으며 1년에 약 2cm씩 작아지고 있다.

**살짝 엿보기**

## 거대 행성들의 구조

**01:** 거대 행성은 중심으로 갈수록 온도와 밀도가 증가한다. 이로 인해 행성을 구성하는 물질의 물리적 상태가 영향을 받게 된다.

**02:** 목성과 토성에서는 응집된 가스들이 유체 상태 또는 액체와 유사한 상태로 존재한다. 훨씬 깊이 들어가면 가스는 용해된 금속과 같은 상태로 된다.

**03:** 네 개의 거대 행성 중심에는 암석과 금속 물질로 된 둥근 모양의 핵이 있다.

**04:** 네 개의 거대 행성은 모두 고리를 갖고 있다. 먼 거리에서 봤을 때는 단단해 보이지만 실제는 그렇지 않다. 각자의 궤도를 따라 행성 주위를 공전하는 개별 물체들이 가까이 모여 있는 것에 불과하다.

## 목성
**지름:** 142,984km
**태양까지의 거리:** 7억 7830만 km
**자전 주기:** 9.9시간
**공전 주기:** 11.9년

## 토성
**지름:** 120,536km
**태양까지의 거리:** 14억 3000만 km
**자전 주기:** 10.7시간
**공전 주기:** 29.5년

## 천왕성
**지름:** 51,118km
**태양까지의 거리:** 28억 7000만 km
**자전 주기:** 17.3시간
**공전 주기:** 84년

## 해왕성
**지름:** 49,532km
**태양까지의 거리:** 45억 km
**자전 주기:** 16.1시간
**공전 주기:** 164.8년

## 좀 더 알아보기: **목성**

**구름:** 목성 표면에 있는 띠 모양은 거친 대기에 있는 구름들이다. 행성이 빠르게 회전하면서 적도에 평행하게 위치한 밴드 속으로 구름이 끌려 들어간다.
**대:** 흰색 줄무늬는 솟아오르는 차가운 공기이다.
**띠:** 하강하는 따뜻한 공기로 이루어진 적갈색 줄무늬

## 기묘한 이야기

목성은 강력한 **자기장**을 갖고 있다. 마치 행성 안에 있는 거대한 막대자석과 같으며 다른 어떤 행성에 있는 자기장보다 강력하다. 지구 자기장에 비해 약 2만 배 강력하다.

**목성의 영어 이름 주피터(Jupiter)는 하늘의 지배자이자 로마 신들의 제왕인 유피테르(Jupiter)에서 유래했다.**

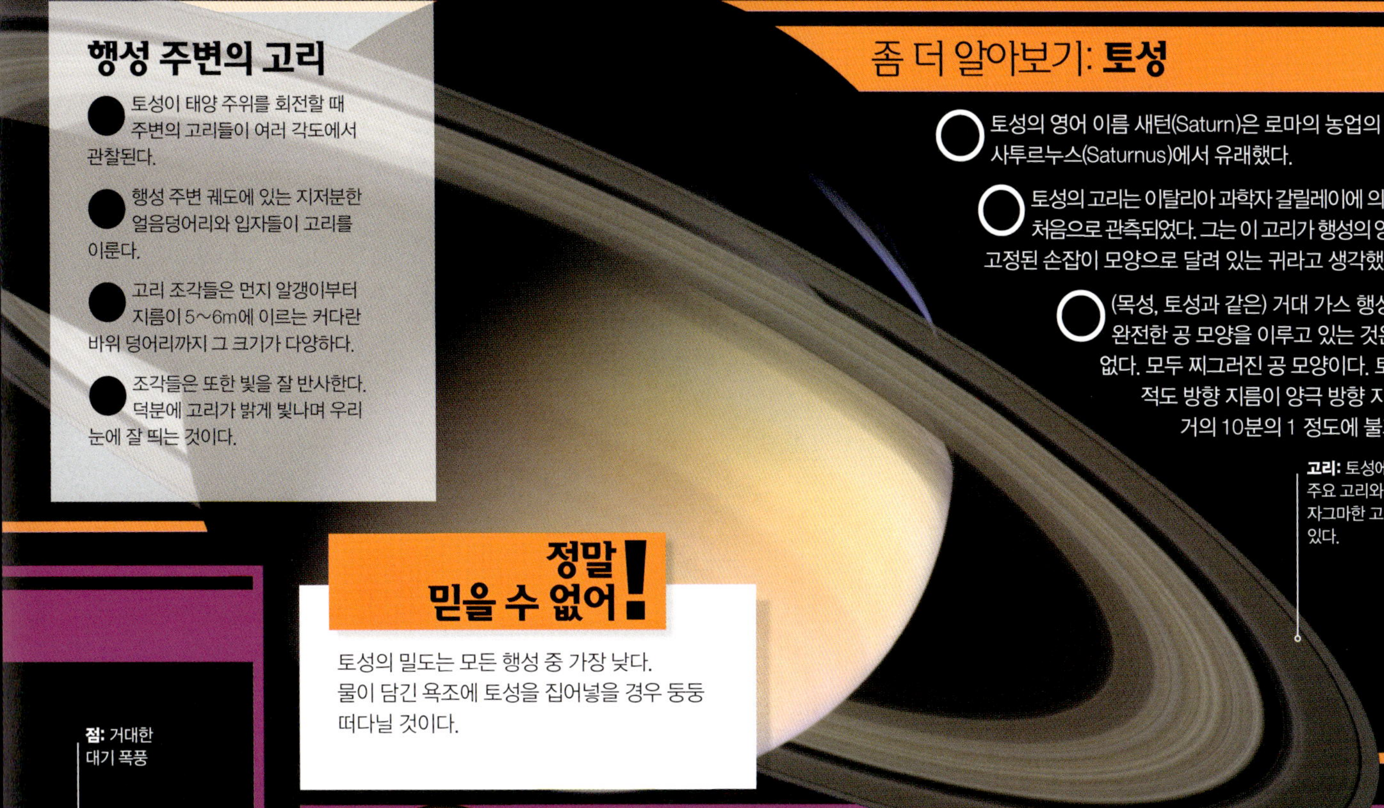

## 행성 주변의 고리

● 토성이 태양 주위를 회전할 때 주변의 고리들이 여러 각도에서 관찰된다.

● 행성 주변 궤도에 있는 지저분한 얼음덩어리와 입자들이 고리를 이룬다.

● 고리 조각들은 먼지 알갱이부터 지름이 5~6m에 이르는 커다란 바위 덩어리까지 그 크기가 다양하다.

● 조각들은 또한 빛을 잘 반사한다. 덕분에 고리가 밝게 빛나며 우리 눈에 잘 띄는 것이다.

## 좀 더 알아보기: **토성**

● 토성의 영어 이름 새턴(Saturn)은 로마의 농업의 신 사투르누스(Saturnus)에서 유래했다.

● 토성의 고리는 이탈리아 과학자 갈릴레이에 의해 1610년 처음으로 관측되었다. 그는 이 고리가 행성의 양 측면에 고정된 손잡이 모양으로 달려 있는 귀라고 생각했다.

● (목성, 토성과 같은) 거대 가스 행성 중에 완전한 공 모양을 이루고 있는 것은 하나도 없다. 모두 찌그러진 공 모양이다. 토성의 경우 적도 방향 지름이 양극 방향 지름에 비해 거의 10분의 1 정도에 불과하다.

**고리:** 토성에는 7개의 주요 고리와 수백 개의 자그마한 고리들이 있다.

### 정말 믿을 수 없어!

토성의 밀도는 모든 행성 중 가장 낮다. 물이 담긴 욕조에 토성을 집어넣을 경우 둥둥 떠다닐 것이다.

**점:** 거대한 대기 폭풍

**거대한 적색 점:** 이 대기 폭풍은 지구보다 더 크다. 6~7일에 걸쳐 반시계 방향으로 회전하며 300년 이상 요동치고 있다.

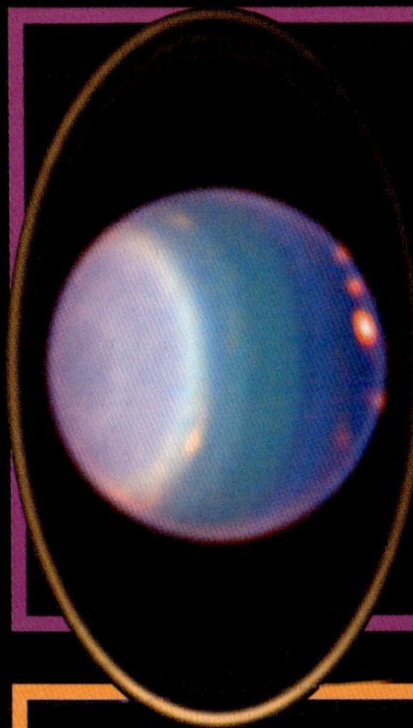

## 천왕성

● 천왕성의 영어 이름 우라누스(Uranus)는 그리스 신화 속 하늘의 신, 우라노스(Uranos)에서 유래했다.

● 천왕성은 태양계의 일곱 번째 행성이다. 1781년 3월 13일 천문학자 허셜의 망원경에 의해 우연히 관측되어 처음으로 알려졌다.

● 천왕성은 공전 궤도면에 거의 누워 있는 상태로 회전한다. 이 행성은 자전축에 대해 98도 기울어져 있는데 어렸을 때 커다란 소행성과 충돌했기 때문인 것으로 추측된다.

● 나머지 세 개의 거대 가스 행성과 마찬가지로 천왕성의 대기는 대부분 수소이다. 이 밖에 붉은빛을 흡수하는 메탄이 포함되어 있어 행성이 푸른빛을 띠게 된다.

## 해왕성

● 해왕성의 영어 이름 넵튠(Neptune)은 로마 신화 속 바다의 신의 이름에서 유래했다.

● 거대 가스 행성 중 네 번째로 크다.

● 태양과 해왕성 간의 거리는 태양과 지구 사이의 거리보다 30배 멀다.

● 모든 행성 중 온도가 가장 낮다. 구름 꼭대기는 영하 200℃이고 바람도 가장 강해 적도 부근에서는 풍속이 시속 2,160km에 달한다.

### 정말 믿을 수 없어!

해왕성은 1846년 9월 23일에 비로소 발견되었다. 그 이전에 여러 번 관측된 적이 있지만 천문학자들은 그것이 항성이라 생각했지 행성이라 생각하지 않았다.

# 왜소 행성이란 무엇일까?

천문학자들은 계속해서 새로운 물체를 발견하고 또 그에 대한 설명을 내놓는다. 2006년 학자들은 왜소 행성이라는 새로운 범주를 만들었다. 왜소 행성은 조그맣고 거의 둥근 모양으로 태양 주위를 공전한다. 행성 주변에는 여러 물체들로 이루어진 띠가 있다. 태양계에는 여러 미행성체들이 있는데 행성 주위를 도는 위성, 소행성과 혜성 너머에 편평한 띠 모양을 하고 있는 카이퍼 띠 등이 여기에 속한다.

### 아름다운 곡선을 그리며 사라지는 별똥별

매일 밤하늘에 별똥별이 생긴다. 별똥별의 가느다란 별빛 곡선은 **혜성의 먼지 입자**가 지구 대기권으로 진입하며 생기는 것이다. 1년에 20번 가량 별똥별 소나기가 내리는데 이때 별똥별을 손쉽게 볼 수 있다.

## 왜소 행성

현재 우리가 알고 있는 왜소 행성은 다섯 개이다. 카이퍼 띠에 네 개가 있고, 다섯 번째인 세레스는 화성과 목성 사이 소행성대에 있다.

| 왜소 행성 | 발견 시기 | 위성의 개수 |
|---|---|---|
| 에리스 | 2005년 | 1개 |
| **명왕성** | **1930년** | **3개** |
| 우미아 | 2005년 | 2개 |
| **마케마케** | **2005년** | **0개** |
| 세레스 | 1801년 | 0개 |

## 충돌 분화구

외계에서 지구로 들어오는 물체의 대부분은 대기권을 지나며 부서져 없어진다. 하지만 일부 살아남은 커다란 물체들은 마치 소행성처럼 지구 표면과 충돌하여 거대한 분화구를 형성한다. 마니코건 분화구는 이러한 충돌로 만들어진 다섯 개의 거대한 충돌 분화구 중 하나로, 우주에서 지구를 보면 그 모습이 또렷이 보인다.

| 이름 | 위치 | 지름 | 나이 |
|---|---|---|---|
| 프레드포트 | 남아프리카 공화국 | 300km | 20억 년 이상 |
| 서드베리 | 캐나다 | 250km | 18억 5000만 년 |
| 칙술루브 | 멕시코 | 170km | 6500만 년 |
| 포피가이 | 러시아 | 100km | 3570만 년 |
| 마니코건 | 캐나다 | 100km | 2억 1400만 년 |

### 정말 믿을 수 없어!

목성의 가장 큰 위성 가니메데와 토성의 가장 큰 위성 타이탄은 둘 다 행성인 수성보다도 크다.

## 우주에서 날아드는 물체

- 우주에 있던 암석들이 가끔씩 지구로 날아드는데 이것을 별똥별이라고 한다.
- 별똥별의 대부분은 소행성으로부터 시작되나 일부는 달과 화성으로부터 시작되기도 한다.
- 무게가 1kg 이상 되는 별똥별이 해마다 3,000개 정도 지구로 떨어진다. 대부분은 바다로 떨어진다.
- 2만 2,500개 이상의 별똥별이 수집되어 분류되었다.
- 지금까지 발견된 것 중 가장 큰 별똥별은 1920년 나미비아의 호바웨스트에 떨어진 것으로 무게가 66톤에 달한다.
- 별똥별에는 세 가지 주요한 유형이 있다.

암석류 철 암석과 철의 혼합형

## 신비로운 위성의 세계

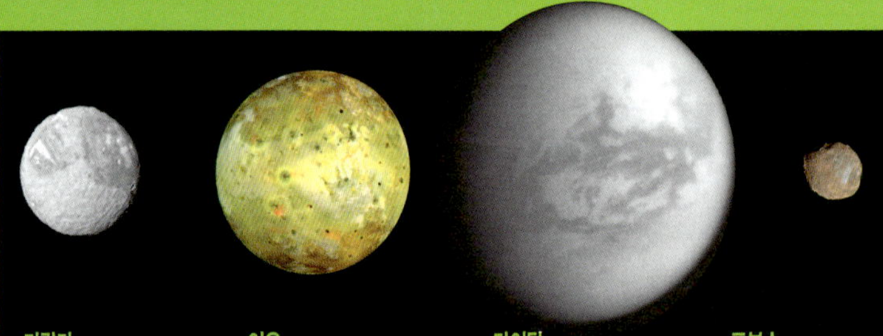

**미란다**
천왕성의 다섯 개의 위성 중 가장 작은 것이다. 표면은 굴곡이 심하며 거대한 협곡으로 덮여 있다.

**이오**
목성의 위성인 이오는 활화산으로 덮여 있어 표면의 모습이 항상 새롭게 변한다.

**타이탄**
토성의 위성 중 가장 크다. 행성형 위성 중 유일하게 짙은 대기로 덮여 있다.

**포보스**
화성에는 두 개의 작은 위성이 있다. 둘 중 더 큰 것이 지름이 27km인 포보스이고 나머지 다른 하나가 데이모스이다.

## 행성과 주변의 위성

| 행성 | 위성의 개수 |
|---|---|
| 수성 | 0개 |
| 금성 | 0개 |
| 지구 | 1개 |
| 화성 | 2개 |
| 목성 | 최소 63개 |
| 토성 | 최소 60개 |
| 천왕성 | 27개 |
| 해왕성 | 13개 |

## 가장 큰 위성 열 개

| 이름 | 직경 | 모행성 |
|---|---|---|
| **01:** 가니메데 | 5,260km | 목성 |
| **02:** 타이탄 | 5,150km | 토성 |
| **03:** 칼리스토 | 4,820km | 목성 |
| **04:** 이오 | 3,640km | 목성 |
| **05:** 달 | 3,480km | 지구 |
| **06:** 유로파 | 3,120km | 목성 |
| **07:** 트리톤 | 2,710km | 해왕성 |
| **08:** 티타니아 | 1,580km | 천왕성 |
| **09:** 레아 | 1,530km | 토성 |
| **10:** 오베론 | 1,520km | 천왕성 |

## 살짝 엿보기 소행성

**01:** 45억 년 전 화성과 목성 사이에 행성을 만드는 데 실패한 지구형 행성들의 잔해가 바로 소행성이다.

**02:** 이 잔해들이 하나로 융합되지 못한 채 서로 충돌했다.

**03:** 암석과 금속성 물체들은 태양계로 흩어져 행성들과 충돌했다.

**04:** 마침내 소행성대로 알려진 암석 조각 띠가 화성과 목성 사이에 자리를 잡았다. 태양 주위의 다른 궤도에도 소행성이 몇 개 있다.

**05:** 지구 근접 소행성이라 불리는 몇몇 소행성은 지구와 부딪힐 가능성도 있다.

## 좀 더 알아보기: 혜성의 구성

**1 핵:** 혜성의 심장부인 핵은 눈과 먼지가 섞인 눈덩이로 그 모양이 불규칙하며 표면층은 얇은 먼지 막으로 덮여 있다.

**2 코마:** 혜성이 태양 가까이 접근할 때 가스와 먼지로 된 거대한 머리 모양의 코마가 형성된다.

**3 가스 꼬리:** 태양열로 인해 핵의 눈이 가스로 변하고 이것이 푸른색 꼬리로 흘러나오게 된다.

**4 먼지 꼬리:** 핵에서 방출된 먼지가 코마 부분부터 줄어들기 시작해 흰색 꼬리 모양으로 나타난다.

## 차가운 혜성들

**혜성은 거대 행성들이 형성된 후 남겨진 잔해이며 먼지 섞인 거대한 눈덩이처럼 생겼다.**

혜성이 태양 주위를 도는 경로는 매우 다양한 방향으로 나타난다.

**우주에는 수조 개 이상의 혜성이 있다. 이들은 보통 오르트 구름이라고 불리는 거대한 영역을 형성하며 태양계 행성부를 둘러싸고 있다.**

몇몇 혜성은 오르트 구름을 떠나 내태양계를 공전하면서 가끔씩 지구의 하늘에 나타나곤 한다.

## 카이퍼 띠

★ 해왕성 너머에 혜성 모양의 물체들이 형성한 편평한 모양의 띠를 말하며 태양으로부터 60억에서 120억 km 떨어진 곳에 분포해 있다.

★ 카이퍼 띠에 1,000개 이상의 작은 천체들이 발견되었고 지름이 100km 이상 되는 천체들이 최소한 7만 개 이상 더 발견될 것으로 추정되고 있다.

★ 카이퍼 띠에는 이미 알려진 4개의 왜소 행성이 있으며 최소 200개 이상이 더 발견될 것으로 예상된다.

★ 카이퍼 띠에 존재하는 대부분의 천체들은 태양 주위를 공전하는 데 250년 이상 걸린다.

# 얼마나 많은 별자리가 있을까?

밤하늘에는 88개의 별자리가 있다. 각각의 별자리는 직선으로 표시되며 밝게 빛나는 별들이 모여 특별한 모양을 이룬다. 그것들은 마치 퍼즐 조각과 같아 조각을 모두 맞추면  지구를 둘러싼 하늘 전체가 된다.

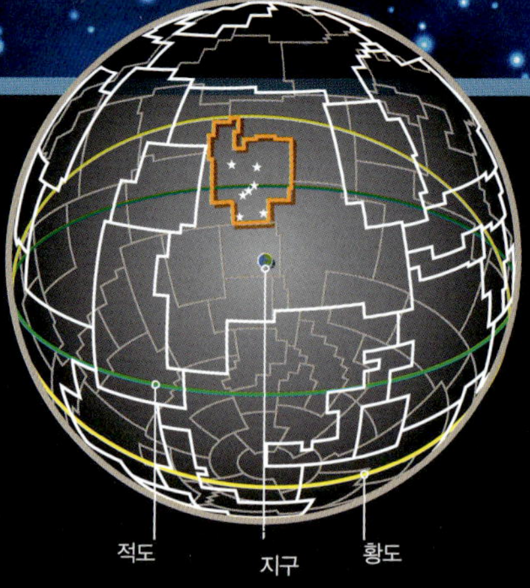


## 좀 더 알아보기: **천구**

- 고대 천문학자들은 지구 주위를 돌고 있는 별들로 가득 찬 거대한 구가 바로 밤하늘이라고 생각했다.
- 천구라는 개념은 별들의 위치를 설명하기 위해 아직도 사용되고 있다.
- 천구는 88개의 별자리로 나뉜다.
- 왼쪽의 주황색으로 표시된 부분이 오리온자리의 윤곽이다.

## 하늘의 별자리 모양 알아보기

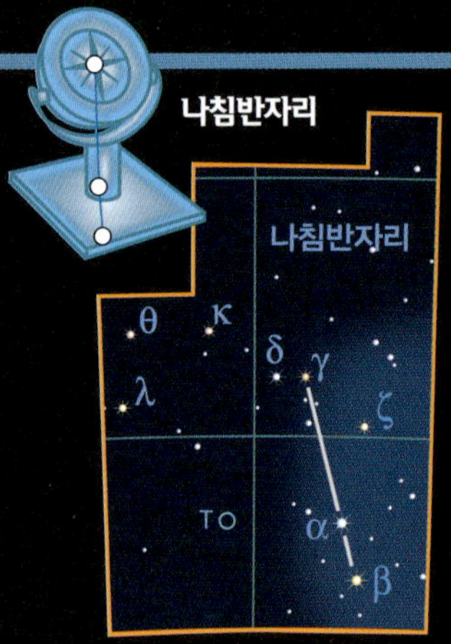


13개의 별자리는 모두 사람 모양을 하고 있다. 12개는 그리스 신화로부터 나왔으며 13번째는 아메리카 원주민이다.

**15개의 동물 별자리에는 황소와 늑대가 포함되어 있다.**

새 이름이 붙은 8개의 별자리에는 공작과 큰부리새도 포함되어 있다.

**물과 관련된 9개의 별자리에는 게, 돌고개, 바다 괴물 등이 있다.**

하프, 나침반, 십자가, 시계, 현미경 등 물체 이름을 포함하는 별자리도 28개나 있다.

**나머지 15개는 파리에서부터 신화 속에 나오는 창조물까지 다양한 것들이 있다.**

## 오리온자리 찾기

**01.** 지평선을 바라보며 손을 펼친 채 팔을 내민다. 오리온자리는 손바닥보다 조금 더 크다. 만일 남반구에 있다면 오리온자리가 거꾸로 보일 것이다.

**02.** 하늘에 밝게 빛나는 별 세 개가 연이어 붙어 있는 것을 찾아봐라. 이것은 오리온자리의 허리띠이다.

**03.** 허리띠 위아래로 같은 거리에 두 개의 별이 밝게 빛나고 있다. 따스한 느낌의 붉은빛을 내는 별이 가장 밝은 베텔기우스이고 이보다 하얀 별이 리겔이다.

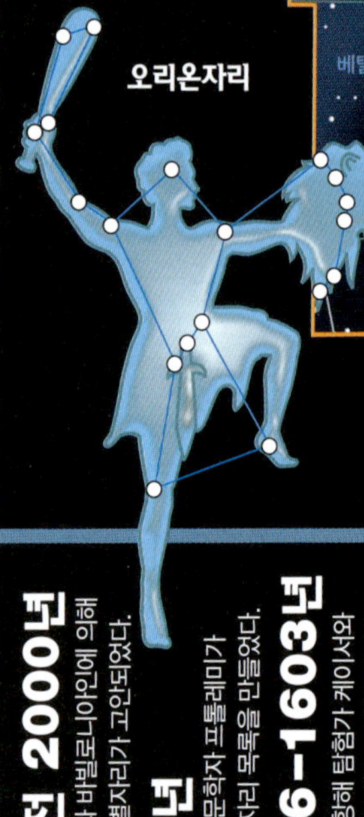

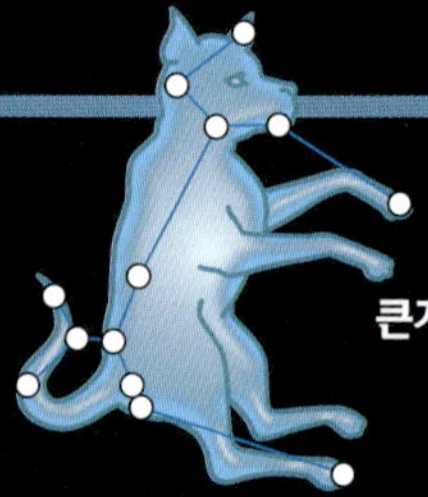

## 멀리 저 멀리

특정한 모양을 이루어 별자리로 알려진 별들은 단지 외관상 그렇게 보일 뿐이다. 이 별들은 서로 아무런 상관이 없으며 지구로부터의 거리도 엄청난 차이가 있다.

## 주요 일지

**기원전 2000년** 수메르인과 바빌로니아인에 의해 처음으로 별자리가 고안되었다.

**150년** 그리스 천문학자 프톨레마이가 48개의 별자리 목록을 만들었다.

**1596-1603년** 네덜란드 항해 탐험가 케이서와 하우트만에 의해 12개의 별자리가 새로 소개되었다.

**1690년** 7개의 별자리가 새로 추가되며 북쪽 하늘의 별자리가 완성되었다.

**1754년** 14개의 별자리가 프랑스 천문학자 라카유에 의해 소개되며 남쪽 하늘의 별자리가 완성되었다.

**1922년** 국제 천문 연합에 의해 88개의 별자리 모양이 공식적으로 인정되었다.

**1930년** 별자리들의 공식적인 경계를 직선으로 분할하는 것에 합의가 이루어졌다.

# 정말 믿을 수 없어!

별자리 모양이 영원히 유지되지는 않을 것이다. 그렇지만 가까운 시일 내에 변하지도 않을 것이다. 모든 별들은 대략 초속 50~100km의 속도로 움직이고 있다. 그러나 우리는 별들이 그렇게 빠른 속도로 움직이고 있다는 것을 거의 알아차리지 못한다. 그 별들은 보통 100광년 정도 멀리 떨어져 있기 때문에 별의 위치가 변했다는 것을 우리가 감지하려면 약 1만 년이라는 시간이 필요하다.

## 기묘한 이야기

가장 이상한 별자리는 **머리털자리**이다. 이 별자리의 공식적인 이름은 **코마 베레니케**인데 이집트의 여왕이었던 베레니케의 머리카락을 닮았다고 붙여진 이름이다.

## 곰자리 별들

**01** **큰곰자리와 작은곰자리**가 있으며 모두 북반구 하늘에서만 보인다.

**02** 별들 중 가장 유명한 것은 **작은곰자리** 꼬리 끝에 있는 **북극성**이다. 이것은 지구의 북극 지방 위쪽에 위치해 있다.

**03** 진짜 곰의 꼬리는 뭉툭하고 짤막한데 왜 곰 별자리의 꼬리는 긴지 아무도 알지 못한다.

가장 큰 별자리는 **물뱀자리**, 즉 히드라이다. 이는 하늘 전체의 3.16%에 해당하는 지역에 구불구불한 모양으로 걸쳐 있다. 가장 작은 별자리는 **남십자자리**인 크룩스인데 가장 밝은 별자리이기도 하다.

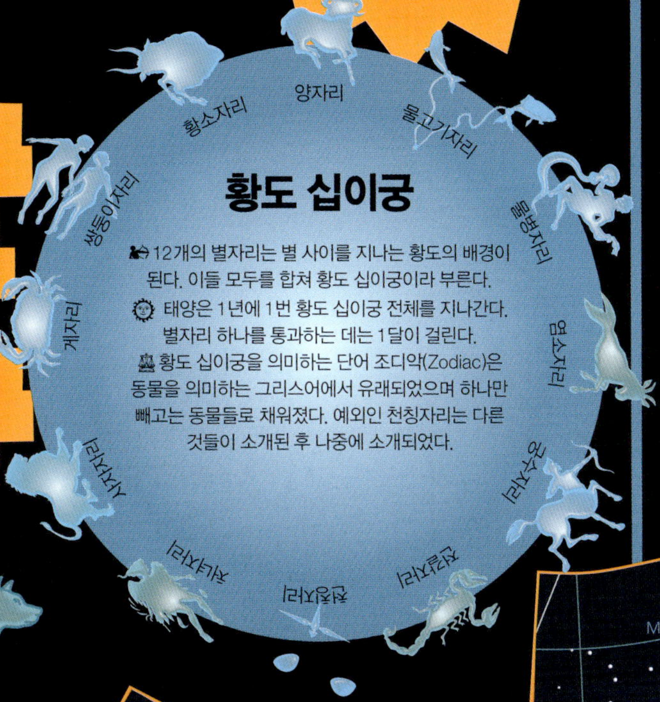


## 황도 십이궁

12개의 별자리는 별 사이를 지나는 황도의 배경이 된다. 이들 모두를 합쳐 황도 십이궁이라 부른다.

태양은 1년에 1번 황도 십이궁 전체를 지나간다. 별자리 하나를 통과하는 데는 1달이 걸린다.

황도 십이궁을 의미하는 단어 조디악(Zodiac)은 동물을 의미하는 그리스어에서 유래되었으며 하나만 빼고는 동물들로 채워졌다. 예외인 천칭자리는 다른 것들이 소개된 후 나중에 소개되었다.

작은개자리

## 개 모양 별자리들

하늘에는 네 마리의 개가 있다. 두 마리는 사냥개자리이고 또 다른 두 마리는 오리온의 사냥개로 알려진 큰개자리와 작은개자리이다.

큰개자리의 시리우스는 가장 밝게 빛난다. 때때로 도그스타(Dog Star)로 불린다.

고대 그리스와 로마 시대에는 가장 더운 여름날을 '개의 날'이라 불렀는데 해 질 녘 하늘로 시리우스가 떠오르기 때문이다.

시리우스는 사실상 두 개의 별로 이루어져 있다. 짝을 이루는 시리우스B는 강아지라는 앙증맞은 이름으로 알려져 있다.

**네덜란드 화가 빈센트 반 고흐는 그의 그림 '론 강의 별이 빛나는 밤'에서 북두칠성을 표현하고 있다.**

밤하늘에서 가장 잘 알려진 별자리인 **북두칠성**은 사실 별자리가 아니고 **성단**이라고 불리는 별의 배열 형태이다. 이 일곱 개의 별은 **큰곰자리**의 일부분이다.

# 망원경은 어떻게 어둠 속에서 물체를 관측할까?

망원경은 빛을 반사해 상을 맺게 하는 도구이다. 렌즈를 이용하거나 더 흔하게는 거울을 이용해 우주 천체들로부터 빛을 모은다. 큰 거울은 작은 거울로 빛을 반사하고 이를 통해 빛을 초점으로 모아 거기에 물체의 상을 맺게 한다.

## 좀 더 알아보기:
## **천문대 내부**

**프라임 포커스:** 원래는 천문학자들이 여기에 앉아 관측했다. 하지만 오늘날은 관측 내용이 컴퓨터에 기록된다.
**마운트:** 말발굽 모양의 마운트가 망원경을 지지해 주며 이것을 돌려 하늘의 특정 부분으로 망원경을 향하게 할 수 있다.
**돔:** 알루미늄과 강철로 된 돔이 회전하다 열리면 망원경이 하늘의 각기 다른 부분들을 관측하게 된다.
**손전등:** 이 사진은 촬영시간을 일정한 간격으로 설정하여 지정된 시간에만 촬영한 사진인데 불빛은 손전등을 들고 관측소 주변을 둘러보는 사람에게서 나온 것이다.
**베이스:** 망원경은 지진에 대비해 화강암으로 된 단단한 기초 위에 만들어진다.


## 망원경의 종류

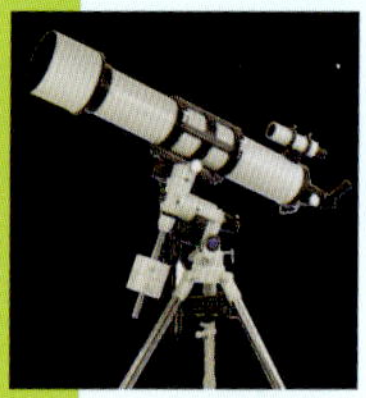

**굴절 망원경**
빛을 굴절시켜 먼 거리에 있는 물체의 상이 맺히도록 하며 이를 위해 커다란 렌즈를 사용한다.

**반사 망원경**
먼 거리에 있는 희미한 별빛을 모아야 하므로 커다란 굴곡 거울을 사용한다.

**전파 망원경**
우리 눈에 보이지는 않지만 우주의 별이나 다른 천체로부터 방출되는 전파를 잡는다.

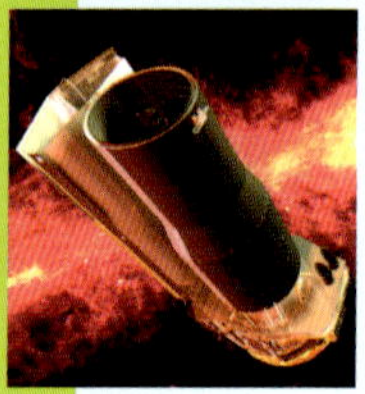

**우주 망원경**
지구 주위를 회전하며 하루 24시간 작동한다. 지구에 있는 과학자가 이를 조절한다.

## 숫자로 알아보기

**34개**
미국 애리조나 주의 키트피크 국립 천문대와 하와이에 있는 마우나케아 천문대에 있는 망원경의 개수

**24.5m**
2017년 완공을 목표로 하고 있는 칠레 라스캄파나스 거대 마젤란 망원경에 들어갈 거울의 지름. 세계에서 가장 큰 망원경이 될 것이다.

**36개**
미국 하와이 마우나케아에 있는 두 개의 케크 망원경 거울에 맞춰질 육각형 조각의 개수. 각 거울 조각들의 지름은 1.8m이다.

## 가장 좋은 망원경 다섯 가지

| 이름과 위치 | 중심 거울의 지름 |
|---|---|
| **최대 광학 망원경**<br>스페인, 라팔마 섬 | 10.4m |
| **케크 1호와 케크 2호**<br>하와이 마우나케아 | 10m |
| **남아프리카 거대 망원경**<br>남아프리카 | 10m |
| **호비-에벌리**<br>미국 텍사스 주 포크스 산 | 9.2m |
| **거대 쌍안 망원경**<br>미국 애리조나 주 그레이엄 산 | 8.4m |

## 기묘한 이야기

전파 망원경들이 설치된 앨런 망원경 관측소는 **외계 생명체로부터 오는 신호**를 탐색하고 있다. 이 망원경들은 외계인에 의해 발생된 전파 신호가 존재하는지 확인하기 위해 앞으로 100만 개의 별을 탐사할 예정이다.

## 눈에 보이지 않는 것들

별들이 단지 빛만 내보내는 것은 아니라 다양한 파장의 에너지도 방출한다. 각기 다른 종류의 망원경이 다양한 형태의 에너지를 감지하는데, 이 에너지들은 우주 안에서 매우 다양한 작용을 하는 것으로 드러났다.

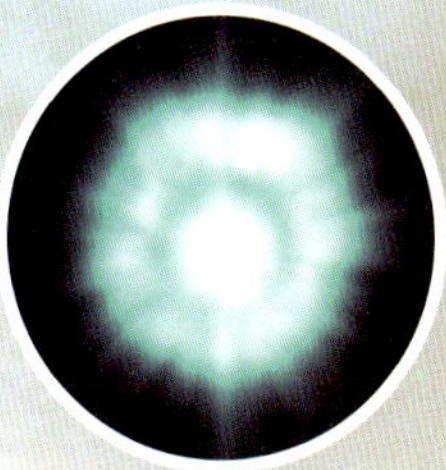
**감마선 이미지**
감마선 폭발

**엑스레이 이미지**
총알 은하단

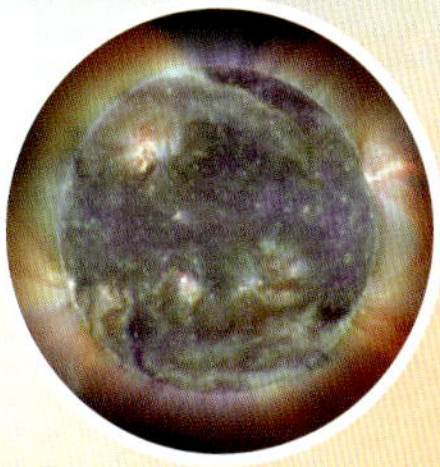
**자외선 이미지**
태양

**가시광선**
불꽃 성운

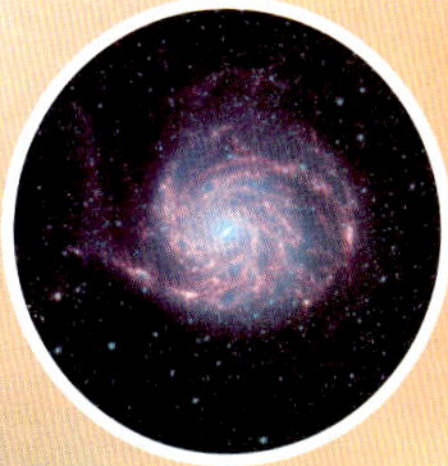
**적외선 이미지**
바람개비 은하

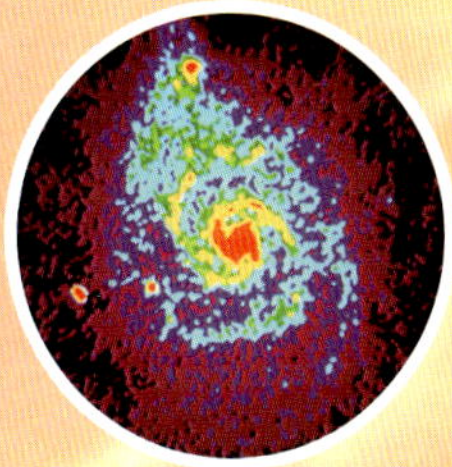
**전파 이미지**
소용돌이 은하

## 빛의 여행

- 빛은 초속 30만km의 속도로 여행한다. 매우 먼 거리에 있는 천체로부터 나오는 빛이 우리 눈에 들어오기까지는 매우 긴 시간이 필요하다.
- **태양을 출발한 빛이 우리에게 도달하는 데는 8.3분이 걸린다.**
- 태양 다음으로 가까운 별 켄타우루스자리 프록시마에서 나오는 빛이 우리에게 도달하는 데는 4.28년이 걸린다. 이것은 우리와 4.28광년 떨어져 있다는 뜻이다.
- **안드로메다 은하계는 지구로부터 250만 광년 떨어져 있다. 이것은 지금 우리 눈에 들어오는 이 은하계의 모습이 250만 년 전의 모습이라는 의미이다. 우리는 현재가 아닌 과거의 것을 보고 있는 것이다.**

## 주요 일지

**1608년**
플랑드르의 안경 제작자인 한스 리퍼세이가 자신이 새로 발명한 망원경의 특허를 신청했다.

**1609년**
이탈리아 과학자 갈릴레이가 두 개의 안경 렌즈를 이용해 망원경을 만들었다.

**1668년**
영국 과학자 뉴턴이 렌즈 대신 두 개의 거울을 사용하는 반사 망원경을 발명했다.

**1838년**
독일인 천문학자 베셀이 망원경을 사용해 백조자리 61까지의 거리를 측정하였다. 이 별은 태양 이후 처음으로 그 거리가 측정된 별이다.

**1887년**
산 정상에 세워진 최초의 상설 천문대인 캘리포니아 해밀턴 산의 릭 천문대가 선을 보였다.

**1919년**
캘리포니아 윌슨 산에 있는 2.5m짜리 후커 망원경을 통해, 대부분의 성운은 멀리 있는 은하계라는 사실과 우주가 계속해서 팽창하고 있다는 사실이 밝혀졌다.

**1962년**
아리엘 1호가 발사되었다. 이것은 지구 주위 궤도에 진입한 최초의 망원경이다.

## 달 위의 물체 보기

달 표면에 지름 130km의 물체가 있다면 육안으로 식별해 낼 수 있다. 지구에 설치된 가장 좋은 망원경으로는 직경 1km의 물체를 식별할 수 있다.

**단일 전파 망원경으로 가장 큰 것은** 푸에르토리코 아레시보에 있는 지름 305m짜리 접시 모양 망원경이다. 망원경은 섬 언덕의 움푹 들어간 자리에 설치되었으며 지구가 회전하면서 여러 부분을 관측하도록 설계되었다.

### 여럿이 함께 작업하기

어떤 망원경들은 좀 더 자세한 이미지를 만들어 내기 위해 협조 시스템을 갖추고 있다. 미국의 뉴멕시코 주에 있는 VLA(The Very Large Array)는 27개의 전파 접시로 구성되어 있으며 각각의 접시는 지름이 25m에 달한다.

## 좀 더 알아보기: 허블 우주 망원경

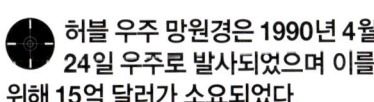

- **허블 우주 망원경은 1990년 4월 24일 우주로 발사되었으며 이를 위해 15억 달러가 소요되었다.**
- 길이 13.2m의 망원경이 고도 569km 위치에서 매 97분마다 지구 둘레를 한 바퀴씩 회전하고 있다. 회전 속도는 초속 8km이다.
- **카메라와 장비를 향해 있는 중심 거울이 빛을 모은다. 망원경에서 기록된 자료는 하루에 두 번 지구로 전송된다.**
- 허블 망원경을 대체할 제임스 웹 우주 망원경이 2013년 발사될 예정이다. 지구로부터 150만 km 떨어진 거리에 위치할 것이다.

## 살짝 엿보기

### 천문대

**01:** 천문대의 위치로 가장 좋은 곳은 적도에 가깝고 고도가 높은 사막 지역이다.

**02:** 천문대는 보통 작은 마을에서 약 80km 떨어진 곳에 위치한다. 필요한 물자를 공급받을 수 있으면서 동시에 빛의 방해를 받지 않을 수 있는 곳이기 때문이다.

**03:** 보통 산에 설치되는데 구름이 시야를 흐리게 하는 것을 피할 수 있기 때문이다.

**04:** 망원경은 천문대 건물 중 가장 높은 곳에 설치한다. 그래야 지열의 영향을 최소화할 수 있다.

# 우주 탐사선은 무슨 일을 할까?

우주 탐사선이란 일반적으로 무인 우주선을 일컬으며 대여섯 종류가 있다. 근접 비행 우주선은 계속 곡선 주행을 하며 목표물 사이를 돌아다닌다. 궤도 선회 우주선은 목표물 주위를 공전하는 우주선이며 착륙 우주선은 목표 지점에 내려앉아 천체 표면 위로 돌아다니며 탐사하는 탐사선이다.

**태양 감시기**
우주선 율리시스, 소호, 히노데는 모두 태양의 활동상을 관찰하고 있다.

## 행성 궤도 선회 우주선

**행성**: 수성
**첫 번째 선회 우주선**: 메신저
**궤도 진입 날짜**: 2011년 3월

**행성**: 금성
**첫 번째 선회 우주선**: 베네라 9호
**궤도 진입 날짜**: 1975년 10월

**행성**: 화성
**첫 번째 선회 우주선**: 마리너 9호
**궤도 진입 날짜**: 1971년 11월

**행성**: 목성
**첫 번째 선회 우주선**: 갈릴레오
**궤도 진입 날짜**: 1995년 12월

**행성**: 토성
**첫 번째 선회 우주선**: 카시니
**궤도 진입 날짜**: 2004년 7월

## 좀 더 알아보기: **우주선 구조**

탐사선은 승용차 또는 버스 크기만 한 로봇이며 각각 특수한 목적을 위해 디자인된다. 우주선 로제타는 혜성 주위를 공전하며 혜성이 태양 주변에 근접할 때 함께 움직이게 된다.

**태양 전지판**: 우주선에 동력을 제공하기 위해 태양 에너지를 전기 에너지로 전환한다. 전지판 날개의 길이는 32m이다.
**계기 장치**: 로제타는 11개의 계기 장치를 싣고 다닌다. 혜성의 주변 환경을 점검하기 위한 것이다.
**방열기**: 여러 방열기 중의 하나가 우주선이 과열되는 것을 막아 준다.
**안테나**: 조종이 가능한 2.2m 폭의 안테나는 수집한 정보를 지구로 전송한다.
**미로**(MIRO): 혜성의 표면 아래 핵의 온도를 감지하는 극초단파 기계의 이름이다.
**단열**: 로제타 본체는 어두운 색의 단열재로 덮여 있는데 온도가 낮은 외태양계로 나아갈 때 따뜻한 온도를 유지하기 위해서이다.


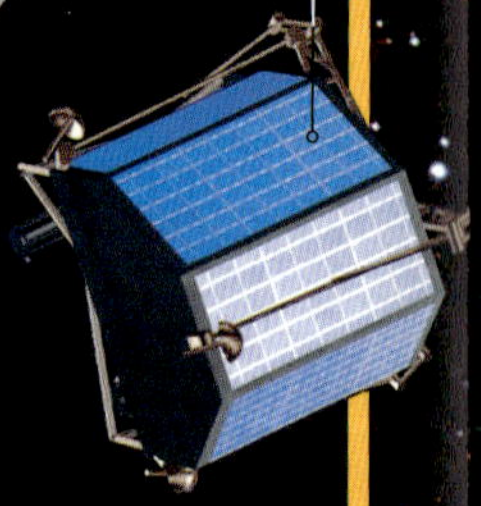

**파일리**: 혜성에 착륙해 표본을 채집하기 위해 구멍을 뚫으려고 로제타로부터 나온다.


### 최고 기록은?

우주선 '헬리오스 2호'는 **사람이 만든 인공물 중 가장 빠른 것**이다. 1970년 후반 초속 68.75km라는 믿기 어려운 속도로 태양 주위를 돌며 탐사했다.

### 정말 믿을 수 없어!

1999년 화성 기후 탐사선이 화성 주변 궤도에 잘못 진입했다가 파괴되었다. 로봇의 잘못은 아니었다. 지구에 있던 조종 팀이 미터법이 아닌 야드법을 사용하여 이것을 조종했기 때문에 일어난 사고였다.

살짝 엿보기

## 카시니 하위헌스 호

**01:** 지금까지 가장 많은 비용이 들고 세밀한 탐사 임무를 띤 카시니 하위헌스 호가 7년의 비행 끝에 2004년 7월 토성에 도착했다.

**02:** **이 탐사선은 토성과 토성의 달을 연구하기 위해 12개의 계기 장치를 사용한다.**

**03:** 작은 탐사선 하위헌스가 카시니 호에 태워진 채 토성의 가장 큰 위성인 타이탄 위에 낙하산을 타고 착륙했다.

**04:** **전체 임무를 완성하는 데 32억 6000만 달러가 소요되었다. 미국이 26억 달러를 부담하였고 유럽 우주 항공국에서 5억 달러를, 이탈리아가 1억 6000만 달러를 부담하였다.**

**05:** 카시니 호의 DVD에는 81개국 616,420명의 서명이 들어 있다.

**06:** **탐사선의 이름과 동명인 천문학자 카시니(Jean Cassini)와 하위헌스(Christiaan Huygens)의 서명도 들어 있는데, 그들이 남긴 원고에서 따와 DVD에 삽입하였다.**

## 근접 비행

1979년과 1989년 사이 4개의 거대 행성과 48개의 달을 탐사했던 쌍둥이 탐사선 보이저 호는 근접 비행 임무를 가장 완벽하게 수행한 바 있다. 두 탐사선은 목성과 토성까지 날아갔다. 계속해서 보이저 2호는 천왕성과 해왕성 근처까지 갔으며 현재까지 이 두 행성을 다녀온 유일한 우주선으로 기록되어 있다.

## 우주 쓰레기

**어마어마한 양의 우주 쓰레기가 지구 주위를 돌고 있다. 통째로 버려진 우주선에서부터 로켓 조각들, 페인트 부스러기와 같은 것까지 다양한 종류가 있다.**

- 떠돌아다니는 부스러기들 중 10cm보다 큰 것은 대략 1만 7,000개가 있다.
- 1~10cm 크기의 쓰레기는 20만개 이상이 있다.
- 1cm 보다 작은 것은 수백만 개가 있다.
- 쓰레기의 대부분은 지구 표면으로부터 2,000km 이내에 존재한다.

## 지금은 어디 있을까?

우주 비행사들과 달리 로봇 우주선은 임무를 완성한 뒤에 귀환할 필요가 없다. 많은 수의 쓸모없는 탐사선이 아직도 목표물 주변을 돌고 있거나 착륙했던 장소에 그대로 남아 있다.

■ 탐사선 **갈릴레오**는 8년간 목성과 그 달을 탐사한 후 일부러 목성과 충돌하게 만들었다. 2003년 9월 분해된 후 행성 대기 속으로 사라졌다.

■ **서베이어 3호**는 1967년 달에 착륙했다(아래 사진). 12년 후 콘라드와 빈이 아폴로 12호 사령선에서 서베이어 3호까지 걸어가 카메라, 흙 채취용 국자, 그리고 우주선의 다른 몇몇 부분을 가지고 지구로 귀환하였다.

■ 처음으로 소행성에 착륙한 우주 탐사선 **니어 슈메이커 호**는 아직 그곳에 있다. 소행성 주위를 공전할 목적으로 설계되었으며 처음부터 그곳에 계속 있게 할 생각은 아니었다.

## 첫 번째 착륙선

**1959년 9월**
목표물: 달
첫 번째 착륙선: 루나 2호

**1970년 12월**
목표물: 금성
첫 번째 착륙선: 베네라 7호

**1976년 7월**
목표물: 화성
첫 번째 착륙선: 바이킹 1호

**2001년 1월**
목표물: 에로스
첫 번째 착륙선: 니어 슈메이커 호

**2005년 1월**
목표물: 타이탄
첫 번째 착륙선: 하위헌스 호

## 최고 기록은?

보이저 1호는 지구로부터 160억km 이상 떨어진 곳에 있는, **가장 멀리 떨어진 우주선**이다. 이것은 태양과 지구 사이의 거리보다 100배 이상 먼 거리이다.

## 우주 탐사 로봇

로버라고 불리는 움직이는 착륙선으로 달과 화성에서 임무를 수행하고 있다.

**루노호트 1호**
태양계 천체를 향해 발사되었던 첫 번째 로버로 1970년 11월 17일부터 약 10개월 동안 달을 탐사했다. 지구에 있는 과학자들이 카메라를 통해 조정한다.

**서저너 호**
행성을 향해 발사된 첫 번째 로버는 전자레인지 크기의 카트였다. 착륙 우주선 패스파인더에 의해 화성으로 운반되었으며 1997년 약 3개월 동안 그곳에서 임무를 수행했다.

**스피릿 호와 오퍼튜니티 호**
2004년 1월 화성의 양쪽에 착륙한 쌍둥이 우주선. 당초 3개월가량 예상했던 활동 기간을 훌쩍 뛰어넘어 5년 이상 화성 탐사 활동을 벌였다.

## 표본 채집

가끔씩 천체 표본과 같은 로봇의 임무 수행 결과물들이 지구로 온다. 표본에는 다음과 같은 것들이 포함된다.

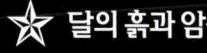

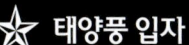

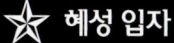

☆ **달의 흙과 암석**

☆ **태양풍 입자**

☆ **혜성 입자**

# 우주에 다녀온 사람은 몇 명이나 될까?

40개국 500명 안팎의 사람들이 우주 여행을 다녀왔다. 그러나 유인 우주선을 발사한 나라는 러시아, 미국, 중국 3개국에 불과하다. 인간이 다녀온 곳 중에서 가장 먼 곳은 달이다.

**부전자전**

러시아인 **알렉산더 볼코프**가 1985년 최초의 우주 비행사가 되었다. 그의 아들 **세르게이 볼코프**도 아버지를 따라 2008년 4월 국제 우주 정거장으로 비행했다.

## 우주인들은 어디로 갈까?

- 그동안 대부분의 우주 비행사들은 단지 지상 몇백 킬로미터까지만 여행했다.
- 최초의 우주 비행사는 캡슐 속에 들어간 채 발사되었다. 그들은 로켓의 앞부분에 앉는다. 일단 지상 위로 올라가면 로켓은 분리되고 캡슐 안의 우주 비행사는 지구 주위 궤도를 돌기 시작한다.
- 오늘날, 우주 비행사는 로켓이나 우주선에 의해 발사된다. 이들 대부분은 국제 우주 정거장으로 보내진다.
- 26명의 우주 비행사가 달을 여행하고 돌아왔다. 이들 중 12명은 달 표면을 걸어 다니기도 했다.

**최고 기록은?**

2001년 3월 11일, 미국의 우주 비행사 수잔 헬름과 짐 보스는 국제 우주 정류장 외부에서 8시간 50분 동안 일을 했다. **우주 유영 시간**으로는 최고 기록이었다.

## 허블 우주 망원경 수리하기

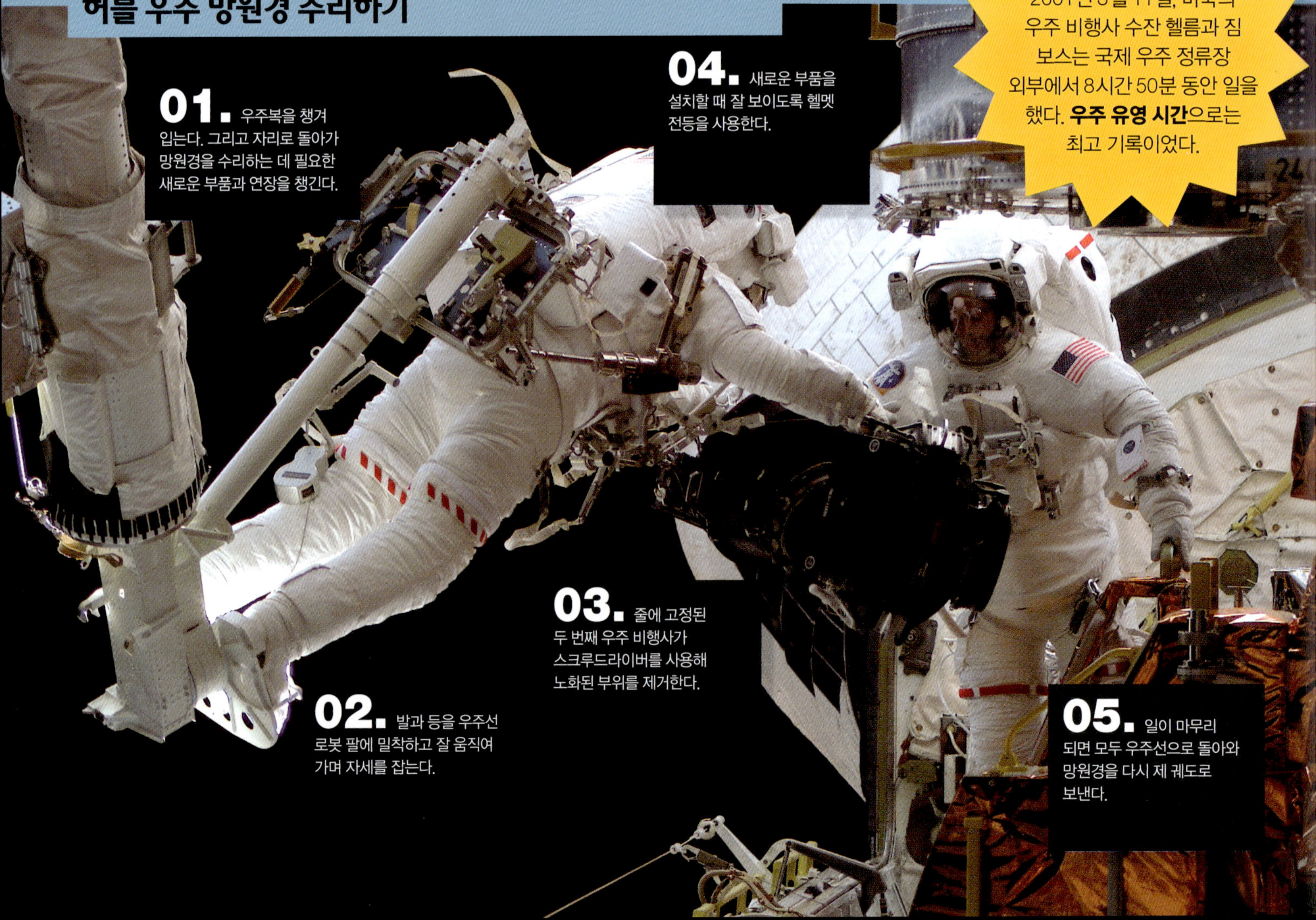

**01.** 우주복을 챙겨 입는다. 그리고 자리로 돌아가 망원경을 수리하는 데 필요한 새로운 부품과 연장을 챙긴다.

**02.** 발과 등을 우주선 로봇 팔에 밀착하고 잘 움직여 가며 자세를 잡는다.

**03.** 줄에 고정된 두 번째 우주 비행사가 스크루드라이버를 사용해 노화된 부위를 제거한다.

**04.** 새로운 부품을 설치할 때 잘 보이도록 헬멧 전등을 사용한다.

**05.** 일이 마무리 되면 모두 우주선으로 돌아와 망원경을 다시 제 궤도로 보낸다.

# 최초의 우주 비행사 다섯 명

**가가린**
최초로 우주에 다녀온 사람은 러시아 우주 비행사였다. 그는 1961년 4월 12일 108분 동안 보스토크 1호를 타고 지구 주위를 여행했다.

**테레시코바**
1963년 6월 16일 우주에 다녀온 첫 번째 여성 비행사로 러시아 사람이다. 그는 71시간 동안 지구를 48바퀴 돌았다.

**암스트롱**
1969년 7월 21일 최초로 달 표면을 디딘 사람이다. 그는 "이것은 한 사람의 작은 발걸음에 불과하지만 인류에게 있어서는 엄청난 도약이다"라고 말했다.

**레오노프**
1985년 3월 18일 레오노프는 우주 공간을 걸어 다닌 최초의 사람이 되었다. 줄에 몸을 묶고 총 10분간 우주 공간을 걸어 다녔다.

**티토**
미국인 티토는 2001년 4월 28일 2000만 달러를 지불하고 최초의 우주 여행객이 되었다. 7일 동안 지구를 128바퀴 돌았다.

달에 가고 싶어 하던 행성 지리학자 슈메이커의 꿈은 그가 죽은 뒤 마침내 실현되었다. 우주선 루나 프로스펙터에 실린 그의 **유골이 우주를 여행**했기 때문이다.

## 우주 비행사를 찾습니다

유럽 우주 항공국은 다음과 같은 자질이 있는 후보들의 등록을 받았다. 2008년 6월 광고 마지막 무렵까지 8,413명이 지원했다.

- **연령대:** 27~37살
- **키:** 153~190cm
- **언어:** 영어를 읽고 쓸 줄 알아야 함
- **학력:** 과학 관련 전공으로 대학을 졸업하거나 이에 준하는 자격을 갖고 있는 사람
- **건강:** 양호해야 함. 정상 범위 내 체중과 건전한 정신 상태
- **인성적 자질:** 양호한 사고 능력과 기억력, 높은 성취 동기, 융통성, 정서적 안정성, 훌륭한 손재주
- **추가 사항:** 비행 경험, 러시아어 회화 가능

## 우주 여행 비용은?

우주 여행을 하고 싶은가? 2010년 우주의 가장자리라 할 수 있는 고도 100km 지점까지 우주선을 타고 가려면 20만 달러를 준비하라. 약 6분 동안 무중력 상태를 경험할 수 있다.

우주 비행사는 식사 후 설거지를 하지 않는다. 단지 젖거나 마른 수건으로 닦아 낼 뿐이다.

## 재미있는 게임들

- 셰퍼드는 1971년 달에 있던 도구로 수제 골프채를 만든 후 이를 이용해 2개의 골프공을 쳤다. 가장 잘 친 샷은 비거리 366m였다.
- 채밋오프(위 사진)는 2008년 국제 우주 정류장으로 체스판을 가져가 지구 통제 센터에 있는 사람들과 원거리 체스 게임을 했다. 러시아, 미국, 일본, 독일의 통제 센터에 있는 사람들이 번갈아 가며 체스를 했다.
- 1985년 이래 줄넘기, 요요, 구슬, 부메랑을 포함한 다양한 장난감들이 우주에서 사용되었다. 어린이를 위한 무중력 상태 교육 프로그램의 일부로 계획된 것이었다.

## 살짝 엿보기

### 사람의 몸은 우주에서 어떻게 변할까?

**01:** 대부분의 우주 비행사들은 우주로 진입할 때 멀미를 경험한다. 두통, 메스꺼움, 구토와 같은 증상이 나타나지만 하루나 이틀 후 사라진다.

**02:** **체액이 머리 쪽으로 올라와 코감기, 코막힘, 얼굴 부종 등의 증상이 나타난다.**

**03:** 아래쪽은 체액이 상대적으로 적어 종아리 둘레가 줄어드는데 보통 새 다리라고 부른다.

**04:** **뼈에서 칼슘이 빠져나가 대소변으로 배설된다. 골 밀도가 낮아져 뼈가 부러질 수도 있다. 하지만 러닝 머신에서 운동을 하면 골절 방지에 도움이 된다.**

**05:** 우주에서는 심장이 정상 속도로 박동할 필요가 없어 수축된다.

**06:** **우주에서는 먼지가 가라앉지 않고 공기 중에 떠다닌다. 이것이 비행사들의 코를 자극해 하루에 100번 이상 재채기를 하게도 한다.**

## 무슨 뜻일까?

우주 비행사(astronaut)는 '별', '항해사'에 해당하는 그리스어에서 유래했다. 아스트로너트는 우주를 여행하는 모든 사람들을 지칭하기 위해 사용된다. 러시아 우주 비행사들은 코스모너트(cosmoaut)라고 불리며 중국 비행사들은 타이코너트(taikonaut)라 불린다.

# 좀 더 알아보기: **우주 비행 계획**

각각의 우주 비행 임무에는 이를 상징하는 엠블럼이 있는데 종종 자수를 놓은 패치로 만들기도 한다. 유인 유주선인 경우 비행사들이 이 엠블럼을 옷에 부착한다. 여기에 우주 탐사 역사상 가장 중요했던 비행의 패치가 있다. STS(Space Transportation System, 우주 운송 시스템) 숫자가 부여된 우주선 비행도 여러 개 있다.

**1961년 머큐리 3호**
우주를 비행한 최초의 미국인 우주 비행사가 탄생했다.

**1965년 제미니 4호**
우주를 걸어 다닌 첫 번째 미국인이 나왔다.

**1975년 바이킹 계획**
착륙선 두 개가 화성으로 발사되었다.

**1978년 소유즈 31호**
러시아 우주 비행사상 처음으로 독일인 우주 비행사가 탑승 선원에 포함되었다.

**1981년 STS-1**
지구와 우주 정거장을 왕복하는 셔틀이 미국에 의해 처음으로 발사되었다.

**1982년 살류트 7호**
프랑스 우주 비행사로는 최초로 러시아 우주 정거장을 방문하였다.

**1988년 부란**
러시아 우주 셔틀 프로그램으로는 유일한 것이다.

**1989년 STS-34**
갈릴레오 탐사선을 목성으로 발사하였다.

**1990년 STS-31**
허블 우주 망원경을 발사하였다.

**1990년 STS-41**
태양의 극지방을 탐사하기 위해 탐사선 율리시스를 발사하였다.

**1996년 화성 패스파인더**
화성에 로봇 탐사선이 발사되었다.

**1998년 STS-95**
미국인 글렌이 77살의 나이에 우주를 비행해 가장 나이 많은 우주 비행사로 기록되었다.

**1999년 STS-93**
우주 망원경 찬드라 엑스레이를 발사하였다.

**2000년 ISS 탐험 1**
우주인이 최초로 국제 우주 정거장으로 발사되었다.

**우주 항공국**
우주 비행사와 우주선에는 각 나라의 우주 항공국을 상징하는 엠블럼이 부착된다.

NASDA: 일본 우주 항공국

ESA: 유럽 항공 우주국

MOA: 중국 항공 우주국

**1968년 아폴로 8호**
달 주위를 회전한 첫 번째 유인
우주 비행이다.

**1969년 아폴로 11호**
사람이 최초로 달 표면에 착륙한
비행이다.

**1972년 아폴로 17호**
사람이 마지막으로 달 표면에 착륙했다.

**1975년 아폴로-소유즈 호**
미국 우주선과 러시아 우주선이 처음으로
우주에서 합체했다.

**1983년 STS-8**
인도의 인공위성이 우주로 발사되었다.

**1984년 살류트 7호**
인도 우주 비행사가 최초로 러시아
우주 정거장에 다녀왔다.

**1984년 STS 41-B**
사상 최초로 몸에 줄을 매지 않은 채
우주를 걸어 다녔다.

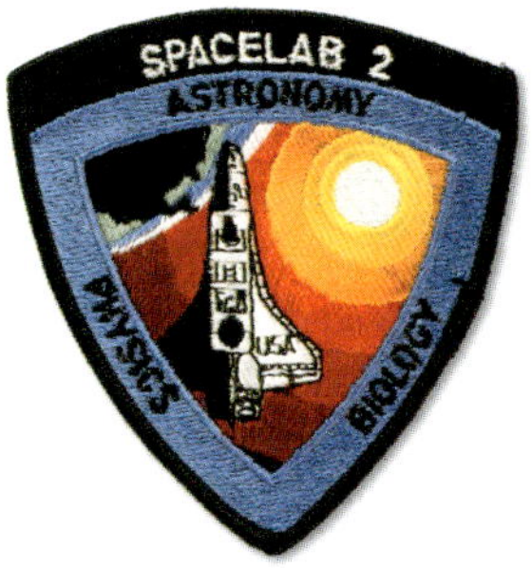


**1985년 스페이스랩 2호**
유럽의 우주 실험실이 셔틀에 탑재되어
우주를 여행했다.

**1991년 STS-40**
생명 과학 연구를 위한 실험실이
처음 우주로 보내졌다.

**1991년 STS-48**
상층 대기 연구용 인공위성이 발사되었다.

**1993년 STS-61**
허블 우주 망원경을 수리하기 위한
비행이 최초로 이루어졌다.

**1995년 셔틀-미르 프로그램**
셔틀이 러시아 우주 정거장과 연결되었다.

**2001년 STS-100**
셔틀 점검과 같은 다양한 임무를 수행하는
캐나다의 로봇 팔을 실어 나르는 우주
비행이 있었다.

**2006년 STS-115**
국제 우주 정거장에 태양 열판을
설치했다.

**2008년 STS-122**
유럽의 콜럼버스 실험실을
국제 우주 정거장으로 실어 날랐다.

**2008년 STS-123**
일본의 키보 실험실을
국제 우주 정거장으로 실어 갔다.

CNES: 프랑스 항공 우주국

PKA: 러시아 항공 우주국

NASA: 미국 항공 우주국

# 우주 비행사들은 우주 정거장에서 무슨 일을 할까?

지구의 궤도를 영원히 회전하는 우주 정거장은 우주 비행사에게 작업실이자 집이다. 한번 방문하면 몇 주 또는 몇 달 동안 머무르며, 우주에서 일어나는 인체의 변화나 식물 성장의 변화와 같은 과제 연구를 수행하기 위해 쉬지 않고 며칠씩 일을 하기도 한다. 그들은 또 정거장을 관리하는 일도 함께 한다.

## 주요 일지

살류트 1호
스카이랩
미르

**1971년**
최초의 우주 정거장 러시아 살류트 1호가 발사되었다. 뒤이어 6개의 살류트 호가 더 발사되었으며 살류트 호는 1991년까지 궤도를 돌았다.

**1973년**
미국의 첫 번째 우주 정거장인 스카이랩이 발사되었다.

**1986년**
러시아 우주 정거장 미르가 우주에서 건설되기 시작하였다.

**1998년**
국제 우주 정거장 건설을 위한 1단계 작업이 시작되었다.

## 우주 정거장 짓기

**01.** 세계적인 우주 과학자들을 모아 우주 정거장의 각 부분을 계획하고 설계한다.

**02.** 첫 번째 모듈(우주 비행사들이 생활하는 데 필요한 구성 단위)을 발사한다. 다른 부분들은 러시아 로켓이나 미국 우주 셔틀이 운반한다.

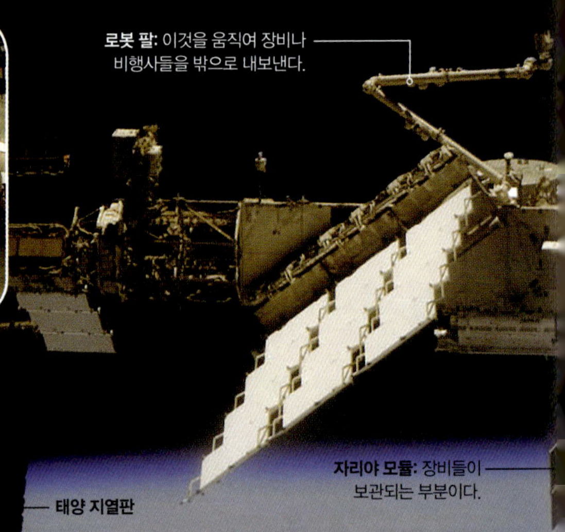

**로봇 팔:** 이것을 움직여 장비나 비행사들을 밖으로 내보낸다.
태양 지열판
**자리야 모듈:** 장비들이 보관되는 부분이다.

**03.** 한 번에 하나씩 각 부분들을 우주로 실어 나른 후 그것을 조립한다.

## 살짝 엿보기

### 국제 우주 정거장(ISS)

**01:** 2000년 11월 2일에 비행사들이 처음 국제 우주 정거장으로 들어가 138일 동안 체류했다.

**02:** 이후 지금까지 비행사들이 그곳에 머무르고 있다. 체류 기간은 대부분 6개월 정도이다.

**03:** 비행사들은 3인조를 이루어 그곳에 있다. 정거장이 확장되면서 머무는 사람 수가 6명까지 늘어날 전망이다.

**04:** 국제 우주 정거장 크기는 108.5m×72.8m다. 축구장 크기 정도이다.

**05:** 정거장은 시속 2만 8,000km의 속력으로 지구를 따라 공전한다.

## 숫자로 알아보기

**16개국**
11개국의 유럽 항공 우주국 참여국과 미국, 러시아, 캐나다, 일본, 브라질이 국제 우주 정거장에 협력하고 있다.

**18개**
세계 각국에서 국제 우주 정거장으로 보낸 모듈의 개수

**1만 8,000끼**
우주 정거장에서 식사를 한 끼니의 수

## 기묘한 이야기

우주선이 지구를 공전할 때 지구의 낮과 밤을 교차해 움직이기 때문에 우주 정거장에 있는 우주 비행사들은 90분마다 일출을 목격한다.

## 우주 비행사들의 하루 일과

- 아침을 먹고 우주 정거장 관리를 위해 이일 저일을 한다.
- **분석할 혈액 샘플을 채취하고 임무 제어기와 함께 하루 일과를 체크한다.**
- 공기의 상태를 확인하고 많은 실험을 위해 업무를 시작한다.
- **점심 후 2시간 동안 운동을 한다.**
- 휴식을 취하고 우주 정거장 관리나 실험과 같은 일과를 수행한다.
- **다시 1시간 동안 운동을 한다.**
- 일과를 마치고 실험실을 청소하고 우주 정거장 시스템을 체크한다.
- **저녁을 먹고 다음 날 일과에 관한 회의를 한다.**

## 좀 더 알아보기: 궤도에 머무르기

- 우주 정거장은 이곳으로 운반된 다른 우주선에 의해 에너지가 제공되어야 정상 상태를 유지할 수 있다.
- **에너지가 보충되지 않을 경우 국제 우주 정거장은 고도가 매일 90m씩 떨어진다.**
- 관리하지 않고 버려둘 경우 고도는 낮아지지만 우주 정거장은 처음과 마찬가지로 계속해서 궤도를 회전한다.
- **마침내 정거장은 지구 쪽으로 내려올 것이다. 하지만 대부분은 대기에 진입하면서 부서지고 불타 없어진다.**
- 미르의 경우 하강하는 과정을 계획에 따라 조절하였다. 그 결과 2001년 우주 정거장을 구성하고 있던 재료 5~6톤이 태평양으로 떨어졌다.

**04.** 로봇 팔
안전장치의 보호를 받아 우주 비행사를 내보내고 프레임과 다른 여러 부분을 국제 우주 정거장에 부착한다.

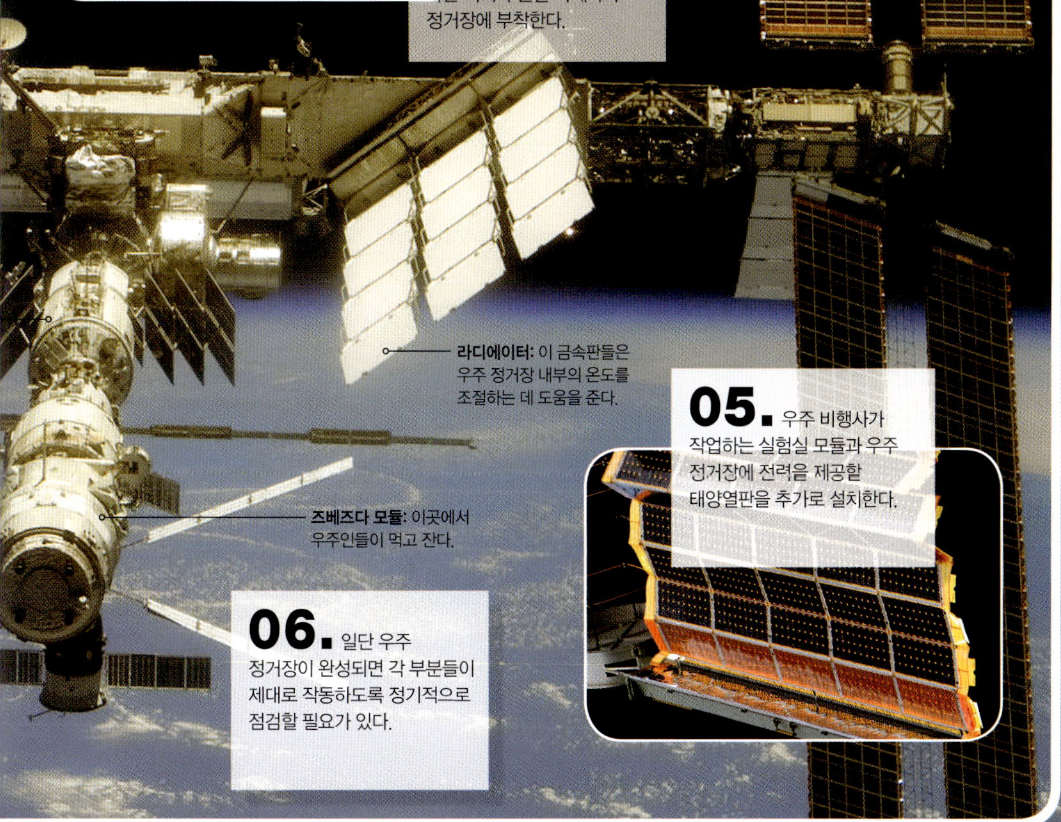

**라디에이터:** 이 금속판들은 우주 정거장 내부의 온도를 조절하는 데 도움을 준다.

**즈베즈다 모듈:** 이곳에서 우주인들이 먹고 잔다.

**05.** 우주 비행사가 작업하는 실험실 모듈과 우주 정거장에 전력을 제공할 태양열판을 추가로 설치한다.

**06.** 일단 우주 정거장이 완성되면 각 부분들이 제대로 작동하도록 정기적으로 점검할 필요가 있다.

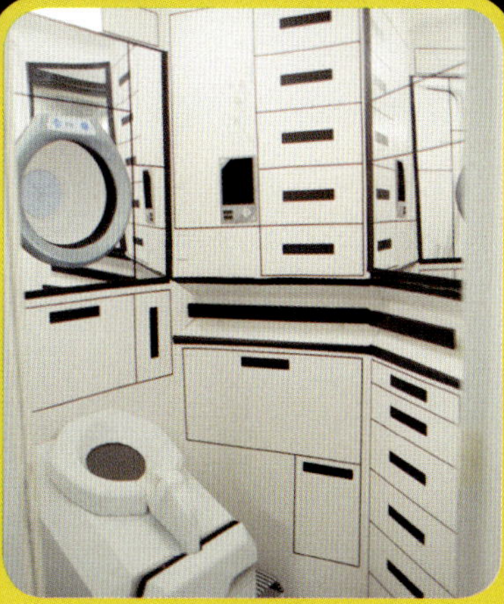

## 가장 작은 방

- **처음 10년 동안 국제 우주 정거장에 화장실이라고는 러시아가 만든 즈베즈다 모듈에 있던 것 하나뿐이었다. 급하면 참고 견뎌야겠죠!**
- 2008년 5월 화장실이 고장 났다. 러시아에서 미국으로 새 펌프가 급히 수송되었고 다시 우주 셔틀에 의해 운반되었다. 2주라는 기나긴 시간이 걸렸군! 화장실이 고장 난 동안 우주인들은 소유즈 운반 캡슐에 있는 시설을 이용해야 했다.
- **1900만 달러가 들어간 두 번째 화장실은 2008년 11월 ISS 미국 영역 내에 설치되었다. 우주에서 가장 비싼 화장실이 아닐까?**
- 화장실의 팬이 배설물을 흡입할 때는 비행사의 다리와 종아리에 안전장치를 부착해 자세를 유지할 수 있도록 도와준다. 소변은 개인 깔때기에 부착된 호스를 통해 채집된다.

러시아 우주 비행사 폴리아코프는 우주 정거장 미르에서 1994년 1월부터 1995년 3월까지 437.7일 동안 생활해 우주 정거장 체류 최고 기록을 세웠다.

## 돌고 도는 정거장

국제 우주 정거장은 하루에 15번 이상 지구를 돈다. 390km 높이에서 우리가 살고 있는 곳을 규칙적으로 통과하고 있다.

# 지구

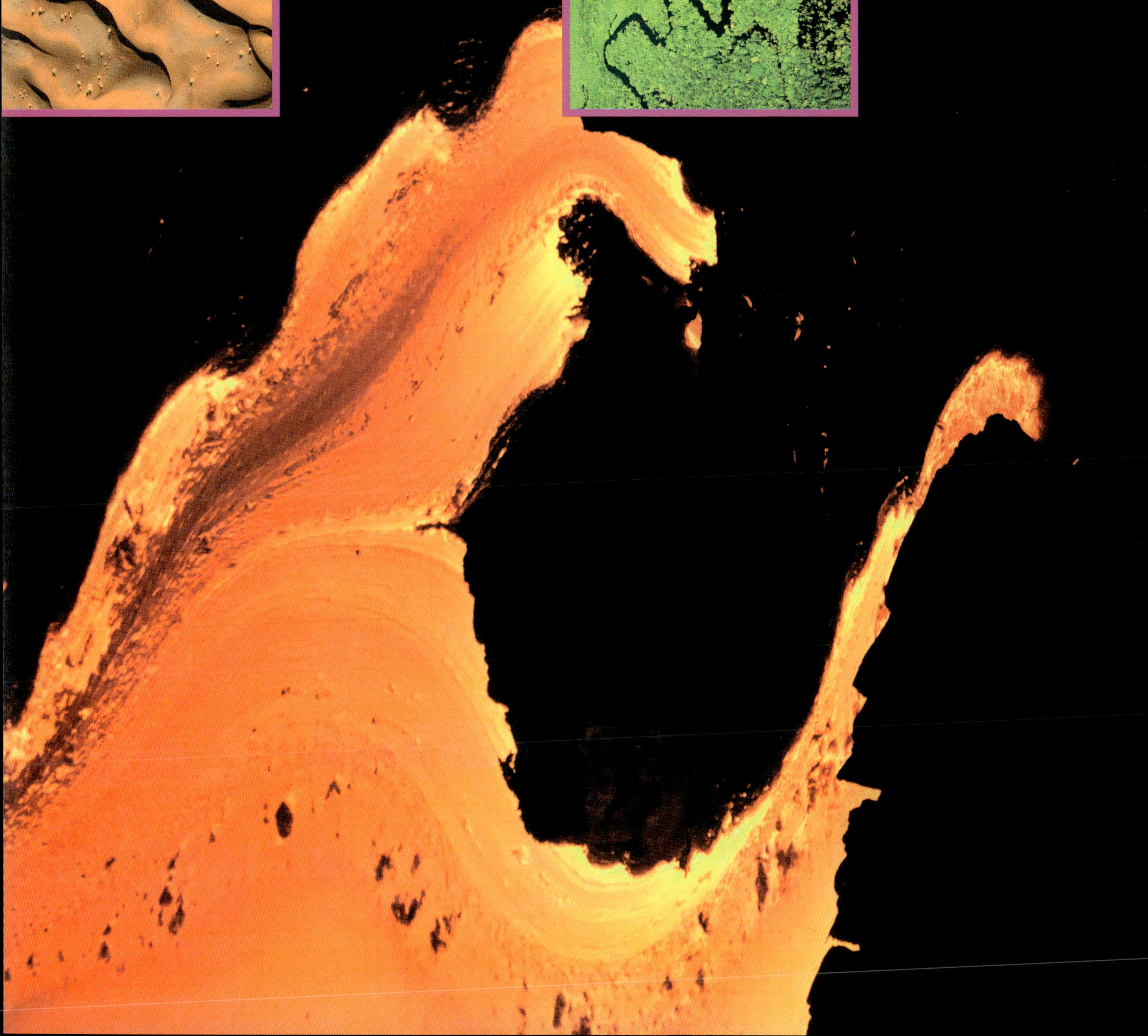

# 정말 대륙이 움직이는 걸까?

그렇다. 대륙과 대양은 지구의 지각 위에서 계속 움직이고 있다. 2000만 년 이전에 대륙은 하나의 커다란 덩어리로 연결되어 있었다. 그러나 수백만 년에 걸쳐 지각 위를 떠다니며 오늘날 우리가 알고 있는 7개의 주요 대륙(아시아, 아프리카, 유럽, 오스트레일리아, 남극, 북아메리카, 남아메리카)으로 나누어졌다.

## 지구 조립하기

**01.** 조립판으로 사용할 커다란 바위 공을 준비한다. 표면이 천천히 움직여 판 위에 조각들을 올려놓았을 때 가만히 있지 않고 떠다니는지 잘 살펴본다.

**02.** 지각들을 잘 분류한다. 7개의 커다란 조각과 너무 작아서 다루기 어려운 조각이 여러 개 있다. 지리를 잘 알고 있으면 도움이 될 것이다.

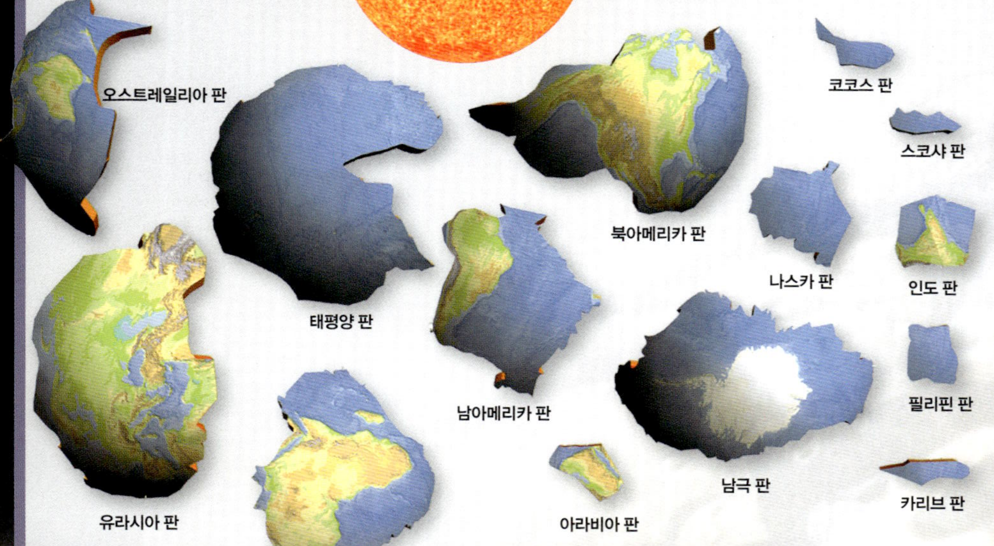
오스트레일리아 판
북아메리카 판
코코스 판
스코샤 판
나스카 판
인도 판
태평양 판
남아메리카 판
필리핀 판
남극 판
카리브 판
유라시아 판
아라비아 판

## 숫자로 알아보기

**11%**
전체 대륙 중 남반구에 위치한 대륙의 비율

**65%**
북반구에서 바다를 제외한 육지의 비율

**70km**
대륙판의 최고 두께

**99%**
빙하 아래 영구히 잠겨 있는 남극 대륙의 비율

판이 움직이는 속도는 1년에 2~20cm로 손톱이 자라는 속도와 비슷하다.

### 땅덩어리

대륙별 육지의 비율은 아래와 같다.

- **아시아** 30%
- **아프리카** 20%
- **북아메리카** 16%
- **남아메리카** 12%
- **남극** 9%
- **유럽** 7%
- **오스트레일리아** 6%

## 좀 더 알아보기: 지구 내부 구조

**지각**: 대륙 지각(육지)과 얇은 대양 지각(바다 면)으로 나뉜다.
**맨틀**: 지구 표면 아래 5~70km 사이에 있는 두꺼운 암석층. 핵에서 나오는 열로 인해 느린 속도로 계속해서 움직인다.
**외핵**: 5,150km의 깊이에 위치해 있다. 온도는 3,980℃ 이상 되며 용해된 액상의 철로 이루어져 있다.
**내핵**: 고체 철로 이루어졌으며 온도는 4,700℃에 달한다.

## 무슨 뜻일까?

**아프리카**라는 이름은 북아프리카에 있던 고대 로마 식민지의 이름에서 유래한 것이다.

**오스트레일리아**라는 이름은 18세기 개척자들이 남쪽 대양에서 거대한 땅덩어리를 발견할 목적으로 탐험에 나섰기 때문에 '남쪽'이라는 의미의 라틴어를 사용해 지은 것이다.

**유럽**은 고대 그리스 신화에 등장하는 공주 '유로파'의 이름을 따서 붙인 것이다.

**남극**(Antarctica)은 '북쪽의 반대'라는 의미를 지닌 그리스 단어 안타르크티코스(antarktikos)에서 유래한 것이다.

**아시아**라는 단어는 그리스 역사학자 헤로도토스가 기원전 약 440년에 쓴 저작에 처음 등장하는데 리디아 왕자 아시아스의 이름에서 유래했다고 한다. 그 이름은 원래 '해가 떠오르는 땅'이라는 의미를 가지고 있다.

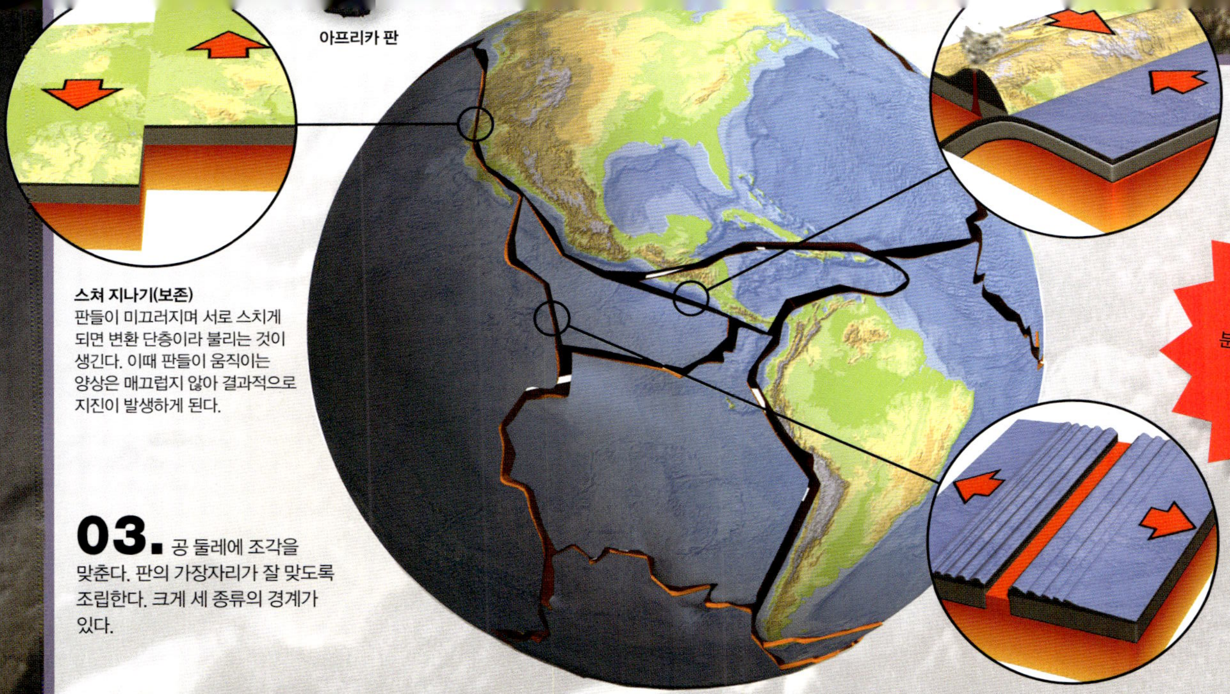


**스쳐 지나기(보존)**
판들이 미끄러지며 서로 스치게 되면 변환 단층이라 불리는 것이 생긴다. 이때 판들이 움직이는 양상은 매끄럽지 않아 결과적으로 지진이 발생하게 된다.

**수렴**
두 개의 판이 움직여 수렴 경계가 구성되면 산맥이 형성된다.

**발산**
두개의 판이 서로 멀어질 경우 발산 경계가 형성된다. 이 커다란 간극은 대양으로 변한다.

**03.** 공 둘레에 조각을 맞춘다. 판의 가장자리가 잘 맞도록 조립한다. 크게 세 종류의 경계가 있다.

유럽은 정치적인 이유로 인해 별도의 대륙으로 분리된다. 지리학적으로는 아시아의 일부로 분류되어야 옳다.

# 지구의 격렬한 운동

흥미진진하고 새로운 이디징 기법을 통해 우리는 대륙들이 어디에서 충돌하고 갈라지며 또 새로운 육지가 어디에서 형성되는지 볼 수 있다.

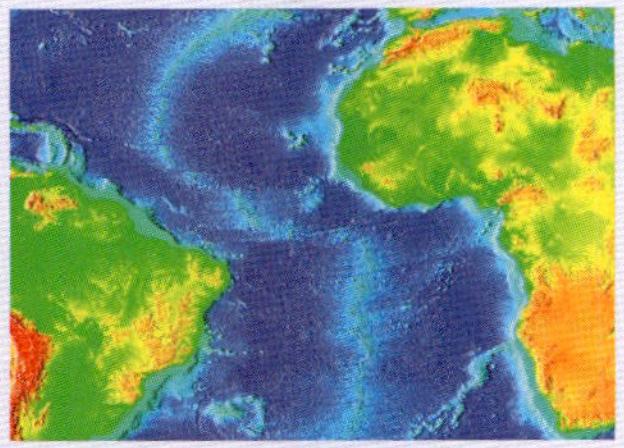

**대양 갈라놓기**
아프리카 판이 동쪽으로 움직이며 만들어진 틈 사이로 마그마가 솟아올랐으며 이 마그마에 의해 대서양 중앙 아래 부분에 해령(바다 산등성이)이 형성되었다.

**아시아로부터의 분리**
홍해는 아라비아가 아프리카로부터 떨어져 나오며 갈라진 부분을 나타내며 지금도 계속해서 넓게 벌어지고 있다.

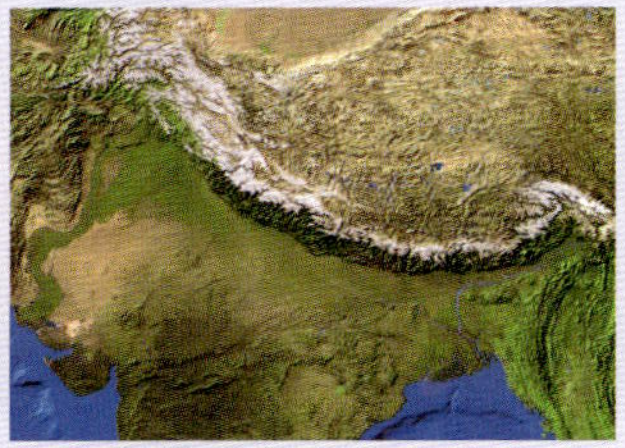

**아시아와 충돌**
히말라야 산맥은 지구에서 가장 젊은 산맥이다. 인도와 유리시아 판의 충돌이 진행되며 아직도 솟아오르고 있다.

**화산 열점**
하와이 섬들은 맨틀에 있는 열점 위에 형성되었다. 다른 화산들과 달리 열점 위에 있는 화산들은 사슬 모양을 이루고 있으며 대륙판의 가장자리에 위치하지 않는다.

## 지각 들여다보기

적도를 따라 있는 지각의 횡단면은 판들이 서로 어떻게 들어맞는지 또 지구 표면이 어떻게 융기하고 침강하는지 잘 보여 준다.

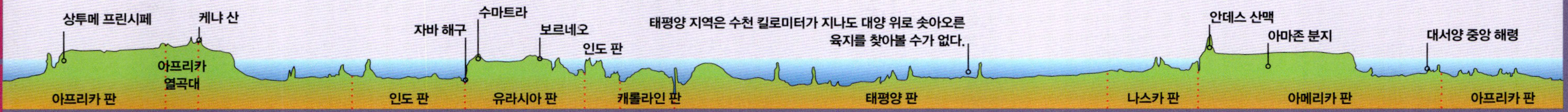


## 주요 일지

### 2억 년 전
많은 대륙이 서로 맞물려 판게아라는 부르는 하나의 땅덩어리를 이루고 있었다.

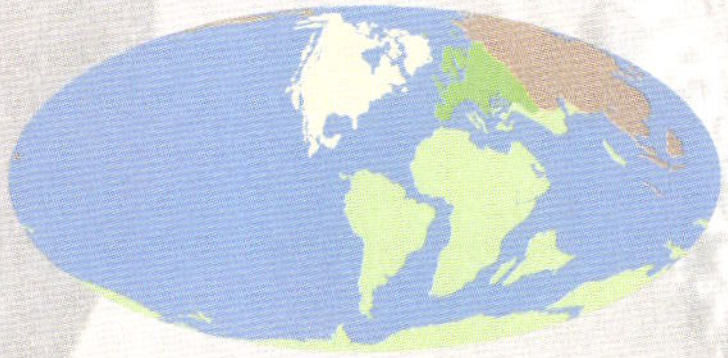

### 1억 년 전
발산하는 판들이 갈라지면서 대서양을 만들었으며 남아메리카가 서쪽으로 움직이고 남극 대륙은 남쪽 극 지점을 향했으며 인도는 서서히 아시아 쪽으로 움직였다.

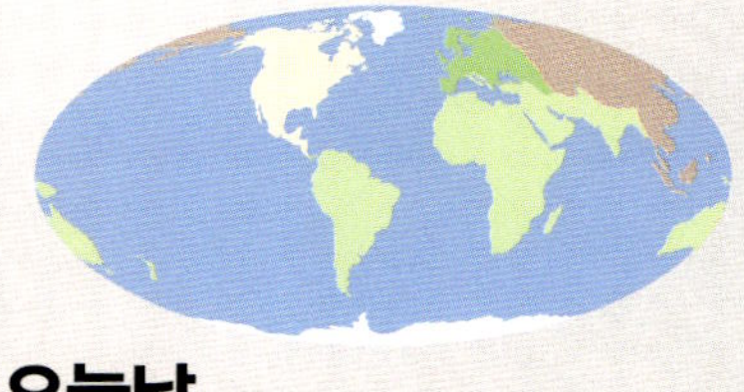

### 오늘날
인도가 유라시아 중심 대륙과 충돌하며 현재의 자리에 위치하게 되었다. 그린란드가 북아메리카로부터 분리되었으며 북아메리카는 다리 모양의 육지에 의해 남아메리카와 연결되었다. 오스트레일리아는 태평양 위에 떠 있다.

**정말 믿을 수 없어!**

지구 아래 터널이 깊으면 깊을수록 온도는 더 올라간다. 남아프리카의 가장 깊은 금광은 인위적으로 온도를 낮춰 주어야 인부들이 작업을 할 수 있다.

# 지구에는 몇 개의 대양이 있을까?

지구가 '파란 행성'이란 별명을 갖고 있는 데에는 그럴 만한 이유가 있다. 지금까지 알려진 행성 가운데 지구처럼 물이 많은 행성은 없다. 지구에는 태평양, 대서양, 인도양, 남극해, 북극해, 이렇게 5개의 대양이 있다. 하지만 사실상 이들은 하나의 거대한 대양으로 연결되어 있는 셈이다.

## 다섯 개의 대양

**태평양:** 1억 5560만 km²

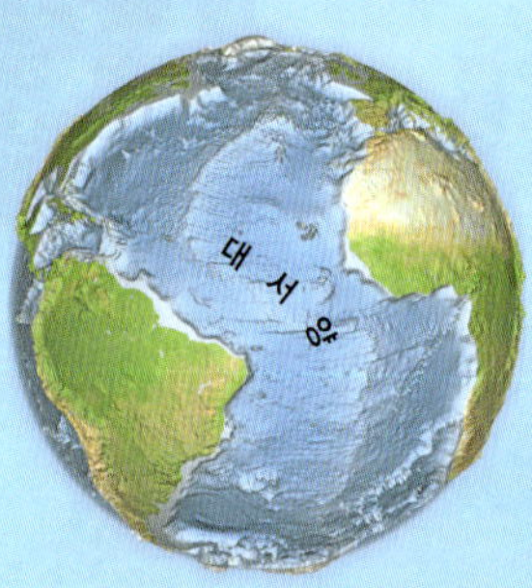


**대서양:** 8240만 km²

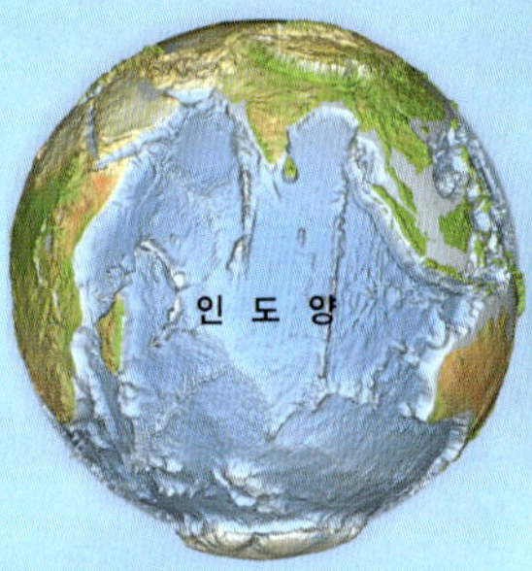


**인도양:** 7360만 km²

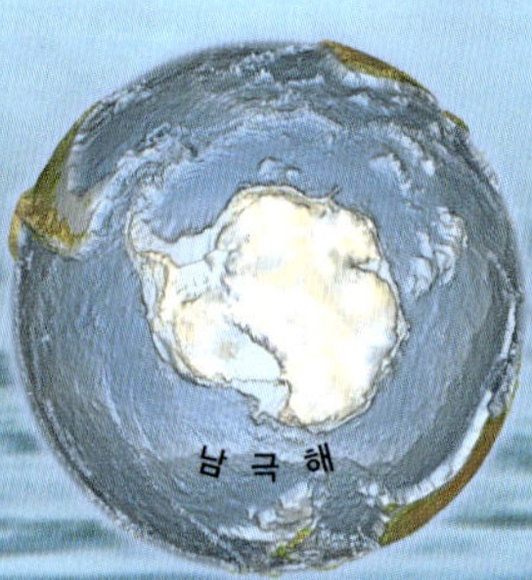


**남극해:** 2030만 km²

**북극해:** 1410만 km²

## 좀 더 알아보기: **대양의 물**

### 염분
대양의 물 1ℓ에는 평균 35g의 염분이 들어 있다. 보통 얕고 따뜻한 지역의 바다가 좀 더 짜다.

### 빛
햇빛이 있기 때문에 해저 약 200m 깊이에서도 식물이 자랄 수 있다. 이보다 더 들어가면 깊이에 비례해 어두워지기 때문에 식물이 자랄 수 없다.

### 압력
바다에서는 더 깊이 들어가면 갈수록 압력이 강해진다. 위 사진에서 오른쪽 폴리스티렌 컵은 원래 왼쪽 폴리스티렌 컵과 같은 크기였으나 심해 잠수정 바깥에 부착하여 잠수한 후에는 압력에 의해 그 크기가 심하게 줄어들었다.

### 온도
열대 바다의 표면 온도는 대략 25℃이다. 다른 바다는 대부분 여름에 약 17℃, 겨울에는 약 10℃에 머문다. 대양저의 온도는 2℃이다.

### 소리
바닷속에서 소리는 초속 1,531m로 이동한다. 이는 공기 중의 속도에 비해 4배 빠른 것이다.

## 가장 큰 바다 다섯 개

**01: 남중국해**
2,974,600km²

**02: 카리브해**
2,515,900km²

**03: 지중해**
2,510,000km²

**04: 베링 해**
2,261,100km²

**05: 멕시코 만**
1,507,600km²

**대양이 기후에 영향**을 미치는 이유는 물이 데워지는 속도와 식는 속도가 육지보다 느리기 때문이다. 이로 인해 섬과 해안 지역에서는 내륙 지역보다 시원한 여름과 따뜻한 겨울을 보낼 수 있다.

## 정말 믿을 수 없어!

해저에도 우편함이 있다. 일본의 스사미 만 해저 10m 지점에 설치되어 있으며, 특별히 방수 처리된 엽서를 보내면 잠수부들이 배달한다. 공식적으로 설치된 우편함이지만 매일 비어 있기 일쑤다.

## 대양에서 점심 마련하기

**01.** 배가 고프면 영양 물질이 해류를 따라 해저에서 표면으로 이동되는 장소로 향한다.

**02.** 영양 물질이 있는 곳에서 먹이사슬의 첫 번째 고리인 플랑크톤이라 불리는 유기체를 발견한다.

**03.** 플랑크톤이 발견되는 곳이면 어디서나 정어리와 같은 작은 물고기들이 플랑크톤을 먹으려고 떼지어 모여든다. 실컷 잡아먹어라.

**04.** 경고의 말 한마디. 물고기 떼에 커다란 포식자가 따라붙을 수 있다. 그러니 그들의 점심거리를 모두 먹어치우면 안 된다는 점을 명심하라.

### 대양의 여러 층

대양은 그 깊이에 따라 다양한 부분으로 나누어진다. 투광층부터 가장 깊은 심해까지 다양한 해양 생물이 살고 있다.

**투광층**

대부분의 바다 동물은 많은 빛이 투과되는 수면 근처에 산다. 물고기는 플랑크톤(미세한 식물과 동물)을 먹고살며 자신은 더 큰 포식자에게 잡아먹힌다.

**약광층**

150m부터 1,000m까지는 약광층으로 알려져 있다. 여기에 서식하는 많은 생명체들은 먹이를 유인하거나 포식자를 쫓아 버리기 위해 스스로 빛을 내어 반짝인다.

**심해**

수면 아래 10km에 달하는 심해에서조차도 기묘하게 생긴 동물들이 어두운 해저 면에 숨어 위쪽에서 떨어지는 죽은 물고기들을 기다리고 있다.

### 살짝 엿보기

**바다**

**01:** 바다는 특별한 모양을 띠고 있으며 더 큰 대양의 일부이다.

**02:** 대양보다는 얕으며 이들 사이를 흐르는 큰 해류도 없다.

**03:** 바다는 짠맛이 나는 소금물이다. 이름이 헷갈리는 경우도 있다. 가장 짠 바닷물 중의 하나인 이스라엘의 사해는 실제로는 호수이다. 대양에 연결되어 있지 않기 때문이다.

### 무슨 뜻일까?

**대양**을 의미하는 **오션(ocean)**이란 단어는 그리스 신화에서 하늘의 신 우라노스와 대지의 여신인 가이아의 아들로 나오는 오케아노스(Oceanus)에서 유래했다. 오케아노스는 또 사람들이 편평한 지구를 둘러싸고 있다고 믿었던 강의 이름이기도 하다.

### 대양의 최고점들

- 지구에서 가장 높은 산은 하와이 화산 마우나케아 산이다. 높이가 10,205m로 에베레스트 산보다 훨씬 높다. 이 화산의 대부분은 바닷속에 잠겨 있다.
- **대양 중 가장 깊은 곳은 태평양 마리아나 해구에 있는 비티아스 해연으로 깊이가 11,034m이다.**
- 가장 깊은 해구에는 검은 흡연가라 불리는 뜨거운 온천이 있다. 이 온천은 해저로부터 400℃에 달하는 화학 구름을 쏟아낸다. (아래 사진)

### 숫자로 알아보기

**영하 40°C**
북극해의 평균 겨울 기온

**70%**
지구 표면 중 대양과 바다가 차지하는 비율

**97%**
전 세계 물에서 대양이 차지하고 있는 비율. 나머지 2%는 얼음이고 1%는 담수이거나 대기 중 수증기 형태로 존재하는 물이다.

**3만 개**
태평양에 있는 섬의 개수. 일부 섬은 해저 화산의 봉우리이다.

# 산은 어떻게 높이 솟았을까?

지각의 판들이 서로 충돌하는 곳에서 육지가 밀려 위로 올라가며 산이 형성된다. 히말라야 산맥은 지구에서 가장 큰 산이면서도 가장 어린 산이다. 이 산맥은 지난 1억 4500만 년에 걸쳐 인도가 아시아와 충돌할 때 생긴 것이다. 산맥은 또 화산이 폭발하거나 용해된 암석이 가파른 모양의 언덕을 높게 쌓아올릴 때 형성되기도 한다.

## 네 개의 유명한 산봉우리

**탄자니아 킬리만자로**
사화산이며 높이 5,895m로 산맥을 이루고 있지 않은 산 가운데 가장 높은 산이다.

**일본 후지 산**
해마다 20만 명 이상의 사람들이 일본에서 가장 높은 이 산의 정상에 오른다. 높이는 3,776m. 일본인들은 이 산을 신성한 곳으로 여긴다.

**스위스 마터호른**
4,478m 높이의 이 산은 알프스에서 가장 높은 산은 아니다. 하지만 산봉우리가 고전적인 피라미드 모양을 하고 있다.

**파키스탄, 중국 K2**
세계에서 두 번째로 높은 산으로 높이는 8,611m. 오르기 가장 힘든 산으로 알려져 있다.

## 각 대륙에서 가장 높은 산

**아시아**
▲ 에베레스트 산
네팔, 티베트
8,848m

**남아메리카**
▲ 아콩카과 산
아르헨티나
6,960m

**북아메리카**
▲ 매킨리 산
미국
6,194m

**아프리카**
▲ 킬리만자로 산
탄자니아
5,895m

**유럽**
▲ 엘부르즈 산
러시아
5,642m

**남극**
▲ 빈슨매시프 산
4,897m

**오세아니아**
▲ 푼칵자야 산
뉴기니
5,040m

## 무슨 뜻일까?

**산에 대한 공식적인 정의**는 없다. 하지만 대부분의 지역에서 산은 600m보다 높은 곳을 의미한다. 산이라 불리는 곳 중에는 단지 언덕에 불과한 곳도 있다. 보통 산이란 가파른 사면과 뚜렷한 정상이 있어야 한다.

## 정말 믿을 수 없어!

지면에서 바라보면 지구 표면이 산으로 인해 울퉁불퉁 튀어나온 것으로 보인다. 하지만 지구를 지름 1m의 크기로 줄이면 에베레스트 산은 높이 0.69mm의 뾰루지에 불과하다.

## 살짝 엿보기

### 눈사태

**01:** 경사가 25도 미만인 곳에서는 눈사태를 보기 어렵다.

**02:** 판 눈사태는 가장 치명적인 눈사태이며 눈 표면에 붙어 있던 얼음판이 갈라지며 발생한다.

**03:** 눈이 물을 포함하면서 점점 무거워지면 등은 눈사태가 발생하게 된다.

**04:** 눈사태로 많은 눈이 경사면 아래로 급격히 내려오면 눈 무게가 더해진다. 눈에 공기가 섞일 경우 가루 눈사태로 발전한다. 가루 눈사태는 가장 큰 눈사태이며 시속 300km의 속도로 무너져 내리기도 한다.

## 세계의 주요 산맥

세계에서 가장 긴 산맥은 보통 대륙판의
가장자리를 따라 분포해 있다.

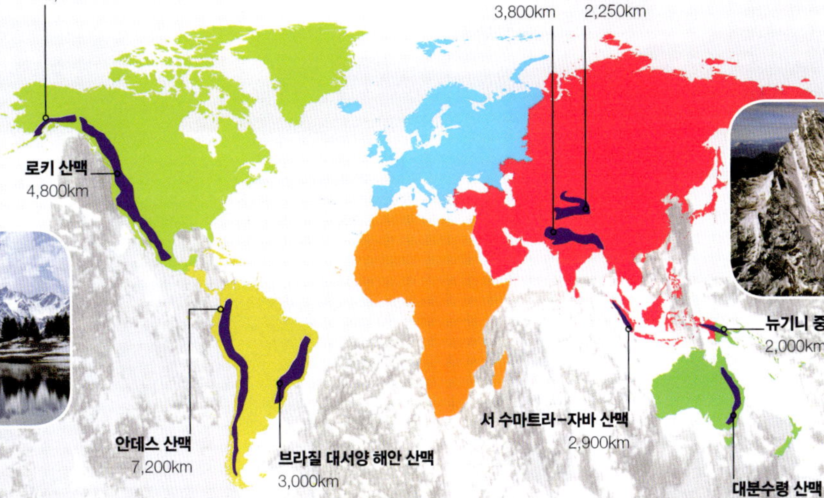

## 최고 기록은?

**지구에서 가장 높은 산**은 하와이에 있는 마우나케아 산으로, 해저부터 산 정상까지의 높이가 10,205m에 달한다.

**지구에서 가장 긴 산맥**은 대서양 중앙 해령으로 대서양 아래 1만 6,000km 지점에 있다.

## 좀 더 알아보기: **산악 지역**

산을 따라 올라가면 평균 대기 온도가 200m마다 약 1℃씩 떨어진다. 또 높이 올라갈수록 대기 중 산소가 희박해진다. 이 때문에 산에는 다양한 서식 환경이 만들어진다.

**정상:** 높은 산봉우리는 바위 덩어리나 눈으로 덮여 있는 매우 척박한 환경이다. 생물이 서식할 수 없으며 있다고 하더라도 극소수만 생존이 가능하다.

**높은 지대:** 수목 한계선 위에서는 알파인 아이벡스(고산 지대에 서식하는 야생 염소)처럼 특별히 산에 적응한 몇몇 종들만이 생존할 수 있다.

**중간 지대:** 숲이 산기슭을 덮고 있는 경우가 많다. 하지만 숲은 수목 한계선에서 끝나고 여기를 넘어서면 날씨가 너무 춥고 건조해 나무가 자라기 어렵다.

## 흥미진진한 다섯 가지 산악 스포츠

**패러글라이딩**
천으로 된 날개에 몸을 묶고 산에서 뛰어내려 바람을 따라 하강한다. 산은 하늘을 날 수 있는 가장 가까운 장소이다.

**헬리스키**
코스가 따로 없는 곳에서 즐기는 스릴 넘치는 스키. 헬리콥터를 타고 외떨어진 산봉우리로 올라가 그곳에서 뛰어내린 후 아래를 향해 질주한다.

**협곡 타기**
잽싼 몸놀림으로 계곡을 따라 산을 내려오려면 등산에도 능숙해야 하지만 수영도 잘 해야 한다.

**빙벽 타기**
눈 도끼 같은 장비를 가지고 얼어붙은 폭포나 빙폭의 가파른 벽을 따라 올라가는 운동이다.

**등산**
산을 올라가는 길은 보통 여러 개가 있다. 어떤 사람들은 수직 면이나 돌출된 바위 사이로 나 있는 길을 선택하기도 한다.

# 에베레스트 산에 오르기 전에 꼭 확인해야 할 사항 열 가지

**01: 정상까지 오를 것인가?**
해마다 에베레스트 정복을 시도하는 수백 명 중 성공하는 사람은 30%에 불과하다. 혹독한 날씨가 가장 큰 문제이다. 날씨가 좋지 않으면 산악인들은 베이스캠프에 묶여 있다가 어쩔 수 없이 돌아서게 된다.

**02: 건강한 사람만 오를 수 있나?**
그렇다. 8,848m 정상까지 가는 길은 바위와 눈 그리고 얼음의 연속이다. 그렇다고 나이가 중요한 것은 아니다. 등정에 성공한 가장 젊은 도전자는 15살의 템바 트세리이고 가장 고령은 76세의 셰르찬이었다. 이 둘은 모두 네팔 출신이다.

**03: 시간이 얼마나 걸릴까?**
등반에 걸릴 시간을 예측하는 것은 불가능하다. 하지만 베이스캠프에서 출발하여 4일을 등반하고 다시 4일은 귀환하는 계획을 잡는 것이 합리적이다. 가장 빠른 오르막길은 이탈리아인 카머랜더가 개척한 등정로로, 그는 이 길을 통해 1996년 16시간 45분 만에 정상에 도달했다.

**04: 무엇을 가져가야 하나?**
가지고 갔던 것은 반드시 다시 가지고 내려와야 한다. 그러니 반드시 필요한 물건만 챙겨야 한다. 현재 에베레스트 산에는 등산 장비와 물품 등 쓰레기 50톤이 버려져 있는 것으로 추정된다. 이들 중 대부분은 베이스캠프에 있다.

**05: 날씨는 추운가?**
산 정상의 평균 기온은 영하 36℃이지만 최악의 경우 영하 60℃까지 떨어질 수 있다. 이러한 온도에서는 피부가 얼고 동상에 걸리기 쉽다. 발가락이 가장 위험하니 따뜻한 보온 양말은 반드시 챙겨야 한다.

**06: 설맹은 무엇인가?**
햇빛이 눈(雪)에 반사되어 눈(目) 안쪽에 화상을 입으면 앞을 볼 수 없게 된다. 해로운 자외선을 흡수해 주는 햇빛 가리개용 고글이 반드시 필요하다.

**07: 고산병은 무엇인가?**
3,660m 이상 높이에서는 산소가 40% 정도 희박해져 등반가들은 대부분 숨을 헐떡거리게 된다. 증상이 심각해지는 것을 막기 위해 산소통을 준비할 필요가 있다.

**08: 산에 오르는 것이 위험한가?**
그렇다. 현재까지 산에 오르다 목숨을 잃은 사람은 210명이나 된다. 사진작가이자 등반가였던 브루스 헤로드는 1996년 에베레스트 산에서 떨어져 목숨을 잃었다. 위 사진에 나와 있는 그의 모습은 사망 1년 뒤 발견된 카메라에서 뽑은 사진이다.

**09: 죽음의 지대란 무엇인가?**
8,000m 이상의 지역을 말하며 산소 농도가 정상치의 절반 수준에 불과하다. 별도로 산소 공급을 해 주어도 몸이 마비되기 시작하며 조금만 움직이는 데도 엄청난 힘이 든다.

**10: 정상에는 무엇이 있나?**
세계에서 가장 높은 이 산의 정상에 오르면 티베트, 인도, 네팔에 걸쳐 있는 히말라야 산맥 특유의 장관이 펼쳐진다. 산맥은 160km 이상 펼쳐져 있으며 심지어 지표가 곡선 모양으로 드러나는 것을 볼 수 있다.

# 화산이 폭발하면 어떤 일이 벌어질까?

지구 내부 깊숙이 있던 용융된 뜨거운 암석이 지면 위로 솟구쳐 나올 때 화산이 폭발한다. 화산이 폭발하면 용암이라 불리는 액체 상태의 암석이 화산 옆으로 강물처럼 흘러내리며 나무나 집 등 모든 것을 태워 버린다. 또 화산은 재, 흙, 독성 가스를 뿜어낸다. 화산은 파괴력이 강하여 종종 새로운 산과 섬을 만들기도 한다.

## 숫자로 알아보기

**1,200°C**
하와이 화산으로부터 흘러내린 현무 용암 줄기의 최고 온도. 끓는 주전자보다 12배나 뜨겁다.

**200메가톤**
1883년 크라카토아 화산이 폭발했을 때 분출된 에너지를 메가톤(폭발력 측정 단위, TNT 100만 톤 상당)으로 환산한 숫자. 핵폭탄 1만 5,000개와 같은 위력이다.

**550개**
기록이 시작된 시점부터 지구 표면에서 폭발한 화산의 수. 해마다 대략 60개의 화산이 활동한다.

**90%**
환태평양 화산대에 있는 화산의 비율. 환태평양 화산대란 둥근 모양을 이루는 화산 활동 지역으로 대륙판의 경계 지점이며 태평양 가장자리를 따라 위치해 있다.

## 좀 더 알아보기: **하와이 킬라우에아 화산**

**가스 구름**: 수증기, 이산화탄소, 이산화황 등이 분출하여 구름을 형성한다.
**마그마**: 공기 중으로 솟구치는 용융된 암석의 일부는 마치 '폭탄'과 같다.
**분화구**: 용암, 물체들이 타고 남은 재, 화산재 등이 분출구 주변에 암석 능선을 이룬다.
**용암류**: 아래쪽으로 흘러내리는 용암의 속도는 시속 100km에 이른다.
**레드핫**: 흐르는 용암의 온도는 대략 1000℃이다.
**지표면 냉각**: 용암이 냉각되면서 쭈글거리거나 거친 표면이 형성된다.

## 화산 내부

활화산 아래에는 뜨겁게 용융된 액상의 암석인 마그마가 들어 있다. 마그마는 주변에 있는 딱딱한 암석보다 밀도가 낮아 분출구라 불리는 틈새나 구멍을 통해 지면으로 솟아오른다. 마그마는 용해된 다량의 가스를 포함하고 있기 때문에 지표 밖으로 나오게 될 경우 폭발이 일어나며 재와 암석을 대기 중으로 뿜어낸다. 때때로 화산 쇄설류(크고 작은 암석 조각들이 분출되는 현상 또는 그 분출물)인 뜨거운 가스와 재가 산 측면으로 쏟아져 내린다. 가스가 소량 포함된 마그마는 좀 더 느린 속도로 흘러내린다.

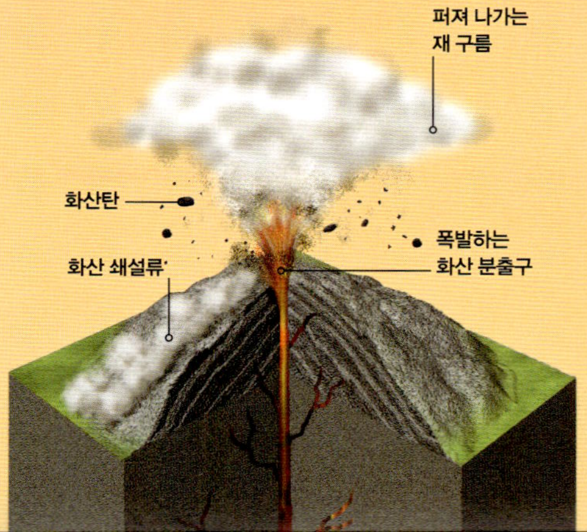

퍼져 나가는 재 구름
화산탄
폭발하는 화산 분출구
화산 쇄설류

## 무슨 뜻일까?

화산을 의미하는 영어 **볼케이노(volcano)**는 로마 시대 불과 대장일의 신인 불카누스(Vulcanus)에서 유래했다. 불카누스 시칠리아 북쪽 해변 근처에 있는 불카노 산 아래 작업장을 갖고 있었던 것으로 전해진다.

## 화산의 종류

**분석구**
이것은 가장 작지만 제일 흔한 형태의 화산으로 파리쿠틴, 멕시코 화산 등이 여기에 해당된다. 분석구는 반복되는 분출에서 나오는 액상의 묽은 화산암으로 만들어진다.

**순상 화산**
화산에서 흘러내릴 때 유동성이 큰 용암은 널리 퍼져나간다. 시간이 지나며 용암층이 쌓여 여기 하와이 푸우오오에서 볼 수 있는 것과 같이 대규모의 낮은 흙더미가 형성된다.

**성층 화산**
반복되는 분출에서 나오는 재와 용암층으로부터 일본의 후지 산과 같이 커다랗고 가파른 산이 형성된다.

**슈퍼 화산**
이 거대한 화산 활동으로 인해 야기되는 기후 변화는 오랫동안 지속되기도 한다. 멸종되는 생물이 나오고 용암과 재가 광범위한 지역을 뒤덮는다.

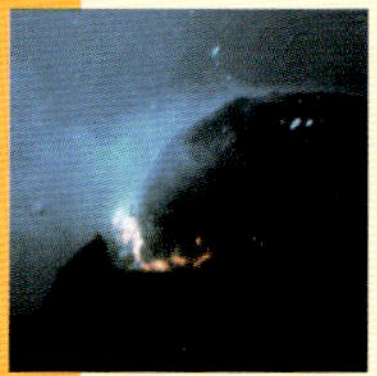

**해저 화산**
화산이 해저 아래에서 분출하는 경우에는 물의 무게로 인해 큰 폭발은 일어나지 않고 하와이 해변가에서 볼 수 있는 베개 용암 같은 것이 형성된다.

## 화산을 좋아하는 네 가지 이유

**01:** 화산 주변에는 자연스럽게 온천이 형성된다. 치료 효과가 있다고 알려져 많은 사람들이 이곳을 찾고 있다(그리고 일본 원숭이도 이 온천을 좋아한다).

**02:** 지열 발전소는 지면 아래 뜨거운 마그마의 에너지를 이용한다.

**03:** 화산 주변의 땅 위로 내려앉은 재는 미네랄이 풍부하여 거름이 된다.

**04:** 일본의 후지 산이나 탄자니아의 킬리만자로 산과 같은 몇몇 화산은 신성한 장소가 되었다.

## 활화산 근처에서 어떻게 살까?

**01.** 견고한 모자를 써야 한다. 일본의 사쿠라지마 화산 근처에 사는 어린이들은 날아다니는 화산 부스러기들로부터 자신을 보호하기 위해 등교 시 모자를 써야만 한다.

**02.** 한곳에 정착할 생각은 하지 마라. 만일 시칠리아 섬의 에트나 화산 옆에 살고 있다면 항상 대피할 준비를 해야 한다.

**03.** 운전할 때 조심해야 한다. 화와이 용암류는 교통 신호를 지키지 않는다. 모퉁이를 돌아설 때 갑자기 나타날 수도 있다.

**04.** 마스크를 써야 한다. 인도네시아에서 메라피 화산이 분출했을 때 여러 날 동안 공기 중에 화산재가 가득했다.

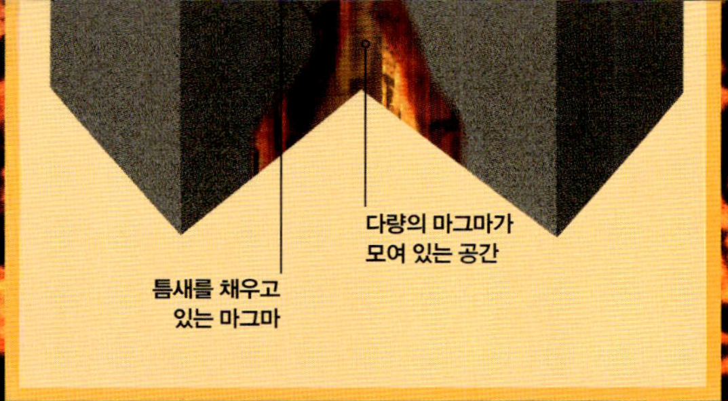


## 화산 분출의 여섯 가지 유형

**하와이식**: 폭발이 조용하면서도 느린 속도로 일어나고 분출구에서 흘러나오는 용암이 때때로 거대한 호수로 모여든다.

**스트롬볼리식**: 가스가 나오고 용암 덩어리가 공중으로 솟구친다. 분출의 강도가 약하긴 하지만 자주 일어난다.

**불칸식**: 거친 형태의 분출로 용암 아래쪽에서 가스가 나오며 흰색의 짙은 구름이 형성된다.

**베수비오식**: 재와 가스를 동반한 거대 규모의 짙은 구름이 공기 중으로 거칠게 뿜어 나와 화산 위 높은 곳으로 솟아오른다.

**플리니식**: 가장 강력한 형태의 분출로 점성이 높은 용암이 거칠게 폭발한다. 1980년 미국의 세인트헬레나 화산과 같이 거대한 플리니식 분출에서 가끔씩 화산 쇄설류를 볼 수 있다.

**펠레식**: 가스, 먼지, 재, 뜨거운 용암 덩어리들이 산사태처럼 아주 빠르게 쏟아져 내려 화산의 옆면을 쓸어 버린다.

## 주요 일지

### 기원전 1630년
화산 폭발로 인해 쓰나미(거대 파도)가 발생하여 그리스 산토리니 섬을 갈라놓았다. 이것은 아마 물속에 잠긴 아틀란티스 전설의 기원이 된 것 같다.

### 기원전 79년
이탈리아 베수비오 산이 분출했을 때 폼페이에 살던 사람들이 화산재 구름에 매장되었다.(사진)

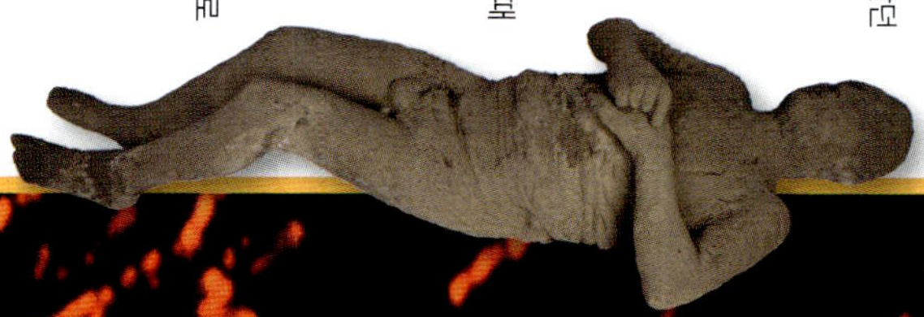

### 1783년
아이슬란드의 라키 산이 분출했을 때 방출된 유해 가스로 인해 20만 마리의 동물들이 독성에 중독되었으며 이때 야기된 기근으로 인해 9000명의 사람들이 죽었다.

### 1792년
일본의 운젠 산 일부가 붕괴되어 발생된 쓰나미로 1만 4,300명 이상의 사람들이 죽었다.

### 1815년
인도네시아 탐보라 산의 폭발은 과거 천 년 동안 가장 큰 폭발이었으며 9만 명 이상의 사람이 죽었다.

### 1883년
인도네시아 크라카타우 섬 폭발로 쓰나미가 발생해 3만 6,000명의 사람이 죽었다. 당시 먼지 구름으로 인해 세계의 온도가 1℃ 낮아졌다.

### 1985년
콜롬비아 루이즈 화산의 폭발로 거대한 진흙이 흘러내려 2만 3,000명의 사람이 죽었다. 이 진흙은 아르메로 마을을 70km나 쓸어내렸다.

## 정말 믿을 수 없어!

1943년 어느 날 멕시코 농부 하나가 옥수수밭을 걷다 이상한 틈을 발견했다. 이것은 파리쿠틴이라고 알려진, 분출하는 화산인 것으로 드러났다. 1년이 채 안 돼 화산은 336m 높이가 되었고 10년 동안 계속해서 높아졌다.

# 지진은 왜 일어날까?

지구 표면은 지각 판이라고 불리는 거대한 암석 조각으로 이루어진 엄청나게 큰 퍼즐 조각과 같다. 이 퍼즐 조각은 속도는 느리지만 쉬지 않고 움직인다. 또한 조각들은 거대한 힘을 갖고 있어 서로 스치며 충돌할 때 땅이 흔들리고 지진이 일어난다.

## 최악의 대지진들

**■중국 산시성 대지진**
날짜: **1556년 1월 23일**
사망자 수: **83만 명 이상**

**■중국 탕산 대지진**
날짜: **1976년 7월 28일**
사망자 수: **24만 2,000명 이상**

**■중국 간쑤성 대지진**
날짜: **1920년 12월 16일**
사망자 수: **18만 명 이상**

**■일본 도쿄-요코하마 대지진**
날짜: **1923년 9월 1일**
사망자 수: **14만 명 이상**

**■중국 질리 만 대지진**
날짜: **1290년 9월 27일**
사망자 수: **10만 명 이상**

**■이탈리아 카타니아 시칠리아-나폴리 대지진**
날짜: **1693년 1월 11일**
사망자 수: **6만 명 이상(카타니아), 93,000명 이상(나폴리)**

**■아제르바이잔 세마카**
날짜: **1667년 11월 25일**
사망자 수: **8만 명 이상**

**■이탈리아 메시나 대지진**
날짜: **1908년 12월 28일**
사망자 수: **7만 5,000명 이상**

**■중국 간쑤성 대지진**
날짜: **1932년 12월 26일**
사망자 수: **7만 명 이상**

## 지진이 일어났을 때 행동 요령

미국의 캘리포니아나 일본과 같은 지진대에서는 학생들에게 규칙적으로 지진 대비 훈련을 시킨다. 캘리포니아의 경우 어린이들은 '숙이고, 숨고, 잡아라' 훈련을 한다.

**01.** 땅이 흔들린다고 느끼는 즉시 바닥으로 몸을 낮춘다.

**02.** 책상이나 탁자 아래와 같이 피할 만한 곳으로 들어가 팔을 둘러 머리와 목을 보호한다.

**03.** 필요한 경우 탁자나 다른 가구들을 붙잡고 이것들과 함께 움직여라. 흔들림이 멈출 때까지 가만히 있어야 한다는 것을 잊지 마라.

## 동물들의 신호

어떤 사람들은 지진이 일어나기 며칠 전부터 동물의 행동 변화를 감지하고 이를 통해 지진을 예측할 수 있다고 주장한다.

- **암탉이 알을 낳지 않는다.**
- 벌들이 벌집을 떠난다.
- **쥐, 족제비, 지네 등이 대규모로 보금자리를 버리고 떠난다.**
- 개가 지나치게 짖거나 울부짖는다.
- **홍학이 낮은 곳에 위치한 서식지를 버리고 떠난다.**
- 두꺼비들이 안전한 곳을 찾아 대규모로 이동한다.

대부분의 지진은 **지표면 아래 80km보다 깊은 곳**에서 일어난다.

### 월진

표면이 흔들리는 현상은 지구에만 있는 것이 아니다. 달에도 심한 진동이 일어난다. 지구와 비교했을 때 **월진**이 일어나는 횟수는 적고 강도도 약하다.

## 지구의 갈라진 틈

어떤 곳에서는 땅이 갈라진 틈을 또렷하게 볼 수 있다. 이런 틈은 보통 단층선이라 불리며 지구 대륙판의 가장자리에 위치한다.

**아이슬란드 싱벨러 단층**
표면으로 드러난 이 단층선은 아메리카와 유라시아 판이 나뉘는 경계 지점에 위치한 틈새이다.

**미국 캘리포니아 산안드레아스 단층**
단층이 수평면을 따라 서로 반대 방향으로 움직인 것을 보여 주는 주향 이동 단층이다.

**뉴질랜드 대 알파인 단층**
이 단층선은 뉴질랜드 남섬 대부분 지역에 걸쳐 분포해 있으며 우주에서도 보인다.

## 유명한 지진

**1755년**
**포르투갈 리스본**
역사상 가장 참혹했던 지진 중의 하나로 지진 이후 쓰나미와 대형 화재가 잇달았다.

**1906년**
**미국 샌프란시스코**
거대한 지진 이후 발생한 화재로 인해 3,000명이 사망하고 2만 명이 집을 잃었다.

**1964년**
**미국 알래스카**
이 강력한 지진은 거의 5분 동안 계속되었으며 뒤이어 쓰나미가 덮쳤다.

**1995년**
**일본 고베**
20초 남짓 지속된 이 지진으로 인해 6,400명의 인명이 희생되었고 피해액이 2천 억 달러에 달했다.

**2003년**
**이란 밤**
도시에 있던 흙벽돌 건물의 상당수가 강력한 지진으로 인해 파괴되었다.

### 쓰나미

지진이 수면 아래에서 일어날 경우 **쓰나미(강력하고 파괴력 있는 바다 해일)**가 발생한다. **2004년 12월 24일** 인도양에서 있었던 지진으로 인해 연쇄 쓰나미가 발생했으며 **11개국에서 22만 5,000명 이상이 사망**했다.

2004년 쓰나미 발생 전과 후의 인도네시아 해안선의 변화

## 가장 강력했던 지진

■ 칠레
날짜: **1960년 5월 22일**
리히터 규모: **9.5**

■ 알래스카 프린스 윌리엄 사운드
날짜: **1964년 3월 28일**
리히터 규모: **9.2**

■ 인도양
날짜: **2004년 12월 26일**
리히터 규모: **9.1**

■ 알류샨 열도 안드레아노프 제도
날짜: **1957년 3월 9일**
리히터 규모: **9.1**

■ 러시아 캄차카 반도
날짜: **1952년 11월 4일**
리히터 규모: **9.0**

캘리포니아와 일본에 있는 고층 건물들은 심한 지진에도 견딜 수 있도록 **내진 설계**를 하여야 한다. 이런 곳에는 건물 기초부에 자동차에 사용되는 충격 흡수 장치와 같은 설계를 한다.

### 지진 측정

과학자들이 지진을 측정하는 방법으로는 **규모**나 **강도**에 의해 측정하는 방법이 있다. 규모는 충격파의 강도를 의미하는데 보통 **리히터 규모**로 측정된다. 또 **MM 진도 계급(수정 메르칼리 진도)**으로는 지진의 영향을 측정한다.

### 정말 믿을 수 없어!

미국 지질 조사소에 따르면 매년 300만 회 이상의 지진이 발생한다. 하루에 대략 8,000번, 그러니까 11초마다 한 번씩 지진이 일어나는 셈이다. 하지만 그들 중 대부분은 강도가 매우 약해 우리가 알아차리지 못한다.

### 리히터 규모

| 규모 | 강도 | 효과 |
|---|---|---|
| 2 미만 | 미진 | 느끼지 못한다. |
| 2~2.9 | 경진 | 일반적으로 느끼진 못하지만 측정기에 기록은 된다. |
| 3~3.9 | 경진 | 가끔 느껴지기도 한다. 하지만 피해는 거의 없다. |
| 4~4.9 | 약진 | 실내에 있는 물체들이 흔들리며 덜걱거리는 소리가 나는 것을 알아차릴 수 있다. |
| 5~5.9 | 중진 | 좁은 지역에 대충 지어진 건물의 경우 피해를 입는다. 잘 지어진 건물의 경우 피해가 발생한다 해도 그 정도가 경미하다. |
| 6~6.9 | 강진 | 파괴 범위가 160km에 이를 수 있다. |
| 7~7.9 | 격진 | 강진보다 더 광범위한 지역에 걸쳐 피해가 발생된다. |
| 8~8.9 | 극진 | 수 킬로미터에 걸쳐 심각한 피해가 발생될 수 있다. |
| 9~9.9 | 극진 | 수천 킬로미터에 걸쳐 있는 지역을 폐허로 만들 수 있다. |
| 10+ | 악진 | 기록된 적이 없다. |

# 아마존 강도 말라 없어질 수 있을까?

아니다. 남아메리카의 아마존 강을 따라 흐르는 물은 배수 지역이라고 하는 거대한 땅에 내린 눈이나 빗물로 채워지는 것이다. 이 배수 지역은 세계에서 가장 큰 것으로 미국 크기의 4분의 3에 해당하는 지역에 이르며 8개국에 걸쳐 있다.

## 살짝 엿보기

### 아마존 강

**01:** 강물이 흐르는 평균 속도는 시속 2.4km이다.

**02:** 강 하구의 길이는 320km가 넘는다.

**03:** 강과 바다가 만나는 곳에서 시간당 7700억ℓ의 물이 흘러나간다. 이는 초당 200만 개의 욕조를 채울 수 있는 양이다.

**04:** 아마존 하구로부터 대서양 쪽으로 100km를 나와도 여전히 아마존의 담수를 퍼올릴 수 있다.

**05:** 아마존에는 약 2,500종의 물고기가 서식하고 있다. 대서양에 살고 있는 종류보다 오히려 많다.

**06:** 아마존 강에는 다리가 하나도 없다.

### 나일 강 정보

▲ 북아프리카 나일 강의 수원은 두 군데이다. 길이가 더 긴 백나일 강은 동아프리카의 빅토리아 호수에서 흘러나온다. 청나일 강의 수원은 에티오피아의 고지대이다. 이 둘은 이집트 카르툼에서 만난다.

▲ 카르툼 아래쪽 하류에서는 강의 수량 중 백나일 강이 차지하는 비율이 16%에 불과하며 나머지는 청나일 강이 차지하고 있다.

▲ 나일 강은 여름 폭우나 에티오피아의 산에서 녹아내리는 눈으로 인해 강물이 불어나 매년 범람한다.

▲ 나일 강의 22%만이 이집트에 속해 있다.

### 정말 믿을 수 없어!

길이가 1,705km에 이르는 캐나다에서 가장 긴 매켄지 강은 겨울에 강 전체가 얼어붙는다.

### 최고 기록은?

**세계에서 가장 짧은 강**은 미국 몬태나 주에 있는 로즈 강이다. 그 길이가 61m에 불과하다.

## 세계에서 가장 긴 강 다섯 개

**나일 강** (아프리카)
6,695km

**아마존 강** (남아메리카)
6,448km

**양쯔 강** (아시아)
6,378km

**미시시피 강/미주리 강** (북아메리카)
6,228km

**오비 강** (아시아)
5,570km

## 다양한 강의 모습들

**협곡**
미국 콜로라도 강이 지면을 깎아 내려 양면이 가파른 그랜드 캐니언을 형성하였다. 이 협곡은 길이가 350km나 되며 폭이 넓은 부분은 29km에 달하는 곳도 있다.

**폭포**
단일 폭포로 길이가 가장 긴 것은 베네수엘라 카라오 강에 있는 엔젤 폭포이다. 쏟아져 내리는 물의 높이는 979m이며 이 물은 대부분 작은 물방울로 변한다.

**사행천**
흐르는 강물로 인해 굽은 강의 바깥쪽은 침식되고 안쪽에는 침식물이 쌓여 구불구불한 강의 모양이 점점 심해져 뱀처럼 변한다. 계곡이 넓어지고 강 안에 고리 모양의 S자 곡선이 나타난다.

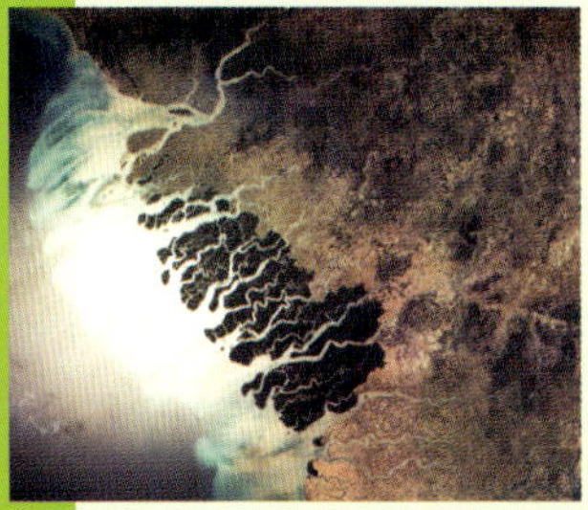

**삼각주**
강과 바다가 만나는 지역에 펼쳐진 평원을 말한다. 세계에서 가장 큰 삼각주는 인도와 방글라데시에 있는 세 개의 강, 즉 갠지스 강, 브라마푸트라 강, 메그나 강이 벵골 만으로 흐르는 곳에 있다.

## 강을 끼고 있는 도시들

세계에서 손꼽히는 도시들 상당수가 강을 끼고 있다. 각 도시와 서로 연관 있는 강을 찾아 보자. 하나의 강이 주요 도시 두 군데를 지나는 경우도 있으니 주의할 것.(정답은 페이지 아래쪽에)

| 도시 | 강 |
|---|---|
| 러시아 상트페테르부르크 | 나일 강 |
| 캐나다 몬트리올 | 티그리스 강 |
| 이탈리아 로마 | 도나우 강 |
| 프랑스 파리 | 리버플라테 강 |
| 중국 상하이 | 세인트로렌스 강 |
| 오스트리아 빈 | 티버 강 |
| 미국 뉴욕 | 네바 강 |
| 베트남 호찌민 | 황허 강(황하) |
| 이라크 바그다드 | 비스와 강 |
| 이집트 알렉산드리아 | 센 강 |
| 폴란드 바르샤바 | 사이공 강 |
| 헝가리 부다페스트 | 허드슨 강 |
| 아르헨티나 부에노스아이레스 | |

## 가장 큰 호수 다섯 개

**01: 카스피 해**
중앙아시아
37만 1,000km²

**02: 미시간/휴런 호**
캐나다/미국
11만 7,436km²

**03: 슈피리어 호**
캐나다/미국
8만 2,103km²

**04: 빅토리아 호**
동아프리카
6만 9,485km²

**05: 탕가니카 호**
중동부 아프리카
3만 2,893km²

중앙아시아에 있는 카스피 해 호수는 한때 바다였다. 마지막 빙하기 때 해수면이 낮아지면서 지중해로부터 분리되어 나왔고 지금은 육지로 막혀 있다. 다른 곳과 달리 이 호수의 물은 소금기 있는 바닷물로 채워져 있다.

## 살짝 엿보기

### 댐

**01:** 세계의 강물 중 약 15%가 홍수 방지와 수력 발전을 위해 댐에 가두어져 있다.

**02:** 세계 전력의 5분의 1가량이 댐에 의해 공급되고 있다.

**03:** 타지키스탄에 있는 로건 댐은 세계에서 제일 높은 댐이다. 335m에 달하는 이 댐은 자유의 여신상보다 높다.

**04:** 세계에서 제일 큰 댐은 중국의 양쯔 강에 건설 중인 삼협곡 댐이다. 2011년 완전 가동에 들어갈 것으로 보이며 그 길이는 2,335m, 높이는 101m에 이른다.

## 대단한 호수들

**티티카카 호**
(페루와 볼리비아)
안데스 산맥 가장자리에 위치한 티티카카 호는 길이가 195km이고 폭이 약 80km이다. 이 호수의 늪지대에서 자라는 갈대는 보트를 만드는 데 쓰인다.

**그레이트솔트 호**
(미국)
이 거대한 염수호의 물은 바닷물에 비해 대략 5배나 짜다. 호수로 흘러드는 세 개의 주요 지류에는 미네랄이 풍부하며 돌이 많은 연안은 소금 결정체로 덮여 있다.

**만야라 호**
(탄자니아)
하마들이 이 호수에 서식하고 있으며 주변의 국립 공원은 코끼리를 보호하고 있다. 또한 나무를 타는 사자로도 유명하다. 호수 내 지하수에는 화산암에서 흘러나오는 미네랄이 가득 들어 있다.

**에어 호**
(오스트레일리아)
이 염수호는 오스트레일리아 대륙에서 가장 낮은 지점에 있다. 개천으로부터 물이 흘러들며 호수에 내리는 강우량은 불규칙하다. 한때 이 호수가 완전히 말랐던 적이 있는 것으로 추측된다. 하지만 20세기 말 대홍수가 있고 나서 현재의 크기로 불어났다.

러시아의 **바이칼 호수**는 세계에서 가장 깊은 호수로 어떤 부분은 깊이가 1,741m에 달한다. 이것은 **에펠탑을 5개 쌓아도 남는 깊이**이다.

**정답:** 나일 강-알렉산드리아, 티그리스 강-바그다드, 도나우 강-부다페스트와 빈, 리버플라테 강-부에노스아이레스, 세인트로렌스 강-몬트리올, 티버 강-로마, 네바 강-상트페테르부르크, 황허 강-상하이, 비스와 강-바르샤바, 센 강-파리, 사이공 강-호찌민, 허드슨 강-뉴욕

# 지구에는 얼음이 얼마나 많이 있을까?

지구 육지 면의 약 5분의 1이 얼음으로 덮여 있다. 수천 년에 걸쳐 쌓인 이 얼음의 대부분은 두꺼운 빙판의 형태로 되어 있으며 북극과 남극 대륙을 뒤덮고 있다. 얼음은 또 높은 산봉우리를 덮고 있다. 극지방이나 산악 지방에서는 빙하라 불리는 얼음 강이 깊은 협곡을 만든다.

## 좀 더 알아보기: 빙산

❄ 빙하에 있던 커다란 얼음덩어리나 산꼭대기의 만년설이 떨어져 나와 대양으로 흘러들 때 빙산이 형성된다.

❄ 빙산 덩어리의 8분의 7이 수면 아래에 있다. 우리가 보는 8분의 1은 말 그대로 '빙산의 일각'에 불과하다.

❄ 음료수에 넣은 얼음과 마찬가지로 얼음의 밀도가 물의 밀도보다 작기 때문에 얼음덩어리인 빙산이 바다 위에 떠다니는 것이다.

## 빙산의 모양

**탁상형**
윗면은 평평하고 옆면은 가파른 비탈 모양으로 거대한 평판처럼 생겼다.

**벽돌형**
벽돌처럼 생겼으며 수직 방향으로 가파른 모양을 하고 있다.

**피라미드형**
꼭대기로 가면서 폭이 좁아져 피라미드 모양을 하고 있다.

**돔형**
꼭대기가 매우 둥글고 부드러운 모양이다.

**첨탑형**
한 개 이상의 첨탑이 매우 높이 솟아 있다.

**골짜기형**
가운데가 침식되어 U자 모양으로 우묵하게 패어 있다.

## 세계에서 가장 추운 곳 열 군데

**01: 남극 보스토크**
영하 89℃

**02: 남극 고원**
영하 84℃

**03: 러시아 오이먀콘**
영하 71℃

**04: 러시아 베르크호얀스크**
영하 68℃

**05: 그린란드 노스아이스**
영하 66℃

**06: 그린란드 아이스미트**
영하 65℃

**07: 캐나다 스낵 유콘**
영하 63℃

**08: 미국 알래스카 프로스펙트 크리크**
영하 62℃

**09: 캐나다 유콘 포트 셀키크**
영하 59℃

**10: 미국 몬태나 로저스 패스**
영하 57℃

러시아 오이먀콘

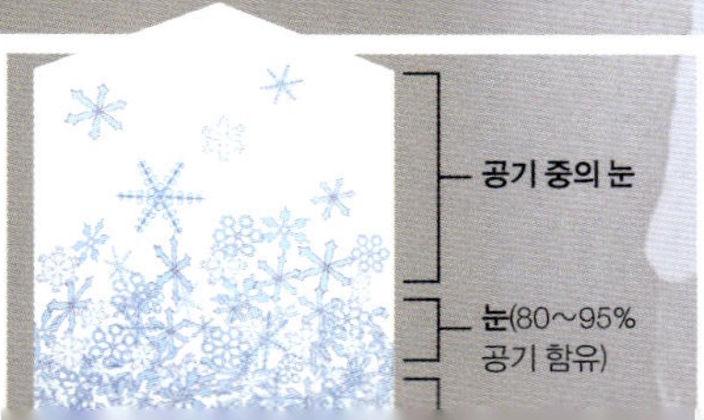


## 정말 믿을 수 없어!

움직이는 빙산이 서로 스쳐 지나가면 개나 원숭이가 꽥꽥거리는 듯한 소리가 난다. 물론 빙산들이 내는 소리는 이보다 훨씬 크다. 어떤 빙진(큰 얼음덩어리가 부서질 때의 진동)은 격렬한 지진에 의한 진동만큼이나 귀청이 터질 듯한 소리를 낸다.

**해양 참사**
1912년 호화 유람선 타이타닉호가 빙산에 부딪혀 침몰했다. 이 참사로 1,500명 이상의 사람들이 목숨을 잃었다.

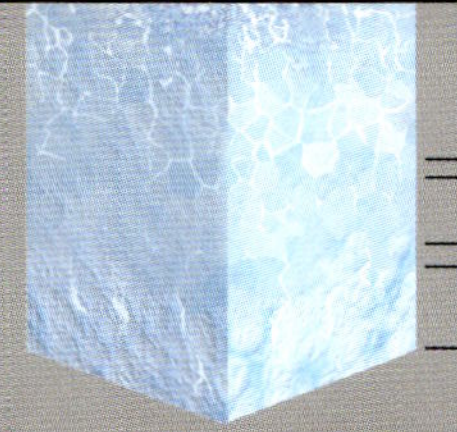


알갱이 모양의 얼음(30~85% 공기 함유)
싸라기눈(20~30% 공기 함유)
푸른얼음(20% 미만의 공기 함유)

## 눈에서 얼음까지

눈이 땅으로 떨어지면 알갱이 얼음이라 불리는 조그맣고 둥근 모양의 얼음 입자로 압축된다. 얼음 입자가 조밀해지면 입자 내 공기의 비율이 줄어들며 조금 더 큰 입자가 형성되는데 이를 싸리기눈이라 부른다. 압력이 증가하여 싸라기눈이 결합하여 '푸른얼음'이라 불리는 딱딱한 단결정으로 이루어진 순수한 얼음으로 변한다.

## 숫자로 알아보기

**3000만km$^3$**
지구 상에서 가장 큰 얼음덩어리인 남극 빙판의 부피

**70%**
남극 빙판에 포함되어 있는 민물의 비율

**4km**
남극을 덮고 있는 빙원의 두께

## 최고 기록은?

1953년 파키스탄의 쿠티아 빙하는 가장 빠른 빙하 해일(빙하의 속도가 빨라지면서 갑자기 밀려 내리는 것)의 기록을 세웠다. 3개월 만에 12km 이상 밀려 내려갔는데, 즉 하루 평균 112m를 이동한 셈이다.

**그린란드**
이름의 의미와 달리 그린란드는 평균 1,790m 두께의 얼음층으로 덮여 있다. 얼음층 대부분 하나의 빙하로 이루어져 있다.

## 빙하에서 볼 수 있는 다섯 가지

**융설 빙수 동굴**
눈이나 얼음이 녹으면서 형성된 동굴

**크레바스**
빙하가 움직이며 얼음 안에 생긴 수직 방향의 균열

**빙산**
부서져 나와 떠다니는 얼음덩어리

**빙하 후퇴**
빙하 위에 있는 눈과 얼음이 얇아지는 것

**얼음 첨탑**
빙하로부터 솟아 있는 커다란 얼음 조각

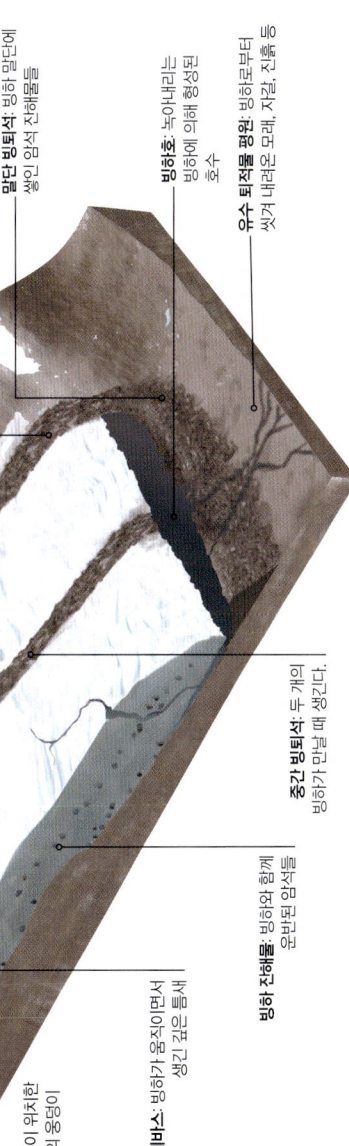

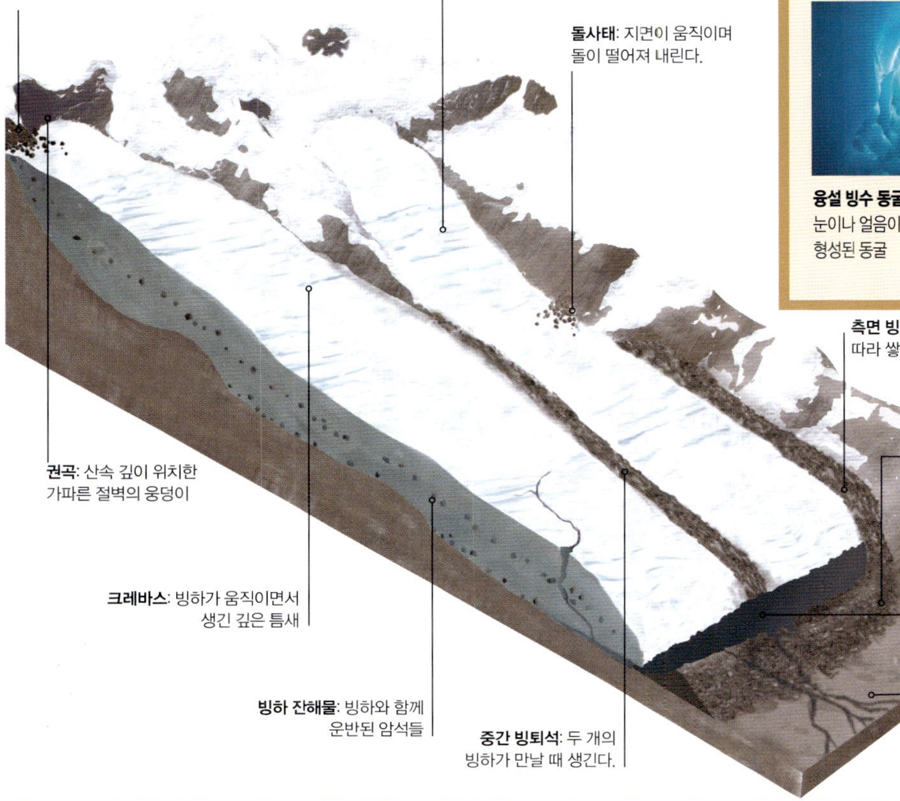


**낙석**: 느슨해진 암석 조각들이 절벽 면에서 떨어진다.
**아이스폴**: 빙하가 급경사면 위로 흐른다.
**돌사태**: 지면이 움직이며 돌이 떨어져 내린다.
**측면 빙퇴석**: 빙하 측면을 따라 쌓인 암석 퇴적물
**권곡**: 산속 깊이 위치한 가파른 절벽의 웅덩이
**크레바스**: 빙하가 움직이면서 생긴 깊은 틈새
**빙하 잔해물**: 빙하와 함께 운반된 암석들
**중간 빙퇴석**: 두 개의 빙하가 만날 때 생긴다.
**말단 빙퇴석**: 빙하 말단에 쌓인 암석 잔해물들
**빙하호**: 녹아내리는 빙하에 의해 형성된 호수
**유수 퇴적물 평원**: 빙하로부터 씻겨 내려온 모래, 자갈, 진흙 등

## 좀 더 알아보기: 빙하의 구조

❄ 빙하는 거대한 규모로 천천히 움직이는 얼음 강이다.

❄ 빙하가 아래쪽으로 움직이며 측면이 깎아지른 듯한 U자 모양의 계곡이 형성된다.

❄ 빙하에는 크게 두 종류가 있다. 계곡 빙하는 흐르는 얼음 줄기이며 벽이 가파른 계곡에 한정되어 분포한다. 대륙 빙하는 커다란 얼음덩어리와 비슷하며 남극 대륙의 대부분을 덮고 있다.

# 사막은 얼마나 건조할까?

사막이 건조한 상태를 유지하는 것은 비나 눈이 내리지 않기 때문이다. 보통 1년 강수량 또는 적설량이 25cm 미만이다. 지구 상에서 가장 건조한 사막은 칠레의 아타카마 사막이며, 이 지역의 사막에는 역사상 비가 온 적이 단 한 번도 없었다.

## 좀 더 알아보기:
## 더운 사막, 추운 사막

■ **더운 사막**은 햇볕이 가장 강한 열대 지역 부근에 있다.

■ 열대 사막도 **밤에는 극도로 춥다**. 땅의 열이 빠져나가는 것을 막아 주는 구름이 없기 때문이다.

■ **추운 사막**은 여름이 없고 매섭게 추운 겨울만 있다. 중앙아시아 고비 사막의 온도는 영하 40℃까지 떨어진다.

## 좀 더 알아보기:
## 사막을 식별하는 방법

**01.** 주변에 있는 바위들을 확인한다. 틀림없이 강한 바람과 엄청난 온도 변화에 의해 크게 침식되어 있을 것이다.

**02.** 지형을 점검한다. 매우 황량할 것이다. 모래, 바위, 돌멩이가 대부분이고, 만약 극지방의 사막이라면 눈이 있을 것이다.

**03.** 지표에 물이 있는지 찾아본다. 만일 못 찾았다면 그것은 우리가 사막에 있다는 좋은 증거이다.

## 사막을 활용하는 다섯 가지 방법

**비행기 보관**
미국의 소노라 사막은 폐기된 비행기 수천 대를 보관하는 비행기 무덤이다.

**경주하기**
오스트레일리아의 앨리스스프링스에서는 메마른 강을 따라 밑바닥 없는 보트 경기를 한다.

**소금 수확**
남아메리카 볼리비아의 살라데 우유니 사막에서 어마어마한 양의 소금이 수확된다.

**탐사기 테스트**
칠레의 아타카마 사막에서는 미국 항공 우주국의 우주 탐사 착륙선인 바이킹을 시험하였다.

**농작물 재배**
거대 규모의 사막 관개 시설을 통해 사막에서 과일과 채소를 재배하는 것이 가능해졌다.

## 세계에서 가장 큰 다섯 사막

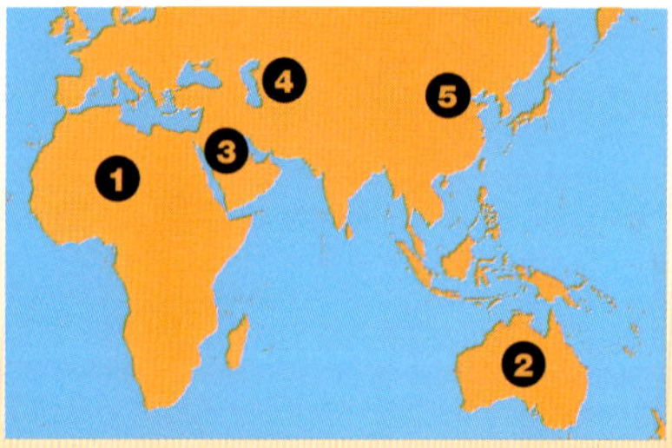


**01: 사하라 사막**
북아프리카, 910만 $km^2$

**02: 오스트레일리아 사막**
오스트레일리아, 340만 $km^2$

**03: 아라비아 사막**
서남아시아, 260만 $km^2$

**04: 투르케스탄 사막**
중앙아시아, 190만 $km^2$

**05: 고비 사막**
중앙아시아, 130만 $km^2$

## 사막에서 볼 수 있는 것들

**에르그**
사하라 사막 같은 곳에서 볼 수 있는 광활한 모래 언덕을 뜻하는 아라비아 말.

**플라야**
분지 중심에 있으며 편평한 모양에 가까운 곳이다. 호수가 주기적으로 형성된다.

## 최고 기록은?

지금까지 가장 높은 온도는 리비아 지역의 사하라 사막 알아지지야에서 기록되었다. 온도가 57.8℃까지 솟구쳐 올라 머리가 녹아내릴 지경이었다.

**05.** 위를 올려다보면 구름 한 점 없이 맑고 파란 하늘을 볼 수 있을 것이다.

**04.** 식물이 아예 없거나 거친 사막 식물 몇 가지만 있는지 꼼꼼히 확인해 본다.

## 장대한 사하라 사막

사하라 사막은 세계에서 가장 큰 열대 사막으로 미국 전체의 크기와 맞먹을 정도로 크다. 아프리카 11개국에 걸쳐 있다.

- **알제리**
- 차드
- **이집트**
- 리비아
- **모로코**
- 모리타니
- **말리**
- 니제르
- **수단**
- 튀니지, 서부 사하라

## 숫자로 알아보기

**465m**
알제리 사하라 사막에 있는 모래 언덕의 높이

**30만 톤**
2006년 고비 사막에 일어났던 거대한 모래 폭풍에 휩쓸려 1,600km 떨어져 있는 베이징까지 날아와 쌓인 모래의 무게

**76℃**
미국 모하비 사막에 있는 죽음의 계곡의 지표 온도. 다리 살갗이 화상을 입어 벗겨질 정도로 뜨거운 온도이다.

**남극이 사막**이라는 사실에 모든 사람이 동의하는 것은 아니다. 그렇지만 어쨌든 그곳이 매우 건조한 것은 사실이다. 이곳의 계곡 중에는 **400만 년 동안 비가 오지 않은 곳**도 있다. 1370만 $km^2$ 면적으로 사하라 사막보다 더 넓다.

## 으스스한 사막 이름

**미국 죽음의 계곡**
미국에서 가장 더운 곳으로 숨이 턱턱 막힌다.

**중국 타클라마탄**
'들어갈 수는 있으나 결코 나오지는 못한다'는 뜻이며 '죽음의 바다'라는 별명도 있다.

**나미비아 해골 해안**
사막과 바다가 만나는 언덕에 늘어서 있는 난파선 때문에 생긴 이름이지 사람의 해골을 의미하는 것은 아니다.

**사우디아라비아 룹알할리**
프랑스 크기만 한 모래 사막으로, 텅 비었다는 뜻이다.

## 정말 믿을 수 없어!

사막에서 목말라 죽는 사람보다 물에 빠져 죽는 사람이 더 많다. 사막에서는 한번 비가 오면 아주 갑자기 쏟아져 내려 메말랐던 강바닥의 수위가 불과 몇 분만에 급속히 올라가기 때문이다.

## 사막에서 살아남는 방법

**몸을 가릴 것**
태양과 곤충으로부터 몸을 보호하고 땀이 증발되지 않도록 가벼운 옷을 입고 모자를 쓴다.

**계속해서 물을 마실 것**
탈수와 체온 상승은 가장 위험한 요소이다.

**그늘을 찾을 것**
뜨겁고 잡동사니가 많은 차 안으로 대피하지 말고 서늘한 그늘로 피한다.

**돌아다니지 말 것**
뜨거운 한낮에는 가만히 있고 새벽녘이나 해질 녘에만 여행을 한다.

**지면으로부터 떨어져 있을 것**
뜨거운 데다가 전갈, 거미, 뱀이 숨어 있기 쉬운 땅 위에 앉거나 눕지 않는다.

**뷰트**
정상이 편평하고 양옆은 가파른 모양의 언덕. 침식에 잘 견디는 강한 바위 층이 꼭대기에 투구처럼 솟아 있다.

**도상구릉**
사막 평원 위로 우뚝 솟은 사면이 가파른 외딴 언덕

**아치**
회오리 바람에 부딪혀 바위가 마모되면서 생긴 멋진 생성물

**와디**
건조 또는 반건조 상태의 사막 지역을 흐르는 강에 의해 형성된 계곡으로 벽면이 가파르다.

# 나무가 얼마나 있어야 숲이라고 할까?

숲의 정의는 사는 곳마다 다르다. 그러나 주요한 특징으로 언급되는 것은 대체로 같다. 숲은 나무로 우거진 광범위한 지역을 말한다. 전 세계 동식물 종의 반 이상이 숲에서 살고 있다.

## 숲의 종류

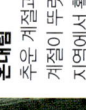

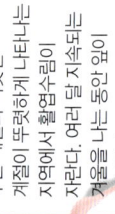

**열대 우림**
우거진 열대 우림은 강수량이 많은 열대 지역에서 발견된다. 이들은 주로 남북 회귀선 근처에 위치해 있다.

**열대 건조림**
몹시 건조하고 여러 달 지속되는 장기간의 건기를 견딜 수 있는 식물만이 이 숲 속에서 자란다.

**침엽수림**
광대한 범위의 침엽수림이 북아메리카, 북유럽, 아시아의 한대 지역에 펼쳐져 있다.

**온대림**
추운 계절과 따뜻한 계절이 뚜렷하게 나타나는 지역에서 활엽수림이 자란다. 여러 달 지속되는 겨울을 나는 동안 잎이 떨어진다.

## 열대 우림 꼭대기에 올라가기

**04.** 최상층 꼭대기까지 도달한다. 하늘을 찌를 듯한 큰 나무들이 있는데 어떤 때는 그 높이가 지면에서 70~80m에 달하기도 한다.

**03.** 숲의 나뭇가지들이 지붕 모양으로 우거진 캐노피에서 잠깐 쉰다. 커다란 나뭇가지들이 우거져 햇빛이 통과하지 못한다.

대략 3억 명의 사람들이 전 세계 숲 속에서 태어나 살고 죽는다. 그들 중 6000만 명의 사람들이 자신들의 삶을 유지하기 위해 모든 것을 숲에 의존하고 있다.

아마존 우림의 나무들은 주변의 9개국에 걸쳐 뿌리를 내리고 있다.

브라질
페루
콜롬비아
베네수엘라
에콰도르
볼리비아
가이아나
수리남
프랑스령 기아나

## 좀 더 알아보기: **삼림 벌채**

나무를 베어 내는 벌채는 다양한 방식으로 지구에 영향을 미친다.

- 벌채는 숲에 사는 동물들의 서식지를 파괴하여 결국 그 동물들을 죽게 만든다. 지구 상 생물들의 3분의 2가 안식처나 먹잇감을 숲에서 찾는다.
- 나무는 이산화탄소를 산소로 바꿔 준다. 따라서 나무 수가 줄어들면 지구 온난화가 초래된다.
- 나무는 수증기를 발산한다. 나무가 적으면 적을수록 대기 중 수분은 줄어든다.
- 토양을 꽉 잡아 주는 나무 뿌리가 없으면 토양 침식, 홍수, 산사태 등이 일어날 가능성이 커진다.

## 삼림 지역

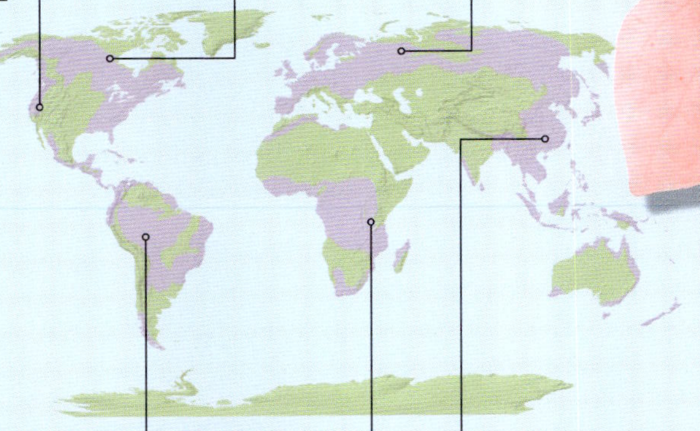

**미국:** 숲이 울창한 많은 지역이 국립 공원으로 지정되어 보호되고 있다.
**캐나다:** 100만 명에 이르는 캐나다인이 삼림 산업에 종사하고 있다.
**러시아:** 전 세계 숲의 약 20%가 세계에서 가장 큰 나라인 러시아에 있다.
**브라질:** 아마존의 열대 우림은 브라질 영토의 반 이상을 차지하고 있으며, 지구 상 가장 큰 열대 우림이다.
**중앙아프리카:** 이 지역의 열대 우림은 1만 1,000종 이상의 식물 종과 400종 이상의 포유동물의 안식처이다.
**중국:** 1990년과 2000년 사이 중국의 삼림은 매년 1~2%씩 증가했다. 세계에서 가장 높은 증가율이다.

지구 육지 면적의 약 30%가 숲으로 덮여 있다.

## 정말 믿을 수 없어!

미국 캘리포니아 주 유키아 근처 몽고메리 보호지에 있는 적갈색의 세쿼이아 나무는 높이가 112m까지 뻗어 있으며 세계에서 가장 키가 큰 나무로 알려져 있다. 하지만 역사상 가장 큰 나무는 아니다. 지금은 죽었지만 오스트레일리아에 있었던 두 그루의 나무가 각각 143m과 150m로 측정된 적이 있다.

모든 열대 우림이 덥고 습한 것은 아니다. 북아메리카의 서늘한 서쪽 해안은 매년 강수량이 350cm에 달하는데 이곳에도 거대한 침엽수가 꽉 들어차 있는 우림이 발견된다. 이곳에는 이끼가 두껍게 낀 침엽수가 많이 있다.

**02.** 땅으로부터 약 15m쯤 올라가면 이제 작은 나무들이 자라는 관목 층 높이에 도착한다.

**01.** 축축하고 그늘진 바닥에서 시작한다. 몇몇 숲의 경우 나뭇잎과 뿌리로 뒤덮여 있어 햇빛의 2%만이 도달한다.

### 산불

산불이 숲을 휩쓸고 지나가면 나무, 식물, 그리고 동물의 생활이 완전히 파괴된다. 그러나 새로운 성장을 위해 그 지역을 말끔히 정리한 후 영양이 풍부한 재를 남겨 두면 씨앗이 새롭게 번성하여 결국 서식지를 재건하게 된다. 산불의 주요 원인은 다음과 같다.

- **인간의 활동, 의도적인 방화**
- **벼락**
- **덥고 건조한 날씨로 인해 산불이 더 빨리 번질 수 있다.**

1908년 러시아 퉁구스카에서 약 2,510km² 의 시베리아 삼림에 있는 **8000만 그루의 나무가 파괴되었다.** 어떻게 이런 일이 일어났는지 확실히 아는 사람은 아무도 없다. 다만, 대부분 퉁구스카 강 상류의 공중에서 유성이나 혜성이 폭발했기 때문이라고 믿고 있다.

## 숫자로 알아보기

아마존 우림에는 놀랍도록 다양한 동식물들이 서식하고 있다.

**100만 종** 곤충의 수

**4만 종** 식물의 수

**3천 종** 어류의 수

**428종** 양서류의 수

**427종** 포유류의 수

**378종** 파충류의 수

**1,294종** 조류의 수

아마존 우림 지역에는 한때 500만 명 이상의 인디언 원주민이 살았다. 그러나 지금은 20만 명가량의 원주민만이 살고 있다.

# 산호는 동물일까, 식물일까, 광물일까?

산호는 동물이기도 식물이기도 그리고 광물이기도 하다. 폴립이라 불리는 아주 작은 동물 수백 만 마리가 모여 살며 산호를 이룬다. 폴립은 자라면서 견고한 석회질의 골격을 만들며 다음 세대의 폴립이 이 위에서 자란다. 또한 산호는 생존에 반드시 필요한 해조류를 품고 있다.

## 열대 산호 키우기

**01.** 깨끗하고 빛이 잘 들고 오염 물질이 전혀 없는 바다를 선택한다.

**02.** 깊이를 점검한다. 산호는 햇빛이 충분치 않은 수심 30m 아래에서는 자라지 않는다.

**03.** 물의 온도가 적당해야 한다. 21℃보다 낮으면 안 되고 30℃보다 높아도 안 된다.

**04.** 영양 물질이 적은 바다여야 한다. 그렇지 않으면 조류가 번성해 산호가 질식하게 된다.

과학자들은 6,000m 가까운 깊이에서 **기이한 돌 모양의 산호**를 발견하였다. 이것은 열대 산호초와 달리 완전히 어두운 곳에서 서식한다는 것 외에 알려진 것이 거의 없다.

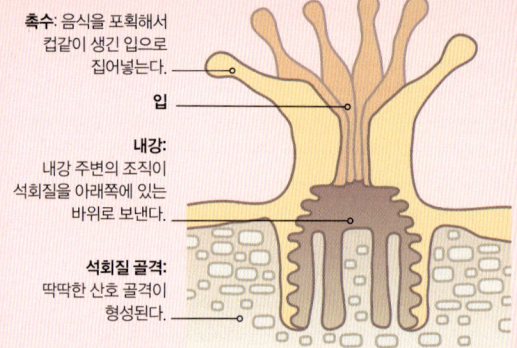

## 좀 더 알아보기: **폴립의 내부**

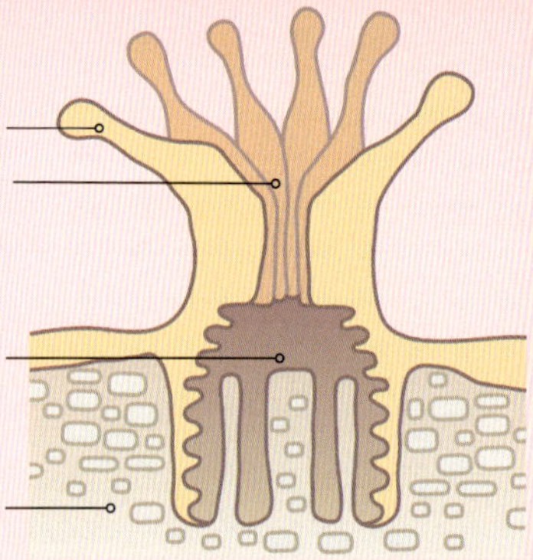


**촉수**: 음식을 포획해서 컵같이 생긴 입으로 집어넣는다.

**내강**: 내강 주변의 조직이 석회질을 아래쪽에 있는 바위로 보낸다.
**석회질 골격**: 딱딱한 산호 골격이 형성된다.

살아 있는 산호는 몸통은 관처럼 생겼고 입 주변에 촉수가 있는 해파리를 거꾸로 세워 놓은 것 같은 모양을 하고 있다. 산호초를 형성하고 있는 열대 산호들은 촉수를 이용해 물속의 플랑크톤을 잡아먹는다.

## 재미있는 산호 이름

산호에는 크게 두 종류가 있다. 산호초를 형성하는 딱딱한 돌 모양의 산호와 부드러운 산호가 그것이다. 어떤 산호들의 경우 이름에 특성이 매우 잘 표현되어 있다.

**뇌 산호**
딱딱한 산호 표면의 주름진 이랑으로 인해 마치 거대한 뇌처럼 보인다.

**부채 산호**
부채 산호 폴립은 서로 연결되어 있어 커다란 레이스와 같은 골격을 형성한다.

**죽은 사람 손가락 산호**
이 산호는 폴립의 촉수가 마치 썩어 가는 손가락처럼 보인다.

**사슴뿔 산호**
사슴뿔같이 생긴 이 산호는 산호 중에 가장 빨리 자란다.

## 산호초는 왜 필요할까

산호가 지구 표면에서 차지하는 면적은 비록 1% 미만이지만 산호초는 25%의 바다 어류종에게 서식처를 제공한다.

**매년 3000만 명에서 4000만 명의 사람들이 산호초에 사는 물고기와 연체 동물을 먹고 산다. 5000만 명의 사람이 음식과 생계 수단을 위해 산호초에 의지하며 살아가는 것으로 추정된다.**

산호초에서 발견되는 화학 혼합물들은 중요한 의약품을 만드는 데 사용된다.

**산호 폴립은 물속의 이산화탄소를 석회질로 변화시킨다. 산호가 없다면 물속의 이산화탄소 양이 증가하며 중요한 서식지가 파괴될 것이다.**

산호초는 강한 해일이나 조류로부터 해안을 보호해 주는 자연 방파제 역할을 한다.

**오스트레일리아의 그레이트 배리어 리프는 다음의 생명체들에게 서식처를 제공한다.**

**500**종의 산호초
**400**종의 해초류
**1,000**종의 바다 해면류
**175**종의 조류
**30**종의 포유류
**1,500**종의 어류

## 갖가지 모양과 크기의 산호초

**가장자리 산호초**
대륙의 해안선과 열대 바다의 섬을 따라 형성되어 있으며 해안가 가까운 곳에서 발견된다.

**장벽 산호초**
해안선에서 좀 더 멀리 떨어진 곳에 있으며 깊은 석호(해안 가까운 곳에서 바람에 운반된 모래나 산호초에 의해 바다와 분리된 호수나 늪)에 의해 장벽 산호초와 육지가 분리된다.

**고리 모양 산호초**
가라앉은 화산의 정상에서 산호가 고리 모양으로 자라 석호를 형성한다. 이를 고리 모양 산호초라 한다.

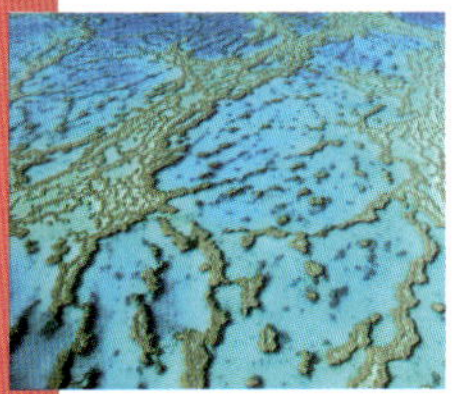

**조각 산호초**
어린 산호 조각들은 보통 장벽 산호초나 고리 모양 산호초 뒤에 있는 석호 바닥에서 자란다.

**플랫폼 산호초**
산호초가 바다 표면에서 자라 수평 방향으로 퍼져 나가면 플랫폼 산호초가 형성된다.

## 세계에서 가장 거대한 산호초

**01: 오스트레일리아 그레이트 배리어 리프**
약 3000개의 산호초가 결합하여 지구 상에서 가장 큰 생명체를 형성하고 있다. 길이가 2,010km 이상 된다.

**02: 마샬 군도 콰잘린**
세계에서 가장 큰 고리 모양 산호초가 97km 길이의 석호를 둘러싸고 있다.

**03: 남태평양 비키니 섬**
1946년 비키니 수영복이란 이름이 이 고리 모양 산호초의 이름에서 유래했다.

**04: 벨리제 등대 산호초**
카리브 고리 모양 산호초 중앙 145m 깊이에 그레이트 블루 홀이 위치해 있다.

## 정말 믿을 수 없어!

그레이트 배리어 리프에 있는 산호는 대부분 1년에 한 번씩 알을 낳는다. 모든 산호가 정확히 같은 시간(10월 또는 11월에 보름달이 지고 4~5일 후)에 알을 낳는데 이때 바다에 알이 가득 차면서 해저에 눈 폭풍이 오는 듯한 장관이 연출된다.

## 산호초를 위협하는 것들

### 지구 온난화
대양의 온도가 상승하면 산호 속에 있는 해조류들이 죽는다. 그러면 해조류에 의지해 살아가는 산호초도 죽게 된다.

### 해수면 상승
지구 온난화는 해수면 상승을 불러오고 이는 산호초에 치명적인 악영향을 끼칠 것이다.

### 오염
산호초에 해를 입히는 다른 요인으로는 처리되지 않은 하수, 채굴, 화학 비료, 살충제, 기름 유출 등이 있다.

### 수족관 사업
인도네시아와 필리핀의 일부 어부들은 물고기를 기절시키기 위해 청산가리를 사용한다. 또 물고기에 접근하기 위해 쇠로 된 지렛대를 사용해 산호초를 파괴한다.

### 남획
불가사리는 산호의 포식자이다. 또 가시 돋친 바다 성게는 불가사리의 포식자이다. 따라서 바다 성게를 남획할 경우 산호가 늘어난 불가사리에 의해 파괴될 수 있다.

## 주요 일지

**5억 년 전**
지구 상에 첫 번째 산호초가 나타났다.

**2억 3000만 년 전**
초기 트라이아스기에 현재 모양의 산호가 처음으로 나타났다.

**1억 9900만 년 전**
대멸종이 있었다. 트라이아스 후기에 있었던 기후 변화로 인해 산호초의 3분의 2가 사라졌다.

**1억 8000만 년 전**
오스트레일리아에 그레이트 배리어 리프가 형성되기 시작했다. 대여섯 차례에 걸쳐 성장의 정지와 재성장이 반복됐다.

**1만 8,000년 전**
지구의 온도가 하강하고 바닷물이 거대 빙하의 얼음 형태로 바뀌면서 해수면이 사상 최저 수준으로 낮아졌다. 이 기간 동안 수면 위로 노출된 산호초들은 죽었다.

**1만 년–8,000년 전 사이**
마지막 대빙하기가 거의 끝나 갈 무렵 우리가 보는 현재의 산호초가 발달하기 시작했다. 빙하가 녹아 해수면이 현재 높이까지 상승했다.

# 바람은 어디에서 불어오는 걸까?

지구의 날씨는 햇볕을 받아 뜨거워지는 대기, 대양, 대지에 의해 결정된다. 뜨거운 공기는 떠오르고 차가운 공기는 가라앉는다. 이러한 특성으로 인해 지구 상의 공기가 계속해서 움직이게 된다. 햇볕은 호수, 강, 바다에 있는 물을 증발시켜 구름이나 비를 만든다.

아주 작은 구름 물방울 100만 개 정도가 모여 하나의 빗방울을 만든다.

## 지구 온난화

- 지구의 기후는 과거 어느 때보다 빨리 뜨거워지고 있다.
- 대부분의 과학자들은 대기 중에 온실 가스가 축적되면서 이러한 현상이 일어난다고 믿고 있다. 보통 지구 주변의 열을 가두어 놓는 온실 가스는 발전소, 공장, 자동차 등에 의해 생겨난다.
- 극지방의 얼음 산봉우리가 대규모로 녹게 되면 해수면이 상승할 것이고 이렇게 되면 해수면에서 불과 1m 높이에 위치한 몰디브 같은 섬은 위험에 빠질 수 있다.
- 지구 온난화는 또 폭풍, 가뭄, 허리케인과 같은 극심한 기후 현상을 야기할 수도 있다.

## 무슨 뜻일까?

**몬순**은 아라비아 말로 '계절'을 의미한다. 남아시아에 **폭우를 동반하는 바람**이 특정 계절 즉 여름에 발생하기 때문이다.

## 폭풍우의 종류

**열대 폭풍우**
허리케인이나 태풍이라고도 불리는 사이클론은 보통 바다에서 시작된다.

**모래 폭풍**
사막 지역에서는 바람이 모래와 먼지를 휘감아 짙은 구름이 자주 일어난다.

**눈보라**
반쯤 얼어붙었던 빗방울이 지표면 바로 위나 가까운 곳으로 떨어지며 더 얼어붙어 두꺼운 층을 형성하면서 발생한다.

**뇌우**(천둥과 번개를 동반한 폭풍)
천둥 구름 속의 전기로 인해 번쩍거리는 번개와 굉음이 발생한다.

지구의 물은 **돌고 돈다**. 우리의 땀이 증발되고 나면 약 열흘 후에 비가 되어 다시 내린다. 우리 머리에 떨어진 빗방울에는 6500만 년 전에 공룡이 맞았던 빗방울과 동일한 물이 섞여 있다.

## 정말 믿을 수 없어!

1930년에 독일인 글라이더 조종사가 우박을 동반한 폭풍을 만나 글라이더에서 뛰어내려야 했다. 불행히도 그는 폭풍우에 휩쓸려 들어가 두꺼운 얼음으로 싸인 인간 우박이 되었고 결국 11km 높이에서 추락해 사망했다.

## 위험한 날씨

**가장 낮은 온도**
지금까지 가장 낮은 온도는 머리가 띵해질 정도인 영하 89.7℃였으며 1983년 7월 21일 남극의 보스토크 연구소에서 기록되었다.

**가장 많은 비**
인도 북동쪽 체라푼지의 1년 강우량은 1,270cm이다.

**가장 강한 바람**
남극의 포트마틴은 평균 풍속이 시속 194km이다. 하지만 강풍은 이보다 빠른 시속 320km의 속도로 불기도 한다.

**가장 많은 눈**
1971년 2월 19일과 1972년 2월 18일 사이에 미국 레이니어 산에 31.1m의 폭설이 쏟아졌다.

## 눈송이에 대한 네 가지 사실

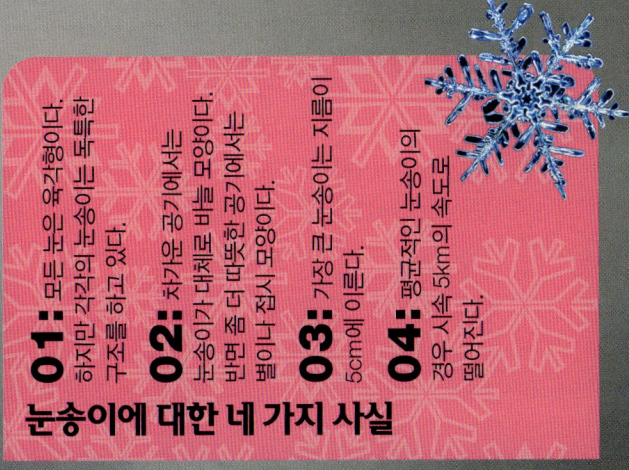

**01:** 모든 눈은 육각형이다. 하지만 각각의 눈송이는 독특한 구조를 하고 있다.

**02:** 차가운 공기에서는 눈송이가 대체로 바늘 모양이다. 반면 좀 더 따뜻한 공기에서는 별이나 접시 모양이다.

**03:** 가장 큰 눈송이는 지름이 5cm에 이른다.

**04:** 평균적인 눈송이의 경우 시속 5km의 속도로 떨어진다.

## 좀 더 알아보기: **토네이도**

**캄캄한 하늘:** 번개 구름 안에 공기가 회전하면서 토네이도가 시작된다.
**깔때기 모양의 구름:** 깔때기형 바람이 땅에 부딪치면서 토네이도가 사방으로 움직이게 된다. 속도는 시속 115km에 이른다.
**상승하는 공기:** 빙글빙글 도는 공기가 점점 더 빨리 회전하며 먼지뿐만 아니라 자동차처럼 커다란 물체들도 공중으로 들어 올린다. 이것이 지나는 곳에 있는 것은 모두 파괴된다.
**토네이도 아래쪽:** 보통의 경우 지름이 1km 미만이다.


## 날씨를 예측하는 다섯 가지 방법

과거 농부나 항해사들은 자연 징후들을 이용하여 날씨를 예측하였다.

**마른 해초 한 조각을 매달아 놓는다. 비가 오기 전 끈적끈적하게 변한다.**

습한 날씨에는 머리카락이 길어진다. 공기에서 습기를 흡수해 팽창하기 때문이다.

**쇠바다제비를 찾아본다. 이 바다 새는 폭풍우가 가까워지면 해안 가까이에서 날아다닌다.**

습도가 매우 높고 바람이 거세게 불면 참나무와 단풍나무의 이파리가 돌돌 말린다. 이는 폭풍이 다가오고 있다는 것을 의미한다.

**'의자에서 끽끽거리는 소리가 나면 비가 온다' 라는 속담이 있다. 나무로 만든 의자가 공기 중에서 습기를 흡수해 끽끽 소리가 나는 것이다.**

## 숫자로 알아보기

**6,000회**
1분당 전 세계에서 번쩍거리는 번개의 수

**21명**
1975년 짐바브웨에서 번개가 오두막을 내리쳤을 때 번개 방전에 의해 죽은 사람의 수

**730회**
미국에서 해마다 발생하는 토네이도의 평균 수. 매년 100명 이상이 토네이도로 인해 사망한다.

**4만 4,000회**
지구에서 매일 요란한 소리를 내며 발생하는 폭풍의 수

**190km**
지금까지 기록된 것 중 가장 긴 번개의 길이

## 살짝 엿보기

### 구름

**01:** 따뜻한 공기가 상승할 때 구름이 형성된다.

**02:** 따뜻한 공기 중에 보이지 않던 수증기가 높은 곳에서 작은 물방울로 변한다.

**03:** 상층 구름은 보통 1만 2,000m 높이에서 떠다닌다. 반면 땅에 가까운 구름은 안개와 이슬을 만들어 낸다.

**04:** 구름의 평균 무게는 점보 제트기와 맞먹는다. 그러나 다행히도 구름이 넓은 면적에 퍼져 있어 갑자기 땅으로 떨어지지는 않는다.

## 보퍼트 풍력 계급

바람의 세기는 0부터 12까지 13계급까지 있는 보퍼트 풍력 계급에 의해 나뉜다.

**0 고요** 연기가 수직 방향으로 상승하고 바다 표면이 마치 거울처럼 보일 정도로 잔잔하다.

**1 실바람** 연기가 공기 중에 떠다니고 수면에 물결이 인다.

**2 남실바람** 얼굴에 바람이 느껴지고 나뭇잎이 바스락거리는 소리를 내며 잔잔한 파도가 일어난다.

**3 산들바람** 작은 나뭇가지들이 움직이고 깃발이 펄럭거리며 파도가 일어난다.

**4 건들바람** 먼지가 일어나고 작은 나뭇가지가 흔들리며 작은 파도가 인다.

**5 흔들바람** 작은 나무들이 흔들거리기 시작하며 물결이 '흰 파도'를 일으킨다.

**6 된바람** 큰 가지들이 움직이며 큰 파도가 인다.

**7 센바람** 나무 전체가 움직이기 시작하며 바다가 소용돌이치며 흰 거품을 형성한다.

**8 큰바람** 나뭇가지가 꺾이며 바람과 마주하며 걷기가 어렵고 파도가 높이 인다.

**9 큰센바람** 굴뚝이나 슬레이트가 떨어지고 파도 윗부분이 부서진다.

**10 노대바람** 나무뿌리가 뽑히고 가옥의 피해가 생기고 바다가 거품으로 하얗게 변한다.

**11 왕바람** 피해가 번지고 높은 파도로 인해 작은 배들이 시야에서 사라진다.

**12 싹쓸바람** 광범위한 피해가 발생하고 거대한 파도가 일며 대기는 거품과 물보라로 가득 차게 된다.

# 암석은 무엇으로 만들어질까?

모든 형태의 암석은 하나 또는 그 이상의 광물이 혼합되어 만들어진다. 지구에서 발견되는 광물은 대략 4,000가지인데 각각 고유의 모양과 색깔을 가지고 있다. 지구 암석은 매장된 보물처럼 값어치 있다. 이런 광물들에는 금속, 보석, 화석뿐만 아니라 석탄이나 가스와 같은 연료 등도 포함되어 있다.

살짝 엿보기

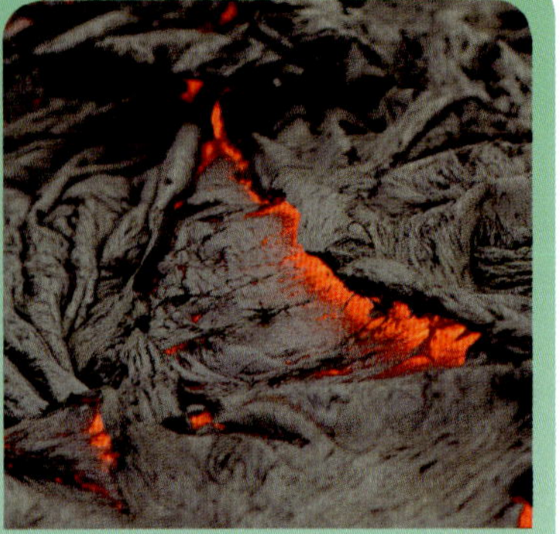

## 암석

**01:** 생성 초기 지구는 뜨겁게 용융된 암석 덩어리였다. 그러나 약 40억 년 전 바깥층이 식어 딱딱한 지각을 형성하였다.

**02:** 여러 가지 형태의 암석이 존재하며, 이들은 주로 세 가지 방법으로 형성되었다.

**03:** 대부분의 화강암은 용융된 암석(마그마)이 화산을 통해 지표로 분출한 뒤 마그마가 식으며 결정체를 이루어 딱딱하게 굳으면서 만들어진다.

**04:** 퇴적암은 옛 동식물의 잔해와 굴러다니는 돌멩이들이 모여 만들어지며, 바람이나 물에 의해 운반되어 수백 년에 걸쳐 압축되고 딱딱해져서 암석으로 굳어진다.

**05:** 변성암은 지표 깊숙한 곳에서 뜨거운 열과 압력에 의해 만들어진 암석이다.

## 좀 더 알아보기: **암석의 순환**

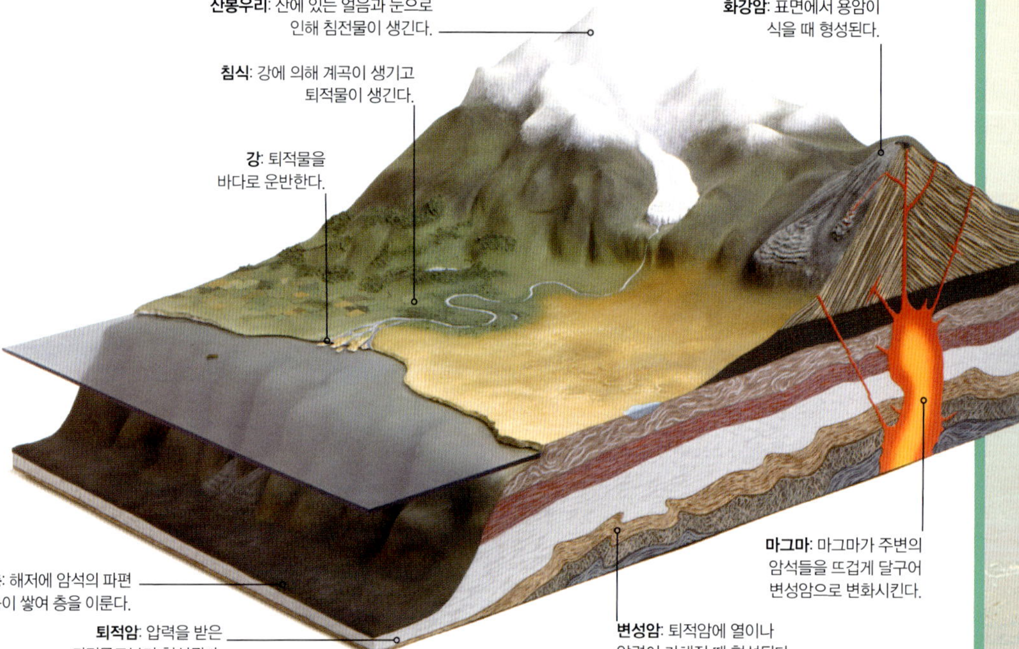
**산봉우리**: 산에 있는 얼음과 눈으로 인해 침전물이 생긴다.
**화강암**: 표면에서 용암이 식을 때 형성된다.
**침식**: 강에 의해 계곡이 생기고 퇴적물이 생긴다.
**강**: 퇴적물을 바다로 운반한다.
**퇴적층**: 해저에 암석의 파편 등이 쌓여 층을 이룬다.
**퇴적암**: 압력을 받은 퇴적물로부터 형성된다.
**마그마**: 마그마가 주변의 암석들을 뜨겁게 달구어 변성암으로 변화시킨다.
**변성암**: 퇴적암에 열이나 압력이 가해질 때 형성된다.

## 광물 식별하기

광물을 식별하기 위해 다음과 같은 검사가 필요하다.

**01 색깔, 광택, 형태** 광물 결정의 색깔, 표면의 광택, 결정체들의 형태

**02 조흔색** 광물을 도자기에 문질렀을 때 생긴 광물 가루의 색깔

**03 쪼개지는 모양** 망치로 두드렸을 때 광물이 쪼개지는 모양

**04 광석의 굳기** 1(매우 부드러움)부터 10(매우 견고함)까지 모스 굳기계로 측정

**05 결정** 광물 결정의 기본적인 기하학적 모양

## 무슨 뜻일까?

19세기 과학자들이 **'주름진 사과 가설'**을 제기한 적이 있다. 그들은 일부 산에서 발견된 접혀 있는 것 같은 모양의 암석을 보고 오래된 사과 껍질 같은 주름이 지각 표면에 형성되고 있다고 생각했다.

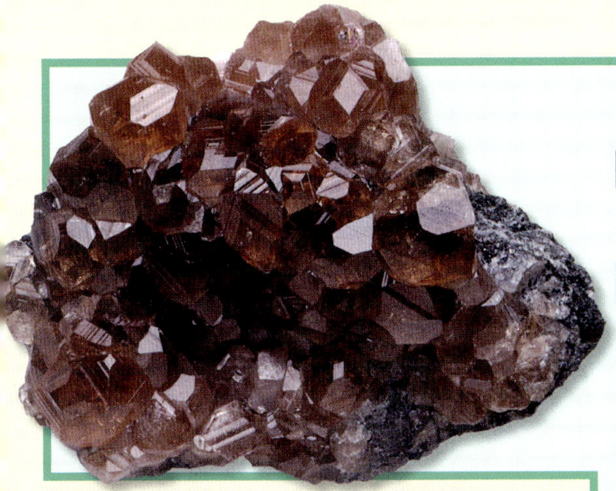

## 맑은 빛의 수정

- 매우 규칙적인 모양으로 자라는 광물이며 부드럽고 편평한 면과 날카로운 모서리를 가지고 있다.
- **수정의 모양은 그 구조를 통해 알 수 있다. 소금 수정은 자그만 육면체 모양이며, 보석으로 사용되는 지르콘 수정은 피라미드 모양이고, 석면 수정은 기다란 실 모양으로 자란다.**
- 수백만 개의 작은 결정체들이 모여 하나의 커다란 광물 덩어리를 만든다.
- **충분한 공간이 주어지면 결정체들은 믿기 어려울 만큼 땅속 깊이 파고든다. 어떤 것은 길이가 11m에 달하기도 한다.**

보석의 크기는 **캐럿**이라는 무게 단위를 사용해 측정한다. 1캐럿은 200mg이다.

## 다섯 개의 유명한 **다이아몬드**

**아프리카의 별**(530.2 캐럿)
1908년 이 다이아몬드는 영국 왕실에서 왕권을 상징하는 막대기인 왕홀에 장식되었다.

**밀레니엄 별**(203캐럿)
1990년에 발견된 이 보석을 레이저로 잘라 배(pear) 모양의 다이아몬드로 만드는 데 자그마치 3년이란 시간이 걸렸다.

**리젠트**(140.5캐럿)
1698년 인디언 노예가 발견하여 다리에 상처를 내 은밀히 숨겼으나 영국인 선장이 이를 훔쳐 갔다. 1812년 나폴레옹의 검을 장식하는 데 사용되었다.

**코이누르**(105.6캐럿)
1304년 이래 여러 명의 인도와 페르시아 통치자들이 소유했었다. 1877년 영국의 빅토리아 여왕이 인도 통치자가 되고 난 후 영국 왕실의 보석이 되었다.

**블루 호프**(45.5캐럿)
일명 저주받은 다이아몬드(위 사진)의 소유자 중 가장 유명한 사람으로 마리 앙투아네트가 있다. 마리 앙투아네트는 프랑스 루이 16세의 왕비로 1793년 프랑스 혁명 때 처형되었다.

## 정말 믿을 수 없어!

대략 10만 톤의 우라늄 광석이 있어야 핵 발전소의 연간 소비량인 25톤의 방사성 우라늄을 만들 수 있다.

## 최고 기록은?

지금까지 채굴된 가장 큰 금 원석은 72kg이다. 1869년 골드러시 때 오스트레일리아 몰리아굴에서 발견되었으며 '웰컴 스트레인저(Welcome Stranger)'라는 이름이 붙여졌다.

## 다섯 개의 유명한 암석

**울루루**
단일한 암석 덩어리로는 세계에서 가장 큰 것이다. 중앙 오스트레일리아에 있으며 높이가 383m이고 폭은 2km이다.

**함선 암석**
미국 뉴멕시코 주의 함선 암석은 평지로부터 500m 솟아오른 거대한 돌기둥이다.

**러시모어 산**
네 명의 미국 대통령 얼굴이 사우스다코타 주의 바위에 새겨져 있다.

**슈가로프 산**
브라질의 리우데자네이루에 있는 웅장한 슈가로프 산은 396m까지 솟아 있다.

**델리케이트 아치**
16m 높이의 모래 암석으로 된 아치가 오랜 세월 풍화 작용과 침식에 의해 마모되었다.

## 기묘한 이야기

흑연과 다이아몬드는 둘 다 탄소 원자로 이루어져 있다. 흑연은 어두운 회색이며 가장 부드러운 광석 중 하나이지만 다이아몬드는 투명하며 세계에서 가장 딱딱한 자연물이다.

## 특별한 힘을 가지고 있는 암석들

**자성**
자철석 같은 광물은 자연적으로 자성을 띈다.

**방사능**
우라늄석은 우라늄이 추출되는 방사능 광물이다.

**발광**
소달라이트 같은 광물은 자외선이 비춰질 때 빛을 낸다.

## 좀 더 알아보기: **광물과 암석**

지구의 땅은 암석과 광물로 이루어져 있다. 그중 어떤 것들은 희귀하고 값어치가 있으며 반면 양이 아주 많은 것도 있다. 대다수가 우리 일상 생활에 유용한 것들이다.

중정석

은청석
(사방정계 광물)

브로칸타이트
(단사정계 광물)

석고

형석

천람석

망간

암염

수정

광로석

터키옥

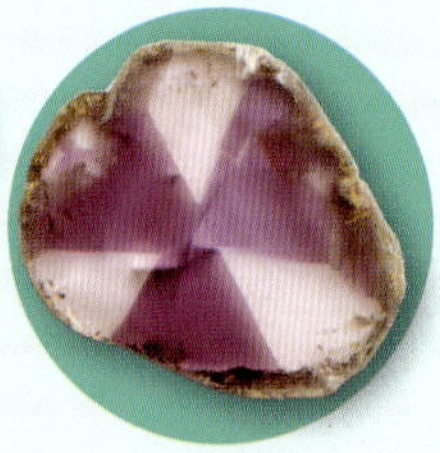
석영

방해석

적동석

남동석

전기석

이극석

황철석(색깔 때문에
금과 혼동됨)

황동광

수산화 알루미늄광

아티나이트

감람석

비취 휘석(경옥)

백철석

황

수연연석(몰리브덴)

자철석

공작석

적철석

진사(수은의 원광)

섬아연석

마노

보통 휘석

석류석

석석(주석의 원광)

흑연

방연석

편마암 대리석 편암 점판암 점토 역암

사암 석회석 부싯돌 흑요석 조립현무암 응회암

부석 현무암 화강암 반려암 남옥 에메랄드

다이아몬드 토파즈(황옥) 사파이어 루비 오팔 호박

산호 진주 흑요석 알루미늄 동 티타늄

금 철 수은 비스무트 니켈철 백금

은 휘코발트광 아연

**일러두기**

- **광물**: 자연적으로 형성된 화학 물질들의 견고한 혼합물
- **암석**: 지각에서 발견되는 광물 입자들의 결합
  - **변성암**: 지구의 열과 압력에 의해 만들어진 암석
  - **퇴적암**: 모래, 자갈, 화석 등으로 만들어진 암석
  - **화강암**: 화산 물질이 냉각되며 형성된 암석
- **보석**: 매우 값지고 대개 매우 희귀한 광물
- **자연 그대로의 돌**: 준보석. 암석으로부터 추출된 것이 아님.
- **금속**: 특수한 종류의 광물, 종류에 따라 쉽게 구부리거나 원하는 모양으로 만들 수 있고 광택이 있다.

# 에너지는 모두 어디서 나오는 것일까?

태양열 발전은 햇빛을 전기로 전환한다. 기름, 가스, 석탄과 같은 연료가 연소될 때 에너지가 생성된다. 풍력과 수력은 재생 에너지로 결코 고갈되지 않는다.

## 살짝 엿보기

### 에너지 자원

**01: 석탄** 전 세계 에너지의 24%를 차지한다.

**02: 가스** 전 세계 에너지의 21%를 공급한다.

**03: 석유** 다른 어떤 연료보다 많이 사용되며 전체 에너지의 35%를 공급한다.

**04: 태양열 발전** 특수한 태양열 전지를 통해 태양열을 바로 에너지로 만든다.

**05: 바람** 터빈이라는 기계를 사용하여 바람을 전기로 바꾼다.

**06: 조수 간만의 차** 밀물과 썰물의 차이를 이용하여 전기를 만들어 낸다.

**07: 핵에너지** 원자를 쪼개 핵폭발을 유도하고 거대한 양의 에너지를 만들어 낸다.

**08: 수력 발전** 댐에 채워진 물을 떨어뜨려 그 힘으로 전기를 발생시킨다.

**09: 지열** 지구 내부에서 표면으로 솟아오르는 열을 에너지원으로 이용한다.

**10: 바이오매스** 자연물이나 쓰레기를 분해하거나 발효시켜 에너지를 만든다.

## 숫자로 알아보기

**7000만 배럴**
매일 땅속에서 끌어올리는 기름의 양.

**130만 명**
미국 콜로라도 강에 있는 후버 댐으로부터 전력을 공급받는 사람들의 수

**2050년**
석유가 고갈될 것으로 예상되는 연도. 가스는 2100년, 석탄은 2250년에 고갈될 것으로 예상된다.

**75%**
자동차에 의해 낭비되는 연료의 비율. 자동차는 불필요한 열과 소음을 만들어 낸다.

## 전기를 가장 많이 소비하는 10개 국가(2007년)

**01: 미국** 3,717,000,000,000 kWh

**02: 중국** 2,494,000,000,000 kWh

**03: 일본** 946,300,000,000 kWh

**04: 러시아** 940,000,000,000 kWh

**05: 인도** 587,900,000,000 kWh

**06: 독일** 524,600,000,000 kWh

**07: 캐나다** 522,400,000,000 kWh

**08: 프랑스** 482,400,000,000 kWh

**09: 브라질** 415,900,000,000 kWh

**10: 영국** 345,200,000,000 kWh

캐나다: 소비량보다 52% 더 생산한다.
미국: 생산량보다 3분의 1 더 소비한다.
남아메리카: 소비량보다 42% 더 생산한다.

### 무슨 뜻일까?

석탄, 석유, 가스를 '화석 연료'라고 한다. 3억 년 이전에 살았던 동식물들이 땅속에 묻혀 화석화한 연료이기 때문이다.

### 정답을 맞혀 보세요.

석유는 중요한 자원이다. 에너지를 얻기 위해 사용될 뿐만 아니라 여러 가지 물건을 만드는 데 필요한 화학 물질을 추출하기도 한다. 다음 물건들 중에서 석유를 이용하여 만든 것이 아닌 것은?(정답은 오른쪽 페이지 아래쪽에)

a) 우산 b) 쇠못 c) 비누 d) 주사위 e) CD f) 풍선 g) 달라붙지 않는 프라이팬 h) 립스틱

## 바이오매스란 무엇인가?

에탄올과 같은 생물 연료는 바이오매스로부터 만들어진 액체 연료이다. 유기 물질을 포함하고 있으며 연소될 경우 열과 함께 뜨거운 증기를 만들어 낸다.

- 설탕, 대마와 같은 작물이나 포도 씨
- 널빤지와 같은 쓰레기
- 동물 배설물로 만든 거름
- 옥수수 줄기
- 나무 조각이나 알갱이
- 해초

## 에너지를 절약하는 여섯 가지 방법

- **걷거나 자전거를 탄다. 돈이 한푼도 들지 않고 건강에도 좋다.**
- 백열 전구 대신 에너지 효율이 높은 LED 전구를 사용한다. 소모되는 에너지가 5분의 1에 불과하며 수명이 10배 더 길다.
- **집에 있는 난방 장치의 온도를 1℃만 내린다. 난방비의 10%가 절감될 것이다.**
- 집, 특히 다락에 단열 장치를 한다. 창문은 이중창으로 해야 좋다.
- **전기 주전자에 물을 너무 많이 붓지 말고 필요한 만큼만 끓인다.**
- 물품을 재사용하면 새로 물건을 만드는 데 소비되는 에너지를 절약할 수 있다.

## 주요 일지

**기원전 500000년**
초기인류가 불을 발견했다

**기원전 200년**
중국인이 처음으로 석탄을 채굴했다.

**644년**
페르시아(지금의 이란) 기록에 처음으로 물레방아가 등장했다.

**1740년**
상업적인 석탄 채굴이 미국에서 시작되었다.

**1765년**
제임스 와트가 증기기관을 발명하였다.

**1821년**
미국 뉴욕의 프레도니아에서 최초로 천연가스정에 구멍을 뚫는 작업이 시작되었다.

**1840년대**
영국인 과학자 JP 줄이 에너지의 단위인 줄(Joule)을 고안하여 음식에 들어 있는 에너지의 값을 측정하는 단위로 썼다.

**1859년**
미국 펜실베이니아에서 드레이크에 의해 유전에 구멍을 뚫는 작업이 처음으로 시작되었다.

**1860년**
르누아르가 내연 기관을 발명하였다.

**1880년대**
공장에 에너지를 공급하기 위해 최초의 화력 발전소가 세워졌다.

**1882년**
수차로 발전된 전기가 처음으로 미국 위스콘신 주 애플턴에 있는 제지 공장 두 군데에 공급되었다.

**1888년**
브러쉬가 미국 오하이오 주 클리블랜드에 있는 풍력 발전용 자동 터빈을 처음으로 설치했다.

**1891년**
미국의 인디애나에서 시카고까지 천연가스 파이프라인이 설치되었다.

**1904년**
이탈리아 라데렐로에 처음으로 지열 발전소가 세워졌다.

**1941년**
태양열 전지가 발명되었다.

**1944년**
최초의 원자로가 미국 워싱턴 리치랜드에서 가동되기 시작했다.

**1954년**
디자인이 개선되며 좀 더 효율적인 태양열 판이 만들어졌다.

## 좀 더 알아보기:
## 세계 에너지 생산과 소비

각 지역별로 에너지 생산량은 색깔로, 소비량은 테두리 선으로 표시했다. 색칠한 부분이 테두리 선을 넘어서면 에너지 소비량보다 생산량이 더 많다는 것을 의미한다.

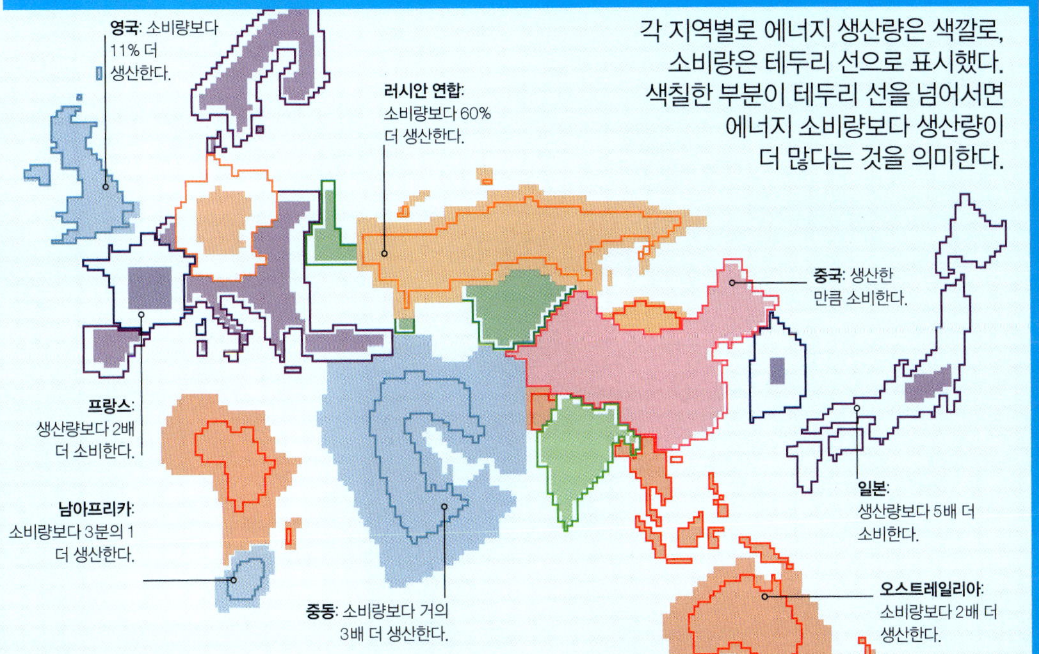

영국: 소비량보다 11% 더 생산한다.
러시안 연합: 소비량보다 60% 더 생산한다.
중국: 생산한 만큼 소비한다.
프랑스: 생산량보다 2배 더 소비한다.
남아프리카: 소비량보다 3분의 1 더 생산한다.
일본: 생산량보다 5배 더 소비한다.
중동: 소비량보다 거의 3배 더 생산한다.
오스트레일리아: 소비량보다 2배 더 생산한다.

## 달걀을 요리하는 세 가지 방법

**1. 햇빛으로 달걀 프라이 하기**
이글거리는 사막에서는 태양에서 방출되는 에너지로 바위가 뜨겁게 달구어진다. 달걀 프라이를 하기에도 충분한 온도이다.

**2. 끓는 물로 달걀 삶기**
과열된 온천으로부터 솟아나는 물은 95℃이다. 너무 뜨거워 델 수도 있다. 달걀 삶아 드실 분 어디 없나요?

**3. 나무를 태워 계란 요리하기**
훨훨 타는 나무에서 나오는 에너지를 이용하면 확실히 맛있는 요리를 할 수 있다.

중국의 인구는 미국의 인구보다 4배 더 많다. 그러나 중국이 쓰는 에너지는 미국의 절반도 안 된다.

## 정말 믿을 수 없어!

2003년 8월, 미국 뉴욕과 캐나다 토론토 사이에 있던 도시 사람들 약 5000만 명이 대규모 정전 사태로 인해 어려움을 겪었다. 사람들은 엘리베이터와 지하철에 갇혔으며 급수 시설에 전력 공급이 중단되면서 생활 하수가 넘치기도 했다.

# 공룡

# 공룡들은 왜 그렇게 몸집이 컸을까?

목 길이가 11m에 달하고, 몸집은 여러 대의 버스 크기만 한 초식 공룡들은 2억 년에서 6500만 년 전까지, 쥐라기와 백악기 동안 지구를 돌아다녔다. 이 거대한 초식 동물들은 나무 꼭대기에 매달린 나뭇잎을 뜯어 먹었으며, 몸집이 워낙 커서 포식자들이 이들을 잡아먹기란 쉽지 않은 일이었다.

### 용각류*에 관한 신화와 진실

신화: 사람들은 한때 용각류가 물속에서 살았다고 믿었다. 몸집이 너무 커서 땅 위에서는 그 몸무게를 지탱할 수 없다고 생각했기 때문이다.
**진실: 과학자들이 발자국 화석을 보고 물속이 아닌 육지에서 살던 동물이라는 것을 밝혀냈다.**

신화: 그들의 목이 스노클 같은 역할을 해 물밑으로 잠수할 때도 숨을 쉴 수 있었을 것이라고 생각한 적이 있었다.
**진실: 긴 목이 스노클이라는 생각은 전혀 타당하지 않다. 이 동물이 잠수할 경우 물의 압력으로 인해 폐가 제대로 팽창할 수 없고 결과적으로 호흡 곤란을 야기하기 때문이다.**

*** 용각류 공룡이란?**
쥐라기에서 백악기까지 번성한 몸집이 거대한 초식 공룡들을 말한다.

### 용각류가 좋아하는 먹이

(바삭거리는) **침엽수**
(저칼로리) **소철**
(맛 좋은) **은행잎**
(호화로운) **포자 양치식물**
(걸쭉한) **이끼**

### 쥐라기 초식 동물로 살아남기

공룡의 두개골은 섬세한 뼈로 이루어져 있어 화석이 되기 어렵다. 공룡의 골격이 처음으로 발견된 뒤 수백 년이 지나서야 과학자들이 가장 유명한 용각류인 아파토사우루스(당시는 브론토사우루스로 알려져 있었다)의 두개골을 발견할 수 있었다.

**01.** 바로사우루스처럼 두꺼운 살갗을 발달시킨다. 포식자로부터 자신을 보호하는 데 도움이 될 것이다.

**02.** 채찍과 같이 길고 단단한 근육질의 꼬리가 있어야 한다. 균형을 잡거나 적의 공격에서 자신을 보호하기 위해 필요하다.

**03.** 코끼리처럼 커다란 발이 있으면 무거운 몸을 지탱하는 데 도움이 된다.

**04.** 엄청난 양의 거친 나뭇잎을 소화하려면 충분히 크고 긴 내장 기관이 필요하다.

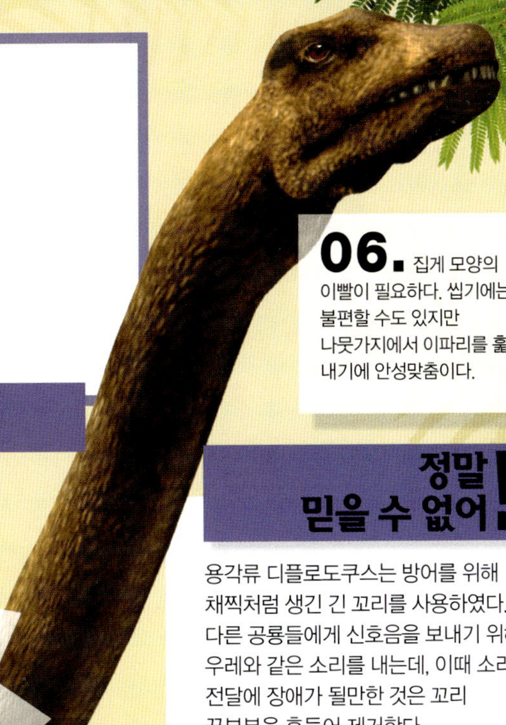

## 숫자로 알아보기

**53개**
용각류 카마라사우루스의 꼬리 뼈 수

**2.45m**
지금까지 발견된 어깨뼈 화석 중 가장 큰 것의 길이. 용각류인 브라키오사우루스의 것이다.

**1.8m**
발견된 목 척추 중 가장 큰 것의 길이. 디플로도쿠스의 것이다.

**1m**
지금까지 발견된 용각류 배아 중 가장 큰 것의 길이

**06.** 집게 모양의 이빨이 필요하다. 씹기에는 불편할 수도 있지만 나뭇가지에서 이파리를 훑어 내기에 안성맞춤이다.

### 최고 기록은?

마멘키사우루스는 쥐라기 용각류 중 **가장 긴 목**을 갖고 있다. 목 길이는 약 11m로, 19개의 척추뼈로 구성되어 있다.

**05.** 먹이를 찾기 위해 아주 높은 나무 주위를 두리번거릴 때는 가벼운 머리와 긴 목을 활용한다.

### 정말 믿을 수 없어!

용각류 디플로도쿠스는 방어를 위해 채찍처럼 생긴 긴 꼬리를 사용하였다. 다른 공룡들에게 신호음을 보내기 위해 우레와 같은 소리를 내는데, 이때 소리 전달에 장애가 될만한 것은 꼬리 끝부분을 흔들어 제거한다.

### 걸을 때는 조심조심

쥐라기 공룡 중 가장 작은 콤프소그나투스는 거대한 공룡들이 있는 곳에서는 짓밟히지 않도록 조심해야 한다. 크기는 병아리만 하며 커다란 동물들이 먹고 남긴 고기 찌꺼기를 찾아 무리 지어 돌아다녔다.

## 용각류의 적

**알로사우루스** 무시무시하게 생긴 몸길이 12m짜리 포식자이다. 두 다리로 걸으며 꼬리가 어마어마하고 몸집도 매우 크다. 길이가 15cm에 달하는 날카로운 발톱이 있다.

**케라토사우루스** 몸길이가 6m까지 자란다. 커다랗고 강력한 턱과 날카로운 이빨이 있다.

**메갈로사우루스** 몸길이가 9m까지 자란다. 용각류를 사냥했지만 죽은 동물도 먹었던 것으로 보인다.

**카마라사우루스** 몸길이는 18m. 강한 목을 뻣뻣하게 양쪽 측면과 아래쪽으로 흔들며 떨기나무의 거친 잎사귀들을 뜯어먹고 살았던 것으로 보인다.

**브라키오사우루스** 몸길이는 30m. 이빨이 길고 숟가락 모양으로 생겼다. 이 이빨로 가장 높은 곳에 위치한 침엽수의 나뭇가지와 잎사귀를 잡아당길 수 있었다.

**파랄리티탄** 몸길이는 27m. 목 길이가 몸 전체의 3분의 1을 차지하며 몸무게가 80톤에 달했던 것으로 짐작된다.

**살타사우루스** 몸길이는 27m. 대부분의 후기 용각류와 같이 살타사우루스도 등을 따라 두껍고 갑옷 같은 피부층이 있었다.

## 초대형 용각류

# 어떤 공룡들은 왜 벼슬이 있을까?

조각류는 넓적한 부리를 가진 공룡을 일컫는 말이다. 모든 조각류가 벼슬을 가지고 있었던 것은 아니지만 벼슬이 있는 것들은 자동차 경적과 같은 소리를 냈을 것으로 보인다. 몇몇 과학자들은 이 공룡등이 벼슬을 통해 공기를 불어내면서 트롬본 같은 소리를 냈으리라고 생각한다. 한편, 벼슬이 서로를 쉽게 식별하게 해 주었거나 체온을 낮추는 데 쓰였을 것이라는 주장도 있다.

## 가장 멋진 벼슬

조각류의 벼슬은 모양과 크기가 다양하다. 파라사우롤로푸스의 벼슬은 나무 막대처럼 생겼으며 길이가 1.8m이다.

## 소리를 내는 세 가지 이유

**01** 포식자 무리에 대한 경고

**02** 무리에서 이탈하는 것을 방지

**03** 짝 유인하기(누가 그토록 멋진 트롬본 소리를 거부하겠는가?)

## 조각류가 되려면

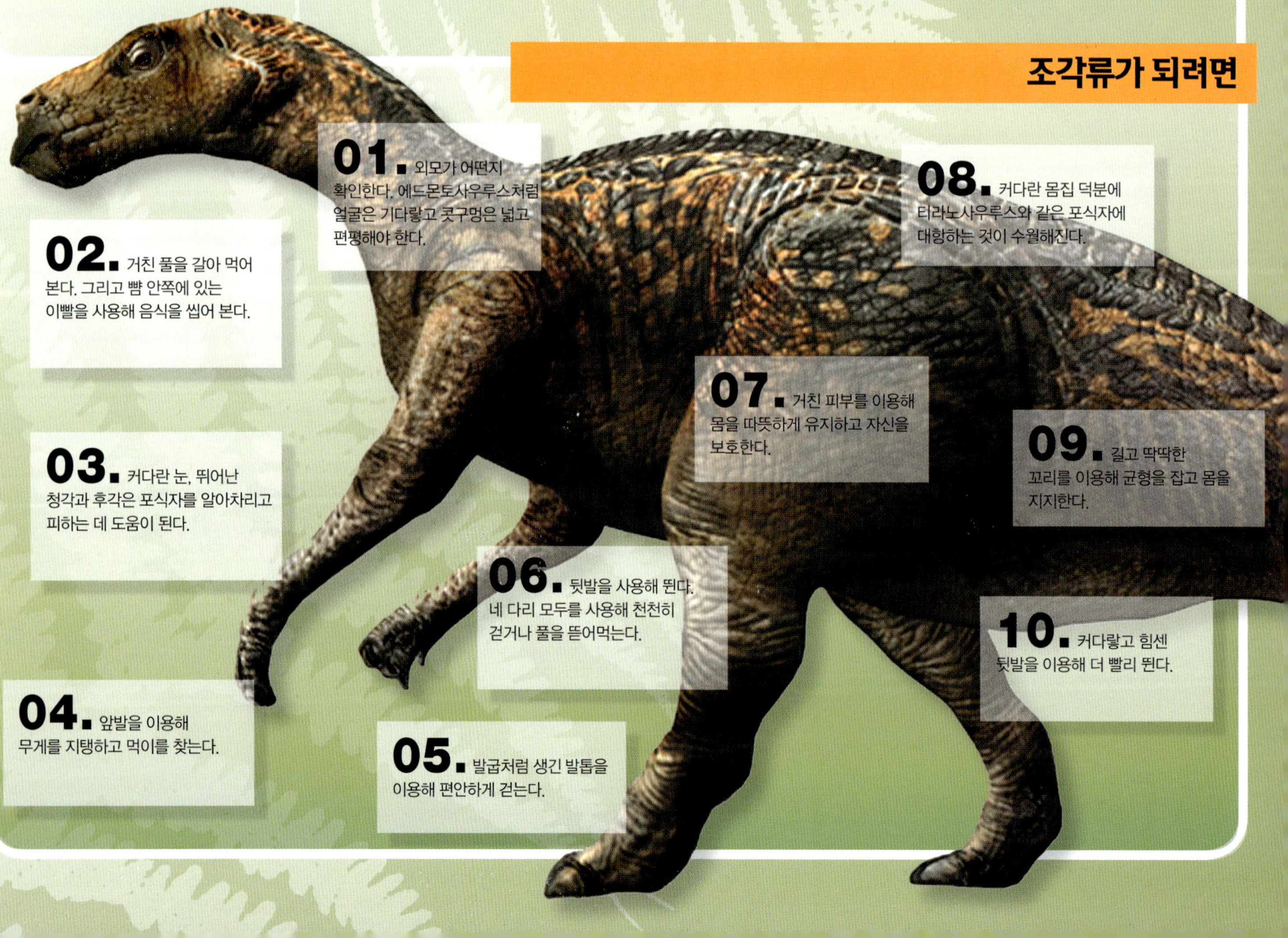

**01.** 외모가 어떤지 확인한다. 에드몬토사우루스처럼 얼굴은 기다랗고 콧구멍은 넓고 편평해야 한다.

**02.** 거친 풀을 갈아 먹어 본다. 그리고 뺨 안쪽에 있는 이빨을 사용해 음식을 씹어 본다.

**03.** 커다란 눈, 뛰어난 청각과 후각은 포식자를 알아차리고 피하는 데 도움이 된다.

**04.** 앞발을 이용해 무게를 지탱하고 먹이를 찾는다.

**05.** 발굽처럼 생긴 발톱을 이용해 편안하게 걷는다.

**06.** 뒷발을 사용해 뛴다. 네 다리 모두를 사용해 천천히 걷거나 풀을 뜯어먹는다.

**07.** 거친 피부를 이용해 몸을 따뜻하게 유지하고 자신을 보호한다.

**08.** 커다란 몸집 덕분에 티라노사우루스와 같은 포식자에 대항하는 것이 수월해진다.

**09.** 길고 딱딱한 꼬리를 이용해 균형을 잡고 몸을 지지한다.

**10.** 커다랗고 힘센 뒷발을 이용해 더 빨리 뛴다.

## 마이아사우라에 대한 놀라운 사실 여덟 가지

**01:** 마이아사우라라는 이름은 '좋은 엄마 도마뱀'이라는 뜻이다.

**02: 몸길이가 9m까지 자라고 몸무게는 약 3톤 정도 된다.**

**03:** 마이아사우라는 약 8000만 년에서 6500만 년 전까지인 후기 백악기에 살았다.

**04: 약 1만 마리까지 무리 지어 모여 살았다.**

**05:** 여러 개의 마이아사우라 둥지가 미국 몬태나 주에서 발견되었다.

**06: 흙을 퍼올려 둥지를 만들고 자몽 크기만 한 알을 낳았다.**

**07:** 엄마는 알 위에 앉지 않고 알을 따뜻하게 유지하기 위해 초목 부스러기들로 덮어 주었다.

**08: 갓 태어난 새끼의 길이는 대략 30cm이다.**

## 조각류로 살아남기

**01** 무리와 함께 지내야 한다. 수가 많으면 안전하다.

**02** 티라노사우루스와 같은 육식 포식자를 발견하면 벼슬로 커다란 소리를 내서 무리에 알리고 잽싸게 피해야 한다.

**03** 늙고 병든 공룡들에게 특별한 관심을 가져야 한다. 티라노사우루스 렉스가 이들을 무리로부터 떨어뜨리려 시도할 수 있다.

**04** 포식자로부터 안전한 거리를 확보할 때까지 가능한 빨리 도망쳐야 한다.

**05** 계속해서 풀을 뜯어먹어야 한다. 많은 양의 에너지를 필요로 하기 때문이다.

### 수백 개의 이빨로 먹이 갈기

조각류의 뺨 안에는 수백 개의 이빨이 있어 초목 먹이를 삼키기 전에 잘게 자르고 갈 수 있다. 계속해서 먹이를 갈기 때문에 이빨이 닳아 없어지지만 항상 새로운 이빨이 나와 걱정할 필요가 없다.

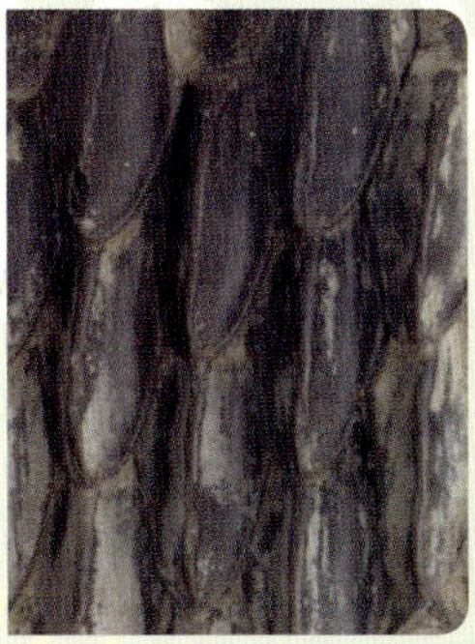

### 하드로사우루스를 위한 최고급 요리

**아침**
향기로운 꽃과 입맛 다시게 하는 나뭇잎

**점심**
호화로운 씨앗 반찬과 맛있는 나뭇가지

**저녁**
호수에서 길어 온 신선한 물로 씻은 꺼끌꺼끌한 솔잎

### 무슨 뜻일까?

조각류(하드로사우루스)는 '오리 부리를 가진'이라는 뜻이다. 그들의 부리가 넓적하고 편평해서 언뜻 보면 오리 부리와 비슷하기 때문이다. 오리 부리는 부드럽고 민감하지만 하드로사우루스의 부리는 거칠고 뿔 같다.

### 최고 기록은?

조각류 중 가장 큰 산퉁고사우루스의 무게는 약 18톤이고 크기는 15.5m이다. 버스보다도 크고, 코끼리보다 약 10배나 더 무겁다.

### 정말 믿을 수 없어!

1999년 10대 고생물학자가 미국의 노스다코타 주에서 지금까지 발견된 것 중 보존 상태가 가장 온전한 하드로사우루스의 잔해를 발견하였다. 공룡은 화석화되기 전에 미라로 만들어졌는데 피부나 근육 같은 부드러운 조직이 그대로 보존되어 있었다. 이 희귀 화석을 분석하기 위해 비행기를 점검할 때 사용하는 거대한 스캐너가 동원되었다.

## 같은 과에 속하는 공룡

**코리토사우루스**
**생존 시기:** 8000만~6500만 년 전
**서식 장소:** 캐나다 앨버타 주
**길이:** 10m
**식별 방법:** 속이 비고 반쪽짜리 접시처럼 생긴 벼슬

**사우롤로푸스**
**생존 시기:** 7200만~6800만 년 전
**서식 장소:** 캐나다와 몽골
**길이:** 10m
**식별 방법:** 길고 뾰족한 꼬리, 뼈로 만들어진 머리의 스파이크

**마이아사우라**
**생존 시기:** 8000만~6500만 년 전
**서식 장소:** 미국 몬태나 주
**길이:** 9m
**식별 방법:** 눈앞에 작은 벼슬이 있고 두개골이 편평하다.

**람베오사우루스**
**생존 시기:** 8300만~6500만 년 전
**서식 장소:** 캐나다 앨버타 주
**길이:** 15m
**식별 방법:** 뒤쪽에 스파이크가 달린 두 개의 벼슬

**브라킬로포사우루스**
**생존 시기:** 8300만~7500만 년 전
**서식 장소:** 캐나다 앨버타 주
**길이:** 9m
**식별 방법:** 편평한 접시 모양의 벼슬과 긴 앞발

# 티라노사우루스는 정말로 '파충류의 왕'이었을까?

'티라노사우루스 렉스'라는 이름은 '파충류의 왕'을 의미한다. 티라노사우루스는 티라노사우르 공룡과에 속하는 것 중 가장 사나운 육식성 포식자이다. 8000만 년에서 6500만 년 전에 살았다. 코끼리만 한 무게에 버스 길이보다 더 길고 2층 창문을 들여다볼 수 있을 정도로 키가 컸다.

### 살짝 엿보기

**티라노사우루스 렉스 (티 렉스)**

**01:** 몸길이는 최대 12m, 키는 6m 정도이다.

**02:** **길이가 1.5m나 되는 크고 무시무시한 머리와 짧고 유연한 목을 갖고 있다.**

**03:** 턱 길이가 1.2m이고 60개의 날카로운 이빨이 있다.

**04:** **뛰어난 시력과 예민한 후각을 지녔다.**

**05:** 발가락은 두 개이며 날카로운 발톱을 갖고 있다.

**06:** **긴 꼬리는 몸의 균형을 유지하고 몸을 신속히 돌릴 수 있게 한다.**

**07:** 튼튼하게 발달한 뒷다리만을 이용해 두 발로 걷고 시속 15~30km로 달릴 수 있다.

## 티라노사우루스처럼 사냥하기

**01.** 머리를 앞으로 내밀고, 편평한 등과 꼬리, 엄청난 뒷다리를 이용해 힘차게 걸어 다닌다.

**02.** 자그만 뿔이 있거나 부리가 오리처럼 생긴 공룡을 따라간다.

**03.** 일단 시야에 목표물이 들어오면 턱을 떡 벌리고 있는 힘을 다해 공격한다. 커다란 살덩어리를 물어뜯고 먹잇감이 꼼짝 못하도록 손갈퀴로 후빈다.

**04.** 먹잇감이 피를 흘리고 죽으면 발로 밟고 고깃덩어리를 뜯어먹는다. 하지만 경쟁자인 다른 티 렉스에 대한 경계를 늦춰서는 안 된다.

티라노사우루스의 두 눈은 앞쪽을 향해 있다. 그래서 사물이 눈앞에서 겹쳐지면서 입체감 있게 보인다. 이런 원리로 사람처럼 거리를 파악할 수 있다.

## 같은 과에 속하는 공룡

티라노사우루스는 가장 큰 육식 동물이었지만 티라노사우르 과에는 무서운 공룡들이 더 있다.

**타보사우루스**
**생존 시기:** 7000만~6000만 년 전
**서식 장소:** 몽골과 중국
**몸길이:** 12m

**알베르토사우루스**
**생존 시기:** 7600만~7400만 년 전
**서식 장소:** 캐나다
**몸길이:** 10m

**고르고사우루스**
**생존 시기:** 7600만~6800만 년 전
**서식 장소:** 북아메리카
**몸길이:** 9m

**알리오라무스**
**생존 시기:** 7000만~6500만 년 전
**서식 장소:** 몽골
**몸길이:** 6m

## 슈퍼스타 수

지금까지 발견된 티 렉스 화석 중 가장 온전한 것이 미국 시카고 필드 박물관에 전시되어 있다. 이 티 렉스의 이름은 수이다.

- **1990년 8월 12일 미국 사우스다코타 주 샤이엔 강 옆에서 화석이 발견되었다.**
- 우리는 사실 수가 수컷인지 암컷인지 알지 못한다. 화석의 이름은 그것을 발견한 여성 화석 발굴자 수 헨드릭슨의 이름을 따서 붙인 것이다.
- **박물관 측은 약 840만 달러를 주고 이 화석을 구입했다.**
- 수는 6700만 년 전에 살았다.
- **수가 살았을 때의 무게는 7톤 정도였을 것이다.**
- 콧구멍에서 꼬리까지 길이가 12.8m 이다.
- **수의 골격은 200개가 넘는 뼈로 이루어져 있다.**
- 엄청난 크기의 턱에는 이빨이 58개나 있다.
- **전시되어 있는 두개골은 복제품이다. 진짜 두개골은 너무 무거워서 제자리에 고정하기 어려울 정도다.**
- 수의 뇌는 우유 1ℓ가 들어갈 크기밖에 되지 않는다.

## 저녁 식사에 티 렉스를 초대하지 말아야 할 그럴듯한 이유 다섯 가지

**01:** 티 렉스는 한 번에 230kg의 고기를 물어뜯는다. 이 녀석을 만족시키려면 어마어마한 양의 고기가 필요할 것이다.

**02:** 식사 예절도 엉망일 것이다. 짤막하고 작은 팔로 접시에서 음식을 직접 집어다가 마구 먹어 댈 것이다.

**03:** 먹는 모습도 보기 좋지는 않을 것이다. 티 렉스는 입을 쩍 벌린 채 음식을 먹고 큰 못처럼 생긴 이빨로 음식을 씹을 것이다.

**04:** 다른 손님들은 다소 긴장하고 있을 수도 있다. 티 렉스에게 음식을 충분히 제공하지 않을 경우 손님 몇 명이 티 렉스 먹이로 희생될 수도 있다.

**05:** 음식물이 이빨 사이에 끼어 썩을 수도 있다. 백악기에 칫솔이 있었을 리가 없으니 이 녀석이 숨을 쉴 때마다 역겨운 냄새가 날 것이 틀림없다.

## 무시무시한 이빨

티 렉스의 입속은 각기 다른 크기의 이빨로 가득 차 있다. 어떤 이빨은 길이가 33cm에 달하는 것으로 밝혀졌다.

## 티 렉스의 놀라운 후각

티 렉스 뇌 부위 중 가장 크게 발달해 있는 부분은 냄새를 식별하는 영역이다. 냄새로 여러분을 찾아내는 데 어려움이 없을 것이다. 여러분을 잡아먹는 것은 간단한 간식을 먹는 정도이다.

## 정말 믿을 수 없어!

과학자들은 티 렉스의 배설물이 부패하기 전 공기와 차단된 상태에서 매장되어 화석으로 만들어진 것을 분석하여 이 무시무시한 포식자들이 먹었던 음식에 대해 몇 가지 사실을 알게 되었다. 이 배설물은 보통 사람 팔 길이만큼 길거나 6개월 된 아기 정도만큼 무게가 나가는데, 소 크기만 한 초식 공룡의 뼈조각이 씹던 채로 남아 있기도 했다.

## 인기 영화배우

애석하게도 악당들을 골려 주는 정도였지만 티 렉스는 영화에도 여러 차례 등장했다. 여기에 비교적 최근에 상영된 영화 몇 편을 소개한다.

- **쥐라기 공원**(1993), 쥐라기 공원 2(1997), 쥐라기 공원3(2001)
- **킹콩**(2005)
- **박물관이 살아 있다**(2006)
- **지구 중심으로의 여행**(2008)

# 공룡은 어떻게 적의 공격을 피할까?

포식자를 만났을 때 공룡들을 서로 다르게 반응한다. 이구아노돈 은 주변 환경을 이용한다. 그들의 피부색과 모양은 위장하기에 안성맞춤이다. 갈리미무스는 티 렉스와 같은 포식자를 피하기 위해 시속 56km로 달린다. 갑옷과 같이 두꺼운 피부로 자신을 방어하는 공룡들도 있다.

## 적에게서 살아남기

**01.** 프로토케라톱스는 두려울 게 없다. 방향을 틀어 빙빙 돌며 목 주위의 방패를 세운다. 목 둘레의 방패가 목을 보호해 준다.

**02.** 색깔이 뚜렷하게 잘 드러나도록 목 주변의 방패를 꼿꼿이 세우고 적과 맞선다.

**03.** 적이 바짝 다가오면 크고 뾰족한 코로 상대방의 다리나 아랫배를 파고든다.

**04.** 공격을 피하는 데는 무리를 지어 다니는 것이 가장 좋은 방법이다.

## 쓸모 있는 꼬리

**스켈리도사우루스** 포식자를 쫓아내기 위해 뒷다리로 벌떡 일어선다. 이때 균형을 잡기 위해 꼬리를 사용할 수도 있다.

**유오플로케팔루스** 꼬리를 반듯하게 펼 때 꼬리뼈가 서로 맞물린다. 망치처럼 생긴 꼬리를 펴서 양옆으로 흔들어 댄다.

**개스토니아** 꼬리 전체에 가시가 달려 있어 강력한 무기와 같다. 다른 부분에도 날카로운 방어용 가시가 박혀 있다.

### 기묘한 이야기

에우오플리케팔루스는 먹잇감을 유인하기 위해 이 망치 모양의 꼬리를 사용했던 것 같다.

## 함께 사는 공룡들

**불어나는 가족** 암컷들이 많은 대규모 무리에서 지배적 위치에 있는 파키케팔로사우루스 수컷은 여러 마리의 암컷과 짝짓기를 할 수 있고 그 결과 무리의 숫자가 더 늘어나게 된다.

**새끼 돌보기** 히파크로사우루스는 커다란 무리를 이룬 상태에서 새끼를 기른다. 수가 더 많다는 것은 포식자를 더 잘 막아 낼 수 있다는 것을 의미한다.

**보호** 센트로사우루스와 같이 커다란 공룡은 빨리 뛸 수가 없다. 대신 여러 마리가 무리를 지어 안전한 상태를 유지한다.

**무리 지어 사냥하기** 데이노니쿠스처럼 자그맣고 사나운 공룡들은 사자처럼 무리를 지어 사냥함으로써 몸집이 작아 불리한 점을 극복한다.

## 포식자의 발톱

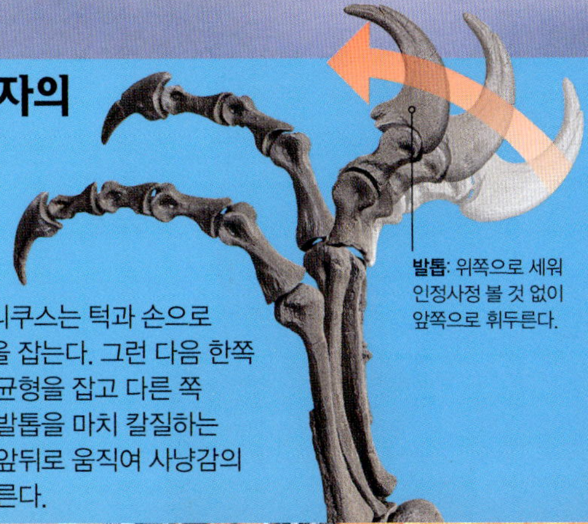


데이노니쿠스는 턱과 손으로 먹잇감을 잡는다. 그런 다음 한쪽 다리로 균형을 잡고 다른 쪽 다리의 발톱을 마치 칼질하는 것처럼 앞뒤로 움직여 사냥감의 배를 가른다.

## 먹잇감을 사냥하는 세 가지 방법

### 두꺼운 피부

피부가 갑옷으로 무장된 몇몇 공룡은 자신을 보호하기에 더 유리하다. 거친 피부를 찢거나 물어뜯는 것이 어렵다는 것을 포식자들도 알고 있다.

**01: 매복과 공격**
사진에 보이는 한가로이 돌아다니는 초식 동물은 거대한 기가노토사우루스의 좋은 먹잇감이다. 나무 뒤에서 참을성 있게 기다리다 사냥감이 이들 옆을 지나갈 때 턱으로 낚아챈다.

**02: 먹잇감 쫓아가기**
콤프소그나투스는 뛰어난 달리기 선수이다. 속도와 순발력을 이용해 먹잇감을 추격한다.

**03: 잡아서 낚아채기**
바리오닉스는 좁은 턱과 갈고리 모양의 엄지 갈퀴로 경계심 없는 물고기를 낚아채 이빨로 물어뜯는다.

## 이런 공룡을 만나면 어떻게 해야 할까?

**트리케라톱스**
트리케라톱스가 볼 수 없는 목둘레 주름 뒤쪽으로 숨어라. 하지만 끝까지 조심해야 한다. 이들은 무리 지어다니기 때문에 다른 놈이 슬며시 네 뒤로 다가올지도 모른다.

**유오플로케팔루스**
아래쪽에 급소가 있다. 가까이 올 때까지 땅에 바짝 엎드려 숨어 있다가 아래쪽에서 가격하라.

**스테고사우루스**
꼬리를 피하고 자세히 살펴라. 스테고사우루스(사진)는 머리에 치명적인 일격을 당해도 계속 움직인다. 엉덩이에 있는 신경이 그 뒤로도 한동안 뒷다리와 꼬리를 움직이게 하기 때문이다.

초식 공룡의 **눈은 대부분 머리 옆에 달려 있다**. 이로 인해 시야가 넓어져 주위를 두루 살필 수 있다.

## 무서운 뿔

공룡의 뿔은 육식 동물에 대한 방어, 무리의 우두머리가 되기 위한 싸움, 자신을 과시하는 데 쓰였다.

**트리케라톱스**
세 개의 뿔이 있다. 하나는 코에 나머지 둘은 눈 위에 있다.

**스티라코사우루스**
뿔 하나는 코 위에 나머지 여섯 개는 목 가장자리에 있다.

**센트로사우루스**
구부러진 뿔 하나가 코 위에 있다.

## 좀 더 알아보기: **고르고사우루스의 이빨**

# 공룡은 날 수 있었을까?

공룡은 날 수 없었다. 그러나 파충류 친척뻘인 익룡은 하늘 높이 날아다녔다. 다른 공룡들이 위협적으로 땅 위를 걸어다닐 때 익룡은 하늘을 지배했다. 날개 달린 파충류인 익룡은 위풍당당했으나 6500만 년 전 공룡이 멸종할 때 모두 함께 사라졌다.

## 익룡처럼 날기

**01.** 머리를 따뜻하게 유지하려면, 짧고 섬세한 털이 약간만 있으면 된다.

**02.** 크고 둥근 눈이 있어서 시야를 넓혀 먹이를 찾는다.

**03.** 바닷속으로 곤두박질쳐 날카로운 이빨로 물고기를 잡는다.

**04.** 공기 저항을 감소시키려고 목을 쭉 뻗은 채로 난다.

**05.** 기다란 넷째 발가락으로 날개를 지탱한다. 방어할 때에는 날카롭고 갈고리처럼 생긴 나머지 3개의 발가락을 이용한다.

**06.** 튼튼하고 딱딱한 날개를 퍼덕거려서 난다. 날지 않을 때는 날개를 몸 쪽에 붙인다.

**07.** 새의 꽁지깃처럼 생긴 꼬리 끝을 펄럭여서 방향을 조정한다.

### 최고 기록은?

하늘을 날 수 있는 생명체 중 가장 큰 것은 익룡의 일종인 케찰코아틀루스이다. 날개 폭이 12m에 달하는데, 이는 작은 비행기만 한 크기이다.

### 정말 믿을 수 없어!

1856년 기차 터널을 건설하던 인부가 익룡과 비슷하게 생긴 커다란 생명체를 보았다고 주장했다. 그 인부는 그것이 떨어져 죽기 전에 분명히 날개를 파닥였다고 주장했다. 흠, 그 이야기를 믿을 만한 증거는 없다. 그것은 정말 날아다니는 파충류였을까, 아니면 그가 단지 상상 속에서 헛것을 본 것일까?

## 익룡

**01:** 최초의 익룡은 날개를 파닥거리는 조그만 동물이었다. 수백만 년이 지나면서 거대한 비행 생물로 진화했다.

**02: 익룡의 뼈는 가늘고 속이 비어 있어 매우 가볍고 날기에 적합했다.**

**03:** 익룡의 두개골에는 공기주머니가 있어 몸집에 비해 가벼웠다.

**04: 일부 익룡에게는 신기하게 생긴 벼슬이 있었다. 아마도 구애를 할 때 사용했던 것 같다.**

**05:** 일부 익룡들은 짝짓기를 하거나 알을 낳기 위해 큰 무리를 이루어 함께 지냈다.

**06: 익룡 알의 화석을 보면 물렁한 알껍데기 속에 아직 부화하지 않은 새끼가 들어 있다. 지금의 파충류도 마찬가지이다.**

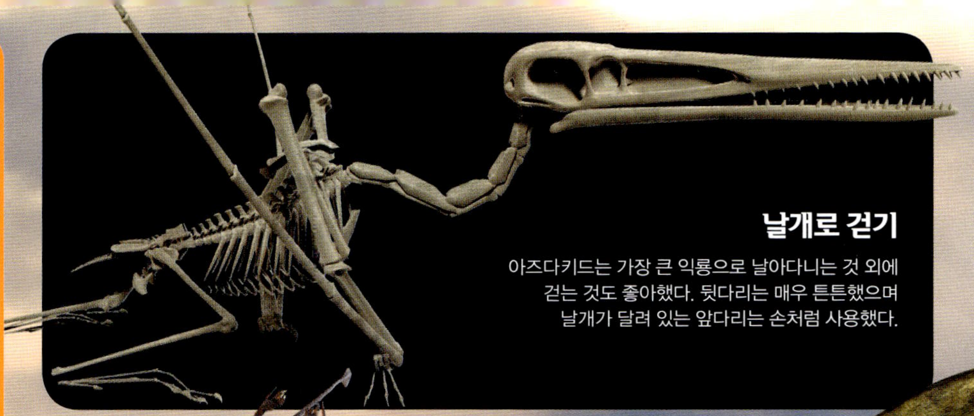

### 날개로 걷기

아즈다키드는 가장 큰 익룡으로 날아다니는 것 외에 걷는 것도 좋아했다. 뒷다리는 매우 튼튼했으며 날개가 달려 있는 앞다리는 손처럼 사용했다.

디모르포돈

### 익룡과 새는 어떤 차이가 있나요?

| 익룡 | 새 |
|---|---|
| 몸에 털이 났다. | 몸에 깃털이 있다. |
| 대부분 이빨이 있다. | 대부분 이빨이 없다. |
| 날개에 발톱이 달려 있다. | 날개에 발톱이 없다. |
| 날개에 박쥐처럼 막이 있다. | 날개에 깃털이 있다. |

참매

익룡의 목은 길고 가늘며 펠리컨처럼 **목에 주머니가** 달려 있다. 물고기를 잡기 위해 물밑으로 부리를 푹 집어 넣고 잡은 물고기는 목 주머니에 담아 둔다.

### 깃털 공룡

오늘날의 새는 익룡의 자손이 아니고 깃털 공룡의 자손으로 생각된다. 이런 생각을 하는 이유는 반은 공룡이고 반은 새인 카우디프테릭스와 같은 동물 화석이 지난 150년 동안 발견되었기 때문이다.

### 거대한 턱

- 새는 부리가 있다. 그러나 대부분의 익룡에게는 이빨 달린 턱이 있다.
- 일부 익룡에게는 벼슬이 있다. 물고기를 잡기 위해 물에 들어갈 때 물살을 가르기 위해 사용했을 것이다.
- 날카롭고 뾰족한 이빨이 듬성듬성 나 있어 물고기나 미끄러운 먹잇감을 붙잡기에 알맞다.
- 벼슬의 색깔은 아주 화사하다.
- 어떤 익룡은 이빨이 없다.

## 초기 조류들

골반 모양이 도마뱀과 비슷하게 생긴 용반목 공룡에서 진화한 동물들이 익룡과 함께 하늘을 날아다녔다. 이 동물들은 익룡이 아니었으며 조류의 초기 형태였던 것으로 보인다.

### 페테이노사우루스

**생존 시기:** 2억 2000만 년 전
**서식지:** 늪지와 계곡
**살았던 곳:** 남유럽
**길이:** 60cm
**먹이:** 날아다니는 곤충

### 프테로닥틸루스

**생존 시기:** 1억 5000만 년 전
**서식지:** 호숫가
**살았던 곳:** 유럽
**길이:** 1m
**먹이:** 물고기

### 프테라노돈

**생존 시기:** 8800만 년 전
**서식지:** 대양, 해변
**살았던 곳:** 북아메리카
**길이:** 1.8m
**먹이:** 물고기

프테로닥틸루스

살짝 엿보기

### 해양 파충류

**01:** 해양 파충류는 공룡과 전혀 관계가 없다.

**02:** 공룡과 같은 시기에 멸종했다.

**03:** 많은 경우 몸집이 거대하고 턱이 컸다. 일부 파충류의 턱은 커다란 먹이를 통째로 삼킬 만큼 넓적했다.

**04:** 심해나 얕은 바다, 해변 지역에서 살았다.

**05:** 바다는 화석이 만들어지기에 좋은 조건이라 해양 파충류의 화석이 바다에서 잘 보존된 상태로 많이 발견된다.

# 공룡은 헤엄을 칠 수 있었을까?

아니다. 공룡이 육지를 지배하고 있는 동안 바다는 해양 파충류가 지배했다. 이크티오사우루스(어룡), 플리오사우루스, 플레시오사우루스, 플라코돈트, 모사사우루스 등의 해양 파충류는 육식성이다. 서로가 서로를 잡아먹기도 하고 다른 해양 생물을 먹기도 했다. 물속으로 들어가기 전에 폐로 숨을 쉬려고 수면 위로 올라왔다.

### 기묘한 이야기

몇몇 과학자들은 조그마한 플레시오사우루스가 지금의 거북이처럼 알을 낳기 위해 모래 해변으로 기어왔을 것이라고 생각한다.

## 엘라스모사우루스처럼 살기

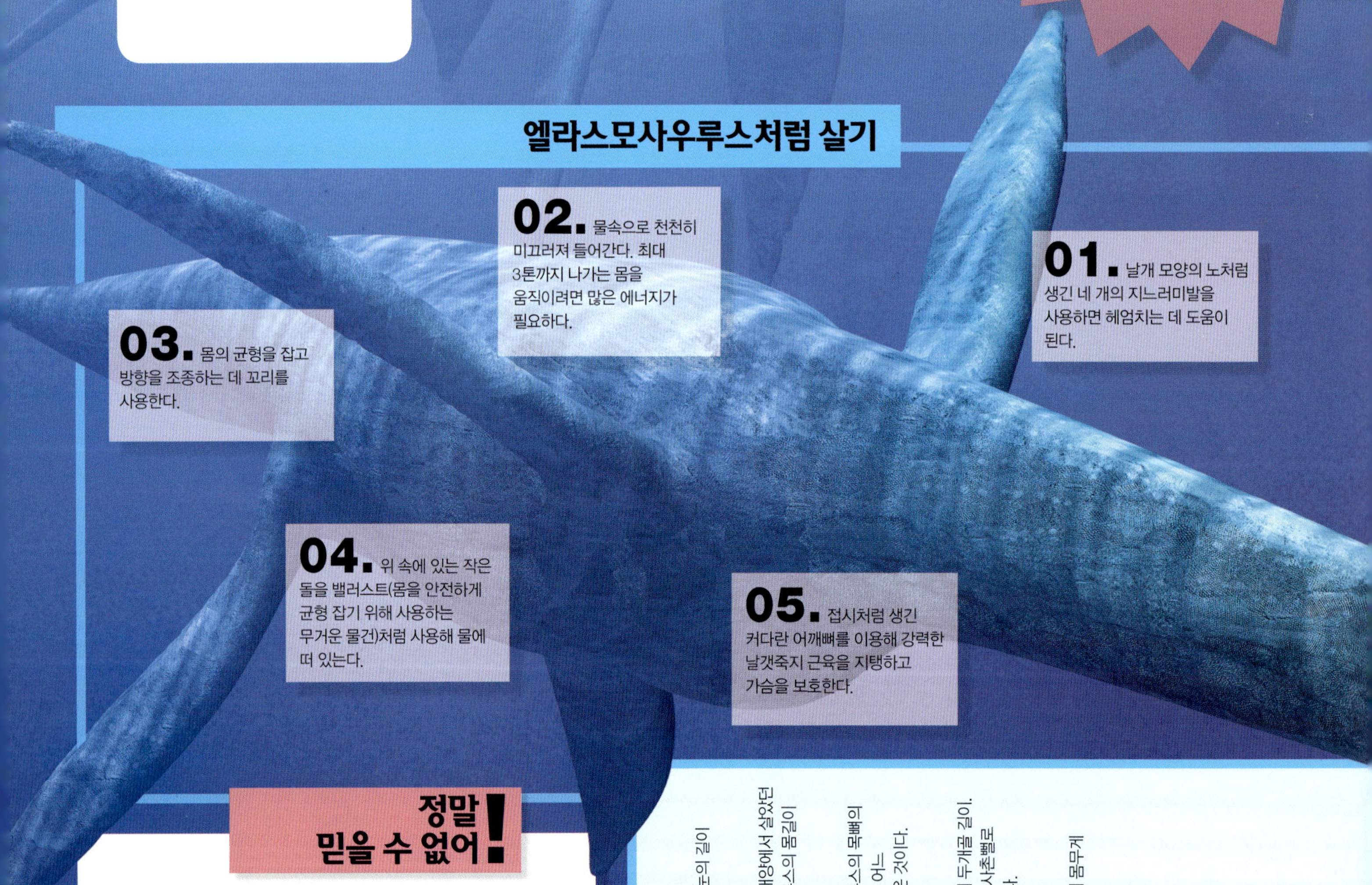

**01.** 날개 모양의 노처럼 생긴 네 개의 지느러미발을 사용하면 헤엄치는 데 도움이 된다.

**02.** 물속으로 천천히 미끄러져 들어간다. 최대 3톤까지 나가는 몸을 움직이려면 많은 에너지가 필요하다.

**03.** 몸의 균형을 잡고 방향을 조종하는 데 꼬리를 사용한다.

**04.** 위 속에 있는 작은 돌을 밸러스트(몸을 안전하게 균형 잡기 위해 사용하는 무거운 물건)처럼 사용해 물에 떠 있는다.

**05.** 접시처럼 생긴 커다란 어깨뼈를 이용해 강력한 날갯죽지 근육을 지탱하고 가슴을 보호한다.

### 정말 믿을 수 없어!

1997년 거대한 어룡인 쇼니사우루스의 뼈가 브리티시 컬럼비아 지역의 어느 계곡에서 발견되었다. 몸길이가 21m에 달해 고생물학자들이 전체 몸통을 살펴보려고 항공 촬영을 해야 했다.

## 숫자로 알아보기

**26cm** 일부 어룡들의 눈의 길이

**14m** 6600만 년 전 대양에서 살았던 엘라스모사우루스의 몸길이

**72개** 엘라스모사우루스의 목뼈의 개수. 이는 다른 어느 동물보다도 많은 것이다.

**1.8m** 데이노스쿠스의 두개골 길이. 지금 악어의 먼 사촌뻘로 몸집이 거대하다.

**5톤** 데이노스쿠스의 몸무게

## 좀 더 알아보기: **플리오사우루스 해부**

플리오사우루스의 일종인 리오플레우로돈의 뼈대 화석을 보면 이 거대한 생물이 물속에 들어갈 때면 바다사자처럼 유연하게 움직였다는 것을 알 수 있다. 그러나 몸 둘레가 25m이고 무게는 약 150톤으로 바다사자보다 10배나 더 컸다.

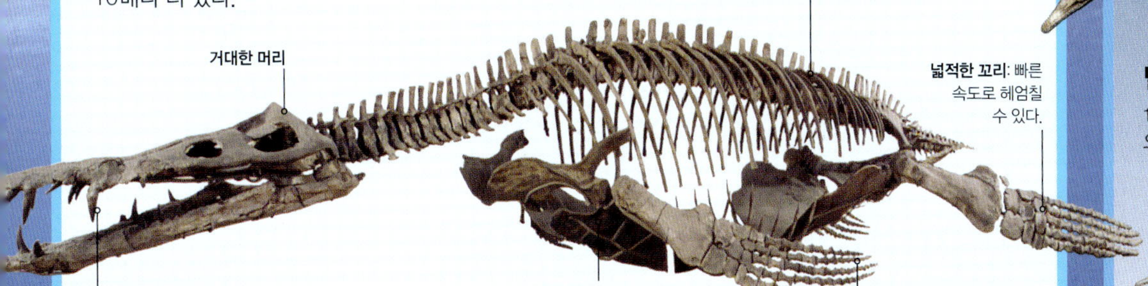

**등뼈**: 등이 길고 굽어 있다.
거대한 머리
**넓적한 꼬리**: 빠른 속도로 헤엄칠 수 있다.
**단검처럼 생긴 이빨**: 날카롭고 끝이 뾰족해 물고기를 찌를 수 있다.
**골격판**: 넓적한 가슴뼈와 엉덩이뼈가 복부를 보호해 준다.
**거대한 지느러미발**: 크기가 3m에 달하며 이 덕분에 파충류들이 물속에서 앞으로 나아갈 수 있다.

다이빙을 많이 하는 사람들과 마찬가지로 해양 파충류도 때로는 감압증으로 고생한다. 감압증은 급작스럽게 수면 위로 올라올 때 **혈류에 질소 방울**이 나타나는 질병이다.

### 화석 찾기

**01** 해양 파충류의 화석은 공룡에 대해 알려지기 전에 발견되었다.

**02** 완전한 이크티오사우루스의 골격이 처음으로 발견된 것은 1791년이다.

**03** 처음에는 과학자들이 이크티오사우루스가 멸종한 돌고래나 악어, 심지어 바다 용의 일종이라고 생각했다.

### 해산물 즐기기

해양 파충류들의 먹이 중에는 배를 채우기 좋은 것들이 여럿 있다.

**암모나이트**: 빙빙 감긴 모양의 껍질이 있으며 오징어의 사촌뻘이다. 이크티오사우루스와 모소사우루스의 먹이였다.

**물고기**: 종류가 매우 다양했다. 날카로운 이빨을 갖고 있는 플레시오사우루스와 이크티오사우루스가 먹었다.

**오징어**: 몸이 물렁한 동물이며 이빨이 없는 이크티오사우루스가 엄청나게 좋아하는 음식이었다.

**조개**: 이가 넓적하고, 턱이 튼튼한 이크티오사우루스와 모소사우루스, 왈루스 모양의 초기 플라코돈트가 즐겨 먹었다.

### 바다의 괴물들

**틸로사우루스**

11m짜리 이 해룡 포식자는 물고기, 오징어, 거북이 등을 사냥했다.

**이크티오사우루스**

암컷이 알이 아닌 새끼를 직접 낳으며 꼬리가 먼저 나온다. 성체는 2m까지 자라며 몸무게는 90kg에 달한다.

**크로노사우루스**

길이는 10m이고 몸무게는 7톤인 거대한 어룡으로 날개처럼 생긴 지느러미발이 있고 턱은 거대하고 강력하다.

**노토사우루스**

길이는 14m이고 몸집이 호리호리하다. 주로 물고기를 먹고 산다.

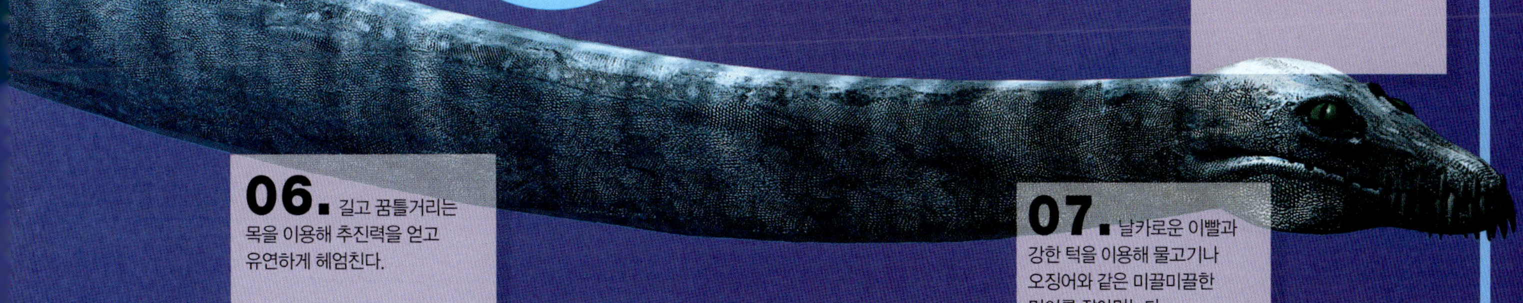

**08.** 뛰어난 시력으로 먹잇감을 찾는다.

**06.** 길고 꿈틀거리는 목을 이용해 추진력을 얻고 유연하게 헤엄친다.

**07.** 날카로운 이빨과 강한 턱을 이용해 물고기나 오징어와 같은 미끌미끌한 먹이를 잡아먹는다.

# 화석에서 도대체 무엇을 알아낼까?

## 무슨 뜻일까?

고생물학자는 암석과 화석을 연구하는 과학자이다. 고생물학이라는 단어는 '선사 시대에 관한 연구'를 의미하며 역사 기록이 시작되기 전에 살았던 생명체에 대해 연구하는 것이다.

제대로 된 장소만 골라 낸다면 여러분도 화석을 발견할 수 있다. 화석(fossil)이란 단어는 '땅을 파 뒤집다'라는 그리스 말에서 유래했다. 화석이란 오래전에 살았던 유기체의 잔해가 암석에 보존된 것이다. 과학자들은 화석을 통해 수백만 년 전에 살았던 다양한 생물들에 대해 알아낼 수 있다.

## 지구의 생명체

지구의 역사는 크게 네 단계로 나누어진다.

**고생대 초기: 5억 4500만 년 전**
30억 년 동안 바다에 살았던 생명체들에게 딱딱한 껍질이 생겼다. 식물들이 육지를 점령하기 시작했다.

**고생대 후기: 4억 1700만 년 전**
과거에 비해 더욱 많은 생명체들이 진화했다. 양서류, 파충류, 곤충류들이 육지에 서식하며 식물을 먹고 살았다. 이 시기가 끝날 무렵 대량 멸종으로 인해 많은 종이 사라졌다.

**중생대: 2억 4800만 년 전**
공룡이 땅 위를 활보했다. 익룡이 하늘을 지배했고 물속에는 해양 파충류가 몸을 도사리고 있었다.

**신생대: 6500만 년 전~오늘날까지**
꽃이 피는 식물이 처음 등장했고 조그만 포유류가 나타났다. 또 다시 대량 멸종에 의해 공룡을 비롯한 여러 종이 흔적을 감췄다.

## 화석 찾기

때때로 끈적끈적한 송진이 곤충을 삼켜 버린 후 호박으로 딱딱하게 굳어 화석이 만들어진다.

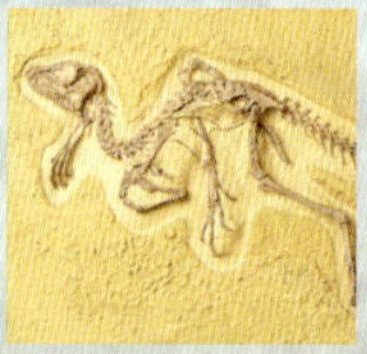
아주 드물지만 어떤 때는 뼈가 원래대로 맞춰져 있는 온전한 상태의 공룡 골격 화석이 발견된다.

흩어져 있는 퍼즐처럼 뒤죽박죽인 뼈 조각들을 찾아낼 경우 과학자들은 좀 더 깊이 있는 연구를 위해 마음대로 뼈를 잘라 보기도 한다.

뼈 하나만 발견되는 경우가 가장 흔하다. 이런 경우 이 뼈가 어디에서 왔는지, 어떤 기능을 하는 것인지 단서를 찾기 위해 꼼꼼히 살펴야 한다.

## 좀 더 알아보기: **화석이 만들어지는 과정**

**01:** 죽은 동물이 화석으로 남으려면 먹히거나 부패되기 전에 빨리 매장되어야 한다. 진흙이 있는 강바닥으로 떨어지든지 모래 폭풍 속에 묻히면 화석이 될 수 있다.

**02:** 부드러운 조직은 썩어 없어지지만 골격은 그대로 남아 있다가 광물로 대체되고 수백만 년이 지나면 다시 암석으로 변한다.

**03:** 시간이 흐르며 진흙이나 강의 침전물이 화석 위에 축적되고 이것이 한층 한층 쌓이며 퇴적암이 형성된다.

**04:** 수백만 년이 더 지나면 침식과 지각 운동으로 인해 화석이 지표 위로 드러난다. 운 좋은 고생물학자들이 이것을 발견한다.

## 식물

식물 화석을 통해 공룡 같은 동물들이 돌아다니던 시기의 육지 모습을 상상해 볼 수 있다.

**양치류와 석송류**: 최초의 식물 형태

**소철**: 손바닥처럼 생긴 식물이며 침엽수와 연관이 있다.

**침엽수**: 거대한 미국 삼나무나 칠레 삼나무와 같은 것들

**활엽수**: 공룡 시대 말엽에 처음으로 나타났다.

## 공룡 화석 발굴하기

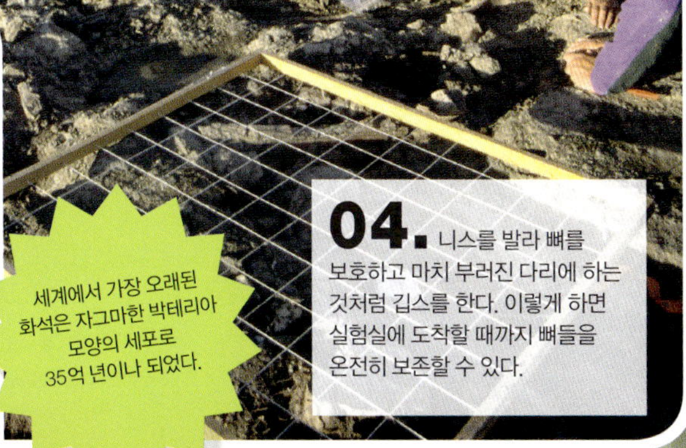

**01.** 공룡 골격 위에 있는 흙과 암석을 제거하되 화석 면 바로 위까지만 제거한다.

**02.** 화석 면에 이르면 칼, 바늘, 솔 등을 가지고 골격이 드러날 때까지 아주 조심스럽게 흙을 제거한다.

**03.** 드러난 골격 위로 철망을 놓고 뼈 지도를 그린다. 이렇게 하면 공룡이 어떻게 죽었는지 추측하는 데 도움이 된다.

**04.** 니스를 발라 뼈를 보호하고 마치 부러진 다리에 하는 것처럼 깁스를 한다. 이렇게 하면 실험실에 도착할 때까지 뼈들을 온전히 보존할 수 있다.

세계에서 가장 오래된 화석은 자그마한 박테리아 모양의 세포로 35억 년이나 되었다.

배설물이 화석이 된 경우도 있다. 이 화석은 동물과 관련된 사실들을 추적하는 데 이용된다. 동물들이 어떻게 살았는지, 무엇을 먹었는지 하는 것들 말이다.

매우 섬세한 화석 주형의 경우 동물들의 뼈뿐 아니라 피부의 질감까지 알아낼 수 있다.

화석화된 공룡 발자국은 동물의 키와 그들이 움직이는 속도를 추측하는 데 도움이 된다.

공룡 알과 이들이 살았던 둥지도 화석이 된다. 스페인의 한 지역에서는 30만 개의 공룡 알이 발견되었다.

## 네 명의 유명한 화석 발굴자

**윌리엄 버클랜드**
1824년 공룡을 '거대 파충류, 메칼로사우루스'로 묘사한 첫 번째 인물이다.

**리처드 오언 경**
영국인 과학자로 1841년 처음으로 '끔찍한 도마뱀'을 의미하는 '공룡(dinosaur)'이라는 이름을 썼다.

**메리 애닝**
전문적인 화석 발굴자이며 19세기 초 해양 파충류 화석을 발굴했다.

**로이 채프먼 앤드류**
과학자이자 탐험가이며 아시아에서 처음으로 공룡 화석을 발견했다.

## 가장 유명한 화석 유적지 다섯 곳

**01: 미국 유타 주 공룡 국립 기념 공원**
수백 개의 공룡 화석이 고대 범람원에서 발견되었다.

**02: 중국 랴오닝 성**
미세한 호수 침전물로 인해 자그마한 공룡과 초기 조류들의 미세한 부분이 잘 보존되었다.

**03: 남극 커크패트릭 산**
공룡이 남극에 살았다는 증거를 보여 준 최초의 유적지

**04: 미국 몬태나 주 에그 마운틴**
공룡이 군집을 이루어 둥지를 틀었던 장소

**05: 아르헨티나 파타고니아**
몸집이 가장 크고 육식과 초식을 모두 하는 잡식성 공룡이 이곳에서 발견되었다.

## 바다 화석

바다 화석은 아주 흔하게 발견된다. 죽은 바다 생물이 해저 면으로 떨어지는 즉시 모래와 진흙이 이들을 덮어 버리기 때문이다.

**암모나이트**: 나사 모양으로 감긴 껍질에 들어 있으며 문어처럼 생겼다. 지금은 멸종했다.

**벨렘나이트**: 오징어처럼 생긴 동물이다. 연필 모양의 내장 기관 껍질이 있다.

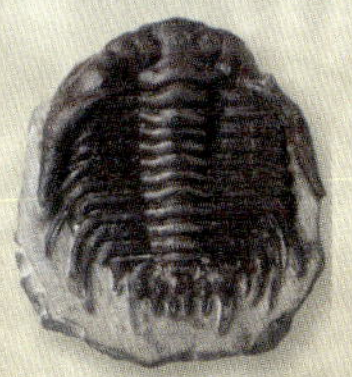

**삼엽충**: 아주 오래된 절지동물로 해저면을 기어다녔다.

**상어 이빨**: 상어 이빨은 매우 딱딱하기 때문에 보통 화석으로 잘 보존된다.

**어류**: 원시적인 형태의 척추동물로 대략 5억 년 전에 처음 등장했다.

# 공룡이 멸종한 뒤에는 누가 세상을 지배했을까?

6500만 년 전, 대멸종으로 인해 공룡이 자취를 감추었고, 쥐라기 이후에는 포유류가 활동했다. 지구를 지배하던 공룡과 함께 있을 때에는 설치류같이 생긴 작은 동물들은 겨우 몇 종이 있을 뿐이었다. 공룡이 멸종한 뒤에도 대부분의 포유류는 그런 상태로 유지되었다. 하지만 몇몇 생존자들은 진화를 거듭하면서 가장 성공적인 형태의 동물이 되었다.

**인간의 진화는?**

현재의 인간은 20만 년 전부터 진화해 왔다. 당시는 사나운 매머드가 얼음 평원을 활보하고 있었다.

**새로운 동물들**

얼마 되지 않아 새로운 동물 무리가 눈에 띄기 시작했다. 코끼리와 같은 초식 동물, 돼지나 맥처럼 발굽이 있는 동물, 고래나 돌고래와 같은 해양 동물, 최초의 박쥐 등이 생겼다.

## 무서운 야수들

**앤드루사르쿠스**
늑대처럼 생겼으며 발굽이 있는 동물이다. 역사상 존재했던 육지의 육식성 포유류 중 가장 크다.

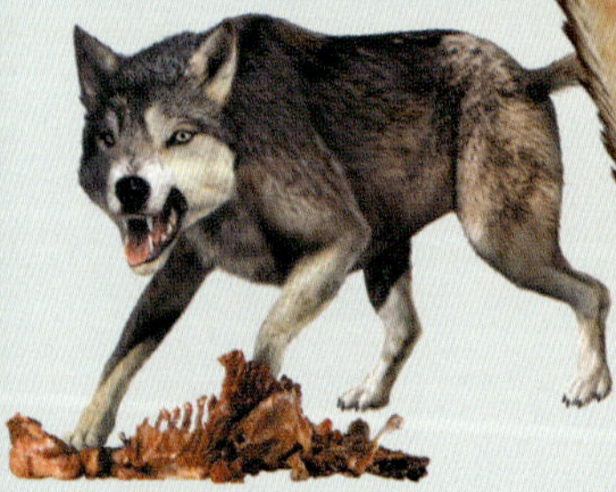

**카니스 디루스**
늑대처럼 생겼으며 머리는 넓적하고 턱은 강하며 이빨이 커서 뼈를 부숴 먹기에 안성맞춤이다.

**스밀로돈**
다정한 구석이라고는 전혀 없을 것처럼 생긴 고양이 종류로 커다란 이빨을 갖고 있다.

**다이오돈**
일명 '버펄로를 잡아먹는 돼지'. 정말이지 이 이름이 모든 것을 잘 설명해 준다.

## 선사 시대 포유류로 살아가기

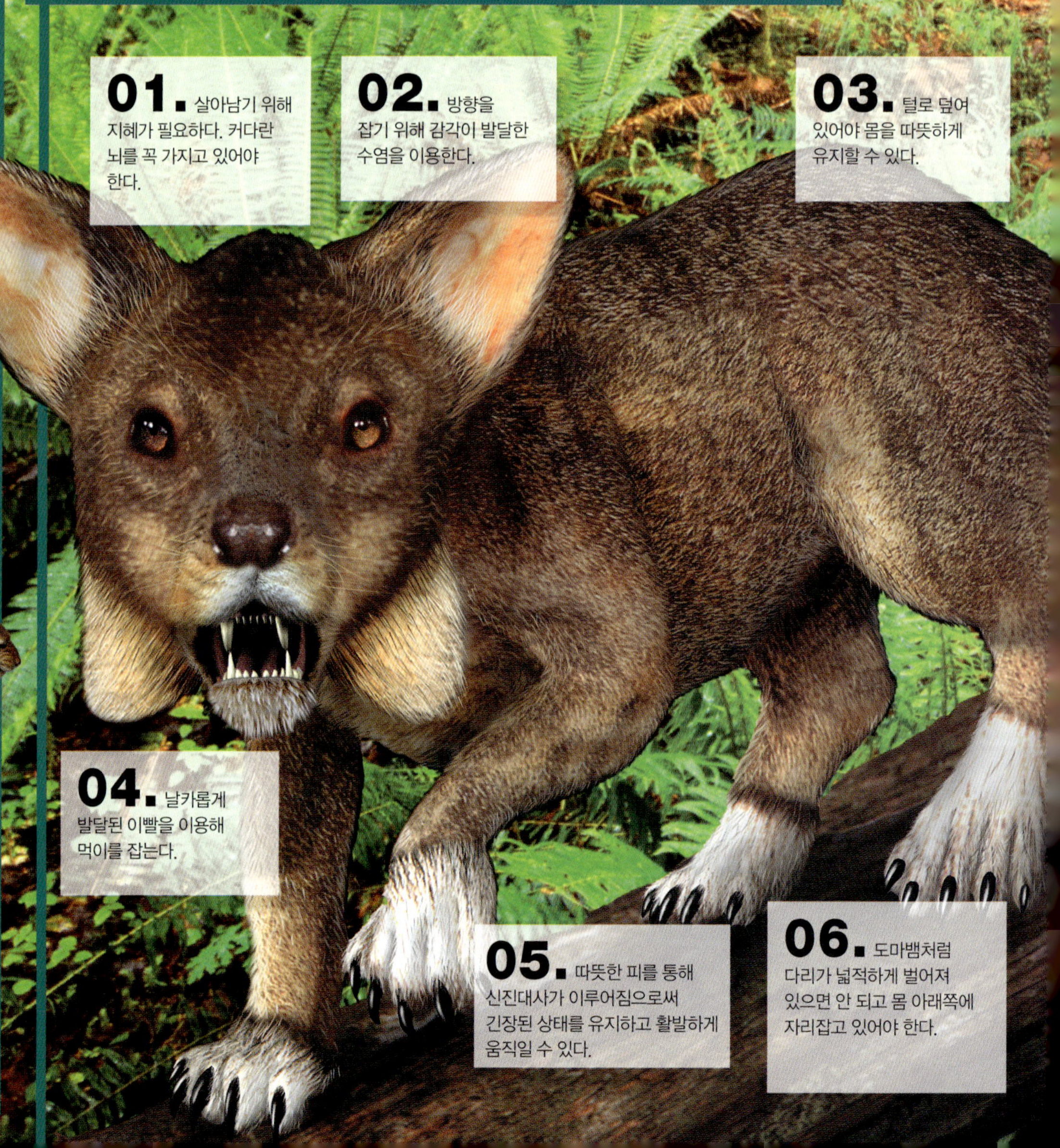

**01.** 살아남기 위해 지혜가 필요하다. 커다란 뇌를 꼭 가지고 있어야 한다.

**02.** 방향을 잡기 위해 감각이 발달한 수염을 이용한다.

**03.** 털로 덮여 있어야 몸을 따뜻하게 유지할 수 있다.

**04.** 날카롭게 발달된 이빨을 이용해 먹이를 잡는다.

**05.** 따뜻한 피를 통해 신진대사가 이루어짐으로써 긴장된 상태를 유지하고 활발하게 움직일 수 있다.

**06.** 도마뱀처럼 다리가 넓적하게 벌어져 있으면 안 되고 몸 아래쪽에 자리잡고 있어야 한다.

# 새롭게 등장한 이상한 종 다섯 가지

**모에테리움**
원시 코끼리로 몸이 거대하고, 다리는 짧으며 목이 굵고 길다.

**아르시노테리움**
몸이 거대하고 코뿔소처럼 생긴 초식 동물이다. 유난히 큰 뿔은 살갗으로 덮여 있다.

**마크라우케니아**
이 동물의 몸집은 말처럼 생겼고, 목은 낙타처럼, 몸통은 짧아서 맥처럼 생겼다.

**페나코두스**
야생 돼지처럼 생겼으며 광활하게 펼쳐진 들판에서 뛰어다니기에 알맞은 골격을 지녔다.

## 살짝 엿보기

### 매머드

**01:** 매머드는 대략 480만 년 전부터 마지막 빙하기인 1만 년 전까지 살았다. 이 시기에 대부분 멸종했다.

**02:** 몸집이 작은 매머드 무리가 기원전 1650년까지 북극에 살아남아 있었다.

**03:** 대여섯 종류의 매머드가 시베리아의 얼어붙은 땅에서 발견되었다. 털, 피부, 위장 내용물 일부가 온전히 보존되어 있었다.

**04:** 매머드는 3.3m까지 자라며 몸을 덮고 있는 털은 90cm까지 자라기도 한다.

## 정말 믿을 수 없어!

오늘날 우리가 보는 북극 고래는 180만 년 전에서 1000만 년 전의 화석에서 발견되는 고래들과 정확하게 같은 종인 것으로 보인다. 대단한 생존력 아닌가?

## 죽은 자와 살아남은 자

**파충류**
공룡, 익룡, 어룡은 모두 멸종했다. 마찬가지로 악어의 36%, 거북이 또는 바다거북의 27%, 뱀과 도마뱀 종류의 6%가 멸종했다.

**포유류**
모든 종류에서 종의 수가 감소하였다. 그중에서도 가장 많이 감소한 것은 종의 75%가 멸종한 설치류이다.

**조류**
75%가 사라졌다.

**어류**
지금까지 종 전체의 15%만이 사라져 멸종의 정도가 가장 약하다.

**양서류**
양서류가 단연 으뜸이다. 사라진 종이 하나도 없다.

## 소행성 충돌

공룡이 멸종했을 때 지구 동식물의 70%도 같이 멸종했다. 여러 과학자들은 이 대멸종이 지구에 소행성이 충돌해 일어났다고 생각한다.

**1** 충돌이 직접 일어난 장소에서는 충격파에 의해 모든 생물들이 사라졌다.

**2** 충돌에 의한 열로 인해 산불이 광범위하게 발생했다.

**3** 쓰나미가 낮은 곳에 있는 육지를 휩쓸고 지나갔다.

**4** 연기와 재가 햇빛을 차단하자 식물들이 죽었다.

**5** 구름에서 내리는 산성비 역시 많은 식물들을 죽였다.

## 무슨 뜻일까?

**바실로사우루스**는 마치 공룡의 이름 같다. 하지만 실제로는 고래의 한 종류이다. 이것을 처음 연구한 과학자가 이것을 파충류라고 생각해 이런 이름을 붙였다. 과학계에서는 처음 붙여진 이름을 받아들여 계속 사용하는 것이 일종의 규칙처럼 되어 있다.

# 최고의 엄니

**피오미아**
다 자란 흑멧돼지와 비슷하게 생겼으며 삽처럼 생긴 아래쪽 엄니는 땅을 파헤치기에 안성맞춤이다.

**디에노테리움**
아래턱에서 나온 엄니가 아래쪽으로 구부러져 있다. 딱딱한 것을 부술 때 사용한다.

**곰포테리움**
위쪽에 2개, 아래쪽에 2개 모두 4개의 엄니가 있어 땅을 파거나 긁을 때, 그 밖의 다양한 용도로 사용된다.

**매머드**
털이 많은 이 생물체에는 길고 구부러진 엄니가 있는데 때로 눈을 제거하는 제설기로 사용했다.

# 식물

# 꽃을 피우지 않는 식물도 있을까?

대부분의 식물은 번식을 위해 꽃을 피우지만 그렇지 않은 식물도 많다. 무려 3만 종 이상의 식물이 꽃을 피우지 않는다. 예를 들어 이끼류는 작은 포자를 방출하며, 포자는 바람을 타고 퍼져 나간다. 침엽수는 비늘이 달린 솔방울 안에 씨앗을 만든다. 포자나 씨앗에서 새로운 식물이 자란다.

## 포자로 번식하는 식물들

8,000 종

**우산이끼**
단순하게 생긴 이 식물은 습지나 물기가 있는 곳에 산다. 뿌리, 줄기, 잎의 형태를 제대로 갖추고 있지 않다.

100 종

**붕어마름**
우산이끼와 비슷하게 생겼다. 축축한 곳에 살며 나무줄기 위에서도 자란다.

9,500 종

**이끼류**
키가 작고 잎이 달려 있으며 줄기는 위쪽으로 뻗어 나간다. 보통 습지나 습한 삼림 지대에서 산다.

6 종

**솔잎난류**
솔잎난류는 관다발이 있는 것 중 가장 단순한 형태의 식물이다. 작은 관을 통해 양분과 물을 운반한다.

1,000 종

**석송류**
줄기가 옆으로 편평하게 퍼져 나가거나 위쪽으로 뻗어 나가며 나선형 잎이 달려 있다.

15 종

**속새류(쇠뜨기류)**
줄기에 마디가 있고, 좁은 잎이 돌려나며, 포자낭(홀씨주머니)은 솔방울 모양을 하고 있다.

1만 1,000 종

**양치식물**
우리에게 익숙한 포자식물이다. 거친 줄기와 복잡한 모양의 잎으로 무장하고 있다.

## 씨로 번식하는 식물들

70 종

**마황문**
마황문에는 떨기나무, 나무, 사막에 있는 웰위치아가 있다.

1 종

**은행문**
공작고사리속 식물과 비슷하게 생겨서 공작고사리 나무라고도 부른다. 부채 모양의 잎은 가을에 낙엽이 되어 떨어진다.

140 종

**소철문**
야자나무와 비슷하게 생겼으며 따뜻한 지역에 서식한다. 암수 구분이 있다.

550 종

**구과식물문**
대부분 나무들이며 소나무, 향나무, 가문비나무, 낙엽수, 전나무 등이 여기에 속한다.

### 정말 믿을 수 없어!

바짝 마른 돌이끼는 흡수력이 매우 뛰어나 예전에 오줌을 흡수하는 아기용 기저귀로 쓰이기도 했다. 또한 병원에서는 상처 부위를 싸매 피를 흡수하는 데 사용되기도 했다.

### 솔방울로 비가 오는 걸 예측할 수 있을까?

**01:** 소나무를 찾아 떨어진 솔방울을 모은다.

**02:** 솔방울을 집 안 어딘가에 둔다.

**03:** 아침에 일어나 솔방울을 들여다본다.

**04:** 솔방울 비늘이 벌어져 있으면 날씨가 맑을 가능성이 높다.

**05:** 솔방울 비늘이 닫혀 있으면 비가 올 가능성이 크다.

### 최고 기록은?

브리슬콘 소나무는 지구상에서 가장 오래된 나무이다. 춥고 바람이 거센 미국 서부 산비탈에서 느린 속도로 자라는데 수명이 수천 년에 이른다. 가장 오래된 표본은 므두셀라(성경에서 969세까지 산 유대의 족장의 이름)로 알려져 있으며 나이가 대략 4,800살이나 된다.

## 다음 중 식물이 아닌 것을 고르세요.(정답은 페이지 아래쪽에)

a) 녹조류

b) 녹색 얼룩 버섯

c) 순록 이끼

d) 갈조류

e) 사슴뿔 산호

## 식물이 되어 영양분 섭취하기

**01.** 햇빛이 잘 들어야 한다.

**02.** 뿌리로 흙 속에 있는 물을 충분히 빨아들인다.

**03.** 줄기와 잎으로 물을 운반한다.

**04.** 잎으로부터 공기 중 이산화탄소를 흡수한다.

**05.** 햇빛을 이용해 이산화탄소와 물을 결합시켜 에너지가 풍부한 포도당을 만든다.

**06.** 부산물로 만들어진 산소를 잎을 통해 공기 중으로 내보낸다.

**일러두기**

- 포도당
- 이산화탄소
- 물
- 산소

## 꽃이 피지 않는 식물들의 네 가지 쓰임새

**01:** 속새류(쇠뜨기류)는 냄비 닦는 수세미로 사용되었으며 어떤 곳에서는 지금도 사용하고 있다. 줄기에 있는 딱딱한 실리카(모래 알갱이에서 흡수된 것)로 인해 그릇이 잘 닦인다.

**02:** 어떤 사람들은 은행잎 추출물이 기억력을 향상시킨다고 믿고 있다.

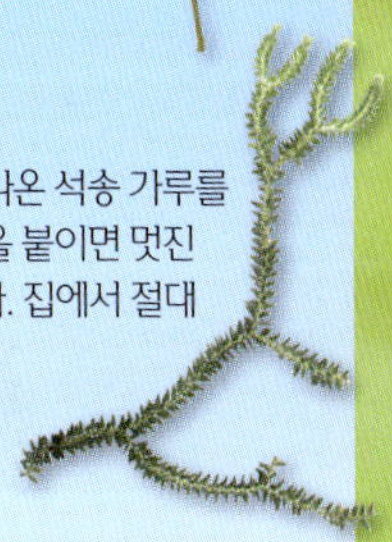

**03:** 석송 포자에서 나온 석송 가루를 공중에 던져 불을 붙이면 멋진 불꽃이 일어난다. 집에서 절대 흉내 내지 말 것.

**04:** 잣은 수천 년 동안 식용으로 이용되었다. 그리고 특히 파스타의 소스인 페스토 소스를 만드는 주재료로 사용된다.

## 괴상하게 생긴 웰위치아

- 매우 건조한 아프리카 나미브 사막에서 서식하며 아침 이슬에서 수분을 흡수한다.
- 1,000년 이상 살 수 있다.
- 자라면서 두 가닥으로 갈라지는 꼬불꼬불하고 딱딱한 잎이 있다.
- 나이가 많은 것들은 식물이라기보다는 쓰레기 더미 같아 보인다.

### 햇빛이 당분으로

모든 식물은 광합성이라는 과정을 통해 스스로 영양분을 만든다. 꽃이 피고 안 피고에 상관없이 식물들은 영양분을 만든다. 잎에는 **엽록소**가 있어 초록색을 띠며, 엽록소는 빛 에너지를 이용해 에너지가 풍부한 당분을 만든다. 그중 대표적인 것이 포도당이다.

정답: 이들 모두 식물이 아니다. a)와 d)는 조류이다. b)는 균류이다. c)는 지의류(조류와 균류의 복합체)이고, e)는 동물 군집체이다.

# 식물은 왜 꽃을 피울까?

꽃식물은 지구상에서 가장 성공한 식물이며 그 개체 수도 가장 많고 어느 곳에서나 자랄 수 있다. 선인장, 데이지, 단풍나무, 심지어 벼와 그 밖에 모든 꽃식물은 꽃을 피운다. 각 꽃의 중심에는 씨방이 있으며 이곳에서 씨앗을 만들어 자손을 번식시킨다.

## 꽃가루를 옮기는 다섯 가지 방법

**바람**
버드나무 가지 끝에 달린 꽃송이가 바람에 날리면 가벼운 꽃가루가 떨어진다.

**나비**
꽃에서 꿀을 빨아 먹는 나비의 몸에 꽃가루가 묻는다.

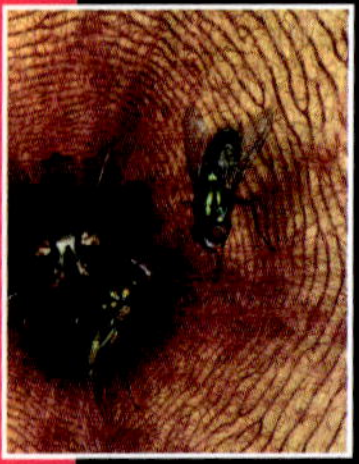

**파리**
죽은 고기 냄새가 나는 꽃에 파리가 모여든다.

**종달새**
꽃 앞에서 맴돌며 꿀을 빨아 먹는 종달새의 몸에 꽃가루가 묻는다.

**박쥐**
박쥐도 꽃의 꿀을 먹는데 꽃가루가 함께 묻는다.

## 가루받이하기

**01.** 적당한 꽃을 찾아 꽃잎 위에 앉은 후 꿀이 어디 있는지 찾는다. 꽃잎의 무늬를 잘 보면 방향을 잡는 데 도움이 된다.

**02.** 혀를 내밀어 꿀샘에 있는 달콤한 꿀을 빨아먹는다.

**03.** 꿀을 먹는 동안 털이 난 등에 우연찮게 꽃밥에 있던 꽃가루가 묻는다.

**04.** 꽃가루를 묻힌 채 꽃을 떠나 윙윙거리며 공중을 돌아다니다 다른 꽃을 찾아간다.

**05.** 다른 꽃에 앉아 꿀을 찾아 빨아먹는다. 자기도 모르는 사이에 꽃가루를 전달하게 된다. 그러면 모든 일이 끝난다.

## 꽃식물의 일생

**1.** 꽃이 활짝 피면 다른 꽃에서 꽃가루를 묻힌 곤충들이 모여든다. 곤충들이 같은 종류의 꽃 사이를 돌아다녀야 한다.

**2.** 수정이 일어난다. 씨방 안에서 씨앗이 자라고 꽃잎이 떨어진다. 씨앗이 땅으로 떨어지면서 흩어진다.

**3.** 흙이 따뜻하고 물기가 있으면 씨앗에서 싹이 튼다.

**4.** 싹이 자라 어린 식물들이 흙 밖으로 나오고 잎에서는 빛 에너지를 이용해 영양분을 만든다.

**5.** 식물들이 성장하고 하나 또는 여러 개의 꽃봉오리가 자라난다.

## 정말 믿을 수 없어!

대나무는 너무 빨리 자라 실제로 키가 자라는 것을 눈으로 확인할 수 있을 정도다. 대나무는 초본과에 속하는데 가장 빨리 자라는 종은 매일 1미터 이상씩 성장한다.

우리가 먹는 식물성 음식의 대부분은 꽃이 피는 식물들이다. 우리는 식물의 여러 부분들을 먹는다. 뿌리를 먹기도 하고, 줄기, 잎사귀, 열매 또는 씨앗을 먹기도 한다.

## 종자식물의 유형

25만 종 이상의 종자식물이 있는데 이들은 다시 외떡잎식물과 쌍떡잎식물로 나뉜다.

**외떡잎식물** 잎이 좁다랗고 나란히맥이다. 보통 꽃잎이 3개(또는 3의 배수)이다.

잔디
백합
난초
야자나무

**쌍떡잎식물** 잎이 넓적하고 그물맥(잎 가운데를 따라 맥이 있고 작은 맥들이 그물 모양으로 연결되어 있음)이다. 보통 꽃잎의 수는 4, 5개(또는 4, 5의 배수)이며 참나무나 단풍나무가 여기에 속한다.

목련
양귀비
루핀
미나리아재비

## 좀 더 알아보기: 꽃의 각 부분

꽃의 모양과 크기는 엄청나게 다양하다. 하지만 기본적으로 꽃을 구성하는 부분들은 모두 같다.

끈적거리는 암술머리: 꽃으로 날아드는 곤충의 몸에 묻어 있던 꽃가루가 이곳으로 옮겨진다.
꽃잎: 곤충이 꽃으로 날아오도록 유인하고 안내한다.
꽃밥: 수컷 세포가 들어 있는 꽃가루가 이곳에서 만들어진 후 곤충의 몸에 달라붙는다.
씨방: 암컷 세포가 들어 있으며 자라서 수컷 세포들과 수정이 되면 씨앗이 만들어진다.
꽃줄기: 꽃을 받쳐 준다.

## 숫자로 알아보기

**1억 3000만-1억 4000만 년 전**
지구 상에 처음으로 꽃이 피기 시작한 시점. 꽃은 오늘날의 목련과 비슷했을 것이다.

**6,400m**
종자식물 라눙쿨루스가 발견되는 고도. 가장 높은 곳에 서식하는 식물이며 히말라야 산맥에서 볼 수 있다.

**150년**
식물 푸야 라이몬디가 꽃피는 데 걸리는 햇수. 꽃 피우는 데 가장 오랜 시간이 걸리는 식물이며 볼리비아나 페루 등 안데스 산맥의 높은 곳에 서식한다.

**93m**
키가 가장 큰 꽃식물인 오스트레일리아의 거대한 마가목 나무의 키.

**2m**
물 위에 떠다니는 잎 중 가장 큰 것의 크기. 아마존에 서식하는 수련 종류이며 어린아이 한 명이 올라타도 그 무게를 지탱할 수 있다.

## 최고 기록은?

세계에서 가장 키가 큰 꽃은 높이가 3m에 이르는 타이탄 아룸이다. 썩은 고기 냄새가 나 작은 벌들이 모여드는데 이들을 통해 꽃가루 수분이 이루어진다. 꽃이 지속되는 기간은 짧고 눈에 잘 띄지 않는 희귀종이다.

# 과일의 정체는 무엇일까?

꽃식물들은 번식을 위해 씨방 안에 씨앗을 만든다. 그러고 나면 씨앗 주변의 씨방이 자라 과일이 된다. 과일의 모양이나 크기는 매우 다양하다. 과즙이 많은 육질과가 있는가 하면 물기가 없고 딱딱한 건과도 있다. 과육 부분은 씨앗을 보호하는 데 효과적이고 또 어미 식물로부터 씨앗이 멀리 퍼져 나가는 데 도움이 된다. 씨앗이 멀리 펴져 나가면 번식으로 개체 수가 늘어나도 물이나 햇빛을 얻기 위해 경쟁할 필요가 없다.

## 과일 속 보물

오렌지, 사과, 배와 같은 과일을 먹으면 맛있는 과즙을 섭취할 뿐만 아니라 우리 몸에 꼭 필요한 비타민이나 무기질도 섭취하게 된다.

### 악취 나는 과일

두리안은 동남아시아산 나무에 열리는 커다란 과일이다. 열매 맛은 아주 달콤하지만 역겨운 냄새를 풍긴다. 참을 수 없는 **고약한 냄새** 때문에 싱가포르에서는 대중교통 수단에 두리안을 가지고 타는 것이 금지되어 있다.

## 과일 던지기 싸움

● 오렌지 전투는 이탈리아 이브레 마을에서 벌어진다. 매년 2월, 수천 명의 지역 주민들이 팀을 나누어 상대편에게 오렌지를 던진다. 왜 그러는지 그 이유를 정확하게 아는 사람은 아무도 없다.

● 라 토마티나는 세계에서 가장 큰 먹거리 싸움이다. 매년 8월 스페인의 조그만 마을 부놀에 수만 명의 사람들이 모여 잘 익어 쉽게 으깨지는 토마토를 서로에게 던진다. 이 싸움은 한 시간 동안만 진행된다.(사진)

## 꽃이 과일로 변하는 과정

**01.** 밝고 화려한 색을 지닌 꽃잎으로 곤충들을 유인한다.

**02.** 곤충들이 꽃가루를 옮기도록 한다. 수분 후에는 씨방 안에 씨앗이 만들어진다.

**03.** 꽃은 더 이상 필요 없어진다. 꽃잎이 떨어지고 씨방이 부풀어 오른다.

## 정말 믿을 수 없어!

발아된 씨앗 중 가장 오래된 것으로 유대 대추야자가 있다. 대략 2,000년이나 된 씨앗에서 싹이 트는 데 성공하였다.

# 콩 기르기

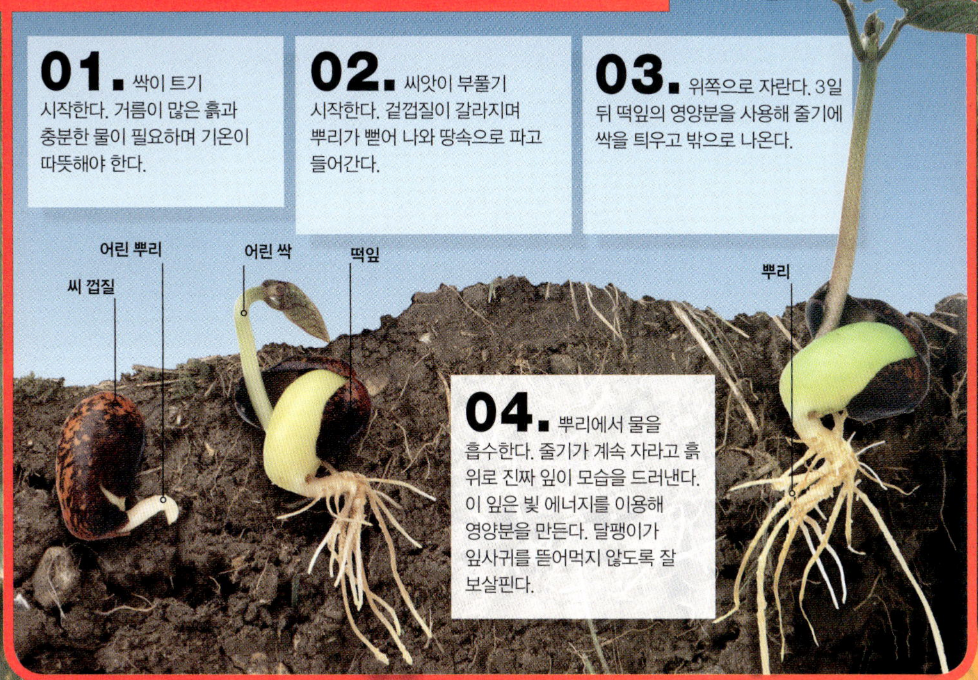


**01.** 싹이 트기 시작한다. 거름이 많은 흙과 충분한 물이 필요하며 기온이 따뜻해야 한다.

**02.** 씨앗이 부풀기 시작한다. 겉껍질이 갈라지며 뿌리가 뻗어 나와 땅속으로 파고 들어간다.

**03.** 위쪽으로 자란다. 3일 뒤 떡잎의 영양분을 사용해 줄기에 싹을 틔우고 밖으로 나온다.

**04.** 뿌리에서 물을 흡수한다. 줄기가 계속 자라고 흙 위로 진짜 잎이 모습을 드러낸다. 이 잎은 빛 에너지를 이용해 영양분을 만든다. 달팽이가 잎사귀를 뜯어먹지 않도록 잘 보살핀다.

**04.** 축하한다! 예쁜 색의 오렌지 호박이 영글었다. 호박죽을 맛있게 만들어 먹을 사람?

## 최고 기록은?

우리가 재배하는 열매 중 가장 무거운 것은 호박이다. 어떤 종은 600kg나 된다니 정말 놀랍다. 이 무게는 성인 남자 8명의 몸무게를 합친 것과 같다.

## 열매일까 아닐까?

식물에서 열매를 구별할 수 있는가? 아래 목록에서 열매인 것을 골라 보자.

**a.** 바나나
**b.** 고구마
**c.** 오이
**d.** 고추
**e.** 가지
**f.** 아스파라거스
**g.** 딸기

(정답은 페이지 아래쪽에)

### 가장 작은 씨앗

세상에서 씨앗이 가장 작은 식물은 월피아로 씨앗의 크기가 0.1cm에 불과하다. 소금 입자보다도 작은 열매가 열린다.

## 가장 큰 씨앗

가장 큰 씨앗은 세이셸 야자나무에서 만들어진다. 무게가 20kg이며 인도양에 있는 세이셸 섬에서 자란다.

## 씨앗은 어떻게 퍼져 나갈까?

**산딸기**
동물들의 먹이가 된 후 배설물에 섞여 다시 나온다.

**씨앗이 꺼끌꺼끌한 식물**
씨앗에 가시나 갈고리가 있어 동물들 털에 달라붙는다.

**완두콩**
콩깍지가 말라 터지면서 씨앗이 바람을 타고 퍼진다.

**양귀비꽃 씨**
양귀비꽃의 머리는 마치 후추 통 모양으로 생겼으며 이곳에서 씨앗들이 나온다.

**시카모아 씨**
씨에 날개가 달려 있어 마치 헬리콥터처럼 빙빙 돌며 공중으로 날아다닌다.

**코코넛**
바다에 떨어져 해류를 따라 퍼져 나간다.

**브라질 호두**
씨앗들이 들쥐의 일종인 이구티 같은 동물에 의해 땅속에 묻힌다.

**씨앗이 터져 나오는 오이**
압력이 높아지면 껍질이 터져 씨앗이 밖으로 나오며 흩뿌려진다.

정답: a, c, d, e, g는 열매이다. b는 뿌리이고, f는 줄기이다.

# 나무는 얼마나 오랫동안 살 수 있을까?

나무는 아주 오랫동안 살 수 있다. 수십 년, 수백 년, 심지어 수천 년 동안 살 수 있다. 대부분의 나무는 기둥처럼 생긴 줄기가 하나씩 있고 수많은 가지들과 잎사귀들이 달려 있다. 10만 종 이상의 나무가 전 세계에 널리 퍼져 있다.

## 나무의 1년

북유럽과 북아메리카에는 잎이 넓은 낙엽수들이 계절에 따라 모습을 바꾼다.

**봄**
낮의 길이가 길어지고 온도가 올라가면서 봉오리가 열리고 새로운 잎사귀와 꽃들이 피어난다.

**여름**
나뭇잎이 우거지고 꽃이 활짝 핀다. 곤충이나 바람에 의해 수분이 이루어져 꽃에서 다양한 과일이 열린다.

**가을**
사람들이 열매를 따 먹고 잎의 색깔이 바뀌고 결국 나뭇잎이 떨어진다. 꽃이나 잎이 나올 눈은 봄이 될 때까지 휴지기 상태를 유지한다.

**겨울**
추운 겨울이 되면 낮의 길이가 짧아지고 나무는 휴식을 취한다. 잎이 떨어진 나뭇가지 모양이 그대로 드러난다.

## 나뭇잎의 형태

**홑잎**
밤나무 잎은 잎 몸이 하나로 된 단순한 모양이다. 대부분의 나뭇잎이 홑잎이다.

**겹잎**
아카시아 나뭇잎은 겹잎인데 기다란 나뭇잎 줄기에서 여러 잎들이 갈라져 나간 모양을 하고 있다.

**바늘잎**
소나무 잎은 굵고 거친 바늘 모양이며 혹독하게 추운 날씨에도 잘 자란다. 자칫 다른 나뭇잎에 해를 끼칠 수도 있다.

## 나무로 살아가기

**01.** 수천 개의 나뭇잎을 이용해 햇빛을 받아들이고 영양분을 만든다.

**02.** 줄기는 나무에서 뻗어 나간 수많은 잔가지와 여기에 달려 있는 잎사귀, 꽃, 열매 등을 지탱한다.

**03.** 줄기로부터 가지들이 뻗어 나가 수관(나무에 가지와 잎이 달려 있는 부분)을 형성한다.

**04.** 튼튼한 줄기로 나뭇가지 무게를 지탱한다. 불어오는 바람에 가지를 내맡겨 천천히 움직이게 할 수도 있다.

**05.** 딱딱한 껍질을 만들어 벌레나 추위로부터 내부 조직이 상하지 않도록 보호한다.

## 나무와 관련된 다섯 가지 직업

**01: 나무 의사**
오래된 나무가 잘 보존될 수 있도록 보살핀다.

**02: 벌목꾼**
목재를 마련하기 위해 나무를 베어 넘어뜨린다.

**03: 나무 연대 학자**
나무의 나이테를 통해 과거 중요한 일이 일어났던 시기를 추적한다.

**04: 수목 관리원**
삼림 지역을 관리하고 유지한다.

**05: 전지 기술자**
나무를 새, 동물 모양으로 다듬는 기술자로 나무나 관목을 잘 다듬어 재미있는 모양을 만든다.

## 나무를 마구 베면 안 되는 여섯 가지 이유

**01** 나무는 공기 중으로 산소를 방출한다. 1헥타르에 살고 있는 다 자란 나무가 매년 방출하는 산소는 45명이 생존하는 데 필요한 산소의 양과 같다.

**02** 나무는 살아 있는 생명체들이 호흡할 때 또는 화석 연료가 연소될 때 방출되는 이산화탄소를 흡수한다. 이산화탄소는 온실 효과를 내는 기체(기후 변화의 원인이 되는 기체)이므로 나무가 없다면 지구 온난화가 훨씬 심각해질 것이다.

**03** 나무는 공기 중에 떠다니는 작은 입자들과 공기를 오염시키는 기체들을 제거함으로써 공기를 정화한다.

**04** 나무는 태양을 가려 그늘을 만들어 준다. 자연으로 만든 에어컨과 같은 역할을 해 여름철 도심의 온도를 낮춰 준다.

**05** 나무뿌리는 토양이 바람에 침식되거나 폭우에 씻겨 내려가는 것을 방지해 안정된 상태를 유지하게 해 준다.

**06** 나무는 곤충, 새, 개구리 원숭이를 포함해 수많은 동물들에게 서식지를 제공한다.

**06.** 뿌리를 튼튼하게 내려 줄기를 땅에 잘 고정하고, 살아가는 데 꼭 필요한 물과 무기질을 흡수한다.

**분재**는 작은 나무를 화분에다 재배하는 고대 일본의 기예이다. 분재에 심는 나무는 일반적인 나무와 같으나 단지 가지와 뿌리를 특별한 방법으로 잘라 완전히 다 자란 나무와 비슷하게 만든 것이다.

## 최고 기록은?

**세계에서 가장 키가 큰 나무**는 미국의 캘리포니아에서 자라는 해안 삼나무이다. 키가 112m에 달해 올려다보려면 머리가 어지러울 정도다. 자유의 여신상보다도 더 크니 말이다.

## 숫자로 알아보기

**4,600m** 중국 남서부에서 전나무가 자라는 곳의 고도. 다른 어떤 나무보다도 높은 곳에서 자란다.

**2,500톤** 가장 무거운 나무인 세쿼이아의 무게. 미국 캘리포니아에 서식한다.

**120m** 히말라야 무화과의 뿌리가 뻗어 내려간 깊이.

**24m** 세계에서 가장 큰 잎의 크기. 아프리카 라피아 야자나무에서 볼 수 있다.

**5cm** 세상에서 가장 작은 나무인 난쟁이 버드나무의 크기. 북극의 툰드라 지대에서 자란다.

**−65°C** 추위에 가장 강한 나무인 아메리카 낙엽송이 견딜 수 있는 최저 온도. 이 나무는 북아메리카의 북쪽 지역에서 서식하는데, 이렇게 낮은 온도에서도 잘 자란다.

## 정말 믿을 수 없어!

아프리카의 아카시아 나무는 배고픈 기린이나 다른 초식 동물이 자기 잎을 먹으면 잎사귀 속에 역겨운 맛이 나는 화학 물질을 순식간에 내보내 이들의 식사를 방해한다. 게다가 가스까지 방출해 이웃해 있는 다른 아카시아 나무도 똑같이 하도록 신호를 보낸다.

## 나무의 세 종류

**활엽수**
자작나무, 참나무, 단풍나무가 포함되는 활엽수에는 대략 2만 5,000 종이 있다. 꽃이 피며 잎이 넓고 그물맥이다. 대부분은 겨울에 잎이 떨어지는 낙엽수이다.

**야자나무**
3,000종이 있으며 꽃을 피우는 식물이다. 코코넛, 기름 야자나무 등이 포함되며 대부분은 따뜻한 지역에서 자란다. 줄기는 나무가 아니고 섬유질이다. 줄기 꼭대기에는 커다란 나뭇잎들이 마치 다발처럼 달려 있다.

**침엽수**
소나무, 전나무, 가문비나무 등이 포함되며 550종이 있다. 꽃이 피지 않으며 솔방울 속에 씨앗을 만든다. 줄기는 가늘고 잎은 뾰족하며 1년 내내 푸르다.

## 좀 더 알아보기: **줄기의 구조**

**겉재목:** 물관이라 부르는 수직 방향의 관으로 이루어지며 뿌리로부터 물을 운반한다.
**나무껍질:** 줄기나 가지의 바깥쪽에서 나무를 보호하는 층
**체관:** 단맛이 나는 수액을 잎으로부터 운반하는 수직 방향의 관
**부름켜:** 세포들이 모인 얇은 층으로 이들이 분열하며 줄기가 자라고 두꺼워진다.
**나이테:** 나무가 1년 동안 얼마나 성장했는지를 보여 준다.
**속재목:** (뿌리로부터 물과 무기질을 운반하는) 성숙한 물관으로 줄기의 가지를 지탱해 준다.

# 식물들은 어떻게 살아남을까?

식물이 살아가는 방법은 저마다 다르다. 기생 식물은 다른 식물에서 물과 영양분을 훔쳐 살아간다. 어떤 식물들의 경우에는 굶주린 동물들로부터 자신을 방어하는 능력이 얼마나 되느냐에 목숨이 달려 있다. 사막 식물은 매우 건조한 기후를 견뎌내야 한다. 반면 산악 지역에 있는 식물들은 매우 추운 온도에 대비해야 한다.

### 위험한 독성 식물

우리가 확실히 알지 못하는 식물은 절대로 먹거나 건드려서는 안 된다. 독성이 있을 수도 있기 때문이다.

### 기생 식물

4,000종 이상의 식물이 다른 식물에 줄기나 뿌리를 내려 숙주를 삼고 당분, 무기질, 물 등을 빨아먹는다. 꼭 뱀파이어 같다.

## 식물들의 방어 무기

**방어에 좋은 솜털**

램스이어는 자그만 솜털로 덮여 있는 허브 식물인데 이 솜털 덕분에 작은 곤충들에게 먹히지 않는다.

**화학 무기**

디펜바키아에는 날카로운 결정체의 화학 물질이 들어 있어 동물들 목 안에 달라붙어 목을 마비시킨다.

**쐐기 털**

쐐기풀을 덮고 있는 털은 뾰족한 모양을 하고 있어 이 식물을 스치고 지나가는 동물들의 피부를 찌른다.

**무시무시한 수액**

화려한 색을 띠는 등대풀에서는 라텍스라 불리는 우윳빛 수액이 흘러나온다. 동물들이 이것을 먹게 되면 위험에 처하게 된다.

**뾰족한 가시**

에린지움은 잎의 끝에 거칠고 뾰족한 가시가 나 있다. 이 가시가 대부분의 초식 동물들이 접근하는 것을 막아 준다.

**위장**

리빙스톤의 잎은 두껍고 부드러우며 얼룩덜룩해서 마치 조약돌처럼 보인다.

## 선인장들이 살아남는 방법

**01.** 잎사귀를 가시 모양으로 만들어 물의 손실을 최소화한다.

**02.** 가시가 있어 배고픈 초식 동물로부터 자신을 보호할 수 있다.

**03.** 햇빛을 이용해 녹색 줄기에서 영양분을 만든다.

**04.** 비가 내리면 나중에 사용할 것에 대비해 줄기에 물을 저장한다.

### 최고 기록은?

동남아시아의 기생 식물인 리플레시아 꽃은 세계에서 가장 무겁다. 무게가 7kg에 달하며 지름이 1m나 된다.

## 눈 속에서 살아남기

엘레지는 수북이 쌓인 눈을 뚫고 자란다. 눈은 최악의 추위와 바람으로부터 식물을 보호해 주는 보호 층이 되어 준다. 봄이 오고 눈이 녹기 시작하면 엘레지의 꽃이 피기 시작한다.

## 무슨 뜻일까?

**휘파람 부는 가시나무**(일명 아프리카산 아카시아) 밑동의 부풀어 오른 부위에는 개미들이 산다. 개미들은 이 나무의 잎을 먹으려는 동물들을 쫓는 역할을 한다. 바람 부는 날이면 부풀어 오른 자리에서 휘파람 소리가 나서 이러한 이름이 붙여졌다.

## 정말 믿을 수 없어!

2006년 10월 프랑스 리옹의 식물원을 방문한 어떤 사람이 필리핀이 원산지인 사라세니아(벌레를 소화시키는 식충 식물) 무리에서 악취가 난다고 알려 왔다. 관리 직원이 발견한 바에 따르면 그 냄새는 사라세니아가 소화시키던 만 쥐에서 나는 것이었다.

## 독성이 있는 식물들

**장미과 상록수**
성장 속도가 빠른 정원수용 관목으로 잎이 두껍고 1년 내내 푸르다. 잎에 구멍을 내거나 망가뜨릴 경우 청산가리 성분을 방출하기 때문에 자신의 잎을 보호하기 쉽다.

**독을 내는 담쟁이덩굴**
잎에 우루시올(옻의 주성분)이라 불리는 진하고 끈적거리는 독성분이 있어 맨살이 닿으면 심하게 부풀어 오른다.

**지황**
포유류가 이 식물의 잎을 먹을 경우 심장마비에 걸릴 위험이 있다. 그러나 조심스럽게 잘 다룰 경우 독 성분인 디기톡신을 심장 질환 치료제로 사용할 수 있다.

**벨라도나**
알칼로이드라 불리는 독성을 만들어 내는 식물군으로, 수백 가지의 식물이 여기에 속하며 의약품을 만드는 데 사용된다. 다량 섭취할 경우 죽을 수도 있다.

**아주까리**
세계에서 가장 치명적인 식물로 리신이라는 독성 물질을 방출한다. 방울뱀의 독보다 1만 배 더 강하다.

## 살짝 엿보기

### 착생 식물

**01:** 착생 식물이란 높은 곳에 있는 나무나 그밖에 다른 식물들에 달라붙은 상태로 자라는 식물들을 의미한다. 많은 양의 에너지를 소모하며 높이 자라지 않아도 햇빛을 쬘 수 있다.

**02:** 우림 지역에서 흔히 볼 수 있으나 서늘하고 습기 있는 목지에서도 자란다.

**03:** 착생 식물에는 종자 식물뿐만 아니라 이끼류, 지의류 등이 있다.

**04:** 착생 식물은 기생 식물이 아니다. 단지 뿌리를 사용해 나무에 착생할 뿐이다.

**05:** 빗물에서 수분을 얻고 위에서 떨어지는 공기 중의 입자나 다른 여러 물질로부터 영양분을 흡수한다.

**06:** 브로멜리아드라 불리는 커다란 착생 식물 몇몇은 가운데에 있는 탱크 모양의 구멍에 물을 모은다.

**07:** 브로멜리아드의 탱크는 중요한 서식지 역할을 한다. 개구리가 이곳에 알을 낳으면 나무 위 높은 곳에 있는 탱크에서 올챙이가 태어나기도 한다.

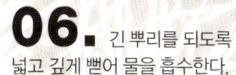

**06.** 긴 뿌리를 되도록 넓고 깊게 뻗어 물을 흡수한다.

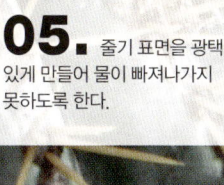

**05.** 줄기 표면을 광택 있게 만들어 물이 빠져나가지 못하도록 한다.

## 네 가지 기생 식물

기생 식물들은 스스로의 힘으로 성장하지 않고 다른 숙주 식물로부터 영양분을 빼앗아 살아간다.

**실새삼(악마의 실)**
가느다란 갈색 줄기로 숙주 식물 주변을 감고 올라간 다음 뚫고 들어간다.

**더부살이**
더부살이의 뿌리는 이웃해 있는 다른 식물의 뿌리에 달라붙어 영양분을 빼앗는다.

**겨우살이**
숙주 나무의 가지에 걸린 상태로 자라면서 물과 무기질을 빼앗는다.

**오스트레일리아 크리스마스나무**
남반구에서 덥고 건조한 크리스마스 무렵에 꽃을 피우는데 근처 다른 식물의 뿌리에 있는 영양분을 이용한다.

## 사막에서 살아남기

감자자루나무는 인도양에 있는 소코트라 섬의 사막 지역에서 자란다. 통통하고 자루처럼 생긴 몸통에 물을 저장하고 자루 끝에 달려 있는 대여섯 개의 짧고 뭉툭한 가지에서 꽃이 핀다.

## 곤충 사냥하기

화려한 색깔을 띠고 있는 사라세니아와 같은 육식성 식물들은 영양분을 얻기 어려운 늪지대에 서식하기 때문에 벌레나 다른 작은 동물들을 잡아 영양분을 보충한다. 이파리 끝에 있는 컵 모양의 덫으로 곤충들을 유인한다.

### 끈끈한 털

끈끈이주걱은 매우 끈적거리는 털을 무기로 갖고 있다. 이 식물의 매력적인 색채를 보고 아무 생각 없이 몰려든 파리들은 곧바로 끈끈이주걱의 털끝에 달려 있는 구슬 모양의 끈끈이에 달라붙게 된다.

**낚아채기:** 번쩍거리고 끈적거리는 방울을 따라온 파리는 즉시 꼼짝 못하게 된다.

**붙잡기:** 큰 곤경에 처하게 된 파리. 끈끈이에서 헤어나려고 몸부림치지만 끈적거리는 털이 파리를 감싼다.

**01.** 여러 종류의 곤충을 유인하려면 화려한 겉모습을 이용해야 한다. 커다란 바퀴벌레뿐만 아니라 자그맣고 맛있는 곤충류까지 모두 유인할 수 있다.

**02.** 가장자리에 꿀을 분비한다. 꿀이 나오는 곳을 찾아다니는 곤충들을 가장자리를 따라 안쪽으로 기어오도록 유인할 수 있다.

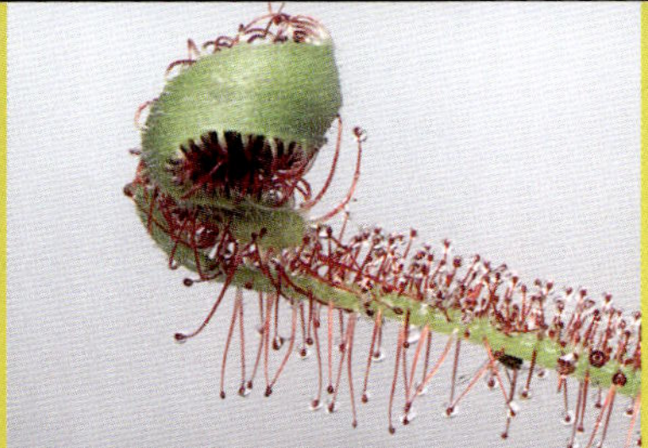

**먹기:** 끈끈이주걱이 파리를 소화시켜 영양분을 흡수한다. 소화하기 어려운 부분은 그대로 잎에 붙어 있다.

**03.** 가장자리를 미끄럽게 만든다. 경계심이 없는 곤충들이 몸을 지탱하지 못하고 덫으로 떨어지게 된다.

**04.** 곤충들을 익사시키려면 충분한 양의 액즙이 있어야 한다. 이곳에 떨어진 곤충은 이미 죽은 시체로 가득한 액즙을 바라보며 죽음을 맞이한다.

**05.** 소화 효소를 분비한다. 꽃의 벽에서 소화액이 분비되고 세균도 소화에 가세하면 곤충의 몸 중에서 부드러운 부분이 찐득한 곤죽으로 변한다.

**06.** 액즙에 빠진 곤충들로부터 영양분을 흡수한다. 딱딱하고 소화하기 어려운 부분은 바닥으로 가라앉게 내버려 둔다.

## 철컥 닫혀 버리는 덫

끈끈이주걱의 덫은 서로 맞물리는 모양으로 닫히는데 조심성 없는 실잠자리들이 꼼짝 못하고 갇히곤 한다. 대략 일주일 후 덫이 다시 열리고 찌꺼기는 땅으로 떨어진다. 덫은 대여섯 번에 걸쳐 곤충들을 소화 흡수한 뒤 시들어 버린다.

**착륙:** 일단 실잠자리가 식물체에 내려앉으면 중앙에 있는 세 개의 작은 털이 덫을 작동시킨다.

**탈출 불가:** 실잠자리가 살짝만 건드려도 잎이 서로 맞물려 닫혀 버린다.

**식사 시간:** 소화 효소가 실잠자리의 몸을 잘게 부순다.

# 세균이 어째서 중요한 걸까?

세균은 지구상에서 수가 가장 많은 유기체이다. 또 그들은 단순한 단세포 동물로 가장 작은 생명체이다. 어떤 세균들은 인체에서 다양한 질병을 유발하지만 대부분의 세균은 무해하고 몇몇은 매우 유용하기까지 하다. 음식이나 약품을 만드는 데 사용되는 세균들이 바로 그런 것들이다.

### 최고 기록은?

디에노코쿠스 라디오두란스는 **가장 끈질긴 세균** 중 하나이다. 지독한 더위와 혹독한 추위, 물 한 방울 없는 가뭄, 강도 높은 방사선에 노출되거나 심지어는 강산성에 흠뻑 젖어도 견딜 수 있다.

### 정말 믿을 수 없어!

우리 몸이 보툴리누스균에 감염되면 이 균에서 독소가 방출되어 보툴리누스 중독이라고 불리는 질병에 걸리는데 이는 몸의 마비를 일으키는 희귀병이다. 보툴리누스 독소 1방울이면 10만 명을 죽일 수도 있다.

## 좀 더 알아보기: 세균 해부

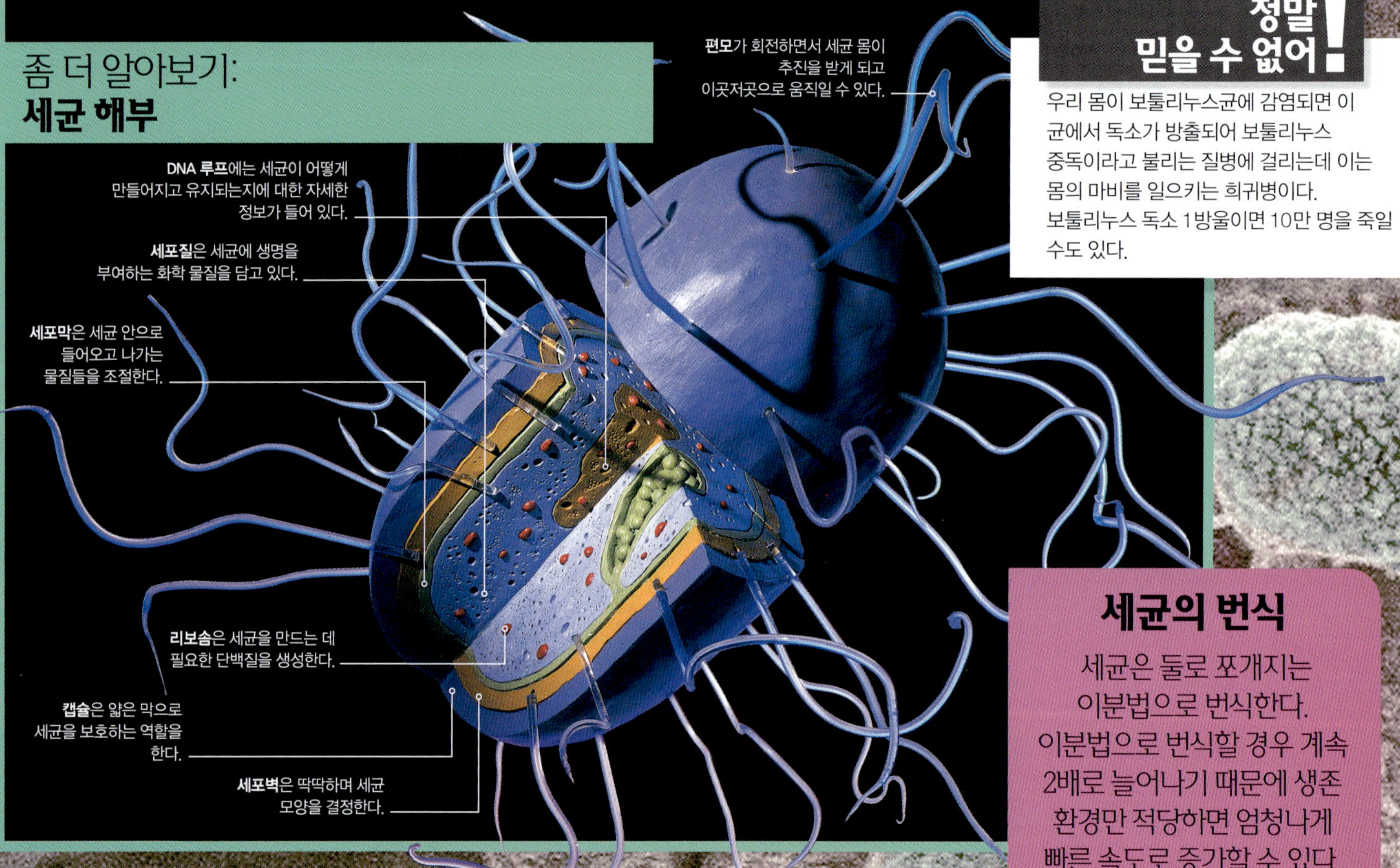

**편모**가 회전하면서 세균 몸이 추진을 받게 되고 이곳저곳으로 움직일 수 있다.
**DNA 루프**에는 세균이 어떻게 만들어지고 유지되는지에 대한 자세한 정보가 들어 있다.
**세포질**은 세균에 생명을 부여하는 화학 물질을 담고 있다.
**세포막**은 세균 안으로 들어오고 나가는 물질들을 조절한다.
**리보솜**은 세균을 만드는 데 필요한 단백질을 생성한다.
**캡슐**은 얇은 막으로 세균을 보호하는 역할을 한다.
**세포벽**은 딱딱하며 세균 모양을 결정한다.

### 세균의 번식

세균은 둘로 쪼개지는 이분법으로 번식한다. 이분법으로 번식할 경우 계속 2배로 늘어나기 때문에 생존 환경만 적당하면 엄청나게 빠른 속도로 증가할 수 있다.

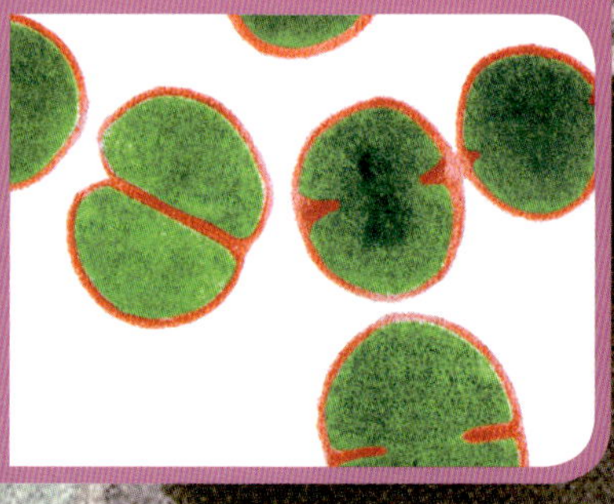

### 세균의 모양

세균의 모양은 세 가지로 나뉜다.

**구균** 구균이라 불리는 세균은 공 모양을 하고 있다.

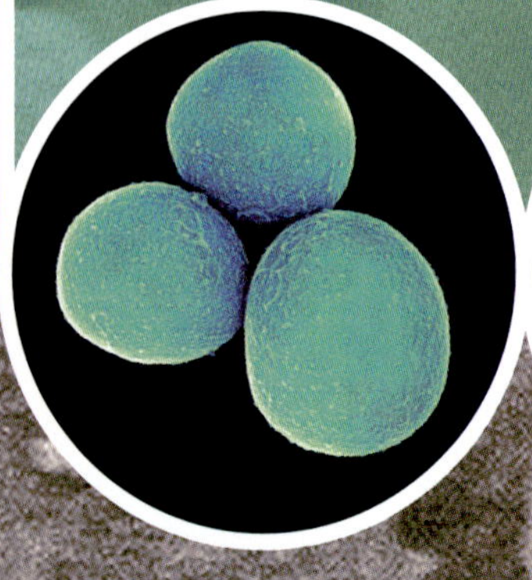

**간균** 간균이라 불리는 것은 막대 모양을 하고 있다.

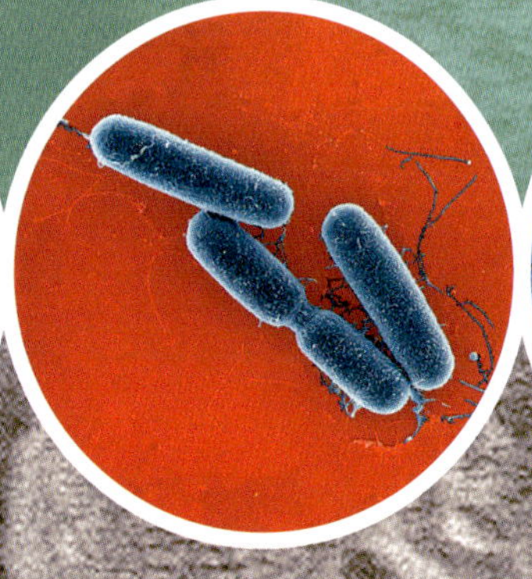

**나선균** 나선균은 나사 모양을 하고 있다.

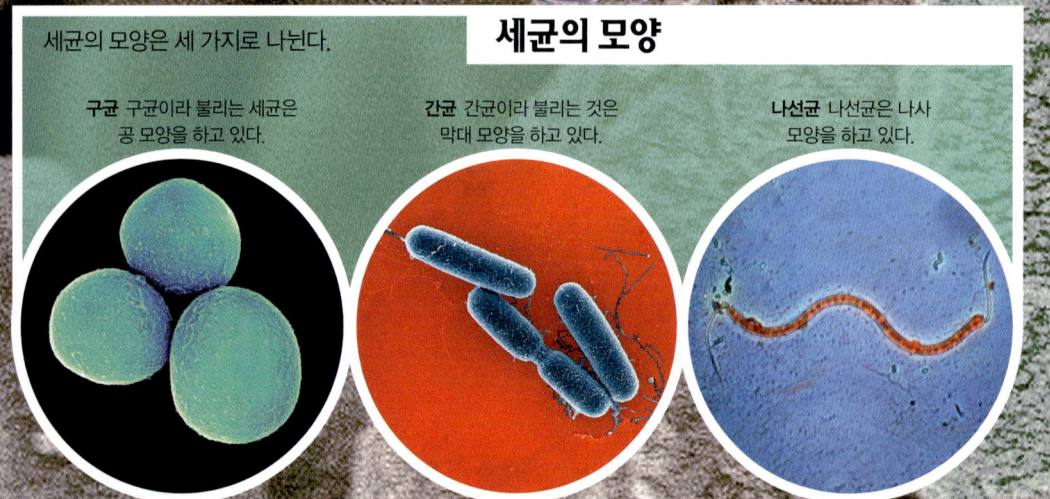

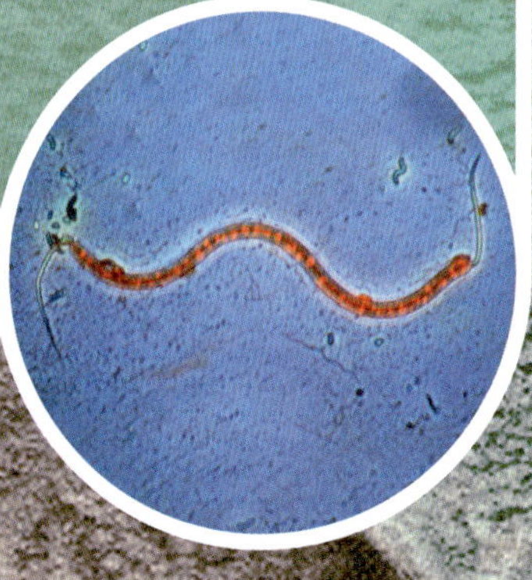

## 세균을 좋아하는 이유

- 요구르트나 치즈를 만드는 데 이용된다.
- **세균에 의해 만들어지는 화합물들은 빵을 만드는 데 이용된다.**
- 몇몇 세균은 우리 몸에 해로운 세균을 죽일 때 사용하는 항생제를 만드는 데 이용된다.
- **하수 처리장의 세균은 사람의 배설물을 분해하는 데 도움을 준다.**
- 흙 속에 있는 세균은 죽은 유기체를 분해하고 이 성분을 다시 이용한다.
- **어떤 세균은 생명체에 소중한 산소를 생성하여 공기 중으로 방출한다.**

## 세균에 의해 발생하는 다섯 가지 질병

**여드름** 염증이 생겨 뾰루지가 났다가 터진다.(옆 그림)

**충치** 이가 썩어 충치가 생긴다.

**콜레라** 가장 중요하고 심각한 증상으로 극심한 설사를 꼽을 수 있다.

**디프테리아** 드물게 나타나기는 하지만 매우 끔찍한 소화기 질환이다.

**파상풍** 근육 경련을 일으키는 심각한 질환이다.

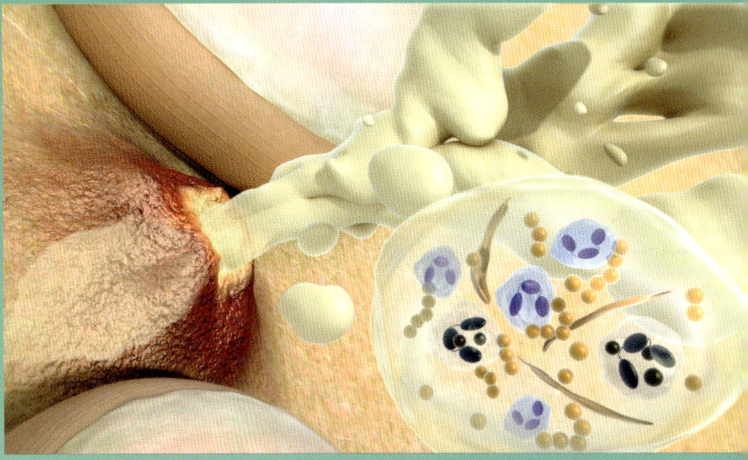

## 무서운 화장실

화장실을 다녀왔을 때에는 손 씻는 것을 잊지 말아야 한다. 대변 무게 중 거의 절반은 세균이 차지한다. 그중 절반은 우리 몸에 해를 끼칠 수도 있다.

### 행운의 휴가

1928년 영국의 과학자 알렉산더 플레밍은 유리 접시에 유해 세균을 배양하며 연구하고 있었다. 휴가에서 돌아와 보니 접시가 푸른색 페니실린 곰팡이에 감염된 것이 눈에 띄었다. 이 곰팡이는 우리 몸에 해로운 세균을 죽이는 화학 물질을 분비하였다. 이 발견으로 인해 오늘날 페니실린을 개발할 수 있었다. 페니실린은 세균을 죽이는 약 중, 최초의 항생제이다.

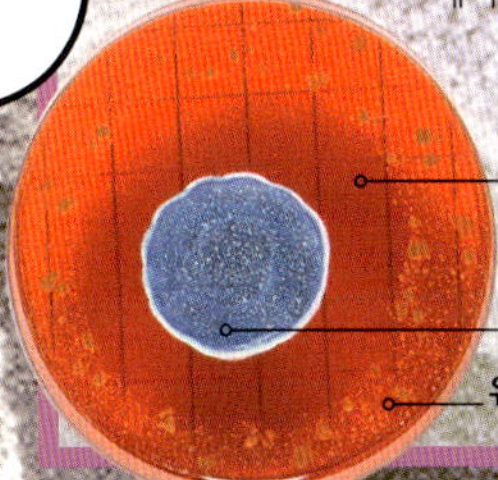


## 기묘한 이야기

하와이 오징어의 몸속에는 빛을 내는 세균이 살고 있다. 밤이 되면 이 세균들이 물속에서 달빛처럼 빛나는데 이 불빛으로 인해 근처의 배고픈 포식자들이 오징어를 알아보지 못한다.

## 세균이 살 수 없는 곳은 어디일까?

세균은 아주 많은 곳에 서식한다. 하지만 모든 곳에 사는 것은 아니다. 그들을 찾을 수 없는 곳은 어디일까?

(정답은 페이지 아래쪽에)

**a)** 뇌나 신장 내부

**b)** 대서양보다 10배나 짠 사해

**c)** 기온이 영하 60℃까지 떨어지는 남극

**d)** 이빨

**e)** 지구 표면 3km 아래 있는 딱딱한 바위

**f)** 구름

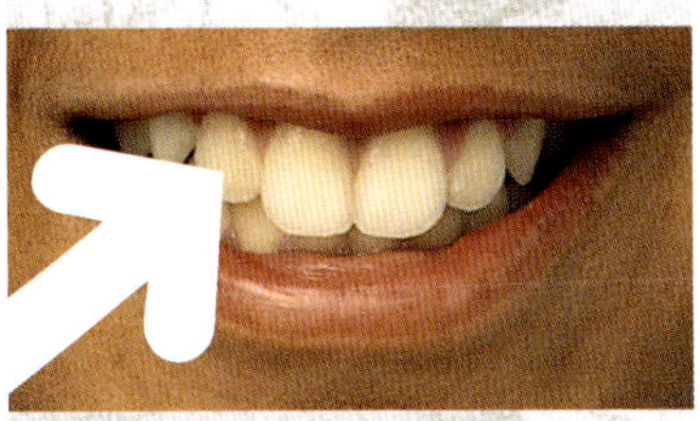

**g)** 샌드위치

**h)** 화성

**i)** 물의 온도가 거의 끓는점에 가까운 온천

## 주요 일지

### 36억 년 전
최초의 세균은 지구가 만들어지고 난 뒤 9억 년이 지나서야 등장했다.

### 27억 년 전
시아노세균이 태양 에너지를 이용해 영양분을 만들고 이를 통해 대기 중으로 산소를 방출했다.

### 1683년
네덜란드 과학자인 레벤후크가 집에서 만든 현미경으로 가장 먼저 세균을 관찰했다. 자신의 이에서 긁어낸 찌꺼기에 있는 세균이었다.

### 1860년대
프랑스 과학자 파스퇴르는 몇몇 세균들이 질병을 일으킨다는 사실을 밝혀냈다.

### 1990년대
과학자들이 항암 백신과 같이 우리에게 유익한 물질을 만들어내기 위해 유전자 조작 세균에 대해 연구하고 있다.

## 숫자로 알아보기

### 0.0001cm
세균 한 개의 평균 길이

### 99%
질병을 일으키지 않는 세균 종이 차지하는 비율

### 1만 개
우리가 5분 동안 호흡할 때 배출되는 물질 중 세균이 들어 있는 입자의 수

### 10만 개
우리 피부 1cm² 안에 살고 있는 세균 수

### 25억 개
흙 1g 안에 들어 있는 세균 수

### 1000조 개
인체 내부와 표면에 살고 있는 세균 수

### $5 \times 10^{24}$ 개
20분마다 한 번씩 분열하는 세균에서 24시간 만에 나오는 자손들의 수. 이론적으로 계산된 것이다.

정답: a) 그리고 아마도 h)

# 버섯은 얼마나 빨리 자랄 수 있을까?

버섯은 진균류라고 불리는 독특한 무리에 속하는 유기체로 머리카락처럼 생긴 실 모양의 균사가 그물망처럼 얽혀 만들어진다. 땅속 깊이 뻗어 있으며 조건만 잘 맞으면 균사가 믿을 수 없을 만큼 빠른 속도로 자라나, 땅 밖으로 솟아올라 버섯이 된다.

## 버섯이 되기 위한 조건

**01.** 우산처럼 생긴 뚜껑이 필요하다. 뚜껑 뒤쪽의 주름을 보호해 준다.

**02.** 주름이 있어야 한다. 버섯은 미세한 포자들을 만들고 포자를 뿌려 번식한다. 이때 주름이 필요하다.

**03.** 줄기에는 링이 있어야 한다. 어린 주름을 덮고 있던 막이 다 자란 후에도 남아 링이 된다.

**04.** 줄기가 자라 뚜껑과 주름을 땅 위쪽으로 들어 올려야 한다. 그래야 포자가 바람을 따라 멀리까지 날아갈 수 있다.

**05.** 줄기 밑부분에서 그물망을 이루고 있는 머리카락 모양의 균사가 땅을 뚫고 나온다.

### 살짝 엿보기

- 버섯, 독버섯, 곰팡이, 효모균, 흰곰팡이 등은 진균류에 속한다.
- **식물과 달리 진균류는 스스로 영양분을 만들지 못한다.**
- 진균류는 살아 있는 유기체 또는 죽은 유기체를 먹고 자란다.
- **진균류는 영양분을 섭취하고 성장하는 동안 우리 눈에 띄지 않은 채 지낸다.**
- 우리 눈에 띄는 것은 진균류가 버섯과 같은 자실체를 생산할 때뿐이다.
- **자실체의 유일한 목적은 번식이다. 자그마한 포자를 만들어 방출하는데 이를 통해 진균류가 번식할 수 있다.**

**10만 종 이상의 곰팡이**가 있으며 이들은 세 가지 주요 그룹으로 나뉜다.

✻ 검은 빵 곰팡이류
✻ 자낭균류
✻ 담자균류

### 숨어 있는 균사체

- 균사체의 가느다란 실은 영양분을 흡수하는 곳 어디에나 뻗어 있다. 죽은 잎사귀든, 부패한 곰팡이든, 썩은 과일이든, 축축한 피부든 가리지 않는다.
- 균사체는 효소를 방출해 주변 물질들을 소화시켜 걸쭉한 영양 혼합물로 만든다.
- 균사체가 영양분을 흡수하고 곰팡이에게 에너지를 제공해 성장의 기초를 마련한다.

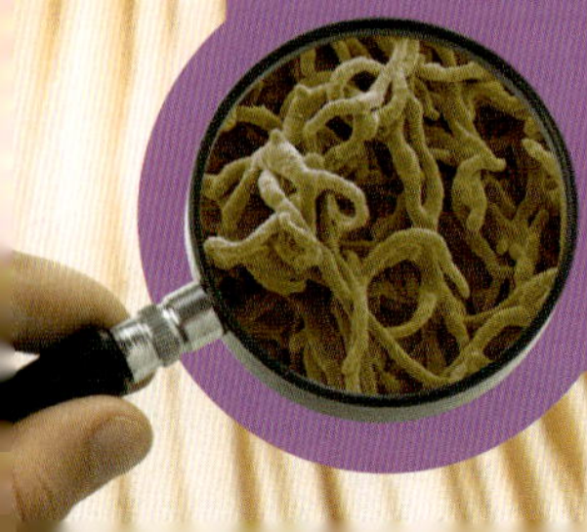

## 곰팡이를 싫어할 수 없는 다섯 가지 이유

**01:** 몇 가지 곰팡이는 맛이 있어 먹기에 좋다.

**02:** 곰팡이는 브리 치즈나 카망베르 치즈에 껍질을 만들어 주고 푸른 치즈에 푸른색이 나도록 해 준다.

**03:** 효모균은 빵이 부풀어 오르게 하고 와인과 맥주의 알코올 성분을 만든다.

**04:** 몇몇 곰팡이는 페니실린처럼 박테리아를 죽이는 항생제를 만들어 낸다.

**05:** 시클로스포린(거부 반응 방지제)은 곰팡이로부터 분리되는 의약품으로 신장과 같은 장기를 이식했을 때 인체에 거부 반응이 생기는 것을 방지하기 위해 사용된다.

VS

## 곰팡이를 좋아할 수 없는 다섯 가지 이유

**01:** 몇몇 곰팡이는 독성이 강해 사람을 죽일 수도 있다.

**02:** 건부병균은 건축 자재인 나무와 목재를 망가뜨린다.

**03:** 무좀이나 백선과 같은 질병의 원인이 된다.

**04:** 종이, 옷감과 집 안에 있는 그 밖의 다른 물건들을 부패시킨다.

**05:** 흰곰팡이, 깜부기균, 녹병균 등은 귀중한 곡식을 감염시킨다.

## 버섯을 따겠다고?

야생 버섯을 보면 먼저 전문 지식이 있는 어른에게 해가 없는지 물어본 후 만져야 한다. 만진 다음에는 반드시 손을 씻어야 한다.

### 폭하고 내뿜으며 사라지는 먼지버섯

먼지버섯은 수십만 개의 포자를 방출하는 곰팡이 종류이다. 빗방울이 살짝 떨어지기만 해도 먼지버섯 뚜껑에 있는 구멍으로 포자 구름이 뿜어져 나온다.

### 정말 믿을 수 없어!

가장 값어치 있는 곰팡이는 흰색 송로 버섯이다. 톡 쏘는 듯한 맛으로 인해 요리사들에 각광받고 있는데 같은 무게의 은보다 5배나 더 비싸다.

### 위협적인 버섯

알광대버섯은 얼핏 해가 없는 버섯으로 보일 수도 있으나 28g 미만의 양으로 한두 시간 이내에 사람을 죽일 수도 있다. 마찬가지로 깔때기버섯, 광대버섯, 유사 곰보버섯 등은 모두 독성이 있는 버섯이며 절대로 먹으면 안 된다.

## 네 가지 신기한 버섯

**말뚝버섯**
비록 냄새는 좋지 않지만 중국 남부 지역에서 식용으로 사용된다.

**술잔버섯**
겉모습이 화려하다. 동절기 축축한 목지에서 쉽게 찾을 수 있다.

**악마의 손톱 버섯**
오스트레일리아가 원산지이며 기이하게 생긴 붉은색 버섯으로 마치 고기가 썩는 듯한 불쾌한 냄새가 난다.

**싸리 아교뿔 버섯**
보통 침엽수의 뿌리와 줄기에서 발견되며 바다 산호처럼 생겼다.

### 최고 기록은?

세계에서 가장 큰 균류는 천마버섯으로 알려진 꿀균류이다. 아마 세계에서 가장 큰 생물체일 것이다. 미국 오리건 주 숲의 땅속에 살고 있으며 퍼져 있는 면적은 9km², 무게는 600톤에 달한다.

### 부패시키기

곰팡이의 가장 중요한 역할 하나는 동물의 사체나 식물의 잔여물을 분해하는 것이다. 곰팡이가 없다면 우리는 무릎까지 푹푹 빠질 정도로 쌓인 시체 더미 속에서 살아야 할 것이다. 아래 피망에서 볼 수 있듯이 곰팡이가 잔여물들을 분해해 부패하게 만든다.

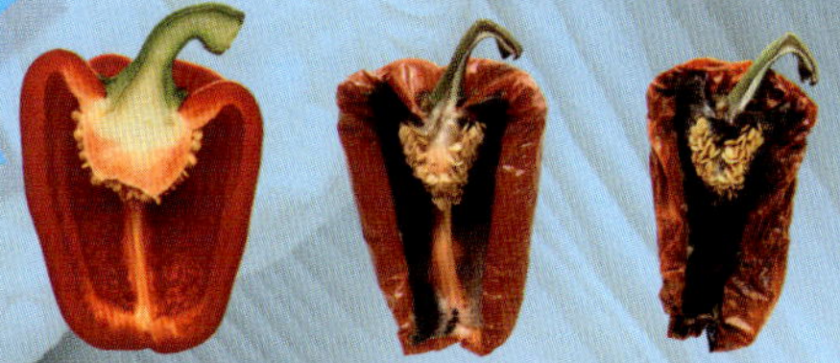

1일 후 5일 후 10일 후

## 효모에서 나온 기체로 풍선 불기

**01.** 콜라 병뚜껑을 열고 가스가 빠져나가게 한다. 풍선을 불었다가 공기를 빼 풍선을 부드럽게 만든다.

**02.** 마른 효모 한 숟가락을 병 속에 넣고 흔든다. 풍선을 병 입구에 끼운 후 따뜻한 곳에 놓아둔다.

**03.** 효모가 콜라 속의 당분을 먹고 자란다. 효모는 먹이를 섭취하며 호흡을 하는데 이때 이산화탄소가 방출되면서 풍선이 부풀어 오른다.

# 달팽이와 문어 사이엔 어떤 연관이 있을까?

달팽이와 문어는 둘 다 연체동물이다. 연체동물에는 다양한 동물들이 속해 있는데 홍합, 굴, 삿갓조개, 쇠고둥, 페리윙클(달팽이, 민달팽이 등의 복족류 연체동물), 오징어 등 10만 종 이상이 있다. 대부분 바다에 살지만 일부는 민물에 살며 달팽이처럼 육지에 사는 것도 있다.

## 최고 기록은?

- **연체류 중 가장 큰 것**은 이름에서 알 수 있듯이 초대왕오징어이다. 이 오징어의 길이는 14m에 달하며 무시무시한 포식자 중 하나이다.
- **가장 큰 쌍각류**(껍질이 두 개로 나눠져 있는 연체류)는 거대조개로 폭이 1.5m이다. 과거에는 이 조개의 껍질 한쪽을 아기 욕조로 사용하였다.
- **가장 큰 복족류**는 거대 아프리카달팽이이다. 길이가 30cm에 달한다.
- **가장 빠른 연체동물**은 오징어이다. 위험이 닥쳤을 때 시속 35km로 달아난다.
- **가장 느린 육지 연체동물** 중의 하나가 바로 달팽이다. 움직이는 속도가 시속 0.05km에 불과한데 이는 20시간을 움직여야 겨우 1km를 갈 수 있다는 뜻이다.
- 세계에서 **가장 나이 많은 동물**은 바다대합이라 불리는 조개 종류로 연체동물에 속한다. 2006년과 2007년에 과학자들이 아이슬란드 인근에서 발견한 것은 405살에서 410살 정도 된 것으로 추정된다.

## 좀 더 알아보기: **연체동물**

연체동물의 몸은 머리,
부드러운 몸통, 근육질로 된 발 등
3부분으로 나눌 수 있다.
껍질: 많은 연체동물들이 자신의 부드러운 몸을 보호하기 위해 껍질을 발달시켰다.
부드러운 몸통
눈: 촉수 끝에 눈이 달려 있다.
입에는 신경을 자극하는 치설(이빨이 줄지어 나있는 혀)이 있다.
혀: 현미경으로 들여다보면 치열이 보인다.
발: 달팽이는 다리가 없고 근육질로 된 발만 있다.
머리

## 기묘한 이야기

**삿갓조개**는 다른 조개들과 탑을 쌓아 산다. 때로는 12마리까지 붙어 있는데 가장 크고 나이가 많은 것이 맨 아래에, 가장 작고 어린 것이 꼭대기에 위치한다. **처음에 수컷**이었던 삿갓조개는 위쪽에 다른 것이 내려앉으면 **성을 바꿔 암컷으로 변한다**.

## 연체동물의 다섯 종류

연체동물은 등뼈가 없는 무척추동물이며 모양과 크기가 매우 다양하다.

**다판류**
껍질은 아르마딜로처럼 생겼으며 바다에서 서식한다.

**굴족류**
바다 바닥을 파고 들어가며 껍질은 길고 끝이 뾰족하다.

**쌍각류**
몸은 양쪽이 같고 껍데기와 외투막으로 덮여 있다.

**복족류**
대부분의 복족류는 나선형의 껍질, 촉수, 근육질 발이 있다.

**두족류**
매우 크며 영리하고 촉수를 이용해 빠르게 움직이는 동물이다.

# 화려한 껍질들

**앵무조개**
껍질 안에 진주로 된 공기 방이 있어 조개가 떠다니는 것을 도와준다.

**가시조개**
고고학자들에 따르면 가시조개의 껍질이 5,000년 전 장신구를 만드는 데 사용되었다고 한다.

**비너스빗고둥**
껍질에 가시가 있어 모래 진흙으로 빠지는 것을 막아 준다.

**쿠바육지달팽이**
아름다운 껍질 때문에 지나치게 남획하는 바람에 멸종 위기에 처하자 지금은 법으로 보호하고 있다.

**거거**
세계에서 가장 큰 쌍각류로 무게가 약 230kg에 달하며 껍질에 있는 잎사귀 모양의 비늘은 게나 다른 동물들의 은신처로 이용된다.

## 독성을 가진 문어

만약 오스트레일리아 해변에서 푸른색 고리가 있는 작고 귀여운 문어를 발견하더라도 절대 잡으면 안된다. 푸른고리문어는 세계 최고의 독성 동물 중 하나로 한번 물리면 죽을 수도 있다.

**별보배고둥**은 바다에 사는 복족류로 껍질이 둥근 모양이어서 고대 이집트 파라오 시대부터 20세기까지 여러 곳에서 **화폐**로 사용되었다.

## 정말 믿을 수 없어!

배좀벌레(좀조개)는 벌레가 아니다. 껍질이 몸통의 앞쪽 끝에 있어 기이한 모양을 하고 있는 쌍각류이다. 구멍 뚫는 조개라고도 불리는 배좀벌레는 바다에 떠 있는 나무 구조물에 구멍을 뚫어 약하게 만든다. 이 때문에 배가 침몰하기도 한다.

## 음식을 섭취하는 방법

- **복족류는 치설(이빨이 줄지어 나 있는 혀)을 이용해 조류나 식물을 섭취하고 아니면 다른 동물들의 몸속을 파고 들어간다.**
- 쌍각류는 껍데기를 열고 닫으며 물속에 있는 작은 먹이 덩어리들을 걸러 낸다.
- **두족류는 먹이에 접근해 먹이를 잡아챈 뒤 촉완과 빨판을 사용해 입속으로 집어넣고 뿔처럼 생긴 부리를 이용해 이것을 부순다.**

## 연체동물이 움직이는 방법

- **달팽이나 민달팽이는 근육질로 된 발로 기어 다니거나 미끄러지듯 다닌다.**
- 몇몇 바다달팽이는 단순히 수면 위에 떠다닌다.
- **새조개와 같은 쌍각류는 근육질 발을 이용해 모래나 진흙에 굴을 판다.**
- 가리비는 껍데기를 열고 닫는 동작을 통해 물속을 헤쳐 나간다.
- **갑오징어와 오징어는 지느러미로 물결을 일으키며 헤엄친다.**
- 문어는 다리와 빨판을 당기며 물속을 헤엄친다.
- **문어와 오징어는 몸 밖으로 급속하게 물을 분사하며 제트 추진을 일으킨다. 이 덕분에 재빨리 도망칠 수 있다.**

## 갑오징어에 관한 세 가지 사실

**01** 갑오징어는 마음만 먹으면 1초 안에 색깔을 바꿀 수 있다. 포식자로부터 몸을 숨기거나 감정을 표현하고자 할 때 색깔을 바꾼다.

**02** 갑오징어가 천적에게서 도망치기 위해 내뿜는 갈색 먹물을 이미 수백 년 전부터 예술가들이 사용해 오고 있다.

**03** 칼슘 섭취용으로 애완용 새들에게 갑오징어 뼈를 주기도 한다.

## 변장의 대가

교활할 정도로 변신을 잘 하는 문어는 자기방어를 위해 모양, 색깔, 몸통의 질감 등을 바꿔 위험한 동물로 가장하거나 또는 맛없는 동물로 보이게 한다.

**01.** 배고픈 사마귀새우가 먹잇감을 찾아 주변을 배회하고 있다면 문어는 원래 모습과 다르게 몸을 변형한다. 촉수를 당기고 색깔을 변화시켜 마치 사마귀새우인 양 변장하고 있는 문어.

**02.** 포식자가 근처에 숨어 있을 경우 재빨리 몸을 변화시켜 무서운 바다뱀인 것처럼 하고 포식자를 쫓아 버린다.

**03.** 그래도 통하지 않으면 자신을 불가사리 모양으로 바꾼다. 포식자들이 먹고 싶지 않게 말이다.

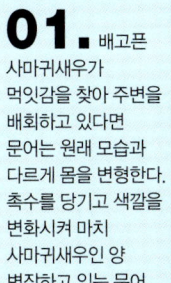

**04.** 편평하게 생긴 물고기인 것처럼 가장한다. 진정 변장의 달인이다.

# 지구 상에서 가장 번성한 동물은 무엇일까?

조그만 마을 크기의 면적 안에 살고 있거나 날아다니는 곤충들의 숫자는 지구 상에 있는 사람의 수를 모두 합한 것보다 더 많다. 곤충은 어디에서나 생존이 가능하다. 다만 바다에서는 살지 못한다. 곤충의 다리는 6개, 날개는 3개이며 몸은 3부분으로 나눠진다.

## 좀 더 알아보기: **말벌의 몸 구조**

**표피:** 딱딱하고 방수 기능이 있는 외골격이 몸을 보호하고 지지해 준다.
**겹눈:** 여러 개의 홑눈으로 이루어져 있으며 매우 넓은 시야를 확보할 수 있다.
**더듬이:** 두 개의 더듬이가 있다. 유연하게 움직일 수 있으며 냄새를 맡거나 맛을 보고 감각을 느끼는 데 사용된다.
**가슴:** 몸통의 가운데 부분으로 두 쌍의 날개가 달려 있다.
**머리:** 뇌와 감각 기관이 들어 있는 곳이다.
**다리:** 6개의 다리가 가슴에 붙어 있다.
**배:** 내장과 생식기가 들어 있고 좁고 길쭉한 모양을 하고 있어 날아다닐 때 중심을 잡는 데 도움을 준다.
**날개:** 두 쌍의 날개가 가슴에 붙어 있다.

## 더 큰 무리

곤충류는 갑각류, 거미류, 지네 등과 함께 무척추동물이며 **절지동물**에 속한다. 모든 절지동물은 딱딱한 외골격이 있으며 다리는 관절로 연결되어 자유자재로 움직일 수 있다.

## 빛의 잔치

반딧불이는 기묘한 능력이 있는 딱정벌레이다. 배에 특수한 기관이 있어 빛을 발하는데, 짝짓기 상대를 유인하기 위해 밤에 날아다니며 이 빛으로 신호를 보낸다.

## 숫자로 알아보기

**1해* 마리**
지구상에 서식하는 것으로 추정되는 곤충의 수

**300만 년 전**
날아다니는 곤충류가 지구 상에 처음 등장한 것으로 추정되는 시기

**3000만 종**
실제 지구 상에 존재하는 것으로 추정되는 곤충류 종의 수

**101만 7,018종**
이름이 붙여진 곤충류 종의 수 (계속해서 증가하고 있다.)

* 해는 $10^{20}$을 일컫는 단위이다.

## 열 가지 곤충

**잠자리**
5,500종
눈과 날개가 크고 몸통은 가느다랗다.

**메뚜기, 귀뚜라미**
2만 종
뒷다리 힘이 세고 입은 씹기 좋게 발달했다.

**사마귀**
2,000종
머리는 삼각형이고, 눈이 크며 앞다리는 쉽게 뻗을 수 있어 먹이를 잡기 쉽다.

**바퀴벌레**
4,000종
몸통은 납작하고 타원형이며 딱딱한 껍질이 있다.

## 곤충을 소재로 한 일곱 편의 영화

**죽음의 사마귀**(1957)
**파리**(1958, 1986년 다시 제작됨)
**벌떼**(1978)
**개미**(1996)
**벅스 라이프**(1998)
**벅스**(2003)
**꿀벌 대소동**(2007)

## 곤충으로 만든 간식

곤충들은 흔해서 값이 쌀 뿐만 아니라 단백질이 풍부하다. 여기에 곤충으로 만든 음식의 예가 있다.

**기름에 튀긴 여왕 흰개미**
아프리카산이며 단백질뿐만 아니라 지방도 풍부하다.

**모파니 애벌레**
나방의 유충으로 햇볕에 말려 먹거나 토마토 소스를 곁들여 먹는다.

**후빌레스**
고약한 냄새가 나는 벌레로 멕시코에서 전통 요리인 타코의 속 재료로 사용된다.

## 피해야 할 곤충 세 가지

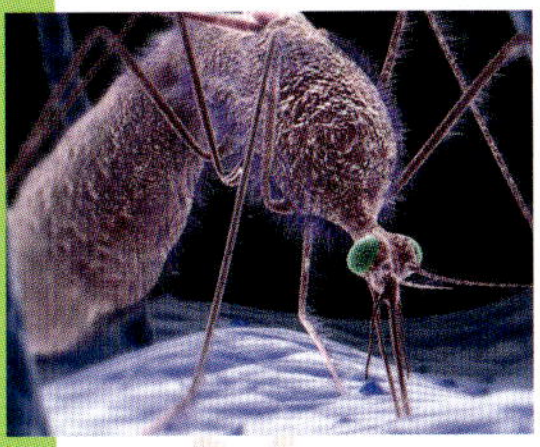

**모기**
피를 빨아먹고 말라리아나 댕기열 같은 질병을 옮긴다.

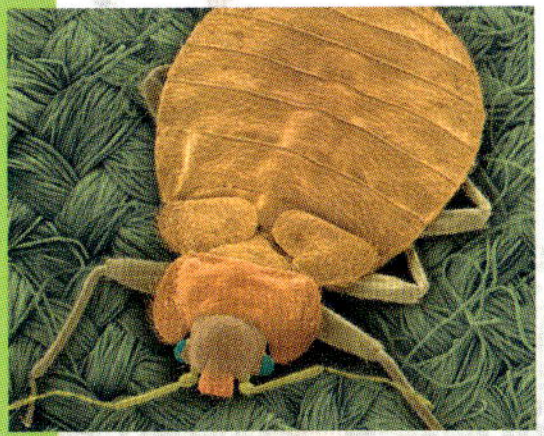

**빈대**
침대에 잠들어 있는 사람들의 피를 빨아먹고 산다.

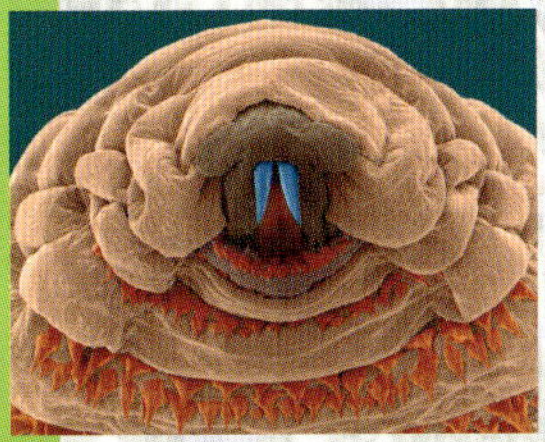

**말파리**
사람 피부 밑에 알을 낳고 이 알은 구더기로 부화한다.

## 알에서 나비로 변신하기

**01.** 세상으로 나온 알은 식물 잎사귀에 꼭 붙어 있어야 한다. 잎사귀는 부화할 때 필요한 영양분을 지속적으로 공급해 준다.

**02.** 알을 깨고 나오면 앞에 있는 풍성한 나뭇잎을 실컷 먹는다. 앞으로 일어날 몸의 변화를 감당하려면 힘이 필요하다. 몸집이 계속 커지면서 대여섯 번에 걸쳐 허물벗기가 일어날 것이다.

**03.** 마지막 허물벗기인 번데기 단계에서는 몸통 주변에 딱딱한 외피가 형성되어 몸을 움직이기 어렵게 된다. 번데기가 된 후로 하루 정도 시간이 지나면 몸의 조직들이 정비되고 성체 곤충의 모습으로 탈바꿈한다.

**04.** 번데기 껍질을 가르고 아름다운 나비의 모습을 드러낸다. 날갯짓을 해 꽃으로 다가가 빨아먹기 알맞게 생긴 주둥이로 꿀을 빨아먹는다.

## 정말 믿을 수 없어!

어떤 의사들은 검정파리의 애벌레(구더기)를 상처 치료에 사용한다. 구더기들은 상처 부위의 죽은 피부 조직과 나쁜 세균을 잡아먹음으로써 상처를 말끔히 치료한다.

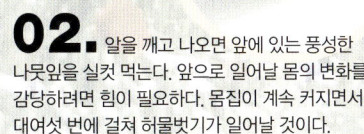

**흰개미**
2,750종
몸통은 부드럽고 입 부분은 씹기 좋게 발달해 있으며 짧은 더듬이가 있다. 무리를 이루어 생활한다.

**작은곤충벌레**
8만 2,000종
두 쌍의 날개가 있고 부리가 길어 먹잇감을 찌르고 빨아먹기에 좋다.

**참파리류**
12만 2,000종
날개는 한 쌍이며 홀터라 불리는 작은 기관이 있어 균형을 잡는 데 도움을 준다.

**딱정벌레**
37만 종
단단하게 나 있는 앞쪽 날개가 뒷다리를 감싸고 보호한다.

**나비와 나방**
16만 5,000종
입 주위가 특히 발달해 있어 음식을 쉽게 먹으며 몸통과 날개에는 비늘이 있다.

**개미, 벌, 말벌**
19만 8,000종
무리를 이루어 사는 것이 대부분이지만 어떤 것은 혼자 살기도 한다.

# 거미류는 어떤 동물일까?

거미류는 무척추동물로 거미, 전갈, 장님거미, 진드기, 연진드기 등이 이에 속한다. 거미류는 대략 6만 5,000종이 있으며 거미가 이중 반을 차지하고 있다.

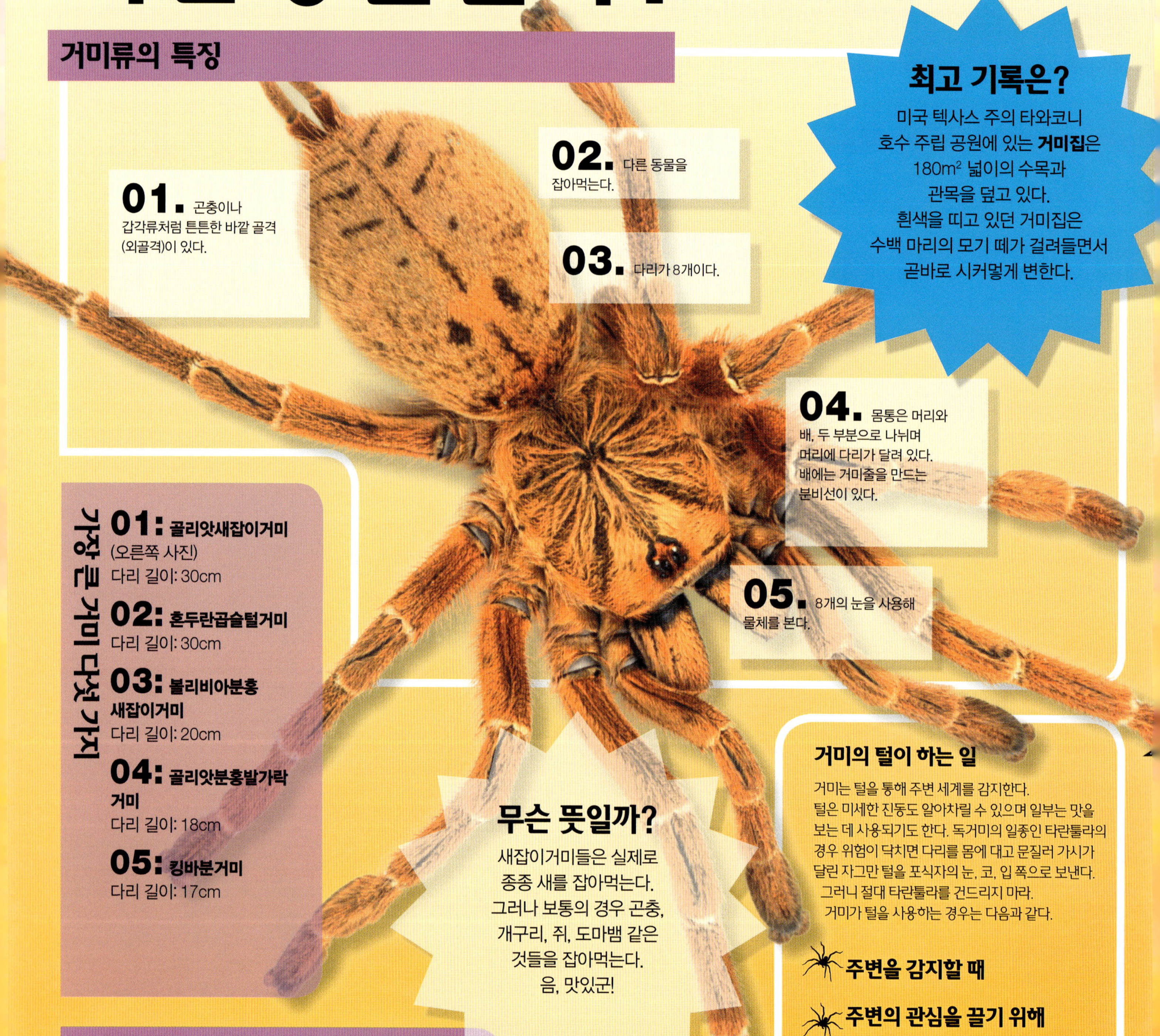

## 거미류의 특징

**01.** 곤충이나 갑각류처럼 튼튼한 바깥 골격(외골격)이 있다.

**02.** 다른 동물을 잡아먹는다.

**03.** 다리가 8개이다.

**04.** 몸통은 머리와 배, 두 부분으로 나뉘며 머리에 다리가 달려 있다. 배에는 거미줄을 만드는 분비선이 있다.

**05.** 8개의 눈을 사용해 물체를 본다.

### 최고 기록은?

미국 텍사스 주의 타와코니 호수 주립 공원에 있는 **거미집**은 180m² 넓이의 수목과 관목을 덮고 있다. 흰색을 띠고 있던 거미집은 수백 마리의 모기 떼가 걸려들면서 곧바로 시커멓게 변한다.

### 가장 큰 거미 다섯 가지

**01: 골리앗새잡이거미**
(오른쪽 사진)
다리 길이: 30cm

**02: 혼두란곱슬털거미**
다리 길이: 30cm

**03: 볼리비아분홍새잡이거미**
다리 길이: 20cm

**04: 골리앗분홍발가락거미**
다리 길이: 18cm

**05: 킹바분거미**
다리 길이: 17cm

### 무슨 뜻일까?

새잡이거미들은 실제로 종종 새를 잡아먹는다. 그러나 보통의 경우 곤충, 개구리, 쥐, 도마뱀 같은 것들을 잡아먹는다. 음, 맛있군!

### 거미의 털이 하는 일

거미는 털을 통해 주변 세계를 감지한다. 털은 미세한 진동도 알아차릴 수 있으며 일부는 맛을 보는 데 사용되기도 한다. 독거미의 일종인 타란툴라의 경우 위험이 닥치면 다리를 몸에 대고 문질러 가시가 달린 자그만 털을 포식자의 눈, 코, 입 쪽으로 보낸다. 그러니 절대 타란툴라를 건드리지 마라. 거미가 털을 사용하는 경우는 다음과 같다.

- **주변을 감지할 때**
- **주변의 관심을 끌기 위해**
- **돌아다닐 때**
- **자기방어를 할 때**
- **먹이를 잡을 때**

### 교미 후 수컷을 잡아먹는다

보통의 경우 암컷 거미가 수컷 거미보다 크며 때때로 교미 후 수컷 거미를 잡아먹기도 한다. 이것은 사랑을 둘러싼 싸움이 아니고 암컷이 상대방을 먹잇감으로 착각하기 때문에 일어나는 것이다.

## 전갈에 관한 다섯 가지 놀라운 사실

**01:** 전갈은 어둠 속에서 빛을 낸다. 자외선 아래에서는 연푸른색 또는 연두색을 띤다.

**02:** 아프리카에 서식하는 가장 커다란 전갈은 20cm 이상 자란다.

**03:** 전갈은 발톱으로 먹이를 잡아 으깬 후 곤죽으로 만들어 빨아먹는다.

**04:** 전갈 꼬리에 있는 독침은 주로 자기방어용으로 사용된다.

**05:** 매년 수천 명의 사람들이 전갈의 독침을 맞고 사망한다.

## 정말 믿을 수 없어!

거미에서 나오는 거미줄은 같은 굵기의 철근보다 5배 더 강하다. 또 탄력이 있어 끊어지지 않은 채로 원래 길이의 4배까지 늘어난다. 이론적 계산에 따르면 연필 굵기의 거미줄로 날아가는 점보제트기도 잡을 수 있다.

## 거미에 관한 놀라운 사실 다섯 가지

**01:** 일부 대형 거미들은 단 한 개의 알 주머니에서 2,000개 이상의 알을 낳는다.

**02: 보통 거미들은 한 시간 이내에 거미줄을 완성한다.**

**03:** 옛날 중국의 한 여제가 오직 거미줄만으로 만든 옷을 갖고 싶어 했다. 그 옷을 만드는 데 8,000마리의 거미가 동원되었다.

**04: 미국에 있는 약 2만 종의 거미 가운데 단 60종만이 인간에게 해를 끼친다.**

**05:** 검은과부거미의 독성은 방울뱀에 비해 15배 더 강하다.

## 가장 위험한 거미 다섯 가지

**01: 깔때기그물거미**
오스트레일리아

**02: 검은과부거미**
북아메리카

**03: 빨간등점독거미**
오스트레일리아

**04: 갈색은둔거미**
미국

**05: 브라질너구리거미**
중앙아메리카와 남아메리카

## 사냥의 기술

- **문짝거미:** 바닥의 작은 문짝 뒤에 숨어 있다가 갑작스럽게 튀어나와 먹이를 잡아먹는다.
- **둥근그물거미:** 먹이를 잡기 위해 둥근 모양의 거미줄을 만든다.
- **검은날개무늬 깡충거미:** 걸어 다니다가 뛰어올라 먹이를 잡는다.
- **늑대거미:** 밤에 사냥한다.
- **가죽거미:** 먹이를 가두기 위해 끈끈이를 찍 쏜다.
- **털이 많은 독거미와 새잡이거미:** 매복해 있다가 도마뱀이나 쥐처럼 커다란 먹이를 잡아먹는다.
- **깔때기그물거미:** 깔때기 모양의 거미줄로 먹이를 유인한다.

## 거미가 무섭다고?

거미 공포증은 거미에 대한 병적 공포증으로 가장 흔한 공포증 중의 하나이다. 사실 대부분의 거미는 우리에게 무해한데 무섭다고 과장된 측면이 있다.

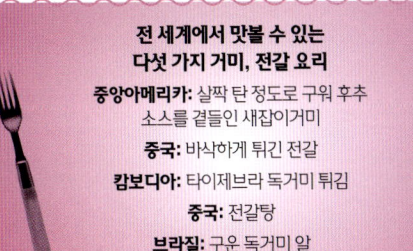

**전 세계에서 맛볼 수 있는 다섯 가지 거미, 전갈 요리**

**중앙아메리카:** 살짝 탄 정도로 구워 후추 소스를 곁들인 새잡이거미

**중국:** 바삭하게 튀긴 전갈

**캄보디아:** 타이제브라 독거미 튀김

**중국:** 전갈탕

**브라질:** 구운 독거미 알

## 거미집 짓기

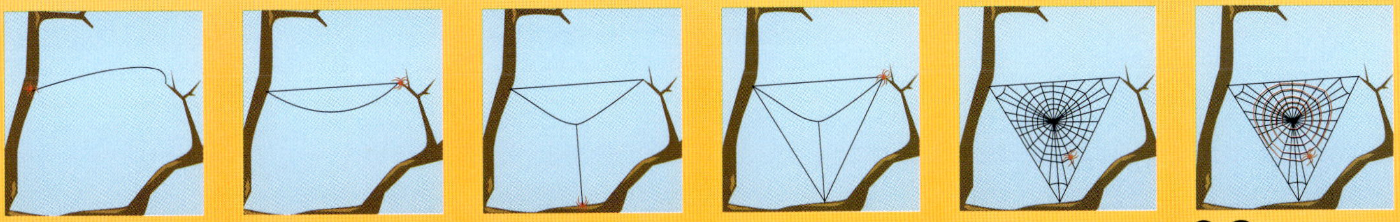

**01.** 적당한 장소로 올라가서 배에 있는 분비선을 이용해 일정한 길이의 실을 바람 속으로 내보낸다.

**02.** 실이 다른 쪽에 걸리게 되면 가로질러 건너간 뒤 좀 더 헐겁게 두 번째 실을 내보낸다.

**03.** 두 번째 실을 따라 내려간다. 다시 수직 방향으로 실을 내보낸 뒤 아래로 내려가 Y자 모양을 만든다.

**04.** 그물망의 양쪽 끝에 실을 이어 프레임을 만든다.

**05.** 중심에서 바깥쪽으로 실을 자아 여러 개의 동심원을 만든다. 그 위에 5개의 동심원을 만들어 거미줄을 튼튼하게 한다.

**06.** 거미줄을 완성하기 위해 끈적거리는 실을 나선형으로 더 친다. 이제 운 없이 걸려드는 먹잇감을 잡을 준비가 되었다.

# 게는 왜 옆으로 걸을까?

게는 8개의 다리를 이용해 걷는다. 이들은 옆으로 종종걸음 치듯 걷는데, 한쪽 다리는 당기고 다른 쪽 다리는 밀면서 걷기 때문에 옆으로 걷게 된다. 게는 바닷가재나 새우류와 함께 갑각류에 속하며 바다, 강, 연못에 대단히 많이 분포해 있다.

## 최고 기록은?

거미게는 **가장 큰 갑각류**이다. 다리 길이가 4m에 달하는 경우도 있으며 몸무게는 20kg이나 된다.

## 살짝 엿보기

### 갑각류

**01:** 갑각류에는 매우 다양한 동물들이 있으며 게, 바닷가재, 보리새우, 작은새우, 따개비, 쥐며느리 등이 여기에 속한다.

**02:** 곤충이나 거미류와 마찬가지로 갑각류는 절지동물이며, 딱딱한 외골격과 관절로 연결된 다리가 있는 무척추동물이다.

**03:** 대부분 백악질의 탄산칼슘에 의해 외골격의 강도가 유지된다.

**04:** 4만 종 이상이 바다와 담수에 서식하며, 몇몇 종은 육지에 서식한다.

**05:** 갑각류의 크기는 아주 작은 물벼룩에서부터 거대한 거미게에 이르기까지 매우 다양하다.

## 갑각류의 세 가지 교활한 행동

### 청소 서비스

청소새우는 먹이를 얻기 위해 곰치와 같은 어류와 팀을 이룬다. 그들은 자그만 집게발을 이용해 곰치에 있는 기생충, 피부의 때, 음식 찌꺼기 등을 제거하고 청소해 준다.

### 위장

긴집게발게는 자그마한 껍질, 해초 덩어리, 해면동물, 말미잘과 기타 다른 작은 동물들을 모은 다음 이것들을 자신의 몸 껍질 위 갈고리에 걸어 자신을 완벽하게 위장한다.

### 한쪽 발이 큰 수컷

수컷 농게의 집게발 한쪽은 매우 크고 한쪽은 작다. 커다란 집게발을 위아래로 흔들어 짝짓기 할 준비가 되었다는 신호를 보낸다. 또 커다란 집게발을 이용해 수컷 경쟁자와 의례적인 싸움을 치르기도 한다.

## 바닷가재의 특징

**01.** 꼬리 마디(부채 모양 꼬리)와 배의 끝 부분이 관절로 연결되어 있어야 한다. 그래야 이것을 재빨리 아래쪽으로 움직여 헤엄칠 때 속도를 낼 수 있다.

**02.** 관절로 연결되어 걷기 편한 4쌍의 다리가 있어야 한다. 게나 새우의 다리와 비슷하다.

## 갑각류가 아닌 것은?

갑각류에 속하는 동물은 4만 종 이상으로 매우 다양하다.
아래 나열된 생물체들을 한번 훑어보고 갑각류가 아닌 것을 찾아 보세요.
(정답은 오른쪽 페이지 아래쪽에)

조개삿갓

브라인새우

보통 새우

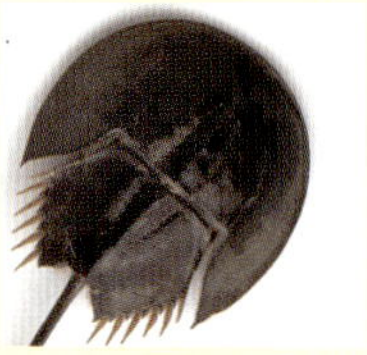

투구게

쥐며느리

## 플랑크톤의 역할

자그마한 생물체가 모여 플랑크톤이 되며 대양, 호수, 강의 수면에 떠다닌다. 이 플랑크톤의 중요한 부분을 차지하고 있는 것이 갑각류이다.

게 유충은 성장을 위해 해저면에 정착하는데 그 전에는 바다에 떠다닌다.

요각류 플랑크톤은 아주 많은데 어류, 해조류, 고래 등에게 중요한 먹잇감이 되고 있다.

아주 작은 새우는 작은 물고기들의 좋은 먹잇감이다.

## 사마귀새우

- 해양 갑각류는 열대 지역 대양에 서식하는 사나운 포식자이다.
- 두 번째 쌍을 이루고 있는 다리는 서로 맞물려 있는 형태로 발달했는데 보통의 경우 접혀 있어 마치 사마귀처럼 보인다.
- 틈새에 숨어 있다가 먹이를 공격할 때 접힌 다리를 펴는 속도가 마치 빛의 속도와 같이 빠르다.
- 대형 수족관에 가두어 놓으면 두꺼운 유리로 돌진해 몸을 부딪친다.

## 소라게는 어떻게 집을 옮길까?

**01.** 소라게가 많이 자라 지금 있는 집(연체동물 껍질)에 들어갈 수 없으면 어딘가에서 더 큰 것을 찾아야 할 필요가 있음을 깨닫게 된다.

**02.** 껍질 밖으로 기어 나와 새로운 집을 찾아야 한다. 옆을 지나가는 포식자에게 자칫 먹잇감으로 보일 수 있으니 조심해야 한다.

**03.** 집으로 삼을 만한 새로운 껍질을 찾았다. 일단 집게발을 이용해 껍질이 커다랗고 새것인지 조심스럽게 살펴보고 비어 있는지도 잘 체크한다.

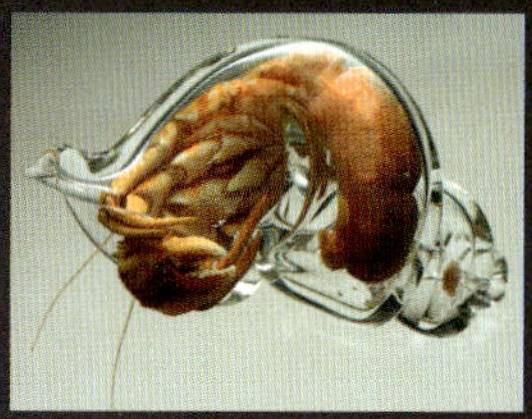

**04.** 배를 웅크려 나선형 껍질로 들어간다. 새 집 속에 몸을 완전히 숨겨 몸을 보호한다.

**04.** 눈자루에 2개의 겹눈이 있어야 한다.

**03.** 몸통의 앞부분인 머리 가슴부를 덮기 위한 껍질(방패)이 있어야 한다.

**05.** 2쌍의 더듬이로 더듬어 가며 길을 찾거나 먹이를 감지해야 한다.

**06.** 힘센 집게발을 이용해 먹이를 다루고 잘게 쪼갤 수 있어야 한다.

### 정말 믿을 수 없어!

인도양에 있는 크리스마스 섬은 붉은게 120만 마리의 안식처이다. 11월이 되면 게들이 짝짓기를 하기 위해 무리를 지어 다니는데 해변의 가옥과 상점 사이를 걸어 다니고 또 길을 건너다니기도 한다.

## 남극의 크릴

길이가 6cm이고 새우처럼 생긴 이 갑각류는 영양이 풍부한 남극 지방에 서식하며 미세한 식물성 플랑크톤을 먹고 산다.

거대한 무리를 이루고 산다. 물개, 펭귄, 거대한 수염고래 등을 포함한 많은 동물들이 물에서 크릴을 걸러 먹는데 이들에게 크릴은 가장 주요한 먹이 공급원이다.

남극 바다에 있는 크릴의 무게 총량은 5억 톤을 넘는다. 지구상에서 가장 번창한 종이다.

크릴에는 빛을 발생시키는 작은 기관이 있어 연두색 점 모양으로 빛이 반짝인다.

대왕고래는 크릴보다 100억 배나 더 크며 매일 2.5톤 이상의 크릴을 먹어 치운다.

정답: 갑각류가 아닌 침입자는 투구게이다. 투구게는 거미류에 가깝다.

# 물고기는 어떻게 숨을 쉴까?

어류는 바다나 민물에 사는 척추동물(등뼈가 있는 동물)이며 다른 모든 동물과 마찬가지로 산소를 들이마신다. 허파는 단순히 물로 가득 차 있는 경우도 있지만, 대신 빗살 모양의 아가미가 머리 뒤쪽에 있어 이곳으로 물이 지나갈 때 산소를 흡입한다.

## 정말 믿을 수 없어!

뱀장어처럼 생긴 숨이고기는 불가사리의 친척으로 소시지 모양을 하고 있는 해삼과 특별한 관계에 있다. 이 물고기는 밤에 먹이를 사냥하러 다니다가 낮에는 해삼의 몸 안에 머무르는데 해삼의 항문 안팎을 왔다 갔다 한다.

## 살짝 엿보기

### 물고기

- 금붕어는 40년까지 살 수 있다.
- 상어의 피부는 작은 이빨처럼 생긴 가시가 뒤쪽으로 향해 나 있어 사포 같은 느낌이 든다.
- 어린 가자미는 몸을 수직으로 세워 헤엄친다. 해저에 머물 때는 아래쪽은 배가 되고 위쪽은 등이 된다. 가자미의 왼 눈은 머리 위쪽까지 움직일 수 있으며 오른 눈과 연결될 수도 있다.
- 대서양 날치의 지느러미 길이는 몸의 길이와 거의 같다. 포식자가 나타나면 이 지느러미를 이용해 시속 60km의 속도로 파도 위를 스치듯 날아간다.

## 좀 더 알아보기: 물고기의 생김새

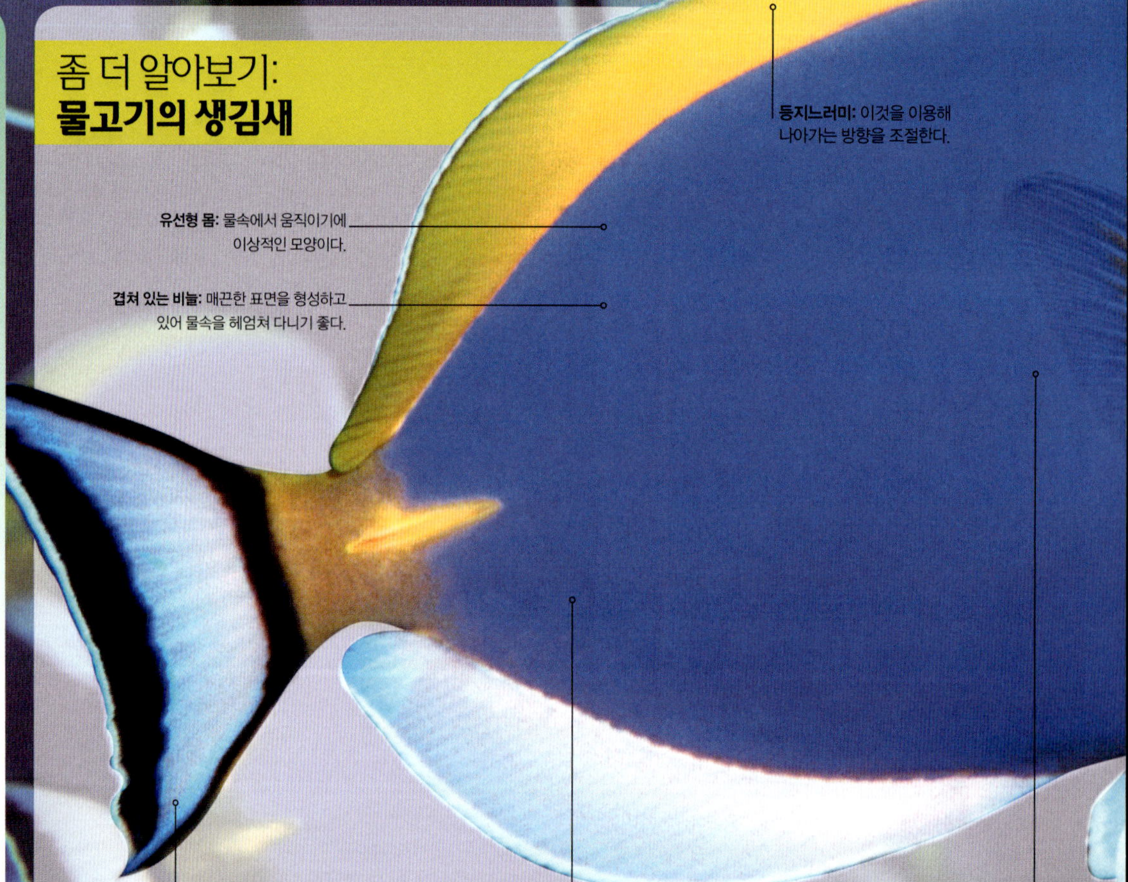

등지느러미: 이것을 이용해 나아가는 방향을 조절한다.
유선형 몸: 물속에서 움직이기에 이상적인 모양이다.
겹쳐 있는 비늘: 매끈한 표면을 형성하고 있어 물속을 헤엄쳐 다니기 좋다.
꼬리지느러미: 꼬리를 앞쪽으로 튕기면서 물속에 있는 몸통을 밀듯 헤쳐 나간다. 추진력을 만들고 방향을 조종한다.
끈적한 점액질: 몸을 미끈미끈하게 하여 기생충으로부터 몸을 보호한다.
옆선: 물살이나 수압을 느끼는 감각 기관의 구실을 한다.

## 물고기의 종류

어류란 몸통이 유선형이며 물속에 사는 다양한 척추동물들을 통틀어 일컫는 말이다. 어류에는 세 종류가 있다.

**무악류**
턱이 없는 물고기로 길고 가느다랗게 생겼다. 빨아들이는 입이 발달해 있어 먹이를 잡기에 좋다. 칠성장어와 먹장어가 여기에 속한다.

**연골어류**
가오리, 홍어, 상어 등의 골격은 뼈 대신 유연한 연골로 이루어져 있다.

**경골어류**
어류 중 수가 가장 많다. 뼈로 이루어진 골격이 있으며 모양과 크기가 매우 다양하다.

## 숫자로 알아보기

**13 m**
고래상어의 길이로 세계에서 가장 큰 어류이다.

**7.9 mm**
패도키프리스의 길이로 세계에서 가장 작은 물고기이다. 인도네시아 수마트라 섬에 있는 토탄 습지에 서식한다.

**시속 110 km**
세일핀의 속도

**2만 km**
백상어가 남아프리카와 오스트레일리아를 왕복 이동하는 거리

**140년**
가장 오래 사는 물고기 한볼락의 수명

## 해마

- 해마는 느리게 움직이는데 시속 0.0016km를 넘지 못한다.
- 해초 조각 주변에 꼬리를 감아 강한 해류 속에서 자신의 몸이 떠내려가지 않도록 한다.
- 암컷은 수컷의 몸 안에 있는 주머니에 600개에 이르는 알을 낳는다. 수컷은 알이 부화할 때까지 주머니 안에서 알을 품는다.
- 해마는 경골어류이지만 피부가 비늘로 덮여 있지는 않다.

## 암초의 생애

산호초에 사는 많은 물고기들은 밝은색을 띠고 있으나 무늬나 윤곽은 잘 드러나지 않는다. 이 때문에 포식자들의 먹잇감이 되는 것을 피하고 먹이를 잡기 위해 다른 물고기에 다가갈 때 잘 눈에 띄지 않는다.

## 심해 속의 괴물

춥고 어둡고 음침한 심해에 몇몇 기이한 물고기들이 숨어 있다.
이 **심해아귀**는 먹이를 유인하기 위해 빛을 방출한다.
또 뼈가 유연해 턱과 위가 확장될 수 있으며 자신의 몸 크기보다 2배나 큰 먹이를 집어삼킬 공간을 만들 수도 있다.

**눈:** 길을 찾거나 짝을 찾을 때 또 먹이를 찾을 때 시야를 확보하는 것이 매우 중요하다.
**아감딱지 또는 아가미뚜껑:** 아가미를 덮고 있는 뚜껑으로, 이곳으로 물이 드나든다.
**배지느러미:** 몸의 균형을 잡고 몸을 나아가게 하는 역할을 한다.
**가슴지느러미:** 몸의 균형을 잡거나 헤엄쳐 다니는 데 쓴다.

담청색 검은쥐치

## 끈적한 점액

먹장어는 연골어류이며 끈적거리는 뱀장어로 알려져 있다. 여기 그 이유가 있다.

- 평균 크기의 먹장어는 8ℓ짜리 양동이를 채우기에 충분한 양의 끈적거리는 점액질을 만들어 낼 수 있다.
- 이들이 이미 죽었거나 죽어 가는 물고기를 먹는 동안 포식자에 대한 방어 수단으로 점액질을 사용한다.
- 먹장어는 똬리를 틀어 앞쪽으로 미끄러지는 방법으로 자신의 몸에 있는 점액질을 제거한다.

## 전기 충격을 일으키는 물고기들

- **전기뱀장어:** 남아메리카 강의 뿌연 물에 서식하며 500볼트의 전기파를 생성해 먹잇감을 마비시키거나 포식자가 접근하는 것을 방해한다.
- **전기메기:** 아프리카 열대 지방에 서식하며 밤에 사냥한다. 피부나 근육 사이에 발전 기관이 있어서 300볼트 이상의 전기를 일으킨다.
- **전기가오리:** 다른 물고기를 마비시키기 위해 220볼트의 전기를 방출한다.
- **코끼리코물고기:** 약한 전류를 생성해 길을 찾는 데 이용한다.
- **상어와 가오리:** 먹잇감이 내보내는 약한 전류를 감지한 후 맹렬하게 공격한다.

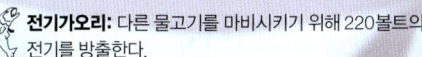

**상어**가 우리를 위험에 빠뜨리는 일보다는 우리가 상어를 위협하는 일이 더 많다. 특히 상어 지느러미를 얻기 위해 마구잡이로 상어잡이를 하는 바람에 몇몇 종은 개체 수가 심각하게 줄어들었다.

## 피해야 할 네 가지 상어

**백상아리**
이 무서운 포식자는 먹잇감으로 사람을 좋아하지 않지만 사람을 공격하기도 한다.

**귀상어**
눈이 넓적한 공간을 차지하고 있으며 공격을 예측할 수 없다.

**뱀상어**
연근해에서 발견되는 줄무늬 상어로 썩은 고기를 찾아 먹는다. 사람을 공격하는 것으로 알려져 있다.

**청새리상어**
모든 상어 중 폭이 가장 넓다. 이 상어는 보통 공격하기 전에 먹이 주위를 빙빙 돈다.

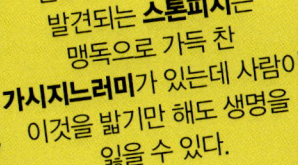

인도양이나 태평양에서 발견되는 **스톤피시**는 맹독으로 가득 찬 **가시지느러미**가 있는데 사람이 이것을 밟기만 해도 생명을 잃을 수 있다.

# 두꺼비와 개구리는 무엇이 다를까?

대부분의 개구리는 물가에 서식하며 활발하게 뛰어다닌다. 뒷다리는 길고 발은 갈퀴 모양이며 피부는 부드럽고 축축하다. 두꺼비는 일반적으로 덜 활동적이며, 피부는 건조하고 사마귀 모양의 융기가 많이 있으며 땅 위에서 서식한다. 개구리와 두꺼비는 모두 양서류로 물속에 껍질이 없는 알을 낳고 폐와 피부를 통해 호흡한다. 양서류는 보통 습기 있는 환경을 좋아하고, 시기에 따라 물속과 육지에 번갈아 가며 산다.

## 좀 더 알아보기: 양서류

넓적한 입: 커다란 먹이를 한입에 넣을 수 있다.
고막: 도롱뇽은 고막을 통해 짝이나 적이 내는 소리를 들을 수 있다.
피부: 부드럽고 축축한 피부를 통해 산소를 들이마신다.
불도롱뇽
튀어나온 눈: 먹이를 찾을 때 폭넓은 시야를 제공해 준다.
다리: 4개의 다리 끝에는 각각 발톱이 달려 있고 갈퀴 모양을 하고 있다.

## 숫자로 알아보기

**9.8 mm**
자그마한 브라질 금개구리의 길이

**33 cm**
거대한 골리앗개구리의 길이. 서아프리카에서 발견된다.

**180 cm**
가장 큰 양서류인 일본 거대 도롱뇽의 길이. 성인의 키와 비슷하다.

## 기상천외한 다섯 가지 개구리와 두꺼비

**아시아뿔두꺼비**
나뭇잎처럼 생겨 서식지인 숲 속에서 위장하기에 알맞다.

**마다가스카르 토마토개구리**
왜 이런 이름이 붙었는지 눈으로 보면 알 수 있다.

**다윈개구리**
칠레에 서식하며 수컷은 울음주머니에 새끼를 넣어 다닌다.

**버젯개구리**
아르헨티나산이며 생김새가 무섭다. 큰 소리를 내거나 깩깩거려 공격자가 놀라 달아나게 만든다.

**칠레붉은점두꺼비**
몸집이 작은 두꺼비로 안데스 산맥 4,000m 높이에서 발견된다.

## 양서류의 종류

큰벼슬도마뱀

빨간눈청개구리

무족영원류

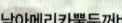

**도마뱀과 도롱뇽**
**종의 수:** 360종
**생김새:** 가느다란 몸통, 긴 꼬리, 길이가 같은 네 다리

**개구리와 두꺼비**
**종의 수:** 3,500종
**생김새:** 짧고 작은 몸통, 길고 힘센 뒷다리, 꼬리는 없다.

**무족영원류**
**종의 수:** 200종 이상
**생김새:** 벌레처럼 다리가 없다. 굴을 파고 수영을 한다. 뱀과 비슷하게 생겼으며 주로 땅속에 산다.

호랑이도롱뇽

남아메리카뿔두꺼비

## 무슨 뜻일까?

**유리개구리**는 이름처럼 아래쪽에서 들여다보면 피부가 마치 젖빛 유리로 만들어진 것 같다. 개구리의 심장, 간, 내장 등이 피부를 통해 훤히 들여다보인다.

## 개구리로 자라기

**01.** 개구리 수정란은 아주 많은 숫자가 뭉쳐 있는데 보통 개구리 알이라 부른다. 여기부터 개구리의 삶이 시작된다.

**02.** 며칠 뒤 투명한 알 속에서 꾸물거리는 움직임이 나타난다.

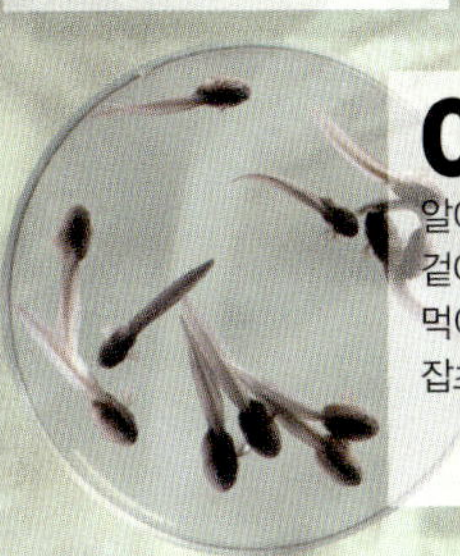

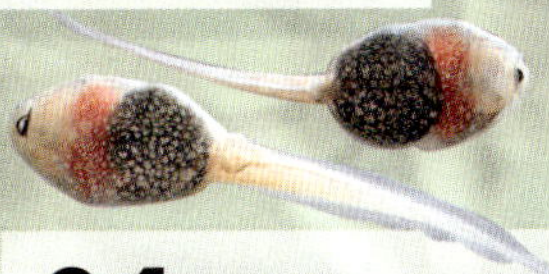

**03.** 6일이 지나면 알에서 부화가 시작되고 겉아가미를 통해 호흡한다. 먹이를 잡으려면 연못의 잡초에 붙어 있어야 한다.

**04.** 며칠이 더 지나면 수영을 할 수 있다. 하지만 사나운 잠자리 유충과 같은 포식자가 있는지 잘 살펴야 한다.

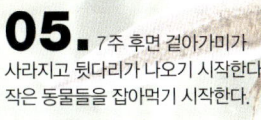

**05.** 7주 후면 겉아가미가 사라지고 뒷다리가 나오기 시작한다. 작은 동물들을 잡아먹기 시작한다.

**06.** 그다음 9주 동안 앞다리가 자라 꼬리 달린 개구리처럼 보인다.

**07.** 이제 꼬리가 사라지기 시작한다. 연못에서 폴짝 뛰어 나와 다른 새끼 개구리들과 함께 지낸다. 변태라 불리는 성장 과정이 이렇게 끝난다.

### 개골개골 노래하기

개골개골거리는 개구리 울음소리를 '개구리 합창'이라고도 한다.

## 이들을 핥지 마라!

중앙아메리카와 남아메리카산 독화살개구리, 마다가스카르산 만텔라는 자신들의 피부에 맹독이 있다는 것을 포식자에게 알리기 위해 화려한 색을 띠고 있다.

딸기독화살개구리

녹색만텔라

초록과 검정 독화살개구리

파나마황금개구리

컬러만텔라

## 돌이킬 수 없는 실수

1935년 오스트레일리아는 사탕수수 농사를 망치는 딱정벌레를 잡아먹게 하려고 커다란 남아메리카 독성 두꺼비를 수입하였다. 하지만 이것이 딱정벌레는 먹지 않고 토종 개구리, 뱀, 포유류를 포함한 다른 많은 동물을 순식간에 먹어 치웠고 그 바람에 이들 중 몇 종은 멸종하게 되었다.

## 기묘한 이야기

산파 역할을 하는 수컷 두꺼비는 부화할 준비가 될 때까지 자루 모양의 수정란을 다리와 등에 감고 돌아다닌다.

## 정말 믿을 수 없어!

세상에서 가장 독성이 강한 동물은 뱀이 아니다. 이 분야의 챔피언은 황금독화살개구리이다. 이 개구리에는 20명의 사람을 죽이거나 두 마리의 수컷 코끼리를 죽일 수 있는 양의 독이 들어 있다.

## 살짝 엿보기

### 도마뱀(도마뱀과의 동물)

- 도마뱀은 생애의 대부분을 육지에서 보낸다. 하지만 알을 낳을 때는 물속으로 돌아간다.
- 도마뱀의 알은 부화해서 유충이 되는데 여기에는 작은 털 아가미가 달려 있다.
- 유충에서 아가미가 사라지고 폐로 호흡을 하게 된다. 이후 육지로 이동한다.
- 도마뱀은 손상된 눈이나 심장 조직을 재생시킬 수 있다.
- 많은 도마뱀이 포식자에 대항해 자신을 보호할 목적으로 독성 물질을 낸다.

# 뱀은 끈적끈적할까?

아니다. 비늘 달린 뱀의 피부는 차갑고 건조하다. 이런 특성은 뱀 외에 도마뱀, 거북이, 악어 등 다른 파충류들에서도 공통적으로 나타난다. 파충류는 등뼈가 있으며 냉혈 동물이다. 이는 체온을 유지하기 위해서 태양열이 필요하다는 것을 의미한다. 대부분의 파충류는 방수 껍질이 있는 알을 낳는다. 하지만 몇몇 뱀은 직접 새끼를 낳기도 한다.

## 최고 기록은?

세계에서 **가장 크고 가장 무거운 파충류는** 오스트레일리아에 살고 있는 인도악어이다. 몸길이는 7m에 달한다.

## 코모도 섬 나무 아래에서 잠들면 안 되는 다섯 가지 이유

**01:** 코모도 왕도마뱀은 길이가 3m로 세계에서 가장 큰 도마뱀이다. 이들의 주요 서식지는 인도네시아 섬이다.

**02: 이들이 좋아하는 먹이는 썩은 살코기이지만 그렇다고 신선한 고기를 싫어하는 것은 아니다. 물론 사람 살코기도 여기에 포함된다.**

**03:** 이 도마뱀의 후각은 매우 뛰어나며 혀를 재빨리 움직여 공기 중에 있는 냄새 분자를 감지한다.

**04: 우리가 졸고 있는 것을 왕도마뱀이 알아차리면 톱니 모양의 날카로운 이빨을 사용해 살덩어리를 물어뜯을 것이다.**

**05:** 침 속에 들어 있는 엄청난 독성 세균이 상처 부위를 감염시켜 사람을 손쉽게 죽일 수 있다.

## 좀 더 알아보기: **카멜레온**

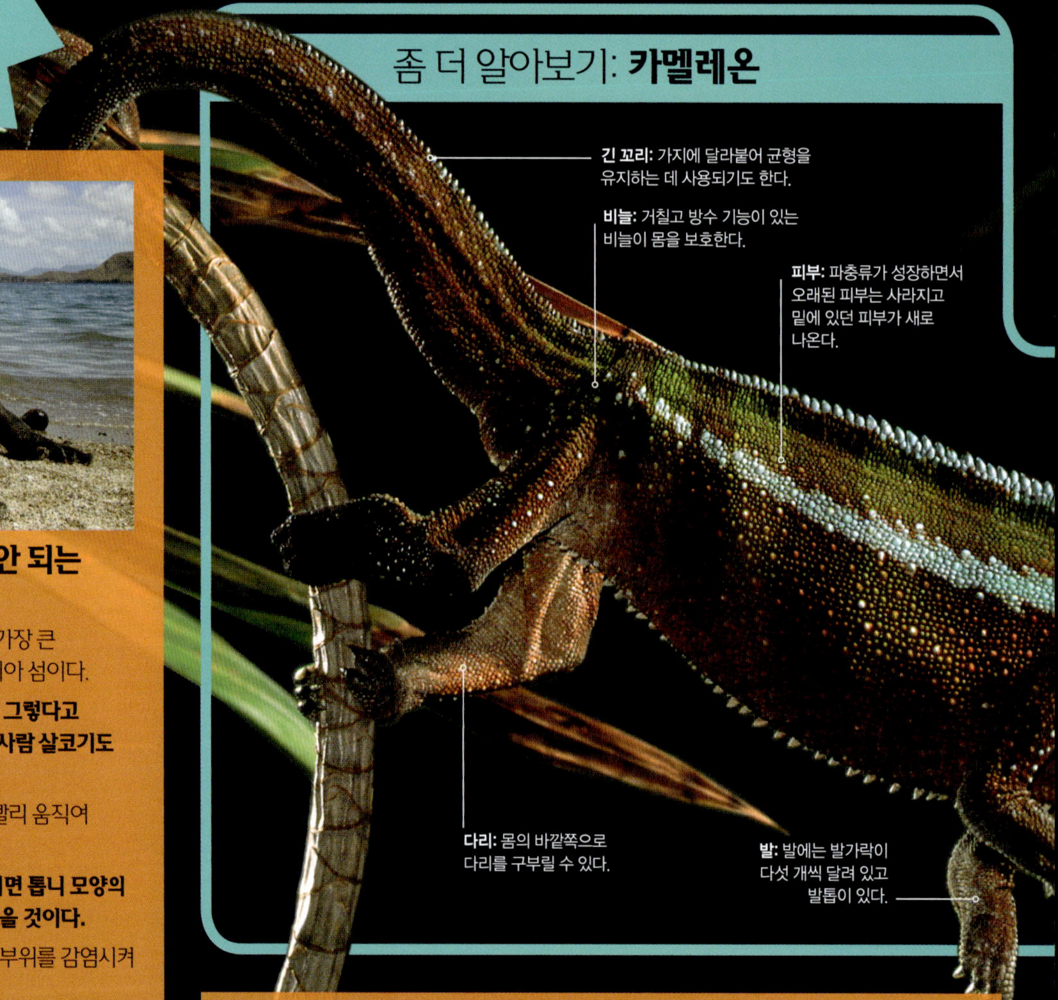
**긴 꼬리:** 가지에 달라붙어 균형을 유지하는 데 사용되기도 한다.
**비늘:** 거칠고 방수 기능이 있는 비늘이 몸을 보호한다.
**피부:** 파충류가 성장하면서 오래된 피부는 사라지고 밑에 있던 피부가 새로 나온다.
**다리:** 몸의 바깥쪽으로 다리를 구부릴 수 있다.
**발:** 발에는 발가락이 다섯 개씩 달려 있고 발톱이 있다.

## 눈에 들어간 독

우리가 반드시 피해야 할 뱀은 스피팅코브라다. 이 뱀은 입을 벌린 채 이빨 속의 작은 구멍을 통해 자그마한 독방울들을 공기 중으로 뿜어낸다. 독이 2m까지 날아갈 수 있으며 분사된 독이 눈에 맞으면 시력을 완전히 잃게 된다. 이 뱀은 또 직접 물기도 한다.

## 파충류의 유형

네 가지 종류의 파충류가 있다.

**도마뱀과 뱀**
도마뱀, 뱀, 지렁이도마뱀(땅속에 사는 파충류)은 모두 가까운 친척이다

**악어**
반 수중 생활을 하는 포식자 무리로 아프리카산, 북미산, 중남미산, 인도산 악어가 있다.

**거북이와 바다거북**
이 파충류에는 부드러운 몸통, 네 다리, 이가 없는 부리 모양의 입을 보호하기 위해 뼈처럼 딱딱한 껍질이 있다.

**큰도마뱀**
뉴질랜드 인근의 섬에서만 서식하며 도마뱀처럼 생겼지만 추운 날씨도 잘 견딘다.

## 숫자로 알아보기

**1.6cm**
가장 작은 파충류인 도미니크 공화국 난쟁이도마뱀붙이의 몸길이

**2종**
도마뱀처럼 생긴 고대 파충류인 투아타라 종의 수

**10m**
동남아시아에서 발견되는 그물무늬비단뱀의 길이로 세계에서 가장 길다.

**23종**
크로커다일(입이 가늘고 길다)과 엘리게이터(입이 퉁퉁하고 울퉁불퉁하다) 종의 수

**175년**
세계에서 가장 오래 산 파충류인 갈라파고스거북의 나이

**294종**
거북이와 바다거북에 속하는 종의 수

**2,900종**
뱀 종의 수

**4,500종**
도마뱀 종의 수

## 비단뱀처럼 점심 식사 하기

**01.** 먹잇감에 조용히 다가간다. 먹잇감이 도망가기 전에 몸으로 똘똘 감는다.

**02.** 먹잇감이 숨을 내쉴 때마다 똬리를 더 조인다.

**03.** 먹잇감이 숨을 멈추면 똬리를 풀고 머리를 찾는다.

**04.** 턱 관절을 풀어 입을 쫙 벌리고 먹잇감을 머리부터 삼킨 뒤, 조용히 누워 소화되기를 기다린다.

## 한입 크게 물어뜯기

악어의 턱은 놀라울 정도로 힘이 세며 동물들 중 가장 세게 물어뜯을 수 있다. 이들이 물어뜯는 힘은 아래와 같다.

- 뼈를 부서뜨려 가며 먹이를 씹는 하이에나의 6배
- 먹잇감에 떼 지어 몰려드는 백상아리의 13배
- 고기를 물어뜯는 로트와일러 개(덩치가 크고 사나우며 영리하고 충성심이 강해 경찰견이나 경호견으로 쓰인다)의 15배

**눈:** 눈을 제각각 움직일 수 있다. 반대 방향을 동시에 바라볼 수 있다는 말이다.

**혀:** 길고 끈적거리는 혀를 재빨리 움직여 먹이를 잡는다.

## 바다거북의 일기

**첫째 날**
알을 낳아야 할 시기가 다가온 느낌이다. 브라질 해변에서 마지막 해초 식사를 한 후 다른 바다거북들과 함께 대서양을 건너 동쪽으로 헤엄치기 시작하였다.

**20일째**
시속 5km로 헤엄쳐 장장 2,250km을 이동해 어센션 섬에 도착했다.

**21일째**
짝짓기 할 수컷 거북을 찾았다. 어둠이 내리자 해변으로 기어갔다. 날갯죽지로 구멍을 파고 150개의 알을 낳아 잘 덮어 둔 다음 바다로 다시 돌아갔다.

**22일째**
별과 태양의 위치를 보며 길을 찾아 집이 있는 브라질로 다시 헤엄쳤다.

**42일째**
다시 해초를 먹기 시작했다. 3년 후 다시 이동할 것이다.

**71일째**
지금쯤이면 틀림없이 알이 부화했을 것이고 새끼들이 바다로 기어가고 있을 것이다. 부디 새끼들이 배고픈 갈매기들을 피해 살아남아야 할 텐데.

## 가장 치명적인 독을 뿜는 뱀

가장 치명적인 독을 뿜는 뱀과 마주치고 싶지 않다면 오스트레일리아에 가지 마라.

**01: 타이팬**
(오스트레일리아)
세계에서 가장 독성이 강한 뱀으로 무는 즉시 먹잇감이 마비된다.

**02: 갈색뱀**
(오스트레일리아)
독성은 덜하지만 타이팬에 비해 자주 발견된다.

**03: 타이거독사**
(오스트레일리아)
이 독사는 줄무늬가 있는 경우도 있고 아닌 경우도 있어 혼동할 수도 있다.

**04: 부리바다뱀**
(아라비아 해부터 북오스트레일리아 해변까지)
다이빙하는 사람들이 이들을 건드릴 경우에만 공격한다.

**05: 말레이크레이트**
(동남아시아와 인도네시아)
이 뱀의 공격은 비교적 느리지만 그 독은 매우 치명적이며 사람을 죽일 수도 있다.

# 새의 몸엔 왜 깃털이 있을까?

깃털은 새의 체온을 유지해 주며 새들이 날 수 있도록 해준다. 새의 날개는 빳빳한 깃털로 덮여 있어 새가 공중에 떠 있기 쉽도록 해준다. 새들은 앞으로 나아가기 위해 날개를 힘차게 밀치며 퍼덕인다. 또한 모든 조류는 딱딱한 껍질이 있는 알을 낳는다는 공통점이 있다.

## 좀 더 알아보기 : **새의 생김새**

**눈:** 새는 예리한 시력을 가지고 있다.
**부리:** 가볍고 이빨이 없다.
**깃털:** 몸을 뒤덮고 있다.
**몸통:** 가벼운 골격으로 구성되어 있다.
**날개:** 가슴에 있는 강한 근육이 날개를 움직인다.
**발:** 새의 생활에 알맞도록 진화되어 왔다. 달리고 걸터앉고 움켜잡을 수 있다.
**꼬리:** 짧은 꼬리가 있으며 깃털이 있다.
**다리:** 비늘이 있으며 걸을 때와 이착륙할 때 사용된다.

## 비행 시 점검할 사항

- 뼈는 튼튼하면서도 속이 비어 몸이 가벼워야 한다.
- 깃털 달린 날개는 살짝 굽어 있어야 한다. 그러면 날개 위로 공기가 지나가며 양력이 생겨 공중에 떠 있기 쉽다.
- 튼튼한 날개 근육으로 날개를 움직일 수 있고 날개를 밀치는 힘에 의해 앞으로 나아갈 수 있다.
- 튼튼한 다리 근육 덕분에 공중으로 쉽게 날아오를 수 있다.
- 큰 깃털은 새의 몸통을 유선형으로 만들어 더 효과적으로 날 수 있게 해준다.
- 꼬리는 방향키와 같은 역할을 하며 공중에서 날 때 방향을 바꿀 수 있게 해준다.

## 기묘한 이야기

타조의 눈은 뇌보다 크고 그 너비는 세상에서 가장 작은 새인 벌새의 전체 몸길이와 같다.

## 숫자로 알아보기

**15억 마리**
아프리카 쿠알라 새 군집의 개체 수. 이 거대한 무리가 한 지역을 비행해 통과하는 데만 무려 5시간이 걸린다.

**1만 종**
조류에 속하는 종의 수

**4만 km**
북극제비갈매기가 이동하는 놀라운 거리. 알을 낳는 북극 땅에서 남극으로 날아갔다 다시 돌아오는 일을 해마다 반복한다.

**60%**
연작류(나뭇가지에 앉는 조류)에 속하는 조류의 비율

## 여러 가지 새들

새들은 세계 각처에 널리 퍼져 살고 있으며 모양과 크기가 다양하다. 또한 그들의 습성도 놀라우리만큼 다양하다.

**날지 못하는 새**
타조는 날지 못하지만 달리는 속도가 매우 빨라 별문제가 없다.

**가메폴**
야생 칠면조, 공작 등이 여기에 속하며 종종 식용으로 사냥된다.

**펭귄**
날지 못하는 새로 남반구에서 서식하며 물에서 보내는 시간과 육지에서 보내는 시간이 같다.

**물새**
수영을 매우 잘하며 오리, 거위, 백조 등을 통칭한다.

## 오리 알의 일기

**첫째 날**
이제 막 알이 되어 세상에 나왔다.
알은 노른자에 저장된 영양분에 의지해 살아가는 배아이다.

**12일째**
딱딱한 껍질 안에 들어 있으니 안전하고 따뜻하다. 드디어 새가 된 느낌이 들기 시작한다.

**20일째**
자라는 속도가 빨라 여기에서는 더 이상 제대로 클 수 없을 것 같다. 알을 깨고 밖으로 나갈 준비를 하고 있다. 그런데 문을 찾을 수가 없다.

**21일째 오전**
부리에 있는 이빨 같은 것을 이용해 알을 툭툭 치며 필사적으로 비상구를 만들기 시작했다. 마침내 빛이 보였다.

**21일째 오후**
자유다! 깃털이 다 말랐다. 다리가 보인다. 여기저기 돌아다니고 있다. 배고픈 느낌이 조금씩 들기 시작한다. 먹잇감을 찾아봐야겠다.

## 최고 기록은?

타조는 세계에서 **가장 큰 새**로 키가 2.7m까지 자란다. 타조의 **알은 길이가 18cm로 가장 크며** 타조의 속력은 시속 72km로 **가장 빨리 달릴 수 있다.**

## 정말 믿을 수 없어!

오스트레일리아의 거문고새는 훌륭한 흉내쟁이이다. 이들은 짝짓기를 위해 다른 새소리를 흉내 낼 뿐만 아니라 휴대 전화 벨소리, 카메라 셔터 소리, 체인톱 소리, 아기 우는 소리, 개 짖는 소리, 심지어는 자동차 경적 소리까지 흉내 낸다.

## 둥지를 짓는 데 필요한 재료

몇몇 새는 땅 위에 알을 낳기도 한다. 하지만 대부분은 알을 안전하게 보호하기 위해 둥지를 짓는다. 새들이 둥지를 만드는 데 사용하는 재료들은 다음과 같다.

- **거미줄**(접착을 위해) • 이끼 • **지의류**
- 풀 • **진흙** • 동물의 털 • **오래된 뱀의 피부**
- 나뭇가지 • **돌** • **죽은 딱정벌레**
- 인간이 남긴 것 중 실과 같은 부드러운 재료 등 쓸모 있는 모든 것

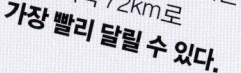

## 네 가지 깃털

**솜털**
피부 가까운 곳에서 자라며 새를 따뜻하게 해준다.

**큰 깃털**
몸을 덮고 있으며 이로 인해 몸이 유선형 모양을 갖추게 된다.

**꼬리 깃털**
나는 것을 도와주는 좀 더 빳빳한 깃털

**날개 깃털**
날개를 덮고 있는 빳빳한 깃털

## 환경에 적응한 부리들

**핀치**
단단하고 날카로워 씨앗을 깨부수기에 적당하다.

**앵무새**
딱딱한 견과류를 부수기에 알맞도록 발달되어 있으며 끝의 고리 모양은 과일을 파먹기에 좋다.

**홍학**
작은 동물들을 걸러 주는 체 역할을 한다.

**갈매기**
다용도로 쓰이는 부리는 물고기를 잡거나 먹이를 찍기에 좋다.

**독수리**
통째로 먹기 어려운 먹잇감을 찢을 수 있게 구부러져 있다.

**강가, 바닷가에 사는 새**
몸 안에 일종의 나침반이 있어 먼 거리 이동에 도움을 주는 것으로 알려져 있다.

**얕은 물 위를 걸어 다니는 새**
홍학은 한쪽 다리로 자주 서 있는데 그 이유는 아직 밝혀지지 않았다.

**부엉이**
대부분의 부엉이는 밤에 사냥을 한다. 이때 예리한 청각과 시력을 사용해 먹이를 잡는다.

**앵무새**
사람 목소리를 흉내 내는 능력이 있어 애완용으로 인기 있다.

**칼새와 제비**
우아하게 날아다니는 이 새들은 비행 중에 곤충을 잡아먹는다.

**나뭇가지에 앉는 새**
지저귀는 소리로 인해 명금(고운 소리로 우는 새)이라고도 불린다.

# 고양잇과 동물들은 왜 털이 있을까?

다른 포유류와 마찬가지로 고양잇과 동물들은 온혈 동물이다. 피부에 있는 털이 이들 몸을 따뜻하게 유지해 준다. 포유류는 새끼에게 먹일 젖을 분비하고 새끼가 스스로 생활할 수 있을 때까지 돌본다. 많은 포유류는 음식을 자르고 찢고 분쇄하는 데 필요한 다양한 모양의 이빨이 발달되어 있다.

## 인간의 친척들

인간과 가장 가까운 친척인 유인원은 매우 영리한 포유류이며 팔과 다리를 유연하게 움직여 다양한 동작을 능숙하게 수행한다.

**고릴라:** 중앙아프리카의 산악 지역이나 저지대 삼림 지역에 서식하며 나뭇잎이나 과일을 먹고 산다.

**침팬지:** 서아프리카와 중앙아프리카의 삼림 지역에 서식한다. 나뭇잎, 과일, 곤충, 작은 포유류 등을 먹고 산다.

**보노보:** 중앙아프리카의 열대 우림 지역에 서식하며 채식을 한다. 모계 사회를 이루고 산다.

**오랑우탄:** 보르네오와 수마트라의 삼림 지역에 서식하며 과일을 먹고 산다.

살짝 엿보기

## 포유류

**01:** 거의 4,500종이 있다.

**02:** 포유류는 매우 다양하며 초식 동물, 곤충을 먹는 동물, 육식 동물, 잡식 동물이 있다.

**03:** 포유류는 육지, 물, 공중에서 산다.

**04:** 바늘두더지와 같이 알을 낳지만 새끼에게 젖을 먹이는 단공류에는 5종이 있다.

**05:** 코알라와 같이 주머니가 달린 유대류는 292종이 있다.

**06:** 그 밖에 하이에나와 인간처럼 어미의 자궁 속에서 새끼를 키우는 태반 포유류가 있다.

**07:** 전체 포유류 종 가운데 거의 절반이 설치류다.

**08:** 포유류 중 약 5분의 1이 박쥐류다.

## 좀 더 알아보기: **포유류의 생김새**

암컷 사자와 새끼
**털:** 대부분의 포유류는 몸이나 머리에 털이 나 있다.
**귓바퀴:** 귓바퀴는 소리를 안쪽 귀로 모아 준다.
**콧구멍:** 비강(콧속의 빈 곳으로 얼굴 가운데 콧등 쪽에 있다)으로 연결되어 있으며 매우 좋은 후각을 갖고 있다.
**젖꼭지:** 어린 새끼는 어미가 분비하는 젖을 먹고 자란다.
**입:** 음식을 찢는 데 사용되는 이빨이 있다.
**발가락:** 끝 부분에 발톱 갈퀴 또는 발굽이 있다.

## 포유류의 종류

포유류에는 21가지 종류가 있다. 중요한 몇 가지는 아래와 같다.

**단공류**
알을 낳는 유일한 포유류로 오리너구리와 바늘두더지가 여기에 속한다.

**유대류**
새끼가 미숙한 채로 태어나 어미 배에 있는 주머니에서 자란다.

**설치류**
크기가 작으며 끌처럼 생긴 한 쌍의 앞니가 있다.

**영장류**
영리하며 팔과 다리가 길고 손가락이나 발가락을 유연하게 움직일 수 있다.

**박쥐류**
포유류 중에서 유일하게 장시간 날아다닐 수 있다.

**식충류**
무척추동물, 특히 곤충을 먹고 살며 작고 야행성이다.

## 숫자로 알아보기

**2000만 마리**
서로 모여 하나의 군집을 이루는 브라질 큰귀박쥐의 개체 수

**2,000m**
향유고래가 잠수하는 깊이. 오징어나 다른 먹이를 사냥하는 동안 깊은 곳에 머문다.

**600kg**
가장 큰 육지 육식 동물인 북극곰의 몸무게

**12톤**
가장 큰 육지 동물인 아프리카 코끼리의 몸무게

**180톤**
지구에 존재했던 동물 중 가장 큰 푸른고래의 몸무게. 길이가 33.6m인 것도 있다.

**시속 100km**
치타가 달리는 최고 속도. 육지 동물 중 가장 빠르다.

**시속 0.16km**
발가락이 3개인 나무늘보의 속도. 가장 느린 포유류다.

**5.5m**
키가 가장 큰 기린의 키

## 최고 기록은?

**눈표범**은 세계에서 제일가는 멀리뛰기 선수이다. 중앙아시아에 서식하는 눈표범은 골짜기 사이를 뛰어넘을 수 있고 양이나 사슴 같은 먹이를 15m 떨어진 곳에서도 덮칠 수 있다.

## 정말 믿을 수 없어!

아라비아낙타 또는 단봉낙타는 여러 달 동안 물을 마시지 않고 걸을 수 있다. 그러다 불과 몇 분 안에 60ℓ의 물을 소비한다.

## 먹이에 관한 다섯 가지 사실

**01:** 다 자란 **코끼리**는 날마다 250kg의 식물을 먹어치운다. 이중 60%는 소화되지 않은 채 항문으로 다시 나온다.

**02: 대왕고래**
매일 바닷물에서 새우처럼 생긴 크릴 3,600kg를 걸러 먹는다.

**03: 하이에나**
몸무게의 3분의 1에 해당하는 먹잇감을 30분 만에 삼킬 수 있다.

**04: 뾰족뒤쥐**
매일 자신의 몸무게와 같은 만큼의 먹이를 섭취한다.

**05: 별코두더지**
불과 4분의 1초 만에 곤충의 애벌레를 낚아챌 수 있다.

## 털 무늬

몇몇 포유류는 특유의 털 무늬가 있는데 그들이 살고 있는 주변 환경에 알맞게 위장하는 데 도움이 된다.

재규어

얼룩말

기린

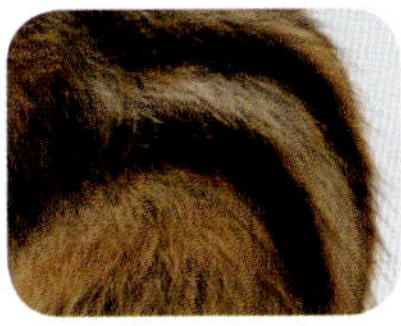
동부줄무늬다람쥐

호랑이

## 큰개미핥기처럼 먹이 찾기

**01.** 시력이 별로 좋지 않아 후각을 이용해 크고 좋은 흰개미나 개미 집을 찾아낸다.

**02.** 튼튼한 앞발과 크고 날카로운 갈퀴를 이용해 개미집을 연다.

**03.** 이빨은 없지만 기다란 주둥이를 둥지 근처에 대고 60cm에 이르는 기다란 혀를 뻗어 먹이를 찾는다.

**04.** 끈적거리고 뾰족뾰족한 혀를 1분에 150번씩 개미집 안팎으로 빠르게 움직여 벌레를 잡아먹는다.

## 기묘한 이야기

동남아시아의 수컷 다야크과일박쥐는 젖을 분비해 새끼에게 젖을 먹인다. 젖을 분비하는 유일한 수컷 포유류로 알려져 있다.

**육식 동물**
사냥을 왕성하게 하는 육식성 동물이며 먹이를 자르기 좋게 날카로운 이빨이 나 있다.

**기각류**
수중 육식 동물로 육지에 알을 낳고 해양 생물을 먹고 산다.

**유제류: 우제류**
가젤이나 낙타처럼 발굽이 있는 발가락이 두 개 있다.

**고래류**
일생의 대부분을 물속에서 보내는 수중 포유류이며 체내 지방으로 몸을 따뜻하게 유지한다.

**유제류: 기제류**
발굽이 있는 발에 한 개 또는 세 개의 발가락이 있으며 얼룩말과 코뿔소가 여기에 속한다.

**코끼리류**
코를 이용해 음식을 먹는 커다란 포유류다.

# 동물에게 육감이나 직감이 있을까?

그렇다. 사람에게는 '시각, 청각, 미각, 촉각, 후각'의 다섯 가지 감각이 있지만 동물들은 그 이상의 감각을 가지고 있다. 전기장이나 열을 감지하는 능력을 이용해 먹이를 찾는 경우도 있고 자기장을 감지해 길을 찾는 경우도 있다.

## 좀 더 알아보기: **길 찾기**

알을 낳을 곳이나 먹을 것을 찾기 위해 어떤 동물들은 위험하고 먼 거리를 여행한다. 이들은 다양한 감각에 의존해 길을 찾는다.

- **시각:** 막대무늬머리기러기(아래 사진)는 겨울 폭풍과 여름 장마를 피해 1년에 두 번 히말라야 산맥을 넘는데, 이때 해변이나 산맥과 같이 눈에 잘 띄는 기준점을 이용한다.
- **후각:** 연어는 자신들이 태어났던 시냇물을 찾기 위해 뛰어난 후각을 이용한다. 이들이 태어난 장소는 때로는 3,200km나 안쪽으로 들어간 내륙에 위치한 경우도 있다.
- **청각:** 수염고래는 바닷가에 부서지는 파도 소리를 이용해 섬 주변의 길을 찾는다.
- **열 감각:** 더듬이가 긴 바닷가재는 물의 온도가 내려가는 것을 감지해 가을의 폭풍을 피해 더 깊은 곳으로 옮겨 간다.
- **촉각:** 보리나방 애벌레는 먹이를 찾아 떼를 지어 이동할 때 동족들이 뒤따라올 수 있도록 명주실로 자취를 남긴다.

## 잘 듣기 위해

**커다란 귀**
포유류는 커다란 귓바퀴를 이용해 소리를 모은다. 토끼는 소리 나는 곳이 어디인지 알아보려고 귀를 뒤로 돌릴 수도 있다.

**넓적한 얼굴**
접시 모양으로 생긴 회색올빼미의 커다란 얼굴은 음파를 귀로 전달하는 채널 구실을 한다.

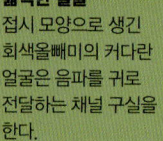

**고막**
개구리의 귀는 튀어 나와 있지 않고 그저 커다란 고막이 눈 뒤에 붙어 있다.

**곤충의 귀**
귀뚜라미의 귀는 앞다리 무릎 바로 밑에 있다.

## 무슨 뜻일까?

많은 척추동물의 입천장에는 **야콥손 기관**이라는 것이 있다. 이는 **공기 중에 있는 화합물을 감지하는 신경 종말 부위**인데 덴마크 과학자인 루드비히 야콥손의 이름에서 따왔다.

## 후각과 미각으로 하는 일

- 후각은 동물들이 냄새로 먹잇감을 찾거나 멀리 있는 짝을 찾아내는 데 도움을 준다.
- **파리의 경우 날개부터 발까지 온몸에 걸쳐 미각 수용기가 분포해 있다.**
- 메기의 수염은 미뢰(맛봉오리, 보통 혀에 돌출되어 있으며 맛을 느낄 수 있는 미각 세포)로 덮여 있으며 냄새만으로 다른 메기를 식별할 수 있다.
- **고래는 후각이 발달되어 있지 않다. 하지만 탁월한 미각을 갖고 있다.**
- 쥐는 스테레오로 냄새를 맡고 코를 한 번만 킁킁거려도 냄새가 어디에서 오는지 정확히 알 수 있다. 냄새가 양쪽 코에 도달하는 데 약 1,000분의 50초의 시간 차가 있기 때문에 가능하다.

## 촉각으로 하는 일

- 동물들은 먹이를 찾거나 어둠 속에서 길을 찾을 때 또는 서로 의사소통할 때 촉각을 사용한다.
- **거미 다리에 있는 민감한 털은 먹이를 감지하는 데 도움이 된다.**
- 별코두더지(위 사진)는 코에 나 있는 분홍빛의 두껍고 부드러운 촉수 22개를 이용해 벌레나 거머리를 잡는다.
- **뱀은 아래턱을 땅에다 대고 진동을 감지한다.**
- 뗏목거미는 마른 땅에 앉은 채로 앞다리 4개를 물속에 넣어 흔들며 먹이를 찾는다.
- **포유류들은 서로 만져 주기를 좋아하는데 그러면서 편안함을 느끼기 때문이다.**

# 어떻게 주변에서 일어나는 일들을 감지할까?

동물들의 생존 여부는 주변에서 일어나는 일을 감지하는 능력에 달려 있다.

**먹이 찾기**
오리너구리는 물속의 먹잇감에서 나오는 전기장을 감지하기 위해 부리의 감지 세포를 이용한다.

**겨울잠 자기**
겨울잠쥐와 같은 동물들에게 서늘한 느낌은 겨울잠을 잘 시간이 되었다는 신호이다.

**포식자 피하기**
쥐와 같은 야행성 포유류들은 예민한 수염 덕에 어둠 속에서 포식자들을 피해 다닐 수 있다.

**상처 감지하기**
오리는 날개가 부러졌다는 것을 감각을 통해 알게 되고 체내에서 자체 치유 과정을 시작한다.

**짝 찾기**
하이에나는 혀를 내밀어 맛으로 다른 개체들에 대한 정보를 알아낸다.

**이주하기**
왕나비들은 온도 차와 낮의 길이가 변하는 것을 감지해 이주를 시작한다.

## 눈

❶ **야행성 청개구리**의 커다랗고 붉은 눈은 어둠 속에서 물체를 보는 데 도움을 주며 낮에 개구리가 위험에 처할 경우 붉은 눈을 이용해 포식자를 깜짝 놀라게 한 후 재빨리 도망친다.

❷ **카멜레온**의 튀어나온 눈은 서로 독립되어 있어 각각 옆으로 움직일 수 있다. 그 결과 먹잇감이 어디 있는지 정확히 알아낼 수 있다.

❸ **갑오징어**의 눈은 사람의 눈과 비슷하지만 매우 탁월한 시력을 가지고 있다. 굽어 있는 검은 눈동자는 갑오징어에게서만 나타나는 고유한 특징이다.

❹ 다른 곤충들과 달리 **물결넓적꽃등에**는 수천 개의 홑눈으로 이루어진 겹눈을 갖고 있어 아주 미세한 움직임도 알아차릴 수 있다.

❺ **남부지상코뿔소**는 눈썹이 길어 뾰족한 코로 땅 위의 먹이를 찾을 때 햇빛이나 먼지로부터 눈을 보호해 준다.

❻ **호랑이** 같은 고양잇과 동물들은 어둠 속에서도 물체를 잘 볼 수 있는데 이는 눈 속에 거울 같은 막이 있기 때문이다.

## 정말 믿을 수 없어!

과학자들은 고양잇과 동물들의 그르렁거리는 소리에 치유하는 능력이 있다는 사실을 알아냈다. 20~140Hz의 진동은 골절을 치유하고 파열된 근육을 회복시키며 통증을 완화하는 데 도움을 준다.

### 뛰어난 식별 능력

살무사의 눈과 콧구멍 사이에는 민감하게 열을 감지하는 약 7,000개의 신경 말단 기관이 있다. 이 기관을 이용하면 밤에 사냥할 때 온혈 동물에서 발생하는 열을 감지하여 어떤 모양의 먹잇감인지 알 수 있다.

## 어둠 속에서 물체 식별하기

**01.** 허파에서 성대로 공기를 통과시켜 매우 높고 큰 소리를 낸다.

**02.** 끽끽 소리를 내면 이 소리의 음파가 시속 1,193km의 속도로 나아간다. 이 소리가 주변에 있는 물체에 닿으면 반사된다.

**03.** 반사된 음파가 코와 귀에 있는 기묘하게 접힌 주름을 통해 안쪽 귀로 들어간다.

**04.** 소리가 되돌아오는 데 걸리는 시간을 계산해서 그 물체가 얼마나 멀리 있는지 머릿속에 그림을 그려 보고 그중 먹이가 될 만한 게 있는지 생각한다.

**05.** 맛있는 먹잇감이 충분히 가까워졌는지를 감지하고 움켜쥘 수 있을 때까지 계속해서 소리를 낸다.

### 기묘한 이야기

박쥐가 내는 소리는 **초음파**로 매우 높은 음역이어서 사람의 귀로는 들을 수 없다. 이들이 내는 소리는 너무 시끄러워 **박쥐 자신들조차도 청력을 잃을 위험**이 있다. 따라서 이들은 특별한 근육을 발달시켜 메아리를 들을 때는 귀를 열고 귀를 보호할 필요가 있을 때는 닫는다.

# 동물들도 의사소통을 할까?

동물들은 촉각, 후각뿐만 아니라 소리, 또는 빛, 색깔, 몸짓 같이 눈에 보이는 신호를 이용해 다양한 종류의 의사소통을 할 수 있다. 고릴라가 아이를 보고 웃는 것과 같은 몇몇 신호는 그 의미가 명확하다. 암컷 늑대거미가 수컷을 유혹하기 위해 자신의 냄새가 밴 거미줄로 흔적을 남기는 경우처럼 다소 미묘한 의사소통을 하는 경우도 있다.

## 의사소통을 하는 이유

**표식하기**
늑대들은 영역 구분을 위해, 서로 부르기 위해, 그리고 자신이 무리의 일원이라는 것을 알리기 위해 울부짖는다.

**동족 구분하기**
거대한 북극의 야생지에 서식하는 북극곰들은 우연이라도 서로 부딪히는 것을 피한다. 이를 위해 자신의 냄새를 흔적으로 남겨 놓을 필요가 있다.

**영역 지키기**
호랑이들은 자신의 영역을 표시하고, 경쟁을 피하기 위해 나무에 오줌을 눈다.

**위협에 대한 경고**
초원의 개들은 다양한 종류의 경고음을 낸다. 이는 어떤 위협이 얼마나 빠른 속도로 다가오고 있는지를 다른 개들에게 알려 주기 위한 것이다.

**새끼 돌보기**
병아리들이 어미의 부리를 톡톡 치는 것은 먹을 것을 달라는 뜻이다.

**상대편 겁주기**
수컷 고릴라는 자신이 얼마나 크고 강한지를 보여 주려고 가슴을 내려친다.

## 신호 이해하기

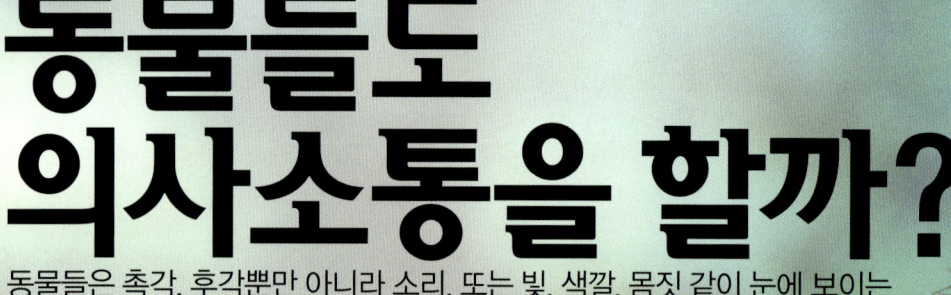

**01.** 하마가 이빨을 드러내며 하품을 하면 위험한 징조라고 느껴야 한다.

**02.** 효과를 더하기 위해 물을 튀기거나 퍼 올리면 더 주의해야 한다.

**03.** 하마가 머리를 흔들며 앞쪽을 향해 우렁찬 소리를 내고 다시 뒤로 물러나면 도망칠 준비를 해야 한다.

**04.** 하마가 으르렁거리거나 큭큭거리기 시작하면 이제 정말 도망쳐야 할 시간이다.

**많은 것을 알려 주는 소리**
코요테가 울부짖는 소리를 들으면 그것이 어떤 코요테인지, 암컷인지 수컷인지, 기분이 어떤지 알 수 있다.

수컷 마다가스카르 원꼬리여우원숭이는 서로에게 더 심한 냄새를 풍기는 방법으로 짝짓기 경쟁을 한다.

## 악취 내기

- 대부분의 동물들(조류를 제외하고는)은 '페로몬'으로 알려진 화학 물질을 분비한다. 이것은 종 내 다른 개체들에게 일정한 반응을 유발하는데, 심지어 몸이 성장하는 과정에도 영향을 미친다.
- 페로몬이 일단 방출되고 나면 바람을 따라 매우 멀리 이동한다.
- 화학 물질은 일종의 메시지이며 이러한 형태의 메시지를 뒤에 남기는 것은 자신이 근처에 있다는 것을 다른 동물들에게 알리는 좋은 방법이다.

# 침팬지의 다양한 표정

사람과 마찬가지로 침팬지는 얼굴 표정을 통해
서로 의사소통을 한다.

**두려움이 섞인 웃음**
격앙되어 있는 상황을 완화하기 위해
사용하는 호의적인 신호이다.

**뾰로통한 표정**
입술을 뾰로통하게 내미는 것은
침팬지가 걱정, 좌절, 절망 등을 표현하는 것이다.

**놀고 싶은 표정**
입을 벌리고 있으면 놀고 싶다는 신호이다.

## 서로 만져 주기

서로 만져 주는 행동은 거미, 개미, 게, 특히 새끼를 돌보는 포유류와 조류 같은 사회적 동물에서 자주 나타난다.

벌레들은 식물체를 흔들어 다른 벌레들과 의사소통한다. 땅속에 굴을 파고 사는 동물들은 땅을 진동시킨다. 반면 북미산 악어는 잔잔한 물에서 1km이상 전달되는 깊은 소리를 낸다.

포유류는 서로 핥아 주거나 손질해 주는 행위를 통해 상대방을 깨끗하게 해주기도 하지만 다른 한편 애정을 표시하기도 한다.

정찰 꿀벌은 꽃이 많이 피어 있는 곳으로 다른 꿀벌들을 안내하기 위해 복잡한 몸놀림으로 춤을 춘다. 어두운 곳에서는 날개의 진동을 통해 메시지를 전달한다.

## 소리 내기

**01: 양서류, 파충류, 조류, 포유류는 허파의 힘, 진동 부위, 반사 부위 등을 잘 결합시켜 놀랍도록 다양한 소리를 낸다. 어떤 때는 울음소리를, 어떤 때는 누군가를 부르는 소리를 낸다.**

**02:** 물고기는 아가미끼리 문지르고 조류는 날개를 펄럭거리고 곤충은 날개를 흔들거나 딱딱한 외골격에 몸의 일정 부분을 문질러 윙윙 소리, 끼익 소리, 딸각거리는 소리를 낸다.

**03: 낮은 음의 소리는 더 멀리 전달된다. 삼림 지역의 동물들이 광활한 지역에 사는 동물들에 비해 깊게 울리는 소리를 낸다.**

**04:** 공기가 서늘하고 차분한 이른 아침의 새소리는 대낮에 비해 20배나 더 멀리 전달된다.

## 뽐내기

**대부분의 동물들은 색깔과 무늬로 암컷과 수컷을 구분할 수 있다. 비슷한 종이 같은 서식지에 생활할 때 서로 다른 무늬를 통해 혼동하지 않고 식별할 수 있다.**

신체 언어는 포식자를 쫓아 보내는 데 사용되기도 하지만 일본 두루미(위 사진)처럼 난해한 구애 춤으로 짝을 유인하는 데에도 적절히 이용된다. 영리한 종들은 복잡한 친족 관계를 관리하기 위해 신체 언어를 사용하기도 한다.

**공작처럼 갑자기 날개를 펴거나, 아놀도마뱀처럼 목 아래의 화려한 피부를 잠깐씩 드러낼 경우 더 많은 관심을 끌 수 있다.**

## 높은 음과 낮은 음

소리는 공기 중으로 전달되는 압력파이다. 소리가 우리 주변에 있는 공기 입자를 흔들면 이 진동이 우리 귀로 모아져 소리로 해석되는 것이다. 이 진동은 헤르츠(Hz)로 측정된다. 1Hz는 1초에 1번 진동이 일어나는 것을 의미한다. 진동이 더 많을수록 소리의 음이 더 높아진다.

- 코끼리는 8Hz의 소리를 낸다.
- **사람의 귀는 20~2만 Hz의 소리를 듣는다.**
- 개가 들을 수 있는 음역은 4만 5,000Hz까지이다.
- **돌고래는 10만Hz가 넘는 소리로 의사소통을 한다.**
- 나방은 24만Hz의 높은 음을 들을 수 있다.

## 난 내가 무슨 말을 하는지 알 수 있어!

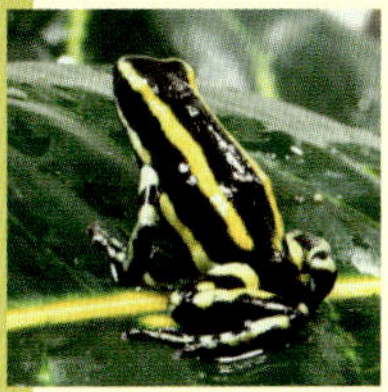

**독화살개구리**의 색깔은 "날 잡아먹지 마. 독에 중독될 거야"라고 말하고 있다.

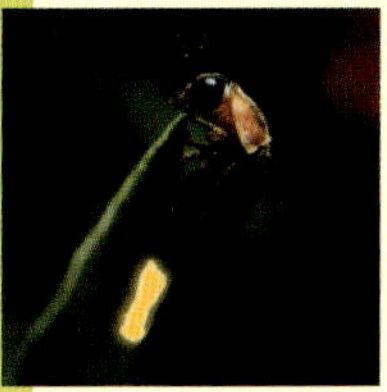

**반딧불이**는 몸의 밝은 색깔을 통해 포식자에게 말한다. "나는 맛이 없으니 그냥 내버려 두는 게 좋아"라고.

**비비** 무리의 수컷 우두머리는 코 위에 화려한 붉은 띠가 있다. 이는 무리의 다른 비비에게 누가 우두머리인지를 상기시켜 주기 위한 것이다.

**스컹크**에 나 있는 검은색과 흰색 털은 자신이 심한 악취를 풍기는 물질을 분사할 수 있다는 것을 경고하는 것이다.

**목도리도마뱀 수컷**은 커다란 날개 모양의 피부를 펼쳐 암컷에게 자기가 얼마나 매력적인지 보여 준다.

# 먹이 사슬이란 무엇일까?

모든 동물은 생존에 필요한 에너지 공급을 위해 음식을 섭취해야 하는데, 보통 다른 생물을 먹어 에너지를 얻는다. 하나의 유기체에서 다른 유기체로 에너지가 전달되는 현상을 먹이 사슬이라 부른다. 모든 동물은 다른 동물들을 잡아먹는 포식자이거나 다른 동물들에게 먹히는 먹잇감이다. 먹이 사슬의 맨 꼭대기에 있는 동물을 최상위 포식자라 부른다.

## 누가 누구를 잡아먹을까?

**← 2차 소비자:** 2차 소비자라 불리는 육식 동물이 초식 동물을 잡아먹는다. 이들은 먹이 사슬의 맨 꼭대기에 위치한다.

**← 1차 소비자:** 식물을 먹는 동물로 초식 동물이라 불린다. 다양한 포식자들이 이들을 잡아먹는다.

**← 1차 생산자:** 먹이 사슬의 맨 아래는 대부분 태양으로부터 에너지를 얻는 식물들이다.

## 최고의 포식자 되기

**01.** 먹잇감의 위치를 파악하고 주시하며 기다린다. 어떻게 잡을지 생각하는 동안 들키지 않아야 한다.

**02.** 먹잇감이 될 만한 것을 골라 무리에서 고립시킨다. 그리고 서서히 다가간다.

**03.** 공격을 개시할 만큼 가까워질 때까지 수면 위로 눈만 내놓고 기다린다.

**04.** 거대한 턱을 이용해 먹이를 물고 물속으로 끌고 간다. 익사할 때까지 붙잡고 있는다. 여러 조각으로 찢어 먹는다.

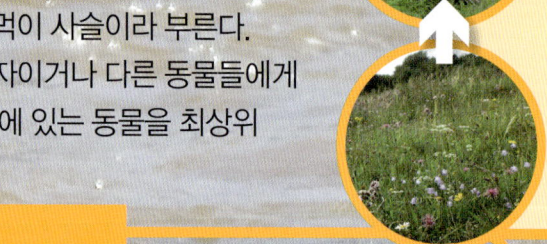

악어는 1,000분의 6초 만에 입을 벌렸다 꽉 다물 수 있다. **꿀꺽!**

## 숫자로 알아보기

**690억 마리**
2004년 무리를 지어 남서부 아프리카 지역의 일부를 황폐화시킨 메뚜기의 수

**5만 마리**
일반적인 양봉용 벌집에 사는 벌의 수

**30분**
해양 이구아나가 수중에서 해초를 먹기 위해 숨을 참을 수 있는 시간

**99%**
대왕판다가 먹는 음식 중 대나무가 차지하는 비율

## 푸짐한 저장 음식들

**개암딱따구리**
영리한 이 새는 나무 줄기에 구멍을 뚫어 겨울 동안 먹을 도토리를 채워 넣는다.

**붉은등때까치**
푸주한 새로 알려져 있는 이 때까치는 가시나 철조망에 음식을 저장한다.

**꿀단지개미**
커다란 배를 저장고로 이용한다. 이곳에 과즙을 저장했다가 나중에 역류시킨다.

**꿀벌**
벌은 과즙을 꿀로 변화시킨 다음 이것을 벌집 안의 육각형 모양의 방에다 저장한다.

## 정말 믿을 수 없어!

대략 140종의 동물이 동족을 먹는 것으로 알려져 있다. 몇몇 곤충, 어류, 양서류는 음식이 부족할 경우 동족을 먹어 치운다. 또한 암컷 검은과부거미, 사마귀, 전갈 등은 교미 후 수컷을 잡아먹는다.

**코알라**는 유칼립투스 나뭇잎만 먹고 살기 때문에 영양이 충분치 않다. 에너지를 아껴야 하고 그래서 **하루에 16시간 동안 잠을 잔다.**

## 식사 준비

- **거미는 외피 속의 몸뚱이를 곤죽으로 만드는 액체를 파리에 주사한 뒤 이것을 빨아먹는다.**
- 뱀은 먹잇감을 자르거나 씹을 수가 없지만 목과 턱이 매우 유연해 먹이를 통째로 삼킨다.
- **범고래, 북극곰, 대형 고양잇과 동물은 먹잇감을 죽이기 전에 이들과 장난을 친다.**
- 레오퍼드바다표범은 포획한 펭귄의 몸을 흔들고 이것을 수면에 내려쳐 알맞은 크기로 자른다.
- **악어는 때때로 익사한 먹잇감을 물속에다 저장해 놓고 이것이 부패하기를 기다렸다 먹어 치운다.**

## 먹잇감을 죽이는 끔찍한 방법들

**01: 절단**
사마귀(위 사진)는 튼튼한 턱이 있어 먹잇감을 쉽게 자를 수 있다.

**02: 목 졸라 죽이기**
사자는 턱을 사용해 얼룩말의 목둘레를 조여 질식시켜 죽인다. 아나콘다도 먹잇감이 숨을 못 쉴 때까지 조인다.

**03: 무력화하기**
나사조개는 매우 빠른 속도로 침을 발사해 먹잇감을 무력화한다.

**04: 독살하기**
해파리, 거미, 전갈 등은 모두 맹독성 동물이다.

**05: 기절시키기**
전기뱀장어는 500볼트의 강력한 전기 충격으로 먹이를 기절시키거나 죽인다.

**06: 밟아 으깨기**
뱀잡이수리는 커다란 먹이를 짓밟아 죽인다.

**07: 강하게 때리기**
작은 공작사마귀새우는 곤봉처럼 생긴 다리로 먹이를 세게 때린다. 몸무게의 수천 배에 달하는 힘이 나온다.

**08: 둘러싸기**
응달거미는 거미줄로 먹이를 매우 단단하게 감싸 다리를 부러뜨리고 눈을 터뜨린다.

## 살짝 엿보기

### 초식 동물

**01:** 대부분의 동물들은 육식을 하기보다는 식물로부터 에너지를 얻는다.

**02:** 동물들은 식물의 모든 부위, 즉 잎, 딱딱한 견과류, 씨앗, 열매, 뿌리, 과즙 등을 먹는다.

**03:** 과일, 씨앗, 과즙에는 풍부한 에너지가 들어 있다. 하지만 잎이나 풀은 영양분이 그다지 많지 않아 아주 많은 양을 섭취해야 한다.

**04:** 먹히지 않기 위해 어떤 식물들은 독성이 있는 잎이나 가시를 발달시킨다.

**05:** 식물들 중엔 동물의 먹잇감이 되어 오히려 덕을 보는 것도 있다. 동물들에 의해 꽃가루를 옮기고 씨앗의 딱딱한 껍질을 부드럽게 만들어 발아를 쉽게 하고 배설물을 통해 씨앗을 퍼뜨리기도 한다.

## 무기를 선택하라

동물들은 먹이를 잡기 위해 다양한 무기를 사용한다.

**백상아리**는 톱니처럼 생긴 이빨이 대여섯 줄 나 있다. 이빨이 빠지면 뒷줄의 이빨이 앞쪽으로 이동하여 이것을 대체한다.

**전갈**은 발톱으로 먹이를 잡는다. 그리고 꼬리를 둥글게 말아 앞으로 내민 후 독이 가득한 침으로 먹잇감을 찌른다.

**왜가리**는 부리를 사용해 물속에서 고기를 맹렬히 공격한다. 먹이를 잡고 나면 머리를 털어 목구멍 속으로 집어넣는다.

**대머리독수리**의 발톱은 구부러져 있다. 발톱을 이용해 먹이를 낚아챈 다음 이것을 부리로 찢는다.

**게**는 튼튼한 턱을 사용해 해산물을 깨고 껍질을 벗긴다.

## 위장의 대가 열 가지

동물계의 모든 개체들은 배고픔을 느낀다. 가장 힘세고 교활한 자만이 생존할 수 있다. 눈치채지 못하게 먹이를 잡기 위해 또는 먹잇감으로 희생되지 않기 위해 몸을 낮추고 주변 환경에 알맞게 아래에 나오는 위장의 대가들처럼 잘 위장해야 한다. 하지만 훌륭한 사냥꾼이라면 위장한 먹잇감을 알아차릴 수 있어야 한다.

**01:** 북극여우의 털은 겨울에 흰색으로 변해 눈과 구분이 안 된다. 여름에는 갈색으로 변해 땅이나 바위 색깔과 비슷하게 된다.

**02:** 호랑이에게는 불규칙한 줄무늬가 있다. 맛있는 먹이를 찾아 길게 자란 풀 사이를 걸어 다닐 때 이 줄무늬로 인해 주변과 구분이 잘 안 되고 눈에 띄지 않는다.

**03:** 북방올빼미는 나무에 걸터앉아 자신의 얼룩덜룩한 무늬가 나무 색깔과 비슷하다는 것을 알고 안심한다.

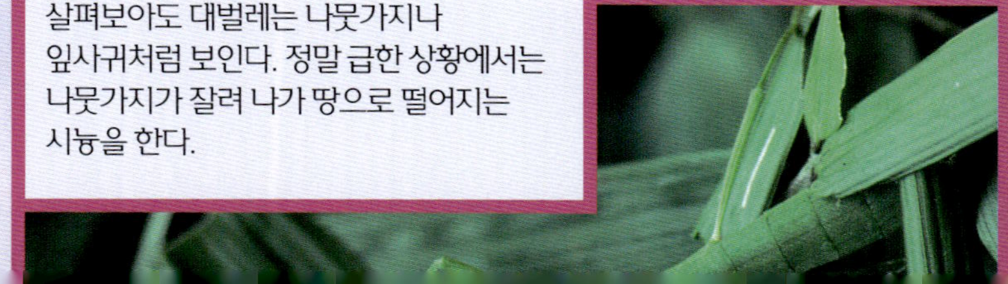

**04:** 가까이 다가가 자세히 살펴보아도 대벌레는 나뭇가지나 잎사귀처럼 보인다. 정말 급한 상황에서는 나뭇가지가 잘려 나가 땅으로 떨어지는 시늉을 한다.

**05:** 악마전갈고기는 암석이나 산호초 조각으로 위장하기 위해 암초 속에 꼼짝 않고 숨어 있다. 주변 환경에 잘 위장하려고 피부색을 바꾸기도 한다.

**06:** 햇빛이 환할 때는 나무 줄기가 매우 위험한 장소일 수 있다. 하지만 나뭇잎꼬리도마뱀붙이의 피부색이나 질감은 나무껍질과 비슷해 구분이 어려울 정도다.

**07:** 잎사귀해룡은 현명한 위장을 통해 자신을 확실히 보호한다. 해룡이 해초처럼 보여 포식자들이 이를 알아채지 못하고 그냥 지나간다.

**08:** 숲 속의 땅 위에 살고 있는 경우 포식자를 만날 위험이 매우 높다. 하지만 유럽 쏙독새는 줄무늬 깃털이 있어 나뭇잎 더미와 구분하기 어렵다.

**09:** 숲 속의 귀뚜라미로 알려져 있는 여치는 흔히 나뭇잎으로 오인된다. 심지어 곰팡이균 반점, 떨어져 나간 귀퉁이, 가짜 흠집과 가짜 잎사귀 그물맥까지 있다.

**10:** 아름다운 난초사마귀는 꽃과 비슷하게 위장한다. 다리는 꽃잎처럼 생겼으며 파스텔 톤의 분홍색이다. 포식자에게 방해받지 않고 곤충을 잡기 위해 기다리고 있다.

# 동물들은 어떻게 새끼를 낳을까?

**말미잘**은 출아법이라 불리는 무성 생식을 통해 번식한다. 무성 생식은 어미 몸의 일부가 떨어져 나가 새끼가 되어 자란다는 뜻이다.

대부분의 종은 번식을 위해 암컷과 수컷이 짝짓기를 한다. 이것을 유성 생식이라 부른다. 어떤 동물들은 짝짓기를 하지 않고도 새끼를 낳을 수 있다. 자신의 몸을 단순히 두 개 또는 그 이상의 개체로 나누기만 하면 된다. 이것을 무성 생식이라 부른다. 또 두세 가지 종에서는 암컷이 짝짓기 없이 새끼를 낳기도 한다.

## 멋있게 보이는 방법들

- **뿔**
  수컷 사슴벌레는 짝짓기를 하기 위해 뿔을 이용해 싸움을 한다. 사슴, 영양을 비롯한 발굽 포유류들도 다양하고 멋진 뿔을 가지고 싸움을 한다.
- **소리 지르기 대회**
  붉은사슴 수컷은 밤낮으로 우렁차게 소리를 지르는데, 자신들이 얼마나 힘이 센지 보여 주려는 것이다.
- **과시하기**
  긴꼬리마나킨새 암컷들은 수컷들이 20분 동안 보여 주는 노래나 몸짓을 보고 여러 마리의 짝짓기 상대를 고른다. 최종 선택 전에 80마리의 수컷을 고르는 경우도 있다.
- **선물**
  수컷 늑대거미는 파리를 잡아 거미줄로 감싼 후 훨씬 크고 무시무시하게 생긴 암컷에게 준다. 이 먹이 덕분에 암컷은 더 많은 알을 낳을 수 있다.

## 좀 더 알아보기 : **푸른발부비새는 어떻게 짝을 찾을까?**

**하늘 향하기:** 부리가 하늘을 향하도록 하고 꼬리를 들어 올려 암컷에게 자신이 막강한 존재라는 것을 과시한다.

**날개:** 수컷은 날개를 펴서 돌린다.

**영역:** 수컷은 둥지를 틀 곳을 선택해 그 주변을 힘차게 걸어 다니며 경쟁자들에게 경고를 하고 암컷에게 자신을 선보인다.

**춤추기:** 자신의 발을 뽐내기 위해 위풍당당하게 춤을 춘다.

**발:** 발 색깔은 매우 중요하다. 수컷은 발 색깔이 푸를수록 짝을 찾는 데 유리하다.

## 위험한 게임

**짓눌리기** 암컷 코끼리는 1,000마리 중 한 마리 꼴로 짝짓기를 하는 동안 무거운 수컷에 깔려 죽는다.

**아삭아삭 씹어 먹기** 사마귀 암컷은 수컷에게 치명적인 사랑의 흔적을 남기는데 수컷과 교미하는 동안 이미 수컷의 머리를 먹어 치우기 시작한다.

**자살** 빨간점독거미 수컷은 짝짓기를 하는 동안 암컷의 송곳니 사이에 배를 집어넣는다. 암컷은 자기도 모르는 사이에 수컷을 찌르게 되고 수컷의 몸을 완전히 빨아먹는다.

**찌르기** 수컷 방울뱀은 교미하는 동안 암컷에게 고리를 건다. 이 고리가 암컷에게 상처를 입혀 다른 수컷 경쟁자와 교미하지 못하도록 방해한다.

## 정말 믿을 수 없어!

아프리카 영양의 일종인 코브의 수컷은 12~40마리가 무리를 지어 암컷이 자신들에게 오기를 기다린다. 암컷들은 수컷의 몸보다는 이들이 자기 영역에 뿌린 오줌의 양에 이끌린다. 오줌의 양은 수컷이 얼마나 강한지를 보여 주는 기준이 되기 때문이다.

## 알

**01:** 조류와 대부분의 파충류는 껍질이 있는 알을 낳는다. 껍질이 있어 물 밖에서도 살아남을 수 있다.

**02:** 어류와 양서류는 물속에 젤리처럼 생긴 알을 낳는다. 이 알은 껍질이 없기 때문에 공기에 노출되면 말라 버린다.

**03:** 암컷 대구는 한 번 산란에 400만~600만 개의 알을 낳는다. 알은 보통 스스로 성장하도록 방치된다.

**04:** 일부 뱀과 도마뱀은 부화 직전까지 자신의 몸에 알을 지니고 다닌다.

**05:** 거의 모든 조류는 자신의 몸으로 알을 품는다. 껍질 속에서 발아 과정을 거치는 배아들은 알 노른자에서 영양분을 공급받는다.

**06:** 부화할 때 병아리들은 이빨이 나 있어 알 껍질을 깨는 데 사용하기도 한다.

## 남의 둥지에 몰래 알 낳기

**01.** 뻐꾸기는 개개비 알과 비슷하게 생긴 알을 둥지에 낳는다. 뻐꾸기 알이 다른 알보다 더 크다는 것을 엄마 새는 전혀 눈치채지 못한다.

**02.** 일단 부화에 성공하고 나면 경쟁자인 다른 알들을 제거한다. 둥지 속 공간에서는 오직 하나만 머물 수 있다. 이것은 뻐꾸기 알의 차지가 된다.

**03.** 더 많은 먹이를 얻기 위해 짹짹 소리를 멈추지 않는다. 이상하게도 엄마 새는 그사이 무슨 일이 일어났는지 전혀 눈치채지 못한다. 새끼가 계속 자라 엄마보다 몸집이 더 커졌는데도 말이다.

**04.** 새끼는 언제 둥지를 떠나야 할지 알게 된다. 새끼의 무게에 눌려 둥지가 무너질 때가 바로 그때이다. 고맙다는 말도 남기지 않고 떠난다.

**번식의 달인**

암컷 진딧물은 수컷과 짝짓기를 통해 이루어지는 유성 생식과 완벽한 복제를 통해 이루어지는 무성 생식을 통해 번식을 한다.

## 이동식 집

캥거루, 왈라비, 주머니쥐, 코알라, 그리고 작은 곰같이 생긴 오스트레일리아 동물인 웜뱃과 같은 유대류는 새끼를 안전하게 보호하기 위해 주머니에 넣고 다닌다.

갓 태어난 캥거루는 땅콩 크기만 하며 털을 따라 꾸물꾸물 기어 포근한 주머니에 도달한다.

어린 캥거루는 안전한 주머니 안에서 엄마 젖을 먹고 무럭무럭 자란다.

6개월이 되면 깡충깡충 뛰어 주머니 속으로 들어갔다 나왔다 한다.

## 함께 모여 있어야 하는 이유

**01: 번식**
바닷새부터 물고기까지 다양한 동물들의 경우, 번식기 동안 수월하게 짝을 찾기 위해 무리 지어 지낸다.

**02: 먹잇감 구하기**
늑대, 하이에나, 사자 등은 사냥할 때 서로 돕는다. 이렇게 하면 어린 새끼들에게 줄 먹이를 쉽게 잡을 수 있다.

**03: 새끼 돌보기**
남아프리카산의 작은 육식 동물로 몽구스의 일종인 미어캣(위 사진)은 그룹을 지어 번갈아 가며 어린 새끼를 돌보는데, 새끼에게 먹이를 주기도 하고 새로운 기술을 가르치기도 한다.

## 안락한 안식처

**고층 건물**
일개미는 알을 낳는 여왕개미를 수행하며 흙더미에 있는 알을 부화장으로 옮긴다.

**종이로 만든 집**
보통 말벌들은 마른 나무를 씹어 펄프로 만들고 이것을 이용해 방수가 잘 되는 둥지를 짓는다. 둥지 안의 작은 칸마다 알이 하나씩 들어 있다.

**따뜻한 둥지**
황새들은 쌍을 지어 나뭇가지, 해진 천, 종이 등으로 커다란 둥지를 짓는다. 가축들이 갓 분비한 똥을 이용해 둥지를 따뜻하게 유지한다.

**댐 짓기**
비버가 사는 오두막 안의 잠자는 방은 수면 위로 나와 있어 이곳에서 어미가 새끼를 돌본다.

**땅속**
두더지는 땅속에 굴을 판다. 부드러운 풀이 깔려 있는 방에서 암컷이 새끼를 낳아 기른다.

# 멸종이 왜 문제일까?

지구 역사상 다섯 번의 대량 멸종이 있었다. 가장 최근의 대량 멸종은 공룡이 사라진 6500만 년 전이었다. 인간에 의해 여섯 번째 멸종이 진행되고 있다. 우리가 더 많은 동물과 식물을 멸종으로 내몰면 인간을 포함한 모든 종이 서로 맞물려 있는 생명 유지 체계가 붕괴된다.

## 무슨 뜻일까?

**'도도처럼 죽은'**이란 말에서 도도는 인도양의 모리셔스 섬에 서식하다가 1581년 인간에 의해 처음으로 발견된 이후 한 세기도 지나지 않아 멸종된 날지 못하는 새이다.

## 위험 수위

국제 자연 보호 연맹은 아래와 같이 위험 수위를 나누고 각 등급에 해당하는 종들을 예로 들었다.

**절멸 종** 태즈메이니아호랑이, 도도

**자생지 절멸 종** 남중국호랑이

**심각한 위기 종** 아라칸숲거북, 자바코뿔소, 브라질비오리

**멸종 위기 종** 대왕고래, 눈표범, 호랑이, 알바트로스

**취약 종** 치타, 사자

**위기 근접 종** 파란부리오리, 검은관머리말똥가리

**관심 필요 종** 비둘기, 곱상어

## 멸종에 이르는 과정

**✗인구 증가**
사람 수가 증가할수록 동물들이 서식할 공간이 줄어든다.

**✗서식지 파괴**

**✗오염**

**✗사냥과 어획**

**✗외부 침입자**
인간이 외래 동식물을 새로운 서식지로 들여올 경우 자생종은 종종 이들과의 경쟁에서 밀리기도 하고 때로는 이겨낼 수 없는 질병에 걸리기도 한다.

**✗기후 변화**
지구 온난화로 인해 동식물들이 힘든 상황에 처하게 되었다. 빙하가 녹아 북극곰이 사냥을 할 수 없게 되고 열대 우기가 빨라지며 꽃이 너무 일찍 피는 바람에 이에 의존하며 살아가는 동물들이 먹잇감을 제대로 구할 수 없게 된다.

## 좀 더 알아보기: **위기에 처한 동물들**

전체 생물 종의 4분의 1이 100년 안에 사라질지도 모른다.

**북극곰**
지구 온난화로 인해 이들의 서식지가 녹아 없어지며 심각한 위기에 처해 있다.

**이베리아스라소니**
야생지에 남아 있는 것은 150마리에 불과하며 전 세계에 서식하는 고양잇과 동물 중 가장 심각한 위기에 처해 있다.

**들소**
수백만 마리가 19세기 사냥꾼의 총에 맞아 죽었으며 지금은 3,000마리만이 남아 있다. 이들의 멸종을 막기 위해 번식 프로그램을 운영하고 있다.

**큰아르마딜로**
음식으로 먹기 위해 사냥되어 지난 10년 동안 개체 수의 50%가 사라졌다.

**마운틴고릴라**
농장이 확대되며 서식하는 숲이 고립되었고 밀렵이 이루어지기도 한다. 야생지에 700마리 미만이 남아 있다.

**마다가스카르 손가락원숭이**
마다가스카르에 사는 야행성 영장류로 우림 지역이 파괴되어 위기에 처해 있다.

# 다시는 보지 못할 멋진 동물들

**아일랜드큰뿔사슴**
7,700년 전 멸종했으며 지금까지 존재했던 것 중 가장 큰 사슴이다. 어깨 높이가 2.1m이며 거대한 뿔의 너비는 3.65m에 달한다.

**매머드**
기후 변화와 사냥으로 인해 유럽에서 기원전 10000년경에 사라졌고 소수의 매머드가 기원전 650년경까지 시베리아 랑겔 섬에 서식했었다.

**큰바다오리**
날지 못하는 이 새에는 흰색과 검은색 깃털이 있다. 한때 북대서양 해변을 따라 많은 무리가 서식했으나 지나친 사냥으로 인해 결국 1844년에 멸종하였다.

**콰가얼룩말**
몸의 앞부분에 줄무늬가 있는 얼룩말이며 1840년대까지 남아프리카의 케이프 지역에서 무리를 지어 돌아다녔다. 하지만 네덜란드 이주민들의 지나친 사냥으로 인해 멸종에 이르렀다.

## 정말 믿을 수 없어!

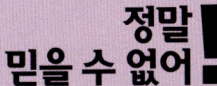

매머드 같은 멸종 동물이 다시 살아 돌아올 수 있을까? 과학자들은 이것이 가능할 수도 있다고 생각하며 다양한 방법을 모색하고 있다. 냉동 상태로 있는 매머드와 코끼리로부터 추출한 DNA를 합성해 코끼리 매머드 종을 만드는 방법도 있다.

**벵골호랑이**
인구가 증가하며 사냥이 더욱 활발하게 일어나고 결과적으로 호랑이의 먹잇감이 고갈되었다. 한편 호랑이는 불법적으로 이루어지는 가죽 매매와 아시아의 의약 시장 원료 공급을 위해 계속해서 밀렵에 희생되고 있다. 야생지에 생존해 있는 것은 1,500마리가 채 안 된다.

**오랑우탄**
기름야자나무 농장을 만들기 위한 삼림 벌채와 밀렵으로 인해 야생지에 6만 마리 정도만이 살아 있다.

**대왕고래**
1960년대 싹쓸이하다시피 남획하여 5,000마리 미만이 남아 있다. 어획 금지가 실시된 이후 수가 늘어나고 있다.

## 돌아와 반가운 동물

때때로 멸종된 것으로 생각되던 동물이 재발견되기도 한다.

■ **라고메라큰도마뱀**(아래 사진)은 오랫동안 멸종된 것으로 생각되었다. 하지만 라고메라 섬의 절벽 두 곳에서 서식하고 있다는 사실이 1999년에 밝혀졌다.

■ **사이프러스가시쥐**는 멸종된 것으로 생각되었으나 2007년에 네 마리가 포획되었다.

■ **바르쿠디아스컹크도마뱀**은 팔다리가 없어 마치 커다란 지렁이 같다. 86년 동안 보이지 않다가 2003년에 다시 나타났다.

■ **란초그랜드의 할리퀸개구리**는 2003년 과학 탐험을 통해 베네수엘라 계곡을 따라 알을 낳는 것이 관찰되었다. 1982년에 마지막으로 목격된 이래 21년만이다.

## 위기에 처한 종을 구하는 다섯 가지 방법

**01** 자연 보호지와 공원을 지정하여 희귀 동물들의 숫자가 충분히 증가하여 야생지에서 스스로 생존할 수 있을 때까지 서식하도록 보호한다.

**02** 희귀 동물을 포획하여 동물원에서 교배를 시키고 개체 수를 늘린 다음 야생지로 보내 준다.

**03** 사냥, 어획과 관련한 국제 조약을 맺어 대왕고래와 같이 멸종 위기에 처한 동물들을 보호한다.

**04** 몇몇 중국 의약품은 코뿔소 뿔을 재료로 사용한다. 이처럼 희귀 동물을 재료로 사용하는 상품들에 대체 재료를 사용한다.

**05** 동물의 유전 물질을 유전자 은행에 보관하여 미래 과학자들이 멸종된 동물도 다시 만들어 낼 수 있는 가능성을 열어 둔다.

**애완동물 교역**을 위해 밀렵이 이루어지고 이로 인해 파충류, 물고기, 거미와 같은 작은 동물뿐만 아니라 오랑우탄과 같은 유인원이 위기에 처하게 된다. 밀렵꾼들은 보통 다 자란 유인원을 죽이고 **새끼를 가져간다.** 새끼가 더 작아 관리하기 편하기 때문이다.

# 사람의 몸

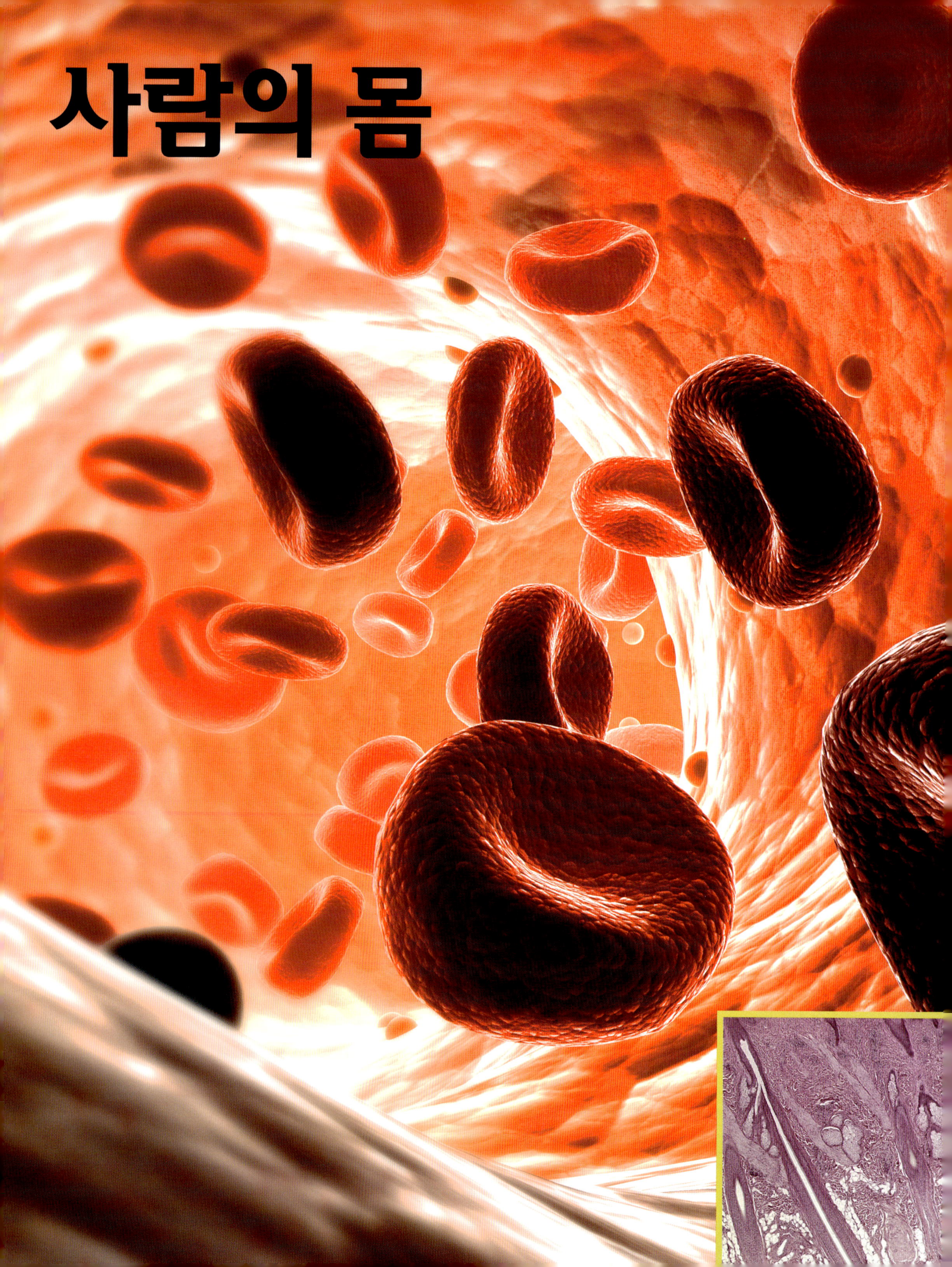

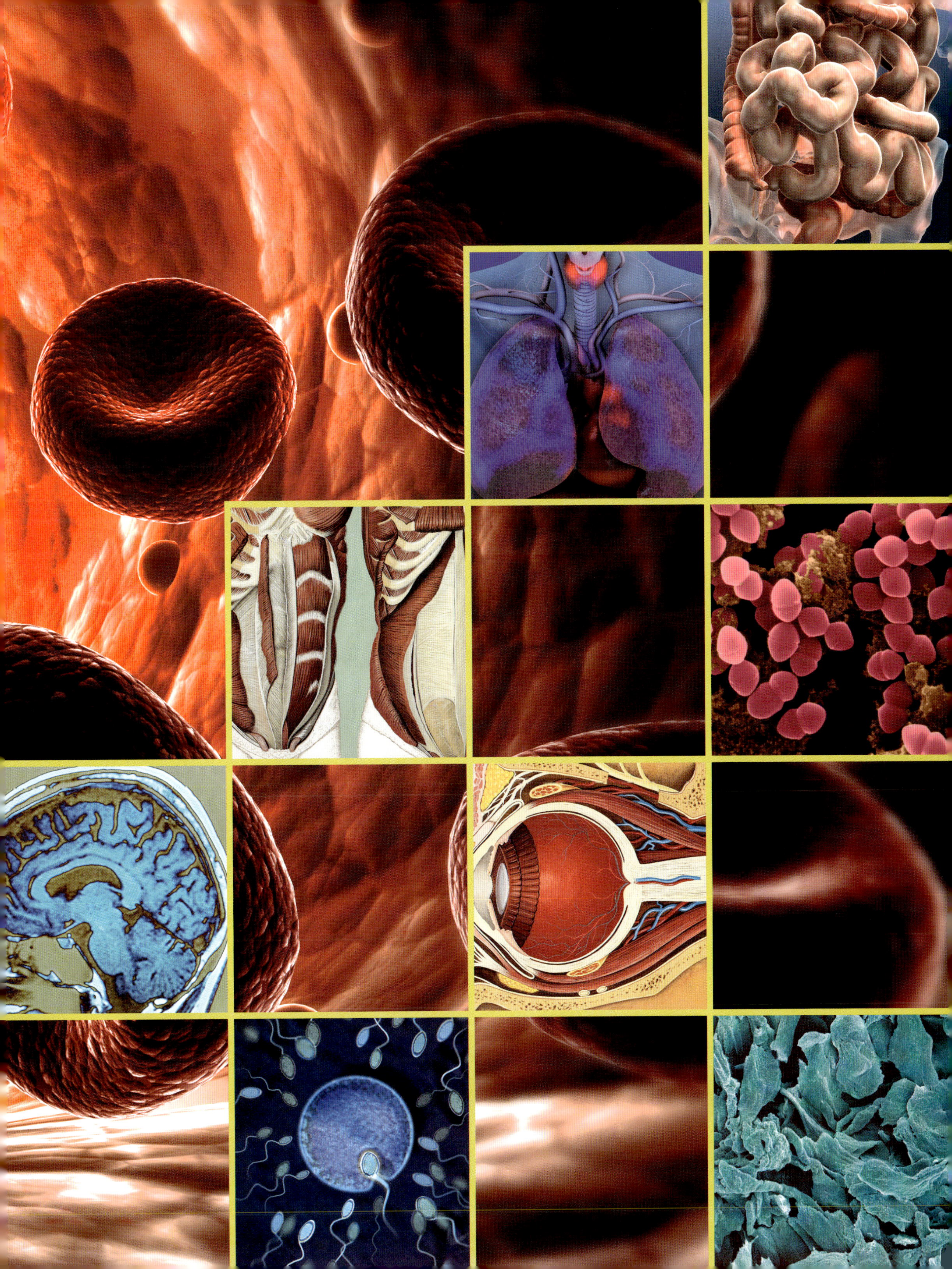

# 머리카락을 자를 땐 왜 아프지 않을까?

머리카락은 죽은 세포여서 아무것도 느끼지 못한다. 이 죽은 세포는 케라틴이라 불리는 거칠고 방수가 되는 단백질로 채워져 있다. 피부 표면에서 매일 떨어져 나가는 수백만 개의 각질과 손톱도 케라틴으로 되어 있다. 이것들은 모두 우리 몸을 덮어 보호해 주는 훌륭한 보호막 역할을 한다.

## 여드름은 왜 날까?

기름진 피지가 모낭을 뒤덮을 때 여드름이 난다. 여기에 세균이 침입하면 체내의 방어 체계가 민감하게 작동하게 되고, 이로 인해 염증이 생기는 것이다. 여드름은 피부에 기름기가 많은 사춘기에 흔히 나타난다.

### 피부가 필요한 여섯 가지 이유

**01** 피부는 몸속으로 물이 들어오지 않도록 하는 방수 덮개 역할을 한다.

**02** 거친 외부 환경과 민감한 체내 조직 사이에서 보호막 역할을 한다.

**03** 병균이 몸속에 침입하지 못하도록 한다.

**04** 세포에 해로운 자외선이 몸속에 침투하지 못하도록 한다.

**05** 일정한 체온이 유지되도록 한다.

**06** 촉감, 압력, 진동, 열, 추위 등을 감지하는 수용기가 분포해 있어 감각을 느끼게 한다.

평균 수명 기간 동안 **남자들은 약 2만 번 면도를 한다.** 물론 턱수염을 기르지 않는 경우에 말이다.

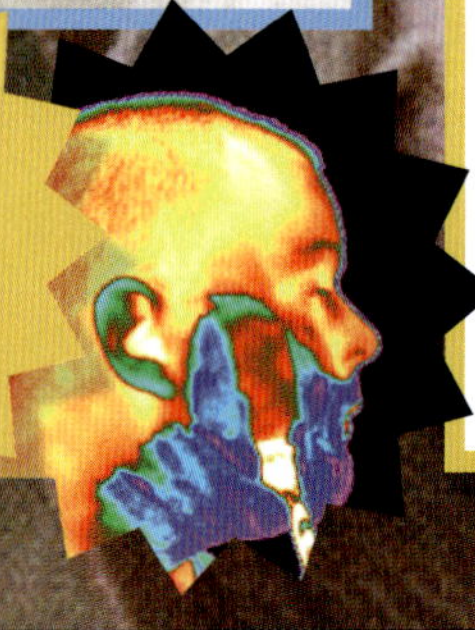

### 좀 더 알아보기 : **피부 속에는 무엇이 있을까?**

피부는 매우 얇지만 그 구조는 복잡하며 보통 두 층으로 나뉜다. 표피는 보호막 역할을 하는데 지속적으로 마모되며 새로운 세포에 의해 대체된다. 표피와 피하 조직을 연결하는 진피는 감각을 느끼는 곳으로, 체온을 조절하고 영양분과 산소를 공급한다.

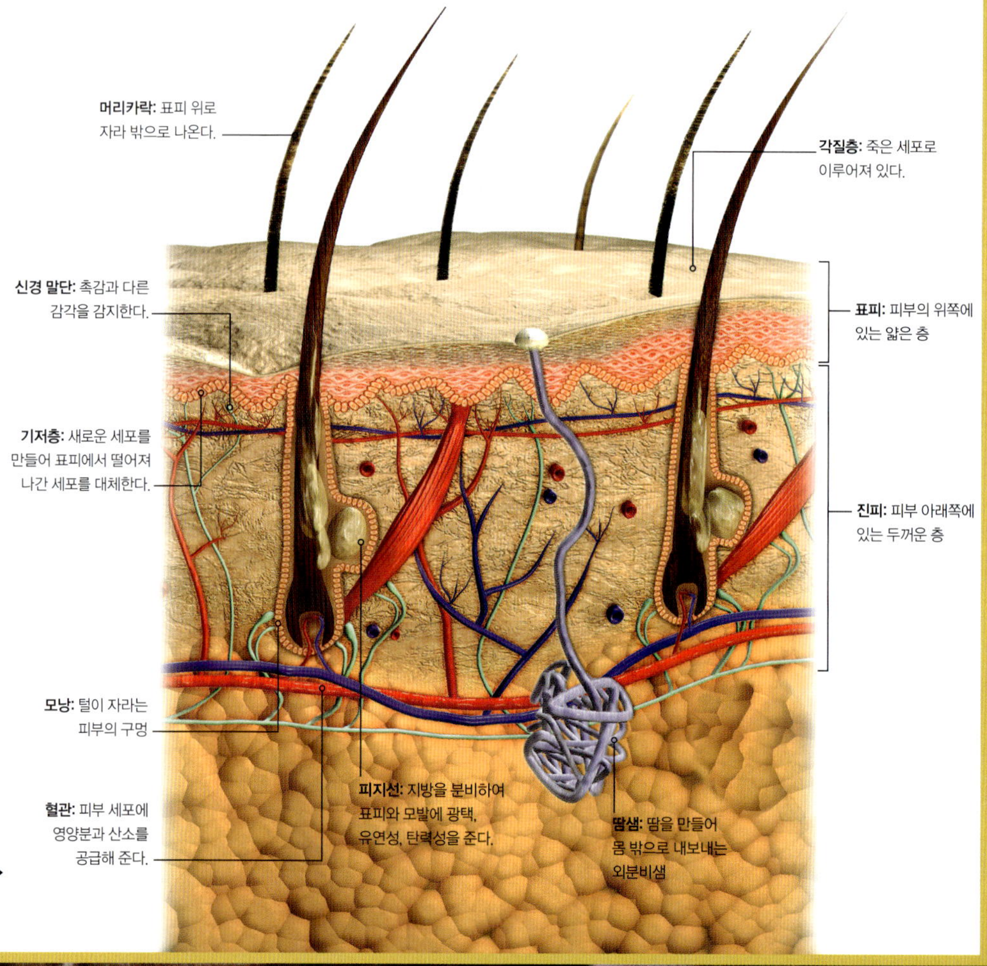

**머리카락:** 표피 위로 자라 밖으로 나온다.
**각질층:** 죽은 세포로 이루어져 있다.
**신경 말단:** 촉감과 다른 감각을 감지한다.
**표피:** 피부의 위쪽에 있는 얇은 층
**기저층:** 새로운 세포를 만들어 표피에서 떨어져 나간 세포를 대체한다.
**진피:** 피부 아래쪽에 있는 두꺼운 층
**모낭:** 털이 자라는 피부의 구멍
**혈관:** 피부 세포에 영양분과 산소를 공급해 준다.
**피지선:** 지방을 분비하여 표피와 모발에 광택, 유연성, 탄력성을 준다.
**땀샘:** 땀을 만들어 몸 밖으로 내보내는 외분비샘

## 숫자로 알아보기

**2m²**
성인 피부의 총 표면적

**3.2kg**
성인 남자 피부의 총 무게

**3억 개**
피부에 있는 세포의 개수

**4.7mm**
발뒤꿈치에 있는 가장 두꺼운 피부의 두께

**0.12mm**
눈꺼풀에 있는 가장 얇은 피부의 두께

**250만 개**
한 사람의 몸에 있는 땀구멍의 수

**5만 개**
1분마다 떨어져 나가는 각질의 수

**10만 개**
사람의 머리에 있는 머리카락의 개수

**80개**
매일 빠지고 새로 나는 머리카락의 평균 개수

**10mm**
한 달 동안 자라는 머리카락의 길이

**5mm**
여름 동안 자라는 손톱의 길이. 겨울에는 이보다 덜 자란다.

## 최고 기록은?

지금까지 **가장 길게 자란 손톱**의 길이는 열 손가락 모두 합해 9.05m였다. 코를 파기에 좀 불편하겠군.

지금까지 **가장 긴 머리카락**은 쭉 편 상태에서 5.5m가 넘었다.

쿠바의 한 남자가 몸에 **230개의 피어싱**을 해 신기록을 세웠다. 그는 얼굴 피부에만 175개의 링을 달았다.

**겨드랑이 땀** 분비선에서 분비되는 땀은 다른 부위의 땀에 비해 더 탁하다. 세균이 이 땀을 섭취하여 번식할 경우 불쾌한 악취가 날 수 있다. **몸에서 나는 냄새**는 이렇게 해서 생긴다.

## 몸 따뜻하게 하기

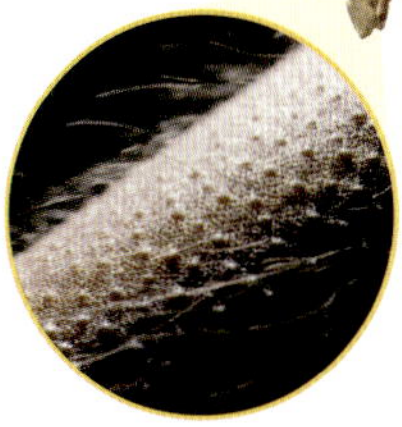

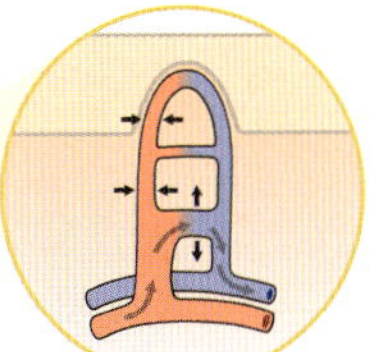

**01.** 서늘한 날에는 달리기를 해 보자. 우리 몸이 체온을 조절 할 수 있다.

**02.** 털이 곤두서고 소름이 돋으면 체온이 떨어지지 않는다. 몸이 따뜻해지면 원래대로 돌아간다.

**03.** 내피층의 혈관을 수축시켜 피부 표면으로 열이 빠져나가지 못하도록 한다.

## 더워진 몸 식히기

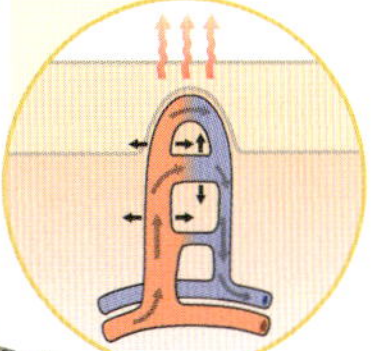

**01.** 달리기를 하고 나면 덥고 몸도 찝찝하게 느껴진다. 체온 조절 기제가 저절로 작동하며 몸을 식힌다.

**02.** 피부 표면으로 땀을 내보낸다. 땀이 증발하면서 몸에서 열이 빠져나간다.

**03.** 진피층의 혈관을 이완시킨다. 마치 라디에이터가 작동하는 것과 같이 피부 표면을 통해 열이 빠져 나간다.

## 정말 믿을 수 없어!

선천성 다모증이라는 희귀 유전병을 앓고 있는 사람들은 몸의 대부분이 털로 덮여 있다. 털이 나지 않는 부위는 손바닥과 발바닥뿐이다.

**피부색**은 **멜라닌**이라는 갈색 입자에 의해 **결정**된다. **멜라닌**은 햇빛에 있는 유해한 자외선을 흡수함으로써 우리 몸을 보호한다. 피부가 햇빛에 노출될 경우 자동적으로 멜라닌이 더 많이 생성되는데 이로 인해 피부색이 검게 변하는 것이다. 햇빛이 강할 때는 선크림을 충분히 발라 피부가 햇빛에 과도하게 노출되지 않도록 보호해야 한다.

## 피부에 붙어 사는 여섯 가지 벌레

**벼룩**
피를 먹고 살며 아무도 모르는 사이 이웃의 다른 희생자에게로 건너뛴다.

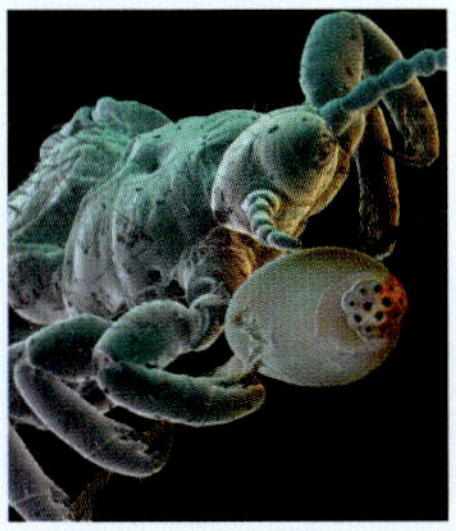

**머릿니**
머리카락에 달라붙어 알을 낳고 두피를 뚫어 피를 빨아먹는다.

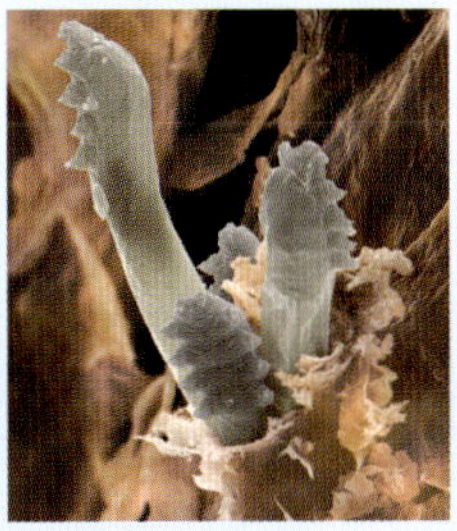

**속눈썹 진드기**
모든 사람의 속눈썹 모낭에 진드기가 살고 있지만 특별히 해롭지는 않다.

**옴 진드기**
피부 아래에 구멍을 뚫고 알을 낳는다. 몸에 심한 가려움증을 일으킨다.

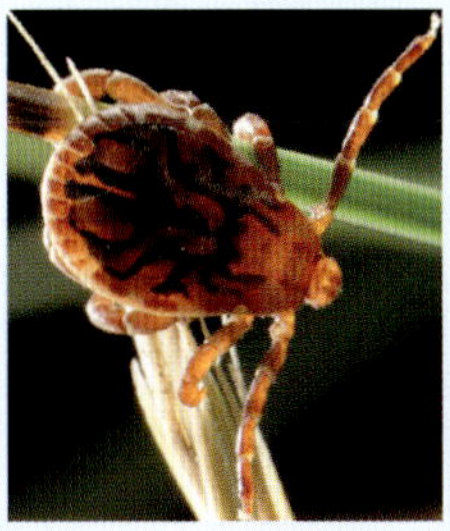

**진드기**
피부에 붙어 있으며 피를 빨아먹을 때는 풍선처럼 부풀어 올랐다 다시 줄어든다.

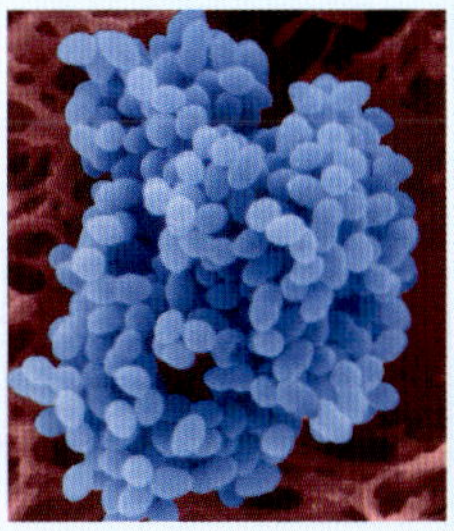

**세균**
수십억 개씩 모여 있으며 상처를 통해 우리 몸속으로 들어오는 경우를 제외하면 특별히 해롭지는 않다.

# 사람이 죽어도 뼈는 왜 수백 년 동안 그대로 남아 있을까?

뼈를 구성하는 주요 물질은 두 가지다. 칼슘 염은 뼈를 딱딱하게 하고, 콜라겐 섬유는 뼈를 튼튼하게 하는 동시에 유연하게도 해 준다. 사람이 죽으면 콜라겐은 분해되어 사라지고 딱딱하며 내구성이 있는 부위만 남는다. 살아 있는 동안 사람의 골격을 이루는 뼈들은 살아 있는 인체를 지탱하고 내장 기관을 보호한다.

**해골과 두 개의 교차된 뼈 문양**

뼈는 죽은 후에도 그대로 보존되기 때문에 해골과 두 개의 교차된 뼈 문양은 수 세기 동안 질병, 위험, 죽음의 상징이 되어 왔다.

## 좀 더 알아보기 : **뼈의 내부**

골격을 이루는 뼈들은 촉촉하게 수분을 머금은 상태에서 생체 작용을 하는 기관이며 자체적으로 혈액을 공급한다. 뼈 내부를 들여다보면 속까지 단단한 것은 아니라는 것을 알 수 있다. 만일 뼈가 속까지 단단하다면 너무 무거워 몸을 움직일 수 없을 것이다.

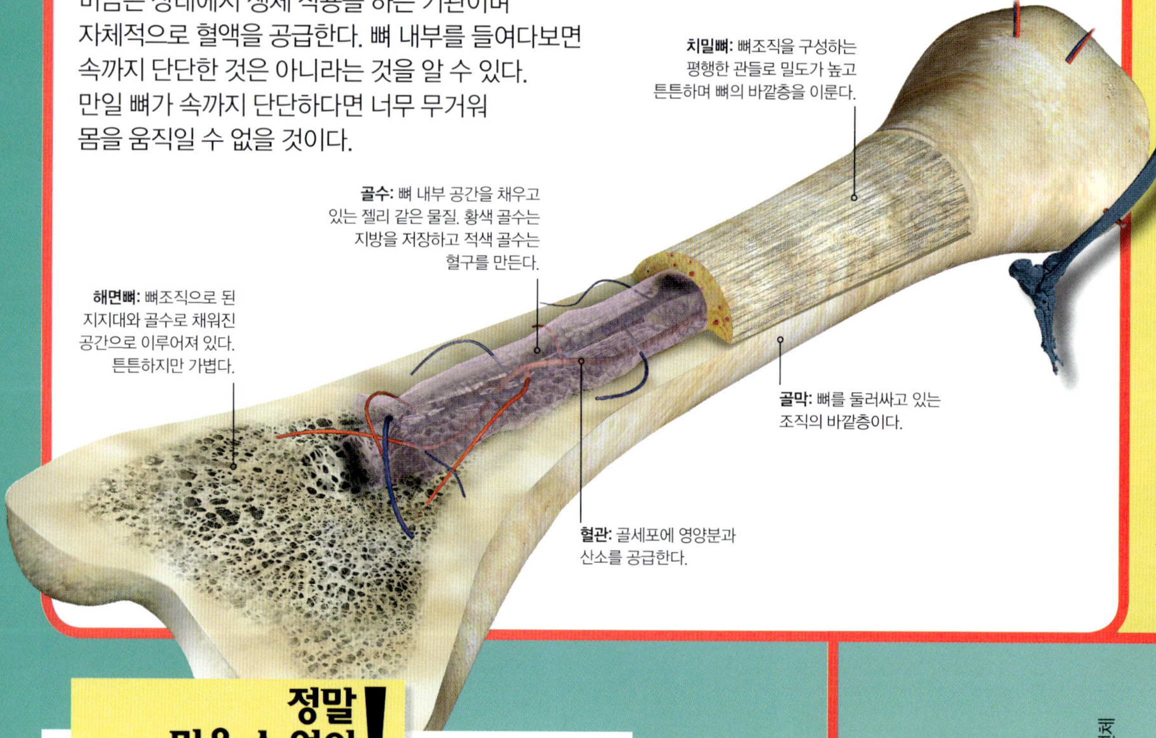
**치밀뼈:** 뼈조직을 구성하는 평행한 관들로 밀도가 높고 튼튼하며 뼈의 바깥층을 이룬다.
**골수:** 뼈 내부 공간을 채우고 있는 젤리 같은 물질. 황색 골수는 지방을 저장하고 적색 골수는 혈구를 만든다.
**해면뼈:** 뼈조직으로 된 지지대와 골수로 채워진 공간으로 이루어져 있다. 튼튼하지만 가볍다.
**골막:** 뼈를 둘러싸고 있는 조직의 바깥층이다.
**혈관:** 골세포에 영양분과 산소를 공급한다.

## 두 가지 골격

**중추 골격(머리뼈, 등뼈, 갈비뼈):** 몸의 중심을 이루는 80여 개의 뼈로 이루어졌으며 심장과 허파를 보호한다.

**부속 골격(팔, 다리, 어깨, 엉덩이 뼈):** 중추 골격에 붙어 있는 126개의 뼈를 일컬으며 몸을 움직이도록 해 준다.

## 정말 믿을 수 없어!

프랑스 파리 카타콤에는 수천 개의 두개골과 대퇴골, 그리고 그 밖의 다른 뼈들이 쌓여 있다. 이 지하 묘지의 벽은 뼈로 만들어졌다. 18세기 공동묘지에 시체가 넘쳐 나 이것들을 더 이상 보관할 수 없어 이곳으로 옮겼다고 한다.

## 숫자로 알아보기

**206개** 성인 골격에 있는 뼈의 개수

**300개** 신생아 골격에 있는 뼈의 개수 (아기가 자라면서 일부 뼈는 서로 합쳐진다.)

**106개** 손과 발에 있는 뼈의 개수. 몸 전체 뼈의 절반 이상을 차지한다.

**99%** 뼈와 치아에 들어 있는 칼슘의 비율

**6배** 살아 있는 몸속의 뼈는 같은 무게의 강철과 비교했을 때 6배나 더 강하다.

## 골절 치료하기

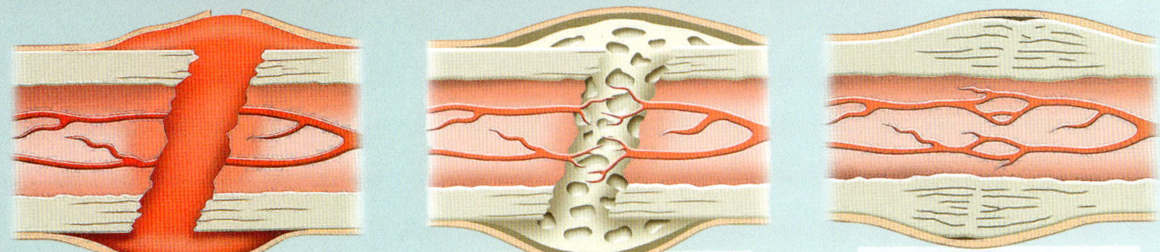

**01.** 피가 엉기도록 해 부러진 틈새 안에서 출혈이 멈추도록 하면서 자체 치유 과정을 시작한다.

**02.** 부러진 뼈의 양쪽 끝을 연결시켜 혈관과 조골세포가 이 부분으로 뻗어 나간다.

**03.** 조골세포를 자극하여 새로운 치밀뼈와 해면뼈를 만든다. 몇 달 안에 골절이 치료될 것이다.

## 혈액을 만드는 뼈

어린아이의 혈구 세포는 모든 뼈에 들어 있는 적색 골수에서 만들어진다. 어른의 혈구 세포는 여기 나와 있는 몇몇 뼈에서만 만들어진다.

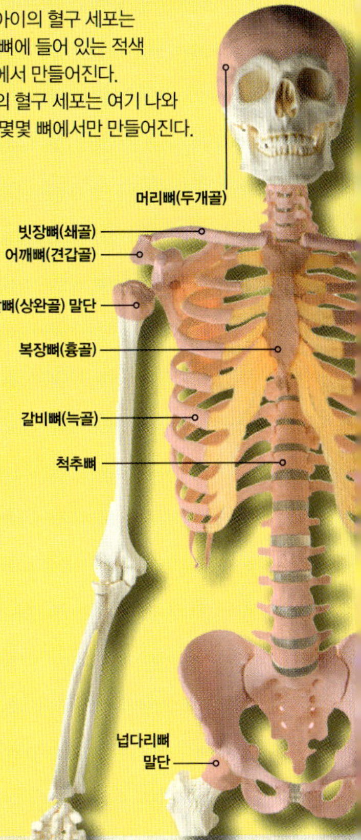


## 여섯 가지 유연한 관절

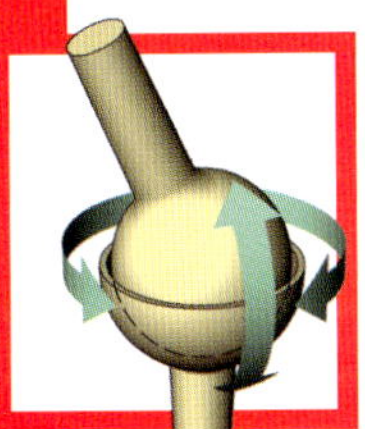

**구관절**
모든 방향으로 움직일 수 있으며 어깨와 고관절(골반과 다리가 만나는 부위)이 구관절로 되어있다.

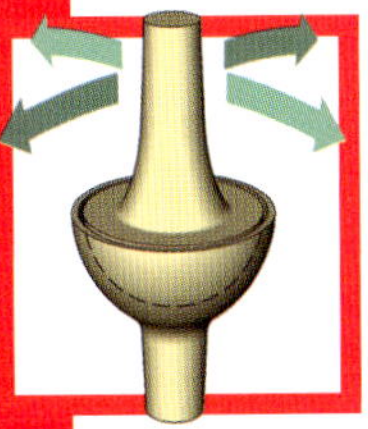

**타원 관절**
옆에서 옆으로 움직이거나 앞 또는 뒤로 움직일 수 있도록 해 준다. 손목이나 손가락 관절이 이에 해당한다.

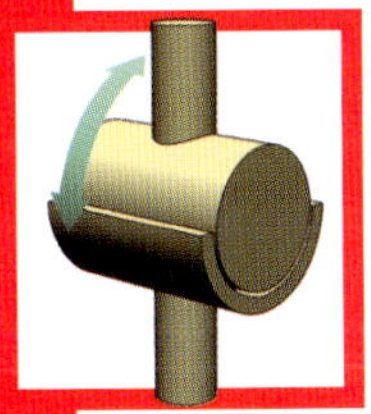

**경첩 관절**
문에 달려 있는 경첩처럼 하나의 면에 대해서만 움직일 수 있다. 무릎이나 팔꿈치 관절이 이에 해당한다.

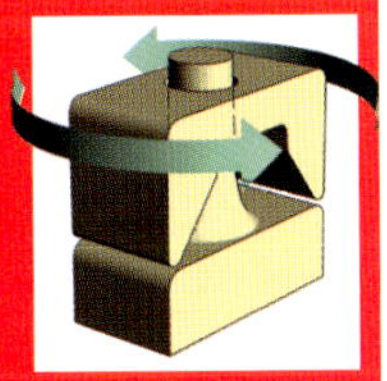

**회전 관절**
한쪽 뼈 말단이 다른 쪽 뼈 위쪽이나 안쪽에서 회전하는 관절이다. 척추 맨 위에 있는 두 뼈는 회전 관절로 연결되어 있어 머리를 돌릴 수 있다.

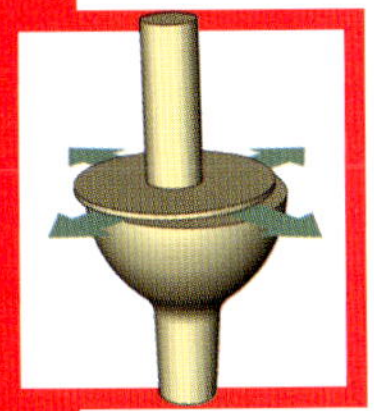

**면 관절**
약간씩 미끄러지듯 어긋나게 움직일 수 있는 관절로 손목뼈나 발목뼈가 여기에 속한다.

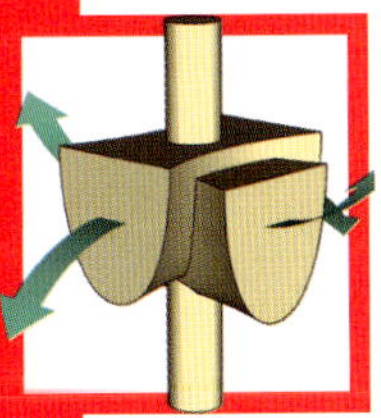

**안장 관절**
모든 방향으로 회전이 가능한 관절이며 엄지손가락 아래쪽에 위치해 있어 엄지가 다른 손가락과 쉽게 맞닿을 수 있다.

## 살짝 엿보기

**뼈**

**01:** 인체에서 가장 작은 뼈는 등자뼈이다. 귀 안에 있으며 쌀알보다도 작다.

**02:** 넙다리뼈는 인체에서 가장 긴 뼈다. 대략 키의 4분의 1에 해당하는 길이다.

**03:** 머리뼈는 몸에서 가장 복잡한 뼈이다.

**04:** 가장 복잡한 모양의 관절은 무릎이다.

**팔꿈치 아래의 자뼈 위쪽**은 뼈가 아니다. 팔꿈치 바깥쪽 부위를 이루며 부딪히거나 어딘가에 무언가로 맞으면 짜릿하고 이상야릇한 통증이 느껴진다. 이는 뼈를 가로지르는 자신경이 이 지점에 있기 때문에 발생하는 현상이다.

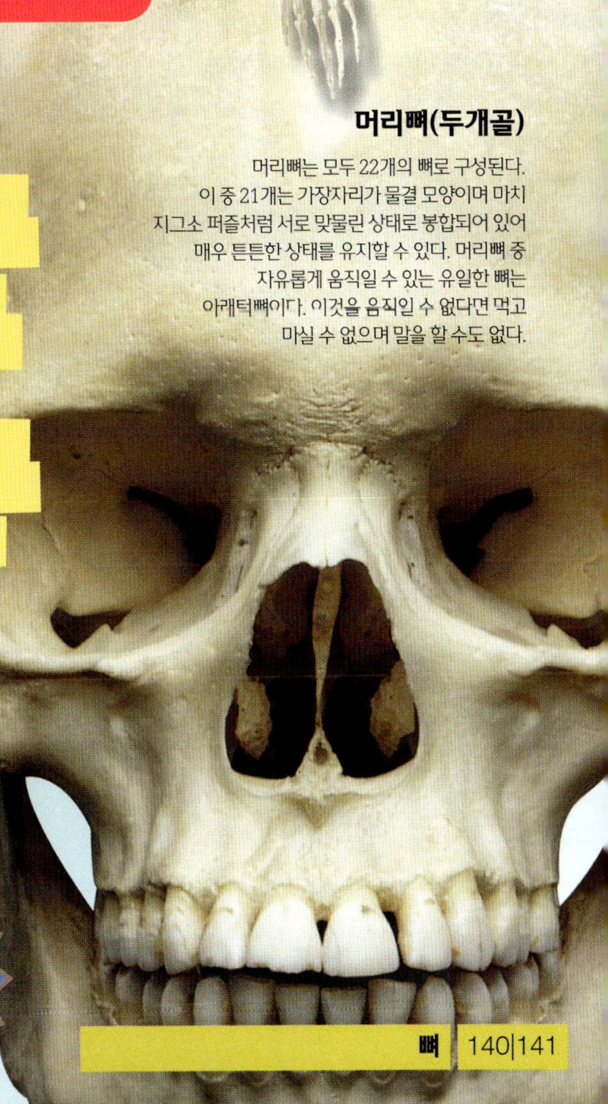

### 머리뼈(두개골)

머리뼈는 모두 22개의 뼈로 구성된다. 이 중 21개는 가장자리가 물결 모양이며 마치 지그소 퍼즐처럼 서로 맞물린 상태로 봉합되어 있어 매우 튼튼한 상태를 유지할 수 있다. 머리뼈 중 자유롭게 움직일 수 있는 유일한 뼈는 아래턱뼈이다. 이것을 움직일 수 없다면 먹고 마실 수 없으며 말을 할 수도 없다.

### 일곱 개의 목뼈

인간과 기린의 목뼈는 똑같이 7개로 그 수는 같지만 기린의 목뼈가 훨씬 길다.

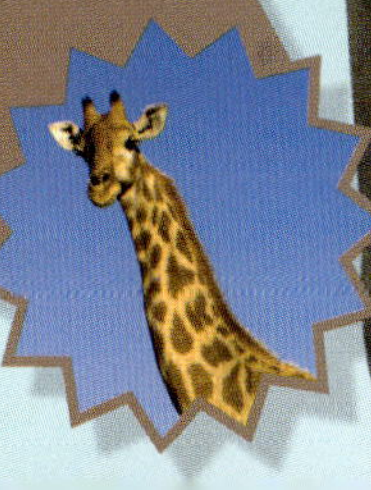

# 좀 더 알아보기: **골격**

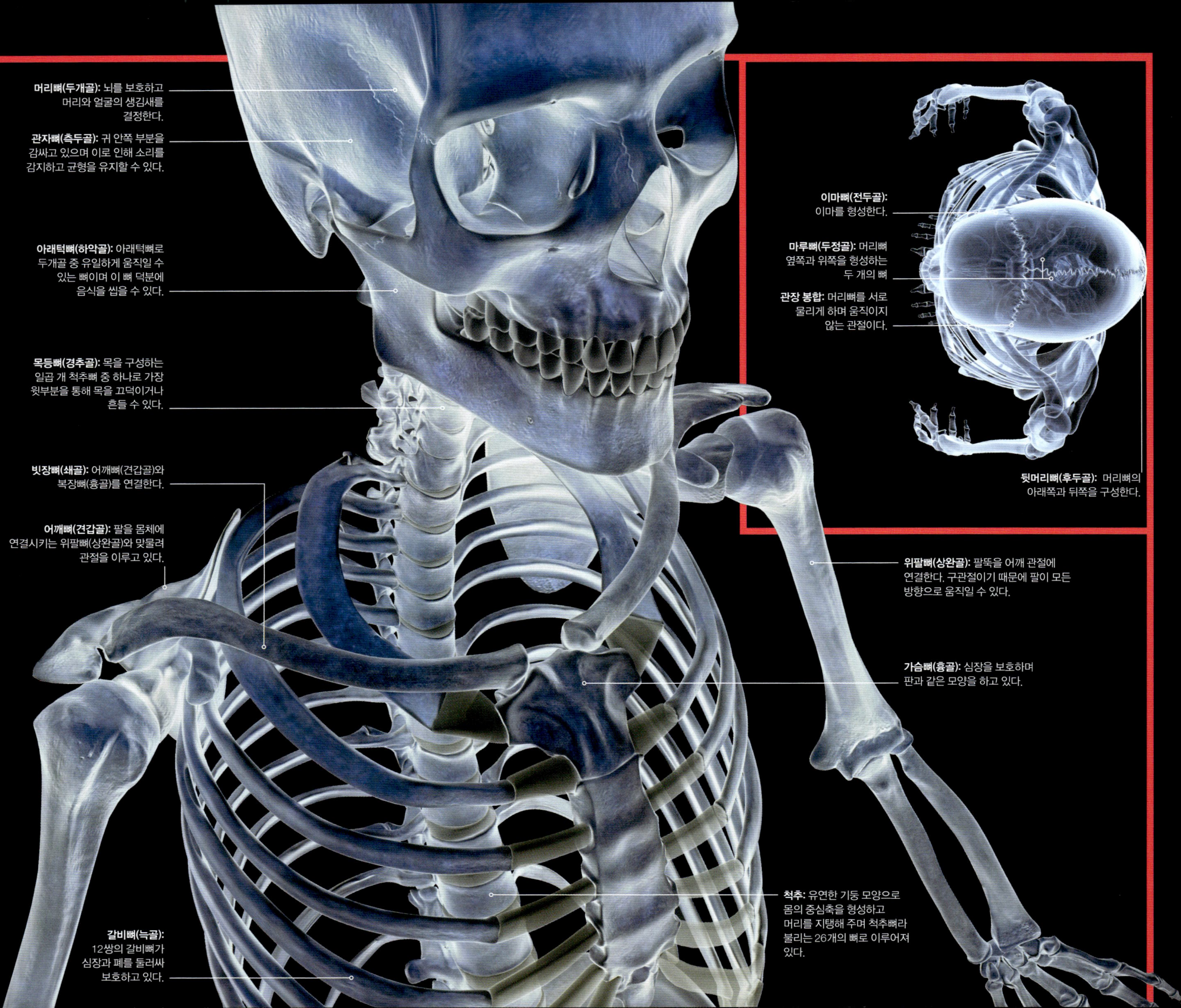
**머리뼈(두개골):** 뇌를 보호하고 머리와 얼굴의 생김새를 결정한다.
**관자뼈(측두골):** 귀 안쪽 부분을 감싸고 있으며 이로 인해 소리를 감지하고 균형을 유지할 수 있다.
**아래턱뼈(하악골):** 아래턱뼈로 두개골 중 유일하게 움직일 수 있는 뼈이며 이 뼈 덕분에 음식을 씹을 수 있다.
**목등뼈(경추골):** 목을 구성하는 일곱 개 척추뼈 중 하나로 가장 윗부분을 통해 목을 끄덕이거나 흔들 수 있다.
**빗장뼈(쇄골):** 어깨뼈(견갑골)와 복장뼈(흉골)를 연결한다.
**어깨뼈(견갑골):** 팔을 몸체에 연결시키는 위팔뼈(상완골)와 맞물려 관절을 이루고 있다.
**갈비뼈(늑골):** 12쌍의 갈비뼈가 심장과 폐를 둘러싸 보호하고 있다.
**위팔뼈(상완골):** 팔뚝을 어깨 관절에 연결한다. 구관절이기 때문에 팔이 모든 방향으로 움직일 수 있다.
**가슴뼈(흉골):** 심장을 보호하며 판과 같은 모양을 하고 있다.
**척추:** 유연한 기둥 모양으로 몸의 중심축을 형성하고 머리를 지탱해 주며 척추뼈라 불리는 26개의 뼈로 이루어져 있다.
**이마뼈(전두골):** 이마를 형성한다.
**마루뼈(두정골):** 머리뼈 옆쪽과 위쪽을 형성하는 두 개의 뼈
**관장 봉합:** 머리뼈를 서로 물리게 하며 움직이지 않는 관절이다.
**뒷머리뼈(후두골):** 머리뼈의 아래쪽과 뒤쪽을 구성한다.

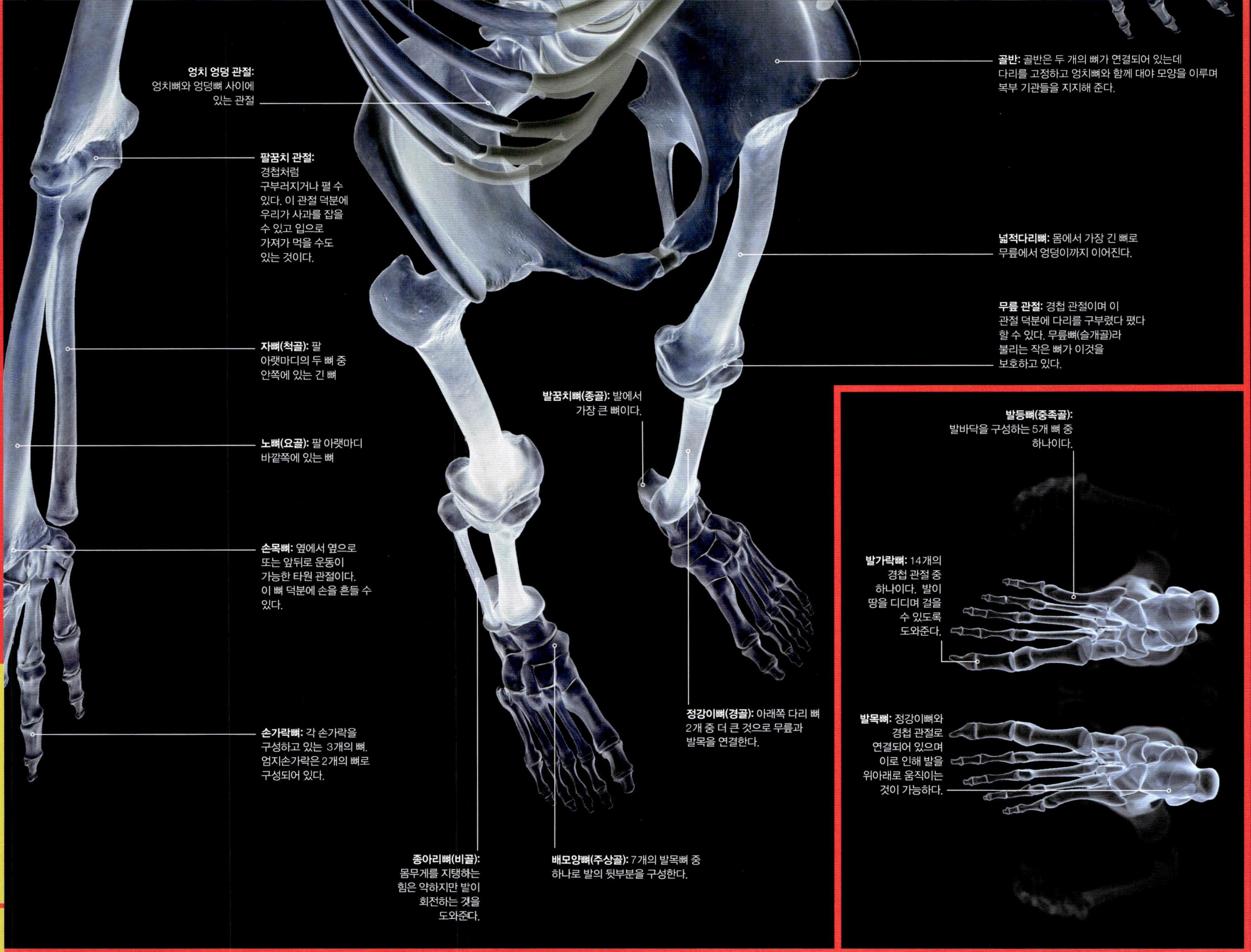

골반: 골반은 두 개의 뼈가 연결되어 있는데 다리를 고정하고 엉치뼈와 함께 대야 모양을 이루며 복부 기관들을 지지해 준다.
엉치 엉덩 관절: 엉치뼈와 엉덩뼈 사이에 있는 관절
팔꿈치 관절: 경첩처럼 구부러지거나 펼 수 있다. 이 관절 덕분에 우리가 사과를 잡을 수 있고 입으로 가져가 먹을 수도 있는 것이다.
넓적다리뼈: 몸에서 가장 긴 뼈로 무릎에서 엉덩이까지 이어진다.
무릎 관절: 경첩 관절이며 이 관절 덕분에 다리를 구부렸다 폈다 할 수 있다. 무릎뼈(슬개골)라 불리는 작은 뼈가 이것을 보호하고 있다.
자뼈(척골): 팔 아랫마디의 두 뼈 중 안쪽에 있는 긴 뼈
발꿈치뼈(종골): 발에서 가장 큰 뼈이다.
발등뼈(중족골): 발바닥을 구성하는 5개 뼈 중 하나이다.
노뼈(요골): 팔 아랫마디 바깥쪽에 있는 뼈
손목뼈: 옆에서 옆으로 또는 앞뒤로 운동이 가능한 타원 관절이다. 이 뼈 덕분에 손을 흔들 수 있다.
발가락뼈: 14개의 경첩 관절 중 하나이다. 발이 땅을 디디며 걸을 수 있도록 도와준다.
손가락뼈: 각 손가락을 구성하고 있는 3개의 뼈. 엄지손가락은 2개의 뼈로 구성되어 있다.
정강이뼈(경골): 아래쪽 다리 뼈 2개 중 더 큰 것으로 무릎과 발목을 연결한다.
발목뼈: 정강이뼈와 경첩 관절로 연결되어 있으며 이로 인해 발을 위아래로 움직이는 것이 가능하다.
종아리뼈(비골): 몸무게를 지탱하는 힘은 약하지만 발이 회전하는 것을 도와준다.
배모양뼈(주상골): 7개의 발목뼈 중 하나로 발의 뒷부분을 구성한다.

# 잠이 들면 왜 고개를 떨어뜨릴까?

우리가 깨어 있을 때는 목과 등에 있는 근육이 우리를 지탱하고 머리를 곧추세워 준다. 잠이 들면 근육도 휴식을 취하게 되어 머리가 한쪽으로 기울어진다. 근육은 몸을 지탱하는 것 외에도 뼈를 잡아당겨 다양한 운동을 할 수 있게 해 주는 등 많은 일을 한다. 펜을 들어 올리는 것부터 마라톤 경주까지 모든 운동은 근육에 의해 이루어진다.

## 좀 더 알아보기: **주요 근육**

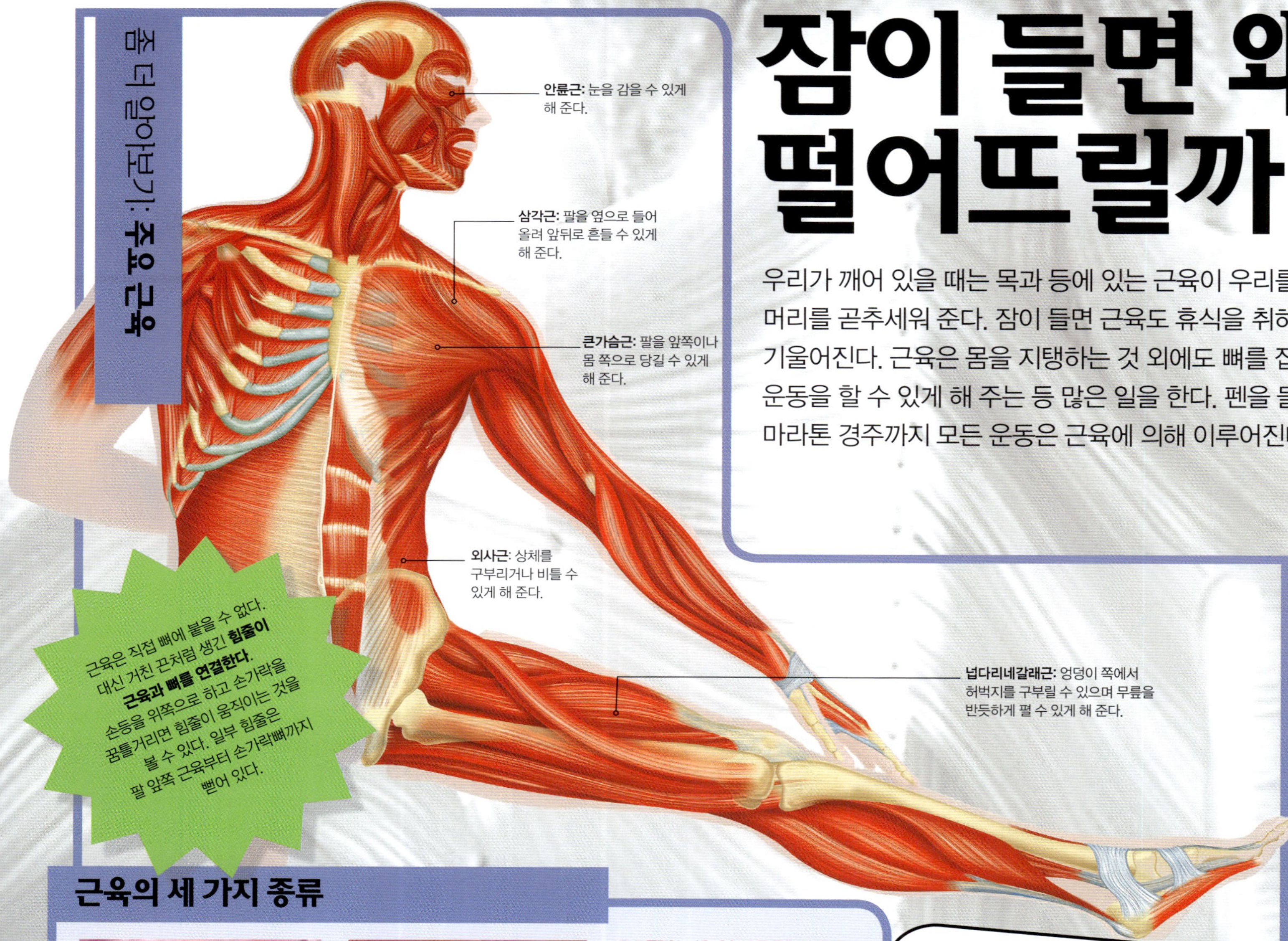
**안륜근:** 눈을 감을 수 있게 해 준다.
**삼각근:** 팔을 옆으로 들어 올려 앞뒤로 흔들 수 있게 해 준다.
**큰가슴근:** 팔을 앞쪽이나 몸 쪽으로 당길 수 있게 해 준다.
**외사근:** 상체를 구부리거나 비틀 수 있게 해 준다.
**넙다리네갈래근:** 엉덩이 쪽에서 허벅지를 구부릴 수 있으며 무릎을 반듯하게 펼 수 있게 해 준다.

근육은 직접 뼈에 붙을 수 없다. 대신 거친 끈처럼 생긴 **힘줄이 근육과 뼈를 연결한다.** 손등을 위쪽으로 하고 손가락을 꿈틀거리면 힘줄이 움직이는 것을 볼 수 있다. 일부 힘줄은 팔 앞쪽 근육부터 손가락뼈까지 뻗어 있다.

## 근육의 세 가지 종류

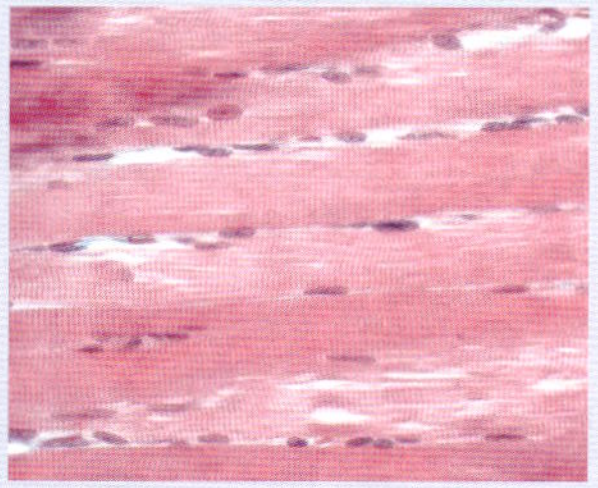
**골격근**
뼈를 당겨 몸을 움직일 수 있게 해 준다.

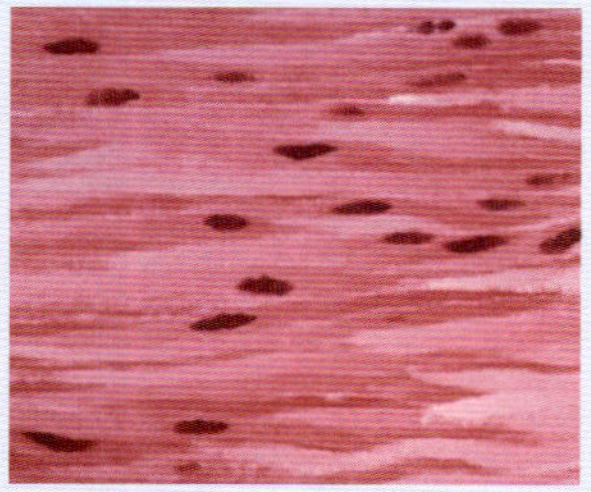
**민무늬근**
방광처럼 속이 비어 있는 기관의 벽에서 발견된다.

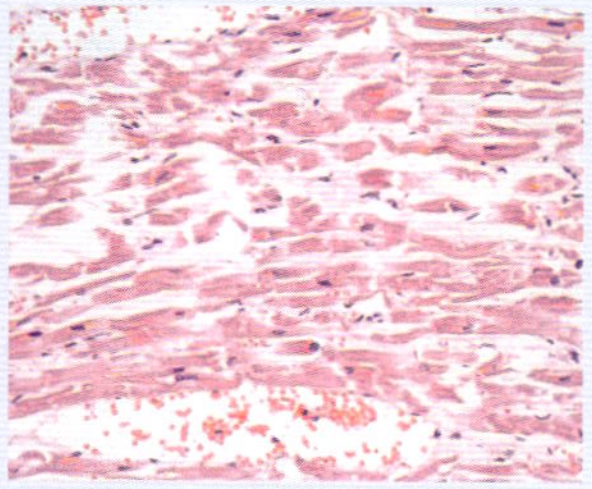
**심장근**
심장 벽에서 발견된다. 지속적으로 수축하여 혈액을 뿜어낸다.

## 준비 운동의 필요성

휴식이 필요한데도 계속해서 근육이 수축된 상태로 있을 경우 근육 경련이 일어나 통증이 발생한다. 근육 경련을 예방하려면 운동을 하기 전에 준비 운동을 해야 한다.

## 건강의 세 가지 척도

RAIFFEISEN
2
**체력**
심장이 얼마나 효과적으로 혈액을 뿜어내는지를 측정한다.

**근력**
근육이 얼마나 강한지를 측정한다.

**유연성**
관절, 힘줄, 근육이 얼마나 유연한지를 측정한다.

## 팔 구부리기

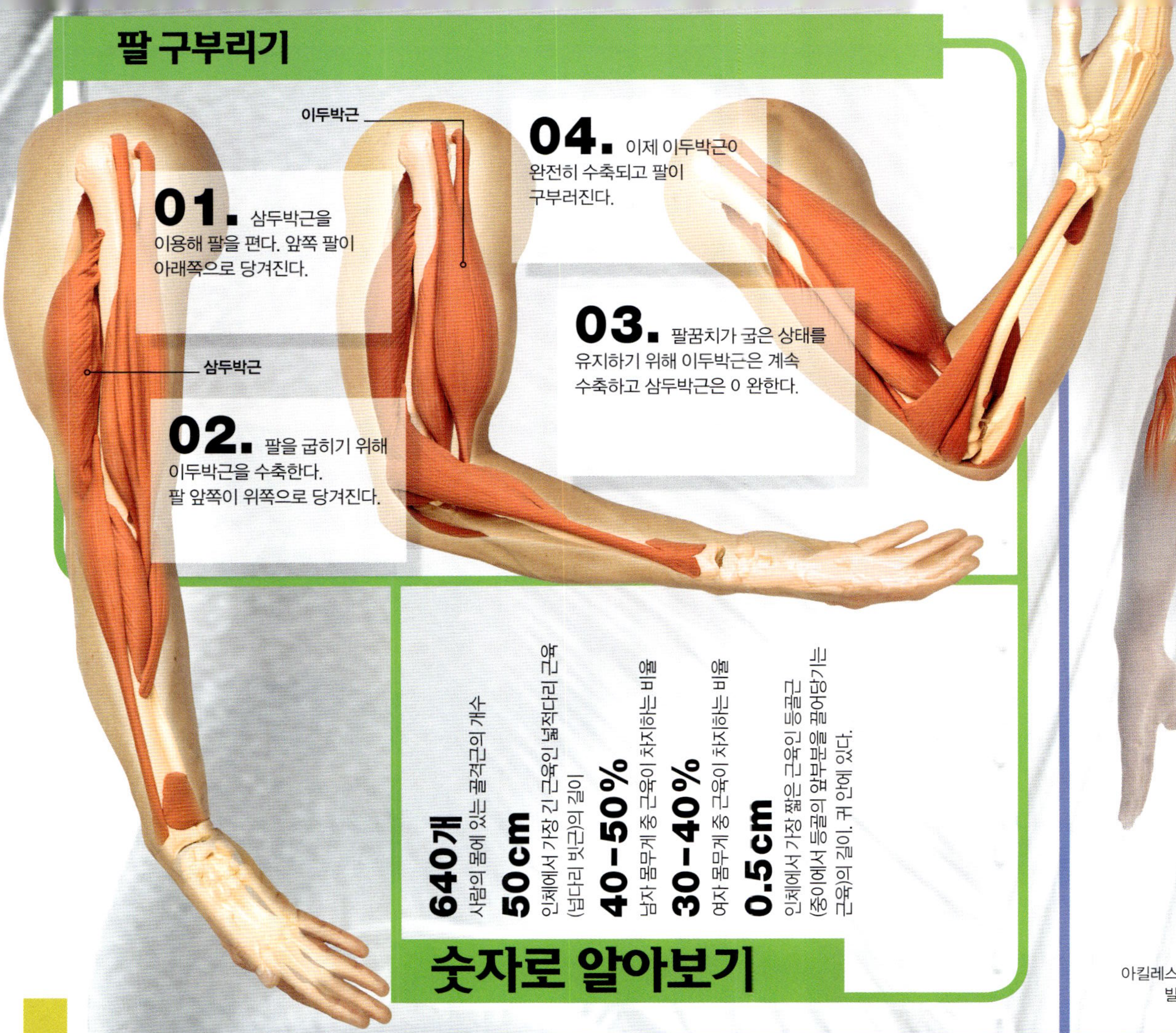


**01.** 삼두박근을 이용해 팔을 편다. 앞쪽 팔이 아래쪽으로 당겨진다.

**02.** 팔을 굽히기 위해 이두박근을 수축한다. 팔 앞쪽이 위쪽으로 당겨진다.

**03.** 팔꿈치가 굽은 상태를 유지하기 위해 이두박근은 계속 수축하고 삼두박근은 0 완한다.

**04.** 이제 이두박근0 완전히 수축되고 팔이 구부러진다.

## 숫자로 알아보기

**640개** 사람의 몸에 있는 골격근의 개수

**50cm** 인체에서 가장 긴 근육인 넓적다리 근육(넙다리 빗근)의 길이

**40-50%** 남자 몸무게 중 근육이 차지하는 비율

**30-40%** 여자 몸무게 중 근육이 차지하는 비율

**0.5cm** 인체에서 가장 짧은 근육인 등골근(중이에서 등골의 앞부분을 끌어당기는 근육)의 길이. 귀 안에 있다.

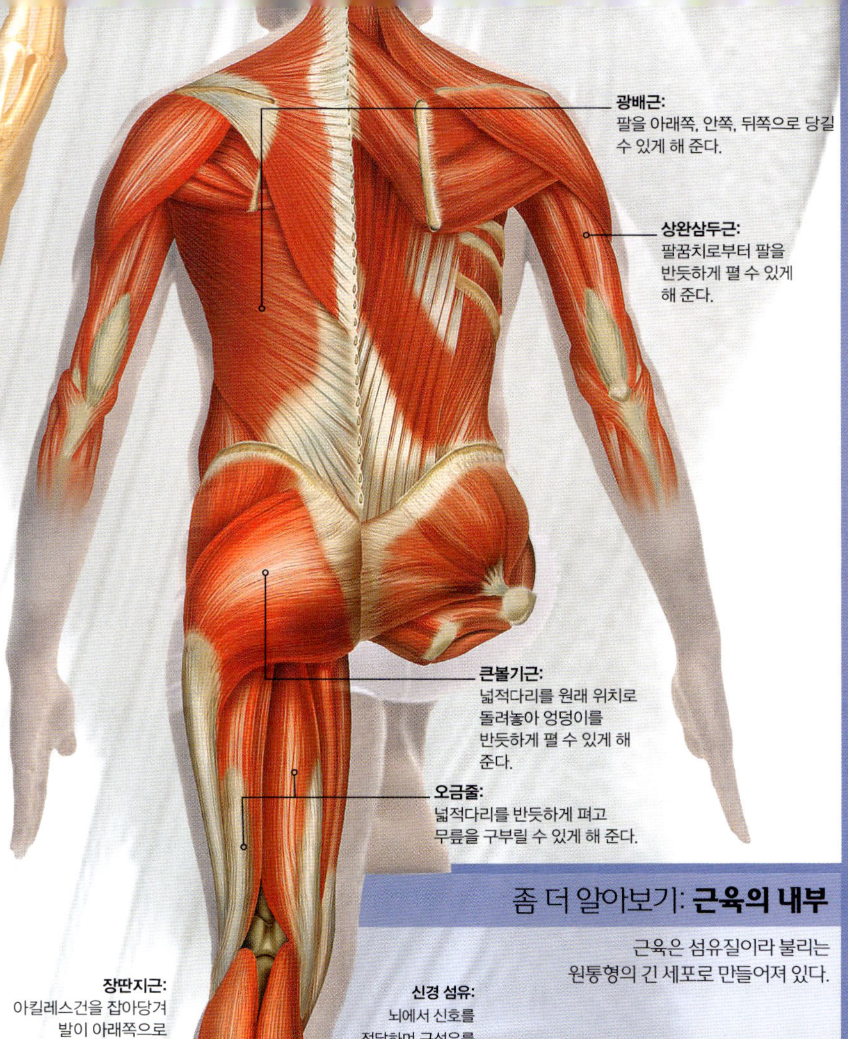


### 좀 더 알아보기: **근육의 내부**

근육은 섬유질이라 불리는 원통형의 긴 세포로 만들어져 있다.

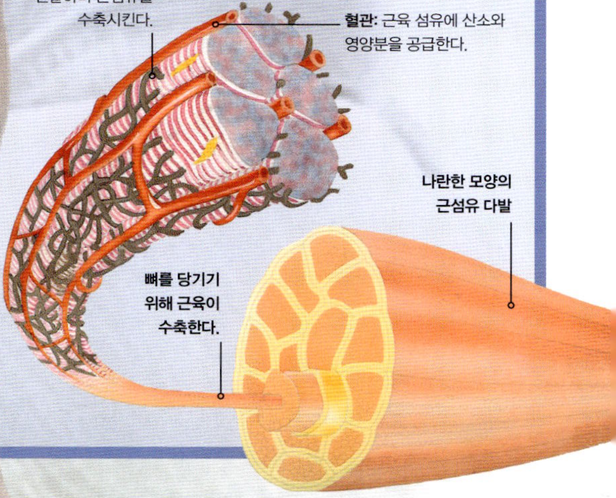


## 다섯 가지 얼굴 표정

우리가 느끼는 감정을 표정으로 나타내려면 30개 이상의 작은 근육을 움직여 얼굴의 ㅍ 부를 당겨야 한다.

**두려움**
근육이 턱을 아래쪽으로 당겨 입이 쩍 벌어지게 한다.

**분노**
근육이 눈썹을 아래쪽으로 당겨 주름이 생기게 한다.

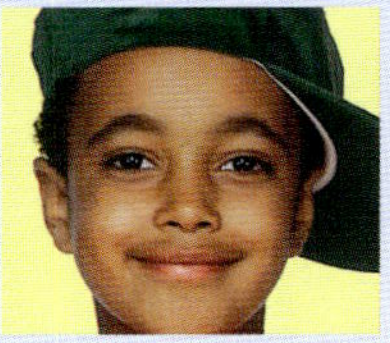

**기쁨**
근육이 입의 양쪽 끝을 위쪽으로 들어 올린다.

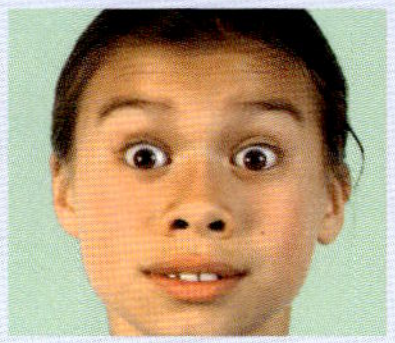

**놀람**
근육이 눈썹을 들어 올려 이마가 주름지게 한다.

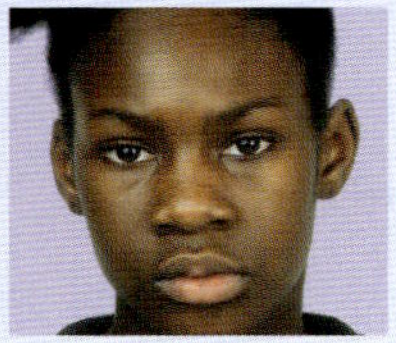

**슬픔**
근육이 입 양쪽 끝을 아래쪽으로 당긴다.

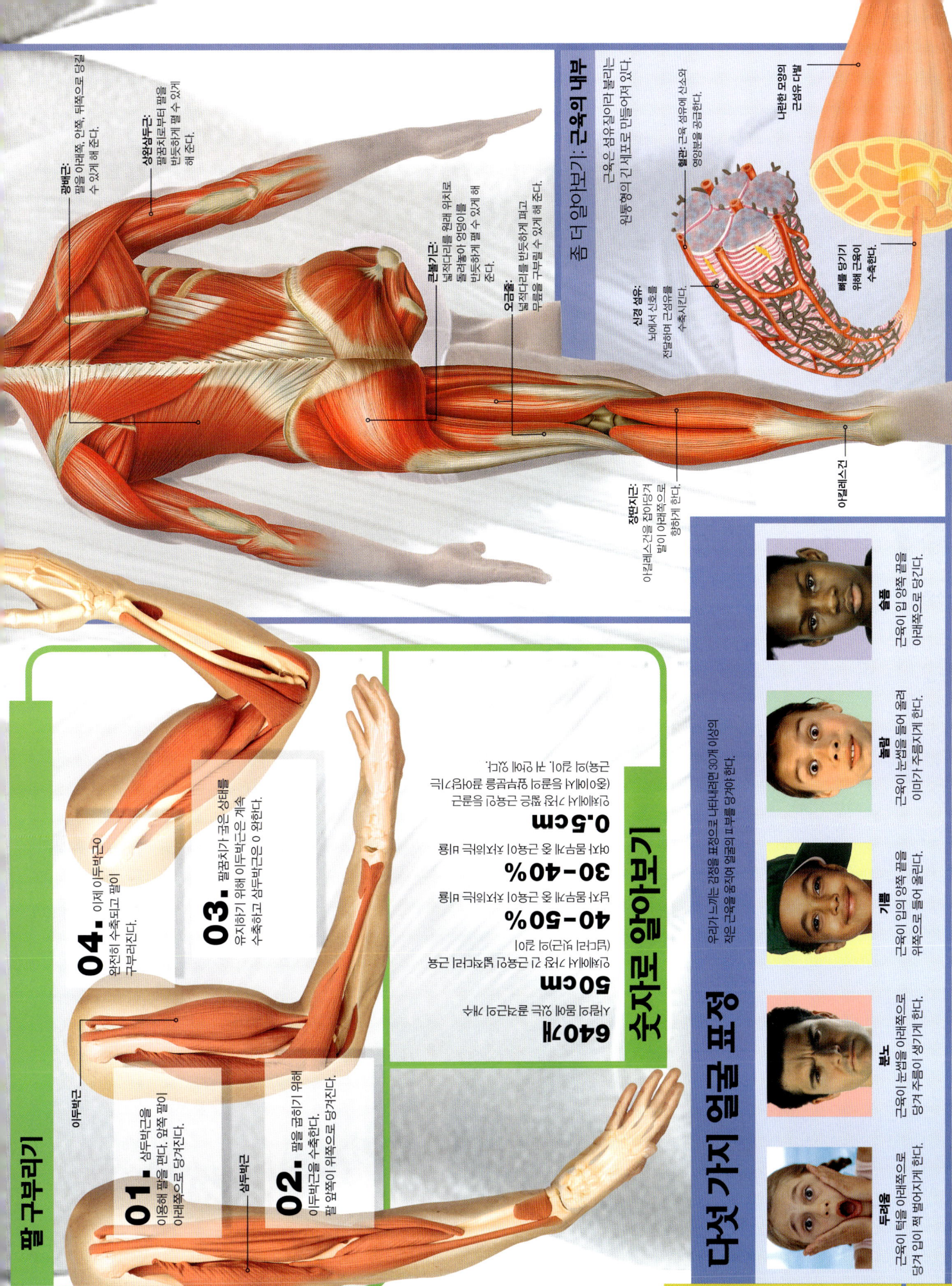

# 혈액은 왜 붉은색일까?

혈액을 구성하는 세포의 대부분이 헤모글로빈이라 불리는 붉은색 물질로 채워져 있기 때문이다. 적혈구는 헤모글로빈을 이용해 살아 있는 산소를 인체의 각 세포로 실어 나른다. 혈액은 그 밖에도 노폐물을 제거하는 등 다양한 기능을 수행하기 위해 심장에서 뿜어져 나와 혈관을 따라 이동한다.

## 좀 더 알아보기: **혈액 순환**

심장에서 나온 혈액은 혈관을 따라 온몸 구석구석까지 이동한다. 산소가 결핍된 혈액(푸른색)이 폐로 보내지고 그곳에서 산소를 받아들이게 된다. 산소가 풍부한 혈액(붉은색)은 몸의 각 부분으로 이동한다.

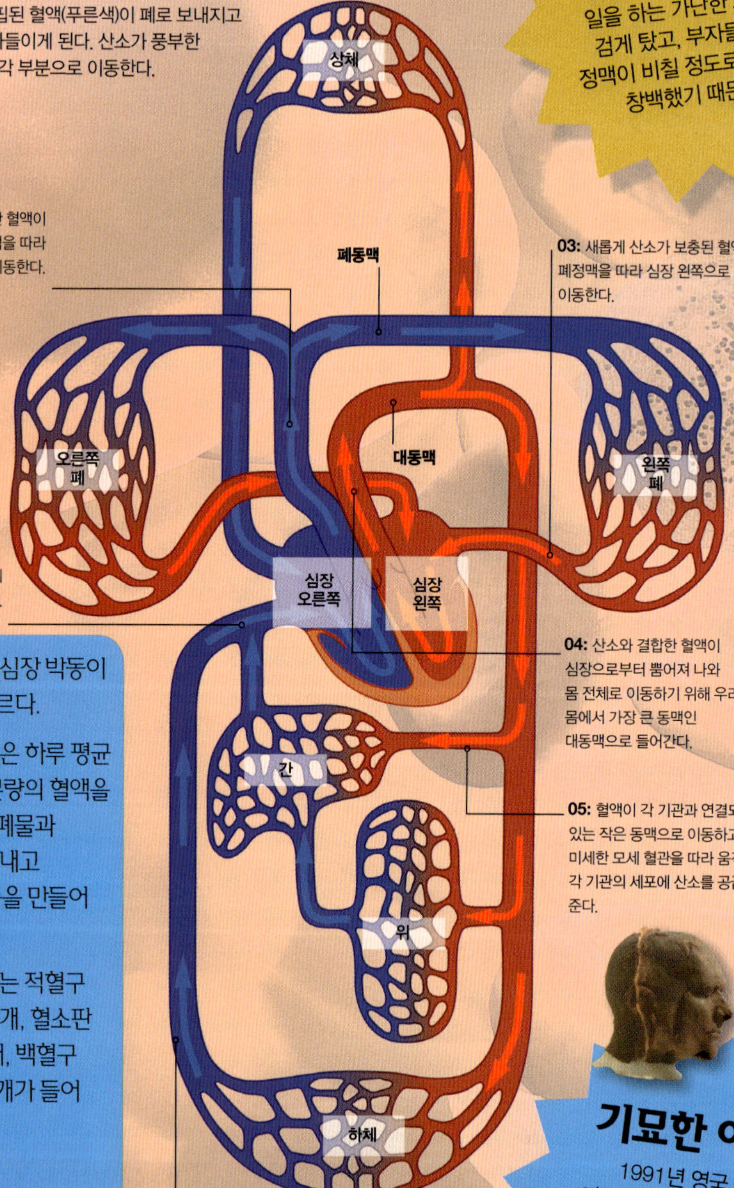


**01:** 산소가 부족한 혈액이 심장에 도착한다.

**02:** 산소가 부족한 혈액이 심장에서 폐동맥을 따라 허파로 이동한다.

**03:** 새롭게 산소가 보충된 혈액은 폐정맥을 따라 심장 왼쪽으로 재빨리 이동한다.

**04:** 산소와 결합한 혈액이 심장으로부터 뿜어져 나와 몸 전체로 이동하기 위해 우리 몸에서 가장 큰 동맥인 대동맥으로 들어간다.

**05:** 혈액이 각 기관과 연결되어 있는 작은 동맥으로 이동하고 미세한 모세 혈관을 따라 움직이며 각 기관의 세포에 산소를 공급해 준다.

**06:** 하대정맥을 통해 산소가 부족한 혈액이 심장으로 이동하고 다시 순환이 시작된다.

## 무슨 뜻일까?

과거 귀족들은 '**푸른 피**'라고 불렸다. 그 시절엔 밖에서 일을 하는 가난한 사람들만 검게 탔고, 부자들은 푸른 정맥이 비칠 정도로 피부 빛이 창백했기 때문이다.

## 혈액의 구성 성분

혈액을 유리관에 넣어 원심 분리기로 돌리면 혈액의 주요 성분이 3개의 층으로 나뉜다.

**혈장(55%):** 묽은 액체로 영양분, 노폐물, 호르몬, 그 밖에 다양한 물질이 들어 있다.

**백혈구와 혈소판(1%):** 외부 물질에 감염되면 백혈구가 이에 저항한다. 혈소판은 혈액을 엉겨 붙게 해 출혈을 막는다.

**적혈구(44%):** 허파에서 조직 세포로 산소를 운반한다.

## 살짝 엿보기

**01:** 보통 여자의 심장 박동이 남자보다 빠르다.

**02:** 두 개의 콩팥은 하루 평균 욕조 12개 분량의 혈액을 여과하여 노폐물과 수분을 걸러 내고 약 1ℓ의 오줌을 만들어 낸다.

**03:** 피 한 방울에는 적혈구 2억 5000만 개, 혈소판 1천 600만 개, 백혈구 37만 5,000개가 들어 있다.

## 기묘한 이야기

1991년 영국 예술가 마크 퀸은 5개월에 걸쳐 모은 자신의 혈액 4.25ℓ를 얼린 뒤 이를 조각하여 자기 머리 모양을 만들었다.

## 사람의 피를 빨아먹는 생물체들

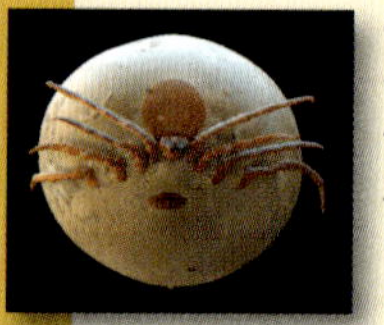

**흡혈 진드기**
음식을 섭취하면 풍선처럼 부풀어 오른다. 사람에게 라임병을 유발한다.

**거머리**
자르기 좋게 발달한 입을 사용해 피부를 뚫고 들어온다.

**체체파리**
물어뜯는 파리로 피를 빨아먹고 살며 수면병을 퍼뜨린다.

**침노린재류의 흡혈 곤충**
밤에 밖으로 나오며 우리가 잠자는 동안 피를 빨아먹는다.

**드라큘라**
빅토리아 시대의 소설가 브램 스토커가 만들어 낸 가상의 뱀파이어

## 하트 모양

2,300년 전에 그리스 철학자 아리스토텔레스는 몸속에 있는 심장으로 인해 우리가 감정을 느낄 수 있다고 말했다. 오늘날 우리의 감정은 뇌가 주관하는 것으로 알려져 있다. 아리스토텔레스의 생각은 오래전에 폐기되었지만 밸런타인데이가 되면 사람들은 여전히 하트 모양으로 사랑을 표현한다.

## 혈관

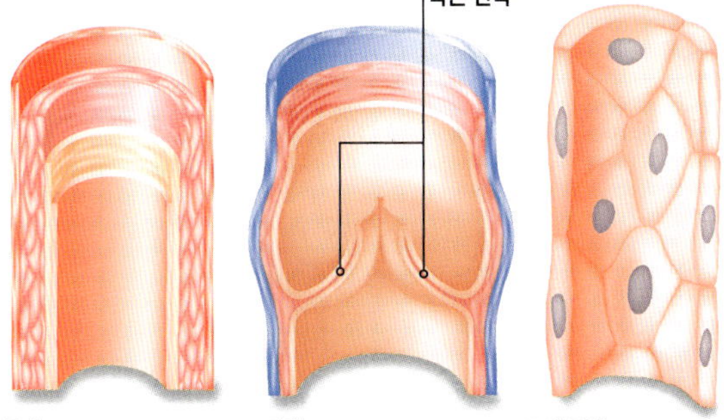


**동맥**
산소가 풍부한 혈액을 심장에서 조직으로 운반한다. 동맥의 벽은 두껍고 근육질이다.

**정맥**
산소가 적어진 혈액을 조직에서 심장으로 운반한다. 벽이 얇다.

**모세 혈관**
미세하며 세포 하나 정도의 두께이다. 조직 속으로 혈액을 운반하며 동맥과 정맥을 연결한다.

## 심장에서 혈액 뿜어내기

심장은 특별한 종류의 근육으로 만들어져 있어 결코 지치지 않는다. 심장은 왼쪽과 오른쪽으로 나뉘어 있다. 각각은 심방이라 부르는 윗부분과 심실이라 부르는 아랫부분으로 이루어져 있다. 심실이 심방보다 좀 더 크다.

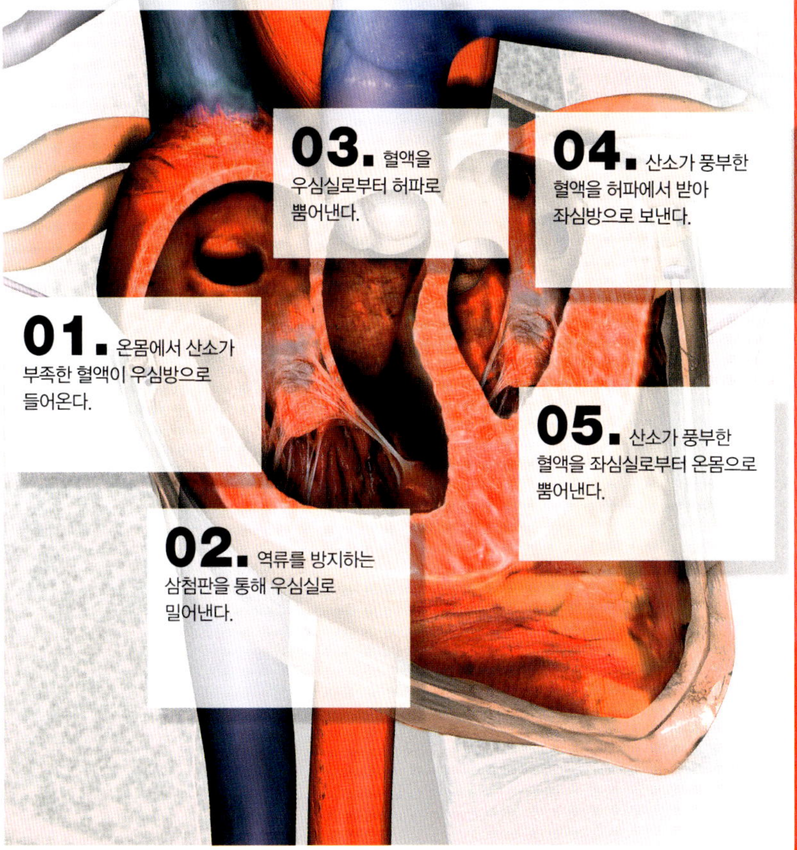

**01.** 온몸에서 산소가 부족한 혈액이 우심방으로 들어온다.

**02.** 역류를 방지하는 삼첨판을 통해 우심실로 밀어낸다.

**03.** 혈액을 우심실로부터 허파로 뿜어낸다.

**04.** 산소가 풍부한 혈액을 허파에서 받아 좌심방으로 보낸다.

**05.** 산소가 풍부한 혈액을 좌심실로부터 온몸으로 뿜어낸다.

## 심장 박동

심장 박동은 판막이 닫힐 때 생기는 소리이다. 청진기를 통해 박동 소리를 들을 수 있다.

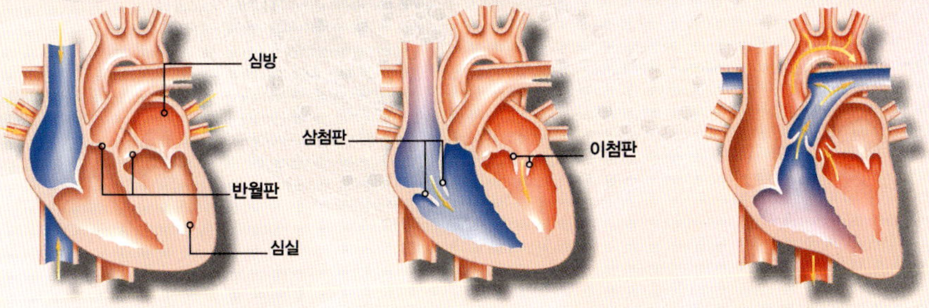


**01:** 심방과 심실이 이완되고 심장의 양쪽으로 혈액이 흘러 들어간다. 이때 반월판이 닫힌다.

**02:** 심방이 수축하고 이첨판과 삼첨판을 통해 혈액을 심실로 밀어낸다.

**03:** 심실이 수축하며 반월판을 통해 혈액을 밀어낸다. 이때 이첨판과 삼첨판은 닫혀 있다.

## 숫자로 알아보기

**25조 개**
혈액 속 적혈구의 수

**25억 회**
70년 동안 쉬지 않고 계속되는 심장 박동의 횟수

**10억 개**
적혈구 세포 하나를 통해 운반되는 산소 분자의 개수

**2억 5000만 개**
하나의 적혈구에 있는 헤모글로빈 분자 개수

**15만 km**
우리 몸속에 분포해 있는 혈관의 총 길이

**120일**
적혈구의 수명

**99%**
전체 혈액 세포 중 적혈구의 비율

**5ℓ**
보통 성인의 몸속에 있는 혈액의 양

## 주요 일지

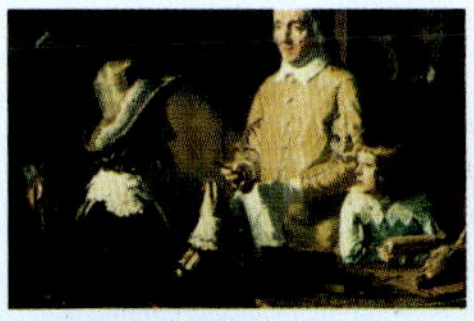

**1628년**
영국인 의사 윌리엄 하비가 심장에서 혈액이 뿜어져 나와 온몸을 순환한다는 것을 증명해 보였다.

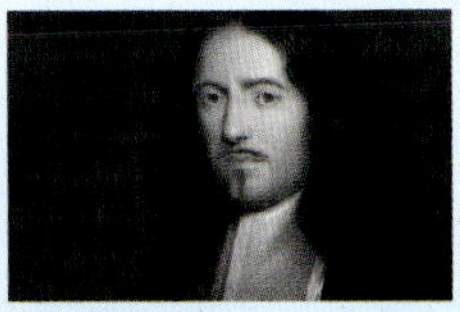

**1663년**
이탈리아 의사 말피기가 혈관을 찾아냈다.

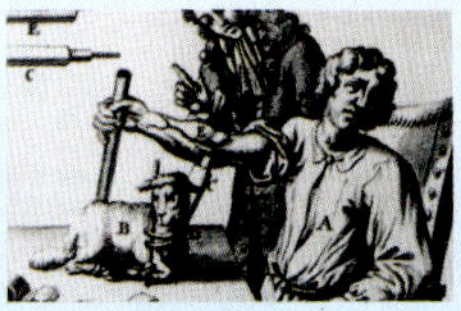

**1667년**
양과 사람 사이에 수혈이 이루어졌다. 둘 다 생존했다.

**1900년대**
오스트리아계 미국인 의사 란트슈타이너가 혈액형(A, B, AB, O)을 발견하였다.

# 왜 우리는 음식을 먹어야 할까?

몸속에 있는 세포는 수조 개에 이른다. 우리가 생존하기 위해서는 이 세포가 밤낮으로 활동해야 한다. 세포가 지속적으로 활동을 하기 위해서는 에너지가 필요한데, 우리는 음식에서 이 에너지를 얻는다. 음식은 또 우리가 성장하는 데 필요한 세포의 구성 물질을 제공한다. 우리는 먼저 소화 과정을 통해 음식을 잘게 부순 뒤 몸에 필요한 영양분을 섭취한다.

## 소화는 입에서부터

입속에 음식을 넣는 순간 소화가 시작된다. 흰 빵 조각을 몇 분 동안만 씹어도 침 안에 있는 효소가 녹말 성분(빵 속에 들어 있는 담백한 맛의 탄수화물)을 잘게 부수어 단맛이 나는 당분으로 만든다. 이제 막 소화가 시작된 것을 볼 수 있다.

## 정말 믿을 수 없어!

전 세계 사람으로부터 나오는 배설물은 매일 200만 톤에 달한다. 이는 안을 완전히 채운 점보제트기 5,000대의 무게와 같다.

## 네 가지 치아 유형

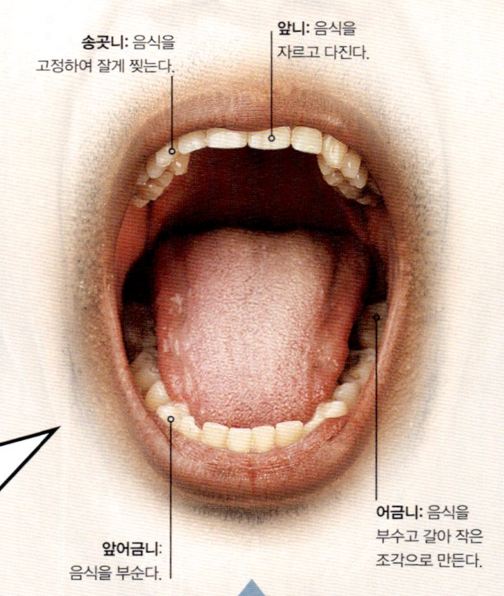

송곳니: 음식을 고정하여 잘게 찢는다.
앞니: 음식을 자르고 다진다.
앞어금니: 음식을 부순다.
어금니: 음식을 부수고 갈아 작은 조각으로 만든다.

## 기묘한 이야기

'아무거나 먹는 아저씨'로 잘 알려진 로티토(Michel Lotito, 1959~2007)는 금속이나 유리와 같이 소화할 수 없는 물건을 먹는 사람이다. 그는 세스나 150 항공기를 2년여 만에 걸쳐 먹어 치우는 놀라운 기록을 세웠다. 이상하게도 그는 바나나나 삶은 달걀을 먹으면 몸에 이상이 생긴다.

## 음식물 섭취하고 소화하기

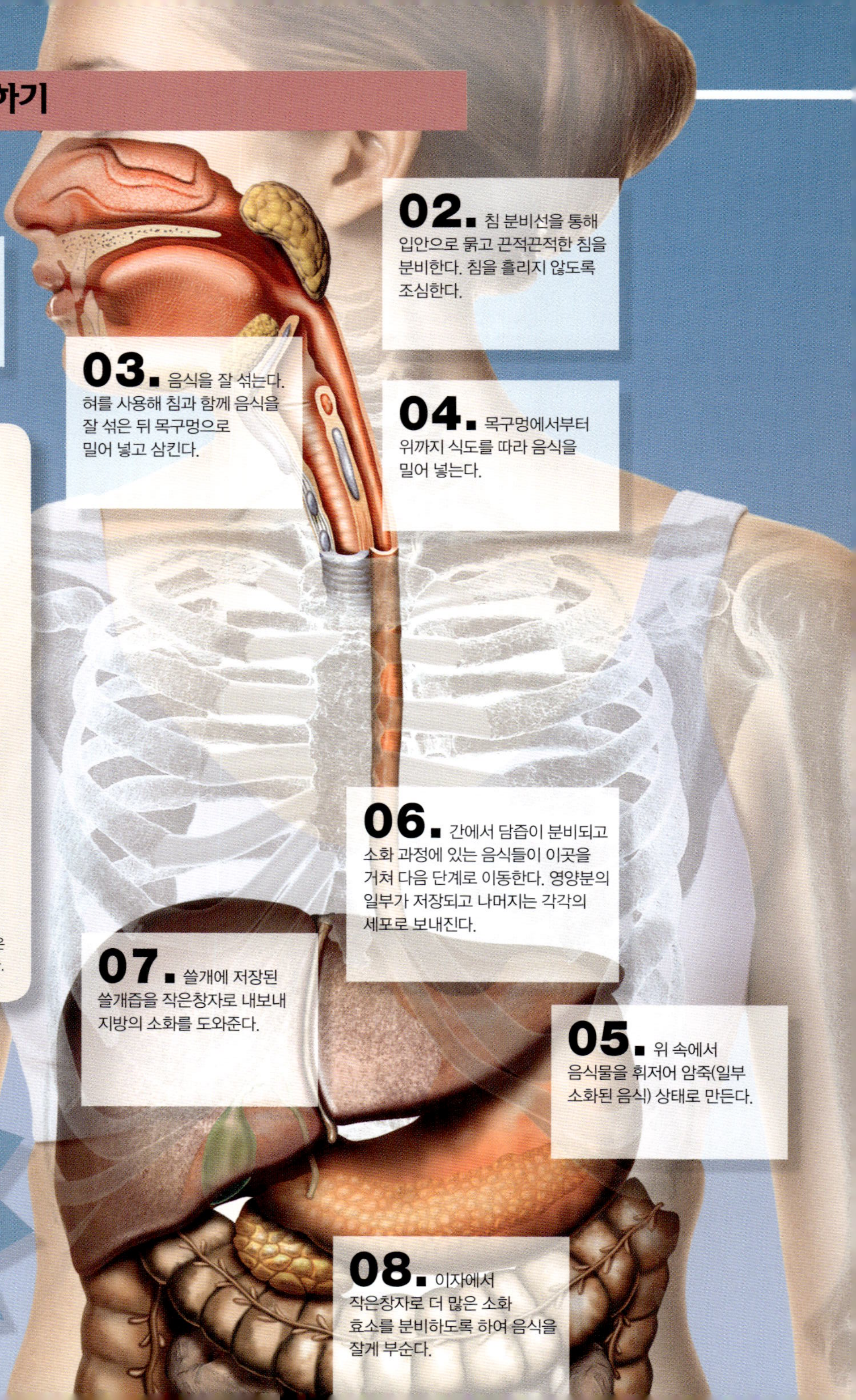

**01.** 이를 이용해 음식을 잘게 부순다.

**02.** 침 분비선을 통해 입안으로 묽고 끈적끈적한 침을 분비한다. 침을 흘리지 않도록 조심한다.

**03.** 음식을 잘 섞는다. 혀를 사용해 침과 함께 음식을 잘 섞은 뒤 목구멍으로 밀어 넣고 삼킨다.

**04.** 목구멍에서부터 위까지 식도를 따라 음식을 밀어 넣는다.

**05.** 위 속에서 음식물을 휘저어 암죽(일부 소화된 음식) 상태로 만든다.

**06.** 간에서 담즙이 분비되고 소화 과정에 있는 음식들이 이곳을 거쳐 다음 단계로 이동한다. 영양분의 일부가 저장되고 나머지는 각각의 세포로 보내진다.

**07.** 쓸개에 저장된 쓸개즙을 작은창자로 내보내 지방의 소화를 도와준다.

**08.** 이자에서 작은창자로 더 많은 소화 효소를 분비하도록 하여 음식을 잘게 부순다.

## 지금 이 순간 몸속의 간이 하고 있는 열 가지 일

**01:** 음식물 소화를 돕는다.

**02:** 혈당량을 조절한다.

**03:** 지방을 저장하고 운반한다.

**04:** 아미노산을 처리하고 단백질을 만든다.

**05:** 녹색 담즙을 만들고 이것을 소장으로 보내 지방 소화를 돕는다.

**06:** 비타민 A, $B_{12}$, D, E, K를 저장한다.

**07:** 역할이 끝난 호르몬을 혈액 속에서 제거한다.

**08:** 약물과 독성을 파괴하여 제거한다.

**09:** 세균을 제거한다.

**10:** 마모된 적혈구를 제거한다.

**작은창자**는 소화계 중 가장 중요한 부분이다. 손가락 모양의 미세한 융모가 주름진 점막을 덮고 있어 작은창자의 표면적을 넓히고 반쯤 소화된 음식이 이곳을 통과할 때 영양분이 흡수한다.

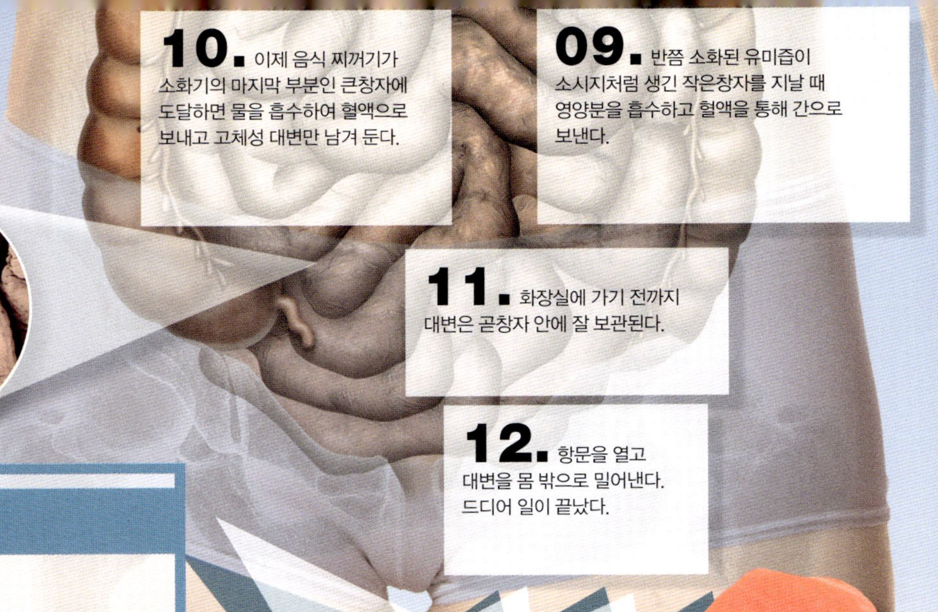

**10.** 이제 음식 찌꺼기가 소화기의 마지막 부분인 큰창자에 도달하면 물을 흡수하여 혈액으로 보내고 고체성 대변만 남겨 둔다.

**09.** 반쯤 소화된 유미즙이 소시지처럼 생긴 작은창자를 지날 때 영양분을 흡수하고 혈액을 통해 간으로 보낸다.

**11.** 화장실에 가기 전까지 대변은 곧창자 안에 잘 보관된다.

**12.** 항문을 열고 대변을 몸 밖으로 밀어낸다. 드디어 일이 끝났다.

### 음식에서 섭취하는 영양분

| 무엇을? | 왜? | 어디에서? |
|---|---|---|
| 탄수화물 | 에너지 공급 | 파스타, 빵, 쌀, 감자 |
| 단백질 | 성장과 치료 | 고기, 생선, 콩 |
| 지방 | 에너지 공급, 체온 유지 | 유제품, 식물성 기름, 고기, 생선 |
| 비타민 | 발육과 생리 작용에 도움 | 과일, 채소, 달걀, 고기, 생선 |
| 무기질 | 생체 유지에 도움 | 유제품, 고기, 생선, 견과류, 콩 |
| 섬유질 | 내장 기관의 활동에 도움 | 과일, 채소 |
| 물 | 생존에 필수 | 모든 음식과 음료 |

### 방귀에 관한 사실들

- 방귀는 삼킨 공기와 내장에서 세균에 의해 배출되는 가스로 만들어진다.
- 세균에서 배출되는 지독한 가스 때문에 방귀 냄새가 나는 것이다.
- 꽃양배추, 달걀, 고기 등을 먹으면 방귀 냄새가 가장 독하게 난다.
- 콩을 먹으면 방귀 뀌는 양이 최고로 늘어난다. 세균이 콩을 아주 좋아하기 때문이다.
- 보통 사람의 경우 하루에 14번 정도 방귀를 뀐다.

## 숫자로 알아보기

**100조 마리**
잘록창자에 서식하는 세균의 수

**100mℓ**
한 사람이 날마다 대변을 통해 배출하는 수분의 양

**20개**
젖니의 개수. 6살부터 빠지기 시작한다.

**32개**
성인의 치아 개수

**30톤**
평균 수명 동안 먹는 음식의 무게

**11.5ℓ**
매일 소화계를 따라 내려가는 음식과 액체 소화액의 양

### 무슨 뜻일까?

**보보리그미**(borborygmi)라는 말은 위에서 나는 꾸르륵 소리를 비롯해 소화 과정에 생기는 다양한 소리를 묘사하기 위해 의사들이 사용하는 말이다. 이는 배 속에서 나는 이상한 소리들과 비슷한 발음이 나기 때문이다.

### 음식물을 토하게 되는 과정

**01:** 부주의한 사람이 유해 세균이나 독성이 들어 있는 음식을 먹는다.

**02:** 위 내부 조직이 침입자에 의해 자극을 받는다.

**03:** 자극 받은 내부 조직이 뇌의 구토 부위에 신호를 보낸다.

**04:** 토할 것 같은 느낌을 받고 가장 가까운 화장실로 재빨리 달려간다.

**05:** 복부 근육이 수축하면서 위를 쥐어짠다.

**06:** 소화되어 죽처럼 된 음식이 식도로 올라와 입 밖으로 나오게 된다. 웩!

# 숨을 안 쉬면 어떻게 될까?

호흡을 통해 허파로 공기가 드나드는데, 공기 속에는 산소 기체가 들어 있다. 수조 개가 넘는 체세포는 하루 24시간 내내 산소를 공급받아야 한다. 그런데 산소는 저장이 불가능한 물질이므로 호흡을 중단하면 절대로 안 된다. 인체 내 세포에서 계속 배출되는 노폐물인 이산화탄소도 호흡을 통해 제거된다.

## 좀 더 알아보기: **호흡기계**

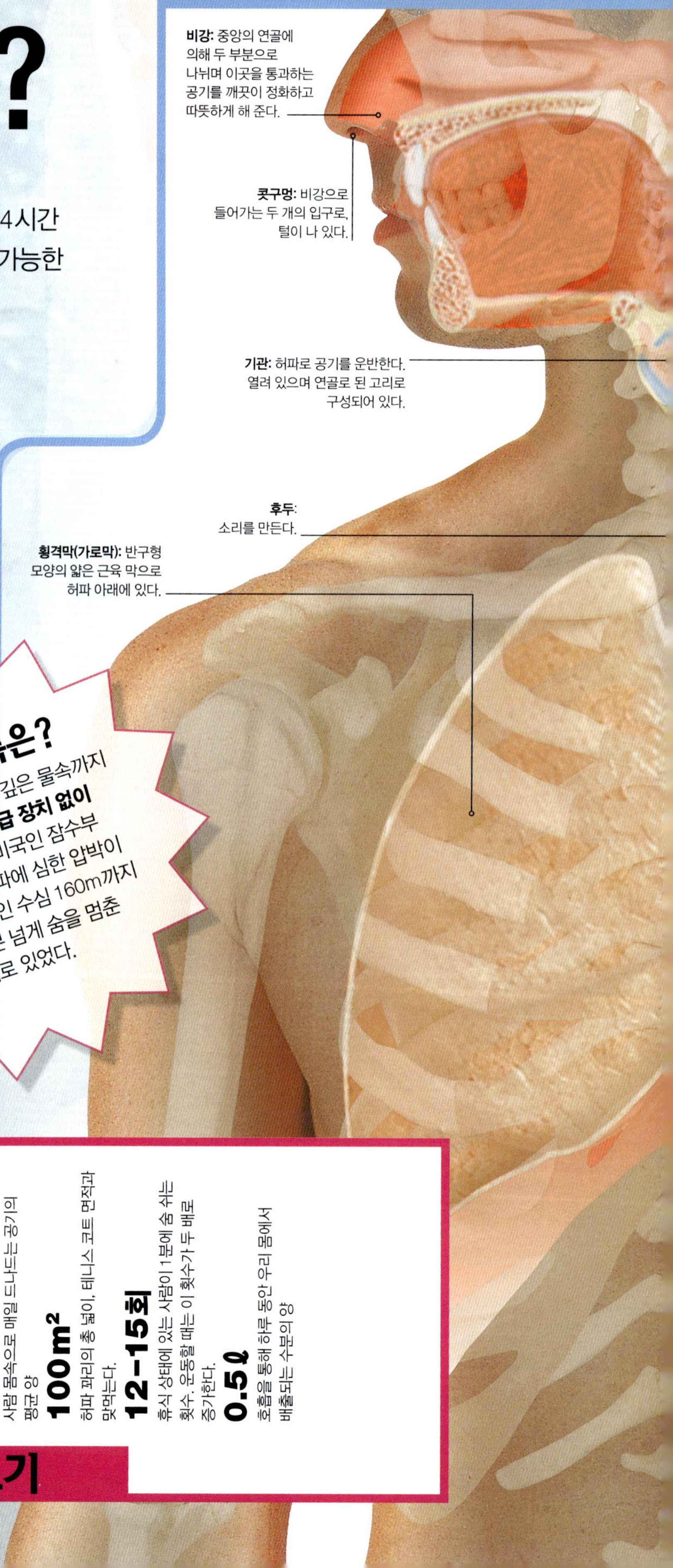

**비강:** 중앙의 연골에 의해 두 부분으로 나뉘며 이곳을 통과하는 공기를 깨끗이 정화하고 따뜻하게 해 준다.
**콧구멍:** 비강으로 들어가는 두 개의 입구로, 털이 나 있다.
**기관:** 허파로 공기를 운반한다. 열려 있으며 연골로 된 고리로 구성되어 있다.
**후두:** 소리를 만든다.
**횡격막(가로막):** 반구형 모양의 얇은 근육 막으로 허파 아래에 있다.

### 최고 기록은?

잠수부들은 상당히 깊은 물속까지 **특별한 산소 공급 장치 없이 잠수**를 한다. 미국인 잠수부 스트리터는 허파에 심한 압박이 느껴지는 깊이인 수심 160m까지 내려가 6분 넘게 숨을 멈춘 채로 있었다.

### 코가 공기를 걸러 내는 다섯 가지 방법

**01:** 콧구멍의 털이 꽃가루, 곤충 부스러기, 각질 등을 잡아내는 그물과 같은 역할을 한다.

**02:** 코의 등쪽에 비어 있는 공간인 비강에 들어 있는 끈적거리는 콧물이 세균, 바이러스, 먼지 입자를 잡아 낸다.

**03:** 머리카락처럼 가는 점막의 털이 양옆으로 움직이며 세균을 걸러 낸다. 세균이 섞인 콧물을 목구멍으로 삼키면 위 속에서 산성의 위액이 이를 처리하도록 한다.

**04:** 비강에 있는 혈관은 공기를 데우는 라디에이터 역할을 한다. 특히 추운 날에 유용하다.

**05:** 점막은 수증기를 내보내 건조한 공기를 촉촉하게 만든다.

### 숫자로 알아보기

**6억 개**
양쪽 허파에 들어 있는 허파 꽈리의 개수

**2만 5,000회**
우리가 하루에 숨 쉬는 평균 호흡 횟수

**9,000ℓ**
산소와 결합하여 허파를 통해 흘러나가는 하루 평균 혈액의 양

**8,500ℓ**
사람 몸속으로 매일 드나드는 공기의 평균 양

**100m²**
허파 꽈리의 총 넓이. 테니스 코트 면적과 맞먹는다.

**12–15회**
휴식 상태에 있는 사람이 1분에 숨 쉬는 횟수. 운동할 때는 이 횟수가 두 배로 증가한다.

**0.5ℓ**
호흡을 통해 하루 동안 우리 몸에서 배출되는 수분의 양

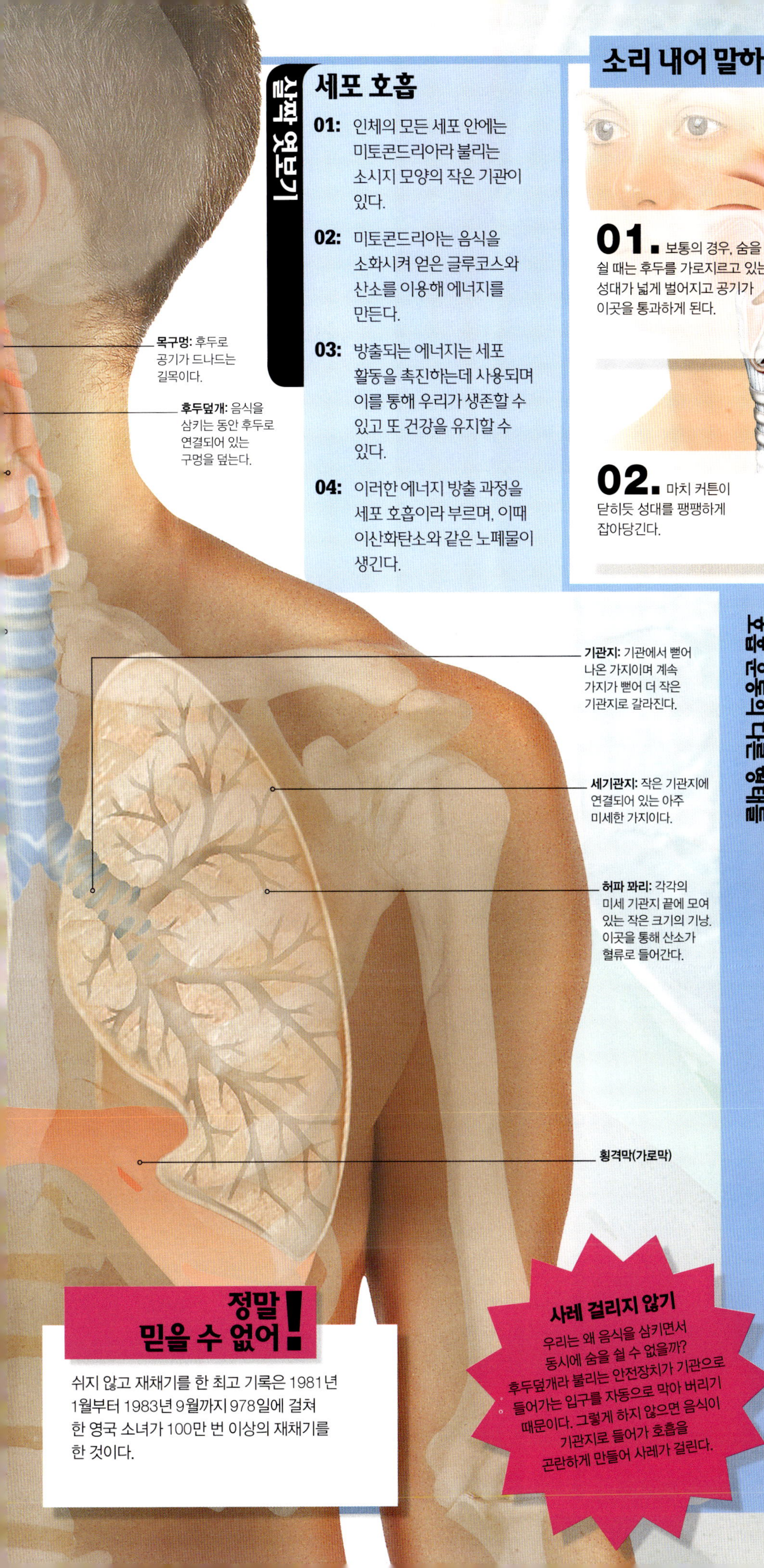
목구멍: 후두로 공기가 드나드는 길목이다.
후두덮개: 음식을 삼키는 동안 후두로 연결되어 있는 구멍을 덮는다.
기관지: 기관에서 뻗어 나온 가지이며 계속 가지가 뻗어 더 작은 기관지로 갈라진다.
세기관지: 작은 기관지에 연결되어 있는 아주 미세한 가지이다.
허파 꽈리: 각각의 미세 기관지 끝에 모여 있는 작은 크기의 기낭. 이곳을 통해 산소가 혈류로 들어간다.
횡격막(가로막)

## 살짝 엿보기

### 세포 호흡

**01:** 인체의 모든 세포 안에는 미토콘드리아라 불리는 소시지 모양의 작은 기관이 있다.

**02:** 미토콘드리아는 음식을 소화시켜 얻은 글루코스와 산소를 이용해 에너지를 만든다.

**03:** 방출되는 에너지는 세포 활동을 촉진하는데 사용되며 이를 통해 우리가 생존할 수 있고 또 건강을 유지할 수 있다.

**04:** 이러한 에너지 방출 과정을 세포 호흡이라 부르며, 이때 이산화탄소와 같은 노폐물이 생긴다.

## 소리 내어 말하기

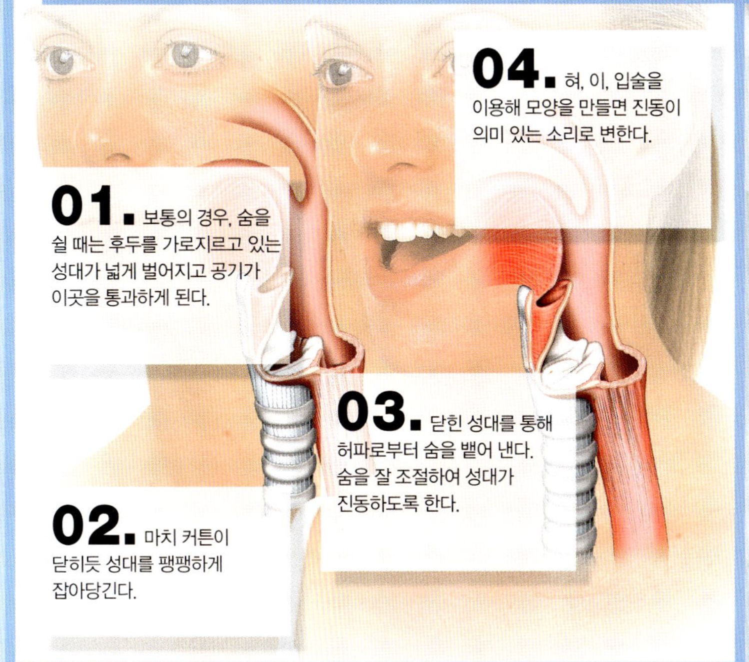

**01.** 보통의 경우, 숨을 쉴 때는 후두를 가로지르고 있는 성대가 넓게 벌어지고 공기가 이곳을 통과하게 된다.

**02.** 마치 커튼이 닫히듯 성대를 팽팽하게 잡아당긴다.

**03.** 닫힌 성대를 통해 허파로부터 숨을 뱉어 낸다. 숨을 잘 조절하여 성대가 진동하도록 한다.

**04.** 혀, 이, 입술을 이용해 모양을 만들면 진동이 의미 있는 소리로 변한다.

## 호흡 운동의 다른 형태들

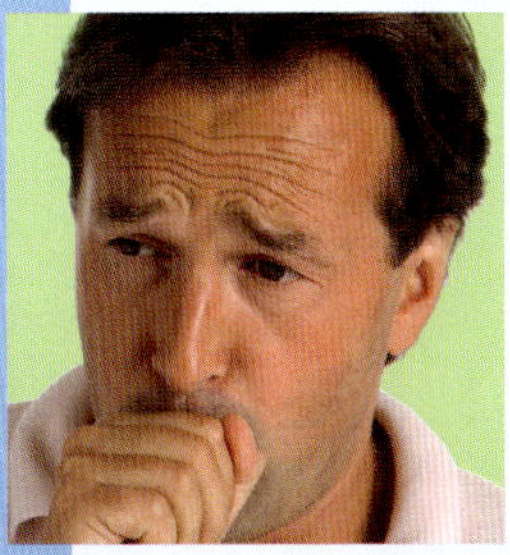

**기침**
기도 위쪽에 점액질이나 다른 물질이 생기는 경우, 이를 깨끗이 제거하기 위해 허파에서 나오는 공기를 닫힌 성대 뒤쪽에 모아 두었다가 입을 통해 힘차게 밖으로 내보내는 것이 바로 기침이다.

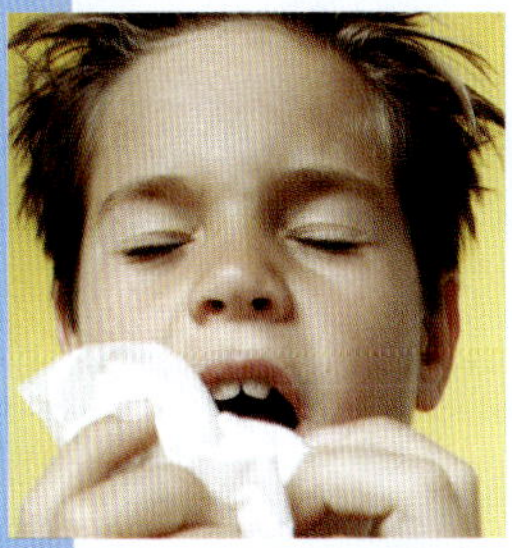

**재채기**
기본적으로 기침과 같다. 하지만 점액질을 제거하거나 간지러움을 완화하기 위해 입 대신 비강을 통해 공기를 뿜어내는 것이 다르다.

**딸꾹질**
음식을 너무 빨리 먹거나 하여 횡격막이 경련을 일으켜 들이쉬는 숨이 방해를 받아 목구멍에서 이상한 소리가 나는 증상이다.

**하품**
피곤할 때 허파 안으로 깊은 숨을 들이마시는 것이다. 혈액 속의 과도한 이산화탄소를 내보내기 위한 움직임으로 추측된다.

## 정말 믿을 수 없어!

쉬지 않고 재채기를 한 최고 기록은 1981년 1월부터 1983년 9월까지 978일에 걸쳐 한 영국 소녀가 100만 번 이상의 재채기를 한 것이다.

### 사레 걸리지 않기

우리는 왜 음식을 삼키면서 동시에 숨을 쉴 수 없을까? 후두덮개라 불리는 안전장치가 기관으로 들어가는 입구를 자동으로 막아 버리기 때문이다. 그렇게 하지 않으면 음식이 기관지로 들어가 호흡을 곤란하게 만들어 사레가 걸린다.

# 날카로운 핀에 찔리면 왜 아플까?

핀이 피부를 찌를 때 이를 감지한 수용기가 신경을 통해 척추와 뇌에 신호를 보내고 이곳에서 신호가 분석되며 통증을 느끼게 되는 것이다. 신경계는 우리가 움직이고 생각하고 느끼는 등 몸에서 일어나는 모든 활동을 조절하는 역할을 한다.

## 숫자로 알아보기

**2%**
몸무게에서 뇌가 차지하는 비율

**20%**
전체 산소 공급량 중 뇌에서 사용하는 산소의 비율

**1000억 개**
뇌에 있는 신경 세포의 개수

**83%**
전체 뇌 중 대뇌가 차지하는 비율

**100조 개**
뇌의 신경 세포 연결 부위의 수

**시속 350km**
전달 속도가 가장 빠른 신경 세포에서 자극이 뇌로 전달되는 속도

**2,500회**
전달 속도가 가장 빠른 신경 세포에서 매초 자극을 감지하는 횟수

**80%**
뇌에서 수분이 차지하는 비율

## 좀 더 알아보기: **신경계**

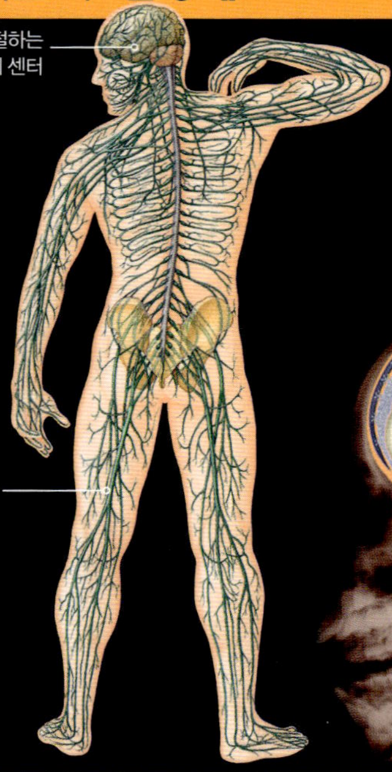
**뇌:** 신경계를 조절하는 통제 센터
**신경:** 기다란 뉴런(신경 세포) 다발이며 신체의 모든 부위 뇌나 척추에서 신호를 전달한다.

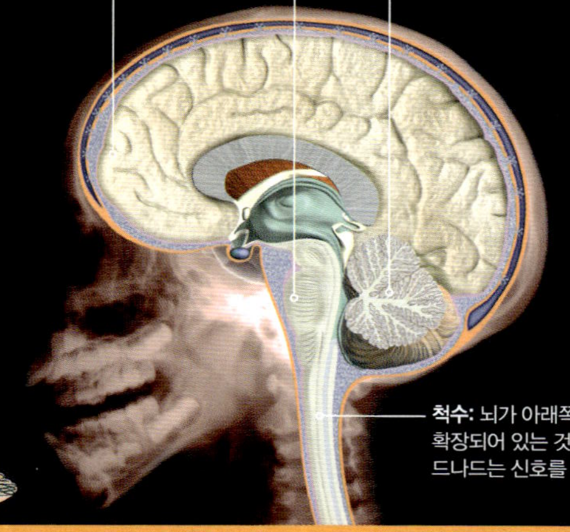
**대뇌:** 뇌의 주요 부위로 좌반구와 우반구로 나뉜다. 이 둘은 서로 연결되어 있다.
**뇌간:** 심장 박동이나 호흡과 같은 자율 운동을 조절한다.
**소뇌:** 근육의 운동과 균형 잡는 것을 조율한다.
**척수:** 뇌가 아래쪽으로 확장되어 있는 것이며 뇌로 드나드는 신호를 전달한다.

## 기묘한 이야기

게이지라는 사람은 폭발 사고를 당해 기다란 막대가 왼쪽 뺨을 지나 뇌 앞부분으로 관통했다. 생명에는 지장이 없었지만 이 사고 후 온순했던 그의 성격이 난폭하게 변했다. 이를 통해 뇌의 앞부분이 사람의 성격을 결정한다는 것이 증명되었다.

## 좀 더 알아보기: **대뇌 피질**

대뇌 피질은 뇌의 반구 바깥쪽에 있는 얇은 층이다. 뇌로 들어오는 정보를 처리하고 저장하고 명령을 내리는 일이 피질에서 일어난다. 피질의 각 부분은 특별한 역할을 담당하고 있다.

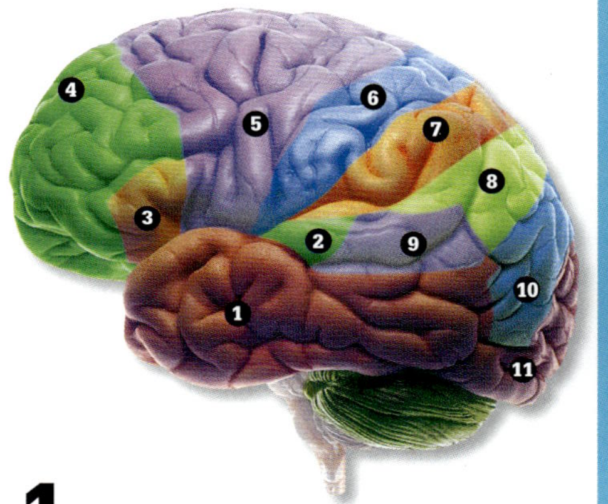
1
2
3
4
5
6
7
8
9
10
11

1. 청각 연합 피질은 소리를 감지한다.
2. 일차 청각 피질은 귀에서 신호를 받아들인다.
3. 브로카 영역은 말하는 것을 관장한다.
4. 전 전두 피질은 일을 계획하고, 문제를 풀고 생각하는 일에 관여한다.
5. 전 운동 피질은 자전거 타기와 같이 복잡한 운동을 관장한다.
6. 운동 피질은 근육을 수축시켜 몸을 움직이게 한다.
7. 일차 감각 피질은 피부의 수용기에서 오는 신호를 받아들인다.

## 기억의 네 가지 형태

우리는 경험했던 일 대부분을 잊어버리지만 중요한 정보는 장기 기억 장치에 저장된다. 기억력이 없다면 배우거나 생각할 수 없고 새로운 것을 만들 수도 없다.

**1. 작동(단기) 기억:** 주변 상황을 감지하여 우리가 맡은 역할을 잘 수행하도록 도와준다.

**2. 절차 기억:** 자전거 타기와 같은 기술을 저장한다.

**3. 의미 기억:** 특정 사실, 학습한 단어, 언어 등을 다룬다.

**4. 일화 기억:** 소풍이나 생일 같은 특별한 사건들을 기억한다.

## 왼쪽 담당은 오른쪽, 오른쪽 담당은 왼쪽

왼쪽 대뇌 반구는 오른쪽 몸을 조절하고 오른쪽 대뇌 반구는 왼쪽 몸을 조절한다. 각각의 반구는 또한 특정한 역할들을 맡고 있다. 대부분의 사람은 오른손잡이인 이유는 왼쪽 뇌가 대개 지배적인 역할을 하기 때문이다.

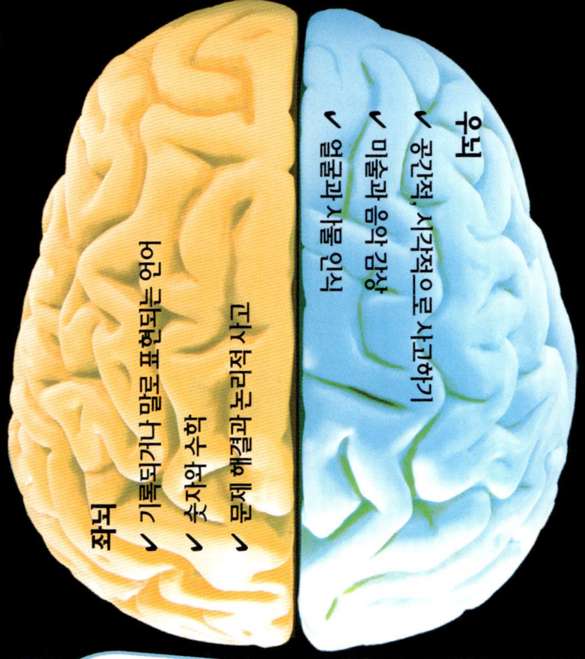


**8.** 감각 연합 피질은 피부에서 감지하는 감각을 해석한다.

**9.** 베르니케 영역은 글이나 말로 표현된 언어를 이해한다.

**10.** 시각 연합 피질은 이미지를 형성한다.

**11.** 일차 시각 피질은 눈으로부터 신호를 받아들인다.

## 지능의 다섯 가지 종류

**01: 공간 지능**
머릿속에서 도형을 회전시켜 모양을 파악하는 능력. 지도를 읽거나 기계 조립법을 이해하는 데 유용하다.

**02: 언어 지능**
쓰기와 읽기 능력이 얼마나 되는지, 그리고 정보를 얼마나 빨리 받아들이는지를 측정한다.

**03: 수리 지능**
이 지능이 높은 사람은 사물을 분석하는 데 유용한 일종의 논리적 사고력을 갖고 있으며 수학에 뛰어난 재능을 보인다.

**04: 측면 지능**
이 지능이 뛰어난 사람은 상상을 통해 문제를 해결하는 능력이 뛰어나고 창의성 역시 우수할 가능성이 높다.

**05: 감성 지능**
이 지능이 높은 사람은 다른 사람이 느끼거나 생각하는 것을 잘 이해한다.

## 반사 능력 시험하기

**01.** 날카로운 가시가 달린 선인장에 다가간다.

**02.** 가시를 건드려 본다. 피부에 있는 감각 수용기가 기민하게 반응하고 신경 자극이 감각 뉴런을 따라 척수로 전달된다.

**03.** 신경의 신호가 척수를 자극하여 이것을 운동 뉴런으로 전달하고 이어 뇌로 보낸다.

**04.** 신경 메시지가 운동 뉴런을 통해 위쪽 팔 근육으로 전달된다.

**05.** 무슨 일이 일어났는지 깨닫기도 전에 위쪽 팔 근육이 자동으로 움직여 선인장에서 손을 떼게 된다. 반사 신경이 좋군요.

**06.** 메시지가 뇌에 도달하고 이제 고통을 느끼게 된다. 아얏!

일러두기
- 감각 뉴런
- 연합 뉴런
- 운동 뉴런

## 뇌도 통증을 느낄까?

뇌는 신경계의 중추 역할을 하지만 통증을 느끼지는 못한다. 두통은 뇌에서 느끼는 통증이 아니다. 두통은 보통 목과 두피 아래 근육의 긴장으로 인해 발생한다.

## 정말 믿을 수 없어!

신경 자극이 척수에서 엄지발가락으로 전달되는 데 걸리는 시간은 100분의 1초에 불과하다.

# 아이스크림은 왜 달고 부드럽고 차가울까?

혀 표면에 맛을 감지하는 수용기가 아이스크림에 단맛이 있다는 것을 알아챈다. 촉각 수용기는 아이스크림의 부드러운 질감을 감지하고 다른 수용기들은 그것이 얼마나 차가운지를 감지한다. 이들은 모두 뇌로 신호를 보내 아이스크림이 달고 부드럽고 차갑다는 것을 느끼도록 한다.

## 살짝 엿보기

### 사물을 뚜렷하게 보려면

- 우리가 사물을 눈으로 본다고 생각할 수도 있다. 그러나 실제로는 뇌로 보는 것이다. 뇌는 보기, 듣기, 냄새 맡기, 맛보기, 촉감 느끼기 등 모든 것을 관장한다.
- 눈은 외부에서 들어오는 빛을 감지하고 그 빛을 미세한 전기 신호로 변화시킨다.
- 뇌는 이 전기 신호를 영상으로 바꾸어 우리 주변에서 일어나는 움직임을 입체적으로 볼 수 있게 한다.

## 좀 더 알아보기: **눈의 구조**

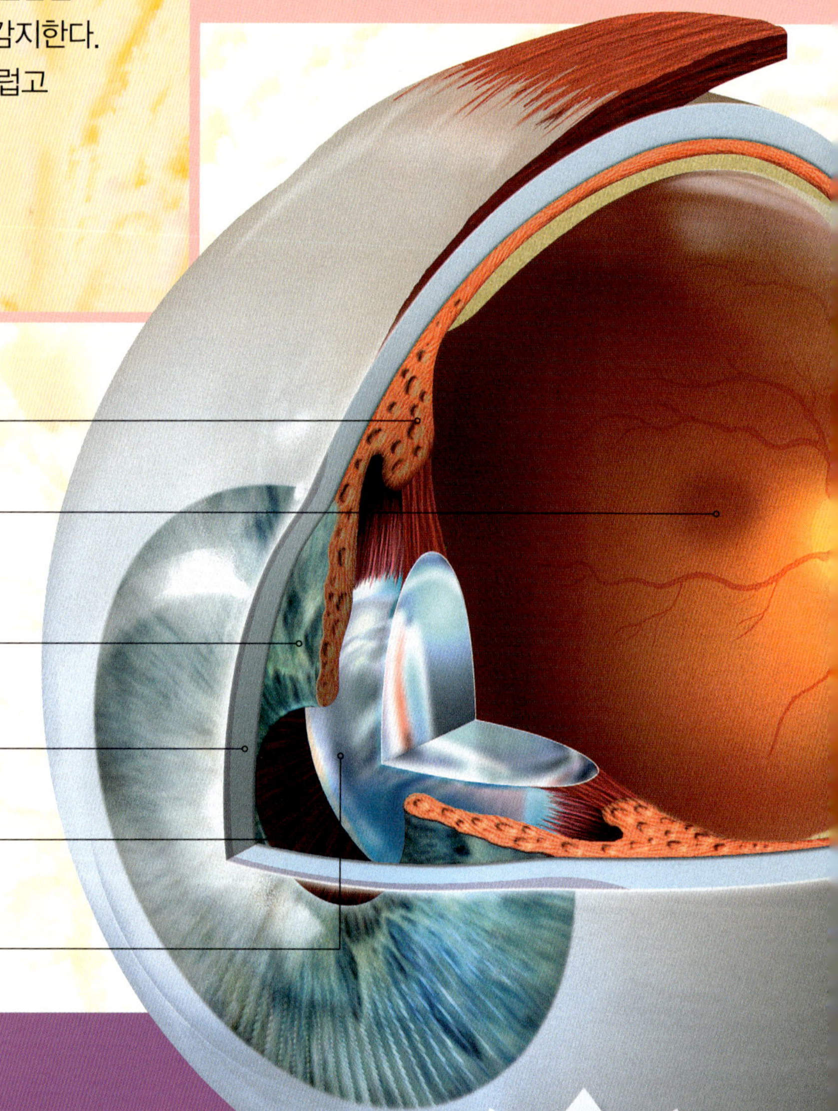
**섬모체근:** 햇빛의 입사 거리에 따라 수정체의 두께를 조절하여 초점을 맞춘다.
**중심 오목(중심와):** 망막 위에 가장 섬세한 상을 만들어 내는 부위이다.
**홍채:** 동공의 크기를 자동으로 조절한다.
**각막:** 눈으로 들어오는 빛에 따라 초점을 맞추도록 도와준다.
**동공:** 빛이 들어가는 부분
**수정체:** 망막 위에 섬세한 초점이 맺히도록 한다.

## 다섯 가지 감각

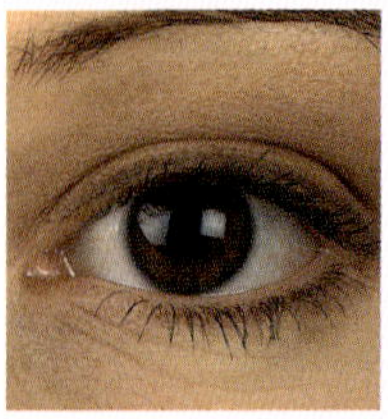

**시각**
눈이 빛을 감지하고 뇌로 신호를 보내면 이곳에서 우리 주변에서 일어나는 움직임을 영상으로 만든다.

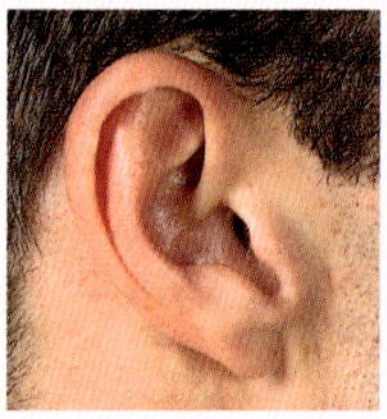

**청각**
귀는 소리를 감지하여 뇌로 신호를 보낸다. 신호가 뇌에 도달하면 우리가 듣고 있는 소리를 인지할 수 있게 된다.

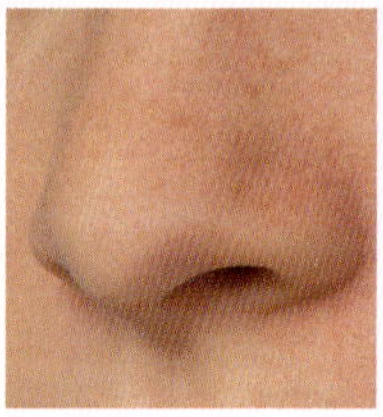

**후각**
코가 공기 중에 있는 냄새 입자를 감지하고 신호를 뇌로 보낸다. 이 신호가 뇌에 도달하면 우리는 냄새를 인지할 수 있다.

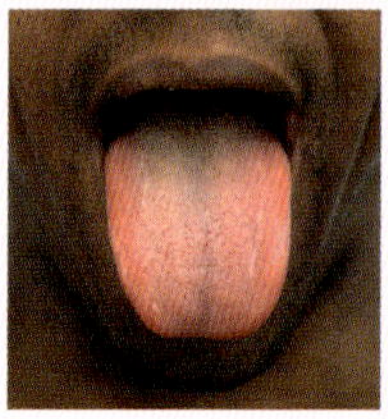

**미각**
혀의 미뢰가 음식에 있는 맛 분자를 감지하고 신호를 뇌로 보낸다. 그러면 우리가 먹고 있는 음식의 맛을 느낄 수 있다.

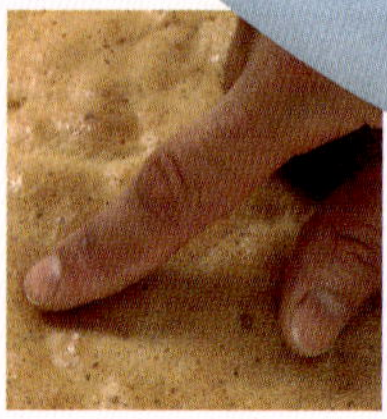

**촉각**
우리 피부에 있는 수용기가 다양한 종류의 촉각을 감지하고 뇌로 신호를 보낸다. 그 결과 우리 주변에 있는 것을 느낄 수 있다.

### 기묘한 이야기

수년 전까지만 해도 선원들은 금 귀걸이가 눈을 좋아지게 해 준다고 믿고, 시력을 개선하려 금 귀걸이를 하고 다녔다 (한편으로는 자신이 익사했을 경우 장례비로 쓰라는 의미도 있었다).

## 그 단어는 무슨 색일까?

약 23명 중의 1명은 **공감각**을 경험한다. 이는 **감각이 뒤섞이는 것**으로 마치 색깔처럼 단어나 음악을 본다는 것을 의미한다. 또 소리를 맛보거나 사진을 듣기도 한다.

## 정말 믿을 수 없어!

때때로 팔이나 다리가 없는 사람들 중에 잘려 나간 신체 부분에 여전히 고통을 느끼는 사람들이 있다. 또 그 부위에 마치 가려움을 느끼는 듯한 환상이 생겨 괴로울 때가 있다고 한다. 하지만 긁고 싶어도 긁을 곳이 없다. 이 같은 이상하고 기괴한 현상을 환상통이라 부른다.

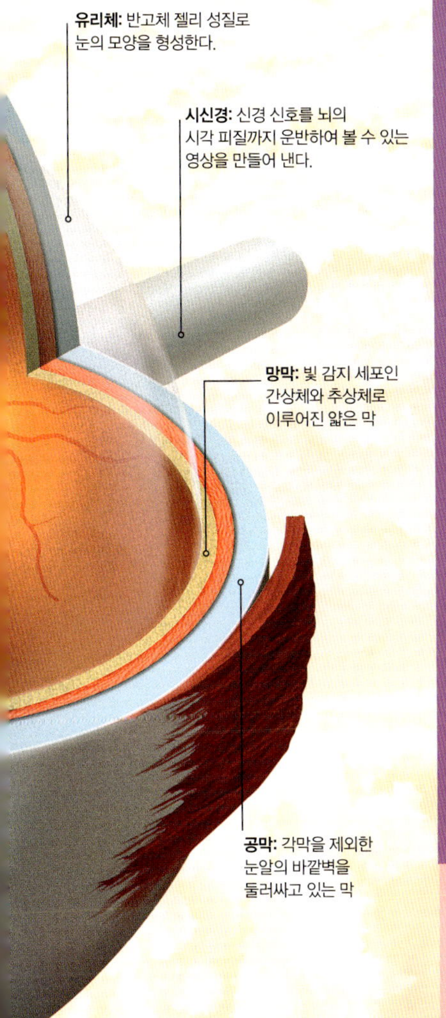

**유리체:** 반고체 젤리 성질로 눈의 모양을 형성한다.
**시신경:** 신경 신호를 뇌의 시각 피질까지 운반하여 볼 수 있는 영상을 만들어 낸다.
**망막:** 빛 감지 세포인 간상체와 추상체로 이루어진 얇은 막
**공막:** 각막을 제외한 눈알의 바깥벽을 둘러싸고 있는 막

눈을 움직이는 근육은 가장 왕성하게 활동하는 근육이다. **하루에 10만 번 수축한다.**

## 혀의 미뢰가 감지하는 다섯 가지 맛

**단맛**
케이크, 비스킷, 복숭아, 망고

**신맛**
레몬, 식초, 신선한 오렌지 주스

**짠맛**
감자칩, 베이컨, 피자, 인스턴트식품

**쓴맛**
커피, 다크 초콜릿

**감칠맛**
고기, 고기가 들어간 저장 식품, 치즈 등

## 좀 더 알아보기: 피부의 감각 수용체

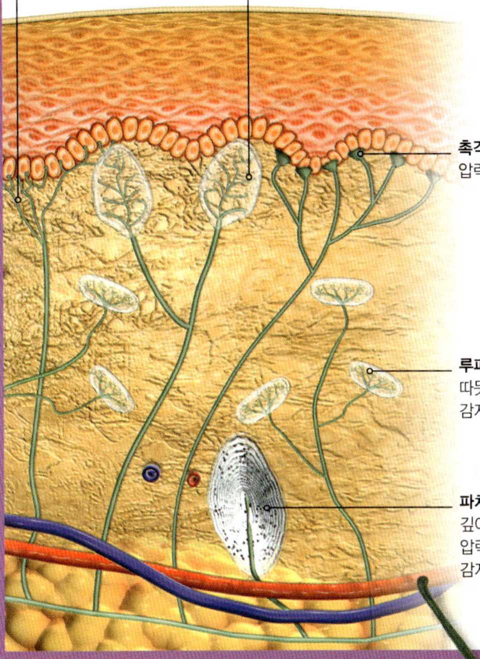

**자율 신경 종말:** 통증, 열, 추위를 감지한다.
**마이스너 소체:** 가벼운 촉감을 감지한다.
**촉각 원반:** 가벼운 촉감과 압력을 감지한다.
**루피니 소체:** 따뜻한 온도를 감지한다.
**파치니 소체:** 깊이 전달되는 압력과 진동을 감지한다.

## 얼얼한 맛

최근에 고추를 먹어 본 경험이 있는가? 고추에는 캡사이신이라는 물질이 들어 있다. 고추를 씹게 되면 이것이 혀 안에 있는 통증 수용기를 자극하여 얼얼할 만큼 매운맛을 느끼게 된다.

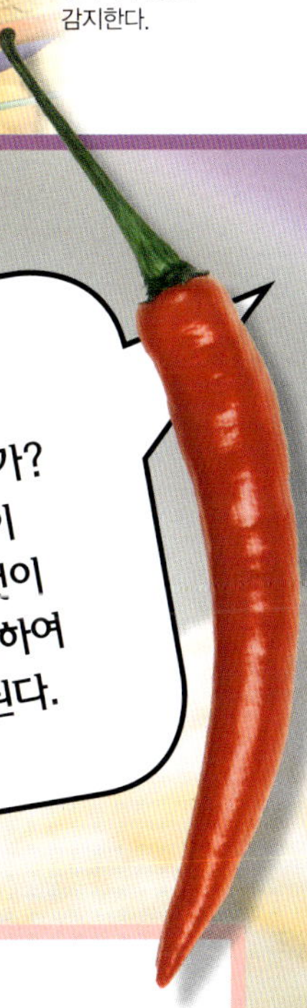

## 숫자로 알아보기

**1만 개**
혀 안에 있는 미뢰의 수

**5가지**
혀에 의해 감지되는 맛의 종류

**1만 가지**
코에 의해 감지되는 냄새의 종류

**2500만 개**
코 안에 분포하는 후각 수용기의 수

**1만 배**
미각보다 후각이 1만 배 더 민감하다.

**70%**
몸 전체에서 눈에 있는 감각 수용기가 차지하는 비율

**1만 개**
눈이 식별할 수 있는 색의 종류

**1억 2000만 개**
각각의 눈에 들어 있는 간상세포(희미한 빛 속에서 작동하는 수용기로 빛에 민감하며 색을 구분하지 못한다)의 개수

**700만 개**
밝은 빛 속에서 작동하고 색을 감지하는 원추 세포의 개수

**1.6km**
눈으로 어둠 속에서 타오르는 촛불을 감지할 수 있는 거리

# 일란성 쌍둥이는 왜 똑같이 생겼을까?

하나의 정자(남성 세포)가 하나의 난자(여성 세포)와 수정을 한 뒤, 두 개로 쪼개지면 일란성 쌍둥이가 태어난다. 이때 쪼개진 두 개의 세포는 정확히 똑같은 유전 정보(DNA)를 담고 있다.

**미니 사람?**

17세기 일부 사람들은 정자에 완전한 모양을 갖춘 아주 작은 사람이 들어 있으며 이것이 여성의 몸 안에서 아기로 자란다고 생각했다.

1978년 7월 25일 영국의 올덤에서 태어난 **루이스 브라운은 체외 수정을 통해 태어난 세계 최초의 아기이다.** 루이스 엄마의 난자가 실험실에서 루이스 아빠의 정자와 수정되었고 이렇게 만들어진 배아를 엄마의 자궁에 이식하였다.

살짝 엿보기

### 쌍둥이는 태어나기 어려워!

자연 상태에서 쌍둥이나 세쌍둥이가 태어나는 비율

**01: 일란성 쌍둥이**
1,000번의 출산 중 4번

**02: 이란성 쌍둥이**
1,000번의 출산 중 15번

**03: 일란성 세쌍둥이**
10만 번 출산 중 1번

**04: 이란성 세쌍둥이**
8,000번의 출산 중 1번

## 자손 번식

모든 사람은 인생을 통해 같은 길을 간다. 태어나고 어린 시절을 보내고 나이를 먹고 결국 죽는다. 생식은 우리가 더 이상 여기 없을 때 대를 이을 자손을 낳는 과정이다. 아래 보이는 일련의 사진은 수정란이 배아와 태아 단계를 거쳐 엄마 자궁 속에서 자란 뒤 태어날 준비를 마친 마지막 순간까지의 전 과정을 보여 주고 있다.

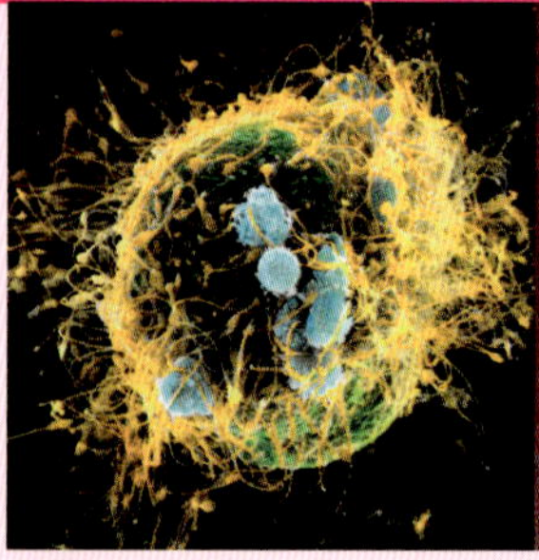

**수정란**
자궁을 향해 이동하고 분열을 시작할 준비를 한다.

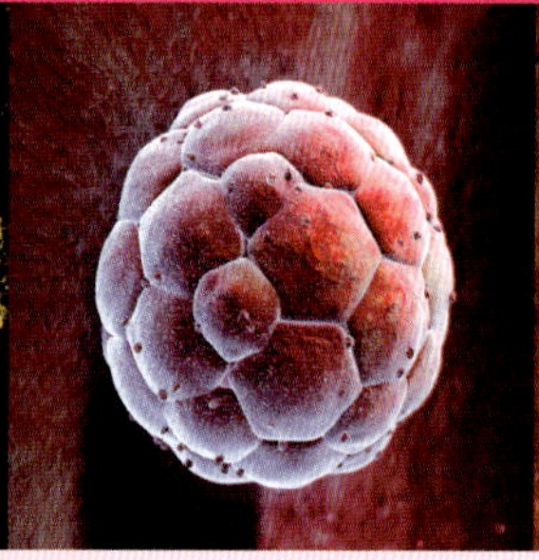

**16세포기**
수정 후 3일, 배아가 공 모양의 16개의 세포로 분열된다.

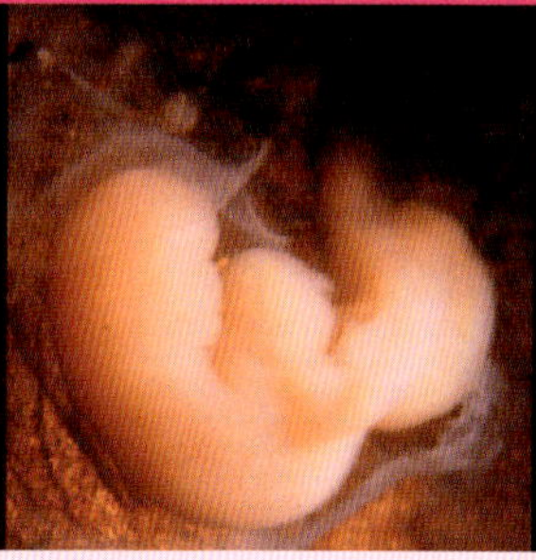

**4주 된 배아**
콩알만 한 크기의 배아가 자궁 내막에 착상한다.

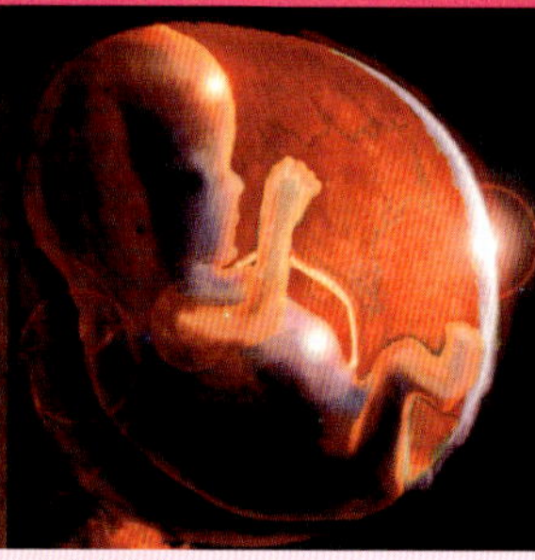

**8주 된 태아**
모든 기관이 자리를 잡고 심장이 박동하기 시작한다. 팔과 다리가 생긴다.

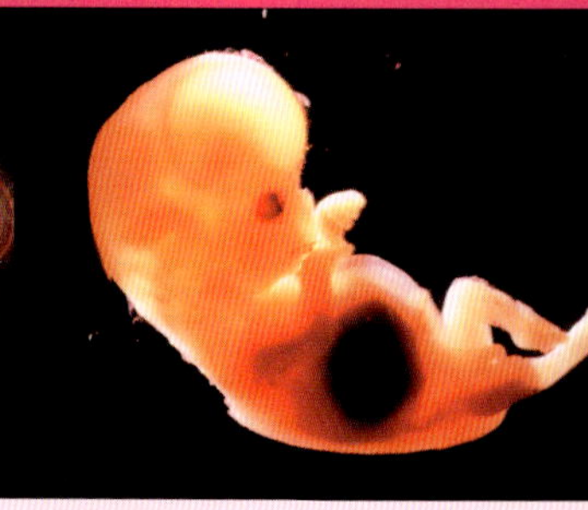

**12주 된 태아**
레몬 크기의 태아로 얼굴 모습을 인식할 수 있으며 분리된 손가락과 발가락이 보인다.

## 사람의 모습을 만드는 정보는 어디에 있는 것일까?

**세포**
인체를 구성하는 100조 개의 미세한 생체 단위 중의 하나

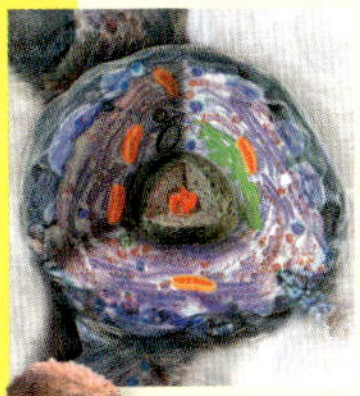

**핵**
세포 통제 센터로 세포를 형성하고 작동시키는 정보가 여기에 들어 있다.

**염색체**
세포 안에 있는 46개의 정보 묶음 중 하나. 23개는 엄마로부터, 다른 23개는 아빠로부터 온다.

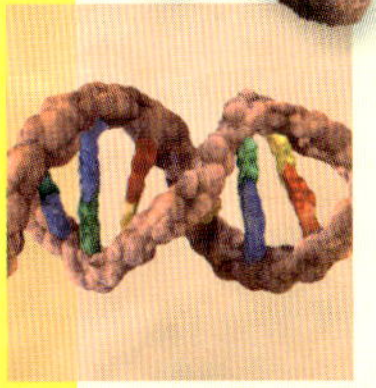

**DNA**
매우 기다란 분자이며 서로 꼬여 있는 상태로 염색체를 형성한다.

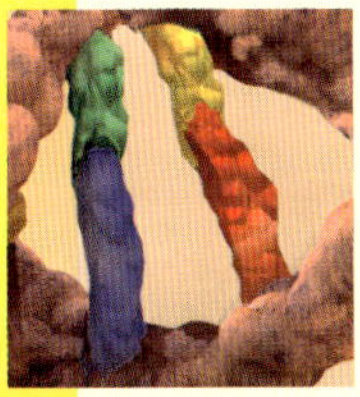

**유전자**
눈이나 머리 색깔과 같은 각각의 외형을 결정하는 DNA의 짧은 단위

## 전성기

**태어나서 10대까지**
학습하기에 최적의 연령이다.

**20대 중반부터 30대까지**
운동을 통해 몸매를 만들기에 알맞은 시기이다.

**20대 중반부터 30대 초반까지**
수정이 가장 잘 이루어진다.

## 뼈 부위

아기의 뼈는 잘 구부러지는 연골이 많아 유연하다. 이 연골은 자라면서 딱딱한 뼈조직으로 바뀐다. 뼈는 엑스레이에서 검은색으로 나타난다.

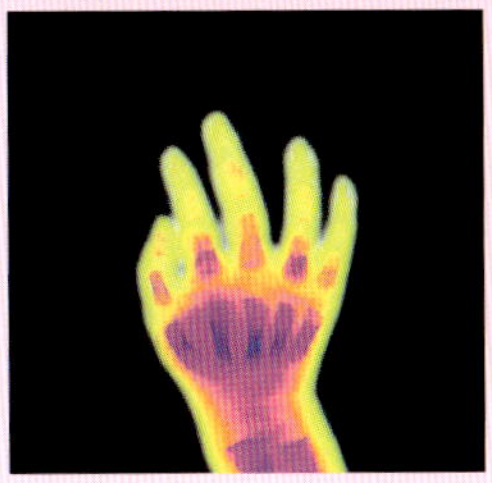

**1살**
손가락뼈 사이에 연골이 차지하는 면적이 상당하다.

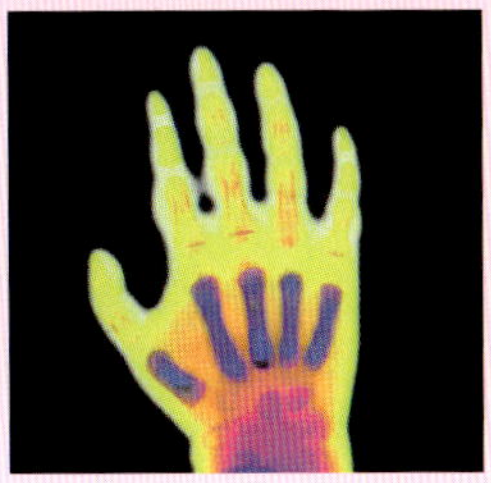

**3살**
손목뼈가 형성되기 시작하고 손바닥뼈가 두꺼워지기 시작한다.

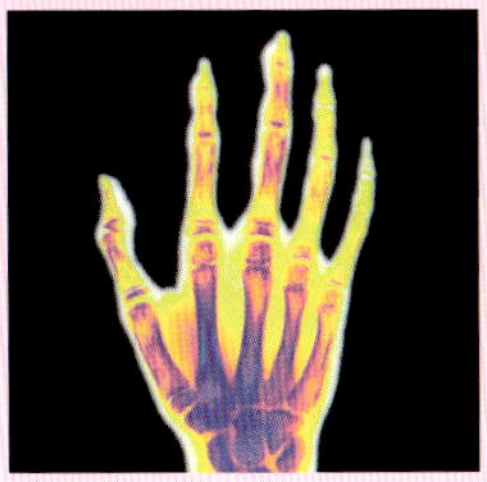

**13살**
일부 뼈는 아직 연골에 의해 분리되어 있지만 대부분의 뼈가 거의 완전한 모양을 갖추게 된다.

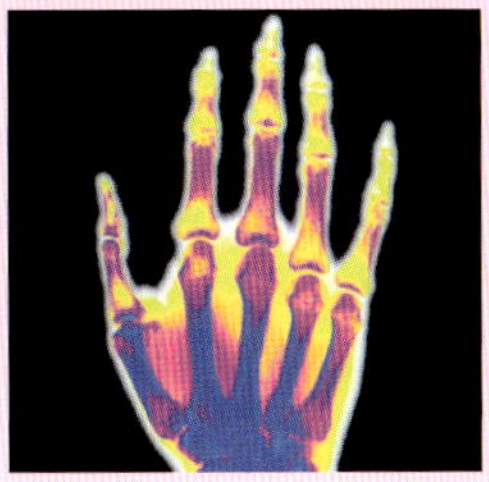

**20살**
뼈가 완전히 자란다. 뼈의 말단 부위에만 연골이 유일하게 남아 있다.

## 숫자로 알아보기

**67억 2000만 명**
2008년 11월 조사된 전 세계 인구

**1600만 명**
현재 생존하는 몽골 황제 칭기즈 칸(1162~1227)의 직계 남성 자손의 수

**3억 개**
남자의 고환에서 매일 생산되는 정자의 수

**80만 개**
여자아기가 태어났을 때 난소에 들어 있는 난자의 수

**69명**
1725~1765년에 한 러시아 여성이 낳은 아이들의 수

**122년 164일**
확인된 가운데 가장 오래 산 인간, 루이스 칼망(1875~1997)의 수명

## 뇌의 성장

**태어났을 때:** 1000억 개의 뉴런(신경 세포)이 모두 제자리를 잡고 있다. 하지만 뉴런 사이의 연결은 아직 미숙하다. 두개골 사이에는 틈이 있어 이 사이로 연결이 확장될 수 있다.

**6살 때:** 뉴런 사이에 수많은 연결이 이루어지며 매우 빠르게 성장해 뇌가 거의 완전한 크기로 자란다. 두개골 사이에 있던 틈이 메워져 닫히게 된다.

**18살 때:** 뇌가 완전한 크기로 자라며 뉴런에 완전한 연결망이 형성된다.

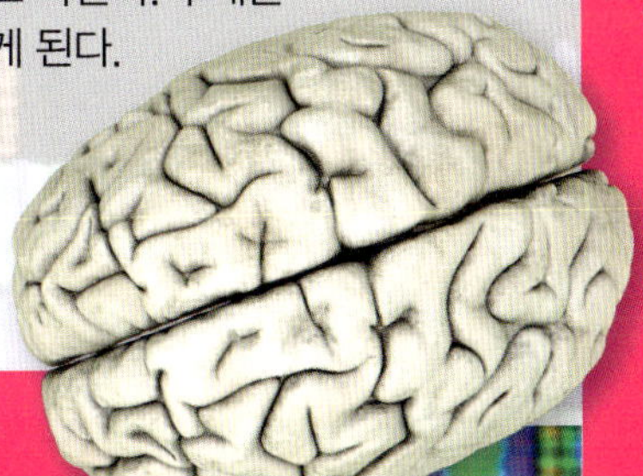

## 이것이 인생이다!

**6개월:** 혼자 힘으로 앉을 수 있다. 반고체 형의 음식을 먹는다. 작은 물건을 집을 수 있다.

**12개월:** 도움을 받아 걸을 수 있고 간단한 지시어를 이해할 수 있으며 컵으로 물을 마시고 말을 내뱉기 시작한다.

**2세:** 걸을 수 있고 대략 300개의 단어를 말한다. 거울에 비친 자신의 모습을 인식한다.

**3세:** 뛰고, 공을 차고, 문을 열고 간단한 문장을 말한다.

**5세:** 공을 잡을 수 있으며 음악에 맞춰 춤을 추고 읽고 쓰기 시작한다. 좀 더 복잡한 문장을 만들기도 한다.

**10세:** 정체성을 발달시키고 사고하기 시작한다. 자전거 타기와 같은 기술을 몸으로 익힌다.

**11~17세(소녀):** 사춘기와 청년기가 찾아온다. 이제 소녀의 몸은 어른처럼 변한다.

**13~17세(소년):** 사춘기와 청소년기가 찾아온다. 이제 소년의 몸은 성인이 된다.

**20~30대:** 체력적으로 가장 강하고 건강한 젊은 성년기이다.

**40~50대:** 나이가 들어 가면서 노화의 첫 징후들이 나타나기 시작한다.

**60~80대:** 주름이 생기고 머리카락이 가늘어지고 흰머리가 생긴다. 또 근육이 줄어들고 시력이나 청력이 약해지는 등 노화의 징후가 눈에 띄게 늘어난다.

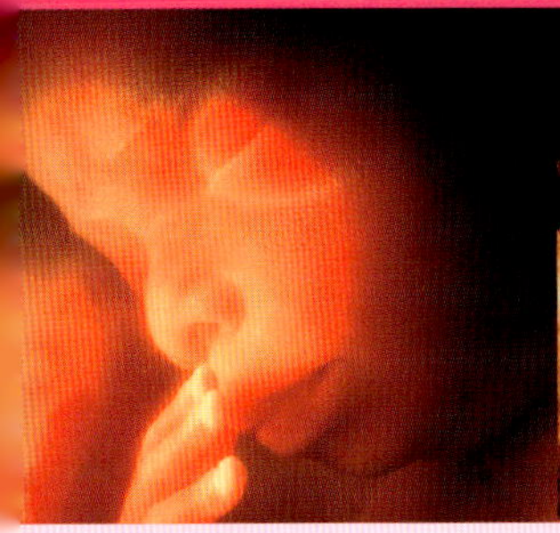

**20주 된 태아**
태아가 빛을 차는 태동을 느낄 수 있나. 태아는 소리를 들을 수 있다.

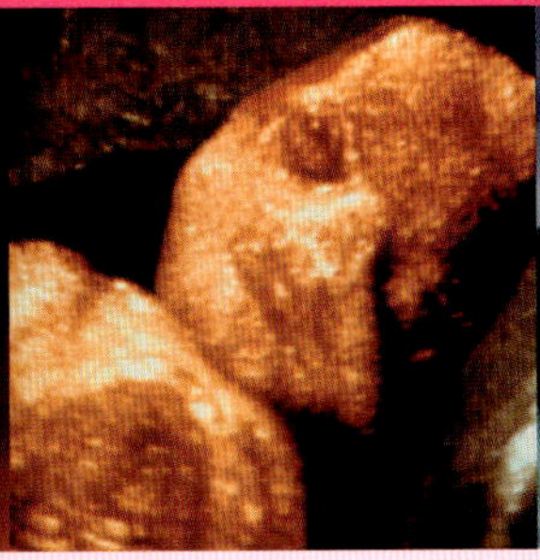

**30주 된 태아**
태아가 눈을 뜨고, 엄마 목소리를 들을 수 있다.

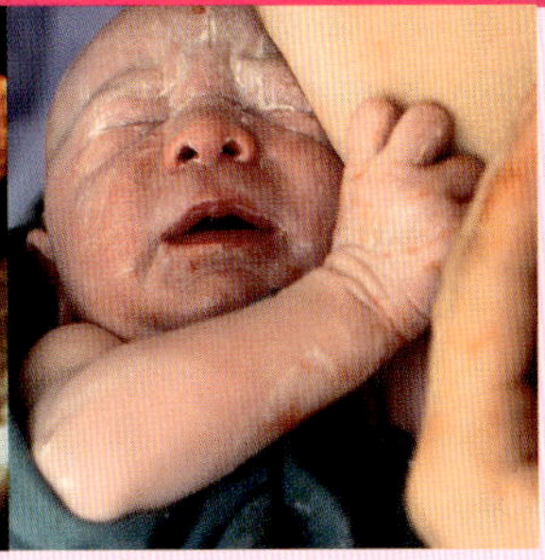

**40주 후 신생아**
아기가 태어난다. 아기는 숨을 쉬고 빨아먹고 삼킬 수 있다.

## 정말 믿을 수 없어!

새로 태어난 아기의 몸무게는 평균 3.5kg이다. 하지만 1955년 이탈리아에서 태어난 한 아기의 몸무게는 자그마치 10kg이나 되었다. 배 속의 아기가 계속해서 자라는 것을 막을 필요는 없는 것으로 보인다. 하지만 산모의 진통이 시작되는 것과 배 속 아기의 성장 정도에 서로 관련이 있는 것으로 보인다.

# 몸이 아픈 이유는 무엇일까?

인체는 수조 개의 세포로 이루어져 있다. 이 세포들은 조직, 기관, 계 속에서 서로 협력하며 우리가 계속해서 생존할 수 있게 해 준다. 건강하다는 것은 세포가 정상적으로 활동하는 데 문제가 없다는 것을 의미한다. 때때로 뭔가가 잘못되어 몸에 질병이 생길 수도 있다. 이러한 질병은 대부분 현대 의학을 통해 완화시키거나 치료할 수 있다.

예전엔 정맥을 자르거나 피를 빨아먹는 거머리를 이용하여 **출혈을 유도하는 방법**을 질병 치료에 이용했었다. 오늘날에도 의사들은 **혈액의 흐름을 촉진하기 위해** 여전히 거머리를 사용한다. 절단된 신체 부위를 잘 연결하기 위해 꿰맨 부위에 거머리를 사용하는 것이다.

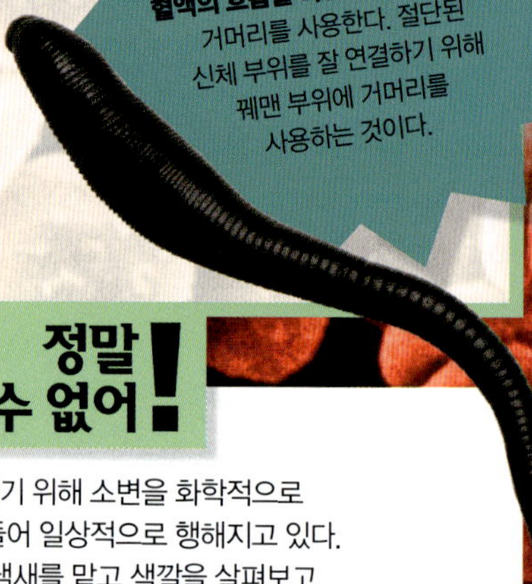

## 정말 믿을 수 없어!

질병의 징후를 찾아내기 위해 소변을 화학적으로 검사하는 일이 최근 들어 일상적으로 행해지고 있다. 수 세기 전 의사들은 냄새를 맡고 색깔을 살펴보고 이것이 뿌연지 아닌지 점검하는 방식으로 소변을 검사했다. 심지어 맛을 보기도 했다. 우웩!

## 좀 더 알아보기: **균형 잡힌 식사**

음식 피라미드를 기억해 두자. 각 범주에 속한 음식이 피라미드에서 차지하는 비율은 우리 몸에 에너지를 공급하여 지속적으로 건강을 유지하는 데 그 음식이 얼마나 필요한지를 보여 준다.

## 여섯 가지 주요 의학 분야

- **해부학:** 몸의 구조를 연구한다.
- **전염병학:** 질병의 원인과 전염 경로를 연구한다.
- **면역학:** 면역 체계와 면역 장애에 관해 연구한다.
- **신경학:** 신경계와 관련된 질병에 대해 연구한다.
- **생리학:**세포, 조직, 기관, 계가 어떻게 작동하는지를 연구한다.
- **정신의학:** 정신 질환과 치료 방법에 대해 연구한다.

## 기묘한 이야기

수천 년 전 정신 질환을 앓던 사람들은 때때로 **천두술**이라 불리는 '치료'를 받았다. 이는 '악마의 영혼'을 뇌에서 몰아내기 위해 돌칼을 이용해 사람의 두개골에 구멍을 뚫는 매우 잔인한 치료법이었다.

## 주요 일지

**1796년** 영국인 의사 제너가 최초로 천연두 예방 접종을 실시했다.

**1846년** 미국의 보스턴에서 수술을 할 때 환자를 무의식 상태로 만들기 위해 최초로 마취제를 사용하였다.

**1860년** 프랑스 과학자 파스퇴르가 세균에 의해 전염성 질병이 유발된다는 것을 밝혀냈다.

**1865년** 영국인 의사 리스터가 수술하는 동안 상처 부위의 감염을 막기 위해 소독제를 사용하였다.

**1895년** 독일인 내과 의사 뢴트겐이 엑스레이를 발견하였다.

**1928년** 스코틀랜드 세균학자 플레밍이 최초의 항생제 페니실린을 발견하였다.

**1967년** 남아프리카 공화국의 외과 의사 바너드가 최초로 심장을 이식하였다.

**1980년** 인체에 작은 구멍을 내 최소한으로 절개한 후 시술을 하는 키홀 수술이 소개되었다.

## 병원균의 네 가지 종류

병원균은 질병을 유발하는 미세한 유기체이다

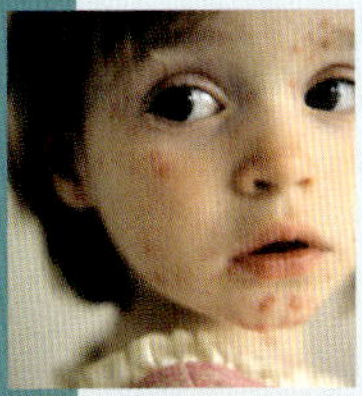

**바이러스**
독감, 인플루엔자, 홍역, 수두

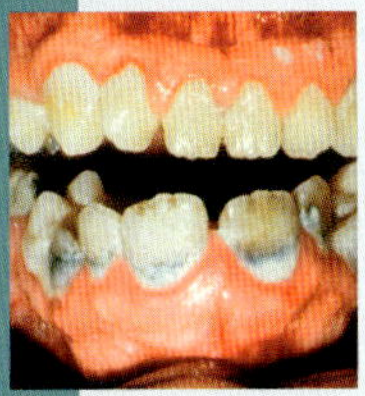

**세균**
치아우식증, 백일해, 결핵

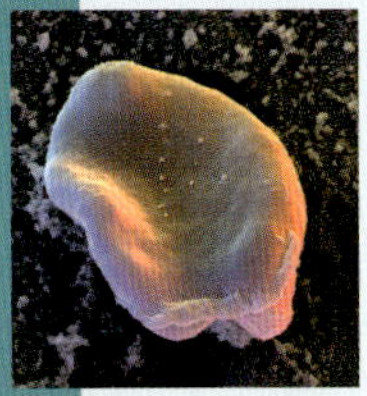

**원생생물**
말라리아, 수면병, 람블편모충증(심한 설사)

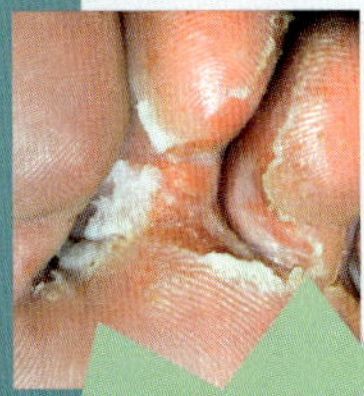

**곰팡이 균**
무좀, 백선, 칸디다증(질염)

## 최고 기록은?

진통제나 마취제가 개발되기 전에는 **가장 빠른 시간 내에 수술**을 마치는 사람이 가장 훌륭한 의사로 대접받았다. 1846년 12월 21일 스코틀랜드 외과 의사 리스턴은 불과 25초 만에 **넓적다리 절단 수술**을 마쳤다.

## 끔찍한 질병 예방하기

**01.** 백신을 만든다. 백신은 인체에 질병을 유발하지 못하도록 약화시키고 무해하게 만든 병원균을 이용한 액상의 치료제다.

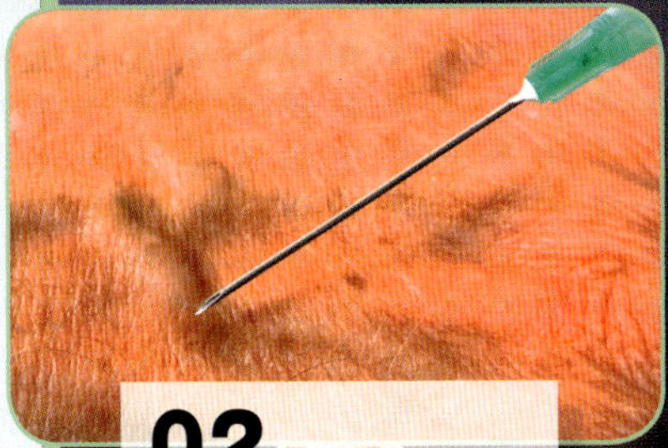

**02.** 백신을 몸속으로 주사한다.

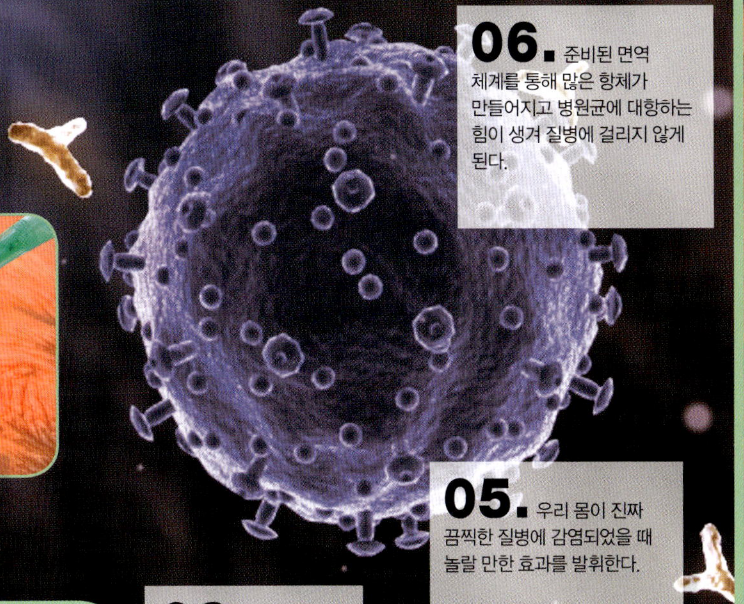

**03.** 몸의 면역 체계가 작동하도록 한다. 무해한 병원균에 반응해 수십억 개의 항체가 생성되어 병원균을 꼼짝 못하게 할 준비를 한다.

**04.** 몸의 항체를 급증시켜 무해한 병원균을 소탕하도록 한다.

**05.** 우리 몸이 진짜 끔찍한 질병에 감염되었을 때 놀랄 만한 효과를 발휘한다.

**06.** 준비된 면역 체계를 통해 많은 항체가 만들어지고 병원균에 대항하는 힘이 생겨 질병에 걸리지 않게 된다.

## 대체 치료

**침:** 미세한 바늘을 피부의 특정 부위에 찔러 넣는 방식으로 질병을 치료한다.

**아로마세러피:** 질병 치료 또는 휴식을 돕기 위해 향이 나는 식물성 기름을 사용한다.

**척추 지압:** 통증을 완화하기 위해 척추 관절에 적절한 압력을 가해 준다.

**약초:** 질병을 치료하기 위해 특정한 식물과 추출물을 이용한다.

**동종 요법:** 치료 중에 있는 질병과 유사한 증상을 유발하는 약물을 찾아 아주 묽게 희석한 다음 이를 환자에게 치료용으로 투여한다.

**자연 요법:** 환자의 생활 습관이나 음식을 바꿔 주는 전신 치료법이다.

**반사 요법 :** 통증 부위와 연결되어 있다고 생각되는 발의 특정 부위를 마사지한다.

## 건강을 지키는 다섯 가지 방법

**01** 영양소가 골고루 섞인 균형 잡힌 음식을 적절히 섭취한다.

**02** 지방, 당분, 염분이 든 음식은 조금만 먹는다.

**03** 규칙적으로 운동한다.

**04** 오랫동안 텔레비전이나 컴퓨터 앞에 앉아 있지 않는다.

**05** 술, 담배, 약물은 절대 하지 않는다.

## 인체 내부 들여다보기

다음과 같은 영상 기술들 덕분에 의사들이 몸을 절개하지 않고도 몸 안을 들여다볼 수 있다.

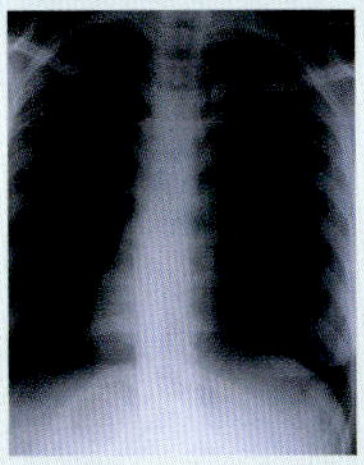

**엑스레이**
뼈를 보기 위해 엑스레이를 인체에 투과한다.

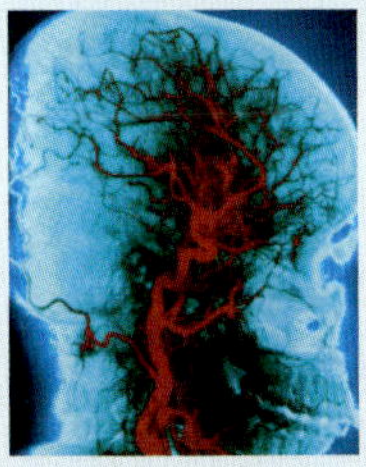

**혈관 촬영**
동맥을 보기 위해 사용되는 특수한 종류의 엑스레이이다.

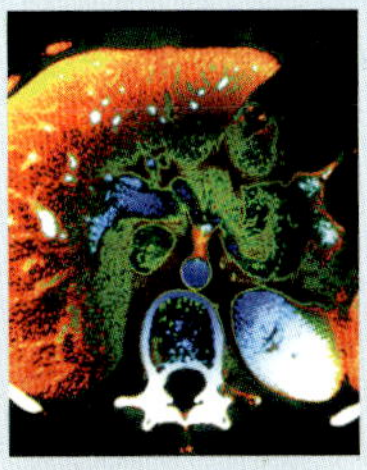

**CT 촬영**
몸의 조직을 보기 위해 엑스레이와 컴퓨터를 이용한다.

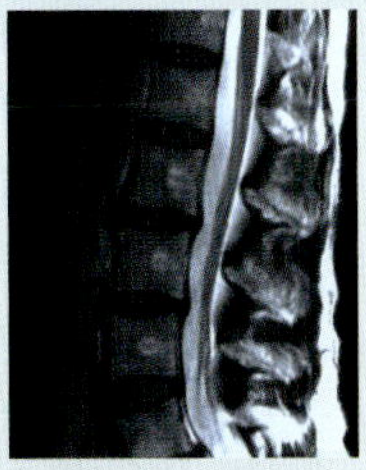

**MRI 촬영**
인체 조직을 보기 위해 자기와 전파를 이용한다.

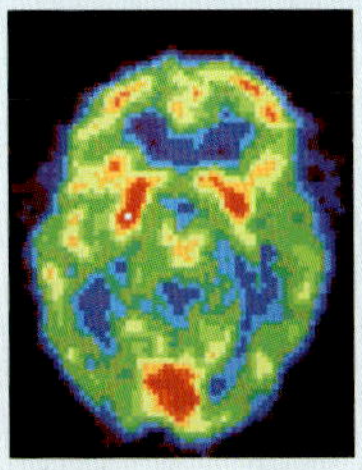

**PET 촬영**
뇌의 활동을 파악하기 위해 방사능 물질을 이용한다.

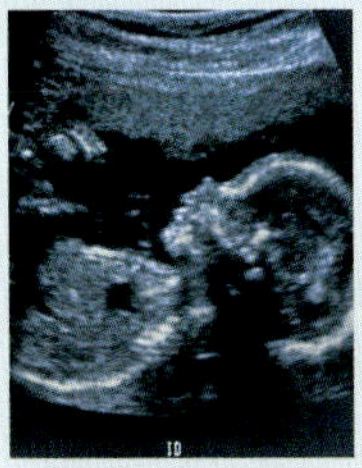

**초음파**
음파를 이용해 배 속에서 자라는 아기와 다양한 기관의 영상을 볼 수 있다.

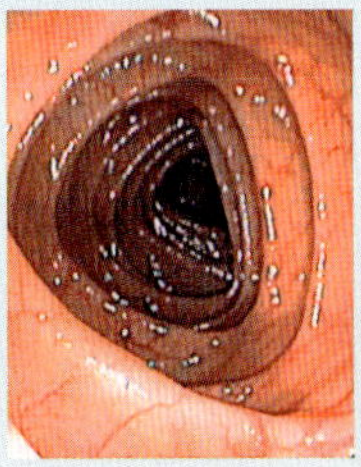

**내시경**
열려 있는 관을 통해 미세한 카메라를 집어넣는다.

# 과학과 기술

# 물질이란 무엇일까?

## 좀 더 알아보기: 원자의 내부

모든 것이 물질이다. 공간을 차지하고 질량을 가지고 있는 우주 안의 모든 물체는 예외 없이 모두 물질이다. 원자는 물질의 가장 단순한 단위이며, 일반적인 화학 반응이나 물리 반응을 통해서는 쪼개지지 않는다. 핵반응을 통해서만 쪼개진다.

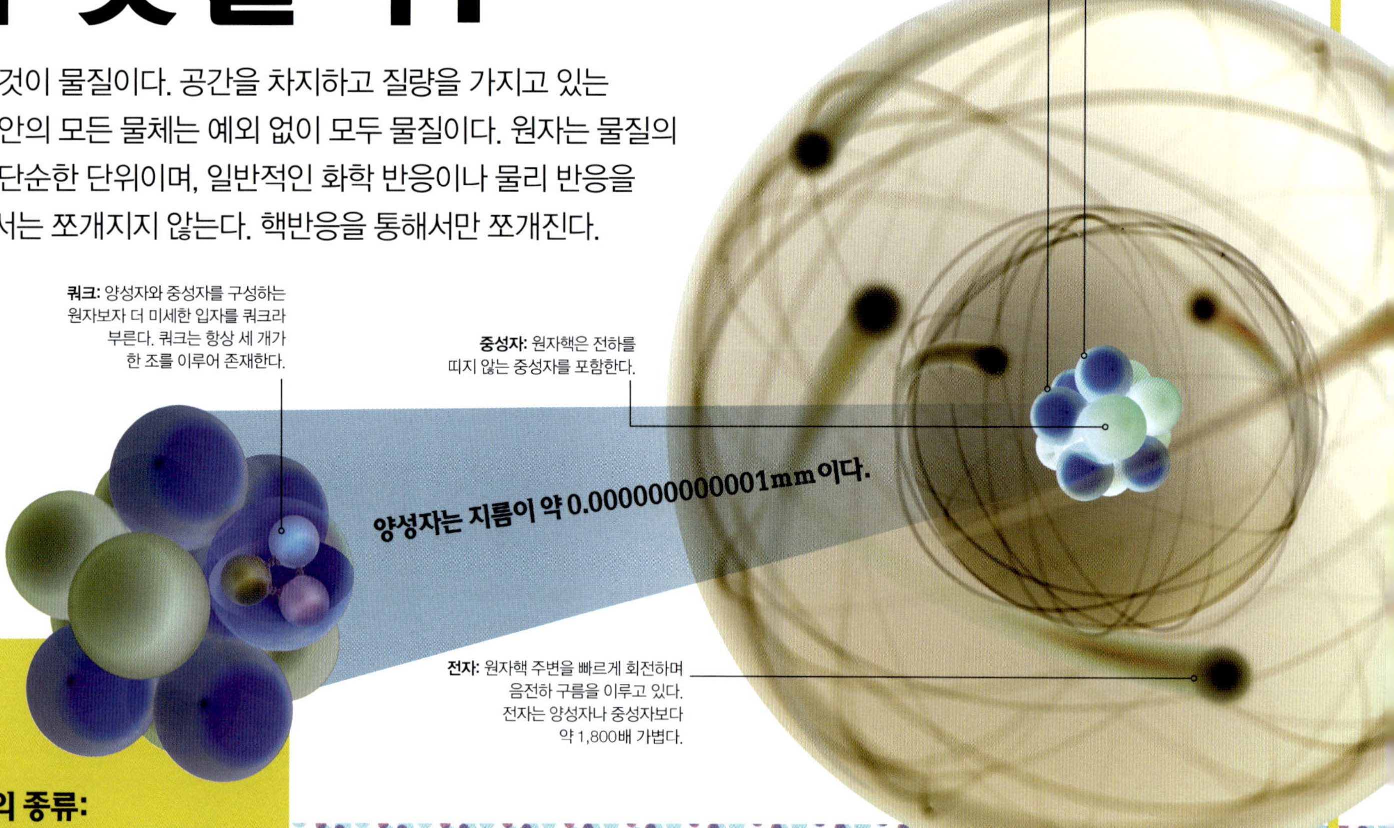

**양성자**: 원자핵 안에 양성자라는 입자가 있어 양전하를 운반한다.
**원자핵**: 원자의 중심
**쿼크**: 양성자와 중성자를 구성하는 원자보다 더 미세한 입자를 쿼크라 부른다. 쿼크는 항상 세 개가 한 조를 이루어 존재한다.
**중성자**: 원자핵은 전하를 띠지 않는 중성자를 포함한다.
**양성자는 지름이 약 0.000000000001mm이다.**
**전자**: 원자핵 주변을 빠르게 회전하며 음전하 구름을 이루고 있다. 전자는 양성자나 중성자보다 약 1,800배 가볍다.


**쿼크의 종류:**

위 쿼크
**아래 쿼크**
꼭대기 쿼크
**바닥 쿼크**
참 쿼크
**야릇한 쿼크**

위 쿼크와 아래 쿼크는 양성자와 중성자를 구성한다. 꼭대기와 바닥, 참, 야릇한 쿼크는 빅뱅 이후 1초도 안 되는 매우 짧은 순간에 붕괴한 것으로 추측된다. 현재 과학자들이 인위적으로 만들 수 있다.

단 한 방울의 물에
**2,000,000,000,000,000,000,000개**의 **산소** 원자와
이 수의 두 배에 해당하는 수소 원자가 있다.

## 원자 쪼개기

**필요한 장비:**
원자로

**01.** 중성자를 커다란 원자의 원자핵에 고속으로 충돌시킨다.

**02.** 원자가 두 개의 작은 원자로 깨지고 에너지와 더 많은 중성자를 방출한다.

**03.** 이 중성자가 물질 내의 다른 원자와 다시 충돌하며 연쇄 반응이 시작된다.

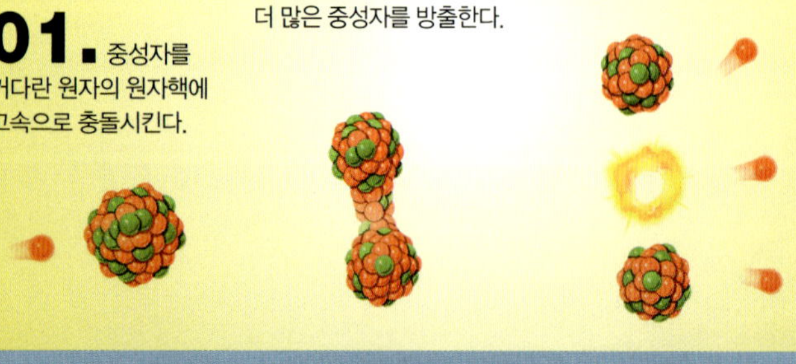

### 경고!

핵융합 반응 과정에 발생하는 불안정한 원자로부터 방사능이 나온다. 방사능은 사람의 세포를 죽이거나 해를 입히며 유전자를 변형시킨다.

원자로 핵반응을 통해 거대한 양의 에너지가 발생한다. 테니스 공 크기 정도의 우라늄 덩어리에서 나오는 에너지는 약 400만ℓ의 석유에서 나오는 에너지의 양과 같다. 이것은 국제 규격의 수영장 두 개를 충분히 채울 수 있는 양이다.

## 머리카락의 원자 수

사람의 머리카락 정도의 너비에 대략 원자 100만 개가 들어갈 수 있다. 사람의 머리에 약 10만 개의 머리카락이 있으니, 음 그러니까…… 정말, 어마어마하군!

대부분의 원자는 빈 공간으로 채워져 있다. 원자를 경기장 크기로 가정하면 핵은 중앙에 있는 콩알과 같다고 볼 수 있다. 전자는 바깥쪽 궤도를 돌고 있다.

원자는 보이지 않기 때문에 **맨눈으로 식별할 수 없다**. 원자는 크기가 빛의 파장의 수천 분의 1에 불과해 빛을 반사할 수 없다. 개별 원자들을 관찰하고 싶다면 **주사 터널링 현미경**을 이용해 관찰할 수 있다.

## 주요 일지

### 기원전 5세기

그리스 철학자 데모크리토스가 만물이 매우 작은 입자로 이루어져 있다고 생각했으며 이것은 너무 작아 눈으로 볼 수 없고 더 작은 단위로 쪼개지거나 부서지지 않는다고 말했다. 원자의 영어 단어 '아톰(atom)'은 '더 이상 쪼갤 수없는'을 의미하는 그리스 말에서 유래했다.

### 1661년

아일랜드 출신 철학자 로버트 보일은 물질이 물, 불, 흙, 공기와 같은 고전적인 원소가 아닌 다른 종류의 소체(원자)로 구성된다고 주장했다.

### 1803년

영국의 과학자 돌턴이 원자 이론을 들고 나왔다. 이에 따르면 모든 원소는 원자라 불리는 아주 작은 입자로 이루어져 있으며 각 원소를 구성하는 원자들은 제각기 다르다고 한다.

### 1897년

영국인 과학자 톰슨이 전자를 발견했다.

### 1911년

뉴질랜드의 러더포드가 원자에는 밀도가 매우 높고 양전하를 띠고 있는 원자핵과 음전하를 가지고 원자핵의 주위를 돌고 있는 소립자인 전자가 있다는 것을 밝혀냈다.

### 1913년

덴마크 과학자 닐스보어가 화학 반응을 일으키는 과정에서 원자가 어떻게 전자를 공유하거나 교환하는지를 밝혀냈다.

### 1932년

잉글랜드 물리학자 채드윅이 중성자를 발견하였다.

### 1963년

미국인 물리학자 머리 겔만이 쿼크의 존재를 제안하였다.

**보통 원자 내에 양전하를 가진 양성자의 개수와 음전하를 가진 전자의 개수는 정확하게 일치한다.**

모래 알갱이는 산소와 규소 두 가지 종류의 원자로 이루어진다. 인간은 약 28가지의 원자로 구성되어 있다.

오늘날 지구에 존재하는 대부분의 원자는 46억 년 전 태양계가 형성되었을 때 생긴 것들이다.

## 정말 믿을 수 없어!

과학자들은 **입자 가속기**를 이용해 아원자 크기의 입자를 연구할 수 있다.

**01: 강력한 전자기장을 이용해 아원자 빔을 원형 궤도로 보내고 전기 펄스를 통해 이를 가속시킨다.**

**02:** 입자가 충분한 속도(거의 빛의 속도)에 이르렀을 때 이들을 서로 충돌시켜 더 작은 입자를 만들어 낸다.

**03: 세계에서 가장 큰 입자 가속기는 유럽 입자 물리 연구소에 의해 운영되고 있다. 스위스와 프랑스 국경 지하에 있으며 27km 길이의 고리 형태를 띠고 있다.**

## 사고력 넓히기

**원자는 전체 우주 물질의 4% 정도이다.**

나머지 96%는 암흑 물질이다. 지금까지는 이를 직접 관찰할 수 없어서 이미 알려진 물질들과의 반응을 연구함으로써 관찰하고 있다.

**모든 종류의 물질 입자에 대응하는 반물질 입자 유형이 존재하는데 그것은 마치 물질 입자의 거울 이미지와 같다.**

빛, 열, 소리는 공간을 차지하지 않으며 질량도 없다. 그래서 물질로 이루어져 있다고 볼 수 없고 다만 에너지의 형태로 간주할 수 있다. 에너지가 물질이 아니라 하더라도 이를 마구 낭비해서는 안 된다.

# 원소는 무엇일까?

원소란 한 가지 종류의 원자만으로 이루어진 순수한 물질이다. 각각의 원소를 구성하는 원자들은 나머지 다른 원소를 구성하는 원자들과 다르다. 지금까지 117개의 원소가 발견되거나 만들어졌다. 이들 중 91개는 지구에서 자연적으로 만들어졌고 나머지 것들은 실험실에서 만들어진 것이다. 원소를 형성하고 있는 원자들은 다른 원소의 원자들과 결합해서 합성물을 만든다. 예를 들어 수소와 산소는 서로 결합해서 물을 만든다.

## 좀 더 알아보기: **원소 기호**

각 원소에 붙여진 이름 외에 한두 개의 문자로 된 기호가 있다. 원소 기호는 대부분 라틴어에서 유래한다. 예를 들어 철을 의미하는 라틴어 단어가 페룸(ferrum)이고 철의 원소 기호는 Fe이다. 쉽지 않은가!

## 좀 더 알아보기: **주기율표**

주기율표는 원자 번호(각각의 원소의 원자핵 속에 들어 있는 양성자의 개수)에 따라 원소를 배열한 것이다. 이 배열에서 비슷한 성질과 특성을 갖는 원소는 같은 그룹에 속하게 된다.

28
Ni
니켈
58
**원자 번호:** 원자핵 속에 들어 있는 양성자의 수
**기호:** 화학식을 표기할 때 약칭으로 사용된다.
**질량 번호:** 각 원자핵 속에 들어 있는 양성자와 중성자를 합한 전체 개수

| | | | | | | | | | | | | | | | | | |
|---|---|---|---|---|---|---|---|---|---|---|---|---|---|---|---|---|---|
| 1 **H** 수소 1 | | | | | | | | | | | | | | | | | 2 **He** 헬륨 4 |
| 3 **Li** 리튬 7 | 4 **Be** 베릴륨 9 | | | | | | | | | | | 5 **B** 붕소 11 | 6 **C** 탄소 12 | 7 **N** 질소 14 | 8 **O** 산소 16 | 9 **F** 플루오르 19 | 10 **Ne** 네온 20 |
| 11 **Na** 나트륨 23 | 12 **Mg** 마그네슘 24 | | | | | | | | | | | 13 **Al** 알루미늄 27 | 14 **Si** 규소 28 | 15 **P** 인 31 | 16 **S** 황 32 | 17 **Cl** 염소 35 | 18 **Ar** 아르곤 40 |
| 19 **K** 칼륨 39 | 20 **Ca** 칼슘 40 | 21 **Sc** 스칸듐 45 | 22 **Ti** 타이타늄 48 | 23 **V** 바나듐 51 | 24 **Cr** 크로뮴 52 | 25 **Mn** 망가니즈 55 | 26 **Fe** 철 56 | 27 **Co** 코발트 59 | 28 **Ni** 니켈 58 | 29 **Cu** 구리 63 | 30 **Zn** 아연 64 | 31 **Ga** 갈륨 69 | 32 **Ge** 저마늄 74 | 33 **As** 비소 75 | 34 **Se** 셀레늄 80 | 35 **Br** 브로민 79 | 36 **Kr** 크립톤 84 |
| 37 **Rb** 루비듐 85 | 38 **Sr** 스트론튬 88 | 39 **Y** 이트륨 89 | 40 **Zr** 지르코늄 90 | 41 **Nb** 나이오븀 93 | 42 **Mo** 몰리브데넘 98 | 43 **Tc** 테크네튬 97 | 44 **Ru** 루테늄 102 | 45 **Rh** 로듐 103 | 46 **Pd** 팔라듐 106 | 47 **Ag** 은 107 | 48 **Cd** 카드뮴 114 | 49 **In** 인듐 115 | 50 **Sn** 주석 120 | 51 **Sb** 안티모니 121 | 52 **Te** 텔루륨 130 | 53 **I** 아이오딘 127 | 54 **Xe** 제논 132 |
| 55 **Cs** 세슘 133 | 56 **Ba** 바륨 138 | 57-71 | 72 **Hf** 하프늄 180 | 73 **Ta** 탄탈럼 181 | 74 **W** 텅스텐 184 | 75 **Re** 레늄 187 | 76 **Os** 오스뮴 192 | 77 **Ir** 이리듐 193 | 78 **Pt** 백금 195 | 79 **Au** 금 197 | 80 **Hg** 수은 202 | 81 **Ti** 탈륨 205 | 82 **Pb** 납 208 | 83 **Bi** 비스무트 209 | 84 **Po** 폴로늄 209 | 85 **At** 아스타틴 210 | 86 **Rn** 라돈 222 |
| 87 **Fr** 프랑슘 223 | 88 **Ra** 라듐 226 | 89-103 | 104 **RF** 러더포듐 262 | 105 **Db** 더브늄 262 | 106 **Sg** 시보귬 266 | 107 **Bh** 보륨 264 | 108 **Hs** 하슘 277 | 109 **Mt** 마이트너륨 268 | 110 **Ds** 다름스타튬 271 | 111 **Rg** 뢴트게늄 272 | 112 **Uub** 우눈븀 285 | 113 **Uut** 우눈트륨 284 | 114 **Uuq** 우눈쿼듐 289 | 115 **Uup** 우눈펜튬 288 | 116 **Uuh** 우눈헥슘 292 | 117 **Uus** 우눈셉튬 (미발견) | 118 **Uuo** 우누녹튬 294 |

| | | | | | | | | | | | | | | |
|---|---|---|---|---|---|---|---|---|---|---|---|---|---|---|
| 57 **La** 란타넘 139 | 58 **Ce** 세륨 140 | 59 **Pr** 프라세오디뮴 141 | 60 **Nd** 네오디뮴 142 | 61 **Pm** 프로메튬 145 | 62 **Sm** 사마륨 152 | 63 **Eu** 유로퓸 153 | 64 **Gd** 가돌리늄 158 | 65 **Tb** 터븀 159 | 66 **Dy** 디스프로슘 164 | 67 **Ho** 홀뮴 165 | 68 **Er** 어븀 168 | 69 **Tm** 툴륨 169 | 70 **Yb** 이터븀 174 | 71 **Lu** 루테튬 175 |
| 89 **Ac** 악티늄 227 | 90 **Th** 토륨 232 | 91 **Pa** 프로탁티늄 231 | 92 **U** 우라늄 238 | 93 **Np** 넵투늄 237 | 94 **Pu** 플루토늄 244 | 95 **Am** 아메리슘 243 | 96 **Cm** 퀴륨 247 | 97 **Bk** 버클륨 247 | 98 **Cf** 캘리포늄 251 | 99 **Es** 아인슈타이늄 254 | 100 **Fm** 페르뮴 257 | 101 **Md** 멘델레븀 258 | 102 **No** 노벨륨 255 | 103 **Lr** 로렌슘 256 |

## 일러두기

주기율표의 원소들이 9개의 서로 다른 그룹으로 나뉜다는 것을 보여 주기 위해 코드화된 색깔로 나타낸다. 수소는 어느 그룹에도 속하지 않는다.

- 알칼리 금속
- 알칼리 토금속
- 전이 원소
- 희귀 토양
- 방사성 희귀 토양
- 기타 금속
- 반금속
- 비금속
- 비활성 기체
- 수소

**텅스텐**을 나타내는 원소 기호 **W**는 라틴어에서 온 것이 아니라 텅스텐의 또 다른 이름인 **볼프람**(wolfram)에서 따온 것이다.

## 과학자 이름에서 유래한 원소 이름들

**퀴륨**
**마리 퀴리**
라듐과 폴로늄을 발견하였다.

**멘델레븀**
**드미트리 멘델레예프**
원소의 주기율표를 만들었다.

**보륨**
**닐스 보어**
원자들이 어떻게 결합하는지 밝혀냈다.

**시보큠**
**글렌 시보그**
새로운 원소 10개를 만들었다.

### 우주에서 가장 흔한 원소들
(원자가 차지하는 비율을 백분율로 계산했을 때)

**수소** 92.4%
**헬륨** 7.4%
**산소** 0.06%
**탄소** 1.03%
**질소** 0.01%
**네온** 0.01%

### 지구 대기에서 가장 흔하게 발견되는 원소들
(원자가 차지하는 비율을 백분율로 계산했을 때)

**질소** 78%
**산소** 21%
**아르곤** 0.93%
**탄소** 0.03%
**네온** 0.0018%
**헬륨** 0.00052%

## 최고 기록은?

수소는 모든 원소 중 가장 단순하고 가볍다. 다른 원소들과 결합되어 있지 않다면 지구상의 모든 수소가 우주 속으로 날아가 버릴 것이다.

오스뮴 30cm³의 무게는 640kg이다. 이는 몸무게가 64kg인 성인 10명의 무게와 같은 것이다.

리튬은 아주 부드러워서 칼로 자를 수 있다. 또 물 위에 떠다닐 만큼 가볍다.

## 기본적인 사실들

**수은과 브로민**은 상온에서 액체로 존재하는 원소이다.

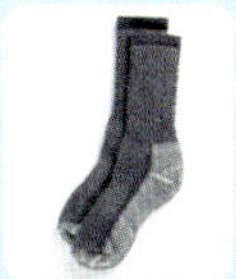

**은**은 항균 성질이 있다. 발 냄새를 제거하기 위해 은으로 처리된 양말을 구입하면 도움이 된다.

**제논 기체**를 사용하는 레이저는 다이아몬드 칼날로도 자를 수 없는 단단한 물체를 쉽게 자를 수 있다.

**금**은 무르기 때문에 과거 사람들은 진짜 금인지를 확인하기 위해 깨물어 보았다. 진짜 금이면 잇자국이 남는다.

**인**에 불이 붙으면 보랏빛 불꽃이 나온다.

**헬륨**은 공기보다 가볍다. 풍선을 불 때 헬륨을 사용하는 이유가 바로 여기에 있다.

**오스뮴**은 만년필 끝의 딱딱한 펜촉을 만드는 데 사용된다.

## 정말 믿을 수 없어!

캘리포늄 원소를 조금 사려면 복권에 당첨되어야 할 거다. 이 원소 1g의 가격이 2700만 달러에 이르니 말이다. 주기율표 끝에 있는 원소들은 원자로에서 인위적으로 만들어지는 것들이다. 몇몇 원소는 몇 분의 1초 동안만 존재할 뿐이다. 그러니 가격이 높을 수밖에.

## 사람을 구성하는 원소

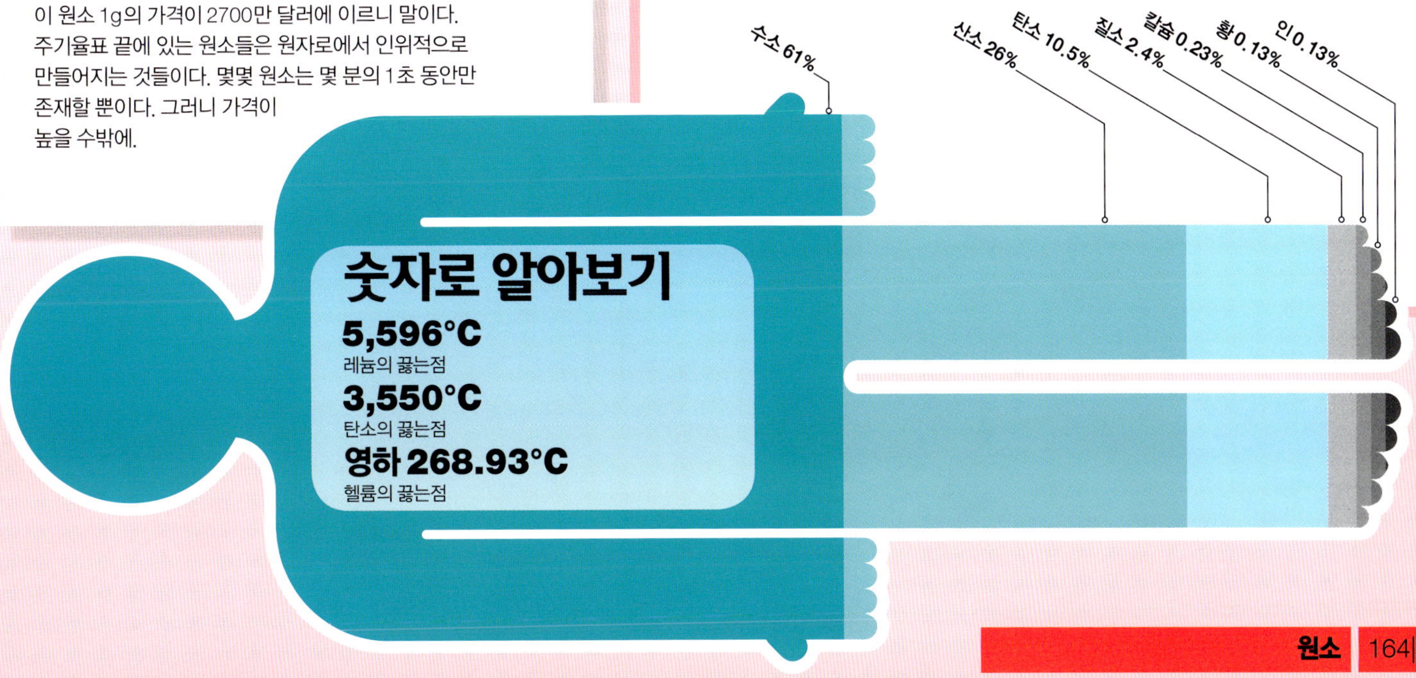


## 숫자로 알아보기

**5,596°C**
레늄의 끓는점

**3,550°C**
탄소의 끓는점

**영하 268.93°C**
헬륨의 끓는점

# 공기는 왜 눈에 보이지 않을까?

우리 주변의 공기 중에 있는 대부분의 기체 분자들은 서로 멀리 떨어져 있어 냄새로 감지할 수 있지만 견고한 모양이나 형태가 없다. 기체 분자는 사방으로 빠르게 움직이며 다양한 종류의 용기에 넣을 수 있다. 용기에 뚜껑이 없으면 기체는 다시 밖으로 달아난다.

## 열기구 띄우기

**01.** 커다란 환풍기를 이용해 기구의 풍선을 부풀게 한다.

**02.** 버너에 불을 피워 풍선 안의 공기를 덥힌다. 열로 인해 공기가 더 빨리 더 멀리 흩어지면서 풍선이 부풀어 오른다.

## 좀 더 알아보기: **물질의 상태**

**고체**
고체 상태의 물체를 이루는 분자는 서로 단단하게 뭉쳐 있다. 고체의 부피와 모양은 일정해 이를 바꾸는 것이 쉽지 않다.

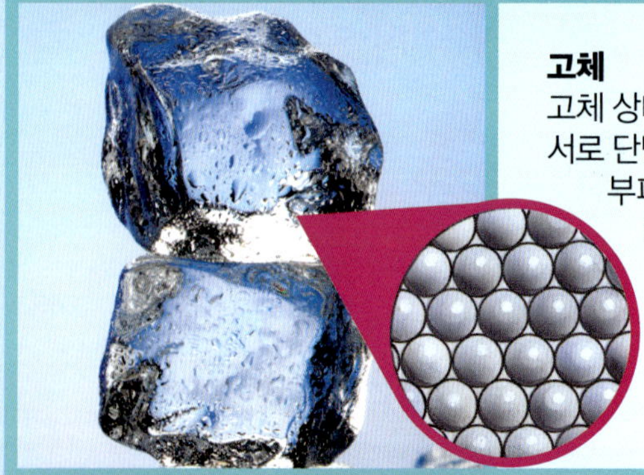

**액체**
액체 상태의 분자는 서로 미끄러지듯이 움직일 수 있어 흘러내리기 쉽다. 액체는 고정된 부피를 갖지만 모양은 일정하지 않다.

**기체**
기체 상태의 분자는 자유롭게 움직이며 주위의 공간을 채운다. 기체의 부피나 모양은 일정하지 않다.

## 팝콘은 어떻게 튀겨지는 것일까?

옥수수 알갱이 안쪽에는 소량의 습기가 들어 있다. 옥수수가 가열되면 이 습기가 증기로 변하면서 팽창하게 된다. 기체가 팽창하면서 생긴 압력으로 인해 폭발이 일어나고 이때 알갱이 안쪽이 바깥쪽으로 나오는 것이다.

## 재미있는 목소리

헬륨 기체 속에서는 소리의 전달 속도가 공기 중보다 3배 빠르다. 그래서 풍선 속의 헬륨을 들이마시고 말을 하면 목소리의 떨리는 속도가 증가하여 재미있는 소리가 나게 된다.

**기체**가 **액체**로 **응축**될 경우 부피는 **평균 1,300분의 1**로 줄어든다.

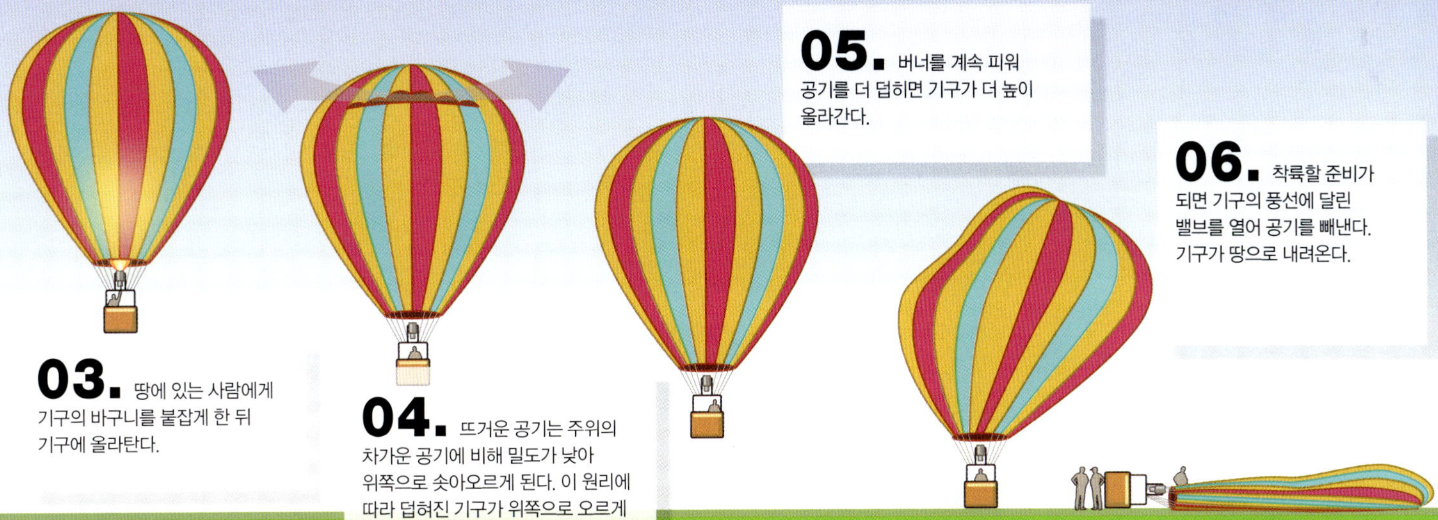

**03.** 땅에 있는 사람에게 기구의 바구니를 붙잡게 한 뒤 기구에 올라탄다.

**04.** 뜨거운 공기는 주위의 차가운 공기에 비해 밀도가 낮아 위쪽으로 솟아오르게 된다. 이 원리에 따라 덥혀진 기구가 위쪽으로 오르게 된다. 비행을 즐겨라.

**05.** 버너를 계속 피워 공기를 더 덥히면 기구가 더 높이 올라간다.

**06.** 착륙할 준비가 되면 기구의 풍선에 달린 밸브를 열어 공기를 빼낸다. 기구가 땅으로 내려온다.

## 악취 낸 사람이 먼저 냄새 맡는다

기체는 매우 빨리 확산되기 때문에 짧은 시간에 잘 섞인다. 만일 강한 냄새가 나는 병의 뚜껑을 열면, 또는 뿌지직 방귀를 뀌면 냄새 분자가 공기 중으로 확산되어 곧바로 코에 도달하게 된다.

**어떻게 탄산음료에 톡 쏘는 기체가 들어 있을까?**

낮은 온도에서 압력을 가하면 이산화탄소가 음료수에 용해된다. 병이나 캔의 뚜껑을 열면 압력이 낮아져 치익 소리를 내며 기체 거품이 나오게 된다.

**방귀 속에 들어 있는 가스들**

질소 **20~90%**
수소 **0~50%**
이산화탄소 **10~30%**

산소 **0~10%**
메탄 **0~10%**

**황화합물 (이것 때문에 고약한 냄새가 나는 것이다!)**

**배에 찬 가스의 힘**

하루 동안 양 한 마리의 배 속에서 부글거리는 가스를 이용하면 작은 트럭을 40km나 이동시킬 수 있다. 그 속에 들어 있는 메탄가스를 연료로 사용할 수 있기 때문이다.

## 온실 가스

**수증기, 이산화탄소, 메탄과 같은 대기 중의 기체는 태양으로부터 오는 복사 에너지를 투과시켜 지구를 따뜻하게 만든 후 열의 일부를 붙잡아 둔다. 이렇게 하지 않으면 이 열이 모두 반사되어 우주로 빠져나가게 된다.**

이러한 '온실 효과'는 항상 일어나며 행성을 따뜻하게 유지하여 생물체가 생존하는 데 아주 중요한 역할을 한다.

**화석 연료를 태우거나 삼림을 벌목하거나 오염이 심해지면 대기 중에 온실 가스의 양이 증가하게 되고 이로 인해 더 많은 열이 머물게 되어 지구 온난화가 빨라진다.**

## 집에서는 하지 말 것!

탄산음료가 들어 있는 음료수 병을 흔들면 용해되어 있던 기체가 방출되고 병의 꼭대기까지 올라와 거대한 압력을 생성한다. 이때 병뚜껑을 열면 기체가 꽤 많은 양의 음료수와 함께 폭발하듯 쏟아져 나온다.

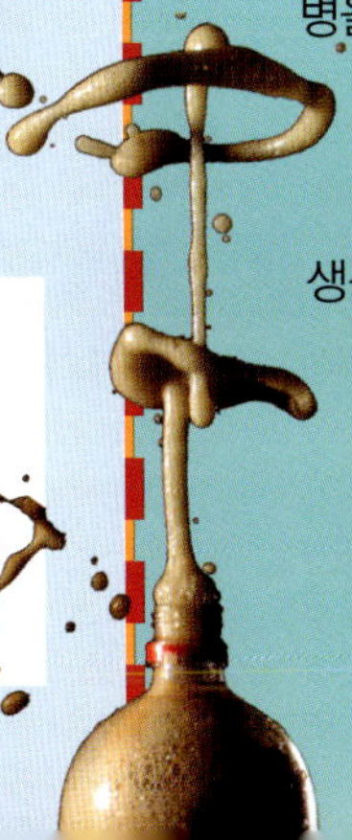

## 정말 믿을 수 없어!

기체 입자는 상온에서 시속 1,600km 이상의 빠른 속도로 움직인다. 이는 소리가 전달되는 속도보다 빠르다.

# 힘이란 무엇일까?

힘은 물체를 밀거나 당겨서 움직이게 하고 방향을 바꾸게 한다. 구슬을 튀기면 힘이 발생하고 구슬이 탁자 위로 굴러가게 된다. 구슬이 탁자 가장자리로 떨어지는 것을 막으려고 손을 내밀면 힘이 발생해서 구슬이 방향을 바꾸게 된다. 구슬이 탁자에서 굴러떨어지는 것은 중력 때문이다. 물론 중력도 힘의 한 종류이다.

## 무슨 뜻일까?

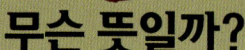

아이작 뉴턴의 세 가지 운동 법칙은 **뉴턴의 운동 법칙**이라고도 불린다. 이 법칙은 힘에 의해 물체가 어떻게 움직이는지를 설명한다. 전해 내려오는 이야기에 따르면 뉴턴이 나무 아래 앉아 책을 읽고 있는 동안 머리 위로 사과가 떨어지는 것을 보고 운동과 중력에 관한 법칙을 발견하였다고 한다.

### 뉴턴의 제1운동 법칙

물체는 외부에서 별도의 힘이 가해지지 않을 경우 제자리에 머물거나 같은 속도로 같은 방향으로 계속해서 움직인다. 이 법칙을 관성 법칙이라 부른다.

**실제 적용 사례:** 자전거 브레이크를 너무 세게 잡으면 우리 몸이 손잡이 너머로 날아갈 수도 있다. 브레이크를 통해 가해진 힘 때문에 자전거는 정지하게 되지만 우리 몸은 계속해서 같은 속도로 앞으로 움직이려 하기 때문이다.

### 뉴턴의 제2운동 법칙

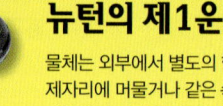

물체의 속도나 방향이 바뀌는 정도는 질량과 가해지는 힘의 크기에 따라 달라진다. 이 법칙을 가속도 법칙이라 부른다.

**실제 적용 사례:** 힘을 가해 구슬을 밀면 구슬이 움직이기 시작한다. 그러나 이보다 더 무거운 물체를 움직이게 하거나 물체를 더 빠른 속도로 움직이게 하려면 보다 많은 힘이 필요하다. 거대한 바위를 힘껏 밀어도 별로 움직이지 않는 것은 이런 이유 때문이다.

### 뉴턴의 제3운동 법칙

힘이 작용할 때는 언제나 반대 방향으로 똑같은 크기의 힘이 작용한다. 이 법칙을 작용과 반작용 법칙이라 부른다.

**실제 적용 사례:** 점프할 때 우리는 발로 땅을 밀고 반대로 땅도 우리를 민다. 이 같은 작용과 반작용으로 인해 공중으로 뛰어오를 수 있다.

### 좀 더 알아보기: **마찰력**

뉴턴의 제1운동 법칙에 의하면 구르는 공은 영원히 굴러야 한다. 하지만 실제로는 속도가 줄어들다가 끝내 정지하게 된다. 이것은 공을 멈추게 하는 다른 힘이 작용하기 때문인데, 이것이 바로 **마찰력**이다. 마찰력은 움직이는 물체와 그것이 접촉해 있는 물체가 서로 비벼지며 생기는 힘이다.

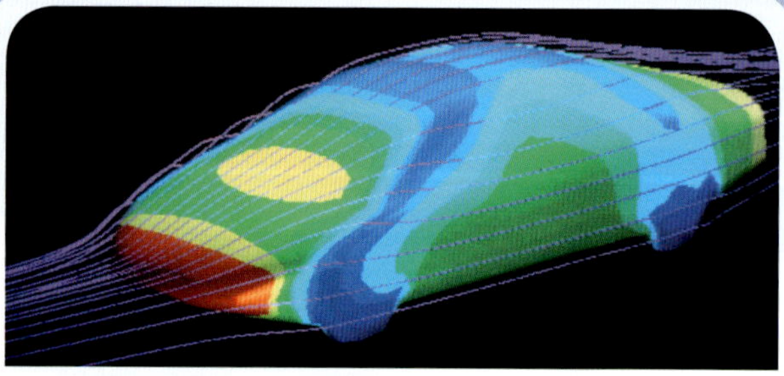

### 저항력 문제

공기나 물속을 움직이는 운송 수단은 이들 주위에 있는 공기나 물에 의해 발생하는 마찰력의 영향을 받게 된다. 이것을 **저항력**이라 부른다. 자동차나 배의 표면을 부드럽게 만들거나 **유선형**으로 디자인하는 것은 물체에 대한 공기나 물의 흐름을 부드럽게 해서 저항력을 줄이기 위해서다.

### 마찰력이 유용한 다섯 가지 이유

마찰력은 열을 발생시킨다. 지난 수천 년 동안 인간은 **불을 만들기 위해** 마른 나뭇가지를 마주 비벼 댔다.

타이어에 있는 줄무늬는 표면을 거칠게 만들어 마찰력을 증가시켜서 부드러운 길 위에서도 **미끄러지지 않게 하기 위한** 것이다.

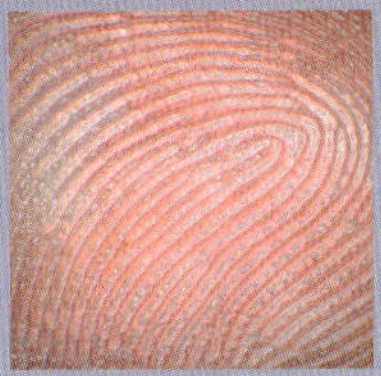

지문의 줄무늬는 손가락과 잡으려는 물건 사이에 마찰력을 발생시켜서 **물건을 쉽게 잡을 수 있게 해 준다.**

움직이는 바퀴에 브레이크가 닿으면 마찰력이 생겨서 바퀴의 **속도가 줄어든다.**

엘리베이터를 타고 위로 올라갈 때 우리 몸의 **관성이 아래쪽으로 작용**하는 것을 느낄 수 있다. 이는 방향이 바뀌는 것에 대한 저항 때문인데 이로 인해 몸이 더 무겁게 느껴진다. 아래로 내려갈 때는 **관성이 위쪽으로 작용**해 더 가볍게 느껴진다. 이는 우리 몸이 속도나 방향의 변화를 실제로 느끼는 것으로 마치 중력을 느끼는 것과 비슷하며 **관성력**이라 부른다.

롤러코스터가 방향이나 속도를 바꿀 때마다 관성력이 우리 몸 구석구석에 영향을 미친다. 아래로 곤두박질칠 때면 몸속의 위가 허파의 밑부분을 위쪽으로 밀어 올린다. 핫도그를 너무 많이 먹지 않았기를 바란다. 토할 수도 있으니.

## 정말 믿을 수 없어!

눈은 서로 미끄러지는 매우 작은 입자로 만들어져 있어 윤활유 같은 역할을 한다. 덕분에 우리는 눈 위에서 스키를 탈 수 있다.

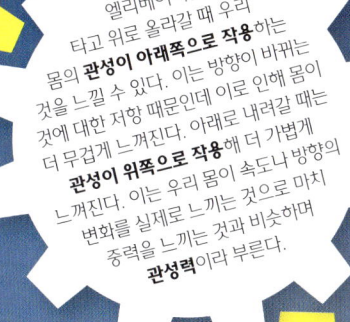

**윤활유**라 불리는 미끌미끌한 물질로 코팅을 하면 **마찰력**을 없앨 수 있다. 마찰력으로 인해 움직이는 부위들이 달라붙거나 마모될 수 있는데 기름과 같은 윤활유는 이것을 방지해 준다. 미찰력은 또 많은 열을 발생시켜 기계의 **과열**을 불러올 수 있는데 윤활유를 사용하면 이러한 과열을 방지할 수 있다.

**이 책을 읽는 동안 꼼짝도 하지 않았다고? 정말 그럴까?**

- 우리는 지구 위에 앉아 있다. 지구는 시속 1,600km의 속력으로 회전하고 있다.
- 지구는 태양 주위를 시속 11만km 이상의 속도로 돌고 있다.
- 태양계 전체는 우주 안에서 시속 200만km의 속도로 움직이고 있다.

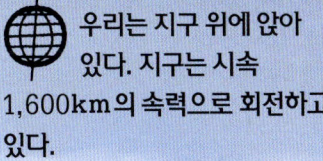

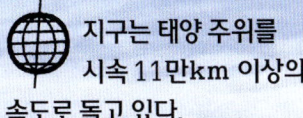

## 아무것도 쓰러뜨리지 않고 식탁보 빼기

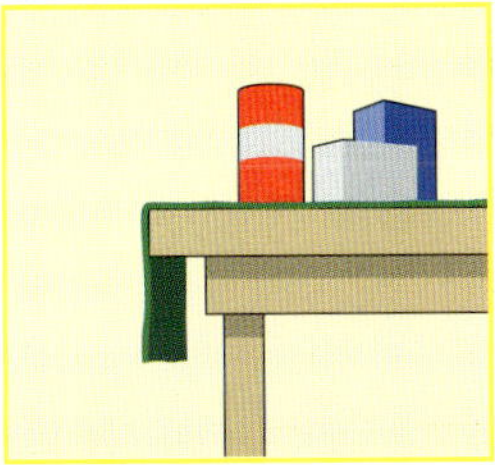

**01.** 식탁, 커다란 천, 그리고 비싸지 않은 물건 몇 개를 준비한다. 식탁 위에 식탁보를 올려 놓고 그 위에 물건들을 올려 놓는다.

**02.** 두 손으로 식탁보 끝을 잡고 잽싸게 잡아당긴다.

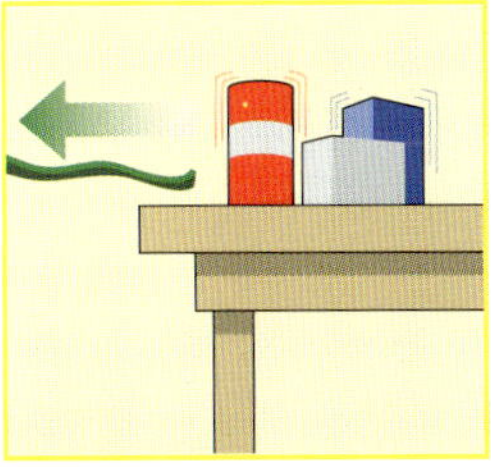

**03.** 식탁보 위에 있는 물체들을 건드리지 않은 채 식탁보만 쏙 빠진다. 물체들은 관성이 있어 식탁보를 따라 움직이지 않고 제자리에 가만히 있다.

# 중력이 정말로 필요할까?

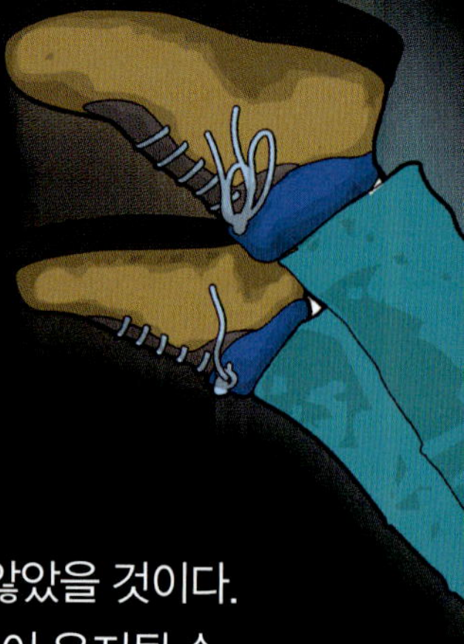

그렇다. 중력이 없다면 지금 우리가 아는 우주는 존재하지 않았을 것이다. 중력이 있기 때문에 우리를 포함해 지구상의 모든 것들이 유지될 수 있다. 서로 잡아당기는 것은 질량이 있는 물체들의 고유한 성질이다. 물체의 질량이란 그것이 포함하고 있는 물질의 양이다. 질량이 클수록 중력은 더 커진다.

## 중력이 좋은 다섯 가지 이유

**01** 물체를 놓으면 중력으로 인해 아래쪽으로 떨어진다. 우리는 최소한 떨어뜨린 양말을 어디에서부터 찾기 시작해야 할지 알고 있다.

**02** 중력은 비나 눈이 지구 표면으로 떨어지게 하고 지구에 있는 물의 양을 보존한다.

**03** 지구의 중력으로 인해 대기가 제자리를 지킬 수 있다.

**04** 태양의 중력으로 인해 지구와 다른 행성이 태양 주위의 궤도를 계속 돌게 된다.

**05** 중력이 있기 때문에 우주에 있는 모든 것들이 궤도를 유지하며 다른 것의 주위를 돌 수 있다. 그렇지 않다면 우주는 떠돌아다니는 물질로 혼돈 상태에 빠질 것이다.

## 우주 몸무게 방정식

중력이 잡아당기는 힘은 우주 공간에 따라 다르다. 그래서 우리 몸무게(중력 상태에서의 질량)는 우리가 어디에 있느냐에 따라 달라진다. 현재의 몸무게에 아래 숫자를 곱하면 태양계의 다른 곳에 있을 경우의 몸무게를 알 수 있다.

| | | | |
|---|---|---|---|
| **태양** | ×28 | **목성** | ×2.54 |
| **수성** | ×0.38 | **토성** | ×1.08 |
| **금성** | ×0.91 | **천왕성** | ×0.91 |
| **화성** | ×0.38 | **해왕성** | ×1.19 |
| **달** | ×0.17 | **명왕성** | ×0.06 |

### 대탈출

물체가 중력으로부터 벗어나는 데 필요한 속도를 '탈출 속도'라고 부른다. 지구로부터의 탈출 속도는 초속 11.2km이다.

## 무중력 상태

**무중력 상태라고 해서 중력이 전혀 없는 것은 아니다. 질량이 있는 모든 물체는 중력의 영향을 받는다. 우주로 나가더라도 질량이 있는 물체가 항상 존재하기 때문에 중력이 전혀 없는 상태란 있을 수 없다.**

**사람이 공중에 뜬 상태로 자유 낙하할 때 무게가 없는 듯한 느낌을 받게 된다.**

## 무중력 상태에 이르는 네 가지 방법

**01** 우주선을 타고 지구 주위를 돈다.

**02** 지구 중심으로 들어간다.

**03** '구토 혜성'이란 별명을 가진 무중력 실험기를 탄다. 무중력 실험기는 지구를 향해 아래쪽으로 급강하하도록 특별히 제작된 우주선이다.

**04** 트램펄린 위에서 점프를 한다. 내려오기 직전 맨 꼭대기에서 아주 짧은 순간 동안 몇 분의 1초라도 무중력 상태를 경험할 수 있다.

## 중력을 이해한 천재들

역사상 가장 똑똑한 사람들이 보이지 않는 중력을 이해하기 위해 끊임없이 노력했다.

**갈릴레이**

1564~1642년에 생존했던 이탈리아 과학자 갈릴레이는 사물을 움직이게 만드는 신비한 힘이 있다는 것을 알았다. 하지만 그것이 무엇인지 밝혀내지는 못하였다.

**뉴턴**

1687년 영국의 위대한 천재 뉴턴은 수학적 계산을 통해 세상의 물체들이 지구로 낙하하고, 밤하늘에 행성이 움직이는 것은 중력이라는 힘이 존재하기 때문이라고 말하였다.

**아인슈타인**

20세기 초 독일에서 태어난 천재 아인슈타인은 우주와 중력에 대해 설명하기 위해 획기적인 이론을 발전시켰다. 너무너무 어렵고 복잡한 것들이었다!

## 스카이다이빙하기

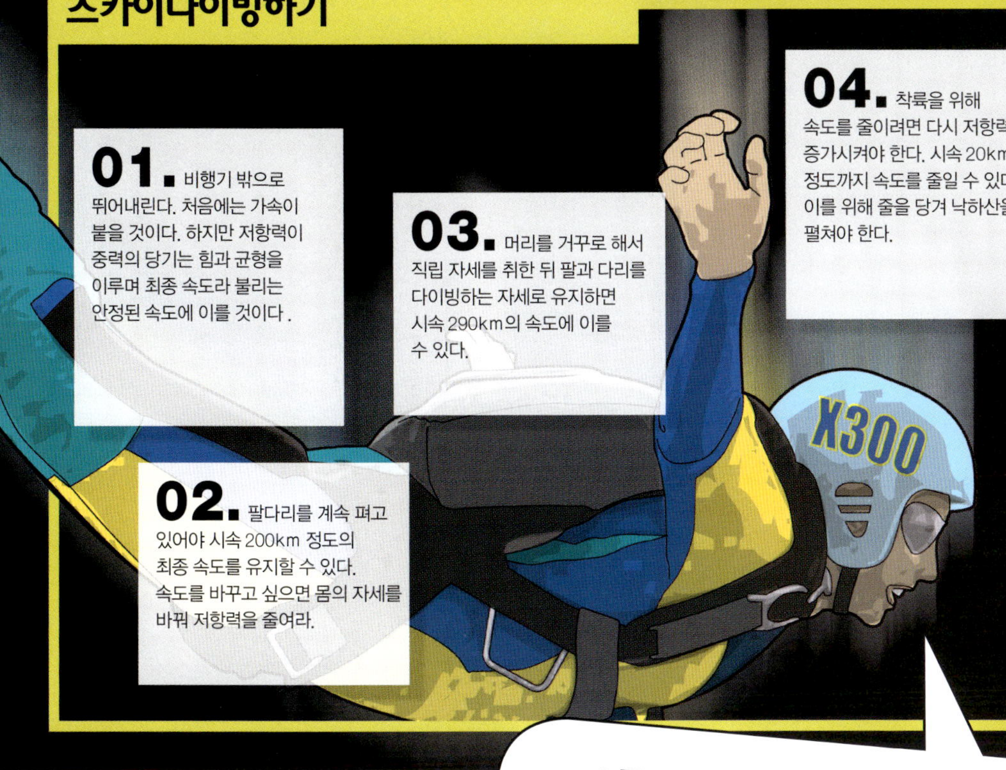


**01.** 비행기 밖으로 뛰어내린다. 처음에는 가속이 붙을 것이다. 하지만 저항력이 중력의 당기는 힘과 균형을 이루며 최종 속도라 불리는 안정된 속도에 이를 것이다.

**02.** 팔다리를 계속 펴고 있어야 시속 200km 정도의 최종 속도를 유지할 수 있다. 속도를 바꾸고 싶으면 몸의 자세를 바꿔 저항력을 줄여라.

**03.** 머리를 거꾸로 해서 직립 자세를 취한 뒤 팔과 다리를 다이빙하는 자세로 유지하면 시속 290km의 속도에 이를 수 있다.

**04.** 착륙을 위해 속도를 줄이려면 다시 저항력을 증가시켜야 한다. 시속 20km 정도까지 속도를 줄일 수 있다. 이를 위해 줄을 당겨 낙하산을 펼쳐야 한다.

**05.** 발이 땅에 닿는 순간 무릎을 살짝 구부리고 팔꿈치는 몸에 가깝게 붙인다. 그러면 안전하게 착륙할 수 있다.

## 재채기와 기침의 힘

우리는 모르는 사이에 상당한 정도의 관성력을 규칙적으로 경험한다. 재채기를 할 때는 우리 몸에 3*g*의 힘이 가해지며, 기침을 하는 것은 강력한 3.5*g*의 펀치를 날리는 것과 같다.

화성의 달, 데이모스는 중력이 매우 작다. 그 위에서는 힘주어 뛰어오르면 바로 탈출 속도에 이르게 된다.

## 숫자로 알아보기

관성력이란 가속이 붙는 상태에서 느끼게 되는 힘이다. 이것을 측정하는 단위는 ***g***이다. 롤러코스터의 궤도를 따라 빠르게 상승하면 몸이 무거워지는 느낌이 든다. 바로 이때 관성력을 경험하게 된다. 뭐든 꼭 붙잡아야 한다.

**0g**
무게가 없는 듯한 무중력 상태

**1g**
지구 표면의 중력

**2-3g**
우주선이 발사될 때 우주선 안의 비행사들이 경험하는 관성력의 크기

**3g**
롤러코스터는 3*g*를 초과하지 못하도록 설계된다. 몇몇의 예외가 있어 머리가 쭈뼛해지기도 한다.

**4-6g**
전투기가 급선회를 할 때 발생하는 강도 높은 관성력으로부터 조종사를 보호하기 위해 내중력복(비행 중 가속도로 인하여 일어나는 여러 가지 신체 손상을 방지하기 위하여 만든 특수 옷)을 착용하도록 한다. 4~6*g*의 힘이 2~3초 이상 지속되면 의식을 잃기도 한다.

**5g**
세계 최대의 자동차 경주 대회 포뮬러 원에서 운전자들이 브레이크를 밟을 때 경험한다.

**9g**
급강하하는 조종사는 9*g*에 이르는 힘을 경험한다.

## 우주 비행사들이 무중력 상태에서 생활할 때 생기는 문제들

- 음료는 밀봉된 그릇에 담아 두고 빨대를 이용해 마셔야 한다. 그러지 않으면 음료가 용기 밖으로 나가 둥둥 떠다니게 된다.
- **부스러기가 우주선 주변에 떠다니다 아무 데나 들어갈 수 있으므로 잘 부서지는 음식을 피해야 한다.**
- 잠을 잘 때는 벽에 붙어 있는 침낭에 몸을 단단히 고정해야 한다.
- **헷갈린다. 무중력 상태에서는 위아래의 구분이 없다. 그래서 천장, 벽, 바닥이 모두 같다.**
- 화장실에서는 접착 천을 이용해 딱 붙어 있어야 하고 공기를 차단해야 한다. 그래야만 배설물이 떠다니는 것을 막을 수 있다. 변기는 공기를 뿜어 세척한다.
- **장기간 무중력 상태에 있으면 근육이나 뼈가 약해지므로 열심히 체력 단련을 해야 한다. 그러지 않으면 몸이 너무 약해져서 지구로 돌아왔을 때 우주선 밖으로 걸어 나오지 못할 수도 있다.**

## 정말 믿을 수 없어!

다이어트 중이라고? 보름달이 머리 위에 떠 있는 밤에 체중을 측정해 보라. 달 중력의 당기는 힘이 지구 중력의 끄는 힘에 작용하여 얼마 되지 않지만 몸무게가 줄어든다. 조금이나마 도움이 될 것이다.

# 물체의 색은 왜 저마다 다를까?

우리 주변의 백색광은 다양한 색의 빛이 섞여 만들어진다. 물체의 표면에서 일부 색은 흡수되고 나머지는 반사된다. 우리가 눈을 통해 보는 것은 바로 이 반사된 색이다. 모든 빛을 반사하는 물체는 흰색을 띤다. 모든 색을 흡수하면 검은색으로 보인다. 토마토는 붉은색만 반사하고 다른 색은 모두 흡수한다. 그래서 토마토는 붉은색으로 보인다.

## 좀 더 알아보기: **전자기 스펙트럼**

빛은 전자기 스펙트럼이라 불리는 연속된 에너지 스펙트럼의 일부이며 에너지 스펙트럼은 각기 다른 파장을 갖고 있는 복사파로 이루어져 있다. 빛과 달리 모든 전자기파는 사람의 눈에 보이지 않는다.

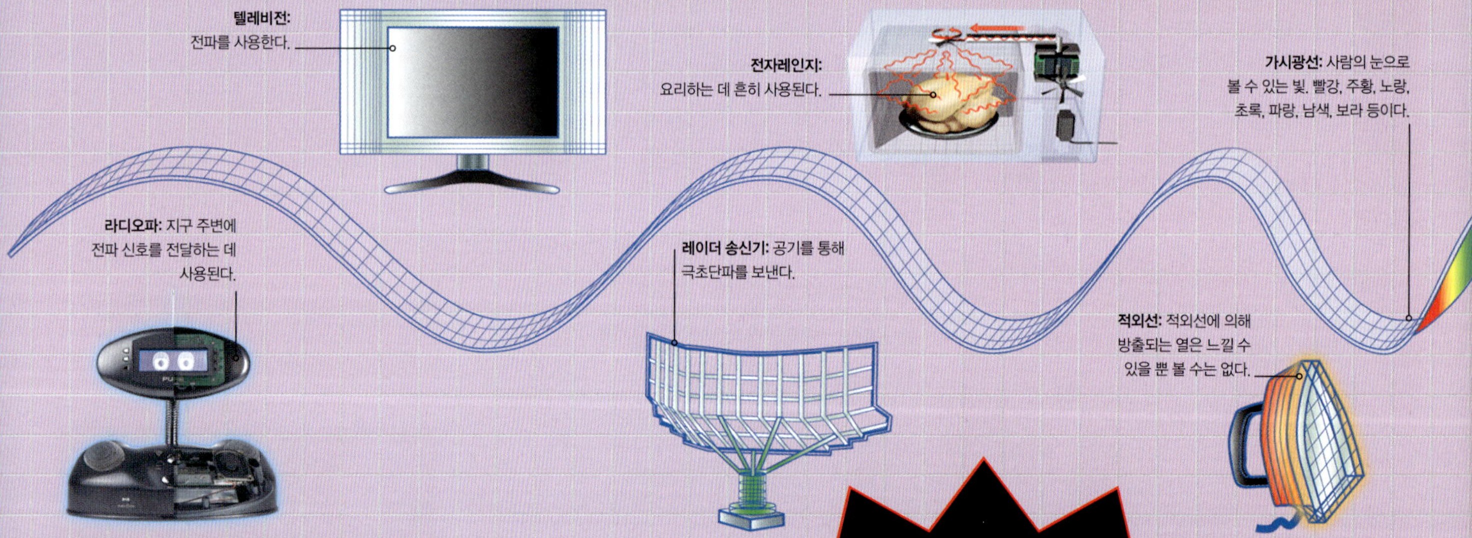

텔레비전: 전파를 사용한다.
전자레인지: 요리하는 데 흔히 사용된다.
가시광선: 사람의 눈으로 볼 수 있는 빛. 빨강, 주황, 노랑, 초록, 파랑, 남색, 보라 등이다.
라디오파: 지구 주변에 전파 신호를 전달하는 데 사용된다.
레이더 송신기: 공기를 통해 극초단파를 보낸다.
적외선: 적외선에 의해 방출되는 열은 느낄 수 있을 뿐 볼 수는 없다.

## 빛의 속도로 여행한다면?

우리가 빛의 속도로 여행한다고 하더라도 (과학자들은 이것이 불가능하다고 거의 확신하고 있지만) 빛은 항상 같은 속도로 우리에게서 멀어진다.

## 무슨 뜻일까?

레이저(Laser)는 Light Amplification by Stimulated Emission of Radiation의 약자이다. 빛이나 전기가 기체와 결정체를 통과해 응집된 형태의 빛을 만들어 내는 것이 레이저이다. 레이저는 매우 강력하여 금속을 자를 수 있으며 매우 정밀하여 수술을 하는 데도 사용된다.

## 빛의 삼원색

빨강　초록　파랑

- 삼원색을 모두 같은 양으로 혼합하면 백색이 만들어진다.
- 삼원색을 각각 다른 비율로 혼합하면 원하는 색을 모두 만들 수 있다. 이렇게 해서 텔레비전 화면에 다양한 색이 나올 수 있는 것이다.

## 빛의 이차색

삼원색을 같은 양으로 혼합했을 때 2차색을 만들어 낸다.

빨강+초록=노랑

파랑+빨강=자홍

초록+파랑=청록

빨강　노랑　자홍　초록　청록　파랑

### 인쇄되는 색

우리가 읽고 있는 이 책에서 여러 가지 색을 볼 수 있다. 잉크 입자가 어떤 것은 흡수하고 어떤 것은 반사하기 때문이다. 인쇄기는 노랑, 자홍, 청록 잉크를 섞어 색을 만든다. 세 가지 색을 모두 섞으면 황토색이 나온다. 세 잉크를 혼합해도 검정색을 만들 수 없기 때문에 인쇄기에는 별도의 검정색 잉크가 있어야 한다.

# 살짝 엿보기

## 무지개

**01:** 햇빛이 물방울을 투과할 때 무지개가 생긴다.

**02:** 물방울 안에서 햇빛이 굴절되고 스펙트럼 상의 여러 색깔로 나누어진다.

- 빨강
- 주황
- 노랑
- 초록
- 파랑
- 남색
- 보라

**03:** 태양이 우리 뒤에 있고 빗방울이 우리 앞에 떨어질 때만 무지개를 볼 수 있다.

**04:** 비행기에서는 무지개가 완전한 원 모양으로 보인다.

**05:** 무지개 색깔을 기억하기 위해 첫머리 글자를 따서 외우기도 한다.

- 빨-주-노-초-파-남-보

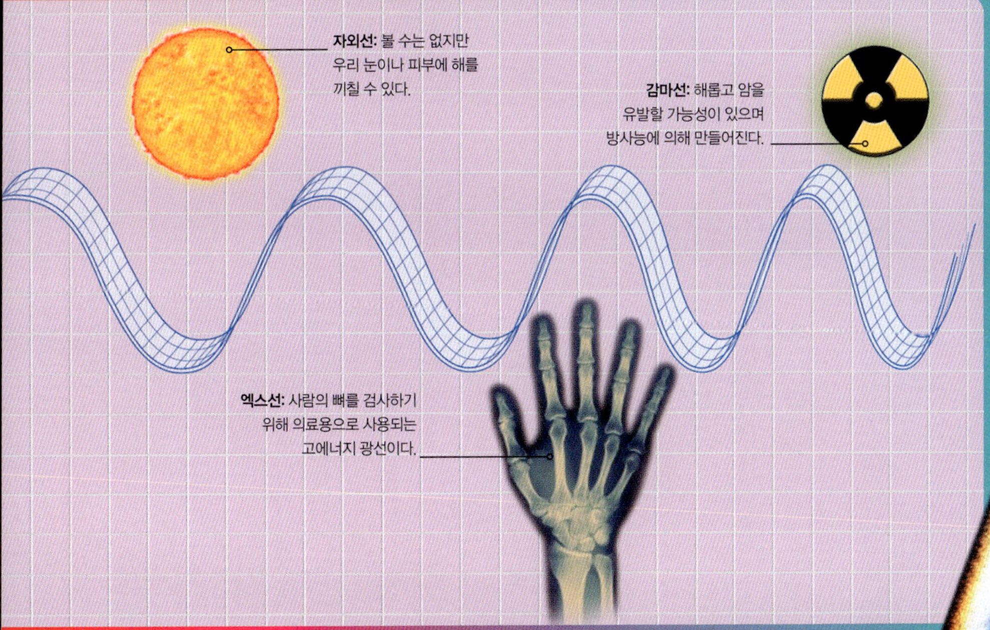

**자외선:** 볼 수는 없지만 우리 눈이나 피부에 해를 끼칠 수 있다.
**감마선:** 해롭고 암을 유발할 가능성이 있으며 방사능에 의해 만들어진다.
**엑스선:** 사람의 뼈를 검사하기 위해 의료용으로 사용되는 고에너지 광선이다.

### 현란한 색의 삼각형

빗방울과 마찬가지로 빛이 프리즘을 지나게 되면 그 방향이 바뀌는데 이를 **굴절**이라 부른다. 프리즘을 통과하는 빛의 파장은 굴절하게 되고 다양한 색의 스펙트럼이 나타난다.

## 숫자로 알아보기

**8분**
햇빛이 1억 4900만km를 이동하여 지구에 도달하는 데 걸리는 시간. 지금 우리가 보는 태양은 실제로는 8분 전 태양의 모습이다.

**2,000개**
1mm 안에 들어갈 수 있는 빛의 파장 수

**20배**
적록 색맹인 남자의 수는 여자에 비해 20배나 더 많다. 눈의 뒤쪽에 있는 망막 세포는 빛과 색을 감지한다. 색맹인 사람들은 망막 세포 중 일부가 부족하거나 비활성인 상태로 있다.

## 정말 믿을 수 없어!

빛은 초속 30만 km로 이동한다.
1초에 지구를 7바퀴 반 돌 수 있는 속도이다.

# 전기란 무엇일까?

원자 내부에는 양전하를 띠는 양성자와 음전하를 띤 전자가 있다. 보통의 경우 양성자와 전자의 숫자는 같기 때문에 전하가 서로 상쇄되어 중성 상태로 존재한다. 때때로 원자가 전자를 얻거나 잃어 양전하나 음전하를 띠는 경우가 생긴다. 전기는 이 전하의 흐름으로 인해 발생한다.

## 머리에 전기가?

머리를 빗으면 음전하를 띤 전자가 이탈하고 양전하를 띤 양성자만 남게 되어 정전기가 발생한다. 머리빗이 전하를 띠면서 머리카락을 일어서게 한다.

전기(electricity)라는 단어는 나무의 진이 땅속에서 굳어진 호박을 의미하는 그리스어 엘렉트론(elektron)에서 유래했다. 그리스 사람들은 호박 조각을 양모에 문질렀을 때 가벼운 물체가 끌려온다는 사실을 알았다. 이것이 바로 정전기다.

**정전기 덕분에 포장용 랩이 잘 달라붙는다.**

**도체** 전자의 흐름을 유발하여 전자가 자유롭게 이동할 수 있는 물질이다. 다음은 도체의 예이다.

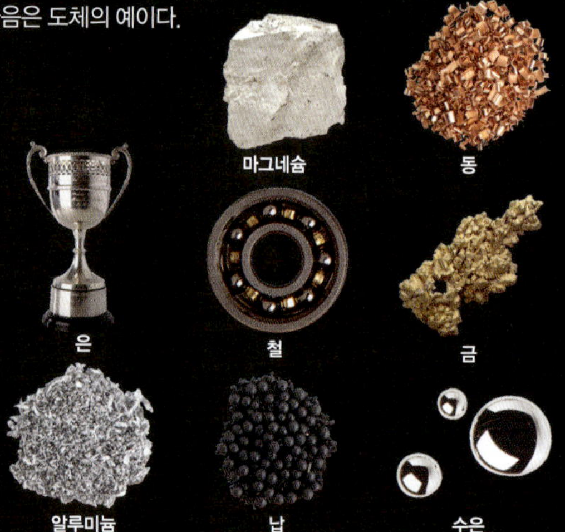

마그네슘
동
은
철
금
알루미늄
납
수은

**부도체** 금속과 달리 전자가 자유롭게 움직일 수 없는 물질로 전기를 전달할 수 없다. 다음은 부도체의 예이다.

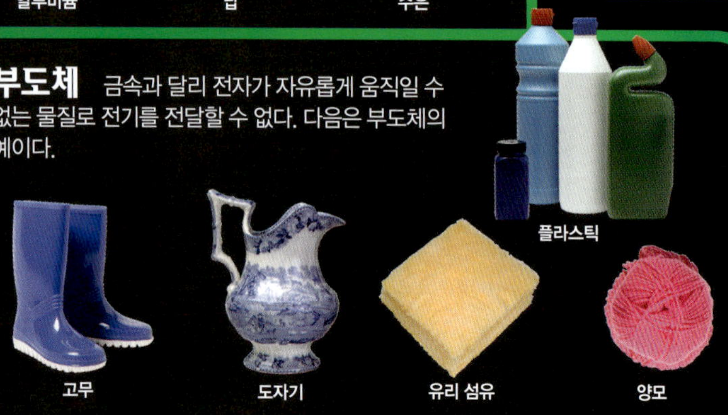

플라스틱
고무
도자기
유리 섬유
양모

## 불을 켜라!

밤이 되면 불을 켠다. 에너지 절약형 전구는 에너지 소모가 적고 일반적인 전구보다 수명이 오래간다. 이 전구가 작동하는 원리를 설명하면 다음과 같다.

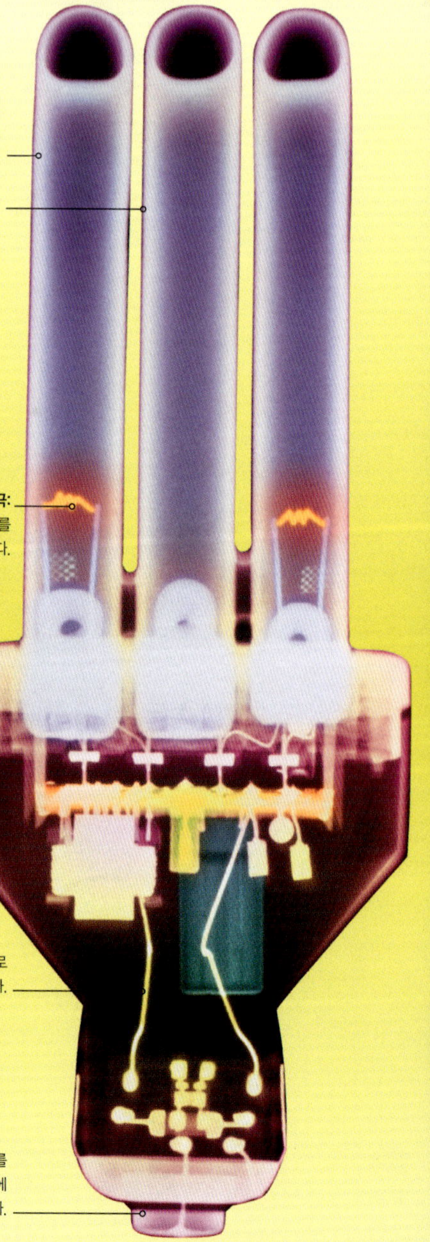

**가시광선:** 자외선이 튜브의 인 코팅을 통과할 때 만들어진다.
**전자:** 튜브에 있는 수은과 상호 작용하여 자외선을 만들어 낸다.
**텅스텐 전극:** 전류로부터 전자를 발생시킨다.
**와이어:** 전극으로 전기를 운반한다.
**연결 부분:** 전기를 공급하는 본선에 전구를 연결한다.

## 불꽃처럼 빛난 인물들

이들 과학자들은 전기에 관한 측정 단위로
자신의 이름을 사용했다.

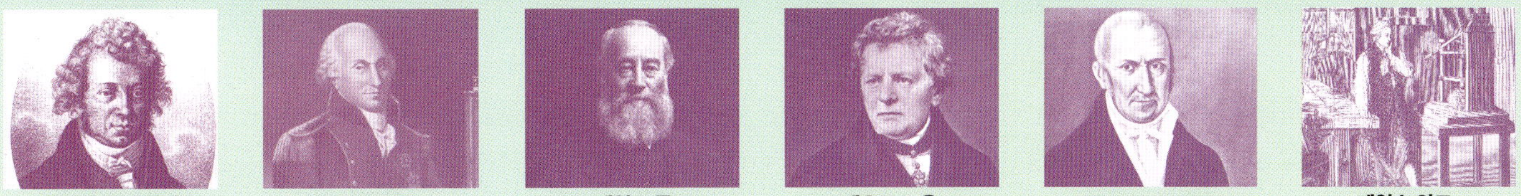

| 앙드레 마리 앙페르 (1775~1836년) | 샤를 쿨롱 (1736~1806년) | 제임스 줄 (1818~1889년) | 게오르크 옴 (1789~1854년) | 알레산드로 볼타 (1745~1827년) | 제임스 와트 (1736~1819년) |
|---|---|---|---|---|---|
| 암페어 | 쿨롱 | 줄 | 옴 | 볼트 | 와트 |
| 전류 | 전하 | 에너지 | 저항 | 전압 | 힘 |

## 정말 믿을 수 없어!

서로 다른 종류의 금속을 접촉시키면 전압이 발생한다.
치아에 금속을 씌운 사람이 알루미늄 호일을 물어뜯으면
전기 충격을 받을 수 있다.

## 나침반 방향은 어떻게 정해지는 것일까?

지구는 거대한 자석이다.
지표 아래를 순환하는 용융된
물질에 의해 자기장이 형성된다.
나침반의 바늘은 남북 방향을
가리킨다. 지구 자기장에
끌리기 때문이다.

## 숫자로 알아보기

**25%**
재충전이 안 되는 전지를 포장을
뜯지 않고 오래 보관할 경우 손실되는
전력의 양

**600볼트**
전기뱀장어가 자신의 몸에서
다양한 물질을 섞어 만들어 내는
전기의 양

**시속 432km**
신경 세포를 통해 인간의 뇌를
드나드는 전류의 속도

**10%**
미국의 가정에서 가전제품을 내기
상태로 두었을 때 소모되는 전기의 양

## 기묘한 이야기

**세계에서 가장 큰 전구**는
미국 뉴저지 에디슨 추모탑
꼭대기에 설치되어 있는 높이
4.11m에 이르는 것이다. 전구를
발명하는 데 커다란 공을 세운
토머스 에디슨을 기리기 위한
것이다.

## 기묘한 이야기

지구의 북쪽 자극점은 북극과 일치하지 않는다.
지금은 북쪽 자극점이 캐나다 북부에 있는데
매년 40km씩 북서쪽으로 이동하고 있다.

## 좀 더 알아보기: 자석

- 자석은 철로 만들어진 물체나 그 밖에 다른 물질을 당기는 물질이다.
- **자석은 또한 다른 자석을 당기거나 밀어낸다.**
- 모든 자석의 양쪽 끝을 N극과 S극이라 부르는데 이곳의 자력이 가장 강하다.
- **같은 극끼리(N극과 N극 그리고 S극과 S극)는 서로 밀어낸다.**
- 다른 극(N극과 S극)끼리는 서로 당긴다.
- **전류가 전선을 통과하면 전선 주변에 자기장이 형성된다. 이렇게 만들어진 자석을 전자석이라 부른다.**

## 정전기는 어떻게 일어날까?

**01.** 신발을 신고 나일론 카펫 위를 걷는다. 신발과 카펫이 마찰되면서 카펫에서 전자가 이탈된다.

**02.** 전자가 우리 몸에 모아지고 몸이 음전하를 띠게 된다.

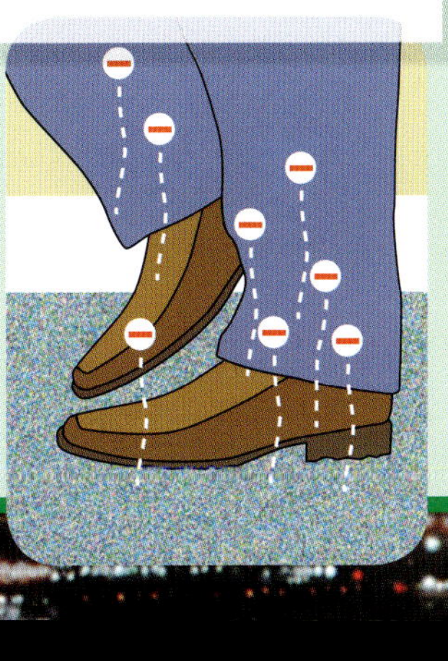

**03.** 금속 손잡이와 같은 전기 도체에 접촉하면 손잡이 쪽으로 전자가 매우 빨리 흘러가면서 몸에 따끔하는 충격이 가해진다. 아얏!

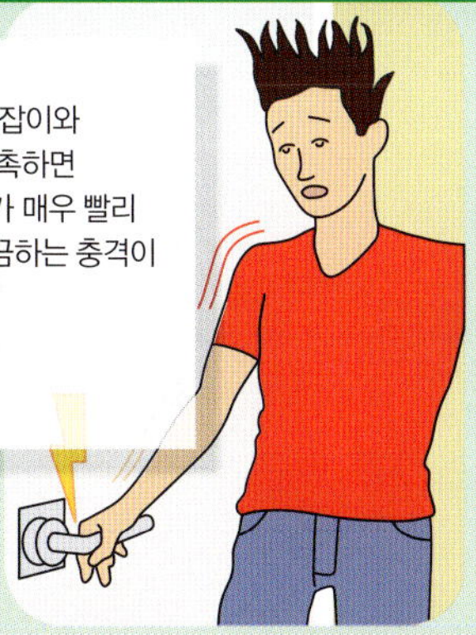

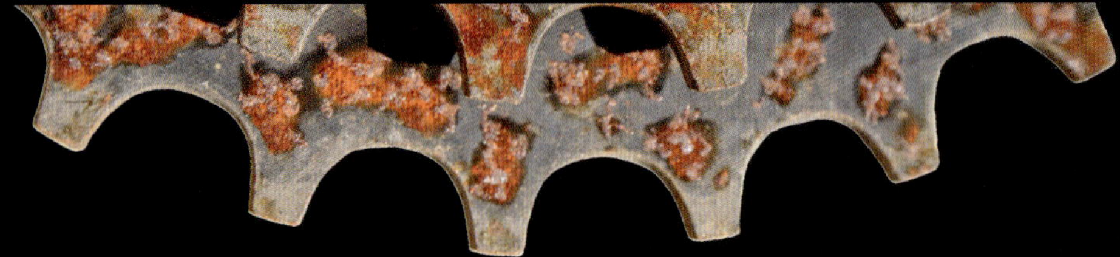

# 자전거는 왜 녹이 슬까?

자전거를 빗속에 놔두면 금세 녹이 슨다. 자전거의 철이 빗속이나 물속에 있는 산소와 결합하여 화학 반응이 일어나고 산화철이라 부르는 새로운 물질이 생겨나기 때문이다. 이 산화철을 보통 녹이라 부른다.

## 좀 더 알아보기: 화학 반응

**01: 물질을 구성하는 원자는 분자라 불리는 덩어리 안에서 서로 결합되어 있다.**

**02:** 화학 반응이 일어날 때, 분자 안의 원자들을 연결하는 결합이 파괴되고 새로운 분자가 형성된다.

**03: 화학 반응이 일어나게 하는 물질을 반응 물질이라 부르며 반응의 결과 형성되는 물질을 생성물이라 부른다.**

**04:** 화학 반응을 통해 원자가 새로 만들어지거나 파괴되는 일은 일어나지 않는다. 다만 배치가 달라질 뿐이다.

**05: 우리 주변에는 하루 종일 화학 반응이 일어난다. 부엌에서, 자동차 엔진에서 그리고 몸 안에서도.**

플루오르화 수소산은 유리를 녹인다.

## 화학식

$$2H_2 + O_2 \rightarrow 2H_2O$$

- 수소 분자는 두 개의 수소 원자로 이루어져 있다.
- 산소 분자는 두 개의 산소 원자로 이루어져 있다.
- 물 분자는 두 개의 수소 원자를 포함한다.
- 두 개의 수소 분자
- 더하기 표시는 분자들이 서로 반응한다는 것을 의미한다.
- 화살표는 반응이 진행되고 있다는 것을 의미한다.
- 반응 생성물은 2개의 물 분자이다.
- 물 분자는 한 개의 산소 원자를 포함한다.

## 몸속의 화학 반응

물체가 연소할 때 산화 반응이 일어나 열의 형태로 에너지를 방출한다. 이것이 우리와 무슨 상관이 있을까? 우리가 먹은 음식은 우리 몸속의 산소와 결합하고 이때 방출되는 열은 살아가는 데 필요한 에너지를 공급해 준다.

## 정말 믿을 수 없어!

박하 사탕은 우리 입안에서 침과 결합하여 흡열 반응(작용하면서 열을 흡수하는 반응)을 일으킨다. 입안이나 혀에서 열이 흡수되고 이로 인해 시원하게 느껴지는 것이다.

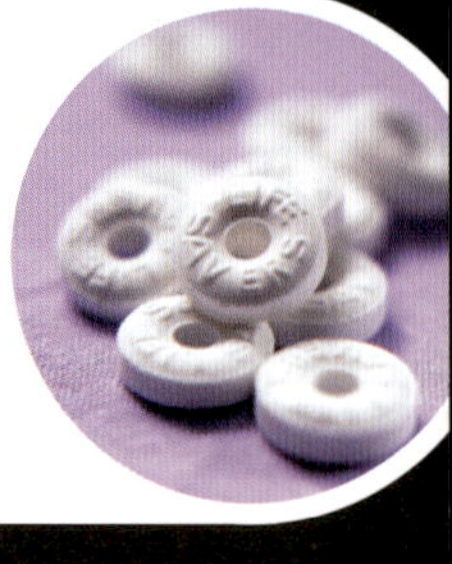

## pH 수치

**물질의 페하(pH)는 그 물질의 산성이나 알칼리성의 강도를 측정한 지표이다.**

| pH 1 | pH 1.5 | pH 2 | pH 2.8 | pH 3 | pH 3.7 | pH 4.3 | pH 5.6 | pH 6.5 | pH 7 |
|---|---|---|---|---|---|---|---|---|---|
| 자동차 배터리 산성 액 | 가장 강한 산성비 | 소화액 | 식초 | 레몬주스 | 오렌지 주스 | 토마토 주스 | 보통의 비 | 우유 | 순수한 물 |

## 살짝 엿보기

### 미용에 사용되는 화학 물질

| 화학 물질 | 사용되는 곳 | 작용 |
|---|---|---|
| 운모 | 아이섀도 | 반짝거림 |
| 암모늄 라우릴 설페이트 | 샴푸 | 먼지와 기름기 제거 |
| 탄산칼슘 | 치약 | 치태를 제거하는 연마제 |
| 플로린화 나트륨 | 치약 | 치아 법랑질을 강하게 함 |
| 수화 마그네슘 규산염 | 파우더 화장품 | 탤크로 알려져 있으며 부드러운 광택을 냄 |
| 알루미늄 클로로하이드레이트 | 냄새 제거제 | 땀 분비 조절 |

### 멋진 폭발

불꽃놀이는 매우 극적으로 일어나는 일련의 화학 반응이다. 합성물이 다양한 색깔로 타오르며 무지갯빛 불꽃이 장관을 이룬다.

- 스트론튬 또는 리튬 화합물
- 칼슘 화합물
- 나트륨 화합물
- 바륨 화합물
- 구리 화합물
- 칼륨 또는 스트론튬과 구리 화합물
- 알루미늄, 티타늄, 또는 마그네슘 화합물

### 폭발 반응

- 칼륨, 나트륨, 루비듐, 세슘, 프랑슘 등과 같은 알칼리 금속은 매우 활발해서 물속에 넣기만 해도 폭발한다.
- 염(염화나트륨)과 식초(아세트산)는 다량으로 혼합되면 서로 결합하여 폭발한다.
- 테르밋(알루미늄과 산화철의 혼합물)에 불을 붙이면 매우 밝은 빛이 나는데 여기에는 위험할 정도의 자외선이 포함되어 있으며 온도는 2,400℃에 이른다. 반응이 일어날 때 자체적으로 산소를 발생시켜 물속에서도 연소가 가능하다.
- 질소 화합물이 화학 반응을 통해 질소로 되돌아갈 때 다량의 에너지가 방출된다. 이를 이용해 만든 것이 니트로글리세린 같은 질소 화합물 폭약이다.

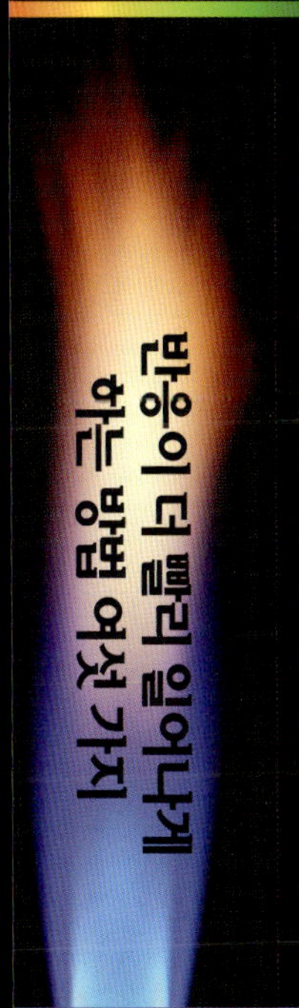

### 반응이 더 빨리 일어나게 하는 방법 여섯 가지

**분자가 서로 충돌할 때 반응이 일어난다. 분자가 붕괴하는 속도를 증가시키면 반응 속도 역시 빨라진다. 다음과 같은 방법을 이용할 수 있다.**

**01:** 농도가 더 높은 용액을 사용한다. 이는 좁은 공간에 더 많은 분자가 있다는 것을 의미한다.

**02:** 기체의 압력을 높인다. 이는 좁은 공간에 더 많은 분자를 집어넣는 것을 의미한다.

**03:** 열을 가하면 분자가 더 빨리 움직인다.

**04:** 빛은 분자가 더 빨리 움직이도록 만든다.

**05:** 고체를 쪼개면 반응에 노출되는 표면적이 증가한다.

**06:** 촉매제라 불리는 물질을 첨가하면 반응에 필요한 에너지를 감소시켜 화학 반응의 속도가 빨라진다. 반응하는 동안 촉매제 자체가 변화하지는 않는다.

### 비밀 편지 쓰기

**01.** 면봉이나 조그만 페인트 붓에 레몬주스를 살짝 바른다. 이 면봉이나 붓으로 흰색 종이 위에 편지를 쓴 뒤 말린다.

**02.** 비밀 편지를 친구에게 준다. 이것을 전구와 같이 열이 나는 기구로 가져가서 펼쳐 보라고 한다.

**03.** 레몬주스는 약산성이다. 이 종이에 열을 쪼이면 산성을 띠는 종이 부위가 다른 부위보다 먼저 갈색으로 변하면서 보이지 않던 편지 내용이 나타나게 된다.

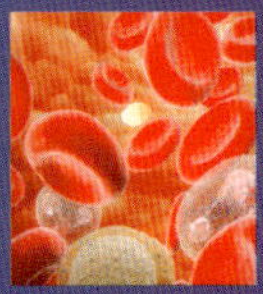

pH 7.3
사람의 혈액

pH 8
바닷물

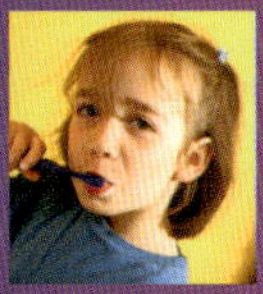

pH 9
치약

pH 9.5
표백제

pH 10.5
마그네시아유
(걸쭉한 흰색 액세로 된 소화제)

pH 11
암모니아수

pH 12
비누

pH 12.8
제모제

pH 13.8
오븐 청소제

# 시간은 어떻게 측정할까?

태양을 기준으로 지구의 움직임을 관찰하여 시간을 측정한다. 지구가 중심축을 중심으로 완전히 한 바퀴 회전하는 데 걸리는 시간이 하루이다. 지구가 태양 주위를 한 바퀴 공전하는 데 대략 365.26일 걸리는데, 이것이 1 태양년이다. 하루보다 작은 시간은 시, 분, 초 등과 같은 단위로 측정한다. 주, 월, 년 등은 역법에 따라 측정된다. 이제 더 많은 것을 알아볼 시간이다.

## 좀 더 알아보기: **표준 시간대**

전 세계 모든 사람이 모두 같은 시간을 사용한다면 한쪽은 대낮이 되고 다른 쪽은 밤이 될 것이다. 이것을 피하기 위해 지구를 시간대로 나누었다.

일반적으로 시간대는 경도선(극과 극을 상상으로 이은 선)을 따라 나누어진다. 그러나 하나의 국가나 주 전체를 동일한 표준시에 포함시키다 보면 시간대가 약간씩 구부러진 형태로 나타나기도 한다.

24개의 시간대가 있다. 경도 15도마다 한 시간씩 차이가 난다.

인도는 면적이 크다 보니 한 개 이상의 시간대에 걸친다. 하지만 양쪽 시간대의 중간을 선택해 인도 전체가 이것을 사용하고 있다.

러시아에는 11개의 시간대가 있다. 세계에서 가장 많은 시간대를 사용한다.

중국은 4개의 시간대에 걸쳐 있으나 실제로는 하나의 표준시만 사용한다.

하루와 그다음 날을 구분하는 날짜 변경선은 지구 위 180도 경도선을 기준으로 한다.

날짜 변경선 동쪽에 있는 나라들은 서쪽에 있는 나라들에 비해 하루가 느리다.

날짜 변경선은 대부분 대양을 가로질러 있다. 그리고 육지나 그 근처를 통과할 때에는 한 지역이 두 개의 날짜로 나누어지는 것을 막기 위해 경계선이 꺾어지기도 한다.

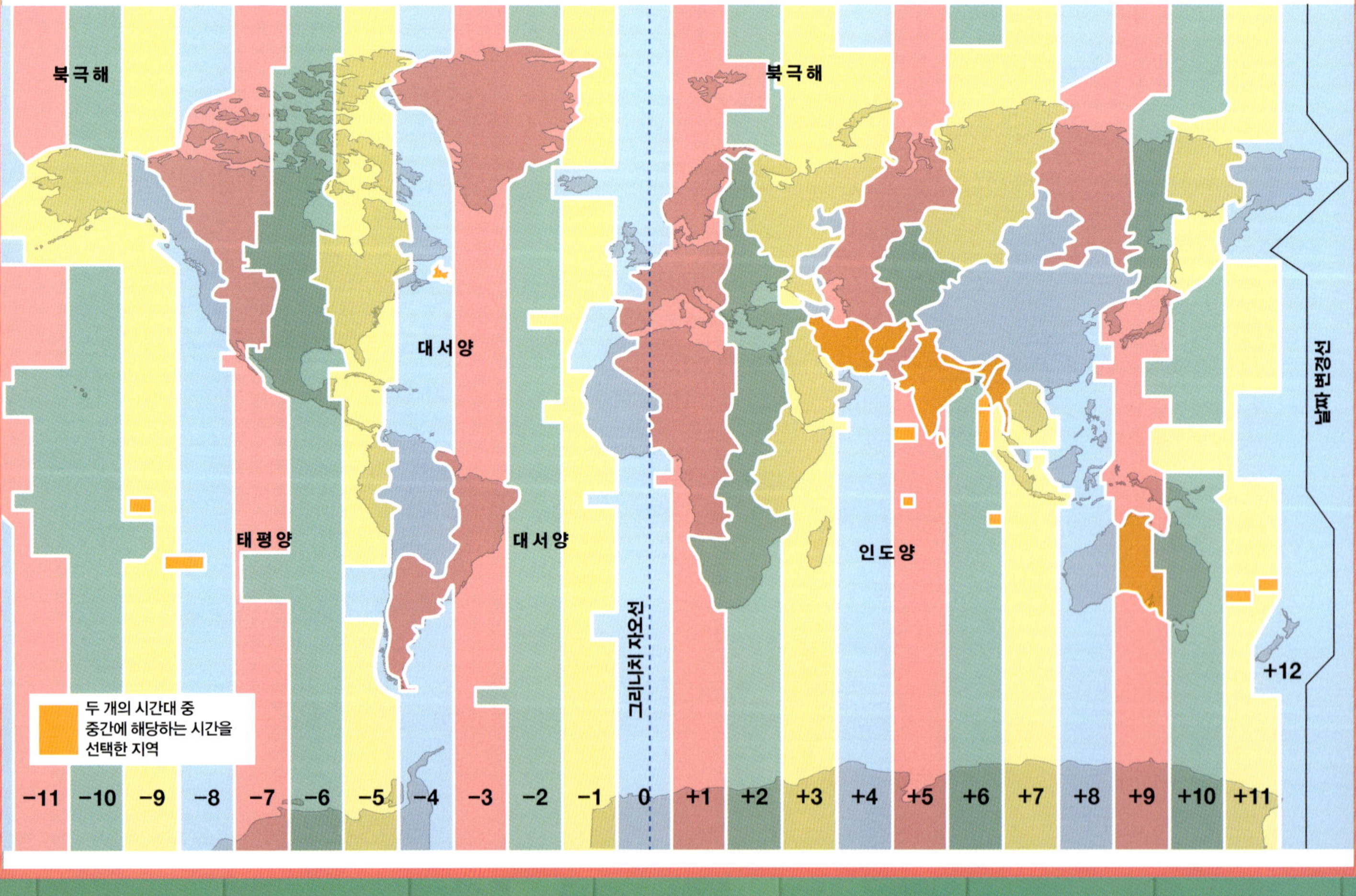

## 주요 일지

### 기원전 1500년
이집트에서 오전, 오후와 같은 시간의 주기를 정의하기 위해 해시계가 사용되었다. 해시계는 1년 중 낮이 가장 길거나 짧은 날을 측정하는 데에도 사용되었다.

### 기원전 1400년
이집트에서 물시계가 사용되었다. 물이 그릇에서 흘러나오며 이에 따른 수위 변화가 시간의 주기를 나타낸다.

### 1000년대
아랍의 기술자가 처음으로 추와 기어로 작동되는 기계식 시계를 발명하였다.

### 1100년대
기도 시간을 알리기 위해 수도승들이 모래시계를 사용하였다.

### 1325년
다이얼이 달린 최초의 시계가 영국의 노리치 성당에 설치되었다.

### 1335년
정각이 되면 종이 울리는 시계가 이탈리아 밀라노에서 최초로 만들어졌다.

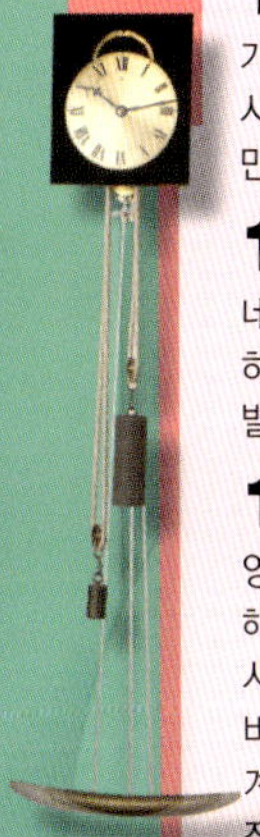

### 1350년
가장 오래된 것으로 알려진 자명종 시계가 독일의 뷔르츠부르크에서 만들어졌다.

### 1650년
네덜란드 과학자 하위헌스가 오차가 하루에 1분도 되지 않는 추시계를 발명하였다.

### 1759년
영국인 시계 제조업자 해리슨이 해양 정밀 시계를 만들었다. 바다에서는 위치를 계산하려면 시간을 정확히 아는 것이 중요하다.

### 1949년
최초의 원자시계가 만들어졌다. 매우 정확한 이 시계는 원자의 진동을 측정하는 방식으로 작동한다.

## 똑딱똑딱
시계는 **지속적으로 반복되는 운동**을 측정하여 시간을 정확하게 알려 준다. 이 운동은 시계추가 흔들리는 운동일 수도 있고 원자의 진동이 될 수도 있다.

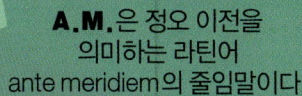

**A.M.**은 정오 이전을 의미하는 라틴어 ante meridiem의 줄임말이다.

**P.M.**은 정오 이후를 의미하는 라틴어 post meridiem의 줄임말이다.

## 시간 단위
**피코세컨드**=1조 분의 1초
**나노세컨드**=10억 분의 1초
**마이크로세컨드**=100만 분의 1초
**밀리세컨드**=1,000분의 1초
**분**=60초
**시간**=60분=3,600초
**일**=24시간=86,400초
**주**=7일=604,800초
**보름**=15일
**달**=28~31일
**분기**=3달
**년**=12달=365일=52주+1일
**윤년**=366일=52주+2일
**세기**=100년
**밀레니엄**=1,000년

## 정말 믿을 수 없어!
통가에서 사모아로 가는 비행기 승객들은 종종 그들이 떠난 날보다 하루 앞서 목적지에 도착하기도 한다. 단 두 시간이면 날짜 변경선을 가로질러 가기 때문이다.

## 시간이 길어지다
- 달력에 표시되는 1년은 대부분 365일이다. 윤년에는 1일이 더해진다. 이는 매년 4분의 1일이 더해지는 꼴이다.
- 윤년은 4로 나누어 떨어지는 해에 해당한다. 00으로 끝나는 연도는 윤년에 해당하지 않지만 400으로 나누어 떨어지면 다시 윤년이 된다.
- 지구의 자전은 1년에 약 0.6초씩 느려지고 있다. 그래서 1태양일(지구가 한 번 자전하는 데 걸리는 시간)과 가장 정확한 원자시계의 시간 차가 조금씩 벌어진다.
- 지구 자전이 느려지는 것과 원자시계의 시간 차를 없애기 위해 1972년 이래로 약 18개월마다 6월 또는 12월 말에 1초를 더하고 있다.

## 주기
**01:** 월을 계산하는 방법은 달의 주기에 근거한다.

**02:** 한 달은 달이 지구를 공전하는 데 걸리는 시간이다. 약 29.5일

**03:** 달력에서 월은 아주 정확하지는 않다. 대략 28일에서 31일 사이로 왔다 갔다 한다. 양력을 기준으로 한 12개월은 음력을 기준으로 한 12개월보다 좀 더 날짜가 많다.

## 최고 기록은?
**01:** **세계에서 가장 정확한 시계**는 2008년 2월 처음으로 소개되었으며, 스트론튬 원자를 사용하고 있어 매우 정확하여 오차가 2억 년 만에 1초 발생한다.

**02:** **세계에서 가장 큰 시계**는 미국의 저지시티에 있는 콜게이트 시계로 지름이 15.24m이다.

**03:** **세계에서 가장 높은 시계탑**은 높이가 239.9m이며 일본, 도쿄의 NTT 도코모 요요기 빌딩 꼭대기에 있다.

## 숫자로 알아보기

**0.01초**
번개가 번쩍하는 시간

**0.1초**
사람 눈이 깜박하는 데 걸리는 시간

**1초**
인간의 심장이 한 번 박동하는 데 걸리는 시간

**15초**
우주선이 120km 이동하는 데 걸리는 시간

**497초**
태양에서 지구까지 빛이 도달하는 데 걸리는 시간

**1,000초**
달팽이가 10m 움직이는 데 걸리는 시간

**8억 초**
사람이 일생 동안 잠자는 시간

**25억 초**
인간의 수명(80년)

# 컴퓨터는 어떻게 데이터를 저장할까?

컴퓨터에 저장되는 모든 데이터(온갖 단어, 사진, 숫자, 소리)는 온(on)이나 오프(off)로 표현되는 일련의 전기 신호로 나타내며 이진수 체계를 사용한다. '1'은 '온', '0'은 '오프'를 의미한다. '비트'는 이진수 체계의 한 자리로 정보량의 최소 단위다. 컴퓨터는 이렇게 이진수 체계를 이용하여 복잡한 연산을 수행한다.

### 비트와 바이트

**비트** = 이진법 숫자 1(온)이나 0(오프)

**1 바이트** = 8비트

**1 킬로바이트** = 1,000바이트

**1 메가바이트** = 100만 바이트

**1 기가바이트** = 10억 바이트

**1 테라바이트** = 1조 바이트

### 데이터의 크기는?

**10바이트** = 단어 하나

**2킬로바이트** = 타이핑된 문서 한 페이지 분량

**100킬로바이트** = 저해상도 사진

**1 메가바이트** = 짧은 소설

**2메가바이트** = 고해상도 사진

**100메가바이트** = 1m짜리 책장 안에 있는 소설들

**1 기가바이트** = 17시간 분량의 디지털 음악

**10테라바이트** = 세계에서 가장 큰 미국 국회 도서관이 소장한 모든 인쇄 기록물

## 좀 더 알아보기: **컴퓨터의 구조**

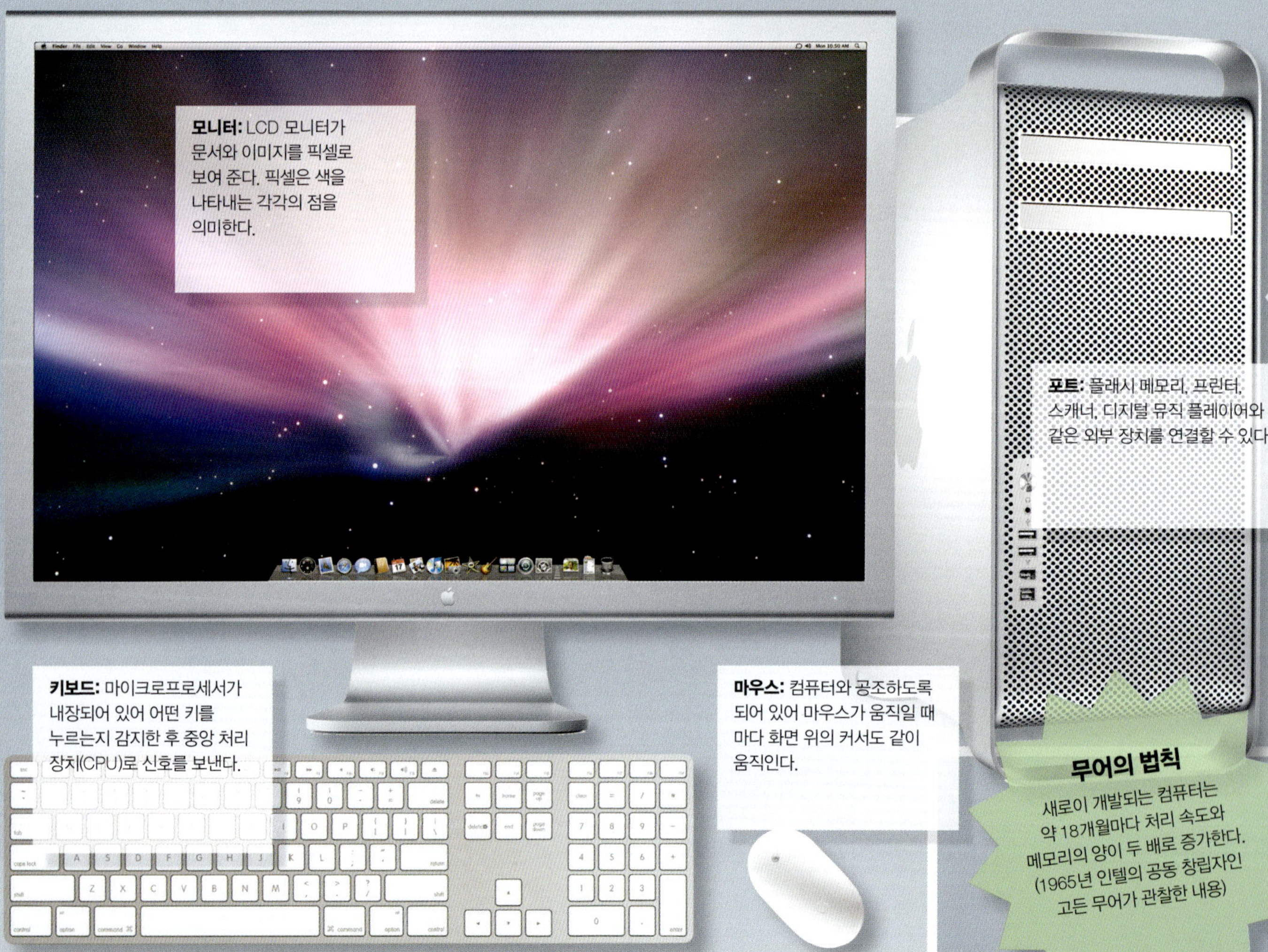
**모니터:** LCD 모니터가 문서와 이미지를 픽셀로 보여 준다. 픽셀은 색을 나타내는 각각의 점을 의미한다.
**포트:** 플래시 메모리, 프린터, 스캐너, 디지털 뮤직 플레이어와 같은 외부 장치를 연결할 수 있다.
**키보드:** 마이크로프로세서가 내장되어 있어 어떤 키를 누르는지 감지한 후 중앙 처리 장치(CPU)로 신호를 보낸다.
**마우스:** 컴퓨터와 공조하도록 되어 있어 마우스가 움직일 때마다 화면 위의 커서도 같이 움직인다.

### 무어의 법칙

새로이 개발되는 컴퓨터는 약 18개월마다 처리 속도와 메모리의 양이 두 배로 증가한다. (1965년 인텔의 공동 창립자인 고든 무어가 관찰한 내용)

## 정말 믿을 수 없어!

1969년 달 착륙선 아폴로 11호에 있던 가이던스 컴퓨터는 메모리 용량이 겨우 72킬로바이트에 불과했다. 이것은 오늘날 일부 계산기의 용량보다도 작은 것이다.

### 난센스 퀴즈

**Q:** 컴퓨터 키보드에서 우주 비행사가 가장 좋아하는 키는?

**A:** 스페이스 바

### 참으로 기이하군!

최초의 컴퓨터 '**버그**'는 실제 1945년 미국 하버드 대학의 컴퓨터 안에 갇혔던 나방이었다. 아마 뜯어먹을(bite? byte?) 것을 찾고 있었나 보다.

### 1945년

**에니악(ENIAC)**
최초의 컴퓨터로 전력 소모가 많아 컴퓨터의 전원을 켤 때마다 근처 마을의 전등이 어두워지곤 했다. 무게는 약 30톤이었다.

### 2008년

**맥북 에어**
엄청나게 얇은 노트북 컴퓨터로 서류 봉투에 넣을 수 있으며 무게는 약 1.4kg밖에 나가지 않는다.

### ROM 대 RAM

| ROM<br>Read Only Memory | RAM<br>Random Access Memory |
|---|---|
| **판독 전용 기억 장치**<br>컴퓨터를 꺼도 데이터가 지워지지 않고 영구적으로 보관된다. | **등속 호출 기억 장치**<br>컴퓨터가 일시적으로 데이터를 보관하므로 저장하지 않고 컴퓨터를 끄면 지워진다. |

## 컴퓨터 보유 상위 10개국

**머더보드**(컴퓨터 시스템의 주요 구성 부품을 포함하는 주요한 회로 기판): 주 회로 기판이다. 컴퓨터의 주요 구성 요소를 연결하고 명령을 전달한다.

**하드 디스크:** 자기 디스크로 컴퓨터의 본체에 들어 있으며 컴퓨터의 프로그램과 데이터를 저장한다.

**중앙 처리 장치(CPU):** 컴퓨터의 뇌와 같은 역할을 하며 연산과 명령을 실행한다.

## 데이터 저장 방법

**1940년대**
천공 카드

**1950년대**
자기 테이프

**1950년대**
하드 디스크 드라이브

**1970년대**
플로피 디스크

**1990년대**
재기록 할 수 있는 CD

**2000년대**
DVD

**2000년대**
USB 플래시 메모리

### 컴퓨터 프로그램 언어

프로그램은 컴퓨터가 무엇을 해야 할지를 말해 주는 명령어 세트이며 프로그램 언어라 불리는 부호로 작성된다. 여러 종류의 언어가 있으며 이들은 모두 각각의 용도에 맞게 설계된 것이다.

**에이다:** 프로그램의 개척자 레브레이스 백작 부인인 에이다(Ada)의 이름에서 유래했다.

**베이직(BASIC):** 컴퓨터의 명령어 코드를 단순하게 하여 누구나 사용할 수 있게 만든 프로그램 언어

**시샤프(C#):** 음악 용어에서 이름을 따왔다.

**코볼(COBOL):** 사무용 응용 프로그램을 개발하기 위해 사용되는 프로그램 언어

**포트란(FORTRAN):** 과학적 계산을 위해 사용되는 프로그램 언어

**자바:** 이 이름은 자바 커피에서 유래했다. 발명자는 이 언어가 자바 커피처럼 강하고 풍부하다고 생각했다.

**파스칼:** 프랑스 수학자이자 작가인 파스칼의 이름에서 유래했다.

# 주요 일지

## 기원전 50000-20000년
계산을 위해 처음으로 조약돌과 사람의 손가락을 사용하였다. 디지트(digit)라는 라틴어는 숫자를 의미하지만 손가락(또는 발가락)을 의미하기도 한다. 그리고 조약돌에 해당하는 라틴어는 칼쿨루스인데 오늘날 우리가 사용하는 '계산하다(calculate)'라는 단어가 여기에서 유래했다.

## 기원전 20000년
숫자 표현을 위해 사용된 것 중 가장 오래된 것으로 알려진 것은 금수가 새겨진 뼈이다.

## 기원전 2400년
최초의 계산기라 할 수 있는 주판이 바빌로니아에서 발명되었다.

## 기원전 500-300년
고대 인도의 작가였던 핑갈라가 최초로 이진법 체계에 대해 설명하였다.

## 기원전 87년
별자리 운동을 예측하기 위해 기계식 계산기를 만들어 사용하였다. 이 계산기는 1901년 그리스 안티키테라 섬 해안의 난파선에서 발견되었다.

## 724년
중국인 기술자 량링 캔이 최초로 물에 의해 작동되는 기계식 시계를 만들었으며 째깍째깍 소리가 났다. 1300년 이상이 지난 후 등장한 초기 컴퓨터와 로봇은 이 시계의 기어와 스프링 메커니즘을 차용한 것이다.

## 820년
바그다드에서 알하리즈미가 십진법 체계를 소개하였고 아랍 수학에서 0이 사용되기 시작하였다.

## 1492년
이탈리아 사람 레오나르도 다빈치가 최초로 기계식 계산기와 갑옷을 입고 벗을 수 있도록 프로그램 되고, 팔을 흔들고 머리를 움직이는 인간과 비슷한 로봇을 설계하였다.

## 1848년
조지 불이 대수를 이용하여 논리 문제를 표기하는 방법을 찾아냈다.

## 1868년
빠르게 자판을 칠 때 손이 엉키는 것을 피하기 위해 크리스토퍼 숄스에 의해 지금의 쿼티(QWERTY) 배열로 이루어진 자판이 디자인되었다.

## 1869년
불의 대수를 사용해 제번스가 최초로 실용적인 기계를 디자인하였다. 이 기계를 사용하면 일반 사람에 비해 한층 빨리 논리 문제를 풀어낼 수 있었다.

## 1873년
최초의 직류 전기 모터가 그람에 의해 디자인되었다. 이것이 없었다면 하드 디스크 드라이브나 컴퓨터의 열을 식히는 팬을 만들 수 없었을 것이다.

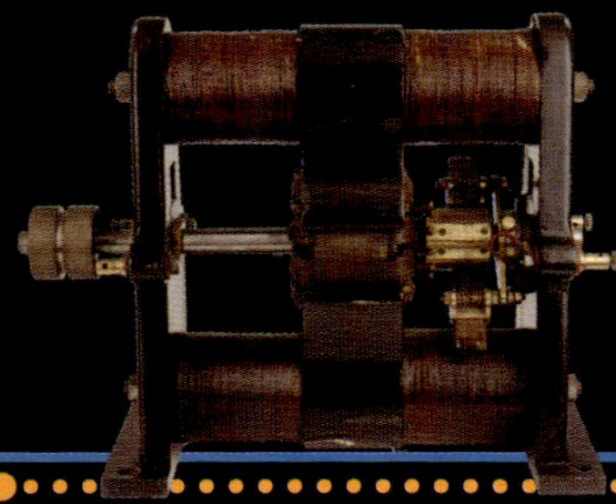

## 1884-1892년
미국인 펠트와 버로스가 고속도 계산기라 불리는 새로운 덧셈 기계를 만들었다. 키를 누르는 방식으로 작동하며 프린트 장치가 있었다.

## 1906년
포리스트가 새로운 전선관인 3극 진공관을 개발하였다. 스위치로 사용될 수도 있는 것으로 컴퓨터에서 매우 중요한 의미를 지닌 개발이다.

## 1918년
독일 암호 해독기 에니그마는 문자를 대체하는 복잡한 시스템을 통해 메시지를 뒤섞는 기능이 있었다.

## 1947년
물리학자 쇼클리와 그의 연구팀이 미국의 벨 연구소에서 트랜지스터를 발명하였다. 트랜지스터는 전기 회로를 축소시켜 미래의 PC를 작고, 믿을 만하고, 적정한 가격으로 만드는 데 도움이 되었다.

## 1948년
영국인 기술자 앤드루 부스가 컴퓨터에 사용할 수 있는 자기 기억 장치를 만들었다.

## 1949년
윌크스가 케임브리지에서 최초의 실용적 저장 프로그램 컴퓨터라 할 수 있는 에드삭을 만들었다. 3,000개의 진공관이 있었고 저장을 위해 수은 지연선을 사용하였다.

## 1951년
톰슨과 시몬스가 최초의 상업용 컴퓨터 LEO(Lyons Electronic Office)를 개발하였다.
🖬 유니백은 미국에서 만들어진 최초의 상업용 컴퓨터이다.

## 1959년
잭 킬비와 로버트 노이스가 단일한 반도체 결정체에 부품 네트워크를 완성시키는 문제를 해결하였다. 이들에 의한 집적 회로 발명은 이후 컴퓨터 혁명을 가속화했다.

## 1961년
리처드 마테시치가 회계에 사용하기 위해 컴퓨터화된 스프레드시트(도표 형태의 양식으로 계산을 위한 사무 업무를 자동으로 할 수 있는 표 계산 프로그램)를 개발하였다.

## 1962년
스티브 러셀이 '우주 전쟁' 최초의 컴퓨터 게임을 개발하였다.

## 1972년
아타리가 최초의 상업용 비디오 게임인 '퐁'을 출시해 10만 개를 팔았다.

## 1973년
제록스사의 로버트 멧칼프가 이더넷(Ethernet)을 만들었다. 근거리 통신망(LAN)에서 컴퓨터를 연결하는 하나의 방법이다.
🖬 미니컴퓨터 제록스 알토는 최초의 그래픽 유저 인터페이스(GUI, Graphic User Interface)로 사용자들이 명령어를 입력하는 대신 마우스를 사용해 정보를 검색하는 데스크톱 시스템이다.

## 1975년
로버트가 최초의 대중적인 마이크로컴퓨터 알타이르(Altair)를 디자인하였다. 이 이름은 스타트렉에 등장하는 행성의 이름에서 유래한 것이다.

## 1978년
마이크로프로 인터내셔널에서 상업적으로 성공한 최초의 워드 프로세서 소프트웨어인 워드 스타(Word Star)를 출시하였다.

## 1980년
폴 앨런과 빌 게이츠가 단순한 형태의 운영 체제인 QDOS에 대한 권리를 사들였다. 그들은 이를 이용해 MS-DOS를 개발하였고 이후 PC에서 표준적인 운영 체제가 되었다.

## 1614년
스코틀랜드인 네이피어가 휴대 가능한 네이피어 로드 계산기를 발명하였다. 이 계산기는 로그 시스템에 기초해 있으며 총합을 계산할 수 있었다.

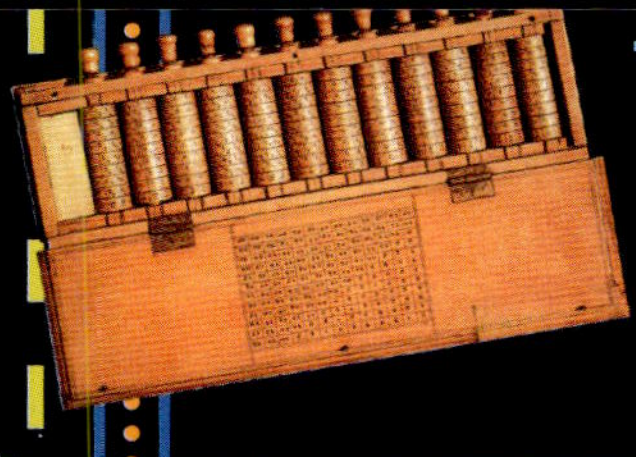

## 1642년
프랑스 사람 파스칼이 '파스칼라인'을 발명하였다. 조세 법정에서 판사로 일하던 자신의 아버지를 돕기 위해 만든 것으로 실질적인 가치가 있는 최초의 계산기이다.

## 1679년
독일인 라이프니츠가 이진법을 완성시켰다.

## 1801년
자카르가 천공 카드로 조절되는 자동 직기를 발명하였다. 프랑스 리옹에서 처음 소개되었을 때 성난 군중들이 이 기계를 파괴하였다.

## 1834년
찰스 배비지가 천공 카드를 넣은 장치, 계산 프로세서, 숫자를 저장하는 기억 장치가 있는 세계 최초의 컴퓨터 분석 엔진을 발명하였다.

## 1843년
어거스타 에이다 러브레이스(시인 바이런의 딸)이 배비지의 분석 엔진에 적용할 최초의 컴퓨터 프로그램을 발명하였다.

## 1937년
앨런 튜링이 이진법을 이용해 최초로 소프트웨어 프로그램을 개발하였다.

## 1938년
독일인 콘라트 추제가 이진법으로 작동하는 컴퓨터 Z1을 최초로 만들었다. Z2와 Z3기계에서는 오래된 영화 필름에 구멍을 뚫어 데이터를 저장했다.

## 1939년
아타나소프와 클리포드 베리가 ABC(아타나소프-베리 컴퓨터)를 개발하였다. 전기, 진공관, 이진법과 콘덴서를 사용한 최초의 컴퓨터이다. 크기는 책상만 하고 무게는 315kg 정도 되며 내부에 들어 있는 전선이 1km에 달했다.

## 1943년
독일 암호 해독기에 대응하기 위해 앨런 튜링과 기술자 톰 플라워가 또 다른 암호 해독기를 개발하였다. 방 전체를 가득 채울 정도의 크기였기 때문에 콜로서스라는 이름이 붙여졌다.

## 1945년
에커트와 모클리가 에니악(ENIAC, Electronic Numerical Integrator and Computer)을 개발하였다. 1만 8,000개의 진공관이 있어 마치 괴물 기계와 같았다. 최초로 게이트, 완충 기억 장치, 고속 저장 및 제어 장치를 포함하고 있었다.

## 1946년
윌리엄이 음극선관 저장 장치를 개발하였다. 이것은 램 장치의 전신이다.

## 1963년
더글러스 엥겔바트가 최초의 컴퓨터 마우스를 발명하고 특허를 받았다.
■ 데이터 교환을 표준화하기 위해 ASCII가 개발되었다.

## 1965년
테드 넬슨이 하이퍼텍스트라 불리는 개념을 발전시켰다. 링크를 통해 문서들에 상호 연관된 네트워크를 제공하는 것이다.

## 1967년
IBM의 데이비드 노블이 최초로 플로피 디스크를 만들었다.

## 1969년
세이무어 크레이가 최초의 슈퍼컴퓨터인 CDC7600(거대한 양의 자료를 넘겨받아 처리하도록 디자인된 컴퓨터)을 개발했다.
■ 인터넷의 전신인 아르파넷(ARPANET, the Advanced Research Project Agency)을 통해 처음으로 미국 각 대학에 있는 연구자들 사이에 연결망이 형성되었다.

## 1970년
음악 애호가이자 발명가인 제임스 러셀이 최초의 CD-ROM 특허를 등록했다.

## 1971년
하와이 대학의 연구자가 라디오 통신을 이용해 무선 랜을 만들었다.
■ 컴퓨터 엔지니어인 레이 톰 린슨이 최초로 두 기계 간에 이메일 전송을 성공시켰다.
■ 제임스 퍼거슨이 최초로 실용성 있는 LCD를 발명했다.
■ 인텔이 최초의 마이크로프로세서인 인텔4004를 출시했다. 4비트 실리콘 칩에 최초의 컴퓨터 에니악과 같은 처리 능력을 갖고 있었다. 하지만 이것이 차지하는 공간은 엄지손톱보다 작았다.
■ 진정한 의미에서 최초라 할 수 있는 주머니 크기의 전자계산기 LE-120A '핸디'가 비지컴에 의해 출시되었다.

## 1984년
포스텔, 모카페트리스와 패트리지는 인터넷을 이용해 웹 사이트에 접속할 때 사용될 도메인 이름 시스템을 선구적으로 개발하였다. 7개의 '최상위 수준' 도메인 이름 edu, com, gov, mil, net, org, int가 소개되었다.
■ 애플이 드롭다운 메뉴, 탭과 아이콘을 통해 검색을 할 수 있는 애플 매킨토시를 선보였다. 마우스를 사용하는 컴퓨터로는 최초로 적절한 판매 가격을 제시하였다.
■ 마이크로소프트 윈도와 엑셀(최초의 그래픽 스프레드시트 소프트웨어)이 출시되었다.

## 1986년
브레인 바이러스로 알려진 최초의 PC 바이러스가 파키스탄에서 만들어졌다.

## 1989년
팀 버너스 리가 하이퍼텍스트 시스템을 개발하여 현대적인 인터넷을 만들었다.

## 1992년
울펜슈타인 3D 비디오 게임이 PC 게임 혁명의 출발점이 되었다.

## 2000년
'밀레니엄 버그'에 대한 근거 없는 두려움이 있었다. 31/12/99를 01/01/00으로 바꿔 컴퓨터 프로그램을 망가뜨릴 것이라는 소문 때문이었다.

## 2003년
사람들이 컴퓨터상에서 스카이프 소프트웨어를 통해 공짜로 국제 전화를 할 수 있게 되었다.

## 2007년
애플사의 아이폰이 출시되면서 다양한 기술들이 소형 기기 내부에 담기게 되었다.

## 2008년
세균에 의해 무해 물질로 분해되어 환경에 해가 되지 않는 생분해성 컴퓨터인 이아메코가 세계 최초로 아일랜드에서 생산되었다. 목재나 펄프 산업계의 폐기물을 이용해 만든 것이다.

# 인터넷은 어디에 있을까?

인터넷은 어디에나 있다. 인터넷은 전 세계에 있는 수십억 대의 컴퓨터를 연결하는 네트워크이다. 컴퓨터, 적절한 소프트웨어, 그리고 인터넷 연결선만 있으면 세계 모든 사람이 웹 사이트에 접근할 수 있다. 인터넷을 관리하는 사람은 없다. 연결되는 컴퓨터 수에도 제한이 없으며 인터넷에 올릴 수 있는 정보의 양에도 제한이 없다.

기본 폴더

## 무슨 뜻일까?

**HTML (Hyper Text Mark-up Language)**
웹 문서를 만들기 위해 사용되는 컴퓨터 언어

**WWW(World Wide Web)**
인터넷상에 존재하는 하이퍼텍스트가 연결된 시스템

**URL(Uniform Resource Locator)**
파일 식별자

**TCP/IP(Transmission control Protocol/Internet Protocol)** 컴퓨터와 컴퓨터를 통신회선 등으로 연결하기 위한 통신 규약(프로토콜)

**HTTP(Hyper Text Transfer Protocol)**
하이퍼텍스트 전송 규약으로 연결된 문서를 웹상에서 검색하겠다는 요청

**ISP(Internet Service Provider)**
등록이 필요한 이용자에 대하여 인터넷 접속 서비스를 제공하는 조직

## 인터넷을 가장 많이 쓰는 10개 국가

**미국 사용자 수** 211,108,086명

**중국 사용자 수** 137,000,000명

**일본 사용자 수** 86,300,000명

**독일 사용자 수** 50,471,212명

**인도 사용자 수** 40,000,000명

**영국 사용자 수** 37,600,000명

**한국 사용자 수** 34,120,000명

**브라질 사용자 수** 32,130,000명

**프랑스 사용자 수** 30,837,592명

**이탈리아 사용자 수** 30,763,848명

기본 폴더

## 인터넷에 대해 믿기 어려운 네 가지 사실

**01: 컴퓨터 간에 발송된 첫 번째 메시지는 'lo'였다. 발신인은 'login'을 쓰려고 했는데 타이핑이 끝나기 전에 시스템이 다운되었다.**

**02:** 월드 와이드 웹(www)에 새로운 웹 사이트가 엄청난 속도로 늘어나 그 개수가 얼마나 되는지 알 수 없을 정도로 많아졌다.

**03: '구글(google)'이라는 이름은 'googol'을 잘못 표기한 것이다. 이는 1 뒤에 0이 100개 오는 숫자를 뜻하는 단어이다.**

**04:** 위키(wiki)는 원하는 사람은 누구나 내용을 첨가하거나 수정할 수 있는 웹 사이트이다. '위키'라는 단어는 하와이 말 '빨리'에서 유래했다.

## 숫자로 알아보기

### 초고속 성장

| 연도 | 인터넷 사용자 수 |
|---|---|
| 1982년 | **200명** |
| 1991년 | **600,000명** |
| 1995년 | **45,000,000명** |
| 1999년 | **150,000,000명** |
| 2008년 | **1,500,000,000명** |

## 검색 엔진 설치하기

**01.** '웹 스파이더(인터넷을 돌아다니는 데 필요한 소프트웨어 프로그램)'를 개발한다.

**02.** 스파이더가 인기 있는 웹 사이트에서 검색을 시작하도록 명령하고 페이지상의 단어들이 색인 처리되도록 한다.

**03.** 사이트 링크를 따라가면 스파이더가 여러 개의 웹을 빠르게 넘나들며 검색 범위를 확장할 수 있다.

**04.** 스파이더가 찾아낸 검색어들의 색인을 만들고 데이터를 암호화하고 저장하여 사용자들이 접근할 수 있도록 한다.

**05.** 검색 엔진 소프트웨어(색인에 있는 수백만 개의 후보 정보를 면밀히 조사해 관련성의 정도에 따라 순위를 정하는 프로그램)를 개발한다.

기본 폴더

하드 디스크

CD

기본 폴더

## 거쳐야 하는 여러 과정

데이터가 인터넷으로 보내지기 전 컴퓨터가 이것을 작은 조각으로 나눈다. 이를 패킷이라 부른다.

**패킷에 이들이 보내질 주소의 라벨이 붙는다. 각각의 패킷은 가능한 여러 경로 중 가장 적절하고 좋은 길을 통해 목적지로 이동한다.**

이는 메시지 중 일부가 이웃 마을에 있는 컴퓨터를 통해 갈 수도 있고 지구 반대편에 있는 지점을 통해 갈 수도 있다는 것을 의미한다.

**패킷이 목적지에 도달했을 때 이들이 다시 분류되고 결합된다.**

## 최상위 도메인 이름

최상위 도메인 이름(웹 주소 끝에 있는 점 뒤의 문자)은 웹 사이트 그룹을 나타내는 것으로 국제 전화 번호와 같은 역할을 한다.

| | |
|---|---|
| **.aero** | 항공 산업 |
| **.bis** | 비즈니스 |
| **.com** | 상업적인 것 |
| **.edu** | 교육과 관련된 것 |
| **.gov** | 정부 |
| **.info** | 일반적인 정보 |
| **.int** | 국제 기구 |
| **.mil** | 미국 군대 |
| **.net** | 주요 서비스 제공자 |
| **.org** | 비영리 기관 |

기본 폴더

## 최고 기록은?

**세계에서 가장 크고 가장 많이 사용되는 검색 엔진**은 구글이다. 웹 페이지에 수백만 개의 색인이 있으며 매일 2억 5000만 회의 검색이 이루어지고 있다. 구글은 1998년 설립되었으며 현재 고용된 직원이 2만 명에 이른다.

## 정말 믿을 수 없어!

가정용 전력이 발명된 이후 미국 가정의 30%에 전기가 들어가는 데 46년이 걸렸다. 월드 와이드 웹이 만들어진 이래 미국 가정의 30%가 인터넷에 연결하는 데 겨우 7년이 걸렸다.

### 인터넷 개척자

영국의 과학자 팀 버너리는 단순한 컴퓨터 언어(HTML)를 고안했다. 이는 페이지들이 서로 링크되고 각 페이지마다 파일 식별자(URL)가 도입되도록 디자인된 언어이다. 그는 또 최초로 웹 브라우저를 발명해 세계의 모든 사람들이 자신의 발명품 월드 와이드 웹에 접속하여 모든 정보를 얻을 수 있게 하였다.

## 주요 일지

**1969년** 아르파넷이 설치되어 4개의 미국 대학 간에 처음으로 원거리 컴퓨터 통신이 이루어졌다.

**1971년** 컴퓨터상에서 최초로 이메일 메시지를 주고 받았다.

**1983년** TCP/IP라 불리는 새로운 컴퓨터 통신 규약 덕분에 네트워크에 있는 모든 컴퓨터가 서로 통신할 수 있게 되었다. 이 네트워크를 인터넷이라 불렀으며 주로 정부와 대학들이 사용하기 시작했다.

**1991년** 월드 와이드 웹이 구축되어 사람들이 간단한 방법을 통해 인터넷상에서 정보를 검색할 수 있게 되었다.

**2008년** 1억 개 이상의 웹 사이트가 만들어졌다.

# 아르키메데스는 왜 "유레카"라고 소리쳤을까?

고대 그리스 과학자 아르키메데스는 왕관이 실제 순금으로 만들어졌는지 알아낼 방법을 찾고 있었다. 그는 이 문제를 고민하던 중 목욕탕에 들어갔다가 수면의 높이가 올라가는 것을 보고 왕관의 금과 동일한 무게의 순금 덩어리를 물속에 집어넣어 수면 높이의 변화로 두 물체의 부피를 비교할 수 있다는 것을 깨달았다. 그는 너무나 기쁜 나머지 욕조에서 뛰어나와 "유레카(알아냈다)!"라고 소리쳤다.

## 좀 더 알아보기: **노벨상**

노벨상은 알프레드 노벨의 이름을 따서 지어졌다. 그는 다이너마이트를 발명하고 이를 제조해서 얻은 어마어마한 재산의 대부분을 노벨상을 만드는 데 사용하였다. 해마다 다음과 같은 분야에 노벨상이 수여된다.

- **물리학**
- 화학
- **의학 또는 생리학**
- 경제학
- **문학**
- 평화

## 과학자처럼 생각하기

**01.** 관심 있게 조사하고 싶은 것을 찾는다. 그 주제에 대해 자신에게 "왜 이런 현상이 나타날까?", "이것은 무엇으로 만들어졌을까?" 하고 질문을 던져 본다.

**02.** 그 주제에 대해 이미 알고 있는 것을 바탕으로 질문에 가능한 답을 생각해 본다. 답으로 제시된 아이디어를 '가설'이라고 한다. 이것은 하나의 추측과 같은 것이다.

**03.** 과학자는 그것이 참으로 증명될 때에만 사실이라고 생각한다. 그러므로 가설이 참인지를 확인하기 위해 필요한 실험을 고안한다.

**04.** 실험을 수행할 때 일어나는 일들을 조심스럽게 관찰한다. 가설이 참이라면 실험 결과를 증거로 제시할 수 있을 것이다.

## 들어 보지도 못한 과학 분야

**01 생물 기상학** 날씨가 사람에 미치는 영향

**02 빙설학** 눈, 얼음, 얼어붙은 땅을 연구

**03 사막학** 사막을 연구

**04 행동학** 동물의 행동을 연구

**05 민족 식물학** 사람들이 식물을 이용하는 방법

**06 구골로지** 엄청나게 큰 숫자

**07 연체 동물학** 어패류를 연구하는 동물학 분야

**08 구름학** 구름에 대해 연구

**09 오스몰로지** 냄새에 관해 연구

**10 자이롤로지** 나무를 연구

1833년 **과학자**라는 말이 처음 사용되기 전에는 과학자를 **자연 철학자**로 불렀다.

## 설계에도 때가 있다

르네상스 시대의 예술가 레오나르도 다빈치는 자신의 발명품을 기록해 둔 공책을 가지고 있었다. 대부분은 시대를 너무 앞선 것이었다.

- 헬리콥터
- 탱크
- 태양열 발전
- 스쿠버 다이빙복
- 로봇
- 행글라이더

## 기발하지만 쓸모없는 발명품들

친도구(기이한 도구라는 의미의 일본어)라는 말은 작동 가능하긴 하지만 실제로는 아무도 사용하지 않는 발명품을 의미한다.

**고양이한테 신기는 걸레 달린 슬리퍼**
집안일을 돕기 위해

**꽃가루 알레르기용 모자**
머리에 쓸 수 있는 화장실 두루마리 휴지

**튜브에 든 버터**
마치 딱풀처럼 생겼다.

**태양열 손전등**
(손전등은 밤에 필요한데 어떻게 태양열을 이용할 수 있겠는가?)

**국수 먹을 때 사용하는 머리 감싸개**
머리카락이 국수에 빠지지 않도록 해 준다.

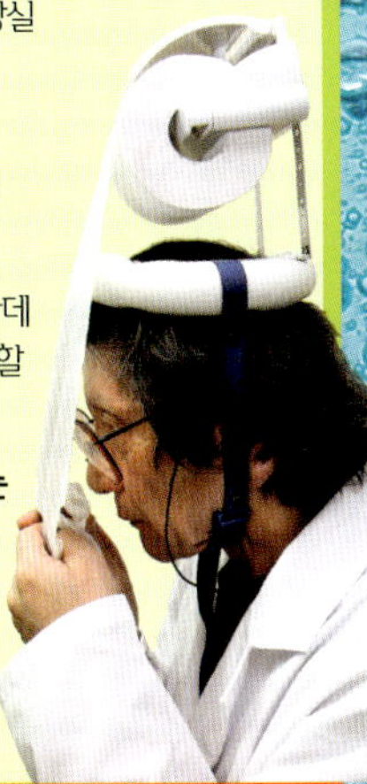

## 정말 믿을 수 없어!

아인슈타인은 한 번도 실험을 하지 않았다. 그의 생각은 모두 매우 복잡한 수학식을 이용하여 이론적으로 완성된 것이었다.

## 노벨상을 수상하는 다섯 가지 방법

**01: 실수로!** 페르미는 1938년 새 방사성 원소를 발견한 공로로 노벨상을 받았다. 그런데 알고 보니 그것들은 단지 핵분열 과정에서 생성된, 이미 존재하는 원소의 파편에 지나지 않았다.

**02: 상대성 이론으로 노벨상을 탄 것이 아니다.**
상대성 이론은 아인슈타인의 주요한 과학적 발견이다. 하지만 1921년 노벨상을 받은 것은 이 때문이 아니라 빛이 광자라 불리는 입자 상태로 존재한다는 것을 증명한 업적을 인정받아서였다.

**03: DNA의 구조를 밝혀내다.**
왓슨과 크릭, 윌킨스는 DNA의 이중 나선 구조를 발견하여 1962년 노벨 생리학상을 받았다.

**04: 평화 캠페인을 벌인다.**
라이너스 폴링은 1954년 노벨 화학상을 받았고 1962년 핵무기 실험을 종식시킨 공로를 인정받아 다시 노벨 평화상을 받았다.

**05: 가족끼리 열심히 돕는다.**
퀴리 가족 중 노벨상을 받은 사람은 마리 퀴리와 남편 피에르 퀴리, 딸 이렌 졸리오 퀴리와 이렌의 남편 프레데리크 졸리오 퀴리가 있다.

## 매일 사용하는 10대 발명품

| 발명 시기 | 발명품 | 발명가 | 장소 |
|---|---|---|---|
| 100년 | 중앙 난방 | 미상 | 로마 |
| 500년대 | 화장실 휴지 | 미상 | 중국 |
| 1597년 | 수세식 변기 | 존 해링턴 | 영국 |
| 1863년 | 아침에 먹는 시리얼 | 제임스 칼렙 잭슨 | 미국 |
| 1787년 | 냉장고 | 윌리엄 컬렌 | 스코틀랜드 |
| 1890년 | 헤어 드라이기 | 알렉상드르 고드푸르아 | 프랑스 |
| 1913년 | 지퍼 | 기드온 선드백 | 미국 |
| 1928년 | 얇게 자른 빵 | 오토 로웨더 | 미국 |
| 1943년 | 볼펜 | 라슬로 비로 | 아르헨티나 |
| 1956년 | 벨크로(찍찍이) | 조르주 메스트랄 | 스위스 |

## 다섯 가지 우연한 발명

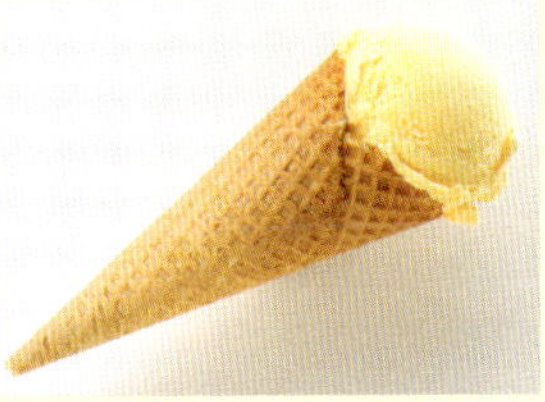

**아이스크림 콘:** 미국 세인트루이스에서 있었던 1904년 세계 전시회의 아이스크림 판매대에서 접시가 동났다. 마침 옆에서 아주 얇은 와플을 팔고 있었는데 아이스크림 판매대 주인이 이것을 고깔로 만들어 아이스크림을 얹어 팔면 되겠다는 생각을 하게 되었다.

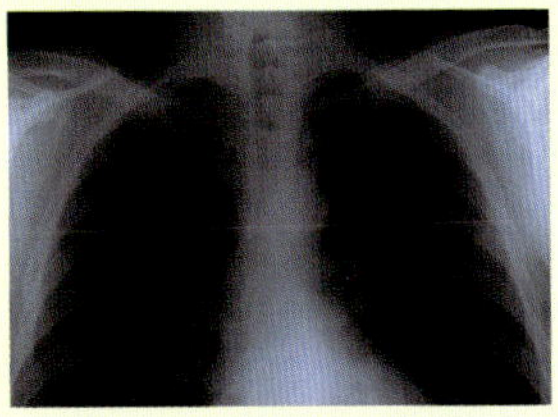

**엑스선:** 1895년 뢴트겐이 음극선 발생기를 설치하다 화학 물질로 코팅된 실내 스크린에 약한 형광 효과가 나타나는 것을 목격했다. 결국 그는 우리 눈에 보이지 않지만 카드, 나무, 종이 등은 투과하고 뼈는 투과하지 않는 엑스레이를 발견하였다.

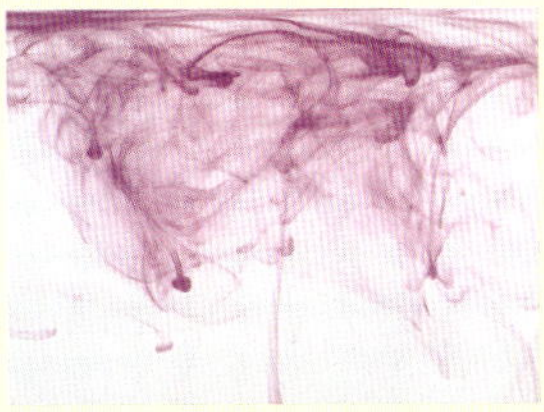

**합성 염료:** 1856년 윌리엄 퍼킨은 말라리아를 치료할 합성 키니네를 생산하기 위해 노력하고 있었다. 하지만 실험 결과 나온 것은 아무렇게나 뒤엉킨 채 나타나는 보라색 물질뿐이었다. 퍼킨은 기회가 온 것을 즉시 알아채고 최초의 합성 염료 생산 공장을 세웠다.

**전자레인지:** 1945년 퍼시 스펜서가 레이더 발생기에서 나오는 방사선이 지나는 자리에 서 있자 그의 주머니 속에 있던 초콜릿이 녹았다. 또 빔이 지나는 자리에 옥수수 알갱이를 놓았더니 곧바로 튀겨졌다. 이것을 본 그는 전자레인지 원리를 발견하였다.

**포스트잇:** 1968년 스펜서 실버는 새로운 강력 접착제를 만들기 위해 노력하고 있었지만 종이도 제대로 붙지 않는 풀만 나올 뿐이었다. 1974년 동료인 아서 프라이가 잘 붙지 않는 접착제도 사용 가능하다는 생각을 하였고 이것을 포스트 잇으로 선보이게 되었다.

# 마천루란 무엇일까?

'마천루'란 단어는 10층 이상의 건물을 일컫기 위해 1880년대 처음으로 사용되었다. 오늘날에는 최소 40층 이상 되는 빌딩만 마천루로 간주한다. 인간은 수천 년 동안 안식처를 마련하기 위해 건물을 지어 왔으며 건축물의 모양과 크기는 매우 다양하다.

## 세계에서 가장 높은 빌딩 열 개

**01: 부르즈 칼리파**
아랍 에미리트 연방 두바이, 828m

**02: 타이베이 101**
타이완 타이페이, 509m

**03: 페트로나스 타워**
말레이시아 쿠알라룸푸르, 452m

**04: 시어스 타워**
미국 시카고, 442m

**05: 진 마오 빌딩**
중국 상하이, 421m

**06: 제2국제 금융 센터**
중국 홍콩, 416m

**07: CITIC 플라자**
중국 장저우, 391m

**08: 선힝 스퀘어**
중국 선전, 384m

**09: 엠파이어 스테이트 빌딩**
미국 뉴욕, 381m

**10: 센트럴 플라자**
중국 홍콩, 374m

### 무슨 뜻일까?

건축의 영어 단어 '아키텍트(architect)'는 건축의 달인을 의미하는 그리스어 '아키텍톤(arkhitekton)'에서 유래했다.

## 고층 빌딩

1857년 최초로 엘리베이터가 개발된 뒤에야 첫 번째 마천루가 지어지기 시작했다.

오늘날 마천루의 엘리베이터, 계단실, 통풍관 등이 속한 핵심 부분은 보강 철근으로 짓는다.

중심 부분에서 주변의 구조물까지 철근을 사용하고 콘크리트 바닥을 깐다.

바깥쪽은 유리와 금속으로 된 초경량 커튼 월로 덮여 있다.

## 건물의 종류

- 농업용
- 상업용
- 주거용
- 교육용
- 레저용
- 산업용
- 정부 사회 기관용
- 군사용
- 종교용
- 중계 항만용

## 아름다운 돔 건축물들

**판테온**
이탈리아 로마
125년

**성 소피아**
터키 이스탄불
537년

**바위 사원**
이스라엘 예루살렘
691년

**두오모**
이탈리아 피렌체
1502년

**성 바실리 성당**
러시아 모스크바
1560년

**성 베드로 성당**
바티칸 시국
1593년

## 건축 재료의 종류

아도비 점토

돌

나무

콘크리트

벽돌

유리와 강철

## 가장 높은 건물

1930년 뉴욕의 크라이슬러 빌딩이 세워지자 전 세계인이 부러워했다. 319m 높이로 우뚝 선 이 건물은 지구 상에서 가장 높은 빌딩이었다. 그러나 겨우 11개월 후 최고라는 명성을 잃게 되었다. 381m 높이의 엠파이어 스테이트 빌딩(사진)이 들어섰기 때문인데 이는 이후 41년 동안 최고 기록을 지켰다. 엠파이어 스테이트 빌딩 꼭대기는 비행선들이 임시로 머물 수 있도록 디자인되었다.

## 건축물의 스타일

- 고전주의 건축
- 비잔틴식
- 이슬람식
- 고딕식
- 조지 양식
- 표현주의
- 아르누보
- 바우하우스
- 현대식
- 아르데코
- 해체주의
- 포스트모던

## 최고 권력자들의 집

| 관저 | 국가 | 방의 개수 |
|---|---|---|
| 마드리드 왕궁 | 스페인(국왕) | 2,800개 |
| 버킹엄 궁전 | 영국(국왕) | 775개 |
| 압딘 궁전 | 이집트(대통령) | 500개 |
| 라시트라파티 바반 | 인도(대통령) | 340개 |
| 백악관 | 미국(대통령) | 132개 |
| 로지 | 오스트레일리아(총리) | 40개 |
| 24 서섹스 드라이브 | 캐나다(총리) | 34개 |

## 이글루 짓기

**01.** 날이 긴 눈 칼을 이용해 단단하게 다진 눈 벽돌을 잘라 낸다.

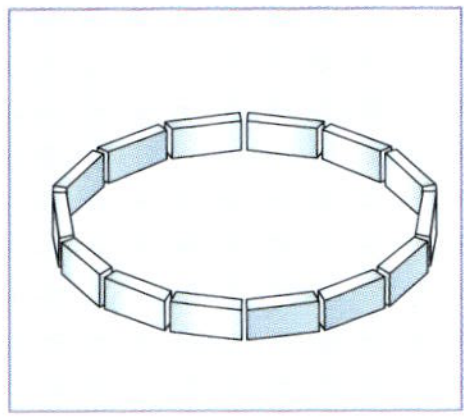
**02.** 눈 바닥을 편평하게 다지고 그 위에 벽돌을 둥그런 모양으로 둘러놓는다.

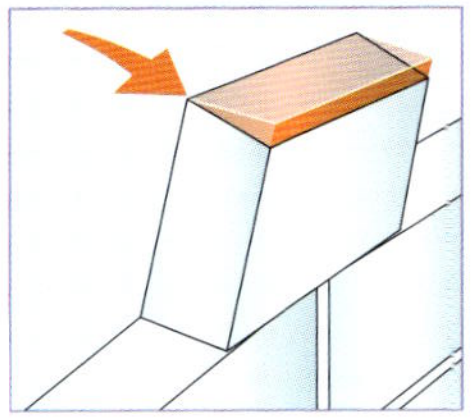
**03.** 경사도에 맞게 벽돌 끝을 다듬어, 벽돌을 쌓아 올릴 기초부를 만든다.

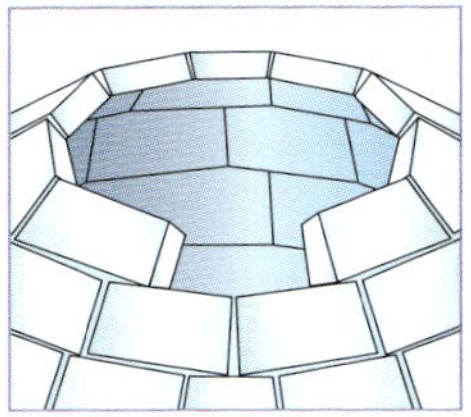
**04.** 돌아가며 벽돌을 쌓아 올린다. 안쪽으로 약간씩 기울게 해 돔 모양을 만든다.

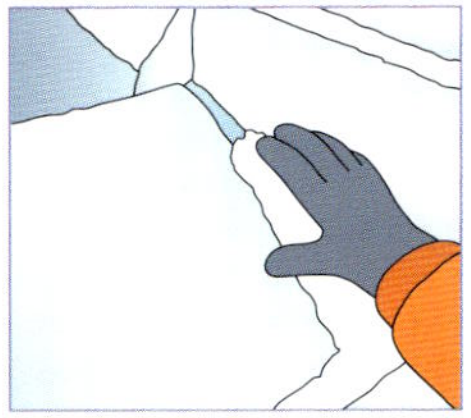
**05.** 눈 벽돌 사이 연결 부위를 부드러운 눈으로 채워 넣는다. 맨 꼭대기 구멍은 환기통으로 남겨 둔다.

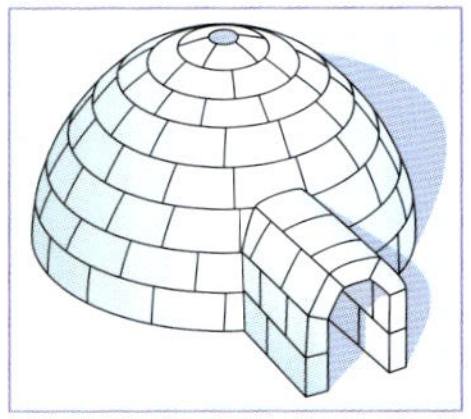
**06.** 이글루 안쪽으로 통하는 좁다란 터널을 만든다. 멋진 이글루가 완성된다.

**타지마할**
인도 아그라
1653년

**성 바오로 대성당**
영국 런던
1708년

**미국 국회 의사당**
미국 워싱턴 D.C.
1866년

**루이지애나 슈퍼돔**
미국 뉴올리언스
1975년

**스톡홀름 글로브**
스웨덴 스톡홀름
1989년

**$O_2$ 센터**
영국 런던
2000년

**에덴 프로젝트**
영국 콘월
2001년

# 구름 속을 달릴 수 있는 곳은 어디일까?

프랑스 남부 지방의 타른 강을 지나는 미요 대교의 상판은 270m 높이에 위치해 있다. 최고 높이가 343m에 이르는 이 다리는 세계에서 가장 높은 다리이며 인간이 설계하고 건설한 가장 놀랄 만한 구조물로 손꼽힌다.

### 하늘을 찌르는 탑

미요 대교에는 길이 2,460m, 폭 32m의 도로가 있다. 7개의 철탑이 계곡을 가로질러 우아하게 우뚝 서 있다.

## 다리의 종류

**거더교**
편평한 도로가 견고한 교각에 의지해 있다. 보통 짧은 거리를 연결할 때 쓰인다.

**캔틸레버**
거더교의 한 종류로 강 속에 잠긴 지지 교각 위에서 균형을 잡고 있다.

**현수교**
상판과 도로가 탑에 연결되어 있는 긴 강철에 매달려 있다.

**사장교**
탑에 연결되어 있는 강철 줄과 교각에 의해 상판이 지지된다.

**아치교**
보통 강력한 아치가 편평한 도로를 지지하고 있다.

**도개교**
양쪽 다리를 들어 올리면 그 아래로 배가 지나다닐 수 있다.

**부교**
강바닥에 줄로 고정된 채 둥둥 떠 있는 속이 빈 콩크리트 위에 다리가 놓여 있다.

## 무슨 뜻일까?

아쿠아덕트(aqueduct)라는 라틴어는 '물을 실어 나르는 수로'를 의미한다. 아쿠아덕트는 운하나 터널처럼 단순할 수도 있다. 하지만 가장 멋진 아쿠아덕트는 평탄하지 않은 지역으로 물을 운반하는 거대한 아치 모양의 다리이다. 프랑스 남에 있는 49m 3층 높이의 가르교는 서기 1세기 로마인에 의해 건설된 것이다.

## 살짝 엿보기

### 다리

**01:** 뉴욕의 브루클린 다리의 케이블을 만들기 위해 사용된 철사는 2만 3,000km에 달한다.

**02:** 일본의 아카시 대교의 길이는 1.9km에 달하며 세계에서 가장 긴 현수교이다.

**03:** 이탈리아 피렌체에 있는 베키오 다리는 600년 이상 되었다. 하지만 다리 위에 여전히 가옥과 상점들이 있다.

**04:** 최초의 철교는 1779년 영국에서 건축되었다. 유네스코 지정 세계 문화 유산이다.(위 사진)

## 보트 타고 위로 올라가기

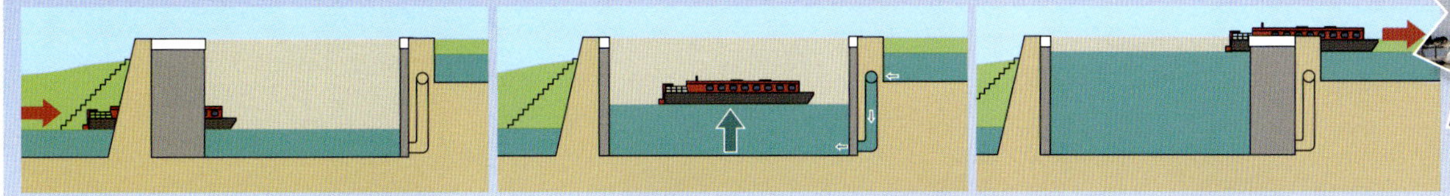

**01.** 갑문을 열고 배를 갑문 안으로 이동시킨다. 그리고 방수 문을 닫는다.

**02.** 앞쪽에 있는 문의 밸브를 연다. 상층으로부터 갑문으로 물이 흘러들어 온다.

**03.** 갑문 안 물의 높이와 운하 위쪽 높이가 같아질 때 앞쪽 문을 연다.

**04.** 배가 지나간 뒤 뒤쪽의 갑문을 잠근다.

**05.** 문이 닫힌 후 갑문 바깥쪽으로 물을 빼내면 아래쪽으로 내려갈 수 있다.

### 아니면 엘리베이터를 타라!

스코틀랜드에 있는 폴커크 휠은 보트용 회전식 엘리베이터이다. 이 엘리베이터는 수로 한쪽에서 다른 쪽으로 24m의 바지선(8층 높이의 건물에 해당한다)을 들어올린다.

## 바다를 연결하는 세 운하

### 수에즈 운하

1869년에 건설되었다. 홍해와 지중해를 연결하며 길이는 174km이다.

### 킬 운하

1895년에 건설되었다. 북해와 독일의 발트 해를 연결하며 길이는 99km이다.

### 파나마 운하

대서양과 카리브 해를 태평양과 연결하며 길이는 81km이다.

## 물의 도시

이탈리아 베네치아는 베네치아만 한쪽의 석호에 자리 잡고 있는 118개의 섬으로 이루어져 있다. 이 섬들에 배수로를 건설해 사람이 살 수 있도록 했으며 150개의 운하가 이 배수로 역할을 하고 있다. 섬을 잇는 다리는 400개에 달한다. 베네치아에 있는 육중한 벽돌과 돌로 이루어진 건물의 기초부는 늪지에 묻힌 나무 기둥에 의지하고 있다.

### 기묘한 이야기

베네치아는 해수면이 상승해 침수되는 것을 막기 위해 **부상형 수문**을 건설 중이다. **조류가 높아질 것으로 관측되면** 수문이 부풀어 올라 물이 들어오는 것을 차단한다.

## 도시의 상징이 된 거대 구조물

**스톤헨지**
영국 윌트셔

**만리장성**
중국 베이징

**에펠 탑**
프랑스 파리

**자유의 여신상**
미국 뉴욕

**CN 타워**
캐나다 토론토

**런던 아이**
영국 런던

## 다섯 곳의 인공 섬

**간사이 국제 공항** 일본

이 공항을 건설할 땅을 마련하기 위해 3개의 산을 파내어 바다를 메웠다. 터미널 빌딩 하나와 활주로 두 개가 있다.

**플레볼란트** 네덜란드

이 섬은 1957년과 1968년 사이 내륙에 있는 바다 위에 건설되었다. 세계에서 가장 큰 인공 섬이며 37만 명의 사람이 거주하고 있다.

**우로스 섬** 페루

티티카카 호수에는 42개의 작은 섬이 있는데 수백 년 전 우로스 사람들이 마른 잡초 다발을 이용해 만들었다.

**캠퍼스 댐** 남아프리카 공화국

S자 모양의 이 섬은 홍학의 산란지를 마련하려고 건설되었다. 2008년에만 9,000마리의 새끼가 이곳에서 태어난 것으로 추정된다.

**팜 아일랜드** 아랍 에미리트

두바이 근해에 위치해 있으며 세계에서 가장 큰 인공 군도이다. 최고급 리조트로 이용되고 있다.

# 교통수단

# 왜 자전거를 탈까?

자전거는 완벽한 교통수단이다. 다른 운송 수단에 비해 상대적으로 간편하게 만들 수 있고 값싸게 구입할 수 있다. 특별히 고장 날 일도 없다. 설령 고장이 난다 하더라도 수리하기 쉽고 비용도 적게 든다. 사람의 다리 힘으로 움직이므로 공해도 없고 건강에도 좋다.

자전거를 타면 시속 **16~24km**의 속도로 이동할 수 있다. **걷는 것에 비해 약 4~5배 빠르다.**

## 정말 믿을 수 없어!

장거리 도로 경주를 하는 사이클 선수들은 일렬로 줄을 지어 자전거를 탄다. 이것을 드래프팅이라고 하는데 그룹 전체에 공기 저항을 감소시켜 40%가량 에너지 소모를 줄이는 효과가 있다. 저항력이 가장 큰 앞자리는 선수들이 돌아가며 맡는다.

## 자전거로 할 수 있는 다양한 일들

**담당 구역 순회**
경찰들이 자전거를 타고 거리를 순찰한다. 아주 빠른 속도로 거의 모든 곳을 갈 수 있다.

**소포 배달**
복잡한 도시에서 자전거를 이용하여 배달을 하면 교통 체증을 피해 소포를 신속히 배달할 수 있다.

**통근**
자전거를 타고 출퇴근을 하면 건강 관리에 도움이 된다. 전철을 타야 할 경우 자전거를 접어서 가지고 타면 된다.

**화물 운송**
의지가 강한 자전거 배달원에게 화물의 크기는 문제가 되지 않는다.

**자전거 택시**
자전거가 끄는 인력거 택시는 차비도 싸고 사람의 힘으로 가기 때문에 공해도 유발하지 않는다.

## 최고 기록은?

2008년 독일인 컨터 마이는 **세계에서 가장 가벼운 자전거**를 발명하였는데 무게가 겨우 3.1kg에 불과했다.

**세계에서 가장 긴 자전거**는 28.1m이다. 거의 농구 경기장 길이와 맞먹는다. 이것은 2002년 네덜란드의 델프트 공과 대학에서 만들었다.

**최초로 자전거를 타고 세계 일주를 한 사람**은 미국의 토머스 스티븐스이다 그는 1884년부터 1887년까지 페니파딩 자전거를 타고 전 세계를 여행했다.

**자전거로 가장 빨리 달린 기록**은 1995년 네덜란드 사이클 선수인 프레트 롬펠베르흐가 수립한 시속 268.831km이다. 그는 공기 저항을 줄이기 위해 경주용 자동차 뒤에서 달렸다.

## 자전거의 작동 원리

**01.** 페달 위에 있는 발을 민다. 크랭크라고 부르는 레버 세트가 움직인다.

**02.** 크랭크가 체인 톱니바퀴를 돌리고 체인의 톱니들이 제자리에 맞춰진다. 이 체인은 또 뒷바퀴에 있는 사슬 톱니에 연결되어 있다.

## 기묘한 이야기

자전거의 방향을 틀고 싶으면 앞바퀴의 핸들을 바로 돌려야 할까? 다시 한 번 생각해 보라. 핸들은 우리가 균형을 잡도록 도와주는 것 이상의 역할을 한다. 왼쪽으로 방향을 틀기 위해서는 핸들을 아주 약간 오른쪽으로 돌리고 몸을 왼쪽으로 기울이면 된다. 이것을 카운터 스티어링이라 부르는데 자연스럽게 익힐 수 있다.

1890년대 중반 미국에는 **자전거 디자인**을 개선하려는 사람이 너무 많아 **두 개의 특허 사무소**를 두어야 했다. 한 곳은 자전거만 담당했고, 다른 한 곳은 나머지 특허 업무를 담당하였다.

# 투르 드 프랑스

세계에서 가장 큰 규모의 자전거 경주 대회로 21일에 걸쳐 프랑스를 일주하며 3,500km를 달리는 전설적인 프로 자전거 로드 레이스이다. 선수들을 잘 알아볼 수 있도록 1등을 한 선수에게 매일 **다른 색의 셔츠**를 상으로 수여한다.

1989년 '투르 드 프랑스'는 **역사상 가장 극적인 경기**였다. 3주에 걸친 오랜 경기 끝에 미국인 선수 그렉 르몽드가 프랑스인 로랑 피뇽을 물리치고 **불과 8초 차이**인 87시간 38분 15초의 기록으로 우승하였다.

**노란색 셔츠**
전체 경기를 통틀어 가장 빠른 선수가 입는 옷

**녹색 셔츠**
단거리에서 가장 우수한 점수를 얻은 선수가 입는다.

**점박이 셔츠**
오르막 단계에서 가장 높은 점수를 얻은 사람이 입는다.

## 전설적이 노란색 셔츠 선수들

각 선수들이 시합에서 노란 셔츠를 입은 날짜의 수

**에디 메르크스**
(벨기에) 96일

**랜스 암스트롱**(사진)
(미국) 83일

**베르나르 이노**
(프랑스) 78일

## 투르 드 프랑스 최고의 선수들

**랜스 암스트롱** (미국) 7번 연속 우승
**미구엘 인두라인** (스페인) 5번 연속 우승
**에디 메르크스** (벨기에) 5번 우승
**베르나르 이노** (프랑스) 5번 우승
**자크 앙크틸** (프랑스) 5번 우승

**04.** 뒷바퀴가 회전하면 땅을 밀고 앞으로 나아가게 된다. 계속해서 페달을 돌린다.

**03.** 체인이 움직이면 사슬 톱니도 움직이고 이어 바퀴가 움직이게 된다.

## 좀 더 알아보기: **알맞은 기어 선택하기**

대부분의 자전거에는 각기 다른 톱니로 된 바퀴 세트가 있다. 보통 기어라고 부르는데 이를 적절히 조절하면 바퀴가 더 빨리 또는 더 세게 굴러갈 수 있다.

기어를 바꾸면 체인이 다른 크기의 체인 톱니바퀴와 사슬톱니로 이동한다.

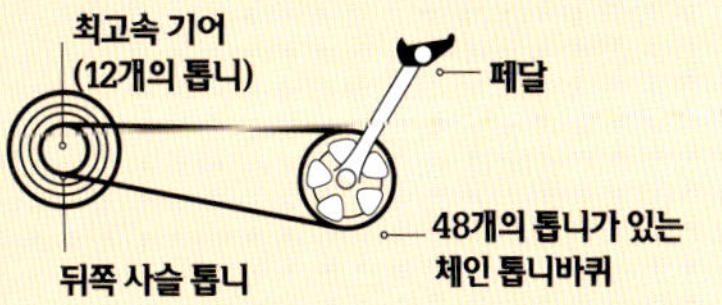


■ **문제: 편평한 길을 빠르게 달리고 싶을 때**
■ **방법: 고속 기어로 변속**
만약 기어나 뒤쪽 사슬 톱니를 12개짜리 톱니로 조절하면 체인 톱니바퀴를 4분의 1바퀴만 돌려 뒤쪽 사슬 톱니를 회전시키는 것이 가능하다. 이는 페달을 한 바퀴 회전시키면 뒷바퀴가 네 번 회전한다는 것을 의미한다.

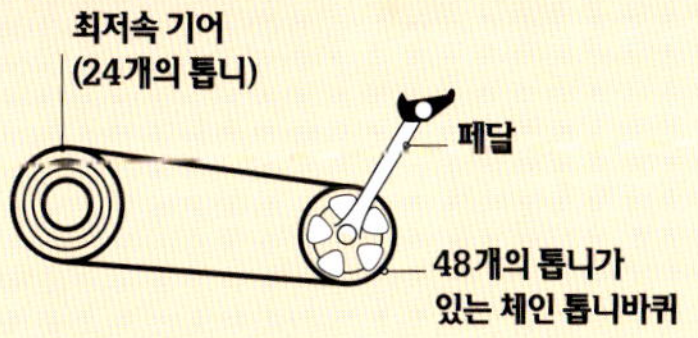


■ **문제: 오르막길을 올라가야 할 때**
■ **방법: 저속 기어로 변속**
뒤쪽 사슬 톱니나 기어를 24개짜리 톱니로 선택할 경우 체인 톱니바퀴를 반 바퀴만 회전시켜 뒤쪽 사슬 톱니를 돌릴 수 있다. 페달을 한 바퀴 돌리면 뒷바퀴가 두 번 회전한다는 것을 의미한다.

## 주요 일지

**1813년**
독일인 카를 폰 드라이스가 드라이지네를 발명하였다. 드라이지네는 앞바퀴는 조정 가능하나 페달이 없었다.

**1839년**
스코틀랜드 대장장이 커크패트릭 맥밀런이 페달이 달린 자전거를 발명하였다. 속도가 시속 22.5km 정도 되었다.

**1863년**
프랑스 대장장이 피에르 미쇼가 두 발로 땅을 차며 달리는 자전거를 발명·했다. 파리에서 대유행했으며 '뼈가 흔들릴 정도로 털털거리는 자전거'라는 별명을 얻었다.

**1871년**
영국인 발명가 제임스 스탈리가 최초로 페니파딩 자전거를 만들었다. 이 이름은 영국 동전의 이름에서 유래한. 것이며 앞바퀴가 매우 크다.

**1885년**
존 켐프 스탈리가 로버 안전 자전거를 만들었다. 체인과 기어를 통해 페달이 뒷바퀴에 연결되어 있다.

**1920년대**
자동차가 등장하면서 자전거 유행이 사라졌다. 주로 어린이용 자전거가 제작되었다.

**1960년대**
아래쪽에 있는 핸들, 좁은 타이어, 여러 개의 기어가 달린 경주용 자전거가 인기를 끌었다.

**1970년대**
비포장도로와 같은 험한 길을 달리는 자전거(BMX)가 출시되었다.

**1970년대**
캘리포니아에서 산악 자전거가 발명되었다. 처음에는 고물차로 알려졌다.

# 초콜릿으로 자동차를 달리게 할 수 있을까?

말도 안 되는 소리라고 할 수도 있다. 하지만 사실이다. 2007년에 두 명의 환경 보호론자가 영국에서 아프리카 말리의 팀북투까지 7,200km의 거리를 자동차로 여행했는데 4,000kg의 초콜릿을 바이오 연료로 이용하였다.

## 세계 최고의 자동차 제조회사 다섯 개

1 도요타
2 제네럴 모터스
3 폭스바겐
4 포드
5 혼다

## 안전운전의 조건

**01: 안전띠**
승객들이 충격을 받지 않도록 해준다.

**02: 전면 안전유리**
깨지더라도 조각조각 부서지지 않고 금만 간 상태를 유지해 준다.

**03: 앞 유리 와이퍼**
앞이 잘 보이게 유리를 닦아 준다.

**04: 신호등**
교통 흐름을 조절한다.

**05: 에어백**
충격이 가해지면 부풀어 오른다.

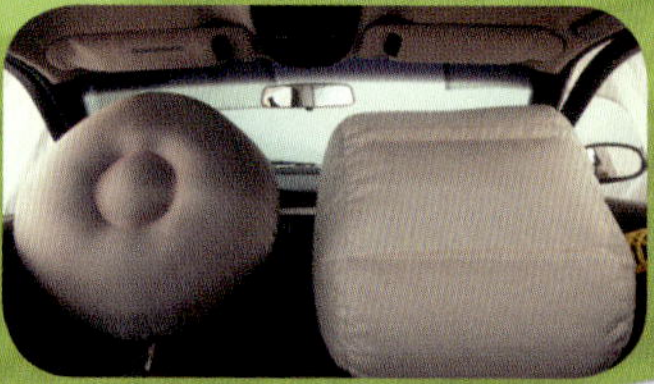

## 가장 긴 도로망을 가지고 있는 나라들

| | |
|---|---|
| 미국 | 6,430,366km |
| 인도 | 3,383,344km |
| 중국 | 1,930,544km |
| 브라질 | 1,751,868km |
| 일본 | 1,193,000km |
| 캐나다 | 1,042,300km |
| 프랑스 | 950,985km |
| 러시아 | 854,000km |
| 오스트레일리아 | 812,972km |
| 스페인 | 681,224km |

## 숫자로 알아보기

**4분의 1**
전 세계의 모든 자동차 중 미국의 자동차가 차지하는 비율

**5센트**
1935년 세계 최초 로 미국의 오클라호마 시에 설치된 주차 요금 징수기에 한 시간 동안 주차하고 지불한 돈.

**5000만 대**
전 세계에서 매년 생산되는 자동차 대수

## 기묘한 이야기

1878년 영국 법은 사람이 걷는 정도의 속도만 낼 수 있어도 운송 수단으로 인정하였다. 또 빨간 깃발을 든 사람이 앞서 걷도록 하여 보행자나 마차가 이를 알아차리도록 했다. 1896년 다행히 이 법이 폐지되었다. 그렇지 않았다면 교통 체증이 매우 심각했을 것이다.

## 인기도 콘테스트

1921년 당시 **포드 사의 T 모델**이 세계에서 생산되는 자동차의 50.4%를 차지하였다. '털털이 자동차'라는 별명이 붙은 이 자동차는 역사상 가장 인기있었던 모델이다.

**도요타의 코롤라**는 다른 어떤 자동차보다 많이 팔렸다. 1966년 처음 생산된 이후 지금도 여전히 생산되고 있다. 전체적으로 3,100만 대 이상 팔렸다.

코롤라는 수년마다 한 번씩 모양이 바뀌었다. 반면 1983년에서 2003년 사이 21,529,464대나 팔린 **폭스바겐 비틀**은 기본 디자인에 변화가 없다. 이것이 진정한 승자이다.

## 교통 체증

통근자들은 교통 체증으로 인해 1년에 평균 46시간을 소비한다.

지금까지 가장 긴 교통 체증은 1980년 2월 16일 프랑스 리옹에서 파리까지 176km에 걸친 교통 체증이었다.

그리스 아테네 시내에서는 홀수 번호판을 단 차량은 홀수 날에만, 짝수 번호판을 단 차량은 짝수 날에만 운전할 수 있다.

## 주요 일지

| 1400년대 | 1885년 | 1866년 | 1895년 | 1896년 | 1899년 | 1901년 | 1979년 | 1997년 |
|---|---|---|---|---|---|---|---|---|
| 이탈리아 발명가이자 예술가인 레오나르도 다빈치가 자체 추진하는 운송 수단에 대한 아이디어를 내놓았다. | 독일인 카를 벤츠가 최초로 내연 기관이 있는 자동차를 만들었다. | 독일인 기술자 고틀리프 다임러가 최초의 4륜 자동차를 만들었다. | 프랑스의 미슐랭 형제가 최초로 공기 타이어를 생산했다. | 브리티시 아널드는 전기 모터 시동기를 장착한 최초의 자동차이다. | 회전 핸들이 장착되었다. 이전 자동차들은 '키 손잡이'로 조정되었다. | 최초로 자동차의 대량 생산이 시작되었다. 차종은 미국에서 생산된 올즈모빌이었다. | 자동차 배기 가스에서 발생하는 오염을 줄이기 위해 촉매 변환 장치가 소개되었다. | 도요타가 최초의 하이브리드 자동차, 프리우스를 출시하였다. 이것은 석유와 전기를 연료로 사용한다. |

가장 인기 있는
자동차 색깔은
은색이다.

**세계에서 가장 비싼 자동차**는 부가티 베이론 16.4이다. 폭스바겐이 생산하며 가격은 약 140만 달러이다.

**세계에서 가장 값싼 자동차**는 '나노'이다. 인도 자동차 회사 타타가 만들며 2,500달러이다.

### 터무니없는 자동차들

**지프 허리케인**의 조종 방식은 바퀴 4개가 제각기 다른 방향으로 움직이도록 되어 있다.

**통근용 차 탱고**는 아주 작아서 주차 공간에 측면으로 주차할 수도 있다. 2인용이다.

**깁스 아쿠아다**는 물에 뜰 수 있는 차이다. 땅에서는 시속 160km로 달리며 물에서는 시속 50km로 움직인다.

**린스피드 스쿠버**는 물속에서 잠수함처럼 움직이는 컨버터블 자동차이다.

### 자동차 스포츠 3관왕

**인디애나 폴리스 500** 해마다 805km를 달리는 자동차 경기로 미국 인디애나 고속도로에서 개최된다. 하루 동안 개최되는 스포츠 행사로는 세계에서 가장 큰 규모이다.

**르망 24시간 레이스** 24시간 동안 지속되는 경기로 프랑스 사르트 르망 마을 근처에서 해마다 열린다.

**포뮬러 원 세계 챔피언십** 이 경주에 출전하는 자동차들은 귀가 먹먹할 정도의 시끄러운 엔진 소음, 굉음을 내는 타이어, 시속 360km에 이르는 숨이 멎을 듯한 속도 등으로 유명하다. 17차례 레이스를 펼친 결과 가장 높은 점수를 받은 운전자가 우승하게 된다.

### 차의 종류

살롱

이스테이트(짐칸이 큰 자동차)

해치백(뒤쪽 문을 들어 올려 열 수 있는 자동차)

컨버터블

쿠페

리무진

4륜 구동차

승합차

# 배는 어떻게 물에 뜰까?

배의 종류와 크기는 자그마한 카누에서부터 커다란 슈퍼탱커까지 매우 다양하다. 배는 아래에 있는 일정량의 물을 밀어낸다. 물도 배를 위쪽으로 밀어내는데, 이때 작용하는 힘을 부력이라고 한다. 부력은 밀려난 물의 무게와 같으며, 이 힘으로 인해 배가 떠 있게 된다.

## 배의 종류

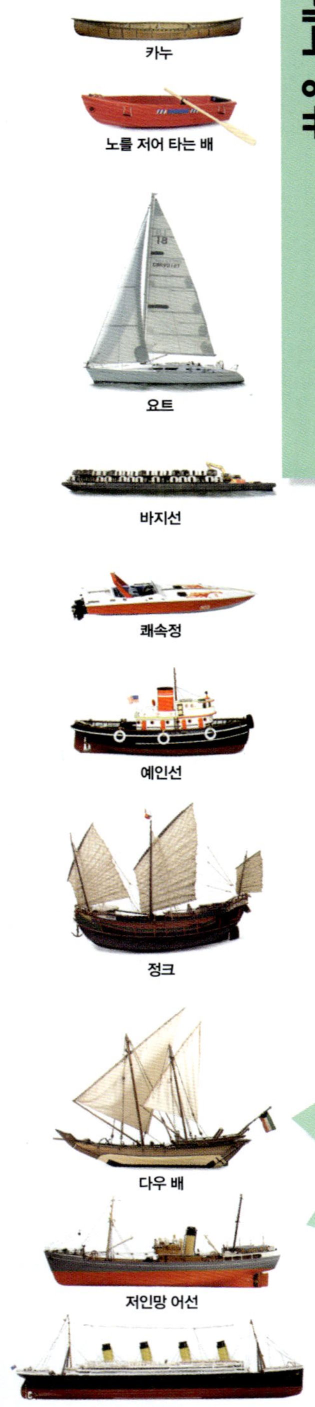

## 가장 큰 배들

- 몇몇 유조선과 컨테이너선은 너무 커서 선원들이 배 위에서 **자전거를 타고 이동**한다.
- 세계에서 가장 큰 컨테이너선은 트럭 크기의 컨테이너를 1만 4500개 이상 실을 수 있다. 이 컨테이너를 하나씩 쌓으면 **에베레스트 산보다 더 높은 탑**이 된다.
- 세계에서 가장 큰 컨테이너선인 '에마 머스크'의 길이는 397m이다. 이 배의 닻의 무게는 **아프리카 코끼리 다섯 마리**를 합한 것과 같다.
- 가장 큰 유조선은 대략 **5억 ℓ**의 원유를 운반한다.
- 가장 큰 크루즈선 '바다의 기원'은 **5,400명의 승객**을 태울 수 있으며 16층의 갑판이 있고 중앙에 열대 공원이 있다. 25층 건물과 같은 높이이다.
- 항공모함은 **85대의 전투기**를 실을 수 있다.

### 기묘한 이야기

1992년 미국으로 향하던 배가 싣고 있던 컨테이너 5~6개가 물속으로 떨어졌다. 그 속에 들어 있던 거의 **3만 개에 이르는 플라스틱 장난감**이 바다에 둥둥 떠다니게 되었다.

### 세계 일주

1522년 포르투갈 탐험가인 마젤란의 선원들이 **세계 최초로 지구를 한 바퀴 돌았다.** 이 탐험은 **3년 27일**에 걸쳐 이루어졌다. 2005년 프랑스의 브루노 페이롱이 요트를 타고 지구를 한 바퀴 항해하는 데는 **50일 16시간 20분**이 걸렸다.

## 정말 믿을 수 없어!

커다란 호박의 속을 파내고 여기에 모터 엔진을 달아 용감한 선원들이 호박 보트 시합을 한다. 선수들은 마치 좁은 공간에 구겨 넣어진 밀가루 반죽 덩어리 같다.

### 배 위에서의 방향 표시

| | |
|---|---|
| **포워드** | 선수 또는 그 근처 |
| **애프트** | 선미 또는 그 근처 |
| **포트** | 배 왼편 |
| **스타보드** | 배 오른쪽 |

## 바다 시간대

바다에서는 하루 24시간이 7개의 시간대로 나뉜다. 선원들은 이 시간대 중 한두 번 근무조를 맡는다.

## 바람 속에서 항해하기

요트는 바람을 마주 보고 곧장 나아갈 수 없다. 이것을 해결하기 위해 바람을 안고 지그재그로 가는 동작을 반복해야 한다.

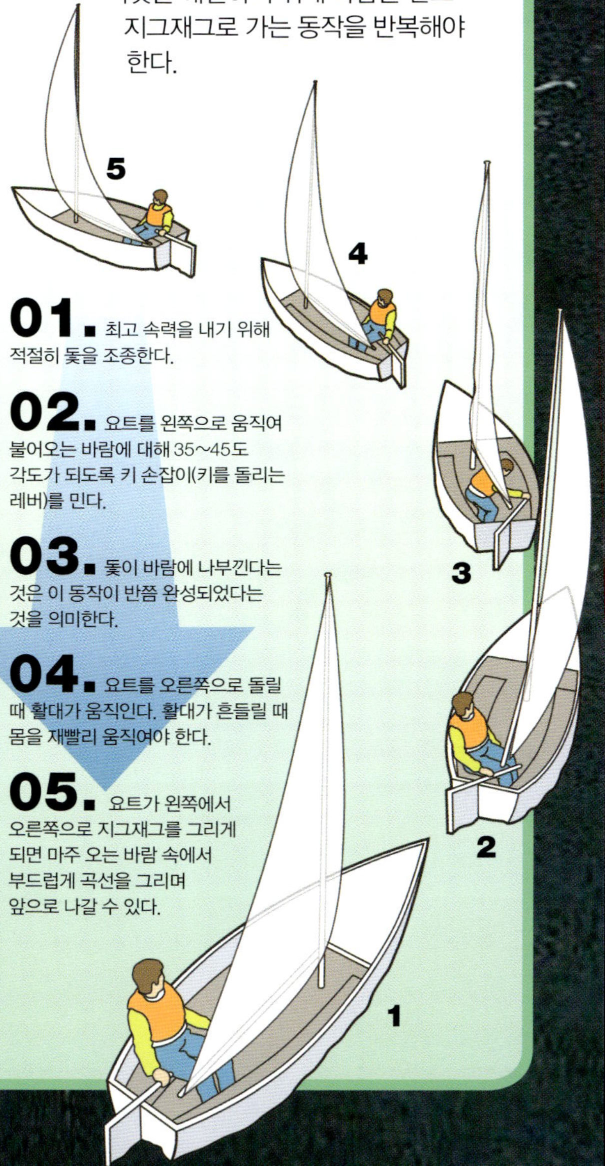


**01.** 최고 속력을 내기 위해 적절히 돛을 조종한다.

**02.** 요트를 왼쪽으로 움직여 불어오는 바람에 대해 35~45도 각도가 되도록 키 손잡이(키를 돌리는 레버)를 민다.

**03.** 돛이 바람에 나부낀다는 것은 이 동작이 반쯤 완성되었다는 것을 의미한다.

**04.** 요트를 오른쪽으로 돌릴 때 활대가 움직인다. 활대가 흔들릴 때 몸을 재빨리 움직여야 한다.

**05.** 요트가 왼쪽에서 오른쪽으로 지그재그를 그리게 되면 마주 오는 바람 속에서 부드럽게 곡선을 그리며 앞으로 나갈 수 있다.

## 기차의 종류

3013

**전철**
위쪽 케이블이나 제3궤조 방식을 통해 전기를 공급받는다.

**증기 기관차**
석탄을 태워 발생하는 증기의 힘으로 달린다.

3607

**디젤 기관차**
디젤을 연료로 하는 내연 기관에 의해 움직인다.

SMT

**자기 부상 열차**
전자기에 의해 자기장이 형성되어 기차가 마찰력 없이 운행할 수 있도록 공기 쿠션 역할을 해준다.

5579
NOT IN SERVICE

**지하철**
지하 터널을 통해 기차가 달린다.

**등산 기차**
트램처럼 생긴 기차가 가파른 경사를 오르내린다.

# 어떤 기차가 가장 빠를까?

기관차가 길게 연결된 객차를 끌어당겨 철로 위로 달리는 것이 기차이다. 가장 빠른 기차는 일본의 자기 부상 열차로 2003년 시속 581km까지 달렸다. 기차는 굳이 기록을 논하지 않더라도 육지를 가로질러 사람과 화물을 실어 나르는 효율적인 교통수단이다.

## 좀 더 알아보기: 전철의 구조

객차: 손님들을 위한 의자와 짐을 놓을 수 있는 받침대가 있다.
집전기: 위에 있는 전선으로부터 전류를 가져온다.
객실 연결 장치: 객차는 유연한 장치로 연결되어 있어 기차가 방향을 바꾸는 것이 가능하다.
바퀴: 금속으로 된 바퀴가 레일 위를 달린다.

### 무슨 뜻일까?

영국의 발명가 조지 스티븐슨은 증기 기관차를 발명한 뒤 '로켓'이라고 이름을 붙였다. 로켓의 속도는 시속 56km에 불과했지만 1829년 당시에는 가장 빠른 기관차였다.

## 주요 일지

**1803년**
영국의 발명가 리처드 트레비식이 세계 최초로 증기 기관으로 가는 열차를 만들었다.

**1825년**
최초로 여객 서비스를 시작하였으며 잉글랜드 북부 지방의 스톡턴에서 달링턴까지 40km를 운행했다. 조지 스티븐슨이 만든 기관차가 객차를 견인했다.

**1830년**
64km 떨어져 있는 영국의 리버풀과 맨체스터를 연결하는 기차가 등장했다. 도시를 연결하는 최초의 기차였다.

**1863년**
런던에서 최초로 지하철이 등장하였다. 패딩턴에서 패링던 가까지 6km를 운행했다.

## 가장 긴 철로 연결망

| | |
|---|---|
| 미국 | 226,612km |
| 러시아 | 87,157km |
| 중국 | 75,438km |
| 인도 | 63,221km |
| 독일 | 48,215km |
| 캐나다 | 48,068km |
| 오스트레일리아 | 38,550km |
| 아르헨티나 | 31,902km |
| 프랑스 | 29,370km |
| 브라질 | 29,295km |

## 숫자로 알아보기

**500대**
세계에서 가장 긴 화물 열차에 실린 자동차의 수. 길이가 6.4km에 이르며 1967년 미국 오하이오 철로 위를 달렸다.

**295개**
시베리아 횡단 철도선에 있는 정거장의 수. 이 철도는 모스크바에서 블라디보스토크까지 9,300km에 걸쳐 뻗어 있다.

**1,370,782km**
전 세계에 있는 철로를 모두 합한 길이

## 놀라운 철도 노선 다섯 개

**01:** 아마도 지금까지 가장 유명한 기차는 1883년부터 런던, 파리, 빈, 부다페스트, 이스탄불 사이를 오갔던 **오리엔트 특급**일 것이다. 현재는 스트라스부르에서 빈까지만 운행된다.

**02:** 1939년에 시작된 **블루 트레인**은 남아프리카의 프리토리아에서 케이프타운까지 1,600km의 철로를 달린다. 이것은 세계에서 가장 호화스러운 기차 중 하나이다. 객차 유리창에는 엷은 금빛이 들어 있으며 상당수 객실에 넉넉한 크기의 욕조가 설치되어 있다.

**03:** 1902년부터 1967년까지 **20세기 리미티드 고속 철도**는 뉴욕과 시카고 사이를 왕복하였다. 이 기차는 약 16시간 만에 1,550km을 주파했다.

**04:** 1970년부터 **인디언 퍼시픽**은 오스트레일리아의 퍼스와 시드니 사이 4,352km를 일주일에 두 번 운행하고 있다.

**05:** **플라잉 스코츠먼**은 1862년 이후 잉글랜드의 런던과 스코틀랜드의 에딘버러 사이를 운행하고 있다. 이 철도로 여행하는 데 처음에는 10시간 반이 걸렸으나 지금은 약 4시간 반이 걸린다.

**운전실:** 기차의 동력과 방향을 조절하는 장치가 갖추어져 있다.

## 세계의 지하철

| 도시 | 역의 개수 | 하루 이용 승객 수 |
|---|---|---|
| 뉴욕 | 468 | 650만 명 |
| 런던 | 268 | 425만 명 |
| 서울 | 266 | 590만 명 |
| 멕시코 | 185 | 380만 명 |
| 모스크바 | 177 | 680만 명 |
| 베이징 | 123 | 340만 명 |

## 최고 기록은?

세계에서 **가장 깊은 땅속에 있는 철로**는 일본의 혼슈 섬과 홋카이도 사이에 있는 세이칸 터널이다. 가운데 부분에서는 해수면 아래 240m까지 내려간다.

**1869년**
미국을 횡단하는 철로가 완성되었다. 마차로 여행할 때는 6개월 걸리던 여행 시간을 7일로 단축시켰다.

**1879년**
베를린 전시회에서 독일인 에른스트 베르너 지멘스가 철로를 통해 동력을 공급하는 최초의 전기 철로와 미니 기관차를 선보였다.

**1912년**
디젤 기관차가 독일에서 개발되었다. 그 뒤 20년 동안 증기 기관차가 디젤 기관차로 대체되었다.

**1964년**
일본의 신칸센이 도입되었다. 전기로 동력을 공급받는 이 기차는 시속 300km의 속력을 낼 수 있다.

**1991년**
최초의 자기 부상 열차의 철로가 영국의 버밍엄에 건설되었다. 짧은 거리를 저속으로 운행하는 이 기차는 공항에서 도심의 기차역까지 승객을 실어 나른다.

**2003년**
최초의 고속 자기 부상 열차가 중국 상하이에 개통되었다. 시속 501km의 속력을 낼 수 있다.

# 누가 헬리콥터를 발명했을까?

르네상스 시대 예술가 레오나르도 다빈치는 1480년 나선형 에어 스크루(공중에서 회전하는 일종의 항공기)에 대한 아이디어를 그림으로 그렸다. 하지만 1906년 실제로 헬리콥터 비행에 성공한 사람은 프랑스인 폴 코르뉘이다. 이 항공기는 20초 동안 하늘에 떠 있었다.

**항공 구조대**

**300만 명 이상의 사람이 헬리콥터 구조**를 통해 목숨을 구했다. 헬리콥터는 다른 운송 수단이 접근할 수 없는 곳에도 쉽게 갈 수 있다.

## 좀 더 알아보기: **헬리콥터 구조**

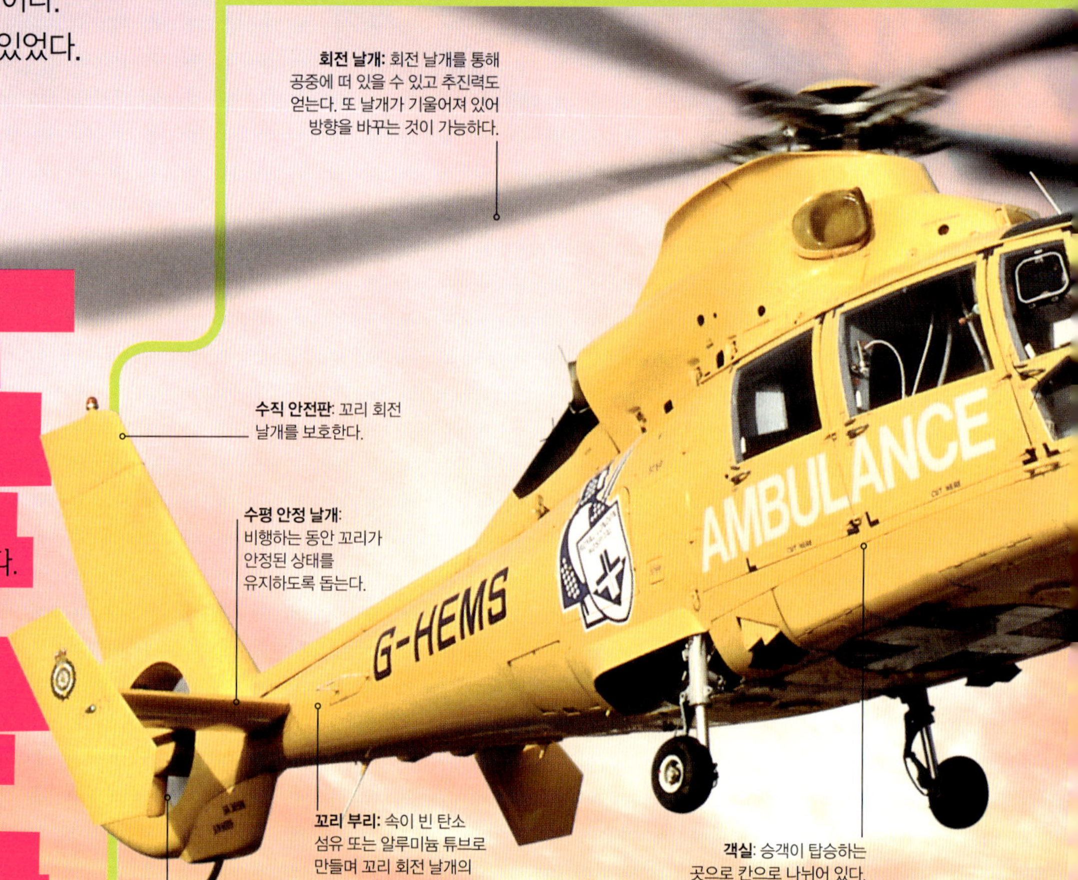
AMBULANCE
G-HEMS
**회전 날개:** 회전 날개를 통해 공중에 떠 있을 수 있고 추진력도 얻는다. 또 날개가 기울어져 있어 방향을 바꾸는 것이 가능하다.
**수직 안전판:** 꼬리 회전 날개를 보호한다.
**수평 안정 날개:** 비행하는 동안 꼬리가 안정된 상태를 유지하도록 돕는다.
**꼬리 부리:** 속이 빈 탄소 섬유 또는 알루미늄 튜브로 만들며 꼬리 회전 날개의 기계 장치가 들어 있다.
**객실:** 승객이 탑승하는 곳으로 칸으로 나뉘어 있다.
**꼬리 회전 날개:** 헬리콥터를 빙빙 돌게 만드는 토크(회전력)가 생기지 않도록 하기 위해 주 날개와 반대 방향으로 회전한다.

## 최고 기록은?

웨스트랜드 링스는 **세계에서 가장 빠른 헬리콥터**이다. 이것을 약간 보완한 기종이 이후 시속 400.87km까지 비행했다. 길이가 40.025m인 밀미-26은 **세계에서 가장 큰 헬리콥터**이다. 이것은 150명의 승객 또는 2만kg의 화물을 운반할 수 있도록 설계되었다.

## 비행기는 할 수 없지만 헬리콥터는 할 수 있는 것

- 수직으로 이륙하고 착륙하기
- 정지 상태에서 공중에 떠 있기
- 뒤쪽으로 비행하기
- 옆으로 비행하기

## 헬리콥터에 탑승하는 VIP들

미국 대통령은 시코르스키 VH-3D 시 킹 헬리콥터를 탄다. 대통령이 탑승했을 때 헬리콥터의 호출 신호는 마린 원(Marine One)이다.

교황 베네딕토 16세는 파일럿 자격증을 보유하고 있으며 바티칸에서 여름 별장이 있는 카스텔 간돌포로 갈 때 교황 전용 헬리콥터를 직접 조종한다.

## 기묘한 이야기

미국, 영국, 독일산 헬리콥터를 위에서 내려다보면 날개가 **시계 반대 방향으로 회전**한다. 반면 나머지 다른 나라에서 제조된 헬리콥터들은 **시계 방향으로 회전**한다.

## 헬리콥터 조종하기

**01.** 엔진에 시동을 걸고 날개가 각도 없는 플랫피치 상태로 돌고 있는지 확인한다.

**02.** 동시적 조종간(조종사 옆에 있는 레버, 비행기나 글라이더 등을 조종하는 막대 모양의 장치)을 들어 올려 양쪽 날개의 피치(각도)를 높인다. 날개로 인해 공기가 아래로 밀려 내려가면서 기체가 위쪽으로 올라갈 수 있는 힘이 생겨 수직 상승한다.

**03.** 앞뒤 또는 옆 방향으로 비행하려면 날개의 각도를 다양하게 조절해야 한다. 주 회전 날개의 피치를 주기적으로 변화시켜 전진, 후진 및 옆 방향으로 조종한다. 조종간을 왼쪽으로 이동하면 날개가 왼쪽으로 기울게 된다.

**04.** 직진 비행에 꼭 필요한 꼬리 회전 날개를 조종하기 위해 조종석 바닥에 있는 페달을 사용해야 한다.

**조종석:** 비행 조종 장치와 조종석이 있다.

**착륙 바퀴:** 헬리콥터가 땅에 착륙할 때 무게를 지탱해 준다.

## 두 날개 헬리콥터

**직렬식 회전 날개** 헬리콥터에 두 개의 주 날개 세트가 있으며 꼬리 회전 날개가 없다.

**동축 역회전식 헬리콥터**는 두 개의 회전 날개가 동일한 축에 장착되어 있다.

### 살짝 엿보기

## 헬리콥터 사용 목적

- 운송
- 탐색과 구조
- 항공 앰뷸런스
- 항공 크레인(무거운 짐을 매우 높은 지대나 접근하기 어려운 곳으로 운반하기 위해 사용함)
- 항공 소방(산불 소화에 사용할 많은 양의 물을 운반함)
- 경찰용
- 군사용(미사일로 지상 목표물을 공격할 때 사용함)
- 감시
- 공중 촬영
- 교통 조절

## 로보콥터

야마하 RMAX 헬리콥터는 무인 항공기이다. 화산 폭발 장면을 근접 촬영하는 것과 같이 조종사가 수행하기 힘들거나 위험한 일을 완수하기 위해 제작되었다.

## 대량 생산

러시아계 미국인 이고르 시코르스키는 1939년 최초로 완전한 회전 날개 헬리콥터를 생산했다. 직접 제조 회사를 설립해 성공했으며 그의 이름이 들어간 회사 이름이 아직도 사용되고 있다.

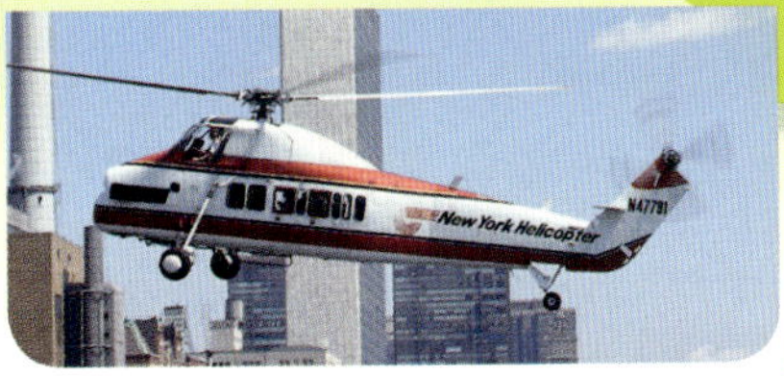


전 세계에서 군사용 또는 민간용으로 사용되고 있는 헬리콥터는 **4만 5,000대 이상**이다.

## 안전한 착륙

헬리콥터에서 날개를 회전시키는 **엔진이 멈춘다** 하더라도 날개 사이에서 공기가 위쪽으로 흐르기 때문에 날개가 여전히 회전할 수 있다. **자전 강하**라는 이 과정을 통해 비상시 조종사가 안전하게 착륙할 수 있다.

# 비행기는 왜 구름 위로 날아갈까?

날개가 고정되어 있는 비행기는 공기보다 무겁지만 추진력과 양력으로 하늘을 날 수 있다. 대부분의 비행기는 구름보다 높은 곳에서 날아다니는데, 이는 대기권보다 높은 곳은 공기 저항이 적어 연료 소모를 줄일 수 있기 때문이다. 또 구름보다 높은 곳에서는 비행기 흔들림도 적다. 그래서 승객들이 이리저리 쏠리지 않아 멀미를 느끼지 않는다.

## 비행기의 종류

**프로펠러기**
프로펠러에 의해 추진되는 소형 비행기이다. 활주로가 짧아도 이륙이 가능하다.

**경비행기**
레저와 단거리 비행을 위해 사용되는 작은 비행기로 자동차와 비슷한 피스톤 엔진에 의해 추진된다.

**복엽기**
프로펠러로 움직이는 작은 비행기로 날개가 두 개이고 종종 곡예비행에 사용된다.

**수상 비행기**
프로펠러로 움직이는 비행기로 물 위에서 이륙하고 착륙할 수 있다.

**수직 이착륙기**
이착륙할 때 활주하지 않고 바로 수직으로 오르내릴 수 있는 항공기로 주로 군사용으로 사용된다.

**제트기**
제트 엔진을 사용하는 비행기로 여객기, 화물기, 군용기로 사용된다.

**초음속기**
음속보다 빠른 속도로 나는 군사용 비행기이다.

## 귀의 변화

비행기가 높이 올라가면 압력이 갑작스레 변화하여 귀가 멍멍해진다. 잠시 후 우리 몸이 압력 변화에 적응되면 귀에서 펑 소리가 나며 다시 정상 상태로 돌아간다.

**날개:** 비행기가 공중에 떠 있도록 양력(위쪽으로 작용하는 힘)을 발생시킨다.
**제트 엔진:** 비행기가 앞으로 나가게 하는 추진력을 발생시킨다.
**방향타:** 비행기의 비행 방향을 조종한다.
A380
**승강타:** 비행기의 상승과 하강을 조절한다.

## 기묘한 이야기

3,000m가 넘는 고도에서는 **기압**이 너무 낮아 산소를 들이마실 수가 없어 객실 안으로 공기를 넣어 주어야 한다. 만일 비행 중 비행기 문이 열리면 기내의 공기가 휩쓸려 나가면서 고정되지 않은 물건들도 빨려 나가게 된다. 승객들은 **산소 부족**으로 숨이 막히고 온도도 급격히 떨어진다.

## 정말 믿을 수 없어!

보잉 747기 일부에는 243,120리터의 연료가 주입된다. 이는 소형차 5,000대 이상의 연료통을 채울 수 있는 양이다.

## 비행기 조종하기

**01.** 활주로를 천천히 달려 비행을 준비한다. 전 출력 상태에서 앞쪽으로 속도를 높힌다. 소음이 커지기 시작하면서 비행기가 이륙한다.

**02.** 기수를 들어 올리거나 내리기 위해 꼬리 날개에 있는 승강타 장치를 높이거나 낮춘다.

**03.** 비행기를 기울이기 위해 한쪽 날개에 보조익을 들어 올리고 다른 쪽 날개의 보조익은 낮춘다.

**04.** 왼쪽이나 오른쪽으로 비행기의 방향을 바꾸기 위해 키를 돌린다.

**05.** 착륙하려면 비행기의 위치를 활주로에 맞추고 고양력 장치를 낮춘다. 땅에 닿기 바로 직전 앞부분을 들어 올려 주 바퀴가 먼저 닿게 만든다. 동력을 서서히 줄이다 공급을 멈춘 후 브레이크를 건다.

### 최고 기록은?

**세계에서 가장 큰 항공기는** 에어버스 A380이다. 날개 너비가 79.8m이며 853명의 승객을 태울 수 있다.

커다란 제트기가 이륙하려면 활주로의 길이가 적어도 2,430m 이상 되어야 한다. **세계에서 가장 긴 활주로는** 중국의 방다 공항에 있다. 활주로의 길이가 5,500m나 된다.

## 좀 더 알아보기: **비행기 구조**

A380 AIRBUS
**조종석:** 비행기를 조종하기 위해 조종사가 앉아 있는 부분
**스포일러:** 착륙 시 비행기 속도를 줄이는 데 사용된다.
**동체:** 비행기의 몸체
**고양력 장치:** 이륙과 착륙 시 양력을 증가시키기 위해 이용된다.
**보조 날개:** 비행기를 비스듬히 기울일 때 사용되는 날개 부분으로 경첩 모양으로 붙어 있다.

## 조종사의 자격 조건

조종사 자격증을 따려면 청력과 시력이 좋아야 하며, 특히 색맹이 아니어야 한다. 게다가 엄격한 건강 검진을 통과해야 한다. 몇몇 항공사에서는 키나 몸무게에도 엄격한 제한을 두고 있다.

조종사나 항공 관제사는 영어를 사용할 줄 알아야 한다. 항공술과 관련한 국제 공용어가 영어이기 때문이다.

조종사는 깨끗이 면도를 해야 한다. 객실의 압력이 갑자기 떨어지는 경우 산소마스크를 단단히 착용해야 하는데 수염이 이를 방해할 수 있기 때문이다.

여객기의 조종사와 부조종사는 식중독에 대비해 비행 중에 결코 같은 음식을 먹지 않는다.

## 승무원

최초의 여성 승무원은 간호사였다.

점보제트기의 선임 승무원은 국가 간 일급 비밀 외교 문서 운반에 대한 책임을 진다. 서류를 안전하게 보관하기 위해 특별한 잠금 장치가 준비되어 있다.

탑승 승무원의 인원은 비행기 내 비상구의 개수에 따라 결정된다.

### 최고 기록은?

**지상에서 이륙하는 항공기 중 세계에서 가장 빠른 것은** 록히드 SR-71A 블랙버드이다. 이 비행기는 1976년 7월 시속 3,529km의 기록을 세웠다.

# 세계 지리

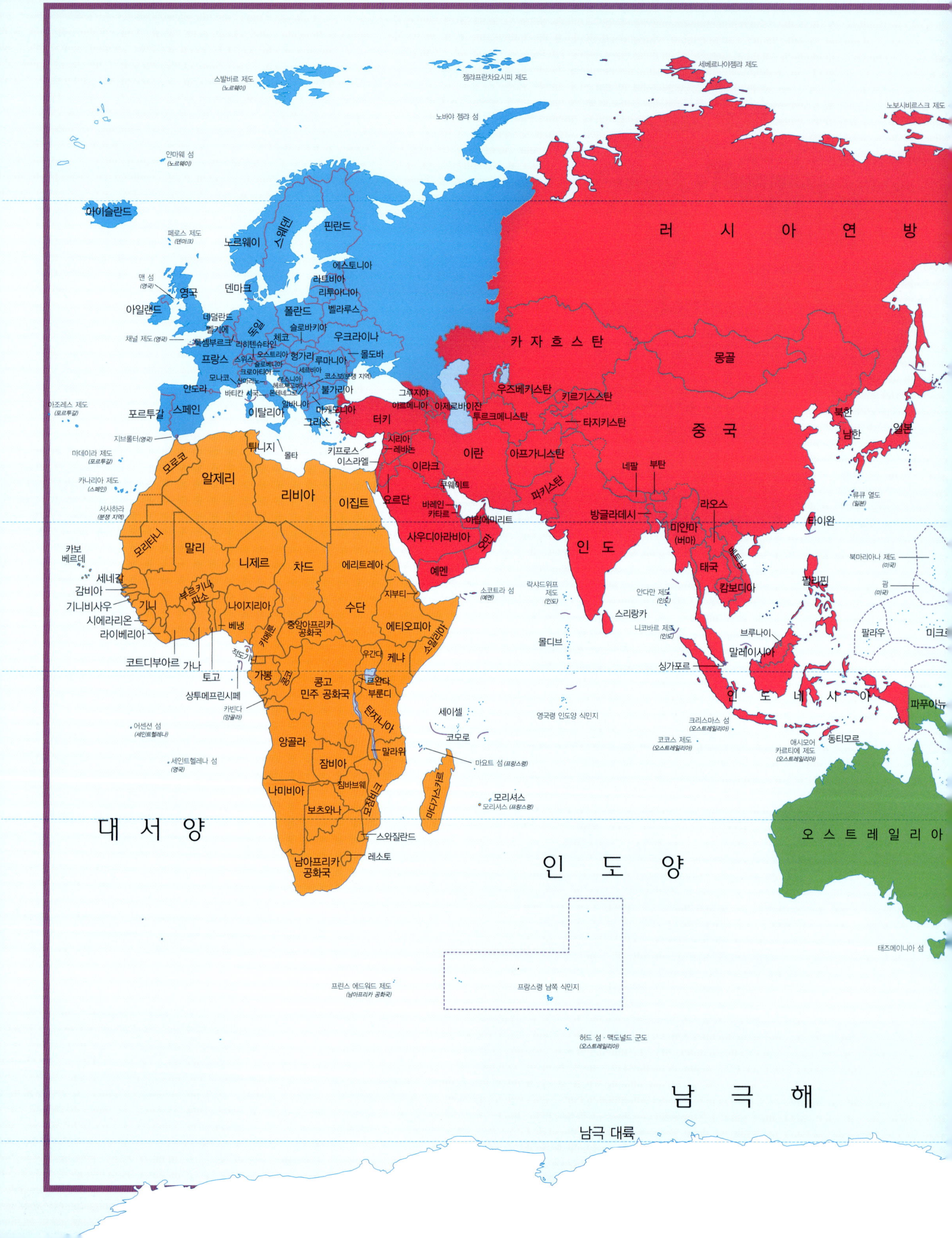

스발바르 제도
(노르웨이)
젬랴프란차요시피 제도
세베르나야젬랴 제도
노바야 젬랴 섬
노보시비르스크 제도
얀마웨 섬
(노르웨이)
아이슬란드
페로스 제도
(덴마크)
노르웨이
스웨덴
핀란드
에스토니아
라트비아
리투아니아
맨 섬
(영국)
영국
덴마크
아일랜드
네덜란드
벨기에
독일
폴란드
벨라루스
슬로바키아
체코
우크라이나
채널 제도 (영국)
룩셈부르크
리히텐슈타인
오스트리아
헝가리
몰도바
프랑스
스위스
슬로베니아
루마니아
크로아티아
세르비아
모나코
산마리노
보스니아 헤르체고비나
코소보(분쟁 지역)
안도라
바티칸 시국
몬테네그로
불가리아
아조레스 제도
(포르투갈)
포르투갈
스페인
이탈리아
알바니아
마케도니아
그리스
터키
그루지야
아르메니아
아제르바이잔
카자흐스탄
우즈베키스탄
키르기스스탄
투르크메니스탄
타지키스탄
러 시 아 연 방
몽골
중 국
북한
남한
일본
지브롤터(영국)
마데이라 제도
(포르투갈)
모로코
튀니지
몰타
키프로스
이스라엘
시리아
레바논
이라크
이란
아프가니스탄
카나리아 제도
(스페인)
알제리
리비아
이집트
요르단
쿠웨이트
바레인
카타르
아랍에미리트
파키스탄
네팔
부탄
방글라데시
류큐 열도
(일본)
서사하라
(분쟁 지역)
사우디아라비아
오만
인 도
미얀마
(버마)
라오스
타이완
카보
베르데
모리타니
말리
니제르
차드
에리트레아
예멘
베트남
태국
북마리아나 제도
(미국)
세네갈
감비아
기니비사우
기니
부르키나파소
나이지리아
수단
지부티
소코트라 섬
(예멘)
락샤드위프
제도
(인도)
안다만 제도
(인도)
캄보디아
필리핀
괌
(미국)
시에라리온
라이베리아
베냉
카메룬
중앙아프리카
공화국
에티오피아
소말리아
스리랑카
니코바르 제도
(인도)
브루나이
팔라우
미크로
몰디브
말레이시아
코트디부아르
가나
토고
적도기니
우간다
케냐
싱가포르
가봉
콩고
콩고
민주 공화국
르완다
부룬디
상투메프린시페
카빈다
(앙골라)
탄자니아
세이셸
영국령 인도양 식민지
인 도 네 시 아
파푸아뉴
어센션 섬
(세인트헬레나)
코모로
크리스마스 섬
(오스트레일리아)
코코스 제도
(오스트레일리아)
애시모어
카르티에 제도
(오스트레일리아)
동티모르
앙골라
말라위
세인트헬레나 섬
(영국)
잠비아
마요트 섬 (프랑스령)
짐바브웨
모잠비크
마다가스카르
나미비아
모리셔스
모리셔스 (프랑스령)
보츠와나
대 서 양
스와질란드
오 스 트 레 일 리 아
레소토
남아프리카
공화국
인 도 양
태즈메이니아 섬
프린스 에드워드 제도
(남아프리카 공화국)
프랑스령 남쪽 식민지
허드 섬 · 맥도널드 군도
(오스트레일리아)
남 극 해
남극 대륙

북 극 해
퀸엘리자베스 제도
그린란드
(덴마크)
배핀 섬
북극권
알래스카
(미국)
캐 나 다
알류산 열도 (미국)
쿠릴 열도
(러시아)
세인트피에르 미켈론
(프랑스)
미 국
태 평 양
대 서 양
버뮤다
(영국)
미드웨이 제도
(미국)
과델루페
(멕시코)
도미니카 공화국
터크스케이커스 제도
(영국)
푸에르토리코 (미국)
케이맨 섬
(영국)
멕시코
바하마
북회귀선
세인트키츠네비스
앤티가바부다
온두라스
쿠바
하와이
(미국)
레비야히헤도 제도
(멕시코)
벨리즈
웨이크 섬 (미국)
자메이카
아이티
도미니카 공화국
나배사 섬
(미국)
존스턴 섬 (미국)
과테말라
마셜 제도
엘살바도르
아루바 섬
(네덜란드)
세인트루시아
바베이도스
니카라과
클리퍼턴 섬
(프랑스)
세인트빈센트그레나딘
월리스 제도
(프랑스)
킹맨 환초 (미국)
코스타리카
그레나다
팔미라 섬 (미국)
베네수엘라
트리니다드토바고
파나마
베이커훌랜드 섬
(미국)
콜롬비아
갈리파고스 제도
(에콰도르)
적도
나우루
자비스 섬
(미국)
키 리 바 시
에콰도르
가이아나
수리남
투발루
토켈라우 제도
(뉴질랜드)
솔로몬 제도
페루
브 라 질
태 평 양
쿡 제도
(뉴질랜드)
바누아투
볼리비아
프랑스령 폴리네시아
(프랑스)
뉴칼레도니아 섬
(프랑스)
피지
파라과이
남회귀선
니우에 섬
(뉴질랜드)
산펠릭스 섬
(칠레)
통가
아메리칸
사모아
(미국)
사모아
노퍽 섬
(오스트레일리아)
이스터 섬
(칠레)
고메즈 섬
(칠레)
핏케언 섬
(영국)
칠레
로드하우 섬
(오스트레일리아)
케르마데크 제도
(뉴질랜드)
아르헨티나
우루과이
후안페르난데스 제도
(칠레)
뉴질랜드
채텀 제도
(뉴질랜드)
바운티 섬
(뉴질랜드)
캠벨 섬
(뉴질랜드)
포클랜드 제도
(영국)
매쿼리 섬 (오스트레일리아)
일러두기
북아메리카
유럽
남아메리카
아시아
아프리카
오세아니아
사우스조지아
사우스샌드위치 제도
(영국)
남극 대륙

# 세계의 여러 국가들

# 북아메리카 대륙은 어떻게 이루어져 있을까?

북아메리카 대륙에는 3개의 거대한 나라(미국, 캐나다, 멕시코)와 20개의 작은 나라가 자리 잡고 있다. 북아메리카 대륙은 북극 한계선(북위 66도 33분)에서부터 중앙아메리카까지 뻗어 있으며, 긴 사슬처럼 섬들이 연결되어 있는 카리브 제도와 그린란드가 여기에 포함된다.

캐나다의 상징은 단풍잎이다. 세계 단풍당 생산량의 85% 이상을 캐나다의 사탕단풍 나무에서 수액을 채취하여 만든다고 하니 충분히 이해할 만하다. 단풍당은 팬케이크에 얹어 먹으면 맛있다.

## 좀 더 알아보기: 고대인의 기원

- 약 2만 년 전 인류가 처음으로 북아메리카 대륙으로 이주했다. 그들은 아시아에서부터 알래스카를 거쳐 북아메리카 대륙으로 들어와 확산되었으며 오늘날의 아메리카 원주민 조상이 되었다.
- **미국과 캐나다에 살고 있는 아메리카 원주민은 약 300만 명이다.**
- 멕시코와 과테말라의 아메리카 원주민은 고대 아스텍과 마야의 후손들이며 500년 전 스페인에 의해 정복되었다.
- **카리브 사람들 중 다수는 아프리카 노예의 후손들로 설탕 농장에서 강제 노역을 했다.**

### 공용어가 두 개라고?

캐나다의 공용어는 **영어**와 **프랑스어** 두 가지다. 따라서 도로 표지판은 영어와 프랑스어 두 가지로 표기되어야 한다. 캐나다에 먼저 정착한 사람들은 프랑스인이었고 뒤이어 영국인이 정착했다. 캐나다에서 가장 큰 지역인 퀘벡 지방에서는 프랑스어만 공용어로 인정되고 있다.

## 북아메리카 대륙에서 인구가 가장 많은 다섯 나라

- **미국** 3억 380만 명
- **멕시코** 1억 990만 명
- **캐나다** 3320만 명
- **과테말라** 1300만 명
- **쿠바** 1140만 명

## 기묘한 이야기

그린란드는 덴마크령이며 세계에서 두 번째(오스트레일리아를 섬으로 봤을 때)로 큰 섬이다. 하지만 그곳에는 겨우 5만 6,000명밖에 살고 있지 않다.

## 관중이 가장 많은 인기 스포츠

- **미식축구(풋볼)** 미국 가정 중 거의 절반이 텔레비전을 통해 매년 1월에 벌이는 미국 프로 미식축구 챔피언 결정전인 '슈퍼볼 챔피언십' 경기를 관람한다.
- **야구**
- **농구**
- **NASCAR** 미국에서 펼쳐지는, 일반 차량을 개조한 자동차 경주 대회
- **아이스하키** 현대식 아이스하키 경기를 만든 캐나다에서는 국민의 대다수가 아이스하키에 열광한다.

## 허리케인의 이름은 어떻게 지을까?

미국의 국립 허리케인 센터는 해마다 7월부터 11월까지 카리브 해안 섬들과 멕시코 만을 강타하는 허리케인을 식별하기 위해 6개의 명칭 목록을 토대로 이름을 붙인다.

**이 목록은 알파벳 순서로 되어 있고 남자 이름과 여자 이름을 번갈아 사용한다.**

허리케인이 극심한 피해를 입힌 경우 다시는 그 이름을 사용하지 않는다.

**허리케인 카트리나는 2005년 미국 남동부 뉴올리언스를 강타해 엄청난 피해를 입혔다. 그로부터 6년 후인 2011년에는 카트리나라는 이름 대신 카티아를 사용하게 된다. 이밖에도 데니스 대신 돈, 리타 대신 리나, 스탠 대신 션, 그리고 윌마 대신 휘트니로 이름을 바꾼 경우가 있다.**

## 미국 대통령은 어떻게 선출되는가?

**01.** 4년마다 공화당 후보 한 명, 민주당 후보 한 명을 각각 선출한다. 1월에 첫 번째 주 예비 선거(50개 주에서 각각 당 대회에 보낼 대의원을 선출하기 위해 시행하는 투표)가 시작된다.

**02.** 유력한 대통령 후보자가 여러 명 있을 수 있다. 이 경우 어느 후보자가 가장 많은 지지를 받아 내는지 알아보기 위해 예비 선거 결과를 집계하여 계산한다. 몇몇 주에서는 6월까지 기다려 예비 선거를 치르기도 한다. 선두 주자가 누구인지를 알기 위해 시간이 다소 걸릴 수 있다.

**03.** 대통령 후보로 지명된 행운의 후보자가 이를 수락하고 다시 부통령 후보를 지명하고 나면 전국 전당 대회를 위해 수많은 풍선과 현수막이 준비된다.

**04.** 백악관으로 가는 마지막 경쟁을 위해 지지자들로부터 많은 돈을 모은다. 또 텔레비전 토론에서 두 명의 대통령 후보가 서로 경쟁하게 되고 전국 이곳저곳을 누비며 가능한 한 많은 유권자들과 악수를 한다.

**05.** 대통령 선거는 항상 11월 첫째 주 화요일에 치러진다. 결과를 보기 위해 사람들은 텔레비전 앞을 떠나지 않는다.

## 문화의 용광로

대부분의 미국인은 자기 가족의 뿌리를 찾기 위해 다른 나라로 거슬러 올라가야 한다. 전 세계에서 모여든 수많은 이민자들의 여러 문화와 전통이 미국에서 흥미롭게 혼합되었다. 2800만 명 이상의 미국인이 모국어로 스페인어를 사용하고 있다.

**멕시코시티**는 테노치티틀란이 있던 자리에 위치해 있다. 테노치티틀란은 1325년 텍스코코 호수의 섬에 건설되었던 **아스텍 제국의 수도**이다. 뉴욕 시보다 300년 더 오래된 셈이다.

## 살짝 엿보기

### 북아메리카 대륙

**총 면적** 24,454,000km²

**가장 큰 나라**
캐나다
9,970,610km²

**가장 작은 나라**
세인트키츠 네비스
269km²

**가장 높은 산**
알래스카의 매킨리 산
6,194m

**가장 긴 강**
미국 미주리 주 미시시피 강
6,019km

**가장 큰 호수**
미국과 캐나다에 걸쳐 있는 슈피리어 호
82,414km²

**인구가 가장 많은 도시**
멕시코시티
20,450,000명

**가장 높은 건축물**
캐나다 토론토 시 CN 타워
553m

## 주요 일지

**1000년** 바이킹 탐험가인 레이프 에릭슨이 캐나다 해변을 다녀갔다.

**1492년** 콜럼버스가 쿠바와 히스파니올라 섬에 상륙했다.

**1519년** 스페인 정복자들이 멕시코와 중앙아메리카를 정복했다.

**1620년** 메이플라워호를 타고 미국으로 건너간 사람들이 뉴잉글랜드의 플리머스 식민지를 찾아냈다.

**1776년** 미국이 영국으로부터 독립을 선언했다.

**1821년** 멕시코가 스페인으로부터 독립을 쟁취했다.

**1865년** 미국이 노예제를 철폐했다.

**1867년** 캐나다 자치령이 출범하였다.

**1914년** 태평양과 대서양을 연결하는 파나마 운하가 개통되었다.

**1960년대** 카리브 해의 여러 섬들이 영국으로부터 독립하였다.

## 정말 믿을 수 없어!

과테말라의 통화 단위인 케트살은 새의 이름에서 유래했다. 과테말라의 국조인 케트살은 꼬리가 길고 금빛 연두색의 화려한 깃털을 가지고 있다. 아스텍과 마야 사람들은 이 새를 신성하게 여겼다.

## 야! 보물이다!

디즈니 사에서 만든 세 편의 영화 '캐리비언의 해적'으로 벌어들인 수익은 모두 27억 9000만 달러이다. 이 돈은 한때 진짜 보물을 찾아 카리브 해를 누볐던 '검은 수염'이나 헨리 모건, 캘리코 잭 래컴과 같은 악명 높은 해적들이 꿈꾸었던 보물보다 더 많은 금액이다.

# 브라질 사람들은 왜 포르투갈어를 사용할까?

탱고는 아르헨티나 사람들에게 춤 이상의 의미가 있다. 그들에게 탱고는 삶 그 자체이다. 그들은 탱고를 **발로 추는 것이 아니라 마음으로 추는 것**이라고 생각한다.

올라(포르투갈어로 '안녕'이라는 뜻)!
16세기 유럽 각국들이 제국을 건설하기 위해 해외 원정에 나섰고, 포르투갈은 브라질을 정복하였다. 오늘날 브라질이 포르투갈어를 사용하고 있는 이유는 그 때문이다. 스페인은 베네수엘라부터 아르헨티나까지 서쪽에 있는 남아메리카 대륙의 절반을 지배했으며 이때 스페인어가 전파되었다. 남아메리카에서는 100개 이상의 아메리카 원주민 언어가 아직도 사용되고 있다.

## 좀 더 알아보기: 열대 우림과 빙하가 공존하는 대륙

- 남아메리카 대륙은 적도 북쪽에서부터 남극 가까운 지점까지 걸쳐 있다. 한쪽 끝에는 열대 우림이 있고 다른 한쪽 끝에는 빙하가 있다.
- **남아메리카 대륙에는 12개의 나라가 있다. 이 중 브라질은 다른 나라에 비해 월등히 크다.**
- 브라질과 국경이 접해 있지 않은 나라는 칠레와 에콰도르뿐이다.
- **바다에 접해 있지 않은 나라는 볼리비아와 파라과이뿐이다.**
- 수리남과 가이아나는 네덜란드와 영국의 식민지였다. 프랑스령 기아나는 프랑스의 '해외 주'이고 프랑스 국토의 일부이다. 이는 여기 사는 사람들 또한 프랑스 국민이라는 것을 의미한다.
- **대륙의 남쪽 끝에 있는 티에라델푸에고('불의 섬'이라는 뜻)는 아르헨티나와 칠레 양쪽에 걸쳐 있다. 아르헨티나 쪽에 있는 우수아이아는 세계에서 가장 남쪽에 있는 도시이다.**

브라질의 축구 선수 **펠레**는 월드컵에서 브라질 대표팀을 **세 번이나 우승**으로 이끈 20세기 최고의 선수이다. 그가 월드컵에 처음 출전한 것은 18살 때인 1958년이었다. 그는 **통산 1,281개의 골**을 넣었는데, 이는 축구 역사상 최고 득점이다. 이 중 77개는 브라질 국가 대표 팀으로 출전한 경기에서 넣었으며 12개는 월드컵 경기에서 넣었다.

살짝 엿보기

## 남아메리카 대륙

**총 면적**
17,838,000km²

**가장 큰 나라**
브라질
8,511,965km²

**가장 작은 나라**
수리남
163,265km²

**가장 높은 산**
아르헨티나 아콩카과 산
6,960m

**가장 긴 강**
아마존 강
6,570km

**가장 큰 호수**
베네수엘라 마라카이보 호
13,312km²

**인구가 가장 많은 도시**
브라질의 상파울루 시
18,333,000명

**가장 높은 건축물**
칠레 산티아고 시 코스타네로 센터
257m

## 위기에 처한 원주민들

- 현재 광활한 아마존 우림 지역에 살고 있는 원주민의 숫자는 10만 명 이하로 추정된다.
- 전문가들은 50~60여 종족이 외부 세계와 전혀 접촉하지 않은 채 살고 있다고 본다.
- 벌목이나 경작을 위해 불법적으로 자행되는 삼림 벌채와 석유 채굴로 인한 오염 때문에 이들의 생존이 위협받고 있다.

## 축구광

남아메리카 대륙의 국가들은 1930년 이후 개최된 18번의 FIFA 월드컵 경기 중에서 9번 우승했다.

**아르헨티나** (1978년, 1986년)

**브라질** (1958년, 1962년, 1970년, 1994년, 2002년)

**우루과이** (1930년, 1960년)

# 무슨 뜻일까?

나라 이름에 자기 이름을 넣을 수 있는 사람은 많지 않다. 하지만 남아메리카의 해방자로 불리는 시몬 볼리바르(Simon Bolivar)는 그렇게 했다. 볼리비아는 1825년 그의 공적을 기리기 위해 붙은 이름이다.

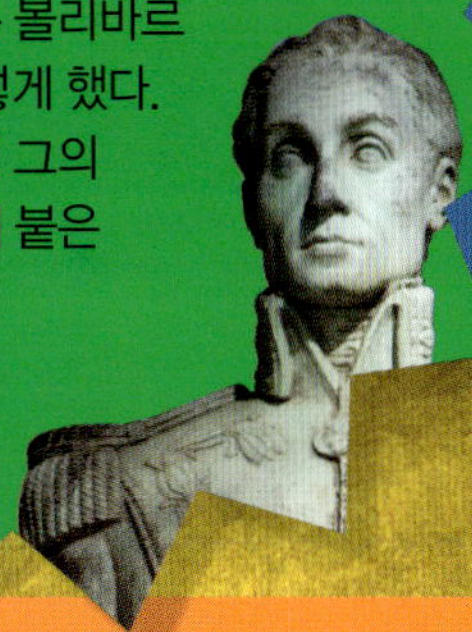

## 최고의 관광지

안데스 산맥 높은 곳에 위치한 마추픽추 잉카 유적은 남아메리카 대륙에서 방문객이 가장 많은 곳으로, 매년 40만 이상의 관광객이 다녀간다.

**브라질 리우데자네이루가 내려다보이는 코르코바도 산 정상에 있는 거대한 그리스도상은 2007년 국제 여론 조사에서 세계 7대 불가사의 중 하나로 뽑혔다.**

## 세계를 정복한 감자튀김

감자는 2,000년 전부터 안데스 고원에서 처음 경작되기 시작해 점차 세계로 퍼져 나갔다. 감자는 세계에서 네 번째로 많이 생산되는 곡물이다.

남아메리카의 또 다른 음식들:
**초콜릿, 파인애플, 땅콩, 리마(버터)콩**

## 남아메리카 대륙에서 인구가 가장 많은 다섯 나라

**브라질** 1억 9640만 명

**콜롬비아** 4500만 명

**아르헨티나** 4040만 명

**페루** 2910만 명

**베네수엘라** 2640만 명

유럽 항공국의 우주 기지는 프랑스령 기아나의 코루에 있다. 이곳은 적도에 가까워 우주 발사체 아리안 5호를 발사하기에 안성맞춤이었고, 발사체는 궤도에 무사히 진입했다.

## 최고 기록은?

안데스 산맥은 세계에서 **가장 긴 산맥**으로 4,500km에 걸쳐 있다.

세계에서 **가장 높은 자유 낙하 폭포**는 베네수엘라 카나이마 국립 공원에 있는 앙헬 폭포로 낙폭이 807m에 이른다.

세계에서 **가장 건조한 사막**은 아타카마 사막으로, 페루와 칠레에 걸쳐 있다. 몇몇 지역은 관측 이래 물 한 방울 구경할 수 없었다.

볼리비아의 수도 라파스는 해수면 위 3,683m에 위치해 세계에서 **가장 높은 수도**로 알려져 있다.

**가장 높은 호수**는 칠레와 볼리비아에 위치한 리칸카부르 화산의 분화구로 5,930m에 위치해 있다.

세계에서 **가장 큰 설치류**는 아마존이 원산지며 무게가 91kg까지 나가는 카피바라이다. 카피바라는 중남미의 강가에 사는 큰 토끼같이 생긴 동물이다.

안데스 지방의 콘도르는 살아 있는 조류 중 **날개 너비가 가장 길다.** 너비가 3m에 이르는 것도 있다.

## 주요 일지

**1200년대–1500년대** 잉카 문화가 페루 지역에서 번성하였다.

**1499년** 이탈리아 탐험가 아메리고 베스푸치가 브라질의 북동쪽 해변을 탐험하였다.

**1531–1535년** 스페인 군인 프란시스코 피사로가 잉카 제국을 정복하였다.

**1534년** 아프리카 노예가 처음으로 브라질에 도착하였다.

**1545년** 세계에서 가장 큰 은 광산이 안데스의 포토시에서 발견되었다. 그 이후 스페인은 부자 나라가 되었다.

**1565년** 포르투갈 사람들이 리우데자네이루를 발견하였다.

**1816–1822년** 남아메리카가 스페인과 포르투갈로부터 독립을 쟁취하였다.

**1888년** 브라질이 노예 제도를 철폐하였다.

# 유럽은 어디에서 어디까지일까?

대답하기 쉽지 않은 문제이다. 유럽은 하나의 독립적인 대륙이 아니고 아시아 대륙의 서쪽 끝에 붙어 있는 대륙이다. 일반적으로 러시아의 우랄 산맥과 캅카스 산맥을 경계로 한다. 유럽은 두 번째로 작은 대륙으로(유럽보다 작은 대륙은 오스트레일리아뿐이다) 지구 표면의 7%에 불과하다. 하지만 거주 인구는 세계 전체 인구의 25%에 달하며 총 47개의 나라가 있다.

영국 런던의 빅 벤

## 살짝 엿보기

### 유럽

**총 면적**
10,245,000km²

**가장 큰 나라**
(유럽)러시아
4,294,400km²

**가장 작은 나라**
바티칸 시국 0.4km²

**가장 높은 산**
러시아 엘브루스 산
5,642m

**가장 긴 강**
러시아 볼가 강 3,700km

**가장 큰 호수**
러시아 라도가 호
17,700km²

**인구가 가장 많은 도시**
러시아 모스크바
10,500,000명

**가장 높은 빌딩**
모스크바 네베레츠나야 타워
268m

## 성은이 망극하옵니다

아래의 유럽 국가들은 아직도 군주제를 유지하고 있다. 대부분의 경우 군주들은 정치적 권력은 갖지 않고 단지 형식적으로만 국가의 수장 역할을 한다.

- **네덜란드**
- **노르웨이**
- **덴마크**
- **룩셈부르크**
- **리히텐슈타인**
- **모나코**
- **벨기에**
- **스웨덴**
- **스페인**
- **영국**

## 여러 나라를 가로질러

다뉴브 강은 중부 유럽에서 동부 유럽을 거쳐 흑해로 흘러드는 유럽 제2의 강으로, 4개의 수도(빈, 브라티슬라바, 부다페스트, 베오그라드)를 관통하여 흐른다.

'얼음 땅'이라는 이름과 달리, **아이슬란드**에 가면 항상 뜨거운 물을 볼 수 있다. 여전히 화산 활동이 진행되는 섬들이 많아 뜨거운 물과 수증기를 하늘 높이 뿜어내는 온천과 간헐천이 많이 있기 때문이다.

프랑스 파리 에펠 탑

## 최고 기록은?

▲ 몽블랑은 유럽에서 **가장 큰 알프스 산맥**의 최고봉으로 높이가 4,807m 이다. 세계에서 가장 유명한 스키 리조트들이 즐비하다.

● **유럽에서 가장 긴 터널**은 영국과 프랑스를 연결하는 해협 터널로 50km에 이른다. 알프스 아래를 지나는 코트하르트 터널(2012년 완공 예정)은 길이가 57km에 이를 전망이다.

## 무슨 뜻일까?

**철의 장막**은 냉전 시기(1948~1989) 유럽의 정치적 분열을 지칭하기 위해 사용된 용어이다. 이 말은 전쟁 시기 영국의 수상을 역임했던 윈스턴 처칠에 의해 처음 사용됐다.

## 계속 늘어나는 EU 회원국

### 유럽 연합(EU)의 회원국

유럽 연합은 회원국 사이에 더 나은 경제적, 정치적, 사회적 발전을 위해 협력하고 있다.

**1958년 6개국**
벨기에, 프랑스, 서독, 이탈리아, 룩셈부르크, 네덜란드

**1973년 9개국**
덴마크, 아일랜드, 영국

**1981년 10개국**
그리스

**1986년 12개국**
포르투갈, 스페인

**1995년 15개국**
오스트리아, 핀란드, 스웨덴

**2005년 25개국**
키프로스, 체코, 에스토니아, 헝가리, 라트비아, 리투아니아, 몰타, 폴란드, 슬로바키아, 슬로베니아

**2007년 27개국**
불가리아, 루마니아

## 주요 일지

**기원전 3000년** 영국의 스톤헨지와 같은 선사 석기 유물이 만들어졌다.

**기원전 776년** 최초의 올림픽 경기가 고대 그리스에서 개최되었다.

**기원전 334년** 마케도니아 지도자 알렉산드로스 대왕이 페르시아 정복을 위해 출정하였다.

**기원전 63년** 아우구스투스가 고대 로마 초대 황제가 되었다.

**313년** 로마 황제 콘스탄틴이 로마 전역에 기독교를 공인하였다.

**455년** 서유럽에서 로마 제국이 멸망하였다.

**800년** 샤를마뉴 대제가 신성 로마 제국의 왕이 되었다.

**1347년** 흑사병이 유럽을 초토화하여 전체 인구의 3분의 1이 사망하였다.

**1492년** 콜럼버스가 대서양을 횡단하였다.

**1595년** 영국인 극작가 윌리엄 셰익스피어가 '로미오와 줄리엣'을 썼다.

**1789년** 프랑스 혁명이 일어났다.

**1914-1918년** 제1차 세계 대전이 일어났다.

**1917년** 러시아에서 공산 혁명이 일어났다.

**1939-1945년** 제2차 세계 대전이 일어났다.

**1958년** 유럽 연합이 탄생했다.

**1989년** 러시아와 동유럽에서 공산주의가 몰락, 냉전이 종식되었다.

## 이탈리아 사람처럼 스파게티 먹기

**01.** 목에 커다란 냅킨을 두르고 앞에 있는 뜨거운 스파게티 접시 안에 조심스럽게 포크를 밀어 넣는다. 포크 날 사이로 스파게티 대여섯 가닥을 집는다.

**02.** 스파게티가 얹힌 포크를 접시로부터 5~6센티미터 정도 들어 올려 스파게티 가닥을 나머지 덩어리에서 분리시킨다. 이것을 재빨리 감아 스파게티 가닥이 포크에서 미끄러지지 않게 해야 한다.

**03.** 포크의 뾰족한 부분이 접시 바닥에 닿도록 한 후 스파게티 가닥이 롤 모양으로 감길 때까지 솜씨 좋게 빙빙 돌린다.

**04.** 포크를 입에다 넣고 스파게티를 부드럽게 빨아들인다. 그런 후에도 두세 가닥의 스파게티 끝이 공중에 달려 있다면 포크를 이용해 이것을 다시 입속으로 쭉 빨아 먹는다. 훨씬 맛이 나고 식욕이 돋을 것이다.

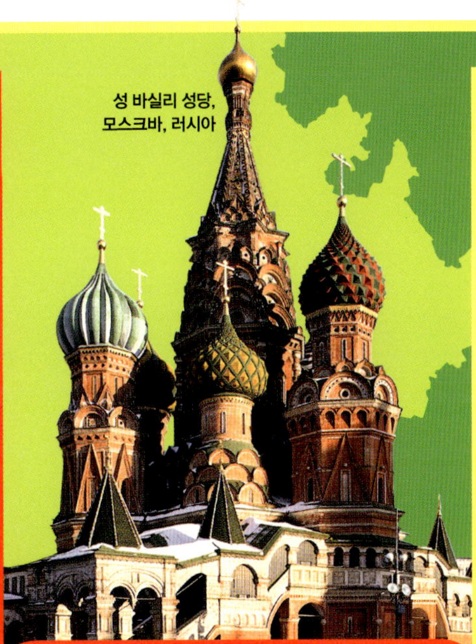

성 바실리 성당, 모스크바, 러시아

## 유럽에서 인구가 가장 많은 다섯 나라

**러시아** 1억 4070만 명

**독일** 8230만 명

**프랑스** 6210만 명

**영국** 6090만 명

**이탈리아** 5810만 명

## 유럽의 신생 국가

냉전이 종식된 후, 많은 지역에서 독립이 선언되고 자신들만의 국가가 건설되었다.

**벨라루스:** 1991년 독립, 구소련의 일부였다.

**에스토니아:** 1991년 독립, 구소련의 일부였다.

**라트비아:** 1991년 독립, 구소련의 일부였다.

**리투아니아:** 1991년 독립, 구소련의 일부였다.

**몰도바:** 1991년 독립, 구소련의 일부였다.

**우크라이나:** 1991년 독립, 구소련의 일부였다.

**크로아티아:** 1991년 독립, 유고슬라비아의 일부였다.

**세르비아:** 1991년 독립, 유고슬라비아의 일부였다.

**슬로베니아:** 1991년 독립, 유고슬라비아의 일부였다.

**보스니아 헤르체고비나:** 1992년 독립, 유고슬라비아의 일부였다.

**체코:** 1993년 독립, 체코슬로바키아의 일부였다.

**슬로바키아:** 1993년 독립, 체코슬로바키아의 일부였다.

**마케도니아:** 1993년 독립, 유고슬라비아의 일부였다.

**몬테네그로:** 2006년 독립, 유고슬라비아의 일부였다.

## 정말 믿을 수 없어!

핀란드의 오울루 마을에서는 해마다 기타 연주를 흉내 내는 세계적인 대회가 열린다. 전 세계에서 모여든 경쟁자들이 록 기타 연주를 흉내 내면 이에 기술적 가치, 무대 매너, 그리고 느낌(예술적 해석)에 대한 점수가 매겨진다.

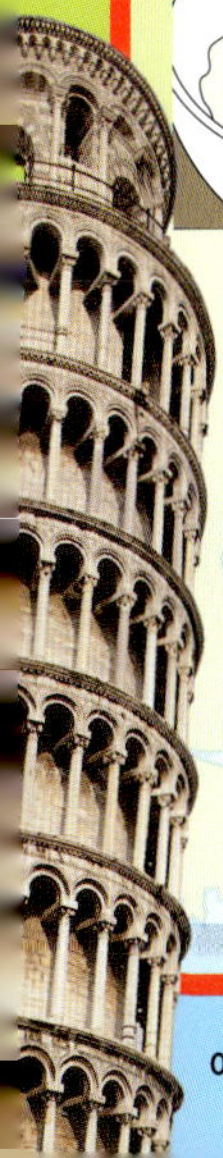

이탈리아 피사의 사탑

인도 델리

중국 홍콩

인도네시아 발리

# 가장 큰 대륙은 어디일까?

아시아 대륙이다. 아시아 대륙은 지구 전체 면적의 3분의 1을 차지하고 있다. 북극권에서부터 적도 남쪽까지 뻗어 있으며 동서 방향으로 폭이 가장 넓은 곳은 8,500km나 된다. 세계 인구의 5분의 3인 약 40억의 인구가 아시아에 거주하고 있다.

### 아시아 대륙에서 인구가 가장 많은 나라

**중국**
13억 명

**인도**
11억 명

**인도네시아**
2억 3700만 명

**파키스탄**
1억 7300만 명

**방글라데시**
1억 5400만 명

### 좀 더 알아보기: 스모

- 일본을 대표하는 스포츠이다.
- **프로 스모 선수는 '헤야'라 불리는 훈련소에서 생활하며 살을 찌우기 위해 특별히 마련한 고단백 음식을 계속해서 먹는다.**
- 지금까지 스모 선수 몸무게의 최고 기록은 212kg였다. 경기를 하거나 먹을 때를 제외하고는 대부분 잠자는 데 시간을 쓴다.

인도네시아는 **세계에서 가장 큰 제도**로 약 1만 3,000개의 섬이 있다. 이 중 사람이 살고 있는 섬은 1,000개도 안 되며 전체 인구의 60%가 자바 섬에 살고 있다.

**살짝 엿보기**

## 아시아

**총 면적**
44,493,000km²

**가장 큰 나라**
러시아
12,780,000km²

**가장 작은 나라**
몰디브
300km²

**가장 높은 산**
네팔/티베트의 에베레스트 산
8,850m

**가장 긴 강**
중국 양쯔 강
5,980km

**가장 큰 호수**
이란, 러시아, 카자흐스탄, 아제르바이잔, 투르크메니스탄의 카스피 해
371,000km²

**인구가 가장 많은 도시**
일본 도쿄
34,327,000명

**가장 높은 빌딩**
아랍 에미리트 연방 두바이의 부르즈 칼리파
828m

**일본** 나라

**파키스탄** 고잘

**네팔** 나가르코트

**중국** 만리장성

## 무슨 뜻일까?

과거에는 정향과 육두구가 생산되는 곳은 전 세계에서 인도네시아의 말루쿠(몰루카 제도) 섬뿐이었다. 유럽 사람들은 이 지역을 '향신료 섬'이라 불렀다.

## 신성한 땅

아시아는 세계의 주요 종교 중 6개가 생겨난 곳이다.

**불교, 기독교, 이슬람교, 유대교, 힌두교, 시크교**

## 석유가 풍부한 나라들

중동의 다섯 나라가 전 세계 원유 매장량의 70%를 차지하고 있다.

**※ 사우디아라비아**
**※ 이란**
**※ 이라크**
**※ 아랍 에미리트**
**※ 쿠웨이트**

## 하늘 높이 솟은 산

세계에서 가장 높은 산 10개 중 9개가 인도와 티베트에 걸쳐 있는 거대한 **히말라야 산맥**에 있다.

## 중국의 만리장성

**01:** 우주 비행사들이 우주에서 만리장성을 볼 수 있다는 것은 근거 없는 말이다.

**02:** **만리장성은 요새로 쓰기 위해 6,400km에 걸쳐 연결한 장벽과 탑들이다.**

**03:** 지금까지 남아 있는 성의 대부분은 500년 전 명나라 때 축조된 것이다.

**04:** **1960년대 공산당 지도자였던 마오쩌둥의 명령에 따라 만리장성의 일부가 해체되어 석재로 사용되었다.**

## 숫자로 알아보기

시베리아의 바이칼 호는 세계에서 가장 깊은 호수이다.

**20%** 얼지 않은 상태로 공급되는 전 세계 담수 중 20%가 이 호수에 저장되어 있다.

**336개** 호수로 흘러드는 강의 수 (흘러 나가는 강물은 하나이다.)

**500종** 호수에 서식하는 어류 종의 수

**2,100km** 호수 둘레의 총 길이

**2만 3,600km³** 호수에 있는 물의 양. 북아메리카에 있는 오대호 전체를 채우기에 충분한 양이다.

**2500만 년** 바이칼 호의 나이. 세계에서 가장 오래된 호수이다.

**세계 비단의 50% 이상이 중국과 일본에서 생산된다.** 중국인은 3,000년 전에 비단 생산법을 알아냈고 수백 년 동안 이 방법을 비밀리에 전수했다. 중국 비단을 수입하던 로마인들은 이것이 나무에서 자라는 줄 알고 있었다.

## 비단실 뽑기

**01.** 깨끗하고 따뜻한 환경, 충분한 뽕잎과 수많은 누에알이 필요하다.

**02.** 누에는 흰색 누에나방의 애벌레이다. 일주일 후 누에가 부화하면 하루에 세 번 잘게 자른 뽕나무 잎을 먹여야 한다. 이들은 식성이 까다로워 다른 음식은 거들떠보지도 않지만 뽕잎을 먹고 자라는 속도는 매우 빠르다.

**03.** 25일이 지나면 실을 둘러 고치를 만들 준비를 한다. 한 마리의 누에가 머리 쪽의 작은 구멍으로부터 비단 필라멘트 1.6km를 뽑아내 돌려 감는다. 이 비단실은 액체 상태로 나오지만 공기에 노출되면서 굳는다.

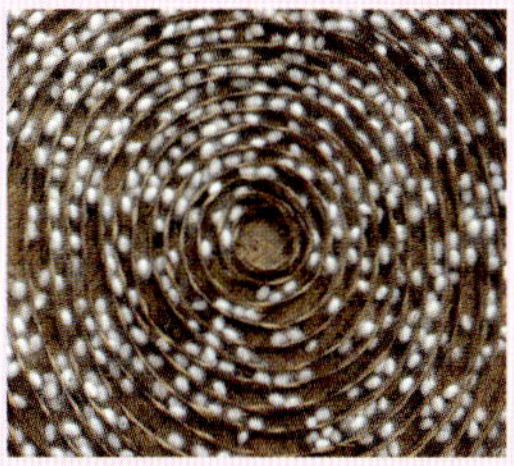

**04.** 고치가 누에를 완전히 감싸면 필라멘트 바깥쪽 끝을 풀어내 얼레에 감는다. 대여섯 가닥의 필라멘트를 꼬아야 실이 된다.

**05.** 하나의 고치는 대략 3,650m의 실을 생산한다. 이것을 조심스럽게 말리고 등급을 분류한 다음 원사를 다양한 색깔로 염색한다. 이제 비단 옷감을 짤 준비가 되었다.

# 피라미드, 야자수, 펭귄까지 모두 볼 수 있는 대륙은 어디일까?

아프리카 대륙이다. 북쪽의 나일 계곡과 삼각주는 거대 피라미드를 쌓아 올린 고대 이집트인들의 보금자리였다. 아프리카의 남단에는 펭귄의 서식지로 유명한 희망봉이 있다. 거대한 사하라 사막의 야자수 오아시스는 여행자들에게 가끔씩 쉴 수 있는 장소를 마련해 준다. 중앙아프리카는 적도의 열대 우림으로 덮여 있다.

살짝 엿보기

## 아프리카

**총 면적**
30,293,000km²

**가장 큰 나라**
수단 2,504,530km²

**가장 작은 나라**
세이셸 453km

**가장 높은 산**
탄자니아 킬리만자로 산 5,895m

**가장 긴 강**
나일 강 6,695km

**가장 큰 호수**
탄자니아 빅토리아 호 69,500km²

**인구가 가장 많은 도시**
나이지리아 라고스 8,715,000명

**가장 높은 빌딩**
남아프리카 공화국 요하네스버그 칼턴 타워 223m

## 아프리카 대륙에서 인구가 가장 많은 다섯 나라

**나이지리아**
1억 4620만 명

**에티오피아**
8250만 명

**이집트**
8170만 명

**콩고 민주 공화국**
6650만 명

**남아프리카 공화국**
4870만 명

**사바나**는 세네갈부터 수단, 에리트레아까지 사하라 사막의 남쪽 가장자리를 따라 3,862km에 걸쳐 뻗어 있는 건조한 초원 지역이다. 이 지역에는 가뭄이 자주 발생하며 이로 인해 수백만 명의 사람들이 심한 굶주림에 시달리고 있다.

세계에서 **가장 가난한 나라** 10개 중 6개가 아프리카에 있다.

**말라위**
**소말리아**
**코모로**
**콩고**
**부룬디**
**탄자니아**

## 아프리카의 영웅

넬슨 만델라는 남아프리카 공화국의 흑인과 백인 사이의 인종 차별 정책인 아파르트헤이트에 대한 투쟁을 이끌며 27년을 감옥에서 보냈다. 1990년 풀려났으며 4년 뒤 남아프리카 공화국의 첫 번째 흑인 대통령이 되었다.

## 주요 일지

**기원전 3000년–300년**
나일 강 유역에서 이집트 문명이 꽃을 피웠다.

**기원전 814년**
페니키아 사람들이 카르타고(지금의 튀니스)에 무역 도시를 건설하였다.

**기원전 202년**
로마인들이 카르타고를 파괴하고 북아프리카에 식민지를 건설하였다.

**350년**
에티오피아가 기독교 국가로 전향하였다.

**700년**
아랍의 규율이 북아프리카에 뿌리 내렸다.

**1350년**
짐바브웨 왕국이 전성기를 누렸다.

**1500년**
포루투갈인들이 아프리카 해안에 무역 거점을 건설하였다.

**1871년**
남아프리카 공화국 킴벌리에서 다이아몬드가 발견되었다.

**1884년**
유럽인들이 경쟁적으로 아프리카에 식민지를 건설하기 시작하였다.

**1960년**
아프리카 국가가 최초로 독립을 쟁취하였다.

## 뜨거운 땅 사하라에 관한 사실들

**01:** 사하라는 정말이지 엄청나게 크다. 오스트레일리아 땅덩어리 전체가 이 안에 들어갈 수 있다.

**02:** **사하라는 아랍어로 '사막'이라는 뜻이다.**

**03:** 사하라는 대부분 바위 또는 암석 파편으로 이루어져 있다.

**04:** **낙타는 원래 사하라 원산이 아니고 2,000년 전 아시아에서 들어왔다.**

**05:** 대략 150억ℓ의 물이 사막 아래 깊은 곳 대수층에 지하 웅덩이 모양으로 분포해 있다.

**06:** **사막에 사는 식물들은 물을 찾기 위해 24m까지 뿌리를 내린다.**

**07:** 지금까지 기록된 것 중 가장 높은 온도는 1922년 9월 57℃였다.

**08:** **사하라로부터 바람을 따라 이동하는 먼지는 카리브 해까지 날아간다.**

### 최고 기록은?

말리의 젠네에 있는 이슬람 대사원은 **진흙으로 만든 구조물 중 세계에서 가장 큰 것**이다. 북아프리카에서부터 사하라 사막을 횡단하던 아랍 상인들이 1,000년 전 이 지역에 이슬람을 전파하였다.

화석 기록에 의하면 **초기 인류**(호모 사피엔스)는 약 15만 년 전 아프리카에서 살았다. 10만 년 전쯤 이주를 시작해 1만 년 전쯤 전 세계로 퍼져 나갔다.

### 맨발의 영웅

1960년 에티오피아의 육상 선수 아베베 비킬라는 맨발로 마라톤을 뛰어 금메달을 땄다. 동아프리카 육상 선수들은 장거리 시합에서 항상 압도적인 성적을 낸다.

### 정말 믿을 수 없어!

웰위치아 식물은 서남아프리카 나미브 사막에서만 자란다. 이것은 2,000년 또는 그 이상 생존하며 잎이 한 쌍만 나온다. 이 잎이 계속해서 자라고 또 자랄 뿐이다.

## 최고의 동물 보호 구역 다섯 군데

**이름:** 세렝게티
**국가:** 탄자니아
**주요 볼거리:** 영양의 이동

**이름:** 마사이 마라
**국가:** 케냐
**주요볼거리:** 대형 고양잇과 동물, 사자, 표범, 치타

**이름:** 크루거
**국가:** 남아프리카 공화국
**주요 볼거리:** 버팔로, 호랑, 표범, 사자, 코뿔소

**이름:** 루앙와
**국가:** 잠비아
**주요 볼거리:** 영양, 얼룩말, 악어

**이름:** 셸린다
**국가:** 보츠와나
**주요 볼거리:** 코끼리, 사자

# 오스트레일리아는 얼마나 클까?

오스트레일리아는 세계에서 여섯 번째로 큰 나라로 면적은 7,692,300km²다. 이는 미국보다 약간 작은 크기인데 오스트레일리아를 어떻게 바라보느냐에 따라 가장 작은 대륙으로 볼 수도 있고 가장 큰 섬으로 볼 수도 있다. 또 인구 밀도가 가장 낮은 나라로도 볼 수 있다. 지리적으로는 오세아니아 지역에 위치해 있으며 2만 5,000개 이상의 부속 섬이 있는데 드넓은 남태평양 지역에 흩어져 있다.

## 오스트레일리아식 영어

| | |
|---|---|
| **barbie** | barbecue(바비큐) |
| **billabong** | watering hole (물웅덩이) |
| **bluey** | redhead(빨강 머리) |
| **dinkum** | real, genuine(진짜의) |
| **g'day** | hello(안녕) |
| **joey** | baby kangaroo (아기 캥거루) |
| **moolah** | money(돈) |
| **pommy** | someone from the UK(영국에서 온 사람) |
| **roo** | kangaroo(캥거루) |
| **tucker** | food(음식) |
| **ute** | utility vehicle (다용도 트럭), pickup truck (소형 오픈 트럭) |
| **swagman** | itinerant worker (떠돌이 노동자) |

### 무슨 뜻일까?

뉴질랜드를 뜻하는 마오리어 **아오테아로아**는 **'길고 흰 구름'**을 의미한다. 전해 내려오는 이야기에 의하면 폴리네시아에 처음 도착한 사람들은 여러 날의 항해 끝에 수평선에 낮게 드리운 구름을 보고 이곳에 정착하기로 마음먹었다고 한다.

### 좀 더 알아보기: **이스터 섬**

- 1,000년 전 폴리네시아의 탐험가 로게벤이 타히티를 출발해 4,000km를 항해한 끝에 이스터 섬(원주민어로 라파 누이, '커다란 땅'이라는 뜻)을 발견하였다.
- **원주민들은 모아이라 부르는 얼굴 모양의 거대한 석상을 조각해 섬 주변에 세웠다.**
- 원주민들은 석상을 운반하기 위해 섬의 나무들을 바퀴로 사용하려고 벌목했다. 이로 인해 토양이 침식되고 식량이 부족하게 되었다. 유럽인들이 1722년 이곳에 도착했을 때 원주민은 거의 남아 있지 않았다.
- **오늘날 이 섬은 칠레에 속해 있다.**

## 유명한 뉴질랜드인 다섯 명

**러셀 크로**
(1964~ )
영화배우

**에드먼드 힐러리**
(1919~2008)
등산가, 에베레스트 산 정복, 탐험가

**피터 잭슨**
(1961~ )
오스카 상을 수상한 영화감독

**브루스 맥라렌**
(1937~1970)
그랑프리 자동차 경주 대회 선수, 맥라렌 자동차 회사 설립자

**어니스트 러더퍼드**
(1871~1937)
핵물리학자, '핵물리학의 아버지' 노벨 화학상 수상

## 주요 일지

**약 4만 년 전** 오스트레일리아 원주민의 조상이 오스트레일리아 전역으로 퍼져 나갔다.

**6,000년 전** 뉴기니아에서 농경이 시작되었다.

**기원전 500년** 폴리네시아 항해자들이 태평양의 섬들을 식민지화 하기 시작하였다.

**1000년** 폴리네시아인 마오리들이 뉴질랜드 아오테아로아에 정착했다.

**1520-1521년** 포르투갈 탐험가인 마젤란이 유럽 사람으로는 처음으로 태평양을 횡단했다.

**1768-1771년** 영국인 항해사 쿡 선장이 오스트레일리아가 별도의 분리된 대륙이라는 것을 증명하였다.

**1788년** 영국인들이 오스트레일리아에 뉴사우스웨일즈 식민지를 건설하였다.

**1840년** 영국인들이 뉴질랜드에 대한 권리를 주장하였다.

**1908년** 오스트레일리아 캔버라가 수도로 정해졌다.

**2000년** 시드니에서 올림픽이 개최되었다.

## 오세아니아에서 가장 인구가 많은 다섯 나라

- **오스트레일리아** 2100만 명
- **파푸아뉴기니** 590만 명
- **뉴질랜드** 410만 명
- **피지** 932,750명
- **솔로몬 제도** 581,300명

## 오스트레일리아에 관한 다섯 가지 재미있는 사실들

**01:** 오스트레일리아에서는 **정치 선거**에 투표를 하는 것이 의무이다.

**02:** 오스트레일리아 사람들은 **시드니 하버 브리지**를 '옷걸이'라고 부른다.

**03:** **붉은등독꼬마거미**에 물리는 사고의 29%는 사람들이 신발을 신을 때 발생한다. 신발 속에 숨어 있던 거미가 무는 것이다.

**04:** 오스트레일리아에서 **가장 큰 목장**의 면적은 벨기에의 전체 면적과 같다.

**05:** 오스트레일리아에는 모두 **5,800만 마리의 캥거루**가 살고 있다. 이는 인구의 2배이다.

살짝 엿보기

## 오세아니아

**총 면적**
8,945,000km²

**가장 큰 나라**
오스트레일리아
7,692,300km²

**가장 작은 나라**
나우루 21km²

**가장 높은 산**
파푸아 뉴기니 윌헬름 산
4,509m

**가장 긴 강**
오스트레일리아 머리/달링 강
3,718km

**가장 큰 호수**
오스트레일리아 에어 호수
9,000km²

**인구가 가장 많은 도시**
오스트레일리아 시드니
4,297,100명

**가장 높은 빌딩**
오스트레일리아 골드 코스트
Q1타워 323m

### 울루루

유럽 정착민들이 에어스 록이라 부르는 울루루는 세계에서 가장 큰 단일 바위로 오스트레일리아 중앙에 있으며 화강 사암으로 이루어져 있다. 넓이는 3.3km²이며 높이는 348m이다. 원주민들은 이를 신성시한다.

### 질문: 되돌아오지 않는 부메랑을 뭐라 부르는가?

**답: 막대기**

## 부메랑 던지기

오스트레일리아 원주민은 사냥이나 운동을 목적으로 부메랑을 이용한다. 조금만 연습하면 부메랑을 잘 던질 수 있다.

**01.** 테니스 라켓을 잡듯이 부메랑 한쪽 끝을 잡는다. 이때 굴곡진 쪽이 반드시 자신을 향하도록 해야 한다(어느 쪽 끝을 잡아도 상관없다).

**02.** 바람이 불어오는 쪽을 마주 본 후 오른쪽으로 45도 튼다. 시선은 수평선보다 약간 높은 나무나 빌딩에 고정한다. 그 지점을 목표로 하여 손목을 뒤쪽으로 구부린 후 어깨 뒤쪽으로 팔을 들어 올린다.

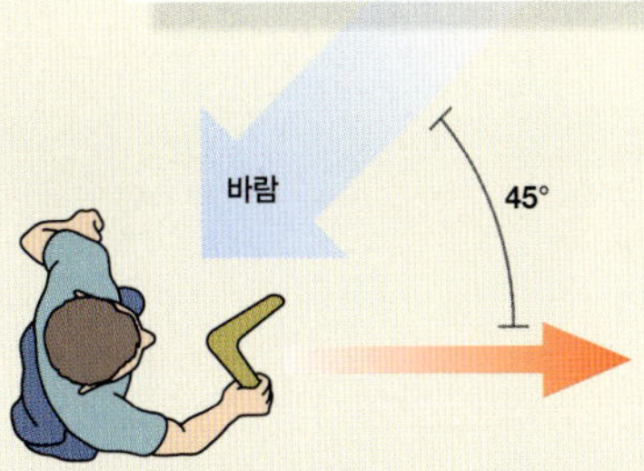


**03.** 손목에 순간적으로 강한 힘을 주어 부메랑을 던진다. 끝에서 끝으로 빙빙 돌며 앞으로 나아가도록 해야 한다. 이것을 다시 잡으려면 한 손은 손바닥을 위로 하고 다른 손은 손바닥을 아래로 하여 공중에 내밀어야 한다. 부메랑이 되돌아 오면 손바닥을 마주쳐 잡는다.

# 남극의 주인은 누구일까?

그 누구도 주인이 아니다. 이 땅을 다스리는 정부가 따로 있는 것도 아니다. 46개국이 남극 조약에 서명하고 이에 의거해 평화적인 과학 연구만을 위해 남극을 이용하고 있다. 이곳은 매우 건조하고 추우며 바람도 많이 분다. 대륙 표면의 약 98%가 얼음으로 덮여 있어 이끼, 지의류, 해초를 제외하면 자라는 식물이 거의 없다.

## 좀 더 알아보기: **남극**

- **남극은 지구의 남쪽 끝 지점이다.**
- 남극은 바람이 강하게 불고 얼어붙은 상태의 고원 중앙에 위치해 있다.
- **남극점에 있는 얼음의 두께는 2,700m이다.**
- 명판에 아문센과 스콧이 이곳을 처음 다녀갔다는 기록이 있다.
- **남극 조약에 서명한 나라들의 국기가 둘러싸고 있는 세레모니얼 남극 지점(남극 기지에 도착한 사람들이 기념 촬영을 할 수 있도록 마련된 장소)이 가까운 곳에 있다.**

## 펭귄들이 혹독한 추위를 이겨 내는 방법

### 살짝 엿보기

**남극**

**총 면적**
14,400,000km²

**가장 높은 지점**
빈슨 마시프
4,897m

**얼음판의 평균 깊이**
1.6km

**가장 낮은 온도**
영하 89.2℃

**가장 가까운 도시**
아르헨티나 우수아이아
1,238km 떨어져 있음

**지속적으로 머물고 있는 사람들**
약 1,000명의 연구 과학자
(여름에는 5,000명)

**겨울의 남극**
남극 주변에 얼어붙는 바닷물의 면적 또는 유빙의 크기가 평소의 약 2배인 2000만 km²로 늘어난다. 미국 면적의 1.5배이다.

**01.** 깃털이 촘촘하고 서로 겹친 상태로 자란다. 이는 바람을 차단하고 물이 들어오지 못하도록 할 뿐만 아니라, 바깥층 아래 솜털들은 공기를 품어 다이빙할 때 단열 효과를 낼 수 있다.

**02.** 두꺼운 지방층이 있어 단열 효과를 더해 준다. 그래도 물속에서 열을 유지하려면 계속해서 활발하게 움직여야 한다.

**03.** 육지에서는 등에 있는 어두운 빛깔의 깃털들이 열을 흡수해 몸을 따뜻하게 해 준다.

**04.** 날갯죽지를 몸에 밀착시켜 잘 덮는다. 이렇게 하면 열 손실을 막을 수 있다. 몸을 떠는 행동 역시 열 손실을 막는 데 도움이 된다.

**05.** 황제펭귄의 경우 한 발씩 번갈아 가며 체중을 이동시키는데 뒤꿈치와 꼬리로만 무게를 지탱해 가능하면 얼음과 접촉하는 면적을 줄인다.

**06.** 좁은 공간에 이웃들과 밀착해 모여 있는다. 황제펭귄은 암컷이 먹이를 찾아 떠나고 수컷들끼리 남아 알을 부화시킬 때 최대 6,000 마리까지 무리 지어 모여 있기도 한다.

## 동물들의 생활 적응

여름 동안 대왕 고래는 하루에 크릴(새우같이 생긴 작은 생물) 400만 마리를 먹어 치운다.

펭귄은 수영을 아주 잘하기 때문에 초기 탐험가들은 펭귄을 어류로 착각했다.

네 종류의 펭귄(아델리 펭귄, 턱끈 펭귄, 황제 펭귄, 젠투 펭귄)이 남극에서 새끼를 낳는다.

남극의 많은 어류들은 차가운 물에서 살아남기 위해 혈액 속에 부동액 성분을 갖고 있다.

바다표범에게 질병을 옮길 가능성이 제기되어 1994년부터 이곳으로 개를 데려오지 못하게 하였다.

### 남극의 얼음판에 대한 흥미로운 사실 일곱 가지

**01:** 지구 상에 있는 단일 얼음판으로는 가장 큰 덩어리이다.

**02:** 지구 민물의 약 60~70%가 이곳에 들어 있다.

**03:** 대부분의 얼음판은 육지에 얹혀 있다.

**04:** 70개 이상의 호수가 얼음판 아래 깊은 곳에 있다.

**05:** 남극점에 내린 눈은 해변까지 흘러가는 데 10만 년이 걸린다. 그곳에서 빙산의 일부가 되어 사라진다.

**06:** 로스 빙붕은 로스 해에 떠 있는 거대한 얼음덩어리로 그 크기가 프랑스만 하다.

**07:** 남극을 둘러싸고 있는 남극해에는 약 300만 개의 빙산이 있다.

### 얼음 여행

약 3만 7,000명의 여행객이 매년 남극의 바다를 방문한다. 방문객의 숫자는 점점 늘어나고 있다.

**여행객으로 인해 남극의 환경이 위험에 처할 것이라는 우려가 제기되고 있다.**

인간의 배설물을 비롯한 다양한 쓰레기를 처리하는 데 엄격한 규칙이 적용되고 있다. 유기 물질이 분해되는 데 수십 년이 걸리기 때문이다. 재활용이 가능한 것과 그렇지 않은 것을 구분해서 처리해야 한다.

### 최고 기록은?

남극에서 처음으로 태어난 아기는 1978년 출생한 에밀리오 마르코스 팔마이다. 그의 부모는 당시 아르헨티나 에스페란사 기지에서 일하고 있었다.

### 과학적 연구

- 남극에는 40개에 달하는 연구 기지가 있다.
- **가장 큰 연구 기지는 로스 아일랜드에 있는 미국의 맥머도 기지이다. 여름에는 약 1,000명, 겨울에는 250명의 사람들에게 집과 같은 안식처가 되어 준다.**
- 빙하 시추(얼음판에 기다란 구멍을 뚫는 것)를 통해 수만 년 전 지구 기후에 대한 정보를 얻는다.
- **운석(우주에서 지구로 날아와 떨어진 암석이나 금속 덩어리)이 얼음판에 묻힌 상태로 발견되었는데 태양계에 대한 중요한 단서가 들어 있었다.**

### 정말 믿을 수 없어!

5억 년 전 남극이 곤드와나 대륙의 일부였을 당시에는거의 적도 근처에 위치해 있었다.

## 주요 일지

**1911년** 아문센이 이끄는 노르웨이 탐험대가 남극점에 최초에 도달하려는 경쟁에서 승리했다.

**1912년** 영국 탐험가 로버트 팔콘 스콧과 네 명의 대원이 아문센보다 한 달 늦게 남극점에 도착했다. 이들은 귀환 도중 극심한 추위와 굶주림으로 모두 사망했다.

**1929년** 미국의 제독 리처드 버드가 최초로 남극 기지 상공을 비행했다.

**1956년** 미국의 해군 단체가 아문센–스콧 남극 기지를 세우기 위해 비행기를 타고 이곳에 도착했다.

**1958년** 커먼웰스 남극 횡단 탐험 기간에 에드먼드 힐러리와 비비안 훅스가 남극점에서 만났다.

**1989년** 아베드 훅스와 라인홀트 메스너가 처음으로 스키를 타고 남극점에 도착하였다.

**2007년** 해너 매킨드가 다른 사람의 도움 없이 홀로 걸어 가장 빨리 남극점에 도착한 기록(39일, 1,111km)을 세웠다.

# 세계에는 얼마나 많은 국가가 있을까?

국제 연합이 파악한 바로는 193개의 국가가 있다. 이들은 비록 가끔 분쟁을 겪고 있지만 모두 국경이 있고 독립 정부를 갖고 있다. 보통의 경우 국가들은 국기, 공식적인 상징, 그리고 공식 노래를 갖고 있다. 크기는 중요하지 않다. 이탈리아 안에 있는 바티칸 시국은 세계에서 가장 작은 나라로 일반적인 도시 한 블록 정도의 크기이다. 인구 역시 매우 적어 약 1,000명에 불과하다.

전 세계에는 58개의 속국, 또는 통치령이 있는데 보통의 경우 자치 정부를 가지고 있으나 경제적, 군사적으로 다른 나라의 보호를 받는 국가나 지역(대부분이 섬이다)이다. 가장 큰 곳은 덴마크에 속해 있는 그린란드이다.

## 인구가 가장 많은 열 개 나라

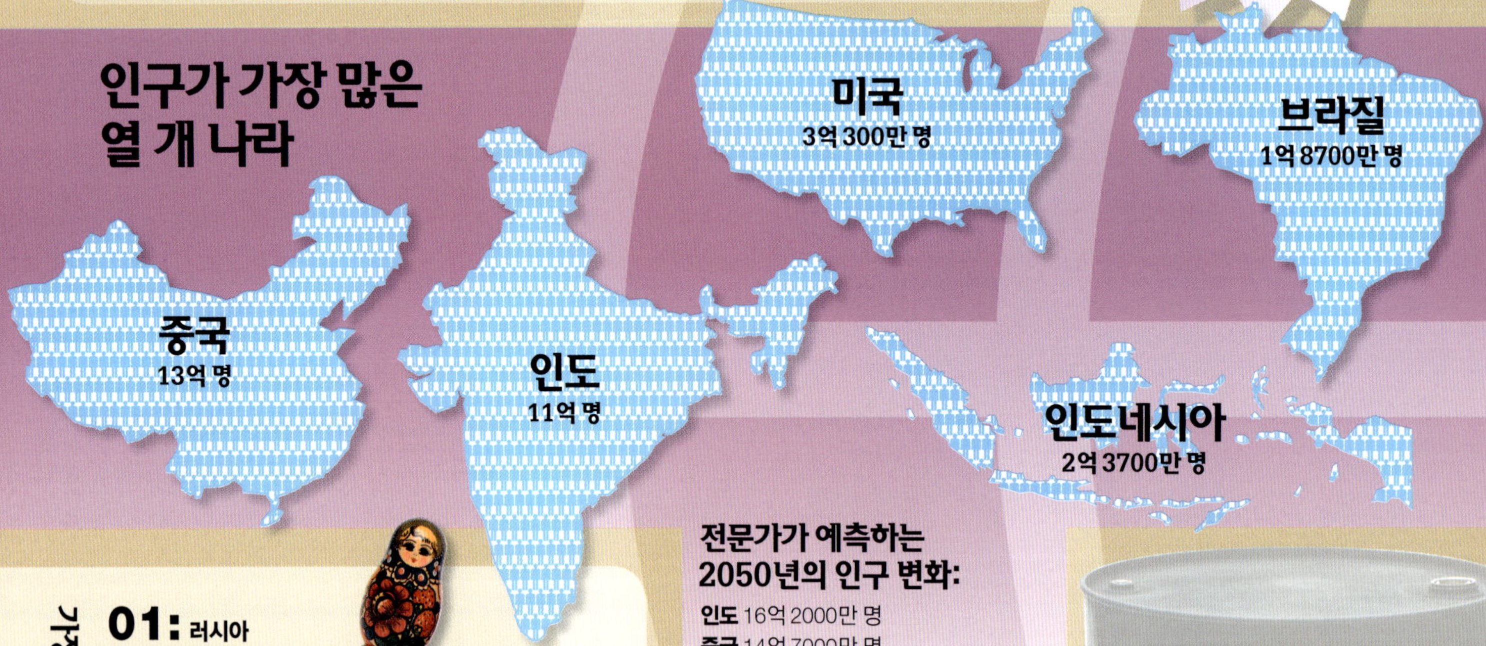


## 가장 큰 나라들

**01: 러시아** 17,175,400km²
**02: 캐나다** 9,970,610km²
**03: 미국** 9,826,675km²
**04: 중국** 9,596,960km²
**05: 브라질** 8,511,965km²

## 전문가가 예측하는 2050년의 인구 변화:

**인도** 16억 2000만 명
**중국** 14억 7000만 명
**미국** 4억 400만 명
**인도네시아** 3억 3800만 명
**나이지리아** 3억 400만 명
**파키스탄** 2억 6800만 명
**브라질** 2억 700만 명
**방글라데시** 2억 500만 명
**러시아** 1억 1800만 명
**일본** 1억 100만 명

## 석유 매장량이 가장 많은 나라들

(단위: 1억 배럴)

**사우디아라비아** 2653
**이라크** 1150
**쿠웨이트** 988
**이란** 964
**아랍 에미리트** 628
**러시아** 543
**베네수엘라** 476
**중국** 306
**리비아** 300
**멕시코** 269

## 가장 작은 나라들

**01: 바티칸** 0.4km²
**02: 모나코** 1.95km²
**03: 나우루** 21km²
**04: 투발루** 26km²
**05: 산마리노** 61km²

## 이름이 두 개인 나라

부탄 사람들은 자기 나라를 '천둥소리를 내는 용의 땅'이라는 의미의 드럭 율이라 부른다. 부탄은 다른 나라 사람이 부르는 이름인데 '높은 지대'라는 의미의 산스크리트어에서 따온 것으로 보인다.

## 우측통행? 좌측통행?

- 전 세계 국가의 62%는 우측통행을 하고 38%는 좌측통행을 한다.
- 한때 미국과 캐나다도 좌측통행을 했다.
- 좌측통행을 하는 대부분의 국가들은 아프리카, 아시아, 오스트레일리아, 오세아니아에 있다.
- 대대수가 과거 영국의 식민지였던 국가들이다. 하지만 인도네시아, 태국, 일본 등은 예외이다.
- 유럽에서 좌측통행을 하는 나라는 몇 안 되는데 영국, 아일랜드, 키프로스, 몰타 등이 이에 속한다. 모두 섬나라이다.
- 스웨덴은 대륙의 유럽 국가들 중 좌측통행을 하는 마지막 나라였으나 1967년 9월 3일 우측통행으로 바꾸었다. 교통 신호를 바꾸는 5시간 동안 모든 차들이 도로 밖으로 나와 있었다.

## 그대를 찬미하며: **국가**

- 그리스 국가가 가장 길다. 전부158절. 다행히 이것을 전부 부르는 것은 아니다.
- 일본 국가가 세계에서 가장 오래됐다고 할 수 있다. 9세기에 쓰인 시를 가사로 붙였다.
- 남아프리카의 국가인 '주여 아프리카를 구하소서'는 가사가 다섯 개의 언어로 쓰여 있다-호사어, 줄루어, 소토어, 영어, 아프리칸스어.
- 스페인의 국가인 '행진곡'은 가사가 없다.
- 우루과이 국가는 연주 시간이 5분이다.
- 미국 국가 '별이 빛나는 깃발'은 원래 인기 있는 음주 곡이었다. 가사 내용은 1812년 전쟁에 있었던 사건을 담고 있다.

### 무슨 뜻일까?

리비아의 공식 국가명은 **리비아 인민 사회주의 아랍 공화국(Al Jamahiriya al-Arabiya al-Libya al-Shabiya al-Ishitirakiya)**으로 세계에서 가장 긴 국가 이름이다.

### 이름이 '스탄'으로 끝나는 7개 나라

(스탄은 나라, 또는 땅이라는 의미이다.)

아프가니스탄
카자흐스탄
키르기스스탄
파키스탄
타지키스탄
투르크메니스탄
우즈베키스탄

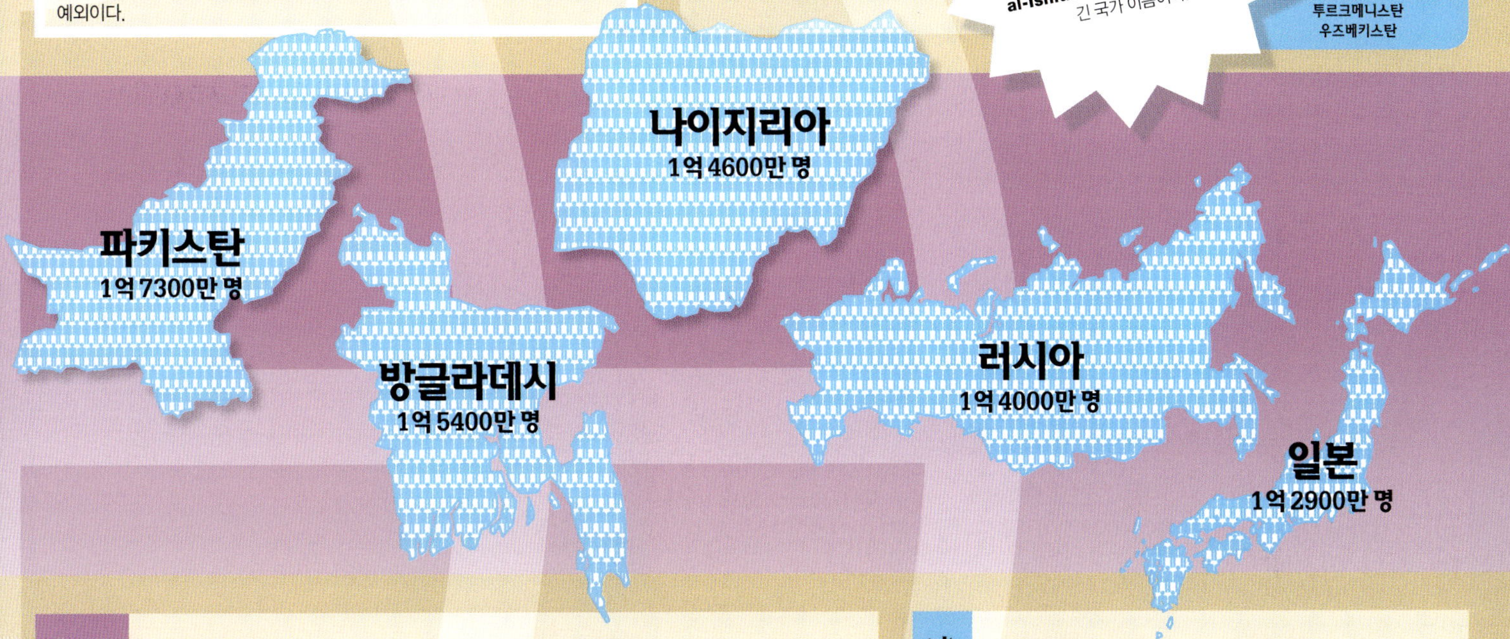


## 세계 최고의 나라들

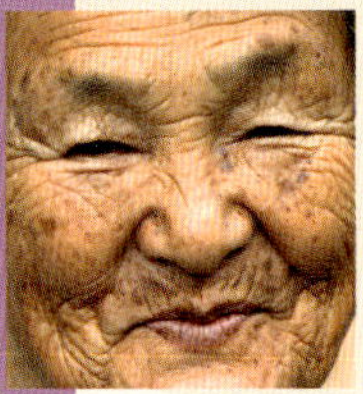

**일본**에서는 100세 이상 장수하는 사람들이 2만 명 이상이나 된다.

**인도**에 있는 대학의 개수는 8,507개로 세계에서 가장 많다.

**미국**의 애완 고양이는 7600만 마리로 세계에서 가장 많다.

**태국** 사람들은 텔레비전을 가장 많이 본다. 일주일에 평균 22.4시간 텔레비전을 시청한다.

**스위스**는 쓰레기의 52%를 재활용한다. 재활용 비율이 세계에서 가장 높다.

**네덜란드**의 도로는 세계에서 가장 안전하다고 한다.

## 숫자로 알아보기

**12개** 남아메리카에 있는 국가의 수

**44개** 아시아에 있는 국가의 수

**14개** 오스트레일리아와 오세아니아에 있는 국가의 수

**47개** 유럽에 있는 국가의 수

**23개** 북아메리카에 있는 국가의 수

**53개** 아프리카에 있는 국가의 수

## 이름을 바꾼 나라들

| 새 이름 | 옛 이름 |
|---|---|
| 베냉 | 다호메이 |
| 부르키나파소 | 오트볼타 |
| 자이르 | 콩고 민주 공화국 |
| 에티오피아 | 아비시니아 |
| 가나 | 골드코스트 |
| 몰도바 | 몰다비아 |
| 미얀마 | 버마 |
| 스리랑카 | 실론 |
| 타이완 | 포르모사 |
| 태국 | 시암 |

# 각 도시의 인구는 얼마나 될까?

전 세계 도시에 사는 사람 수가 30억 명을 돌파하면서 역사상 처음으로 도시 거주자 수가 농촌 거주자 수를 넘어섰다. 전 세계에는 거주자가 1000만 명이 넘는 거대 도시가 22곳 있으며 거주자가 100만 명 이상인 도시는 300곳이 넘는다.

## 인구가 가장 많은 거대 도시 열 곳

**01: 일본 도쿄 (근교 포함)**
3400만 명

**02: 한국 서울 (수도권 포함)**
2300만 명

**03: 멕시코 멕시코시티**
2240만 명

**04: 미국 뉴욕**
2190만 명

**05: 인도 뭄바이**
2160만 명

**06: 인도 델리**
2150만 명

**07: 브라질 상파울루**
1830만 명

**08: 미국 로스앤젤레스**
1800만 명

**09: 중국 상하이**
1750만 명

**10: 일본 오사카**
1670만 명

## 세계에서 오염이 가장 심각한 도시

- 아제르바이잔 **숨가이트**
- 중국 **린펀**
- 중국 **톈진**
- 인도 **수킨다**
- 인도 **바피**
- 페루 **라오로야**
- 러시아 **제르진스크**
- 러시아 **노릴스크**
- 우크라이나 **체르노빌**
- 잠비아 **카브웨**

### 이런 수도 이름을 알고 있니?

1. 안타나나리보
2. 비슈케크
3. 반다르스리브가완
4. 딜리
5. 누악쇼트
6. 누쿠알로파
7. 와가두구
8. 포트모르즈비
9. 트빌리시
10. 테구시갈파
11. 울란바토르
12. 파두츠

(어느 나라의 수도인지는 오른쪽 페이지 아래쪽에 나와 있다.)

## 세계 도시 인구는 얼마나 증가했을까?

**1800년**
전체 인구 중 도시 거주자가 차지하는 비율이 3%에 불과했다. 인구가 100만 명 이상인 도시는 한 개뿐이었다.

**1900년**
전체 인구 중 9%가 도시에 거주했다. 인구가 100만 명 이상인 도시는 13개였다.

**2000년**
전체 인구 중 50%가 도시에 살았다. 인구가 100만 명 이상인 도시가 330개에 달했다.

1900년 당시 아시아에서 인구가 100만 명이 넘는 도시는 4개에 불과했다. 오늘날 그 수는 194개로 늘었으며 대부분 중국에 집중되어 있다.

2015년이 되면 아시아에서 인구가 100만 명을 넘어서는 도시는 253개가 될 것으로 예상된다. 남아메리카와 중앙아메리카에 65개, 아프리카에 59개가 될 것으로 보인다.

# 마천루가 가장 많은 도시들

홍콩 중국 | 뉴욕 미국 | 도쿄 일본 | 상하이 중국 | 시카고 미국 | 방콕 태국 | 광저우 중국 | 충칭 중국 | 선전 중국

## 높은 고도에 위치한 도시들

- 중국 티베트에 있는 웬주안은 **세계에서 가장 높은 곳에 위치한 도시**이다. 고도가 5,100m이다.
- 볼리비아의 라파스는 **세계에서 가장 높은 곳에 위치한 수도**이다. 고도는 3,600m이다.
- **아프리카에서 가장 높은 도시**는 에티오피아 딘쇼이다. 높이는 3,207m이다.
- **미국에서 가장 높은 도시**는 콜로라도의 알마이다. 높이는 3,156m이다.
- 안도라의 수도 안도라라베냐는 **유럽에서 가장 높은 곳에 위치한 수도**이다. 높이는 1,023m이다.

## 정말 믿을 수 없어!

태평양의 작은 섬나라 나우루는 수도가 없는 유일한 국가이다. 이 나라의 중심에는 인 광석 광산이 있다. 1만 3,000명의 주민들이 해안 지역을 둘러싸고 있는 좁다란 해변에 살고 있다.

## 지진으로 파괴된 주요 도시들

**기원전 1400년** 고대 트로이와 아마겟돈 (메기도)
**1138년** 시리아 알레포
**1755년** 포르투갈 리스본
**1906년** 미국 샌프란시스코
**1923년** 일본 도쿄
**1960년** 모로코 아가디르
**1963년** 마케도니아 스코페
**1976년** 과테말라 과테말라시티
**1995년** 일본 고베
**2003년** 이란 밤

## 무슨 뜻일까?

말레이의 전설에 의하면 한 왕자가 난파를 당해 섬에 밀려 왔다고 한다. 그는 얼핏 어떤 동물을 보았는데 이것을 사자로 착각해 그곳을 **싱카푸라**(사자의 도시)라고 불렀다. 이 이야기가 사실인지 확인할 수는 없다. 어쨌거나 오늘날 **싱가포르**의 국가 상징은 **사자**이다.

## 주요 일지

**기원전 3500년**
최초의 도시가 메소포타미아(이라크)에 나타났다.

**기원전 1600년**
중국에 첫 번째 도시가 탄생했다.

**1년**
로마의 인구가 45만 명에 이르렀다.

**500년**
테오티우아칸(멕시코)은 고대 아메리카에서 가장 큰 도시였다.

**800년**
바그다드 도시의 인구가 70만 명에 이르렀다.

**1800년**
런던이 세계에서 최초로 인구 백만의 도시로 성장했다.

**1950년**
뉴욕의 인구가 1240만 명에 달해 세계에서 가장 큰 도시가 되었다.

**1965년**
세계에서 최초로 도쿄가 인구 2천만 명을 기록했다.

**1985년**
중국의 상하이와 같이 밀집된 도시의 평균 주거 공간이 작은 자동차 크기에 불과하게 되었다.

## 이사 가기 전 한번 생각해 봐야 할 곳

**터키 이스탄불**
서기 330년에(당시 이름은 콘스탄티노플) 세워진 이후로 커다란 지진이 15번이나 발생했다. 마지막 지진은 1999년에 발생했다.

**이탈리아 나폴리**
몇몇 전문가들은 서기 79년 폼페이를 폐허로 만든 화산 베수비오가 다시 폭발할 것이라고 믿고 있다. 나폴리는 직접적인 피해를 입을 수 있는 곳에 위치해 있다.

**인도 뭄바이**
인도의 가장 큰 도시인 이곳에 큰 비가 내리면 하수도가 빗물을 감당하지 못하게 되어 도시 곳곳에 홍수가 난다.

**중국 상하이**
중국의 명소인 이곳은 1년에 1.5cm씩 가라앉고 있다. 과거 수십 년 동안 건설된 마천루의 무게 때문이다.

**미국 피닉스**
100만 명이 거주하는 이 도시는 애리조나 사막 한가운데 건설되었다. 물이 고갈될 우려가 있다.

정답: 1. 마다가스카르 2. 키르기스스탄 3. 브루나이 4. 동티모르 5. 서아프리카의 모리타니 6. 남태평양의 통가 왕국 7. 부르키나파소 8. 파푸아뉴기니 9. 그루지야 10. 온두라스 11. 몽골 12. 리히텐슈타인

# 어떤 국기가 가장 높이 날아 봤을까?

미국의 국기인 성조기는 특별한 의미를 담고 있다. **13개의 줄무늬**는 미국의 초기 연방국에 가입한 연방주를 뜻하며, **50개의 별**은 오늘날 미국의 총 연방주의 수를 뜻한다. 1959년 알래스카와 하와이가 새롭게 연방주가 되었을 때 두 개의 별이 추가되었다.

국기는 국가의 상징이자 국민과 역사의 표상이다. 미국의 국기인 성조기는 1969년 7월 우주선을 타고 달 표면까지 날아갔다. 아폴로 11호 우주인들이 그곳에 성조기를 꽂았다.

**얼음 아래 꽂은 깃발**

2007년 러시아는 북극점 아래 4,200m지점에 국기를 꽂았다. 왜 그랬을까? 북극의 해저면에 원유와 가스가 풍부한 것으로 추측되기 때문이다. 러시아는 매장된 자원의 소유권을 주장하여 논쟁을 유발시키고 있다.

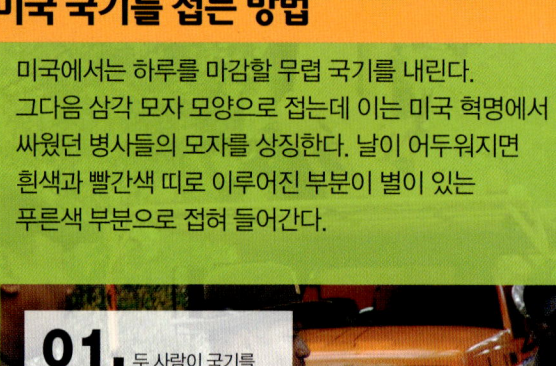

## 국기에서 볼 수 있는 상징 열 가지

**01: 카펫**
투르크메니스탄

**02: 사원 (앙코르와트)**
캄보디아

**03: 음양의 조화**
한국

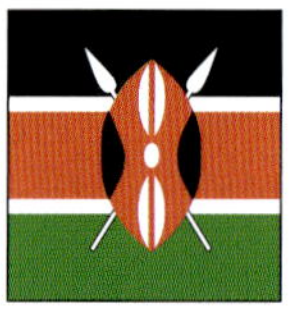

**04: 방패**
케냐, 레소토, 스와질란드

**05: 삼나무**
레바논

**06: 바퀴**
인도

**07: 다윗의 별**
이스라엘

**08: 용**
부탄

**09: 단풍잎**
캐나다

**10: 삼지창**
바베이도스

## 미국 국기를 접는 방법

미국에서는 하루를 마감할 무렵 국기를 내린다. 그다음 삼각 모자 모양으로 접는데 이는 미국 혁명에서 싸웠던 병사들의 모자를 상징한다. 날이 어두워지면 흰색과 빨간색 띠로 이루어진 부분이 별이 있는 푸른색 부분으로 접혀 들어간다.

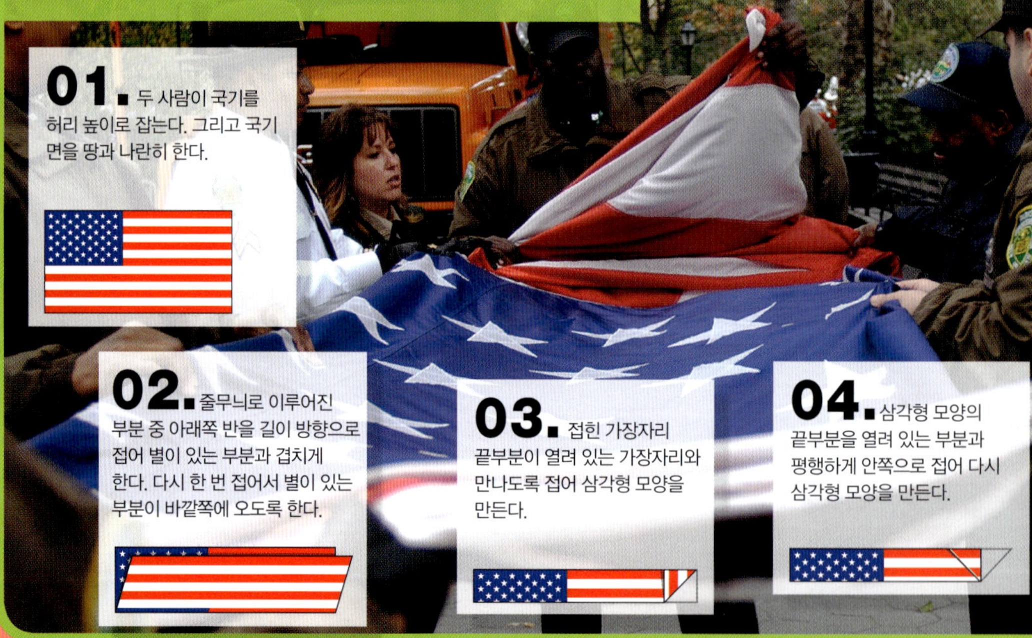

**01.** 두 사람이 국기를 허리 높이로 잡는다. 그리고 국기 면을 땅과 나란히 한다.

**02.** 줄무늬로 이루어진 부분 중 아래쪽 반을 길이 방향으로 접어 별이 있는 부분과 겹치게 한다. 다시 한 번 접어서 별이 있는 부분이 바깥쪽에 오도록 한다.

**03.** 접힌 가장자리 끝부분이 열려 있는 가장자리와 만나도록 접어 삼각형 모양으로 만든다.

**04.** 삼각형 모양의 끝부분을 열려 있는 부분과 평행하게 안쪽으로 접어 다시 삼각형 모양을 만든다.

**06.** 별이 있는 파란색 부분만으로 삼각형이 만들어질 때까지 접는다.

## 새가 등장하는 국기

**독수리**
알바니아, 이집트, 멕시코, 몰도바, 몬테네그로, 카자흐스탄, 세르비아, 잠비아

**케트살**
과테말라

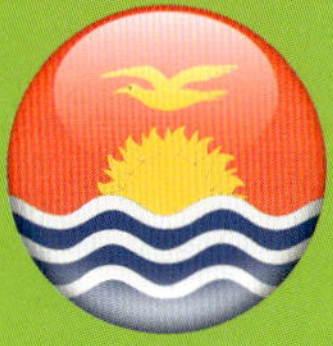

**군함조**
키리바시

**학**
우간다

**앵무새**
도미니카

# 정말 믿을 수 없어!

한 장소에서 많은 나라의 국기가 펄럭이고 있는 모습을 보고 싶다면? 뉴욕에 있는 UN 본부 앞에는 192개국의 국기가 항상 펄럭이고 있다.

## 태양과 별

앤티가 바부다

**앤티가 바부다, 키리바시, 말라위** 국기에는 모두 **떠오르는 태양**이 있다.

오스트레일리아 / 사모아 / 솔로몬 제도

남쪽 하늘에서 가장 밝게 빛나는 별자리인 남십자성이 등장하는 국기로는 **오스트레일리아, 미크로네시아, 뉴질랜드, 파푸아뉴기니, 사모아, 솔로몬 제도** 등이 있다.

투발루

태평양 중남부의 9개의 섬으로 된 나라인 **투발루** 국기에는 **9개의 별**이 있다. 각각의 별은 이 나라를 구성하는 섬을 의미한다.

## 최고 기록은?

지금까지 게양되었던 가장 큰 국기는 가로세로 길이가 154m×78m였다. 축구 경기장 전체를 덮고도 남을 만한 크기이다.

## 국기의 색깔

남아프리카 공화국

**남아프리카 공화국** 국기에는 **여섯 가지 색깔**이 등장한다. 다른 어느 나라의 국기보다 많은 색을 사용하고 있다.

방글라데시

**녹색**은 이슬람을 상징하는 색인데 **방글라데시, 리비아, 모리타니, 파키스탄, 사우디아라비아, 투르크메니스탄** 등의 국가에서 두드러지게 나타난다.

콩고

아프리카의 많은 나라들이 자신들의 국기에 **녹색, 노란색, 빨간색**을 사용하는데 이는 독립과 화합을 상징하는 것이다.

프랑스

8개의 유럽 국가들이 **파란색, 흰색, 빨간색** 띠를 이용한 국기를 사용한다. 프랑스는 유일하게 띠가 수직 방향으로 그려져 있다.

터키

전체 국기의 약 **75%**에 붉은색이 등장한다.

리비아

**리비아**는 유일하게 국기에 **한 가지 색**만 사용하였다. 다른 색이 전혀 섞이지 않은 녹색의 직사각형 모양이다.

**05.** 국기의 길이 방향을 따라 계속해서 삼각형 모양으로 접는다.

국기에 대한 학문을 **기학(vexillology)**이라 부른다. 국기 애호가들은 기학자(vexillologist)로 알려져 있다. 골치 아픈 취미라고 할 수 있다.

## 국기 별명

**아우리베르데**
(금과 녹색) 브라질

**아이일디즈**
(달과 별) 터키

**다네브로그**
(덴마크 옷감) 덴마크

**에스트렐라 솔리타리아**
(외로운 별) 칠레, 쿠바

**히노마루**
(태양 원) 일본

**잘루르 그밀랑**
(영광의 띠) 말레이시아

**올드 글로리; 성조기**
미국

**트리콜로**
(세 가지 색깔) 프랑스

**유니온 잭**
영국

## 국기에 관한 규칙

- 핀란드에서는 국기를 세탁한 후 반드시 실내에서 말려야 한다.
- **칠레의 국기는 반드시 흰색 국기 봉에 달아야 한다.**
- 아이슬란드 국기는 아침 7시가 지난 다음 게양해야 한다.
- **남아프리카 공화국 국기를 식탁보로 사용하면 절대 안 된다.**

# 정말 믿을 수 없어!

브라질 국기 중앙의 파란색 지구 모양에 있는 27개의 별은 브라질이 독립 공화국이 된 1889년 11월 5일 리우데자네이루의 밤하늘에 떠 있던 별 모양을 그대로 묘사한 것이다.

**극락조**
파푸아뉴기니

**석조상**
짐바브웨

## 얼굴에 국기를 그리는 이유는?

고대부터 사람들은 종족에 대한 충성심을 보이기 위해 얼굴에 색칠을 했다. 오늘날 국제 스포츠 경기에서도 많은 사람들이 자신의 얼굴에다 자기 나라의 국기를 그려 넣는다.

# 좀 더 알아보기: **세계 각국의 국기**

모나코
안도라
포르투갈
스페인
이탈리아
산마리노
바티칸 시국
오스트리아
리히텐슈타인
슬로베니아
스위스
체코
헝가리
폴란드
슬로바키아
알바니아
보스니아 헤르체고비나
크로아티아
코소보(분쟁 지역)
마케도니아
몬테네그로
세르비아
불가리아
그리스
몰도바
루마니아
우크라이나
벨라루스
에스토니아
라트비아
리투아니아
키프로스
몰타
러시아
아르메니아
그루지야
그루지야
터키
이라크
이스라엘
요르단
레바논
시리아
바레인
쿠웨이트
오만
카타르
사우디아라비아
아랍에미리트
예멘
이란
카자흐스탄
키르기스스탄
타지키스탄
투르크메니스탄
우즈베키스탄
아프가니스탄
파키스탄
방글라데시
부탄
인도
네팔
스리랑카
중국
몽골
북한
대한민국
일본
미얀마(버마)
캄보디아
라오스
필리핀
태국
베트남
브루나이
인도네시아
동티모르
말레이시아
싱가포르
코모로
마다가스카르
몰디브
모리셔스
세이셸
오스트레일리아
뉴질랜드
파푸아뉴기니
피지
솔로몬 제도
바누아투
마셜 제도
미크로네시아
나우루
팔라우
키리바시
투발루
통가
사모아
일러두기
북아메리카
남아메리카
아프리카
유럽
아시아
오세아니아

# 9억 명의 사람들이 매년 하는 일은 무엇일까?

여행을 떠난다. 여행은 세계에서 가장 큰 산업 중 하나로 최소 2억 개 이상의 일자리를 창출하며 각국 경제의 매우 중요한 부분을 차지하고 있다. 한편 기후 변화의 주요 요인이 되는 이산화탄소가 여행을 통해 방출되는 것은 여행 산업의 부정적 측면이다. 여행객의 수가 계속 증가하면서 세계에서 가장 취약한 생태계와 고대 유적지 여러 곳이 위협받고 있다.

## 엄청난 비용을 들여서라도 꼭 한 번 해볼 만한 여행

**미화 100만 달러**를 지불하면 '일생에 한 번' **일주일간** 아부다비에 있는 에미리트 팰리스 호텔에 머물며 다음과 같은 것을 즐길 수 있다.

- 넓이가 689$m^2$나 되는 스위트룸에 머물 수 있다.
- 심해 낚시 여행을 즐길 수 있다.
- 일출과 무인도 여행을 즐길 수 있다.
- 고급 샴페인, 희귀한 진주, 세계에서 가장 훌륭한 엽총을 포함한 다양한 선물을 받을 수 있다.
- 모든 국제공항을 오갈 때 일등석에 탑승할 수 있다.
- 기사가 딸린 승용차를 언제든지 사용할 수 있다.

## 짜릿한 순간을 즐겨 봐!

데니스 티토, 마크 셔틀워스, 그레고리 올슨, 아누셰흐안사리 그리고 찰스 시모니 등이 갖고 있는 공통점은 무엇일까? 이들은 최초의 **우주 여행자**이다. 그들은 소유즈 우주선을 타고 국제 우주 정거장을 왕복했다. 비용이 많이 들지 않느냐고? 약 2500만 달러 정도가 소요된다.

## 여행객이 가장 많이 오는 나라 열 곳

**01:** 프랑스 8190만 명
**02:** 스페인 5920만 명
**03:** 미국 5600만 명
**04:** 중국 5470만 명
**05:** 이탈리아 4370만 명
**06:** 영국 3070만 명
**07:** 독일 2440만 명
**08:** 우크라이나 2310만 명
**09:** 터키 2220만 명
**10:** 멕시코 2140만 명

프랑스 파리 에펠 탑

## 세계 최고의 다이빙 명소 여섯 군데

- 오스트레일리아 퀸즐랜드 해변의 **용갈라** 난파선 다이빙
- **팔라우 블루코너** 상어와 창 꼬치
- **이집트 샤름 알-셰이크** 홍해에서 산호초 다이빙을 하기에 가장 좋은 곳
- **보르네오 시파단** 거북이 창 꼬치, 상어를 포함하여 비할 데 없이 멋진 해양 생물들
- **남아프리카 공화국 프로테아뱅크** 드라마틱한 암초 장벽과 산호 정원
- **벨리즈 그레이트 블루 홀** 크리스털처럼 깨끗한 해저 웅덩이 속으로 신나게 다이빙할 수 있다.

## 정말 믿을 수 없어!

중국의 화산에서 트레킹하는 사람들은 방호 울타리도 없는 2,090m 높이의 절벽 위에서 녹슨 쇠사슬에 매달린 채 30cm 너비의 나무 널빤지를 따라 기어간다. 이 하이킹은 24시간 동안 계속되는데 1년에 100명의 희생자가 발생함에도 불구하고 수천 명의 사람들이 모여든다. 그야말로 모험을 즐기는 스포츠다.

## 모험을 즐기는 휴가

트레킹

등산

암벽 자일 하강

## 주요 일지

**100년대**
로마인들이 그리스와 이집트의 유적지를 여행했다.

**1200년대**
중세의 순례자들이 최초로 무리 지어 여행했다.

**1700년대**
유럽 귀족 자제들이 학식이 뛰어난 가정교사와 함께 유럽 대륙 곳곳을 돌며 현장에서 직접 보고 배울 수 있도록 한 유럽 그랜드 투어를 만들었다.

**1811년**
'여행객(toruist)'라는 단어가 처음으로 쓰였다.

**1830년대**
칼 베데커가 처음으로 독일에서 여행자를 위한 안내 책자를 출판하였다.

**1841년**
토머스 쿡이 영국에서 노동자를 위한 기차 여행을 기획하면서 최초의 여행사가 탄생하였다.

**1860년대**
기차가 운행되면서 프렌치 리비에라(프랑스 칸에서 니스, 모나코까지의 해변)에 관광객의 수가 증가하였다.

**1900년**
운전자를 위한 미슐랭 안내 책자가 처음으로 출판되었다.

**1902년**
겨울 스포츠 휴가가 처음 시작되었다.

**1950년대**
값싼 항공기를 이용한 단체 여행이 시작되었다.

## 숫자로 알아보기

**2500만 명**
1950년 해외 여행객의 수

**9억 300만 명**
2007년 해외 여행객의 수

**16억 명**
2020년 예상되는 해외 여행객의 수

**1조 달러**
2007년 전 세계에서 여행을 통해 벌어들인 수입을 미국 달러로 환산한 것

**54%**
2007년 해외 여행자 중 유럽을 방문한 사람들의 비율. 유럽이 휴양지로 가장 인기 있는 곳임을 알 수 있다.

**829억 달러**
2007년 독일 여행객들이 사용한 돈을 미국 달러로 환산한 금액. 세계에서 돈을 가장 많이 쓰는 여행객이다.

## 환경 보호

환경 훼손을 최소화할 수 있도록 이뤄지는 관광으로 비용의 일부가 환경 보호에 쓰이는 **생태 여행**은 가장 빠르게 성장하는 여행 분야 중 하나이다. **세계에서 가장 외딴 몇몇 지역의 야생 체험**이 포함되어 있으며 **전통 문화와 야생 생물**을 조심스럽게 보호하는 데 중점을 둔다. 가장 인기 있는 여행지로 다음과 같은 곳이 잇다.

- 알래스카
- 갈라파고스 제도
- 탄자니아 세렝게티
- 인도네시아 코모도 섬
- 마다가스카르 열대 우림 지역
- 태즈메이니아 야생지

## 생태 여행을 실천하는 열 가지 방법

**01** 지구가 파괴되고 있는 사실을 주의 깊게 받아들이고 후손들이 즐길 수 있는 아름답고 독특한 곳들을 잘 보존해야 한다.

**02** 발자국만 남긴다. 낙서나 쓰레기는 금물이다.

**03** 방문할 곳의 문화와 풍습에 대해 익혀 둔다.

**04** 현지 사람들을 사진에 담고 싶으면 반드시 양해를 구한다.

**05** 멸종 위기에 처한 동식물을 이용해 만든 상품을 구입하지 않는다.

**06** 항상 표시된 길을 따라 이동한다. 동물과 식물, 그들의 서식지를 훼손하면 안 된다.

**07** 보존 프로그램과 관련된 기구를 돕는다.

**08** 가능하면 걷거나 자전거를 이용한다.

**09** 호텔이나 여행사를 선택할 때에는 물과 에너지를 잘 보존하는지, 쓰레기를 안전하게 관리하고 재활용을 잘하는지 살펴본다.

**10** 주변의 다른 사람이 환경 친화적으로 사고하도록 독려한다.

어떤 사람들은 여가 시간에 모험을 즐기고 싶어 한다. 휴가 중 스릴을 만끽하고 싶은 사람들에게 가장 인기 있는 스포츠 몇 가지를 여기 소개한다.

산악 자전거

래프팅

번지 점프

계곡 활강

암벽 등반

서핑

스노보드

# 사회와 문화

NYMEX

## 좀 더 알아보기: **세계의 주요 종교**

### ☸ 불교
신도: 3억 6000만 명
**발생지:** 인도
2,500년 전
부처의 가르침에 영감을 받았다.

### ✝ 기독교
신도: 20억 명
**발생지:** 팔레스타인
2,000년 전
기독교인들은 예수 그리스도가 하느님의 아들이라고 믿는다.

### ॐ 힌두교
신도: 8억 3000만 명
**발생지:** 인도
3,000년 전
다양한 신과 믿음을 포괄한다.

### ☪ 이슬람교
신도: 12억 5000만 명
**발생지:** 아라비아
1,400년 전
이슬람교도들은 선지자 무하마드에 계시를 내린 유일신 알라의 가르침에 따른다.

### ✡ 유대교
신도: 1450만 명
**발생지:** 이스라엘
3,000년 전
아브라함과 모세에게 나타나 율법을 전한 유일신을 믿는다.

### ☬ 시크교
2430만 명
**발생지:** 인도
500년 전
시크교도들은 유일신 사트구루(진정한 스승)와 열 명의 구루의 가르침을 믿고 따른다.

이슬람의 성지 메카에 모여든 순례자들

# 종교란 무엇일까?

전통적으로 **이슬람교도**들은 **기도 시간을 알리기 위해** 사원의 탑에서 소리를 질렀다. 하지만 오늘날은 많은 지도자들이 **휴대 전화 문자 메시지**를 이용해 신자들을 불러 모은다.

여러 사람들이 공통적으로 믿는 삶과 죽음에 대한 일련의 믿음을 종교라고 한다. 일신교는 오직 하나의 신만을 인정하고 신앙하며 다신교는 여러 신을 숭배한다.

## 세계의 종교 비율

막대그래프는 세계 주요 종교의 신도 비율을 나타낸다. 그 밖의 12%는 다른 종교를 믿고 또 나머지 12%는 종교가 없다.

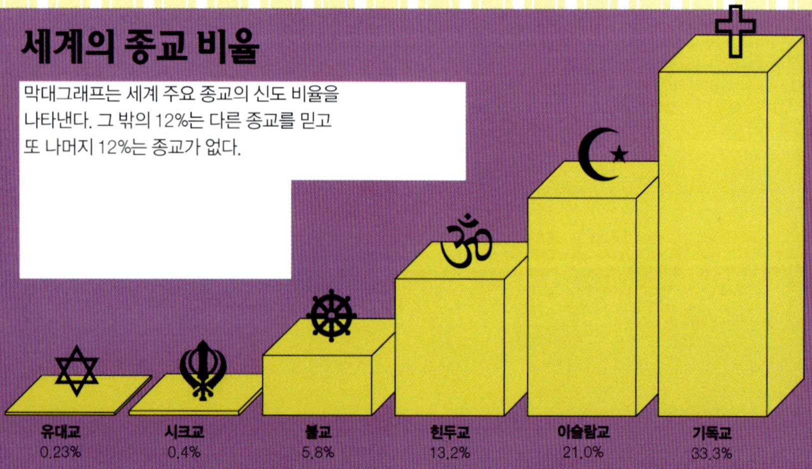


## 다섯 개의 K

시크교도들은 독실한 신도의 징표로 다섯 가지 K를 지닌다.

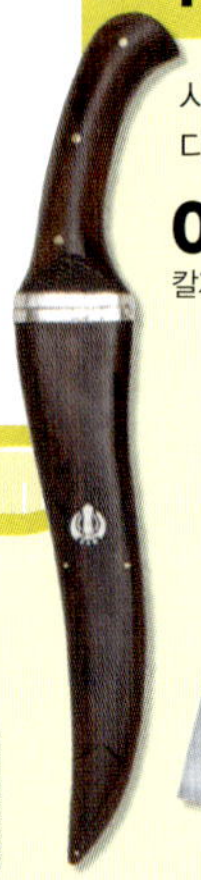

**01. 키르판(Kirpan)**
칼자루가 있는 의식용 단검

**02. 카라(Kara)** 철로 만든 둥근 팔찌

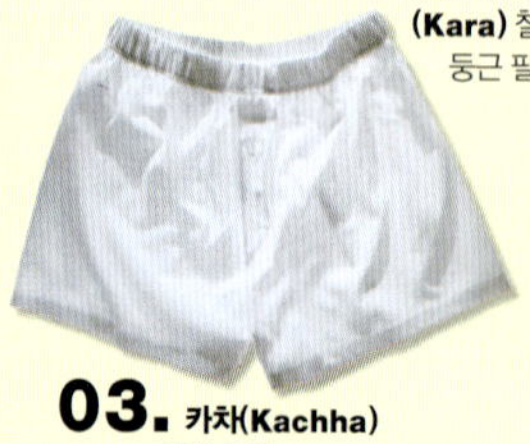

**03. 카차(Kachha)**
흰색 속옷

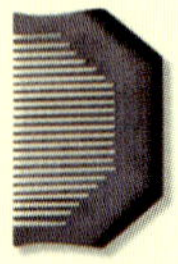

**04. 캉가(Kangha)**
나무로 만든 작은 빗

**05. 케시(Kesh)**
편자브어로 '자르지 않은 머리'라는 뜻. 긴 머리를 깔끔하게 관리하기 위해 터번을 착용하기도 한다.

# 힌두교의 신과 동물들

힌두교에서는 신과 여신들이 '바하나'로 알려진 특별한 동물을 타고 다닌다고 믿는다. 여기에 몇몇 신들과 그들이 타고 다니는 동물들을 소개한다.

**브라마**
창조의 힌두신이며 백조를 타고 다닌다.

**비슈누**
수호신이며 반 인간, 반 독수리 모양을 한 가루다(인도의 신화에 나오는 상상의 큰 새)를 타고 다닌다.

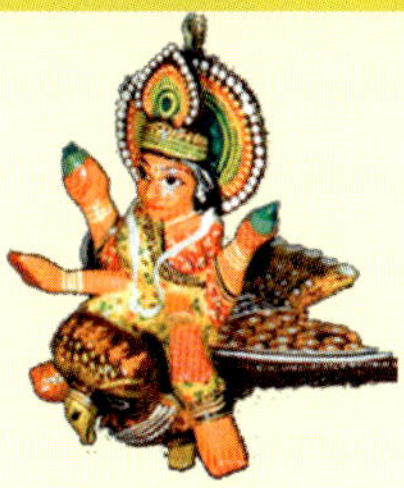

**라크슈미**
부와 미를 상징하는 여신이다. 부엉이를 타고 다닌다.

**시바**
창조와 파괴의 신, 황소 난디를 타고 다닌다.

**가네슈**
번영을 상징하는 신으로 쥐를 타고 다닌다.

**인드라**
폭풍과 전쟁의 신으로 흰색 코끼리 아이라베타를 타고 다닌다.

**바루나**
하늘과 바다의 신으로 바다 괴물 무쿠라를 타고 다닌다.

## 신을 경배하는 장소

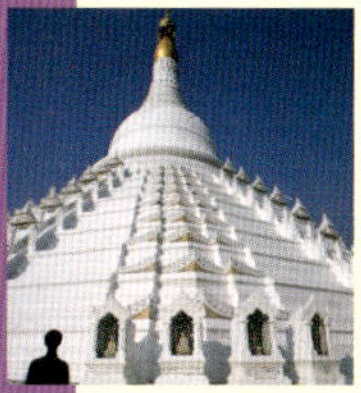

**불교 사원**
부처가 입었던 옷과 같은 유품들이 종종 불교 사원에서 발견된다.

**교회**
기독교인들은 신을 경배하기 위해 교회에 모인다. 어떤 교회는 둥근 돔이 있고 어떤 교회는 꼭대기에 뾰족한 첨탑이 있기도 하다.

**힌두 사원**
힌두교도들은 사원과 집 양쪽에서 신의 그림을 놓고 경배를 드린다.

**유대교 회당**
유대인들이 예배를 드리는 회당인 시너고그는 기도 외에 공부도 할 수 있는 장소이다.

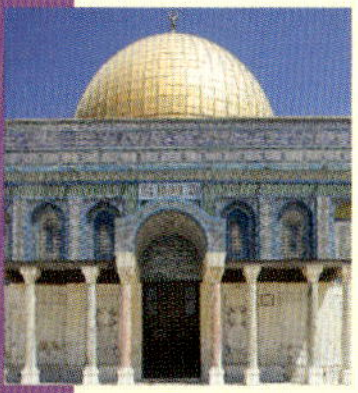

**이슬람 사원**
이슬람교도들은 사우디아라비아의 메카를 향해 있는 사원에서 기도한다. 메카는 마호메트가 태어난 곳이다.

**시크교 사원**
시크교 사원은 구르드와라라고 불리는데 이는 '구루로 가는 문'을 뜻한다. 구루는 종교 지도자를 의미한다.

**신도**는 고대 일본 종교이다. 신도들은 폭포, 바위, 섬과 같은 자연신을 비롯해 여러 신(카미)을 숭배한다.

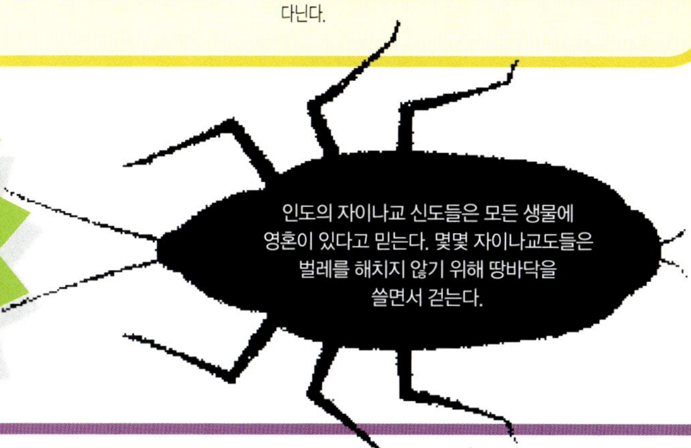

인도의 자이나교 신도들은 모든 생물에 영혼이 있다고 믿는다. 몇몇 자이나교도들은 벌레를 해치지 않기 위해 땅바닥을 쓸면서 걷는다.


## 숫자로 알아보기

성스러운 장소나 신전에서 경배하기 위해 떠나는 여행을 순례라고 한다. 신도들은 순례를 통해 특별한 복을 받는다고 믿고 있다.

**3번**
불교 순례자들이 무릎을 꿇고 머리를 낮추어 땅에 절을 하기 전에 걷는 발걸음 수(삼보일배)

**4만 4,000개**
하지(성스러운 도시 메카를 향한 성지 순례)에 참가하는 이슬람교도들을 수용하기 위해 사우디아라비아 정부가 설치하는 천막의 개수. 모든 이슬람교도들은 일생에 한 번은 성지 순례를 해야 한다고 생각한다.

**50만 마리**
일주일간 지속되는 하지 축제 기간 동안 메카의 가장 큰 도살장에서 순례자들에 의해 희생되는 양과 가축의 수

**6000만 명**
인도의 알라하바드에서 개최되는 세계에서 가장 성대한 부흥회에 참가하는 힌두교도의 수. 12일간 지속되는 쿰브멜라 축제에서 숭배자들은 갠지스 강의 신성한 물에서 목욕을 한다.

### 경전

- 기독교: **성경**
- 힌두교: **베다**
- 유대교: **율법, 탈무드**
- 이슬람교: **코란, 하디스**
- 불교: **법(다르마)**
- 시크교: **시크교 경전(아디 그란트)**

### 수호성인

성인이란 성스러운 삶을 사는 사람으로 기독교인들에게는 경배의 대상이다.

| 성인 | 돌보는 대상 |
|---|---|
| 사도 안드레아 | 어부 |
| 성 크리스토퍼 | 여행자 |
| 성 아폴로니아 | 치과의사 |
| 성 후베르투스 | 미친 개 |
| 성 마르티노 | 미용사 |
| 성녀 클라라 | 텔레비전 |
| 성 드로고 | 정말 못생긴 사람들 |

### 성스러운 도시

이스라엘의 예루살렘은 3대 주요 종교가 모두 성지로 여기는 곳이다.

✝ **기독교인**에게 이곳은 하느님의 아들인 예수가 죽고 부활한 곳이다.

✡ **유대교도**는 예루살렘에 있는 통곡의 벽에서 기도한다. 예루살렘에 있는 고대 유대인들의 제2성전 중 유일하게 남아 있는 곳이다.

☪ **이슬람교도**는 예루살렘 구시가지에 있는 바위 사원에서 선지자 마호메트가 승천했다고 믿고 있다.

가장 빠르게 전파되는 종교 중 하나가 19세기 이란에서 창시된 **바하이교**이다. 모든 종교의 화합을 추구하며 전 세계에 750만 명의 신도가 있다.

# 축제는 왜 열릴까?

사람들은 즐기기 위해 스스로 축제에 모여든다. 대부분의 축제들은 농경 사회에 기원을 두고 있으며 계절을 구분하는 의미를 지니고 있다. 다른 한편으로 축제는 종교적 의미가 있는 날을 기념하기 위해 열리기도 한다. 축제는 때로는 엄숙하기도 하고 때로는 재미있기도 하다. 특별한 음식을 만들어 먹거나 선물을 주고받기도 한다.

## 좀 더 알아보기: **사육제**

■ **사육제는 다수의 가톨릭 국가에서 사순절(전통적인 금식 기간) 직전 며칠간 길거리에서 열리는 축제이다. 사람들이 가면을 쓰고 전통 의상을 입고 춤을 추며 길거리를 행진한다.**

■ 브라질 헤시피의 '새벽닭 퍼레이드'는 세계에서 가장 큰 사육제 퍼레이드이다.

■ **스틸 밴드(큰 통을 잘라 드럼 모양으로 만든 타악기를 연주하는 밴드)는 트리니다드 사육제 축하 공연에서 가장 중요한 부분이다.**

■ 사육제를 뜻하는 카니발(carnival)은 '고기를 치우라'는 의미의 이탈리아어 카르네 레바레(carne levare)에서 유래했다.

■ **이탈리아 도시 베네치아에서는 사육제 때 정교하게 만든 가면을 쓰고 술을 마시고 흥청망청 노는 전통이 있다.**

## 최고 기록은?

**세계에서 가장 큰 축제**는 춘절이다. 이는 음력설에 중국과 일부 아시아 지역에 거주하고 있는 중국인 공동체에 의해 큰 규모로 치러지는 축제이다. 사람들이 가족과 지내기 위해 먼 거리를 이동하며 7일간 지속된다. 용과 사자 춤을 추고 푸짐한 음식이 나오며 폭죽놀이도 구경할 수 있다.

## 정말 믿을 수 없어!

스웨덴에서는 8월에 가재 어획을 축하하기 위해 파티를 벌이는데 파티에서 우스꽝스러운 모자를 쓰고 가재에 대한 노래를 부른다.

## 중국의 설날 춘절 풍습

**01** 새해가 되기 전에 묵은 빚은 모두 갚는다.

**02** **집 안을 깔끔히 청소해야 한다. 먼지는 잡귀이고 가족의 행운을 앗아 간다.**

**03** 한밤중에 문과 창문을 모두 열어 두어 묵은해를 보내고 새해를 맞이한다.

**04** **춘절에 울면 1년 내내 울 일이 생긴다.**

**05** 춘절에 머리를 감으면 행운이 달아난다.

**06** **붉은색은 행운의 색이다. 세뱃돈을 붉은 봉투에 넣어 준다.**

## 이드

**01:** 이드알피트르는 이슬람 금식 기간인 라마단이 끝났음을 알리는 축제이다.

**02:** **3일간 지속되는 축하 행사로 기도를 하고 선물을 교환한다.**

**03:** 이드 알아드하는 하지(메카 순례)가 끝났음을 알리는 커다란 이드 축제이다

**04:** **양, 염소, 낙타 등을 도살해 얻은 고기를 가족과 함께 먹고 가난한 사람들에게도 나눠 준다.**

**살짝 엿보기**

# 축제의 전통 놀이와 음식

**홀리(힌두교도)**
밝은색의 가루와 물을 서로에게 뿌린다.

**절분(일본인)**
어두운 구석으로 콩 한 주먹을 던지며 소리친다. "복은 들어오고 마귀는 나가라."

**부림절(유대인)**
서로 다른 모양의 멋진 옷을 입고 상큼하고 달콤한 양귀비 씨앗이 가득한 케이크를 먹는다.

**부활절(기독교인)**
숨겨 놓은 초콜릿 달걀과 토끼를 찾아다닌다.

**추석(동아시아)**
횃불을 들고 보름달 아래에서 월병을 먹는다.

**등명제(힌두교, 시크교, 자이나교)**
집을 깨끗이 치우고 작은 등불을 밝힌다.

일본 기상청은 매년 **벚꽃이 피는 시기**를 예보한다. 사람들은 꽃이 가장 아름답게 피었을 때 꽃구경을 하며 나무 아래에서 특별한 축제를 벌인다. 이를 '하나미'라고 한다.

이 그림의 색깔들은 해당 휴일에 뉴욕의 엠파이어 스테이트 빌딩을 밝히는 불빛의 색을 나타낸 것이다.

*11월이나 12월에 8일간 진행되는 유대교의 축제

## 최고 기록은?

**세계에서 가장 성대한 음식 축제**는 독일의 뮌헨에서 매년 10월에 열리는 옥토버페스트이다. 600만 명 이상의 사람들이 맥주와 음식을 즐긴다.

## 숫자로 알아보기

미국의 추수 감사절은 11월 넷째 목요일이다. 칠면조 연회는 축하 만찬의 꽃이라 할 수 있다.

**4500만 마리**
추수 감사절에 미국 전역에서 소비되는 칠면조의 수

**2억 9500만 kg**
소스를 만드는 데 들어가는 크랜베리의 양

**7억 kg**
추수 감사절에 소비되는 고구마의 양

**4억 5300만 kg**
소비되는 호박의 양

## 의미가 담긴 음식

유월절 동안 유대인들은 상징적인 제례식을 축제 음식으로 먹는다. 이 음식은 유대인들이 이집트로 추방되어 노예로 사는 동안 겪었던 고통과 이스라엘을 향한 대탈출을 기리기 위한 것이다.

삶은 달걀: 성서 시대 사원의 제물을 유대인들에게 상기시키기 위한 것이다.
겨자무: 노예들의 고통을 상징한다.
양 사골: 첫 번째 유월절에 희생된 양을 기리기 위한 것이다.
사과와 견과의 혼합물: 건물에 접착용으로 사용하는 모르타르를 나타낸다.
녹색 야채: 새로운 삶을 상징한다.
소금물에 살짝 담근 파슬리: 노예들의 눈물을 기억하기 위한 것이다.


## 산타에 관한 전설

성 니콜라스, 파더 크리스마스, 또는 크리스 크링글로도 알려져 있는 산타클로스가 크리스마스 선물을 가져다준다.

사람들은 산타클로스가 뚱뚱하고 머리가 희며 흰색 소맷부리와 깃이 달린 빨간 옷을 입고 다니는 신사라고 생각한다. 19세기 미국 만화에서 처음으로 이런 모습이 그려졌다.

몇몇 나라에서는 전통적으로 산타가 북극에 살고 있는 것으로 생각한다. 유럽 최북부 지역인 라플란드에 살고 있다고 믿는 사람들도 있다.

네덜란드 어린이들은 신터클라스가 12월 6일 성 니콜라스 축제일 바로 전에 온다고 믿으며 사탕이나 작은 선물을 받으려고 양말을 걸어 놓는다. 착한 어린이는 좋은 선물을 받지만 그렇지 않은 경우 작은 소금 주머니를 받는다고 생각한다.

# 돈이란 무엇일까?

우리는 물건이나 서비스를 돈과 교환한다. 과거에는 사람들이 동일한 가치가 있다고 생각하는 물건들을 서로 교환하였다. 하지만 닭 한 마리, 옥수수 두 자루와 DVD를 직접 바꾼다고 생각해 보자. 몹시 불편할 것이다. 이것이 바로 우리가 돈을 사용하는 이유이다. 현금(지폐와 동전)으로 지불하기도 하고 체크 카드나 신용 카드를 이용해 지불할 수도 있다.

## 숫자로 알아보기

**5자루**
고대 이집트에서 돼지 1마리와 교환하는 데 필요했던 곡식의 자루 수

**12개**
오스트레일리아 50센트짜리 동전 둘레 변의 수(12각형으로 다른 어떤 동전보다도 변이 많다)

**10억**
2001년 미국에서 911테러가 일어나기 전달에 바그다드의 이라크 중앙은행에서 도난당한 현금을 미국 달러로 환산한 것. 후에 6억 5000만 달러가 사담 후세인 궁의 벽 속에 숨겨져 있다가 발견되었다.

**120억 개**
해마다 미국 조폐국에서 만드는 동전의 개수

**560억**
마이크로소프트 설립자 빌 게이츠 (세계에서 가장 부자인 사람)의 재산을 미국 달러로 환산한 금액

유로화는 20개국의 3억 2000만 명이 사용하고 있다.

## 세계 각 나라의 화폐

**통화는 특정 국가에서 사용되는 화폐이다. 여기에 몇 가지 예가 있다.**

| | | | |
|---|---|---|---|
| £ | **영국** | 파운드 | 100펜스 |
| $ | **미국** | 달러 | 100센트 |
| L | **알바니아** | 렉 | 100킨다르카 |
| Tk | **방글라데시** | 타카 | 100파이사 |
| 元 | **중국** | 위안 | 100지아오 |
| D | **잠비아** | 달라시 | 100부투트 |
| Rs | **인도** | 루피 | 100파이사 |
| ₪ | **이스라엘** | 세겔 | 100아고롯 |
| RM | **말레이시아** | 링깃 | 100센 |
| ₮ | **몽골** | 투그릭 | 100몽고 |
| zł | **폴란드** | 즈워티 | 100그로시 |
| руб | **러시아** | 루블 | 100코페이카 |
| ﷼ | **사우디아라비아** | 리얄 | 100할랄라 |
| ฿ | **타이** | 밧 | 100사땅 |
| ЛВ | **불가리아** | 레프 | 100스토틴키 |

## 무슨 뜻일까?

월급의 영어 단어 '샐러리(salary)'는 소금을 의미하는 라틴어 살(sal)에서 유래했다. 로마 병사들은 소금을 구입할 돈이라는 뜻의 살라리움(salarium)을 지급받았다.

## 기묘한 이야기

영국에서는 개인 소유의 주택에 일정한 개수 이상의 창문이 있을 경우 창문세를 지불해야 했던 시절이 있었다. 세금을 피하기 위해 사람들은 창문에 벽돌을 쌓아 올렸다. 사람들이 창문을 '햇빛 강도'라고 부른 것도 무리는 아니었다.

## 편리한 카드

물건을 구입할 때 현금 대신 체크 카드를 사용할 수 있다. 간단히 기계에 대고 긁거나 번호를 입력하면 은행 계좌에서 곧바로 지불된다.

**최초의 신용 카드(신용으로 물건이나 서비스를 구입하는 데 사용되는 카드로, 결제일에 돈이 빠져 나간다)는 1949년 뉴욕에서 처음 등장하였다. '다이너스 클럽'이라 불렸으며 식당에서 사용할 수 있었다.**

미국에서 사용되고 있는 신용 카드는 6억 7000만 개 이상이다.

## 최고 기록은?

지금까지 발행된 **가장 큰 액수의 지폐**는 100,000,000,000,000,000,000 펭고이다. 1946년 헝가리 국립은행에서 발행되었는데 당시는 인플레이션이 매우 심해 물가가 15분마다 두 배씩 뛰던 시기였다.

## 최고 기록은?

**세계 최초의 현금 자동 지급기**는 1967년 6월 런던에 설치되었다.

### 재미있는 돈

화폐가 등장하기 전에는 다음과 같은 다양한 물건들이 화폐와 같은 역할을 하였다.

## 주식 거래하기

**01.** 살 주식을 선택한다. 회사들은 기업 확장에 필요한 자금을 마련하기 위해 주식을 발행한다.

**02.** 회사의 주식을 소유한다는 것은 그 회사의 일부를 소유하고 있다는 것을 의미한다. 축하할 일이다. 회사에 직접 나가 일해야 하는 것은 아니니 걱정할 필요 없다. 하지만 중요한 안건을 결정할 때에는 회의에 참석해야 한다.

**03.** 회사가 이익을 내면 수익금의 일부를 받을 수 있고 주식의 가치도 상승하게 된다.

**04.** 주식을 계속 갖고 있을지 아니면 팔아야 할지 결정한다. 주식 값이 오를 경우 이익을 얻기 위해 투자하고 싶어 하는 사람이 생기고 이들에게 주식을 팔 수 있다. 그러나 주식 값이 하락하면 결국 손해를 입게 된다.

### 주요 주식 거래소

| 국가 | 도시 | 지수(선별된 특정 주식의 가격 수준을 나타냄) |
|---|---|---|
| 일본 | 도쿄 | 니케이 평균 지수 |
| 미국 | 뉴욕 | 다우 존스 |
| 영국 | 런던 | FTSE 100 |
| 독일 | 프랑크푸르트 | DAX |

### 화폐에 새겨진 인물들

전 세계 여러 나라에서는 오랫동안 유명한 얼굴들이 지폐와 동전을 장식해 왔다. 아래 있는 것들 중 현재까지 사용되는 것은 많지 않다.

| 인물 | 발행 국가 | 단위 |
|---|---|---|
| 조지 워싱턴, 미국 대통령 | 미국 | 1달러 |
| **윌리엄 셰익스피어, 극작가** | **영국** | **20파운드** |
| 넬슨 만델라, 정치인 | 남아프리카 공화국 | 5란드 |
| **나폴레옹 보나파르트, 황제** | **프랑스** | **5프랑** |
| 알베르트 아이슈타인, 과학자 | 이스라엘 | 5리로트 |
| **마리 퀴리, 과학자** | **폴란드** | **20,000즈워티** |
| 갈릴레오 갈릴레이, 과학자 | 이탈리아 | 2,000리라 |
| **카렌 블릭센, 작가** | **덴마크** | **50크로네** |
| 마하트마 간디, 정치 지도자 | 인도 | 5, 10, 20, 50, 100루피 |

## 좀 더 알아보기: **경제는 어떻게 돌아갈까?**

기업
기업이 생산 원가보다 높은 가격에 재화와 서비스를 판매하면 **이익**을 남길 수 있다. 반대로 원가보다 낮은 가격에 판매하면 **손해**를 보게 된다.
기업은 **투자**를 하기 위해 은행에서 돈을 빌릴 수 있다. 이 **융자금**에 대해서는 **이자**(고정 비용)를 지불해야 한다.
동일한 물건을 생산하는 기업이 많을 경우 **경쟁**이 심화된다. 상품을 생산하는 기업이 하나만 있는 경우, 이를 **독점** 기업이라 한다.
노동
임금
재화와 서비스

**계획 경제와 시장 경제**

계획 경제에서는 어떤 재화와 서비스를 생산해야 하는지, 생산량은 얼마인지, 어떤 식으로 분배되어야 하는지 등 모든 것을 정부가 결정한다.
시장 경제에서는 각각의 생산자가 스스로 모든 것을 결정하며 이는 소비자의 수요와 시장의 힘에 의해 결정된다.

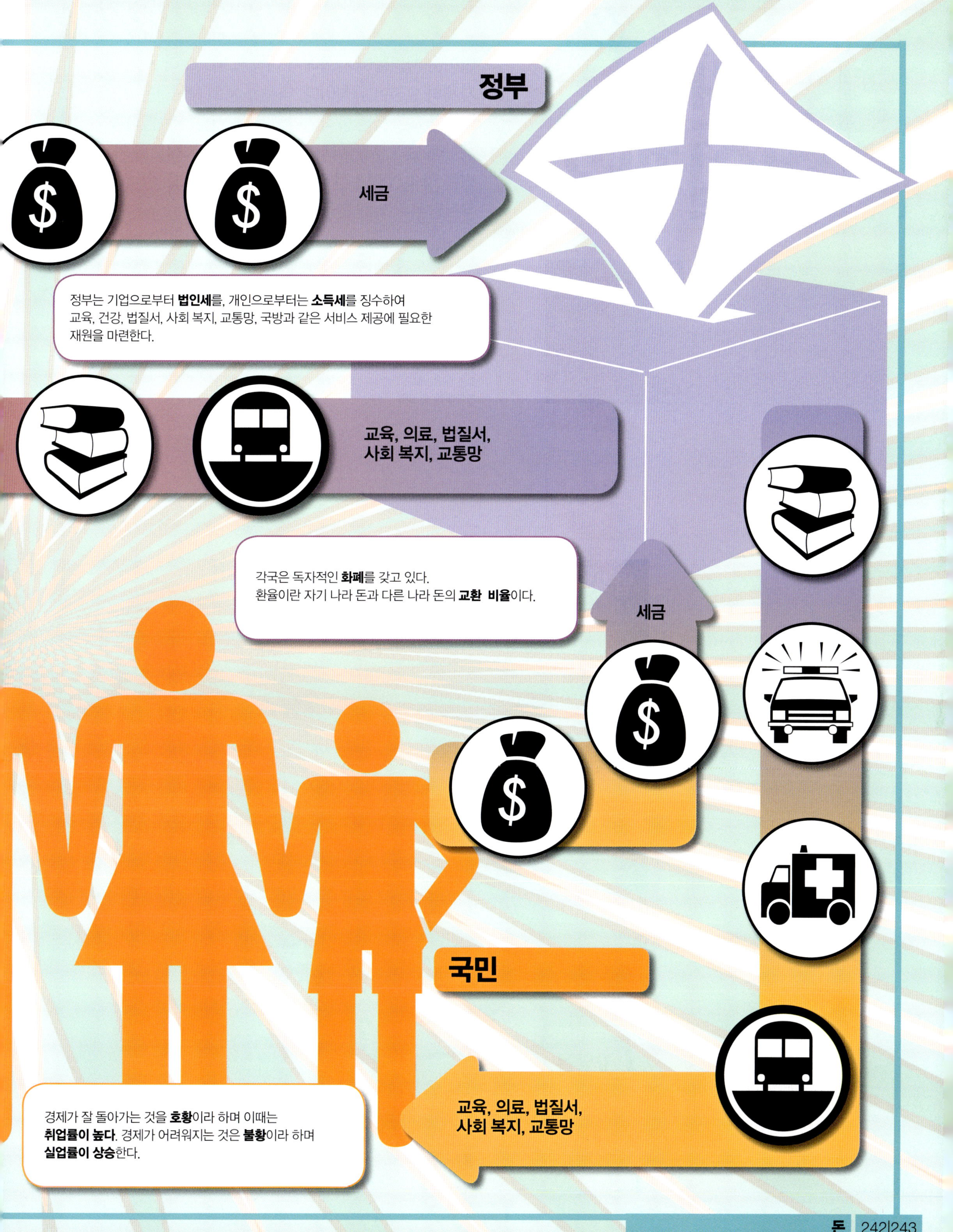


정부는 기업으로부터 **법인세**를, 개인으로부터는 **소득세**를 징수하여 교육, 건강, 법질서, 사회 복지, 교통망, 국방과 같은 서비스 제공에 필요한 재원을 마련한다.

각국은 독자적인 **화폐**를 갖고 있다. 환율이란 자기 나라 돈과 다른 나라 돈의 **교환 비율**이다.

경제가 잘 돌아가는 것을 **호황**이라 하며 이때는 **취업률이 높다**. 경제가 어려워지는 것은 **불황**이라 하며 **실업률이 상승**한다.

# 법이란 무엇일까?

법이란 사람들이 사회에서 어떻게 행동해야 하는지 자세히 설명한 규칙이다. 역사를 통해 사람들은 이웃과의 분쟁을 해결하는 방식이나 죄인을 처벌하는 방식을 생각해 냈다. 지금까지 알려진 것 중 시기적으로 가장 앞선 법은 약 4,000년 전 수메르(지금의 이라크) 왕 우르남무에 의해 만들어진 것이다.

## 정말 믿을 수 없어!

영국에서는 대부분의 판사와 변호사가 흰색 말 털로 만든 가발을 쓰는데 이 전통은 17세기부터 시작되었다. 가발을 만드는 데 많은 비용이 들어가기 때문에 판사들에게는 가발을 사기 위한 특별 수당이 지급된다.

## 공평무사한 정의

로마의 여신 유스티티아는 여전히 법과 질서의 상징이다. 전 세계 어디를 가나 법원 건물에 들어서면 눈을 가린 채 오른손에는 칼을, 왼손에는 저울을 들고 있는 유스티티아의 동상을 볼 수 있다.

**눈가리개:** 정의가 공정하다는 것을 상징한다.
**칼:** 응징을 상징한다.

## 소설 속 열 명의 탐정(이들은 우표에도 등장한 적이 있다)

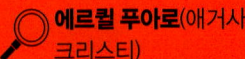

- **셜록 홈스**(코넌 도일) 사냥 모자를 쓰며 베이커 스트리트에 거주한다.
- **에르퀼 푸아로**(애거사 크리스티) 독특한 콧수염을 기른 벨기에 탐정
- **메그레 형사**(조르주 심농) 파이프 담배를 피우는 프랑스 탐정
- **찰리 챈**(얼 데르 비거) 중국계 미국인 탐정
- **브라운 신부**(체스터턴) 로마 가톨릭의 신부
- **샘 스페이드**(대실 해밋) 성 프란체스코의 경관
- **필립 말로**(레이먼드 챈들러) 시를 사랑하는, 냉철한 사설 탐정
- **딕 트레이시**(체스터 굴드) 머리 회전이 빠른 만화 속 영웅
- **미스 마플**(애거사 크리스티) 깐깐한 영국인 독신녀
- **클루소 경감**(블레이크 에드워드) 횡설수설하는 프랑스 경찰

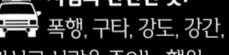

## 범죄의 유형

**사람과 관련한 것:** 폭행, 구타, 강도, 강간, 유괴, 살인, 과실로 사람을 죽이는 행위

**재산과 관련한 것:** 방화, 절도, 주거 침입, 사기, 공공 기물 파손

**국가과 관련한 것:** 탈세, 첩보 행위, 반역죄

**정의과 관련한 것:** 재판 방해, 뇌물, 위증, 공무원의 불법 행위

**국제법과 관련한 것:** 인종 차별, 집단 학살, 해적 행위, 전범, 노예제

## 기묘한 이야기

중세에 프랑스 마을에서는 돼지가 아기를 죽이는 사건이 발생하자 이 돼지를 교수형에 처했다. 마을 사람들은 이 어미 돼지가 낳은 새끼 여섯 마리 역시 범죄를 방조한 혐의를 적용하여 놀이터에 새끼 돼지를 풀어놓고 사람들로 하여금 비난하며 손가락질하게 했다.

## 긴급 수배자

? FBI(미국 연방 수사국)는 가장 긴급한 수배 상태에 있는 10명의 용의자 사진을 공공 건물에 붙이고 FBI 웹 사이트에 올린다.

? **1950년 이후 489명 이상의 수배자 명단이 작성되었다. 이 중에 8명은 여성이다.**

? 간혹 죄수가 지극히 위험하다고 여겨지는 경우 10명의 긴급 수배자 명단에 열한 번째 수배자를 추가한다. 원래 있던 10명도 잡힐 때까지 계속해서 긴급 수배 상태에 있게 된다.

## 황당한 사건

2008년, 오스트레일리아에서 진행되던 마약 재판이 일순간 중단되었다. 배심원들이 시간을 때우기 위해 스도쿠 게임을 하다 발각되었기 때문이다. 판사는 이들이 중요한 메모를 하는 것으로 생각하고 있었다.

## 유명한 범법자들

- **빌리 더 키드**는 19세기 개척 시대의 무법자였다.
- **보니와 클라이드**는 1930년대 초기 미국 전역을 휩쓴 강도이다.
- **제시 제임스**는 19세기 황량한 서부에서 활동하던 전설적인 노상 강도였다.
- **네드 켈리**는 19세기 오스트레일리아에서 숨어 살던 범법자로 갱 두목이었다.
- **로빈 후드**는 영국 민담에 등장하는 영웅으로 부자들을 약탈해 가난한 사람들을 도왔다.

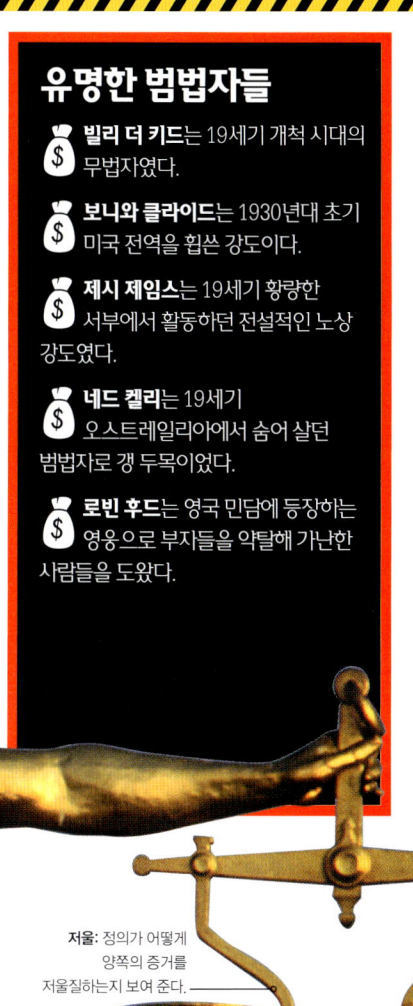

**저울:** 정의가 어떻게 양쪽의 증거를 저울질하는지 보여 준다.

## 국제 경찰

- **UN 경찰은 전 세계**에서 가장 위험하고 불안정한 지역에서 일한다.
- UN의 목적은 각 지역의 경찰을 재건하고 모든 시민들에 **공정하고 인간적인 법**을 확대 적용하여 평화와 질서를 회복하는 것이다.
- UN 경찰은 전 세계 **90개국 이상**에서 차출된다.
- 국제 형사 경찰 기구인 **인터폴**은 국제적인 범죄 단속을 벌이는 조직으로 1923년 설립되었으며 본부는 프랑스 리옹에 있다.
- 인터폴 가입국은 **186개국이며 회원국**의 경찰들은 국경과 상관없이 수배자들을 검거하도록 돕고 있다.

## 유명한 경찰들

**01: 캐나다 왕립 기마 경찰대**

캐나다 연방 경찰은 챙이 넓은 모자에 짧은 바지를 입고 말 위에서 질주하는 모습으로 유명하다. 진정한 모토는 '법을 준수하게 하라'이다. 하지만 비공식적으로 '반드시 잡고야 만다'는 모토도 갖고 있다.

**02: 뉴욕 시 경찰**

뉴욕 시 경찰은 미국에서 가장 큰 경찰 조직으로 3만 7000명 이상의 경찰이 있다. 별명은 '뉴욕의 경관들'이다. 텔레비전 드라마나 영화에 자주 등장한다.

**03: 뉴델리 경찰**

인도 뉴델리에 소속된 경찰은 거의 5만 8000명에 달한다. 뉴델리 경찰의 역사는 1237년으로 거슬러 올라간다. 처음에는 델리의 통치자를 위해 만들어졌다.

**04: 런던 메트로폴리탄 경찰**

런던 경시청은 런던 경찰국 본부이다. 1829년 로버트 필이 설립하였다.

## 신성한 법

이슬람 세계에서는 법을 샤리아라 부른다. 성전인 코란에서 유래한 말로 '길'을 의미한다. 종교 지도자들은 파트와라 불리는 법률적 결정을 공식적으로 내릴 수 있는 권한이 있다.

## 법과 관계된 역할과 위치

**입법자**

각 국가는 고유의 법이 있다. 이들의 기원은 때때로 오래전으로 거슬러 올라간다. 새로운 법을 만들거나 기존의 법을 개정하는 결정을 의회가 내리고 이를 투표에 붙인다.

**경찰**

경찰은 거리를 순찰하고 범죄를 수사함으로써 법이 준수되도록 한다.

**변호사**

변호사는 재판 과정에서 증거를 제시하고 증인들에게 질문을 던진다. 재판에서 피고를 보호하기 위해 고용되기도 하지만 원고를 위해 변론을 펴기도 한다.

**나무망치**

판사는 재판 과정을 주도하고 법에 근거해 판결을 내린다. 그들은 높은 책상에 앉아 때때로 나무망치를 땅땅 두드리기도 한다. 판사는 법을 해석하고 처벌의 정도를 결정한다.

**최종 판결**

많은 나라에서는 평범한 시민들로 구성된 배심원이 증언을 듣고 피고가 무죄인지 유죄인지를 결정한다.

## 가장 인기 있는 경찰견들

일반적으로 경찰견의 정년은 7세이다.

독일 셰퍼드 / 네덜란드 셰퍼드 / 벨기에 말리노이즈 / 라브라도 리트리버 / 스프링어 스패니얼 / 블러드하운드 / 비글

## 사라질 위기에 처한 언어들

2주마다 언어가 하나씩 사라진다. 심각한 위기에 처한 지역은 다음과 같다.

사라질 위기에 처한 언어 중 몇몇은 그 말을 할 줄 아는 사람이 단 한 명만 남아 있는 경우도 있다. 그 사람이 죽으면 언어도 함께 사라질 것이다.

# 세계에는 얼마나 많은 언어가 있을까?

약간의 오차를 감안하더라도 대략 6,912종류나 된다. 어떤 언어는 사용자가 두세 명뿐인 경우도 있다. 중국어와 영어는 가장 많은 사람들이 사용하는 언어이다. 2개 이상의 언어를 사용하는 사람도 많은데, 가족이나 친구와 있을 때 사용하는 언어와 학교나 직장에서 사용하는 언어가 다르다.

언어학자들은 남아프리카의 **흡착음 언어**를 최초의 인류 언어에서 파생된 것으로 본다. 흡착음 언어는 **입천장에 혀를 대고 빠르게 붙였다 뗐다 하며** 다양한 소리를 내는 언어이다.

## 좀 더 알아보기: 멋진 로맨스

- '로맨스어'라 하면 마치 사랑과 관련한 말로 들릴 수 있다. 하지만 이것은 로마 제국 시대 라틴어에 기원을 두고 있는 언어를 의미한다. 당시 라틴어는 서유럽 대부분의 국가에서 사용되고 있었다. 주요한 로맨스어로는 프랑스어, 포르투갈어, 이탈리아어, 루마니아어, 스페인어 등이 있다.
- 영어는 로맨스어가 아니다. 로마 제국 말엽에 영국을 정복한 앵글로 색슨족은 게르만어를 사용하고 있었고 이것이 나중에 영어가 되었다. 영어 외의 게르만어로는 덴마크어, 네덜란드어, 독일어, 스웨덴어 등이 있다.
- 영어에는 프랑스어에 어원을 둔 단어들이 있다. 이 단어들은 노르만 정복 이후 프랑스어를 사용하던 왕들이 영국을 지배하게 되면서 새로 생겨난 것들이다.

### 영어 단어의 어원

**게르만어에 어원을 둔 영어 단어**
(현재 독일어와 의미가 동일한 것들)

| | |
|---|---|
| apple(사과) | apfel |
| book(책) | buch |
| brother(형제) | bruder |
| cow(소) | kuh |
| daughter(딸) | tochter |
| house(집) | haus |

**프랑스어에 어원을 둔 영어 단어**
(현재 프랑스어와 의미가 동일한 것들)

| | |
|---|---|
| beef(쇠고기) | boeuf |
| castle(성) | chateau |
| law(법) | loi |
| parliament(국회) | parlement |
| soup(수프) | soupe |
| tailor(재단사) | tailleur |

변형된 언어이다.

## 사용 인구가 가장 많은 열 가지 언어

**01: 중국어(만다린어)**
사용 인구가 약 11억 명이며 대부분 중국, 말레이시아, 대만, 싱가포르 등에 퍼져 있다.

**02: 영어**
사용 인구는 5억 1000만 명 정도이며 대부분 미국, 영국, 오스트레일리아, 캐나다, 뉴질랜드 등에 퍼져 있다.

**03: 힌디어**
4억 9000만 명이 사용하며 대부분 인도 사람이다.

**04: 스페인어**
4억 2500만 명이 사용하며 주로 남아메리카와 중앙아메리카, 미국, 스페인에서 사용된다.

**05: 아랍어**
2억 5500만 명이 사용하고 주로 중동, 아라비아, 북아프리카 지역에서 사용된다.

**06: 러시아어**
2억 5400만 명이 사용하고 주로 러시아와 중앙아시아에서 사용된다.

**07: 포르투갈어**
2억 1800만 명이 사용하고 주로 브라질, 포르투갈, 남아프리카에서 사용된다.

**08: 벵골어**
2억 1500만 명이 사용하고 주로 방글라데시와 인도 북쪽 지역에서 사용된다.

**09: 말레이 · 인도네시아어**
1억 7500만 명이 사용하며 주로 인도네시아, 말레이시아, 싱가포르에서 사용된다.

**10: 프랑스어**
1억 3000만 명이 사용하며 주로 프랑스, 캐나다, 서부아프리카, 중앙아프리카 등지에서 사용된다.

## 최고 기록은?

☺ 태평양의 파푸아뉴기니 제도에는 다른 어떤 곳보다 **많은 언어**가 사용된다. 인구는 390만 명인데 832가지의 언어가 사용된다.

☺ 남아프리카 공화국의 공용어는 모두 11개로 **가장 많은 종류의 공용어**가 있다. 공용어는 국가 내에서 법적 지위를 가지며 정부 행정 업무나 법정에서 이 언어를 사용해야 한다는 것을 의미한다. 공용어가 대여섯 개에 이르는 나라도 여럿 있다.

☺ 캄보디아의 공식어인 크메르어에 **사용되는 글자 수**는 74개이다.

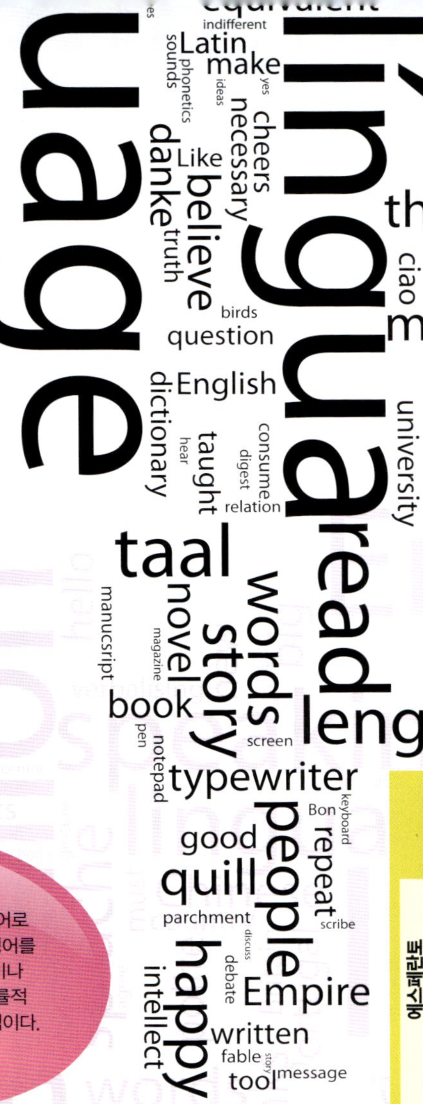


**영어**는 48개국에서 공용어로 사용된다. 재미있는 것은 영어를 제1언어로 사용하는 미국이나 영국에서는 정작 영어에 법률적 지위를 부여하지 않는다는 점이다.

## "사랑해"를 표현하는 스무 가지 방법

**Ami tomay bhalo bashi** (벵골어)
**Bon sro lanh oon** (캄보디아어)
**Jeg elsker dig** (덴마크어)
**Ik hou van jou** (네덜란드어)
**Je t'aime** (프랑스어)
**Hoon tane pyar karoo choon** (구자르트어)
**Ich liebe dich** (독일어)
**Kimi o ai shiteru** (일본어)
**Mahal kita** (따갈로그어)
**Mina rakastan sinua** (핀란드어)
**Muhje tumse mohabbat hai** (우르드어)
**Rwy'n dy garu di** (웨일즈어)
**S'agapo** (그리스어)
**Szeretlek** (헝가리어)
**Taim l'ngra leat** (아일랜드어)
**Te quiero** (스페인어)
**Ti amo** (이탈리아어)
**Tora dust midaram** (페르시아어)
**Wo ai ni** (중국어)
**Ya vas liubliu** (러시아어)

## 발명된 언어

에스페란토

1887년 폴란드 언어학자 **루드비히 자멘호프**가 에스페란토를 만들었다. 전 세계적인 공용어로 만들 생각이었으나 관심을 끌지 못했다.

엘비시

'반지의 제왕' 저자 **JRR 톨킨**은 중간 대륙의 신화 창조를 위해 엘비시라는 언어를 발명했다.

클링온

언어학자 **오클랜드**가 텔레비전 시리즈 '스타트렉'을 위해 클링온이라는 언어를 발명하였다. 클링온 사전도 있다.

## SUPERCALIFRAGILISTEXPIALIDOCIOUS

영화 '메리 포핀스'를 위해 만들어진, 영어 사전에서 가장 긴 단어 중 하나이다. 뜻을 알려면 황당하리만치 많은 34개의 철자를 모두 확인해야 한다.

## Donaudampfschiffahrtselektrizitätenhauptbetriebswerkbauunterbeamtengesellschaft

79개의 글자로 이루어진, 독일에서 가장 긴 단어이다. 자세한 건 묻지 마라. 그냥 다뉴브 강에 있는 한 증기선 회사를 관리하는 문제와 관련이 있다는 것 정도만 알면 된다.

# 책을 읽어야 하는 이유는 무엇일까?

책이 우리에게 상상력을 불어넣거나 즐거움을 주며 유용한 정보를 제공하기 때문이다. 또한 책은 세계를 이해하는 새로운 방법을 가르쳐 주기도 한다. 인간이 가지고 있는 대부분의 지식은 책으로 기록된다.

## 좀 더 알아보기: **과거의 인쇄술**

인쇄술을 발명한 나라는 중국이다. 인쇄된 책 중 세계에서 가장 오래된 것은 '금강경' 인쇄본이다. 기원전 868년 중국에서 인쇄되었으며 불교에서 가장 신성한 책이다.

**하지만 중국의 인쇄술은 활발하게 이용되지 않았다. 중국 문자가 수천 개의 상형 문자로 이루어져 있기 때문이다.**

독일의 구텐베르크는 1450년경 '인쇄기'를 만들었다.

**인쇄기는 많은 책을 신속하게 다량으로 복제할 수 있게 해 주는 기술 혁신이었다. 최근 인터넷의 보급과 맞먹는 기술이다.**

처음으로 인쇄된 책은 성경이다.

## 최고 기록은?

**세계에서 가장 오래된 책은 2,500년 전에 만들어졌다. 6페이지에 불과하지만 금으로 만들어졌고 윗부분이 한데 묶여 있어 책의 꼴을 갖추었다. 지금은 아무도 이해할 수 없는 언어인 고대 에트루스칸어로 쓰여 있다.**

지금까지 경매에서 가장 비싸게 팔린 책은 라이체스터본이다. 르네상스 시대의 천재 레오나르도 다빈치가 친필로 쓴 책으로, 마이크로소프트 설립자 빌 게이츠가 3080만 달러에 구입했다.

**제임스 오듀본의 책 '미국의 새' 출판본이 880만 달러에 팔려, 인쇄된 책 중에서 세계에서 가장 비싼 책이 되었다.**

## 미래에 책은 어떻게 변할까?

어떤 사람들은 인터넷이 널리 보급되면 책이 사라질 것이라고 주장한다. 인터넷을 통해 더욱더 많은 작품들을 다운받을 수 있기 때문이다. 하지만 책은 여전히 나름대로의 장점을 지니고 있다. 화면상에서 읽는 것보다 편하고 다루기 쉬우며 거의 대부분의 장소(물속은 제외하고 누군가가 방수 책을 발명하면 모든 곳에서 가능하겠지만)에 가지고 다닐 수 있기 때문이다. 아직 완전히 없어질 수는 없다.

## ISBN이란 무엇일까?

**국제 표준 도서 번호** (International Standard Book Number)이다. 각각의 **책이 출판된 장소**를 알려 주기 위해 책에 넣어 주는 13자리 숫자이다. 여러분이 보고 있는 이 책의 **뒤 표지**에도 **ISBN**이 있다.

03400
9 788994 041308
ISBN 978-89-94041-30-8

## 열 명의 위대한 어린이 책 작가들

이 작가들이 쓴 책은 1억 부 이상 판매되었다.

**이너드 블라이튼**
'노디(Noddy)'나 '패이머스 파이브(Famous Five)'와 같이 인기 있는 시리즈를 다수 저술하였다.

**닥터 수스**
'모자 속의 고양이(The Cat in the Hat)'와 같이 상상 속의 이야기를 운율에 맞춰 쓰는 작가이다.

**JK 롤링**
폭발적 인기를 누린 '해리 포터'의 작가이다. '해리 포터'는 모험적인 마법의 세계를 그린 이야기이다.

**RL 스타인**
'소름 끼치는 이야기' 시리즈와 같은 공포 이야기로 많은 사람이 스릴을 맛보았다.

**CS 루이스**
'나니아 연대기'와 같은 판타지 소설을 썼다.

**JRR 톨킨**
'호빗'과 '반지의 제왕'을 썼다.

**베아트릭스 포터**
'피터 래빗'과 같은 동물 캐릭터를 다룬 이야기를 23권의 책으로 펴냈다.

## 베스트셀러

시대를 초월해 가장 많이 팔리는 책은 성경이다. 그다음으로는 중국 공산당 지도자 마오쩌둥 전집이 두 번째로 많이 팔리고 있다.

세계에서 가장 많이 팔린 소설로 알려진 것은 찰스 디킨스의 '두 도시 이야기'이다.

프랑스에서 가장 많이 팔린 책은 생텍쥐페리의 '어린 왕자'이다.

실용서 중 가장 많이 팔리는 책은 국제 스카우트 운동 창시자인 로버트 베이든 파월이 지은 '소년들을 위한 스카우팅'이다.

## 숫자로 알아보기

워싱턴 DC 국회 도서관은 세계에서 가장 큰 도서관이다.

**853km** 도서관에 있는 책장을 모두 합한 길이이다.

**3200만 권** 도서관에 있는 책의 권수

**470종** 도서관에 소장된 책을 쓰는 데 사용된 언어의 종류

**270만 권** 도서관에 보관 중인 녹음 기록물의 총 권수

**1300만 장** 도서관 내 사진의 수

**450만 장** 보관 중인 지도의 수

**6100만 권** 도서관에 있는 필사본의 권수

## 만화책

**망가**는 엄청난 인기를 누리는 **일본 만화책**을 말한다.

일본의 망가는 1년에 **약 44억 달러**의 가치를 창출하는 상당히 큰 규모의 비즈니스로 성장했다.

망가는 단지 공상 과학이나 괴상한 판타지만을 의미하지 않는다. 사업가, 학생, 주부 등 다양한 사람이 **운동**, **가상 역사** 이야기뿐만 아니라 **로맨스**, **요리** 등 모든 종류의 망가를 읽는 것을 볼 수 있다.

망가 스토리에서 따온 **애니메이션 게임**이나 **영화**가 전 세계적으로 큰 인기를 누리고 있다.

프랑스나 벨기에에서는 만화책을 **방드 데시네** (Bandes Dessinees: BDs) 라고 한다.

**노벨 문학상**은 1901년 창설되어 전 세계에서 가장 훌륭한 작품에 수여되고 있다. 작품은 어떤 언어로 쓰이든 상관없다. 침울한 분위기의 프랑스 철학자 장 폴 사르트르는 노벨 문학상 수상을 거부한 유일한 사람으로 알려져 있다.

## 기묘한 이야기

나노 기술(분자 단위의 기술)이 발달하며 **소금 알갱이보다 더 작은 책**을 만들 수 있게 되었다. 2007년 캐나다 사이먼 프레이저 대학에서 만든 '순무 마을에서 온 조그만 테드(Teeny Ted from Turnip Town)'라는 책의 크기는 0.07×0.1mm이다. 이것을 읽으려면 전자 현미경으로 8,000배 확대해서 보는 수밖에 없다.

## 해리 포터 열풍

- '해리 포터' 시리즈 판매 부수는 4억 부에 이르며 전 세계 65개국에 번역되었다.
- '해리 포터' 시리즈 중 마지막이자 7번째 책인 '해리 포터와 죽음의 성물'은 24시간 만에 1100만 부가 팔렸다. 역사상 최고 기록이다.
- 조앤 롤링은 에든버러의 발모럴 호텔 652호실에서 시리즈의 마지막 단어를 써 넣었다.
- '해리 포터와 마법사의 돌'의 초판은 500부만 인쇄되었는데, 그중 한 권은 4만 355달러에 팔렸다.
- '해리 포터와 죽음의 성물'의 1쇄본을 찍기 위해 1만 6,700톤의 종이가 사용되었다.
- 조앤 롤링은 비행기를 타고 이동하던 중 마법 학교 호그와트에 나오는 이름들을 생각해 내고 기내에 비치되어 있던 토사물 봉지에 적어 놓았다.
- JK는 조앤 캐슬린(Joanne Kathleen)의 머리글자이다.

## 논픽션과 픽션

**책은 두 가지 형태로 나뉜다.**

**바로 이 책처럼 사실에 관한 정보를 담고 있는 논픽션이 있고**

**소설처럼 꾸민 이야기로 구성되는 픽션이 있다.**

**리처드 스캐리**
'와글와글 낱말이 좋아(Best Word Book Ever)'와 같은 책을 많이 쓰고 그림도 그려 넣었다.

**로알드 달**
'찰리와 초콜릿 공장'과 같은 소설로 베스트셀러 작가가 되었다.

**로저 하그리브스**
'미스터 맨과 리틀 미스' 시리즈를 펴냈으며 그가 죽은 후 아들이 계속해서 시리즈를 이어가고 있다.

# 최초의 희곡은 누가 썼을까?

사람들은 수천 년 동안 연극을 보기 위해 극장에 갔다.
이 연극의 대본을 처음으로 쓴 사람들은 고대 그리스인들이다.
등장인물들의 이야기가 슬픈 결말로 끝나는 비극과 청중을 웃기는 희극이 있다.

## 유명한 극장 다섯 군데

**01: 브라질 마나우스 아마존 극장**
웅장한 분위기의 이탈리아 오페라를 공연하는 극장으로 특이하게도 브라질 열대 우림 한가운데 있다.

**02: 그리스 에피다우로스 극장**
멋진 고대 극장으로 오늘날까지 여전히 그리스 고전 비극이 공연되고 있다.

**03: 오스트레일리아 시드니 오페라 하우스**
오스트레일리아의 상징적인 건물로 시드니 항에 위치해 있으며 1973년 개관했다.

**04: 미국 워싱턴 DC 포드 극장**
1865년 '우리의 미국인 사촌' 공연 중 링컨 대통령이 여기에서 치명적인 총상을 입었다.

**05: 영국 런던 글로브 극장**
셰익스피어의 작품이 처음으로 상연되곤 하던 실제 글로브 극장을 엘리자베스 1세 시대에 복원하여 같은 자리에 세운 야외 극장이다.

## 큰 소리로 말해요!

고대 그리스 사람들은 돌 의자가 줄지어 늘어선 야외 극장을 계단식으로 지었다.
이 극장은 소리가 잘 울려 퍼지도록 설계되어 있어 꼭대기에 앉아 있는 관객들도 원형 무대 위에서 공연하는 배우들의 말을 잘 알아들을 수 있었다.
당시에는 마이크가 없었다.

## 무대에서 연극 공연하기

**01.** 공연할 연극을 선택하고 오디션을 통해 각 역할에 맞는 적당한 인물을 캐스팅한다.

**02.** 배역을 맡은 배우들이 대본을 외우고 연습을 충분히 하도록 한다.

**03.** 의상을 만들 사람을 정하고 무대를 꾸민다.

**04.** 많은 관객이 연극을 보러 오도록 연극 내용을 인쇄하여 광고한다.

## 정말 믿을 수 없어!

마임이라 불리는 무언극에서 배우들은 얼굴 표정, 손짓, 몸짓만을 사용해 이야기를 표현한다. 프랑스 마임 예술가 마르셀 마르소는 말 한 마디 없이 청중들로 하여금 마치 그가 실제로 방에 갇혀 있거나 사자를 길들이고 있는 것처럼 느끼게 했다.

## 극장에서 해서는 안 되는 일

✘ **맥베스라는 단어를 절대 내뱉지 마라.** 배우들은 이 말이 불운을 가져온다고 믿는다. 대신 이들은 셰익스피어의 이 작품을 '스코틀랜드 연극'이라고 바꿔 부른다.

✘ **공연이 시작되기 전에는 꽃을 받지 마라.** 공연이 시작되기 전 꽃을 받으면 나쁜 일이 생긴다는 미신이 있다. 하지만 공연이 끝난 후에는 걱정 없다. 공연 후 꽃을 받는 것은 행운의 뜻이니까.

✘ **동료 배우에게 행운을 빌어 주면 안 된다.** 대신 그에게 "다리가 부러져라!"라고 말해라. 왜 그런 말을 하는지 정확히 아는 사람은 아무도 없다.

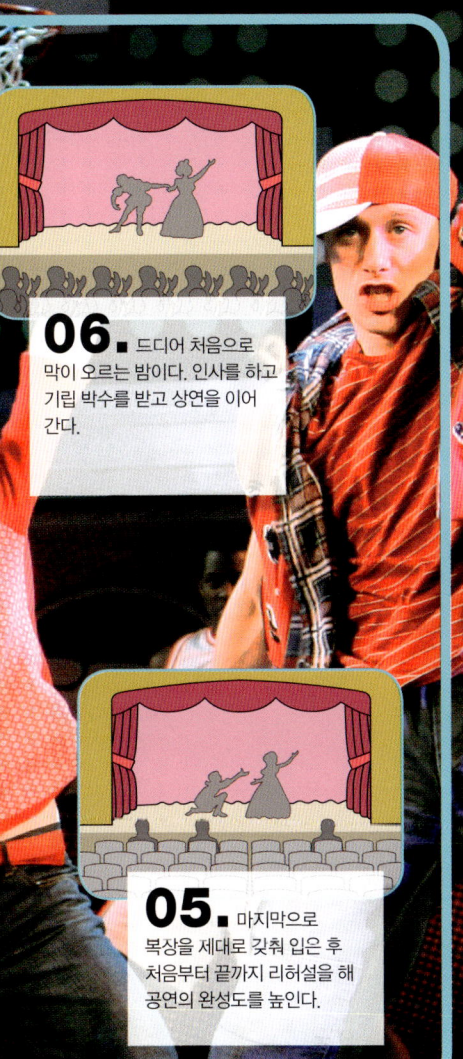

**06.** 드디어 처음으로 막이 오르는 밤이다. 인사를 하고 기립 박수를 받고 상연을 이어 간다.

**05.** 마지막으로 복장을 제대로 갖춰 입은 후 처음부터 끝까지 리허설을 해 공연의 완성도를 높인다.

## 가장 오래 공연된 브로드웨이 뮤지컬 열 개

**01: 오페라의 유령**
1988년 1월부터 현재까지

**02: 캐츠**
1982년 10월~2000년 9월

**03: 레 미제라블**
1987년 3월~2003년 5월

**04: 코러스 라인**
1975년 7월~1990년 4월

**05: 오! 캘커타**
1976년 9월~1989년 8월

**06: 미녀와 야수**
1976년 9월~1989년 8월

**07: 시카고**
1976년 9월~1989년 9월

**08: 렌트**
1996년 4월~2008년 9월

**09: 라이온 킹**
1997년 11월~현재까지

**10: 미스 사이공**
1991년 4월~2001년 1월

## 공연의 종류

**연극**
배우들의 연기를 통해 하나의 이야기를 표현하는 무대 공연

**오페라**
배우들이 모든 대사를 노래로 표현하는 공연

**발레**
음악과 우아한 춤을 통해 하나의 이야기를 엮어 가는 공연

**뮤지컬**
노래와 춤으로 가득 차 있어 대중에게 인기가 많은 쇼

**노**(일본 전통 가면극)
오랜 전통이 있는 일본 연극, 전해 내려오는 민담을 배우들이 이야기로 풀어 낸다.

**가부키**
(일본의 전통 가무극)
또 다른 형태의 일본 공연으로 남자 배우만 공연에 참여할 수 있다.

## 세계적인 극작가 윌리엄 셰익스피어

셰익스피어(1564~1616)는 영국의 시인이자 극작가이다. 많은 사람들은 그를 역사상 가장 위대한 극작가로 손꼽는다. 그의 시와 극본은 여러 언어로 번역되어 전 세계적인 인기를 누려 왔으며 비극과 희극 두 분야 모두에서 대가로 인정받고 있다.

**셰익스피어의 유명한 비극**
- 로미오와 줄리엣
- 햄릿
- 오셀로
- 리어 왕
- 맥베스

**셰익스피어의 유명한 희극**
- 한여름 밤의 꿈
- 베니스의 상인
- 윈저의 즐거운 아낙네들
- 뜻대로 하세요
- 십이야

## 최고 기록은?

추리 소설작가 애거사 크리스티가 쓴 '쥐덫'은 1952년부터 현재까지 60년 가까이 런던에서 공연되고 있다.

# 여가 시간을 어떻게 보낼까?

역사가 시작된 이래 사람들은 긴장을 풀고 여가를 즐길 방법을 궁리해 왔다. 오늘날 우리가 즐기는 놀이 가운데 몇몇은 이미 고대에 시작된 것들이다. 하지만 20세기 미디어와 기술 덕분에 신문, 영화, 음반, 라디오, 텔레비전, 컴퓨터 게임 등이 널리 확산되면서 새로운 오락거리가 봇물처럼 쏟아져 나왔다.

### 정말 믿을 수 없어!

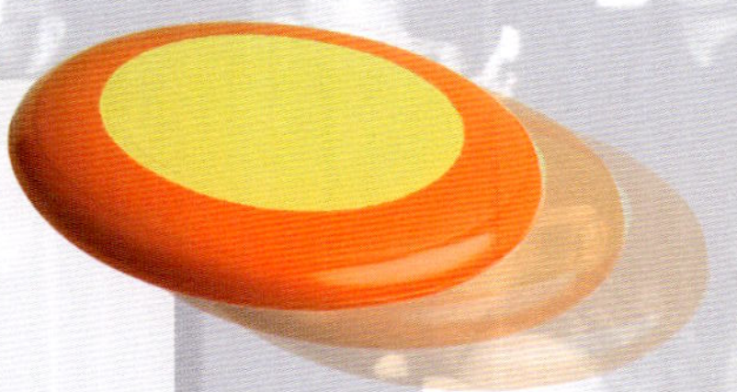

1950년대 미국 대학생들은 은박 접시에 담겨 나오는 프리스비 파이를 좋아했다. 이들이 파이를 다 먹고 난 후 파이 접시를 던져 주고받는 게임을 즐기자 장난감 회사 왬오는 1959년 이 파이 접시를 플라스틱으로 만들어 시판했다. 이 장난감은 즉시 성공했고 지금까지 계속해서 프리스비 접시라는 이름으로 팔리고 있다.

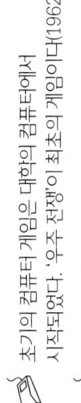

### 텔레비전을 많이 보는 사람들

미국 사람들이 텔레비전을 보는 시간을 합치면 1년에 2500억 시간이 된다. 세 집 중 두 집은 세 대 이상의 텔레비전을 소유하고 있다.

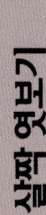

**인터넷은 거대한 규모이며 아직도 계속해서 성장하고 있다. 인터넷상의 모든 웹 페이지 색인을 만들려면 적어도 300년은 걸릴 것이다.**

## 고대의 게임들

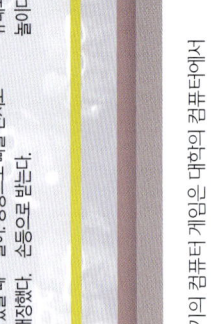

**만칼라**
세계에서 가장 오래된 게임. 일렬로 된 구멍 속에 들어 있는 돌이나 조개껍질을 갖고 노는 놀이다.

**장기**
2,000여 년 전 중국 삼국 시대 이후 만들어진 놀이. 두 사람이 초록색과 붉은색으로 된 말을 번갈아 두어 승부를 가린다.

**세나트**
이집트의 파라오가 즐기던 놀이이다. 투탕카멘이 죽었을 때 이 세나트 보드도 함께 매장했다.

**공기놀이**
그리스와 로마에서 인기 있던 놀이. 공중으로 뼈를 던지고 손등으로 받는다.

**체스**
약 2,000년 전 인도에서 유래되어 지금도 인기있는 놀이다.

## 주요 일지

**기원전 713년**
중국에서 최초의 신문이 인쇄되었다.

**1605년**
유럽에서 최초의 신문이 인쇄되었다.

**1880년**
신문에 최초로 사진이 등장했다.

**1895년**
뤼미에르 형제가 최초로 상업 영화를 상영하였다.

**1920년**
최초의 상업 라디오 방송국이 미국 피츠버그에서 방송을 시작했다.

**1936년**
BBC가 텔레비전 방송을 시작했다.

**1951년**
미국에서 컬러 텔레비전이 등장했다.

**1954년**
최초로 트랜지스터 라디오가 선을 보였다.

**1958년**
유명 인사의 이름이 새겨진 별을 땅에다 새겨 놓은 할리우드 명예의 거리(Hollywood Walk of Fame)가 선을 보였다.

**1990년**
월드 와이드 웹이 첫선을 보였다.

**1994년**
최초의 온라인 신문이 등장하였다.

**1994년**
최초의 인터넷 카페가 문을 열었다.

**2001년**
최초로 팟캐스트 서비스가 시작되었다.

## 살짝 엿보기

- 초기의 컴퓨터 게임은 대학의 컴퓨터에서 시작되었다. '우주 전쟁'이 최초의 게임이다(1962년).
- 아타리가 1970년대 가정용 비디오 게임을 개발하였다. 첫 번째 게임 '퐁'은 15만 개 팔렸다.
- 가장 많이 팔린 컴퓨터 게임은 포켓몬 레드, 블루, 그린이다(2000만 개). 그다음으로 많이 팔린 것은 슈퍼마리오 브라더스 3이다(1800만 개).
- 닌텐도의 콘솔은 역사상 가장 빨리 팔려 나간 콘솔이다.

### 정말 믿을 수 없어!

영화 '타이타닉'에서 구명 보트 안의 승객이 디지털 손목시계를 차고 있는 것이 보인다. 이때는 디지털 시계가 발명되기 60년 전이다. 옛날 영화에서 이런 실수들이 자주 보인다. 중세 서사시 '엘시드'에는 트럭이 지평선을 따라 움직이는 모습이 보이며, 로마 시대를 배경으로 한 영화 '벤허'에는 수평선에 비행기가 떠 있는 모습이 보인다.

## 최초의 라디오

라디오에서 처음으로 사람의 목소리가 흘러나온 것은 1906년 12월 24일이다. 캐나다 사람으로 라디오를 개척했던 레지널드 페센덴이 크리스마스 방송에서 대서양에 있는 라디오 기술자들에게 '거룩한 밤'을 불렀다.

## 영화 관람객이 가장 많은 10개 국가

01: 인도 3,591,000,000명
02: 미국 1,402,700,000명
03: 프랑스 175,700,000명
04: 멕시코 165,000,000명
05: 영국 164,700,000명
06: 일본 160,500,000명
07: 한국 143,000,000명
08: 중국 138,000,000명
09: 독일 127,300,000명
10: 스페인 126,000,000명

## 신문의 발명

카이사르가 선보인 '악타 디우르나'는 역사상 최초의 신문이다. 이 신문은 군대의 승전, 앞으로의 사건들, 주요 시합 등에 대한 정보를 담은 커다란 게시판으로 로마 시내에 설치되어 있었다.

## 무슨 뜻일까?

미국 영화 예술 아카데미가 1928년 처음으로 아카데미 시상식을 개최하였다. 사서인 마가렛 헤릭이 아카데미 시상식에 **오스카**란 별명을 붙여 주었다. 그녀는 수상자들에게 수여하는 트로피를 보고 자기의 삼촌인 오스카가 떠올라 그렇게 붙였다고 한다.

## 보물 같은 전자 제품

러시아계 캐나다 백만장자 알렉스 슈나이더는 세계에서 가장 비싼 MP3 플레이어를 소유하고 있다. 다이아몬드로 장식되고 18캐럿 금으로 만들어졌으니 2만 달러면 거저나 마찬가지이다.

## 가장 많이 팔리는 각 나라의 신문

**요미우리신문**
**일본:** 1400만 부

**빌트**
**독일:** 380만 부

**선**
**영국:** 240만 부

**조선일보**
**한국:** 230만 부

**USA 투데이**
**미국:** 230만 부

**다인크 자그란**
**인도:** 190만 부

**리버티 타임스**
**대만:** 130만 부

**타이랏**
**태국:** 120만 부

**알 아흐람**
**이집트:** 90만 부

## 텔레비전 신기록

- 뉴스 쇼 '언론과의 만남'은 1947년 이후 지금까지 미국 텔레비전에서 매주 방송되고 있다.
- 가장 오래 방영된 드라마는 1952년부터 미국 텔레비전에서 방영되고 있는 '가이딩 라이트'이다. 원래는 1937년 라디오 시리즈로 방송되기 시작했으니 70년 이상 계속해서 방송되고 있는 셈이다.
- 가장 오래된 스포츠 쇼는 1952년 시작된 '하키 나이트 인 캐나다'이다.
- 영국의 '블루 피터'는 어린이 쇼 중에서 가장 오래된 것으로 1958년에 시작되었다.

### 중량급 신문

1987년 9월 14일 뉴욕 타임스 일요일판은 1,612페이지짜리 지면으로 구성되어 무게가 5.4kg이나 되었다.

# 예술이란 무엇일까?

예술이란 그림, 조각, 그 밖의 다양한 창작 행위를 포함한다. 오늘날 예술가들은 작품을 만들기 위해 동영상, 컴퓨터 그래픽, 벽돌 더미, 파도에 떠밀려 온 나무, 오래된 자동차에서 떼어 낸 조각들과 같은 여러 가지 미디어와 재료들을 사용한다. 그렇다고 해서 아무것이나 예술품이 되는 것은 아니다. 예술의 목적은 관람객들로 하여금 인생에 대해 사고하고 반성하도록 하는 것이다.

엘리자베스 루이즈 비제 르 브룅의 자화상

## 정말 믿을 수 없어!

무게 200톤에 이층 버스 네 개를 쌓아 올린 높이, 점보제트와 같은 너비. 앤터니 곰리가 만든 거대한 철제 조각품 '북방의 천사'는 영국 북동쪽 도시 게이츠헤드의 언덕에 서 있다. 높이는 20m이고 날개의 너비는 54m이다.

## 벽화 예술

그래피티 예술이 최근에 발명된 거라고 생각하는 사람도 많다. 그러나 사실은 오래전부터 전해 오는 예술 행위이다. 이탈리아어로 '그래피티(graffiti)'라는 말은 '긁다'라는 뜻이다. 최초의 그래피티 예술가는 3만 년 전, 바위나 자갈에 패턴을 그려 넣은 사람들이다. 1970년대 들어 그래피티는 스프레이로 도시 건물 벽에 그림이나 낙서를 그려 넣는다는 뜻으로 사용되고 있다.

## 기이하고 괴상한 예술가들

- 몸에다 꿀과 생선 기름을 잔뜩 바르고 파리 떼가 모여들기를 기다린다(장환).
- 대변이 들어 있는 깡통을 전시한다(피에로 만초니).
- 소와 송아지를 반으로 자른다(데미언 허스트).
- 정돈되지 않은 침대와 지저분한 속옷을 전시한다(트레이시 에민).
- 말라붙은 코끼리 똥을 그림에 사용한다(크리스 오필리).
- 자신의 피 4.5ℓ를 얼려 머리 모양 주형을 실제 크기로 만드는 데 사용한다(마크 퀸).

## 기묘한 이야기

빈센트 반 고흐는 동료 화가인 폴 고갱과 심하게 다툰 뒤, 너무나 울적해진 나머지 어느 날 자신의 귀 일부를 잘라 냈다. 그러고는 귀에 붕대를 감은 자신의 모습을 자화상으로 그렸다.

## 열 명의 여성 예술가

최근까지도 예술은 남성들의 전유물이었다. 그럼에도 불구하고 최고의 경지까지 오른 여성 예술가들이 여기 있다.

**아르테미시아 젠틸레스키**
17세기에 활동했던 이탈리아 화가. 커다란 화폭에 영웅적인 여성들을 주로 그렸다.

**엘리자베스 루이즈 비제 르 브룅**
프랑스 초상화가. 이후에 처형된 마리 앙투아네트의 초상을 그렸다.(처형될 것을 알고 초상화를 그린 건 아니다. 확실하다).

**로자 보뇌르**
19세기 프랑스 예술가. 동물 조각과 그림으로 유명하다. 남자 복장을 즐겨 입었다.

**베르트 모리조**
프랑스 인상주의 화가. 우울한 모습을 하고 있는 그녀의 초상화는 그녀 남편의 형이었던 마네가 그린 것이다. 이 작품은 이후 매우 유명해졌다.

**메리 카샛**
19세기에 활동한 미국인 예술가로 여성들과 아이들을 매우 섬세하게 표현해 인정받았다.

**모세스 할머니**
미국 농장의 소박한 일상을 그림으로 담아 명성을 얻었다. 당시 그녀의 나이는 80살이었다. 너무 늦은 것은 없다.

**케테 콜비츠**
독일인 예술가이자 조각가. 제1차 세계 대전 동안 목격한 죽음과 고통을 표현하는 데 집중했다.

**조지아 오키프**
20세기 미국 예술에 선도적인 역할을 한 인물. 주로 꽃과 건물 그림으로 주목을 받았다.

**바바라 헵워스**
나무, 돌, 금속을 이용해 추상 작품을 만든 영국인 조각가. 자신의 작업실에서 불이 나 사망했다.

**프리다 칼로**
파란만장한 삶과 뛰어난 색감으로 유명한 멕시코 화가.

## 미술 애호가라면 알아야 할 예술 사조들

**인상주의**
1860년대 파리에서 시작되었다. 야외 풍경에서 포착되는 순간적인 인상을 그린다.

**후기 인상주의**
20세기 프랑스 미술에서 발흥한 사조이다.

**입체파**
사각형과 입체 도형을 이용한 추상화를 그린다.

**야수파**
강렬하고 밝은색을 선호하는 표현 기법이다.

**표현주의**
느낌과 감정을 그림으로 담아내려 했다.

**다다이즘**
전쟁에 반대하는 예술가들이 전쟁에 대한 분노를 표현한 것이다.

**구성주의**
추상 미술에 일상적인 소재를 사용하였다.

**초현실주의**
현실에서 일어나기 어려운 내용들에 착안하여 정신을 표현한다.

**포스트모더니즘**
기존의 모든 '주의'를 거부하고 새로운 유형의 미술을 실험하였다.

## 팝 아트란 무엇인가?

수프 캔이나 신문 만화와 같은 일상적인 사물들을 문화적 아이콘으로 바꾼 1960년대 운동을 말한다. 여기에 사용된 이미지 중 많은 것들이 엔터테인먼트에서 유래했다. 대표적인 것으로는 유명한 앤디 워홀의 메릴린 먼로 판화를 꼽을 수 있다.

## 대담한 미술품 도둑들

**가장 태연한 미술품 도둑**
1911년 파리의 루브르 박물관에 한 도둑이 들어왔다. 그는 레오나르드 다 빈치의 모나리자를 박물관 벽에서 떼어 코트 안에 넣고 태연히 걸어 나갔다. 이 작품을 되찾은 것은 2년이 지나서였다.

**액수가 가장 큰 도난 사건**
총 5억 달러어치의 작품 13개가 1990년 미국 보스턴에 있는 이사벨라 스튜어트 가드너 박물관에서 도난당했다. 아직도 찾지 못하고 있다.

**가장 많은 작품을 도난당한 사건**
2005년 프랑스인 웨이터 스테판 브라이트비저는 자신이 총 14억 달러에 상당하는 작품 239점을 훔쳐 10년 동안 보관해 왔다고 말했다.

**도난당한 횟수가 가장 많은 작품**
네덜란드 화가 렘브란트의 작품 '야콥 드 게인의 초상'은 주름진 러프를 입고 있는 한 남자의 초상화로 4번이나 도난당했다. 한 번은 택시 안에서 발견되고, 다음은 기차의 화물칸과 묘지 벤치 아래에서, 그리고 다음은 자전거 위에서 발견되었다.

**도난품을 되찾아 온 가장 흥미로운 사례**
1994년 노르웨이 동계 올림픽 기간에 국립 미술관에서 뭉크의 대작 '절규'가 도난당했는데 극적인 함정 수사를 통해 감자 지하 저장고에서 찾아왔다.

## 고통스러운 작업

알려진 것처럼 **미켈란젤로**가 누운 상태에서 **시스티나 성당**의 거대한 천장화를 그렸다는 것은 사실이 아니다. 그는 벽에서 튀어나와 있는 발판에 쭈그리고 앉아 벽화를 그렸다. 4년의 고통스러운 시간이 지나고 나서야 그림이 완성되었다.

## 포장 작품

아방가르드 예술가 크리스토와 그의 부인 잔클로드는 거대한 예술 작품을 자주 만들었다. 그들이 애착을 가졌던 대규모 프로젝트 중에는 독일 베를린의 국회 의사당(사진)과 프랑스 파리의 퐁네프 다리와 같은 거대한 구조물을 천으로 감싸는 것도 있었다.

# 악보는 어떻게 읽어야 할까?

작곡가들은 음악 작품을 작곡할 때 공책 위에 각각의 악기가 연주해야 할 부분을 적어 놓는다. 이것을 보통 악보라고 한다. 악보 표기법에 따라 음의 높낮이가 어떤지, 연주 속도를 어떻게 조절해야 하는지 알 수 있다. 이탈리아어로 된 특별한 나타냄말을 보면 좀 더 자세한 정보를 얻을 수도 있다.

## 슈퍼스타처럼 노래 부르기

**01.** 노래를 부르기 전에 마음을 편안히 하고 다리를 어깨 너비로 벌린 채 서는 것이 중요하다.

**02.** 적절히 호흡하는 것이 중요하다. 배 위쪽에서 숨을 들이쉰 후 급하게 내뱉지 말고 숨이 서서히 빠져나가듯 호흡하는 것을 익힌 뒤, 앞에 촛불이 있다고 생각하고 그것을 꺼뜨리지 않을 정도로 약하게 내쉰다.

과거에 사람들은 **나무, 씨앗, 동물 가죽**으로 드럼, 방울, 호루라기를 만들었다. 단순한 형태의 플루트는 2만 2,000년에서 3만 5,000년 전 사이에 처음 만들어졌다. **속이 빈 동물 뼈**에 한 줄로 구멍을 뚫어 불기 시작했다.

## 나타냄말

아다지오
**느리게, 편안하게**

알레그로
**빠르고 경쾌하게**

안단테
**느리게**

아파시오나토
**정열적으로**

크레셴도
**점점 세게**

포르테
**세게**

레가토
**부드럽게**

마에스토소
**장엄하게**

피아노
**여리게**

프레스토
**매우 빠르게**

프레스티시모
**가능한 한 빠르게**

랄렌탄도
**점점 느리게**

스케르찬도
**익살스럽게**

스트레피토소
**시끄럽게, 강렬하게**

## 무덤 속에서조차 유명한 음악가들

이들은 이미 세상을 떠났지만 여전히 여러 곳에서 순위에 오르고 있다.

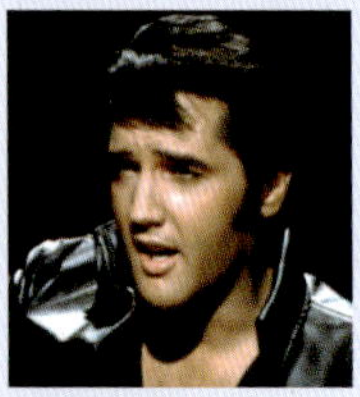

**엘비스 프레슬리**
1977년 사망
4900만 달러
(2007년 수입)

**존 레넌**
1980년 사망
4400만 달러(2007년 수입)

**조지 해리슨**
2001년 사망
2200만 달러
(2007년 수입)

**투팍 샤커**
1996년 사망
900만 달러(2007년 수입)

**제임스 브라운**
2006년 사망
500만 달러(2007년 수입)

## 음악의 종류

- 클래식
- 컨트리
- 재즈
- 힙합
- 라틴
- 랩
- 레게
- R&B
- 록
- 블루스
- 팝
- 솔
- 월드
- 포크
- 오페라
- 디스코
- 메탈
- 펑크
- 스카
- 댄스 앤 테크노

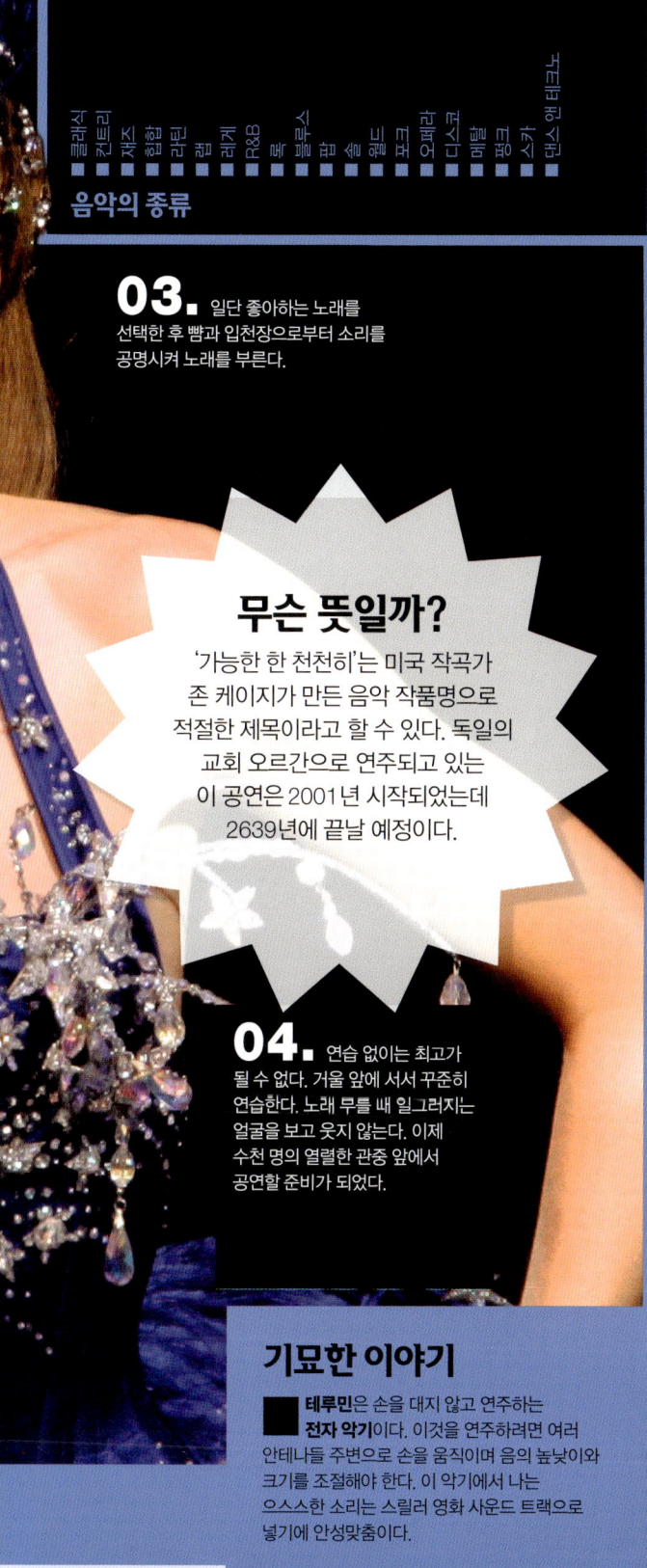

**03.** 일단 좋아하는 노래를 선택한 후 뺨과 입천장으로부터 소리를 공명시켜 노래를 부른다.

## 무슨 뜻일까?

'가능한 한 천천히'는 미국 작곡가 존 케이지가 만든 음악 작품명으로 적절한 제목이라고 할 수 있다. 독일의 교회 오르간으로 연주되고 있는 이 공연은 2001년 시작되었는데 2639년에 끝날 예정이다.

**04.** 연습 없이는 최고가 될 수 없다. 거울 앞에 서서 꾸준히 연습한다. 노래 부를 때 일그러지는 얼굴을 보고 웃지 않는다. 이제 수천 명의 열렬한 관중 앞에서 공연할 준비가 되었다.

## 숫자로 알아보기

**88개**
피아노 건반의 개수
(36개의 검은 건반과 52개의 흰 건반)

**1982년**
CD가 처음 등장한 해

**16만 4930달러**
2007년 레드 제플린이 런던에서 재결합 콘서트를 개최했을 때 입장권 두 장을 사기 위해 팬들이 지불한 돈의 액수.

**350만 달러**
스트라디바리우스가 만든 300년 된 희귀 바이올린이 크리스티 경매에서 팔린 가격

**17억 회**
2007년에 디지털 음악 다운로드 횟수

## 지금까지 가장 많이 팔린 음반

**01: 스릴러(Thriller)** 마이클 잭슨, 1982, 6500만 장, 팝/R&B

**02: 백 인 블랙(Back in Black)** AC/DC, 1980, 4200만 장, 록

**03: 보디가드(The Bodyguard)** 휘트니 휴스턴, 1992, 4200만 장, 팝/R&B

**04: 그레이티스트 히트(Greatest Hits)** 이글스, 1976, 4100만 장, 록

**05: 토요일 밤의 열기(Saturday Night Fever)** 비지스/기타, 1977, 4000만 장, 디스코

**06: 다크 사이드 오브 더 문(Dark Side of the Moon)** 핑크 플로이드, 1973, 4000만 장, 록

**07: 배트 아웃 오브 헬(Bat Out of Hell)** 미트 로프, 1977, 3700만 장, 록

**08: 컴 온 오버(Come on Over)** 샤니아, 대만, 1997, 3600만 장, 컨트리

**09: 서전트 페퍼스 론리 하트 클럽 밴드(sgt. Pepper's Lonely Hearts Club Band)** 비틀스, 1967, 3200만 장, 록/팝

**10: 폴링 인투 유(Falling into You)** 셀린 디온, 1996, 3200만 장, 팝

## 형편없는 실력

지금까지 최악의 가수는 1930년대 뉴욕의 멋쟁이 관객들 앞에서 리사이틀을 한 플로렌스 젠킨스 포스터임이 틀림없다. 그녀는 노래를 감당할 능력이 없었지만 택시 사고를 겪은 후 (정말 높은 음인)F까지 올라갈 수 있다고 주장했다. 모차르트의 곡을 정말 끔찍하게 노래하는 그녀의 모습을 유튜브에서 볼 수 있다.

윌리엄 헝은 미국의 텔레비전 프로그램 '아메리칸 아이돌'에 출연하였다. 그의 무대는 여러 이유로 최악의 평가를 받았는데, 이 때문에 앨범을 내는 행운을 얻게 되었다.

## 기묘한 이야기

**테루민**은 손을 대지 않고 연주하는 **전자 악기**이다. 이것을 연주하려면 여러 안테나들 주변으로 손을 움직이며 음의 높낮이와 크기를 조절해야 한다. 이 악기에서 나는 으스스한 소리는 스릴러 영화 사운드 트랙으로 넣기에 안성맞춤이다.

**밥 말리**
1981년 사망
400만 달러(2007년 수입)

## 세계의 악기

**백파이프** 스코틀랜드

**므비라** 남아프리카

**시타르** 인도

**디제리두** 오스트레일리아 원주민

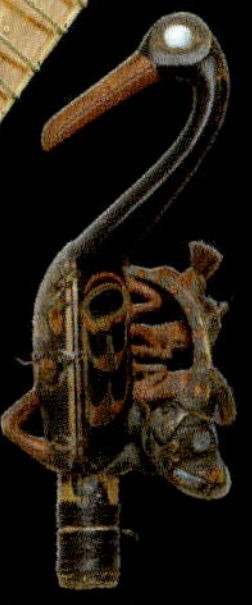

**주술사의 방울** 아메리카 원주민

좀 더 알아보기: **관현악단의 구성**

**01** 관현악단 심장부에 위치한 **현악기부**는 가장 큰 파트를 구성한다. 현악기는 활을 이용해 연주하거나 줄을 뜯듯이 연주하는데 보통의 경우 연주 내내 악단을 리드한다.

**02** 악기를 쳐서 소리를 내는 **타악기부**는 '부엌 파트'로 알려져 있으며 실로폰처럼 음이 있는 악기와 심벌즈처럼 음이 없는 것 모두 포함된다.

**03** 원래는 나무로 만들어진 악기가 대부분이었던 **목관 악기부**는 오늘날 플라스틱, 은, 금 등 으로 만들어진 악기 전체를 포함한다. 연주자가 마우스피스에 있는 리드(얇은 나무 조각)를 불면 소리가 난다.

**04** 트럼펫, 트롬본은 **금관 악기부**에 해당하는 악기이다. 연주가가 악기를 불 때 연주자의 입술이 진동을 하게 되고 이를 통해 특유의 소리가 만들어진다.

**05** **건반 악기부**에는 전자 신시사이저 뿐만 아니라 피아노 또는 그와 유사한 악기가 포함된다. 이들은 매우 다양하면서도 특이하고 아름다운 소리를 만들어 낸다. 관현악단의 다른 악기들과 떨어진 곳에 위치하며 어쿠스틱보다는 디지털 방식으로 소리를 낸다.

**06** **지휘자**는 곡이 연주되는 내내 관현악단을 이끌며 조금 높은 단상에 서서 박자에 맞추어 지휘봉을 젓는다. 관현악단의 모든 단원들은 지휘자의 의도를 파악하기 위해 그때그때 지휘자를 쳐다보아야 한다.

# 2억 5000만 명이 즐기는 스포츠는 무엇일까?

축구다. 길거리에서부터 경기장까지, 전 세계 모든 곳에서 사람들이 이 멋진 운동 경기를 즐긴다. 사람들은 축구하는 방법을 잘 알고 있다. 공을 차고, 골을 만들고, 치고, 슛을 하고, 패스하고, 잡는다. 인기 있는 여러 운동의 중심에는 항상 공이 있다. 공을 다루지 않는 스포츠들 또한 정해진 규칙에 따라 몸을 움직이며 힘을 쏟는다.

## 좋은 운동선수가 되는 방법

경기를 할 때는 화를 내기 쉽다. 다루기 힘든 상대, 뜻대로 풀리지 않는 시합, 상대가 속임수를 쓰는 듯한 생각 등이 뒤섞여 화가 치밀어 오를 수 있다.
아래의 충고를 따른다면 훌륭한 스포츠 정신을 지닌 훌륭한 선수가 될 수 있다.

**01** 경기 규칙을 숙지한다. 그래야 무엇이 옳고 그른지 판단할 수 있다.

**02** 코치의 말을 잘 따른다. 그러면 실력을 향상시킬 수 있다.

**03** 시합 전과 후, 상대편 선수와 심판과 악수를 한다.

**04** 비록 스타 플레이어일지라도 때로는 동료를 위해 경기에서 빠질 수 있다고 생각한다.

**05** 잘난 척하지 않는다. 그저 최선을 다하면 사람들이 주목해 줄 것이다.

**06** 결과가 뜻대로 되지 않더라도 속임수를 쓰거나 팀원을 원망하지 않는다.

**07** 머릿속을 맑게 유지한다. 결과와 상관없이 열심히 뛴 팀원과 상대방을 축하해 준다.

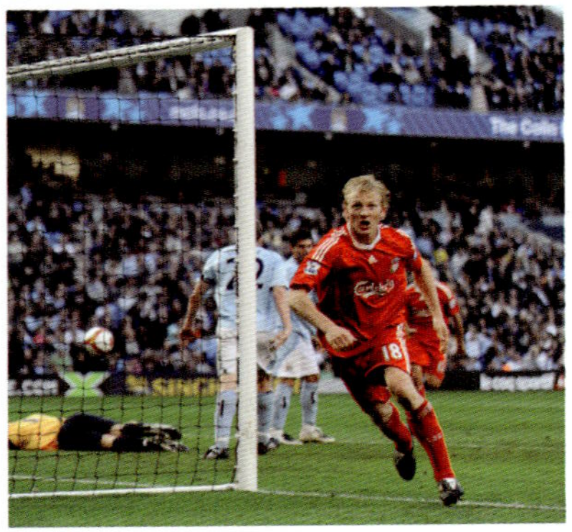

## 세계적으로 가장 인기 있는 스포츠 열 가지

가장 인기 있는 스포츠란 관중이 가장 많고, 가장 자주 개최되고 가장 많은 수익을 올리는 종목을 의미한다. 아래의 순위는 세 가지 요소 모두를 고려한 것이다. 축구가 다른 모든 스포츠를 제치고 가장 윗자리에 올라 있다.

**01:** 축구
**02:** 크리켓
**03:** 테니스
**04:** 하키
**05:** 야구
**06:** 농구
**07:** 배구
**08:** 탁구
**09:** 럭비
**10:** 골프

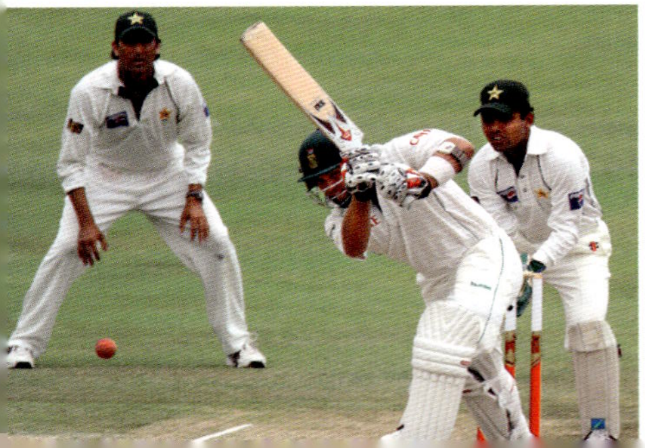

## 부족 전통

남반구의 많은 럭비 팀들은 국가 간 큰 경기가 벌어지기 전에 전통 춤을 추고 마치 전투에 임할 때처럼 얼굴에 색칠을 한다. 상대방 선수를 제압하기 위해 스스로 준비 태세를 점검하는 의미에서 행해지는 것이다.

## 스포츠 슈퍼스타

**펠레**
조국 브라질을 위해 77개의 골을 넣었다(국가 기록). 완벽한 선수로 인정받는 브라질 축구 선수이며 전설로 남아 있다.

**마이클 조던**
미국의 농구 스타인 조단은 1980년대와 1990년대에 걸쳐 믿을 수 없는 득점율과 방어 기록을 세웠다.

**베이브 루스**
1914년부터 20년 동안 활약한 베이브 루스는 미국 역사상 가장 유명한 야구 선수이다.

**조나 로무**
1994년, 19살의 뉴질랜드 럭비 선수 조나 로무는 국가 대표 럭비팀 올 블랙스에 뽑혔다. 대표 팀 중 가장 어린 나이였다.

## 테니스에서 서비스 에이스 따기

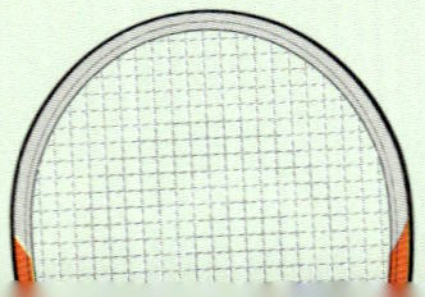

**01.** 베이스 라인 뒤에서 옆쪽으로 선 채 공을 머리 위로 던진다.

**04.** 다리를 박차고 오른쪽 어깨를 앞쪽으로 회전한다.

## 이상한 스포츠 용어

### 실리
크리켓에서 타자 가까이 서있는 필더

### 드리블
축구공을 자유자재로 다루며 달리는 것, 주로 발의 바깥쪽과 위쪽을 사용해서 공을 다룬다.

### 스파이크
배구 선수가 네트 위로 점프해 공을 세게 내려치는 것

### 러브
테니스 경기에서 점수를 하나도 따지 못했을 때의 점수

### 버디, 이글, 알바트로스
위의 골프 용어는 각 홀에 대해 파(기준 타수)와 비교한 타수로, '버디'는 파보다 1타 적은 기록을 의미하며 '이글'은 파보다 2타, '알바트로스'는 파보다 3타 적은 것으로 쉽게 나오지 않는 기록이다.

**02.** 라켓을 들어 올려 스윙을 시작한다.

**03.** 무릎을 굽히면서 라켓을 등 뒤쪽으로 떨어뜨린다.

**05.** 손목 아래쪽에 순간적으로 힘을 주어 라켓으로 공을 내려친다. 가능한 한 세게 내려친다.

**06.** 상대는 지나가는 공을 속수무책으로 지켜본다. 첫 번째 에이스(도저히 되받아 칠 수 없는 서브)이다. 기쁨을 만끽해라.

### 소리 나는 공
2008년 처음으로 맹인들을 위한 테니스 토너먼트가 개최되었다. 테니스공 안에 벨을 넣어 선수들이 랠리를 하는 동안 공을 따라다닐 수 있게 했다. 또한 코트 주변에 있는 촉감선의 도움을 받아 선수들이 이동로를 찾을 수 있다.

### 정말 믿을 수 없어!
골프는 달에서 사람들이 했던 유일한 스포츠다. 1971년 아폴로 11호 우주인 앨런 셰퍼드가 달 표면에 착륙해 두 개의 골프공을 쳤다. 그는 공이 계속해서 멀리멀리 날아갔다고 말했다.

**캐시 프리먼**
오스트레일리아 단거리 육상 선수 캐시 프리먼은 올림픽, 커먼웰스 게임, 월드 챔피언십 400m 경주에서 금메달을 거머쥐었다.

**마르티나 나브라틸로바**
체코 태생의 나브라틸로바는 59개의 테니스 타이틀을 획득했다(18개의 단식, 31개의 복식, 10개의 혼합 복식).

**엘렌 맥아더**
영국의 요트 선수로 2005년 가장 빠른 시간에 홀로 세계 일주를 마쳐 신기록을 세웠다.

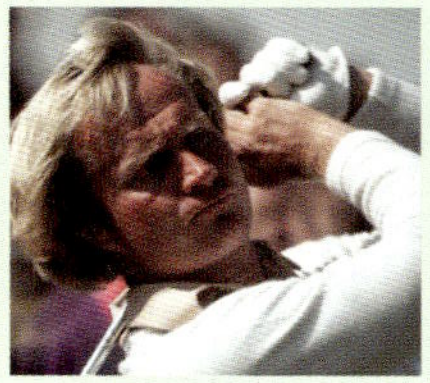

**잭 니클로스**
'황금 곰'으로 알려진 미국의 골프 선수로 25년에 걸쳐 18개의 타이틀을 거머쥐는 기록을 세웠다.

## 색다른 기원

**테니스** 프랑스 수도사가 11세기경 처음으로 테니스를 쳤다. '테니스'라는 이름은 프랑스어로 '이것을 가져라'를 의미한다. 프랑스 수도사가 서브를 넣으면서 그렇게 소리쳤을 것이다.

**탁구** 이 스포츠는 빅토리아 시대 잉글랜드에서 시작되었다. 저녁 식사에 초대받은 손님들이 자신들의 테이블을 작은 테니스 코트로 만든 다음 샴페인 코르크를 공으로 사용해 게임을 하였다.

**크로케** 14세기 프랑스 농부가 나무 망치를 사용해 나뭇가지를 구부려 만든 링 속으로 나무 공을 세게 쳐 넣었다.

**농구** 링이 달린 장대에 복숭아 바구니를 달아 이 게임을 하였다. 팀이 점수를 얻으면 심판이 사다리를 타고 올라가 공을 꺼내 왔다.

## 숫자로 알아보기

**0.3초**
배구 경기에서 최고 선수가 시속 194km의 속도로 서브를 넣을 때 코트 한쪽 베이스 라인에서 다른 쪽으로 공이 날아가는 데 걸리는 시간을 초 단위로 나타낸 것이다.

**1명**
1900년 올림픽 크로케 결승전에 입장료를 낸 관중의 수. 크로케가 올림픽 종목으로 채택된 것은 이때가 처음이자 마지막이었다.

**8명**
윔블던 단식 우승자 중 왼손잡이 테니스 선수의 수

**152점**
국제 럭비 경기 중 가장 큰 점수 차. 2002년 아르헨티나가 파라과이를 152대 0으로 이겼다.

**173회**
1973년 두 명의 여자 탁구 선수가 60초 동안 공을 친 횟수

**시속 259km**
테니스 서비스 중 가장 빠른 기록. 2004년 영국의 스텔라 아르투아 챔피언십에서 앤디 로딕이 넣은 서비스였다.

**501점**
크리켓 게임에서 개인이 기록한 가장 높은 점수. 1994년 워릭셔의 브라이언 라라가 기록한 점수이다.

**2,666회**
2004년 영국에서 단식 스쿼시 랠리에서 신기록으로 기록된 스트로크 횟수

**199,854명**
1950년 월드컵에서 브라질과 우루과이의 경기를 지켜본 관중의 수. 축구 경기 역사상 공식적으로 기록된 관중 수 중 가장 많은 것이다.

**500만 명**
전 세계에 있는 축구 심판의 수

**2000만 명**
전 세계 넷볼 선수의 수

**10억 명**
월드컵 축구 결승전을 지켜보는 전 세계 사람들의 평균 수

## 10종 경기에서 우승하기

10종 경기는 열 종류의 트랙과 필드 경기로 이루어진다. 이틀에 걸쳐 경기가 진행되고 열 종류의 경기에서 가장 높은 점수를 기록한 선수가 우승하게 된다. 10종 경기에는 남자 육상 선수만 참여한다. 여자 선수들은 각기 다른 7가지 경기로 구성된 7종 경기에서 실력을 겨룬다. 100m 허들, 높이뛰기, 투포환, 200m, 멀리뛰기, 투창, 800m. 자, 준비 땅!

### 10종 경기 종목

- ☺ 100m 달리기
- ☺ 멀리뛰기
- ☺ 투포환
- ☺ 높이뛰기
- ☺ 400m 달리기
- ☺ 110m 장애물
- ☺ 원반던지기
- ☺ 장대높이뛰기
- ☺ 투창
- ☺ 1,500m 달리기

### 종목 1: 100m 달리기

**01.** 공기 역학을 고려하여 디자인된 옷을 입고 아주 가벼운 신발을 신는다.

**02.** 출발선에서 자세를 잡은 후 출발선에 있는 발판에 발을 잘 맞춘다. 무릎을 땅에 대고 웅츠린 자세를 취한다.

**03.** 손가락을 트랙에 대고 손은 어깨 너비보다 약간 더 넓게 벌린다.

**04.** "준비" 하는 명령이 떨어지면, 발을 출발선에 있는 발판을 뒤쪽으로 세게 민다.

**05.** 엉덩이를 어깨보다 높게 치켜든다.

**06.** 출발 총성이 울리면 블록 밖으로 튕겨 나오듯이 힘차게 출발한다. 팔을 힘차게 내저으며 눈을 트랙에 고정한다. 결승선에 도착할 때까지 있는 힘을 다해 뛴다.

### 종목 2: 멀리뛰기

**01.** 도움닫기를 하는 동안 최대한 빨리 뛴다.

**02.** 구름판(모래판 앞에 있는 흰색 띠)에 도착하면 뛰어오른다.

**03.** 팔과 다리는 원을 그리듯 빠르게 움직이고 몸의 자세를 반듯하게 유지한다.

**04.** 모래판에 발이 먼저 착지하도록 한다. 몸의 뒷부분이 먼저 떨어지면 점프 거리가 줄어들게 되므로

### 종목 6: 110m 장애물

**01.** 첫 번째 허들을 향해 달린다. 가까이 가면 앞쪽 다리 무릎을 들어 올린다.

**02.** 점프할 때, 앞쪽 다리 무릎이 몸의 중심과 수평이 되어야 한다. 뛰는 높이를 최소화하기 위해 뒤쪽 다리는 가능하면 낮은 상태로 유지한다. 그래야 속도가 줄어들지 않는다.

**03.** 발뒤꿈치가 허들을 넘어서면 가능한 한 빨리 뒤쪽 다리를 아래로 내린다.

**04.** 착지한 직후 뒤쪽 다리를 달릴 수 있는 자세로 만들어야 한다.

### 종목 7: 원반던지기

**01.** 원반의 납작한 윗부분을 손바닥에 대고 손가락으로 원반을 감아쥔다. 원반을 든 손을 몸 뒤쪽으로 뻗고 윗몸을 회전시키며 리듬을 탄다.

**02.** 투척 원 뒤쪽에서 앞으로 몸을 한 바퀴 반 돌리며 무게 중심은 한쪽 발에서 다른 쪽 발로 이동시킨다.

**03.** 어깨 높이에서 원반을 던진다. 원반이 회전하며 멀리 날아가기 시작해도 몸을 계속해서 회전시켜야 원 경계 밖으로 튕겨 나가지 않을 수 있다.

### 종목 8: 장대높이뛰기

**01.** 장대 한쪽 끝을 꽉 잡고 하늘 높이 치켜세운다. 크로스바에 가까워지면 장대를 땅 쪽으로 낮춘다.

**02.** 장대를 크로스바 앞쪽에 있는 네모난 박스 안에 찍는다. 장대를 이용해 크로스바 너머로 뛰어오르면 장대가 구부러진다.

**03.** 아래로 내려오면서 장대를 밀어낸다. 그래야 장대가 크로스바를 쓰러뜨리지 않는다.

## 종목 3: 투포환

**01.** 공을 던지는 원 안에 선다. 얼굴은 던지는 방향(투척 원의 앞부분에 있는 흰색 보드로 된 표지)과 다른 쪽으로 돌리고 목과 어깨 사이에 공(금속으로 된 무거운 공)을 밀어 넣은 후 몸을 구부린다.

**02.** 오른쪽에서 왼쪽으로 무게 중심을 이동시키고 왼발을 기준으로 공을 회전시킨다. 왼팔을 앞쪽으로 뻗어 던지고자 하는 방향을 가리킨다.

**03.** 몸의 왼쪽에 힘을 주어 공을 던진다. 다른 선수들보다 더 멀리 보내려 노력한다.

## 종목 4: 높이뛰기

**01.** 점프 지점 전까지 곡선을 그리며 뛰다가 몸을 위쪽으로 솟군다. 위쪽으로 솟아오를 때 다리, 엉덩이 어깨를 비튼다.

**02.** 몸이 수평 막대에 이르면 몸을 뒤쪽으로 구부리고 머리가 먼저 넘어가도록 몸을 민다.

**03.** 몸이 수평 막대를 넘어갈 때 엉덩이를 구부려 다리가 뒤따라 넘어오도록 한다.

**04.** 쿠션이 있는 착지대에 어깨가 먼저 닿도록 한다.

## 종목 5: 400m 달리기

**01.** 출발선에서 자세를 잡는다. 다음엔 100m 달리기에서 설명한 대로 하면 된다.

**02.** 출발을 알리는 총성이 나면 달리기 시작한다. 경기가 끝날 때까지 주어진 레인을 벗어나면 안 된다.

**03.** 전체 거리는 표준 트랙 한 바퀴와 정확히 일치한다. 몸 상태를 잘 조절해 막판에 속도를 올려 멋지게 마무리한다.

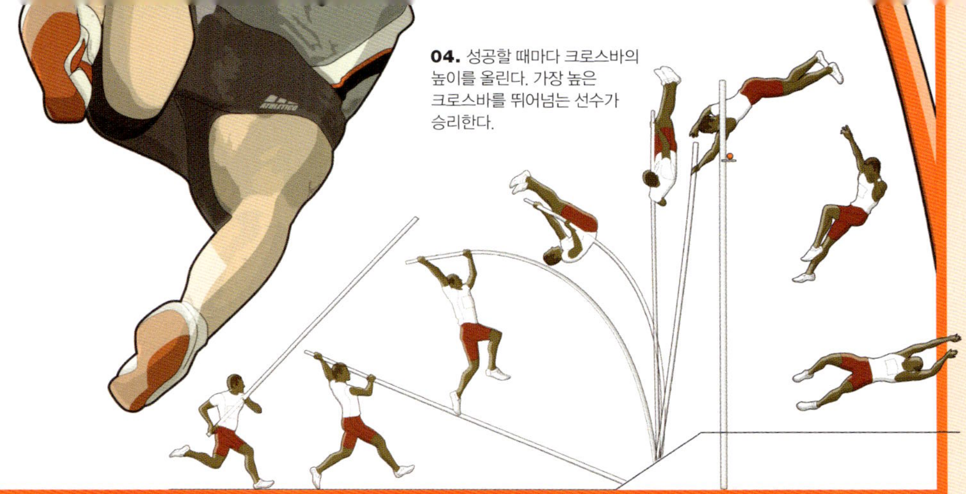

**04.** 성공할 때마다 크로스바의 높이를 올린다. 가장 높은 크로스바를 뛰어넘는 선수가 승리한다.

## 종목 9: 투창

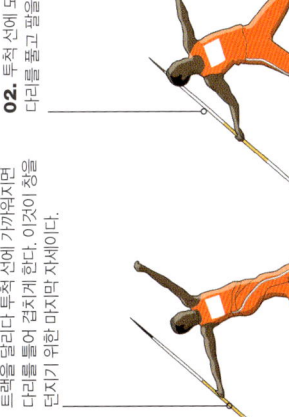

**01.** 어깨 위로 창을 잡는다. 트랙을 달리다 투척 선에 가까워지면 다리를 틀어 겹치게 한다. 이것이 창을 던지기 위한 마지막 자세이다.

**02.** 투척 선에 도착하면 다리를 풀고 팔을 뒤쪽으로 더 당긴다.

**03.** 팔을 앞쪽으로 힘껏 밀어 창을 던진다. 창을 가장 멀리 던지는 사람이 승자이다.

## 종목 10: 1,500m 달리기

**01.** 달리기 시작한다. 첫 번째 커브를 돌고 나면 자유롭게 레인을 가로지를 수 있으니 안쪽 레인으로 이동한다. 그래야 선두 자리를 놓고 다른 선수들과 경쟁할 수 있다.

**02.** 가능하면 일정 지점까지 앞 선수 바로 뒷자리를 유지한다. 바람의 저항으로 인한 에너지 소모를 줄일 수 있다.

**03.** 이제 준비가 됐으면 결승선을 향해 전력 질주한다.

# 최초의 올림픽 챔피언은 누구였을까?

최초의 올림픽 경기는 기원전 776년 그리스에서 개최되었다. 경기 종목은 선수들이 모두 발가벗고 달리는 200m 단거리 경주 딱 하나뿐이었다. 우승한 선수는 코로이보스라 불리는 제빵사였다. 당시 우승한 선수들은 월계관을 받았고 명성을 얻었으며 올림피아에 동상이 세워졌다. 현대 올림픽은 4년마다 한 번씩 개최되며 전 세계에서 선수들이 모여든다. 물론 옷을 제대로 차려입고 경기에 임한다.

## 올림픽의 위대한 영웅들

**루시우스**
고대의 돌에 이 로마 육상 선수의 업적이 다음과 같이 기록되어 있다. "모든 육상 경기에서 우승하고도 남을 실력을 가졌다."

**제시 오언스**
미국 육상 선수로 1936년 올림픽에서 4종목을 우승했다. 그의 멀리뛰기 세계 기록은 25년 이상 깨지지 않았다.

**태니 그레이 톰슨**
가장 위대한 장애인 올림픽 선수 중 하나. 영국인 육상 선수였던 그는 휠체어를 타고 출전해 11개의 금메달을 포함해 총 16개의 메달을 땄다.

**나디아 코마네치**
루마니아 올림픽 기계 체조 선수로 1976년 14살의 나이에 최초로 10점이라는 완벽한 점수를 받았다.

**스티븐 레드그레이브**
영국인 조정 선수로 1980년대, 1990년대, 2000년에 5개의 메달을 따냈다. 이 메달은 모두 팀 전체가 함께 받은 것이다.

**라이사 스메타니나**
1980년대, 이 러시아 스키 선수는 동계 올림픽 메달을 10개나 거머쥔 역사상 최초의 여성이 되었다.

**마이클 펠프스**
미국 수영 선수인 그는 역사상 다른 어떤 선수보다도 많은 14개의 메달을 땄으며 개인 경기에서 가장 많은 메달을 딴 선수로 기록되었다. 2008년 베이징 올림픽에서는 8개의 메달을 땄다.

**1928년부터 올림픽 메달의 앞면에는 항상 승리의 여신이 새겨졌다.**

**올림픽 금메달은 사실상 질 좋은 은으로 만들어진다. 겉면에 매우 얇게 금을 입힌 것뿐이다.**

### 무슨 뜻일까?

체육관의 영어 단어 **김나지움**은 **'발가벗은 채 운동하는 학교'**라는 의미의 그리스어 김노스에서 유래한 것이다. 원래 올림픽에 출전한 선수들은 도전과 경쟁을 통해 기량을 뽐내기 위해 옷을 벗어 던졌다.

### 살짝 엿보기

## 제자리에, 차려, 출발!

**01:** 출발 신호는 총성이 나는 **전자총**을 사용한다. 방아쇠를 당기면 신호가 **소리 발생기**로 전달되고 이 발생기에서 나는 소리는 다시 케이블을 통해 출발선 뒤에 있는 확성기로 전달된다.

**02:** 출발선에는 전자 장치가 되어 있어 선수들의 의도되지 않은 움직임을 감지하고 **출발이 잘못되었을 경우** 이것을 밝혀낸다.

**03:** 결승선에는 **착수 판정 시스템**이 있어 수천 분의 1초까지 시간을 정확히 잴 수 있다. 선수들의 영상이 모니터로 보내져 심판들이 이것을 보고 판정을 한다. 각 선수들 위로 커서를 움직여 가며 측정된 시간 단위를 읽을 수 있다.

## 숫자로 알아보기

**0명**
최초의 근대 올림픽에 출전한 여성 선수의 수

**4년**
올림픽이 열리는 주기

**5개**
올림픽 로고에 있는 원의 개수. 실력을 겨루는 다섯 대륙을 상징한다. 북아메리카와 남아메리카는 하나의 대륙으로 간주한다. 올림픽에 펭귄을 위한 종목은 없으므로 남극은 포함되지 않는다. 아직은 그렇다.

**10살**
올림픽에 출전했던 가장 어린 선수의 나이. 1896년 아테네 올림픽에 출전했던 그리스 체조 선수 디미트리오스 라운드라스의 나이이다.

**72살**
올림픽 메달리스트 중 최고령 선수의 나이. 스웨덴 사격 선수 오스카 스완으로 1920년 은메달을 땄다.

**205개국**
올림픽에 참가할 자격이 있는 국가의 수

**35억 명**
텔레비전을 통해 올림픽을 지켜보는 시청자의 수. 가장 거대한 규모의 방송 중계가 이루어지는데 이를 위해 220개국에서 사람들이 모여든다.

### 하계 스포츠에는 다음과 같은 종목이 포함된다.

■ 양궁 ■ 육상 ■ 배드민턴 ■ 야구 ■ 농구 ■ 복싱 ■ 카누 ■ 사이클 ■ 10종 경기 ■ 다이빙 ■ 펜싱 ■ 필드하키 ■ 축구 ■ 체조 ■ 핸드볼 ■ 경마 ■ 유도 ■ 근대5종 경기 ■ 조정 경기 ■ 보트 ■ 사격 ■ 소프트볼 ■ 수영 ■ 테니스 ■ 탁구 ■ 3종 경기 ■ 배구 ■ 워터 폴로

### 동계 스포츠에는 다음과 같은 것들이 있다.

■ 알파인 스키 ■ 봅슬레이 ■ 크로스컨트리 스키 ■ 컬링 ■ 피겨 스케이팅 ■ 프리 스키 ■ 아이스 스케이팅 ■ 루지 ■ 쇼트 트랙 ■ 스키 점프 ■ 스노 보드 ■ 터보건 썰매 타기

### 경마는 싫어요

1956년 오스트레일리아 올림픽에서 '히힝' 소리를 내는 거친 말은 경기에 입장할 수 없었다. 스웨덴에서는 전염병 확산을 방지하기 위한 격리법에 따라 말을 동원하는 모든 경기는 1만 5,500km 떨어진 곳에서 개최되었다.

## 올림픽 정식 종목은?

올림픽 정식 종목은 계속해서 변한다. 특이하면서 흥미로운 아래의 종목들은 한때 올림픽 정식 종목이었지만 지금은 자취를 감추었다.

**■ 줄다리기 ■ 크로케 ■ 마차 경기 ■ 갑옷 입고 달리기 ■ 무거운 것 매달고 점프하기**

추운 환경, 홍보 부족, 국제 사회의 지원 부족으로 인해 1896년 아테네 올림픽은 처참한 상황에서 진행되었다. 몇몇 육상 선수들은 참가 경비를 자기 돈으로 냈으며 참가 선수들 중에는 그리스에 여행 왔다가 우연히 경기에 참가한 이들도 있었다.

## 올림픽 성화 봉송은 어떻게 이루어질까?

**01.** 특수 거울의 각도를 태양을 향해 맞추어 성화의 심지에 불을 붙인다.

**02.** 보통의 경우 달리기를 통해 그리스 올림피아에서 주최국의 경기장으로 성화를 운반하기 때문에 주자는 건강을 잘 유지해야 한다.

**03.** 달리기 어려운 경우 보트, 비행기, 말, 카누, 낙타 중 하나를 성화 운송 수단으로 선택한다.

**04.** 운송로를 따라 설치된 가마솥 모양의 성화대에 성화를 보관해 두고 밤사이 불이 꺼지지 않도록 관리해야 한다.

**05.** 이제 목적지에 도착한다. 주최국의 주경기장에 도착해 성화대에 불을 붙이기 전, 경기장을 한 바퀴 돌며 기쁨을 만끽한다.

## 기후와 다양한 조건들

### 눈 부족

1964년에는 동계 올림픽을 주최한 인스브루크에 **눈이 충분히 내리지 않았다**. 이로 인해 오스트리아 군대가 봅슬레이와 루지 경기를 위해 **2만 개의 얼음 벽돌을 옮겼다.** 또 스키 슬로프를 만들기 위해 눈 4만 $m^3$를 옮겼다.

### 높은 고도

1968년 멕시코시티에서 하계 올림픽 게임이 개최되었을 때 선수들은 어려움을 겪었다. 선수들은 **해발 고도 2,200m**에서 **호흡 곤란**을 겪었으며 정상 상태보다 **산소가 30% 적은 대기**에 적응하기 위해 많은 고생을 했다.

### 극한 기후

1928년 세인트모리츠라는 스위스 마을에서 동계 올림픽이 개최되었을 때 따뜻한 햇살 때문에 스케이트 경기가 **취소**되는 일이 벌어졌다. 뒤이어 **18시간 동안 폭우**가 쏟아져 모든 경기가 연기되기도 했다.

## 최고 기록은?

- 미국은 **하계 올림픽에서 가장 많은 메달을 획득**한 나라로, 2,400개가 넘는 메달을 획득했다.
- **동계 올림픽에서 가장 많은 메달**을 딴 나라는 노르웨이이다. 거의 300개 가까이 된다.
- 오스트레일리아, 프랑스, 그리스, 스위스, 영국 등은 1896년 근대 올림픽이 시작된 이래 **한 번도 빠지지 않고 출전한 국가**이다.
- 육상, 사이클링, 펜싱, 체조, 수영 등 다섯 종목은 근대 하계 올림픽 경기에서 **한 번도 거르지 않고 치러진 종목**이다.

# 역사

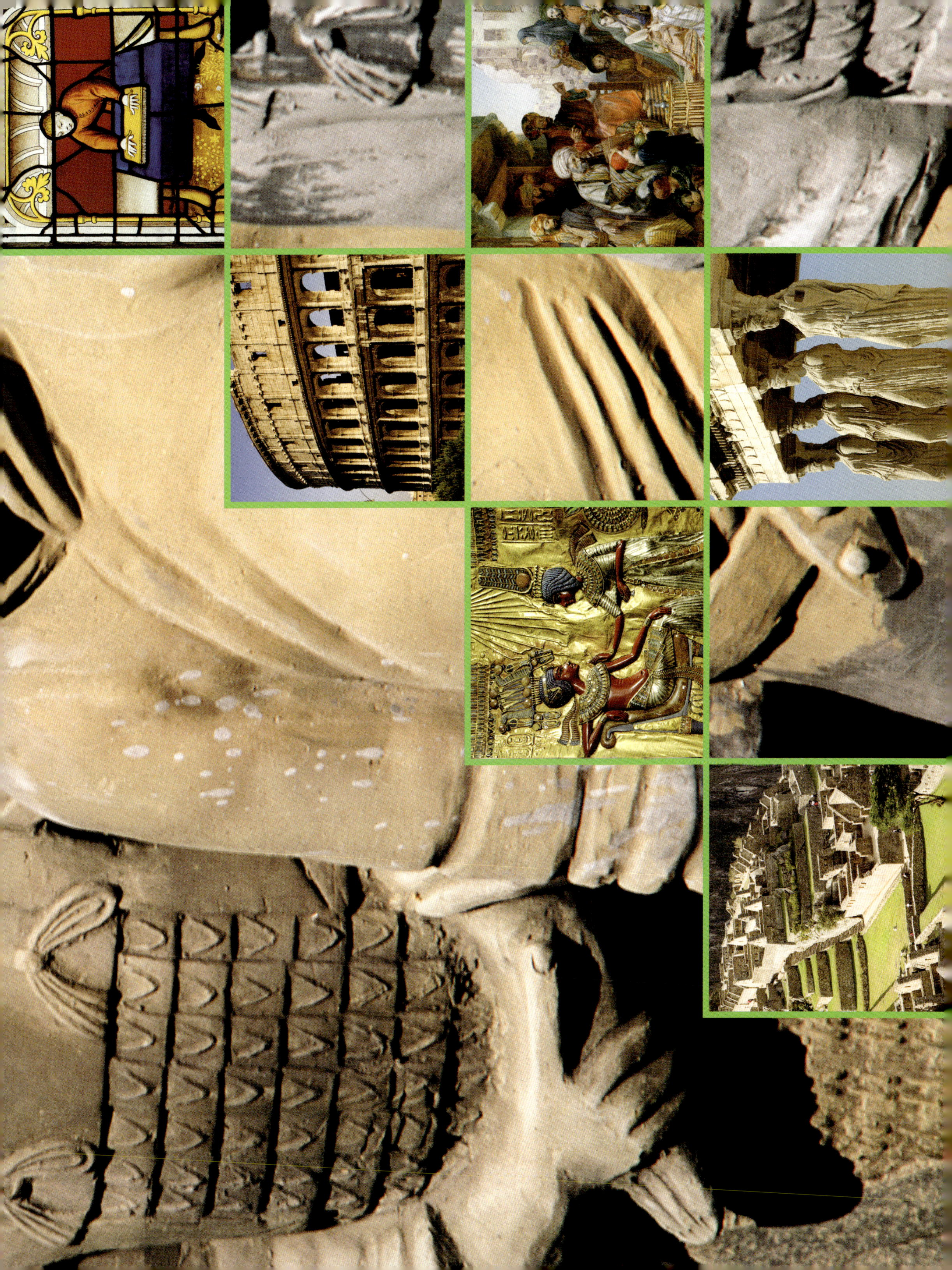

# 파라오는 이집트를 언제 통치했을까?

위대한 고대 이집트 문명은 5,000년 전에 나일 강 유역에 살던 사람들이 농사를 짓기 시작하면서 발흥했다. 3,000년간 이어진 이 문명은 역사상 다른 어떤 문명보다 오래 지속되었다. 정말 놀라운 사실은 이 오랜 세월을 지나면서도 고대 이집트의 예술과 조각, 삶의 방식이 거의 변하지 않은 채로 유지되었다는 것이다.

## 유명한 파라오 여섯 명

**쿠푸**
거대한 피라미드를 건축하라고 명령하였다.

**핫셉수트**
20년간 이집트를 통치했던 강력한 여왕. 의례적으로 파라오들은 가짜 턱수염을 달고 다니기도 하였다.

**아멘호테프 4세**
전통적인 신들을 몰아내고 자신만의 종교를 새로 내세웠다.

**투탕카멘**
1922년 이 소년 파라오의 무덤이 발견되었다. 무덤 속에는 엄청난 부장품이 그대로 보존되어 있었다.

**람세스 2세**
67년간 이집트를 통치하였으며 다른 어떤 파라오들보다 많은 유적과 동상을 세웠다.

**클레오파트라 7세**
역사상 가장 유명한 여성 중 하나. 이집트가 로마에게 패망했을 때 자살했다.

## 숫자로 알아보기

거대한 피라미드는 지구 상에서 가장 큰 석조물이다.

**2.5톤**
거대한 피라미드를 짓는 데 사용된 각 벽돌의 평균 무게

**20년**
피라미드를 짓는 데 걸린 시간

**146m**
지상에서부터 꼭대기까지의 높이

**230m**
네 변의 둘레를 합한 길이

**800km**
채석장에서 건축 장소까지 벽돌이 운반된 거리

**4,000명**
건축하는 데 동원된 노역자의 수

**2300만 개**
건축에 사용된 벽돌의 수

**650만 톤**
피라미드의 무게

## 최고 기록은?

파라오 페피 2세는 통치 기간이 94년이나 된다. 이는 역사상 기록된 것 중 **가장 긴 통치 기간**이다. 그는 기원전 2278년 여섯 살의 나이에 왕좌에 올라 장수를 누리고 기원전 2184년 100살이라는 나이에 사망했다.

## 나일 강

- 범람한 강물은 농지에 물을 공급하는 데 사용되었다.
- 나일 강은 물자를 운반하는 고속도로와 같은 역할을 하였다.
- 이곳에서 물고기를 잡아 식량 문제를 해결하였다.

## 이집트 문자

이집트인들은 약 700개의 제각기 다른 그림 기호로 이루어진 상형 문자를 사용하였다.

## 파라오 살짝 엿보기

**01:** 이집트 왕을 '파라오'라 부른다. 원래는 위대한 집 또는 장소를 가리켰으나 '그곳에 사는 사람'을 뜻하는 것으로 의미가 변하였다.

**02:** 파라오는 살아 있는 신으로 여겨졌다. 왕족의 상징으로 의식용 가짜 턱수염을 달고 다녔다.

**03:** 상 이집트(강의 계곡)와 하 이집트(나일 삼각주)의 단합을 상징하는 흰색 왕관과 빨간색 왕관을 쓰고 다녔다.

## 이집트의 신들

**라**
태양신. 왕위를 나타낸다.

**아몬**
창조의 신. 생식력과 연관되어 있다.

**무트**
아몬의 아내이자 전쟁의 여신

## 미라 만들기

**01.** 사람이 죽은 뒤 가능한 한 빨리 시체를 씻는다.

**02.** 뇌는 쓸모가 없다. 고리를 사용해 콧구멍으로 잡아당겨 뇌를 꺼낸다.

**03.** 내장을 제거하여 유골 단지에 넣어 둔다. 심장에는 영혼이 담겨 있으므로 제거하지 않고 그대로 둔다.

**04.** 몸 내부의 빈 곳에 짠맛이 나는 무기질인 천연 탄산소다를 채워 넣어 습기를 제거한다. 더 많은 천연 탄산소다로 몸 전체를 뒤덮은 다음, 건조되도록 40일 동안 잘 놓아 둔다.

**05.** 기름으로 피부를 문지른다. 몸 내부에 톱밥을 채워 넣고 둥그렇게 뭉친 아마 붕대를 눈구멍에 집어넣어 모양을 잡는다.

**06.** 몸 전체를 아마 붕대로 감싼다. 붕대 사이사이 부적(마법의 주문)을 넣어 사후 세계로 여행하는 동안 미라가 보호받을 수 있게 한다.

## 좀 더 알아보기: 왕국과 왕조

**초기 왕조**
기원전 3100~2686년경
제1대와 제2대 왕조

**고왕국**
기원전 2686~2181년경
제3대~제6대 왕조

**제1중간기**
기원전 2181~2055년경
제7대~제11대 왕조

**중왕국**
기원전 2055~1650년경
제11대~제14대 왕조

**제2중간기**
기원전 1650~1550년경
제15대~제17대 왕조

**신왕국**
기원전 1550~1069년경
제18번대~제 20대 왕조

**제3중간기**
기원전 1069~715년경
제21대~제25대 왕조

**후기 왕조**
기원전 715~332년경
세26대~제30대 왕조
페르시아의 왕들

**프톨레마이오스 왕조**
기원전 333~30년
마케도니아와 프톨레마이오스 왕조

### 무슨 뜻일까?

이집트인들은 자신의 나라를 케메트(Kemet)라고 불렀다. 이는 나일 계곡의 기름진 검은 흙에서 유래한 '검은 땅'을 의미한다. 그들은 또 주변의 사막을 '붉은 땅'이라는 의미의 데슈레트(Deshret)라고 불렀다.

**왕족의 무덤**
피라미드는 4,500년 이전 고 왕국 시기에 살았던 파라오들의 무덤으로 만들어진 것이다.

### 정말 믿을 수 없어!

이집트 귀족 여인들은 궁중에서 가발 위에 솔방울 모양의 향내 나는 동물 기름을 달고 다녔다. 향기를 지닌 기름이 녹으며 자신의 몸에 좋은 냄새가 퍼지게 하기 위해서였다. 남자 여자 모두 눈에 색조 화장을 했다.

이집트인들이 숭배했던 신과 여신은 약 2,000가지에 이른다.

**아누비스**
죽음과 미라의 신으로 자칼의 머리를 하고 있다.

**소베크**
나일 강의 통치자로 악어 머리를 하고 있다.

**오시리스**
죽음과 사후 세계의 신

**이시스**
오시리스의 아내이자 자연과 생식력의 여신

**호루스**
하늘, 빛, 생명의 신으로 매의 머리를 하고 있다.

**세트**
사막, 폭풍, 혼돈, 악의 신

**토트**
지혜와 글쓰기의 신

# 고대 그리스인들은 어떤 사람들일까?

고대 그리스는 단일 국가가 아니었다. 그리스인들은 각기 다른 도시 국가로 에게 해 주변에 살았으며 때로는 서로 치열하게 싸우기도 하였다. 그러나 이들은 동일한 말과 문자, 공통된 신화와 신에 대한 전설을 갖고 있었으며 페르시아를 공동의 적으로 생각했다는 점에서 통일된 공동체라 볼 수 있다.

## 주요 일지

**기원전 2000-1450년**
크레타 섬에 미노스 문명이 번성하였다.

**기원전 1450-1100년**
미케네 문명이 그리스 본토에서 발흥한 후 멸망했다.

**기원전 800-600년**
그리스인들이 흑해 주변, 이오니아, 시칠리아에 식민지를 건설하였다.

**기원전 776년**
올림피아에서 첫 번째 고대 올림픽이 열렸다.

**기원전 750년경**
호메로스가 『일리아드』와 『오디세이아』를 썼다.

**기원전 508년**
아테네 민주주의가 시작되었다.

**기원전 490년**
마라톤 전투가 벌어졌다. 아테네가 페르시아의 침공을 물리쳤다.

**기원전 480-479년**
스파르타와 아테네가 힘을 합쳐 제2차 페르시아 침략을 막아 냈다.

**기원전 450년**
파르테논 신전이 아테네에 세워졌다.

**기원전 441-404년**
스파르타가 승리하면서 도시 국가 간 전쟁이 종결되었다.

**기원전 371년**
테베가 스파르타를 물리쳤다.

**기원전 338년**
마케도니아의 필리포스 2세가 그리스 도시 국가를 매끄럽게 통치하였다.

**기원전 334-300년**
필리포스의 아들 알렉산드로스 대왕이 페르시아를 정복하였다.

### 아테네 정치

- 아테네 사람들은 민주주의(대중들에 의한 지배)라는 새로운 통치 형태를 도입했다.
- **18세 이상의 모든 남성 시민들은 법을 만드는 의회에서 발언하고 투표도 할 수 있었다.**
- 이들은 또 법률 사건을 경청하는 배심원을 구성하기도 한다.
- **1년에 한 번 아테네 사람들은 인기 없는 시민을 도시로부터 추방하기 위해 투표를 했다.**

### 그리스의 여러 장소들

**올림포스 산:** 전설로 내려오는 그리스 신들이 머무는 곳
**델피:** 신탁(지혜로운 예언)을 듣는 장소로 유명하다. 그리스인들이 이곳에서 미래에 대해 예언을 청하였다.
**아테네:** 그리스 민주주의의 탄생지로 도시 국가 가운데 가장 강력한 힘을 갖고 있었다.
**올림피아:** 올림픽 경기가 개최되었던 곳
**스파르타:** 그리스 남쪽에 있던 군사 도시 국가

### 그리스의 신들

**아프로디테**
사랑의 여신

**아폴로**
태양, 치료, 의술의 신

**아르테미스**
달과 사냥의 여신

**아스클레피오스**
의술과 치료의 신

**아테나**
지혜와 전쟁의 여신

**데메테르**
옥수수와 수확의 여신

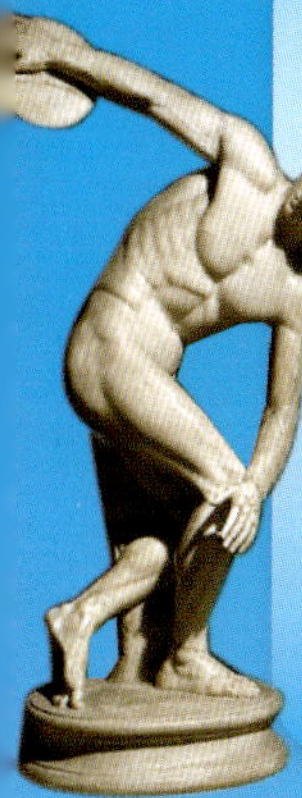

## 고대 올림픽 정식 종목

- 고대 올림픽 경기는 네 개의 육상 경기 중 규모가 가장 큰 축제로 그리스 전역에서 선수들이 모여들었다.
- **정식 종목에는 달리기, 전차 경기, 경마, 복싱, 레슬링, 원반, 창던지기 등이 있었다.**
- 선수들은 발가벗은 채 경기를 치렀다.
- **월계관을 차지하기 위해 서로 경쟁했다.**
- 전쟁이 일어날 경우 사람들은 경기를 치르기 위해 이동하기 어려웠다.

## 정말 믿을 수 없어!

전해 내려오는 유명한 이야기에 따르면 고대 그리스의 3대 비극 시인 가운데 한 사람인 아이스킬로스는 날아가던 독수리가 떨어뜨린 거북이를 머리에 맞고 사망했다. 아마 새가 그의 빛나는 대머리를 거북이 등껍질을 깨는 데 알맞은 바위로 착각했던 것 같다.

## 유명한 그리스인 다섯 명

**아르키메데스**
수학자이자 발명가. 물을 펌프질하는 장치를 개발하였으며 이는 아르키메데스 나선식 펌프로 알려져 있다.

**아리스토텔레스**
자연 세계를 연구한 철학자. 학문과 과학의 역사에서 가장 영향력 있는 인물 중의 하나.

**히포크라테스**
질병에 대해 합리적인 설명이 가능하다고 믿고 다양한 증상에 대해 꼼꼼하게 기록한 내과 의사이다.

**호메로스**
모든 그리스인들은 이 시인의 가장 유명한 작품 '일리아드'와 '오디세이아'를 알고 있다. 두 작품은 트로이 전쟁에 관한 이야기이다.

**소크라테스**
사람이 어떻게 행동해야 하는지에 관심을 가진 철학자. 사형 선고를 받고 독배를 마셨다.

살짝 엿보기

## 알렉산드로스 대왕

**01:** 알렉산드로스는 19살의 나이에 마케도니아의 왕이 되었다.

**02: 페르시아에 대항하기 위해 그리스와 마케도니아의 위대한 군대를 이끌었다.**

**03:** 이집트와 아프가니스탄, 인도 북서쪽에 이르는 광활한 제국의 왕이 되었다.

**04: 그는 70개 이상의 도시를 건설하였으며 이 중 13곳의 명칭은 그의 이름을 따서 붙여졌다.**

**05:** 32살의 나이에 갑작스럽게 요절했다.

### 스파르타의 생활

스파르타는 군사 국가로서 그리스 권력을 둘러싼 경쟁에서 아테네의 가장 큰 라이벌이었다. 소년들은 7살부터 군대 막사에서 생활했으며 소녀들 또한 육상과 체조 훈련을 받았다. 이들을 미래 병사를 낳을 건강한 엄마로 만드는 데 그 목적이 있었다.

## 그리스 건축

**도리아식 기둥**
원통이 굵고 기둥머리에 장식이 없다.

**이오니아식 기둥**
비교적 우아하다. 기둥머리에 두 개의 소용돌이무늬 장식이 있다.

**코린트식 기둥**
아칸서스 나뭇잎 모양의 우아한 조각이 새겨져 있다.

그리스 신 판(Pan)은 반은 사람, 반은 염소였다. 그는 리드파이프 세트(팬파이프)를 연주하였는데 사람들이 그를 보면 엄청난 공포에 사로잡히게 되었다. 이로부터 '당황'과 '공황'을 뜻하는 패닉(panic)이라는 말이 나왔다.

**디오니소스**
포도, 연극, 풍요의 신

**하데스**
지하 세계의 신

**헤라**
제우스의 아내, 여성의 보호자

**헤르메스**
신들에게 연락을 전하는 전령

**포세이돈**
바다와 지진의 신

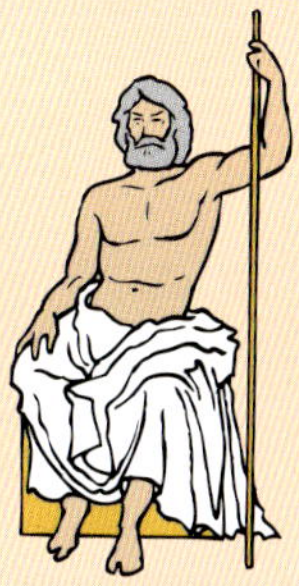

**제우스**
신들의 제왕, 하늘의 지배자

# 로마 제국은 얼마나 거대했을까?

서기 80년에 **콜로세움**의 개장을 축하하기 위해 개최된 **경기**에서 오후 한나절에 **5,000마리의 동물**이 죽었다.

로마 제국은 2세기경 영토가 가장 넓었을 당시, 서쪽의 스페인에서 동쪽의 카스피 해까지 4,000km, 그리고 북쪽으로는 영국에서부터 남쪽으로는 이집트까지 세력을 확장했다. 물론 모두가 하룻밤 사이에 이루어진 것은 아니다. 로마가 작은 마을에서부터 거대한 힘을 가진 제국으로 성장하기까지 700년 이상이 걸렸다.

## 주요 일지

**기원전 753년**
전통적으로 로마가 건국된 시기로 알려져 있다.

**기원전 509년**
로마 사람들이 왕을 몰아내고 공화국을 건설하였다.

**기원전 272년**
로마가 이탈리아 전역을 정복하였다.

**기원전 145년**
로마의 권력이 지중해의 많은 지역으로 뻗어나갔다.

**기원전 88–31년**
일련의 시민 전쟁으로 인해 로마 공화국이 약화되었다.

**기원전 44년**
로마의 독재자 카이사르가 암살되었다.

**기원전 27년**
아우구스투스가 로마 최초의 황제가 되었다.

**117년**
로마 제국의 영토가 가장 광활하던 시기이다.

**286년**
디오클레티아누스가 로마를 동쪽과 서쪽으로 반씩 나누었다.

**324년**
콘스탄티노플이 동쪽의 새로운 수도가 되었다.

**410년**
서고트 족(야만인)이 로마를 약탈했다.

**475년**
서로마 제국이 멸망했다.

## 검투사의 종류

검투사는 콜로세움의 관중들에게 재미를 주기 위해 사람 죽이는 기술을 훈련받았다. 칼로 무장한 채 싸우지만 경우에 따라 다른 무기와 전술로 싸우는 방법을 전문적으로 훈련받았다.

**에쿠스**
말을 탄 채 창과 검으로 싸운다.

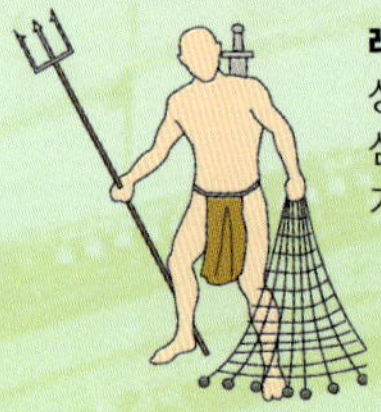

**레티아리우스**
상대방을 잡기 위해 삼지창, 단검, 그물을 가지고 싸운다.

**베스티아리우스**
창으로만 무장한 채 맹수와 싸운다.

**호플로마쿠스**
커다란 헬멧, 팔과 다리 보호대 등으로 중무장을 하고 싸운다.

**세쿠토르**
직사각형의 방패와 검을 가지고 싸운다. 종종 무르밀로와 겨루기도 한다.

**다마카이루스**
양손에 검을 하나씩 들고 싸운다.

**무르밀로**
물고기 모양으로 장식된 투구를 쓰고 싸운다.

**트락스**
트라키아식으로 구부러진 검을 가지고 싸운다.

**라쿠에리우스**
밧줄과 올가미를 무기로 사용한다.

**피로 얼룩진 행사**
콜로세움에서 벌어지는 **목숨을 건 검투사 간의 혈투**, 모의 해전, 그리고 죽음으로 끝나는 이국적 야생 동물과의 싸움을 구경하려고 8만 명에 이르는 관중이 모여들었다.

## 로마식으로 음식 먹기

- **로마인들은 의례적 만찬에서 긴 의자에 비스듬히 기댄 채 음식을 먹었다.**
- 음식은 보통 달걀과 해물로 시작해서 과일로 끝난다. 사이사이에 달걀 고명을 얹은 새 요리와 아스파라거스, 또는 꿀과 양귀비 씨를 뿌린 동면쥐 요리가 나왔다.
- **로마인들은 음식 위에 가람이라는 생선 소스를 자주 뿌렸다. 우리가 케첩을 사용하는 것과 같다.**
- 식사가 끝나면 트림을 하는 것이 예의였다.

## 정말 믿을 수 없어!

로마 사람들은 길거리에 있는 기다란 돌 벤치에 다른 사람들과 함께 앉아 대소변을 보았다. 돌 벤치에는 구멍이 일렬로 나 있었으며 구멍을 통해 볼일을 보는 동안 함께 수다를 떨기도 했다.

## 토가 입기

**01.** 왼쪽 어깨 위로 토가 한쪽 끝을 늘어뜨려 왼쪽 발 앞까지 흘러내리게 한다.

**02.** 중간쯤에서 토가를 잡고 오른팔 아래 허리 높이로 가져간다.

**03.** 몸 앞으로 느슨하게 들어 올린다. 토가의 나머지를 왼쪽 어깨 너머로 던져 넘긴다.

**04.** 주름을 깔끔하게 정돈하고 오른쪽 끝을 잡아당겨 왼팔 위 앞 우아하게 건다.

경고! 만일 토가 입는 것을 도와줄 시종이 없다면 토가 입는 것을 포기하는 것이 좋을 것이다.

## 끔찍했던 황제 다섯 명

침울한 편집 증세가 있어 적들을 염탐하였다. 결국 카프리 섬으로 떠나 은둔했으며 그곳에서 절벽 밑으로 사람들을 밀어 떨어뜨렸다고 전해진다.

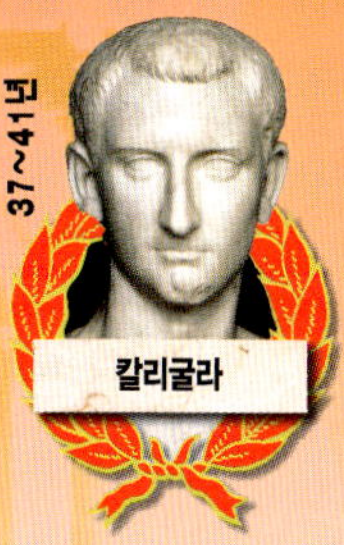


티베리우스의 손자이며 잔인한 성격으로 유명하다. 아마 제정신이 아니었던 것 같다. 그는 자신의 말을 원로원 의원으로 추대하려고 하였다.

자신의 어머니를 살해한 혐오스러운 괴물이다. 실력이 엉망인데도 음악가라는 자만심에 차 있었다.

검투사 혈투에 중독되어 있었으며 스스로 경기장에 들어가 싸우기도 하였다. (상대편 검투사는 끝이 뭉툭한 검을 갖고 있었다.)

변장과 충격적인 행동을 즐겨 했다. 한 파티에서는 손님들에게 너무 많은 장미를 뿌려서 사람들이 질식하기도 했다.

로마인들은 자갈과 석회와 화산재를 섞어 만든 콘크리트를 발명했다.

## 강건했던 황제 다섯 명

자신을 황제에 등극시킴으로써 시민 전쟁과 공화정으로 인한 혼란에 종지부를 찍었다. 오랫동안 지속될 수 있는 강하고 효율적인 정부를 만들었다.

제국을 두루 돌아다니면서 국경을 튼튼히 했다. 픽트인(영국 북부에 살던, 스코트 족에게 정복당한 고대인들)을 막아 낼 방어벽으로 영국에 하드리아누스 성벽을 쌓았다.

철학에 조예가 깊었던 황제이며 유명한 『수상록』을 저술하였다. 그가 저지른 가장 큰 실수는 코모두스를 자신의 후계자로 정한 것이었다.

군대를 재정비하고 제국을 통치하기 쉽도록 두 개로 나눈 장군이다. 퇴위 후 조용히 물러나 사람들을 놀라게 했다.

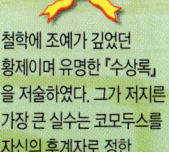

최초의 기독교인 황제로서 두 번째 수도 콘스탄티노플(오늘날의 이스탄불)을 세웠다.

## 로마의 군대

**레기오나리(Legionary, 군단병)** 보통의 보병이다. 로마 시민들로 구성되었으며 입대 기간이 20년에서 25년 정도 되었다. 방패, 검, 단검 등으로 무장하였다.

**콘투베르니움(Contubernium, 분대)** 분대장(decanus)이 통솔하였으며 8명의 군단병이 한 분대를 구성하였다.

**켄투리아(Century, 백인대)** 10개의 분대(80명)가 한 백인대를 구성하였다.

**켄투리온(Centurion, 백인대장)** 로마 군단병의 초소 단위인 켄투리아(백인대)의 지휘관

**코호르트(Cohort, 중대)** 보통 6개의 켄투리아로 구성된다.(480명)

**레기온(Legion, 대대)** 10개의 코호르트로 이루어진다.(약 5,000명)

**레가테 (Legate, 군사령관)** 레기온을 통솔하는 장교

**시그니페르(Signifer, 기수)** 진쟁터에서 레기온의 은 독수리 깃발을 들고 다닌다.

**코르니켄(Cornicen, 나팔수)** 전투가 진행되는 동안 명령 신호를 보내기 위해 나팔을 부는 나팔수

**기병(Cavalry soldier)** 창과 방패를 들고 말 위에서 싸운다. 이들은 대부분 로마 시민이 아니며 외국에서 징집해 온다.

로마인들은 도시로 물을 끌어오기 위해 **수로**를 건설하였다. 로마 수로 중 하나는 70km 떨어진 곳까지 물을 운반하기도 하였다.

# 중국은 얼마나 오래됐을까?

## 좀 더 알아보기: 중국의 왕조

**商 상나라**
기원전 1766~1046년

**周 주나라**
기원전 1046~221년

**春秋 춘추 시대**
기원전 770~476년

**戰國 전국 시대**
기원전 475~221년

**秦 진나라**
기원전 221~206년

**漢 한나라**
기원전 206~서기 220년

**三國 삼국 시대**
220~581년

**隋 수나라**
581~618년

**唐 당나라**
618~907년

**五代十國 오대십국**
907~960년

**宋 송나라**
960~1279년

**元 원나라**
1279~1368년

**明 명나라**
1368~1644년

**淸 청나라**
1644~1911년

전통적으로 중국의 역사는 약 4,000년 전인 상나라부터 시작되는 것으로 본다. 하지만 중국 문명은 이보다 훨씬 전부터 시작되었으며 중국 북부에 있는 황허 강에서 농사가 시작된 약 9,000년 전으로 거슬러 올라간다. 상나라는 1911년까지 계속 이어진 제국 중 첫 번째로 건립된 나라였다.

### 최초의 시험

중국은 세계에서 처음으로 공무원을 선발하기 위해 **고시라는 필기 시험 제도**를 도입한 나라이다. 고시는 72시간 동안 지속되었고 수험생들이 시험을 마치고 나면 시험관이 이들의 답안지를 다시 베껴 적었다. 이들의 글씨체를 채점자들이 알아보지 못하도록 하기 위해서였다.

## 종이 만들기

전해 오는 이야기에 따르면 한나라의 환관이었던 채륜이 104년에 종이를 발명하였다. 여기에 그가 종이를 만든 방법을 소개한다.

**01.** 다량의 해진 천, 뽕나무 속껍질, 대나무 조각 등을 모은다.

**02.** 이것을 물에 푹 담그고 모든 섬유질이 분쇄될 때까지 나무망치로 완전히 찧는다.

**03.** 이 혼합물을 성기게 짠 천에다 붓고 걸러 물이 빠져 나가게 한다. 그러면 섬유질은 천 위에 남게 된다.

### 거북이 등껍질로 점치기

상나라의 왕들은 신에게 "이 전쟁에서 이길 수 있을까요?"라는 질문을 던지기 위해 거북이 등껍질을 사용하였다. 소 뼈나 거북이 등껍질에 질문을 쓴 뒤 금이 생길 때까지 열을 가했다. 갈라진 틈의 모양에 따라 답이 정해졌다.

## 중국의 발명품

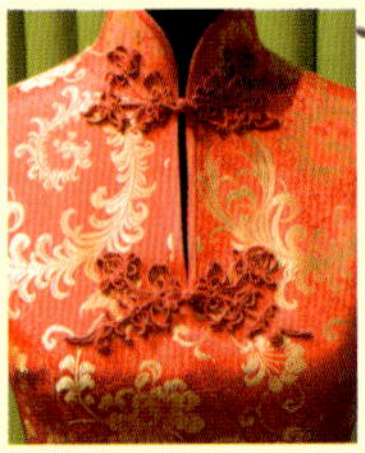

**기원전 1100년** 비단

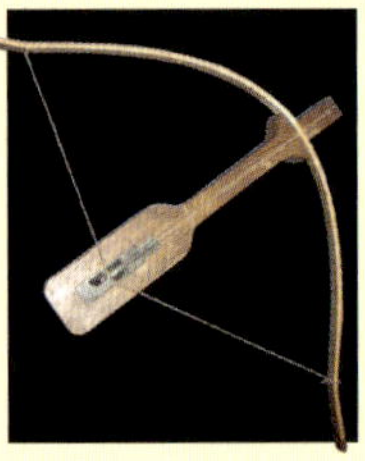

**기원전 500년** 활

**기원전 100년** 철, 쟁기

## 주요 일지

**기원전 600년** 중국에서 처음으로 상형 문자를 사용하기 시작했다.

**기원전 600년** 중국에서 처음으로 철이 사용되었다.

**기원전 551–479년** 철학자이자 교육자인 공자가 생존한 시기이다.

**기원전 221년** 진시황이 중국을 통일하여 최초의 제국이 탄생하였다.

**기원전 100년** 한나라가 중국의 국경을 서쪽으로 확장하였으며 지중해까지 연결되는 해외 무역 항로인 비단길을 건설하였다.

**610년** 중국의 북쪽과 남쪽 간에 물자를 운반하기 위한 대운하가 완성되었다. 총 길이가 1,770km에 이른다.

**1000년** 송나라에서 과학과 기술이 번성하였다.

**1275년** 베네치아 탐험가인 마르코 폴로가 몽골 제국 쿠빌라이 칸의 황궁에 도착하였다.

**1368년** 농민 지도자 주원장이 몽골을 물리치고 명나라의 첫 번째 임금이 되었다.

**1644년** 만주족 몽고인이 베이징을 점령하고 청나라를 세웠다. (1911년까지 이어졌다.)

**04.** 섬유질 혼합물을 얇고 반듯하게 잘 편다.

**05.** 햇빛에 잘 마르도록 둔다. 마르고 나면 종이를 떼어 내고 붓과 먹물을 사용해 글을 쓰면 된다.

### 살짝 엿보기

## 자금성

**01:** 명나라의 황궁으로 베이징에 지어졌다.

**02:** 짓는 데 15년 걸렸으며 100만 명 이상의 일꾼이 동원되었다.

**03:** 세계에서 가장 큰 궁궐이다. 차지하고 있는 총면적이 75헥타르이며 10m 높이의 담장과 6m 깊이의 해자(성 주위에 둘러 판 연못)로 둘러싸여 있다.

**04:** 980채의 건물과 9,000개의 방이 있다.

**05:** 명나라 황제 14명과 청나라 황제 10명, 총 24명의 황제가 기거했다.

## 진시황에 대한 다섯 가지 사실

- 영정이 진나라의 왕이 되었을 때 중국은 7개의 국가로 나뉘어 전쟁을 하고 있었다. 그는 이들을 모두 정복한 후 기원전 221년 자신을 중국의 진시황(최초의 황제)이라고 칭했다.
- **그는 중국을 단일 국가로 만들기로 결심하였다. 모든 사람들은 같은 법에 복종하고 같은 문자를 사용해야 하며 같은 동전과 도량형을 사용하도록 했다.**
- 그는 외세의 침략에 대비해 길이 1,600km 이상 되는 토성의 건축을 명하였다. 이것이 바로 중국의 만리장성이다.
- **단 한 가지 진시황이 두려워한 것은 죽음이었다. 그는 신하들로 하여금 영생을 얻을 수 있는 불로초를 찾아 일본의 섬들을 돌아다니도록 했다.**
- 진시황의 거대한 무덤을 만들기 위해 36년간 70만 명이 동원되었다. 높이는 60m에 이르고 수도를 조그맣게 복제한 모형이 무덤 속에 들어 있다고 전해진다.

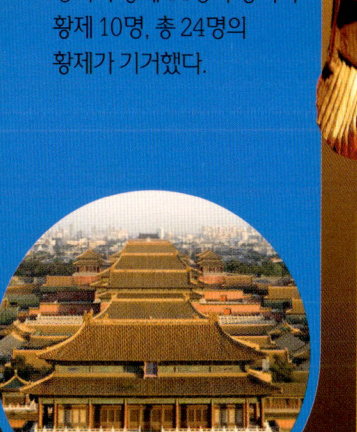

### 병마용

진시황의 무덤 근처에 묻혀 있는 흙으로 만든 군사이다. 7,000명의 흙으로 만든 병사, 600필의 말, 100개 이상의 나무 전차들이 죽은 황제를 보호하기 위해 만들어졌다.

시기는 대략적으로 나타낸 것이다.
중국의 많은 발명품들이 유럽의 유사한 발명품보다 500~600년 앞선다.

**200년** 목판 인쇄

**500년** 외륜선

**600년** 자기

**600년** 불꽃놀이와 화약

**950년** 나침반

### 바다에 대한 모든 것

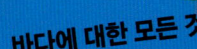

1405년 **중국의 장군 정화**는 인도양 주변으로 중국의 교역과 영토를 확장하기 위해 원정에 나섰다. 그의 함대는 200척 이상의 배와 28,000명 이상의 군사들로 구성되었다.

# 고대 아메리카 사람들은 어떻게 살았을까?

중앙아메리카의 마야, 아즈텍, 페루의 잉카 사람들은 뛰어난 문명을 이룩했으나 1500년대 스페인 침략자들에 의해 짓밟혔다. 이들은 고대 아메리카에서 지속되던 인간 문명의 오랜 역사의 마지막 목격자로 남게 되었다.

## 마야 공놀이 게임 하기

**01.** 기다랗고 좁으며 한쪽 면은 경사진 돌로 만든 경기장이 필요하다. 구멍이 뚫린 돌을 담장에 고정한다.

**02.** 젊은 성인 남자들로 두 편을 나눈다.

**03.** 선수들은 공을 항상 공중에 떠 있도록 팔꿈치, 무릎, 엉덩이로 쳐야 하며 절대 손을 사용하면 안 된다.

**04.** 마지막으로 작고 딱딱한 고무공을 구멍에 집어넣는다. 공을 넣는 것은 매우 어려워 한 경기에 여러 시간이 걸릴 수도 있다.

**05.** 한쪽이 점수를 내면 게임이 끝난다. 승자는 성대한 잔치를 즐기고 패자는 신에게 제물로 바쳐진다.

## 정말 믿을 수 없어!

마야인들은 멋진 남성적 외모를 위해 무엇보다 중요한 것으로 편평하고 기다란 머리 모양을 꼽았다. 아이가 태어나 며칠이 지나면 아이 머리를 나무로 된 판자 사이에 끼워 원하는 모양으로 만들고자 했다. 성인의 이는 옥으로 다듬거나 무늬를 넣었다. 이들은 또 귀에도 장식을 했다. 이 모든 것이 남성적인 매력에 중요한 것으로 간주되었다.

## 마야 문명에 대한 다섯 가지 사실

- 마야 사람들은 오늘날의 과테말라와 유카탄(멕시코)에 해당하는 지역의 작은 도시 국가에서 서기 250~900년 무렵 살았다. 이들의 왕은 '쿨 아하우'(최고의 신성한 지배자)라 불렀다.
- **그들은 이웃과 전쟁을 벌였다. 정벌한 기록을 '돌 나무'라고 알려진 정교하게 조각된 판에 상형 문자로 기록하였다.**
- 돌을 사용해 커다란 피라미드를 만들었는데 여기에서 의식을 거행하고 신이 요구하는 인간 제물을 바쳤다. 희생자는 전쟁 포로, 노예, 어린아이들이었다.
- **몇몇 의례 행위에는 고통스럽게 자기 몸을 학대하는 의식이 포함되기도 했다. 이때 가오리 뼈로 혀에 구멍을 내 최면 상태에 빠지기도 했다.**
- 이들은 해, 별, 행성들을 정확하게 관찰한 뒤 이것에 기초해 복잡한 달력을 만들었다.

## 사막의 선

**01:** 2,000년 전 페루의 나스카 문화는 사막에 신비한 문양을 그려 놓았다.

**02:** 이들은 일련의 선으로 구성되어 있으며 어떤 선은 길이가 300m에 달하기도 하였다.

**03:** 공중에서 내려다보아야 이 문양이 보인다.

**04:** 몇몇은 동물을 묘사하고 있다. 예를 들어 벌새, 원숭이, 콘도르, 거미 등이 있다. 추상적이고 기하학적인 문양을 나타내는 다른 것들도 있다.

**05:** 이 선들이 무엇을 의미하는지 아무도 모른다. 몇몇 역사학자들은 이들이 천문학적 달력의 일부라고 믿고 있으며 한편으로는 관개 시설과 관련 있다고 생각하고 있다.

살짝 엿보기

# 아즈텍의 신들

아즈텍 신앙에는
100명 이상의 신이 있다.

**찰치우틀리쿠에**
호수와 개울의 여신

**치추아코아티**
풍요와 탄생의 여신

**코아티쿠에**
생명과 죽음의 여신

**캐찰코아틀**
뱀의 모양을 한 바람의 신

**틀랄록**
생명이 자라게 하는 비의 신

**시페 토텍**
봄과 경작의 신

**호치퀘찰**
감각적인 사랑, 쾌락,
예술의 여신

## 초콜릿 맛이다!

❖ 아즈텍 사람들은 코코아나무 열매로 만든 초콜라티라 불리는 쓰고 매운 음료를 마셨다.

❖ 코코아는 중앙아메리카의 우림 지역에 있는 마야인에 의해 처음으로 경작되기 시작했다.

❖ 열매는 화폐로 사용되었다. 10개가 있으면 토끼를 살 수 있고 100개가 있으면 노예를 살 수 있었다.

❖ 아즈텍 사람들은 초콜릿이 신 케찰코아틀에 의해 지구로 내려왔다고 믿었다.

❖ 아즈텍 왕 몬테수마 2세가 스페인 침략자 코르테스에게 금으로 만든 잔에 초콜릿을 대접했다고 전해진다.

❖ 코르테스는 스페인으로 돌아갈 때 코코아 열매를 가져갔다. 스페인 사람들은 초콜릿이 어디서 왔는지 절대 발설하지 않았다.

## 아즈텍 문명에 관한 다섯 가지 사실

**아즈텍(서기 1300~1519년) 사람들은 스페인 군인들이 도착하기 전 멕시코를 지배했던 마지막 사람들이다.**

이들은 신에게 제물로 바칠 전쟁 포로를 잡고 이웃나라에 공물을 요구하기 위해 지속적으로 전쟁을 했다.

**병사들은 자신들이 잡은 포로의 숫자가 표시된 매우 정교한 복장을 수여받았다.**

아즈텍의 마지막 통치자는 몬테수마 2세이다. 그는 스페인 지휘자 에르난 코르테스가 인간의 형상을 한 신 케찰코아틀이라는 소문을 믿고 그들을 자신의 궁전으로 초대했다.

**치명적 실수였다. 스페인 사람들은 몬테수마를 감옥에 가두고 그의 제국을 정복하였다.**

### 잃어버린 도시

잉카 도시 **마추픽추**는 잘 보이지 않도록 산의 능선에 자리 잡고 있어 스페인 사람들이 페루를 정복했을 때에 이를 미처 발견하지 못했다. 약 40만 명의 여행객이 매년 이 도시를 방문한다.

## 잉카에 대한 다섯 가지 사실

**잉카 제국(서기 1200~1532년)은 에콰도르에서 칠레의 중앙까지 안데스 산맥을 따라 4,800km에 걸쳐 뻗어 있었다.**

잉카 사람들은 금을 좋아했다. 금을 '태양의 땀'이라 불렀으며 은을 '달의 땀'이라 불렀다.

**잉카 사람들은 제국 전체에 물자 수송, 군대 이동, 신속한 연락을 위해 4만 km의 도로를 건설하였다.**

이들은 아이들을 위해 바퀴 달린 장난감을 만들었지만 바퀴 달린 카트는 사용하지 않았다. 대신 다리가 튼튼한 야마(안데스 산맥의 고지대에 살고 있는 낙타과의 가축)와 알파카를 이용해 가파른 산악로로 물자를 운송했다.

**'키푸'라는 결승문자로 기록을 남겼다. 중심 끈에 갖가지 색깔의 매듭 끈을 매었는데, 끈의 색깔과 매듭의 숫자가 제품이나 공급 물자의 양과 특성을 나타냈다.**

# 바이킹족은 어떻게 살았을까?

바이킹은 노르웨이, 스웨덴, 덴마크 등에서 온 뱃사람들이다. 이들은 서기 800년 이전부터 영국, 아일랜드, 프랑스 해변에서 약탈을 시작했으며, 이후 그곳에 정착해 농부나 상인이 되었다. 몇몇 바이킹은 대서양을 넘어 아이슬란드, 그린란드, 북아메리카까지 항해하였다. 러시아의 커다란 강을 따라 흑해까지 이동한 바이킹도 있었다.

## 정말 믿을 수 없어!

2007년에 어떤 아버지와 아들이 금속 탐지기를 사용해 땅속에 묻혀 있던 금과 은으로 된 바이킹 공예품을 출토했다. 600개의 동전은 150만 달러의 가치가 있는 것으로 추정되었다. 이것들은 프랑스의 수도원에서 약탈한 은 그릇 속에 숨겨진 채로 영국에 묻혀 있었다.

## 좀 더 알아보기: **바이킹 복장**

## 이야기 시간

기나긴 겨울밤에 음유 시인들이 왕궁 연회에서 분위기를 돋우기 위해 유명한 전사의 모험이나 신화에 관한 이야기를 했다.

**이 시들이 대대손손 전해 내려오고 있다.**

1200년대 스칸디나비아 사람들은 대부분 기독교인이 되었다. 아이슬란드의 시인이자 역사학자인 스노리 스툴루손은 이 신화가 잊힐까 염려하여 책을 썼다. 이것이 '에다' 전집이다.

**비슷한 시기 약 40개의 아이슬란드 가문의 역사에 대한 이야기도 기록되었다. 〈사가(Sagas)〉라 불리는 이 기록에는 아이슬란드에 초기에 정착한 바이킹의 이야기가 들어 있다.**

## 바이킹 배 만들기

**01.** 참나무로 용골(배 아래쪽 선수에서 선미까지 걸쳐 있는 기다란 나무)을 깎아 다듬는다.

바이킹 뱃사람들은 지도나 나침반이 없었다. 그들은 **태양**과 **별**의 위치, **바람**의 방향을 관찰해서 **대양에서 길을 찾았다.**

**02.** 배 측면을 만들 때 뱃전판(옆쪽에 대는 목재)을 겹쳐 사용해 배를 튼튼하게 만든다.

**03.** 타르와 동물의 털을 섞어 만든 혼합물을 이용해 뱃전판 사이의 틈을 방수 처리한다.

**04.** 양 측면을 따라 노를 설치할 구멍을 만든다. 그래야 바람이 없는 날에도 항해를 할 수 있다.

**05.** 배의 중앙에 돛대를 세워 양모로 만들어진 네모 모양의 돛을 단다. 밤에는 돛을 내려 텐트로 사용해 혹독한 날씨를 견뎠다.

# 북유럽의 신들

**오딘**
전쟁의 신으로 전투에 전사한 병사들을 모아 자신의 궁전인 발할라로 데려갔다고 전해진다.

**토르**
묠리르라는 철퇴로 무장하고 있으며 거인과 용으로부터 아스가르드(신들이 사는 곳)를 방어하는 천둥의 신

**로키**
토르의 동반자이며 못된 행동을 하고 때로는 끔찍한 짓을 저질러 다른 신들을 곤경에 빠뜨린다.

**프레위르**
풍요의 신이며 태양과 비를 조절한다. 바이킹의 곡물들이 잘 자라도록 돌보는 것이 그의 책임이다.

**프레이야**
프레위르의 쌍둥이. 사랑의 여신이다. 마술을 통해 팔콘의 피부로 바꾸어 새로 변할 수 있다.

## 약탈의 계절

"지독히도 불길한 전조…… 거대한 회오리 바람, 번쩍번쩍하는 번개, 공중에 날아다니는 사나운 용" 한 수도사가 잉글랜드 북동쪽에 있는 린디스판 수도원에 처음으로 바이킹이 침략했던 당시를 묘사한 것이다.

바이킹 전함은 여름마다 찾아와 잉글랜드, 스코틀랜드, 아일랜드의 해안가를 약탈한 후 전리품을 가지고 본국으로 돌아간다.

그들은 이어 프랑스 해안가를 약탈했으며 강을 따라 내륙 지역도 침략했다. 파리는 5~6번이나 침략당했으며 불에 휩싸이기도 했다.

바이킹 약탈자들은 기다란 양날 검과 전투용 도끼로 무자비하게 공격했다. 그들은 원뿔 모양의 철로 된 투구를 썼다. 하지만 뿔은 없었다. 투구에 달린 뿔은 단지 19세기에 만들어진 이야기에 불과하다.

이들은 주로 수도원을 집중적으로 공격했는데 수도원은 보통 무방비 상태에다 귀중한 물품도 많았기 때문이다.

## 주요 일지

**790년대** 서유럽에서 바이킹 약탈이 시작되었다.

**841년** 아일랜드 더블린에 바이킹이 정착하기 시작했다.

**856–857년** 바이킹이 처음으로 파리를 공격하기 위해 센 강을 따라 올라갔다.

**860년대** 스웨덴 바이킹이 러스(러시아와 우크라이나)에서 노보고르드와 키예프를 발견하였다.

**870년** 노르웨이 농부가 아이슬란드에 정착하였다.

**886년** 잉글랜드 동부가 덴마크의 지배를 받았다.

**900년** 바이킹이 지중해 연안을 따라가며 약탈하였다.

**911년** 바이킹 수장 롤로가 프랑스 땅(노르망디)을 하사받았다.

**941년** 러스의 바이킹이 콘스탄티노플(이스탄불)을 공격하였다.

**986년** 붉은 에릭이 그린란드에 정착하였다.

**1000년** 라이프 에릭손이 뉴펀들랜드 해변을 탐험하였다.

## 룬 문자로 글쓰기

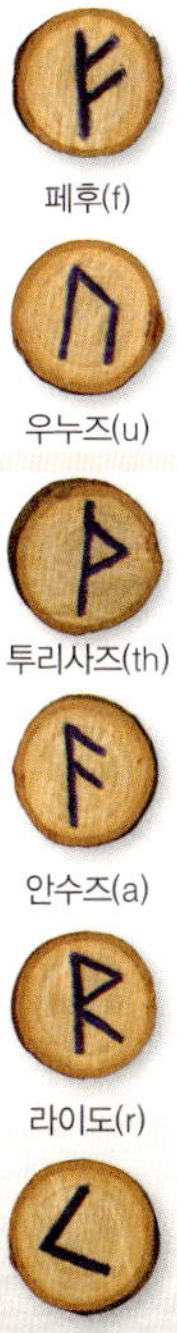


바이킹은 룬 문자(나무나 돌에 조각할 수 있도록 특별히 디자인된 문자)를 사용하였다.

**그들은 기념비에 룬 문자를 사용해 명문을 새겼으며 몸을 비트는 용이니 큰 뱀을 형상화하여 이것을 장식했다.**

할프단이란 불리는 바이킹 전사들이 콘스탄티노플(이스탄불)까지 쳐들어가 성 소피아 성당의 대리석 평판에 자신들의 이름을 새겼다. 지금도 그곳에 가면 이것을 볼 수 있다.

**룬 알파벳의 이름 푸타르크(futhark)는 첫 여섯 글자의 이름을 합쳐 만든 것이다. 페후(f) 우누즈(u) 투리사즈(th) 안수즈(a) 라이도(r) 카나즈(k)가 그 여섯 글자이다.**

## 가자 서쪽으로!

붉은 에릭은 982년 살인죄로 아이슬란드에서 추방당했다. 3년 후 귀환하여 자신이 그린란드라고 부르던 땅에 대한 이야기를 들려주었다. 새로운 식민지를 개척하기 위해 약 1,000명이 그곳으로 출발하였으며 이후 300년 동안 번성하였다.

1000년에 라이프 엑릭슨이 그린란드로 항해를 해 빈랜드라 부르던 장소에 상륙하였다. 고고학자들은 이것이 오늘날의 뉴펀들랜드라 생각하고 있으며 결과적으로 그는 아메리카에 도착한 최초의 유럽인이 되었다.

## 무슨 뜻일까?

대부분의 연대 기록자들은 바이킹을 **노스먼**(Northmen)이라 부른다. 그들이 북쪽에서 왔기 때문이다. '바이킹'이란 이름은 작은 물줄기를 의미하는 스칸디나비아 말 비크에서 유래했다.

돛대

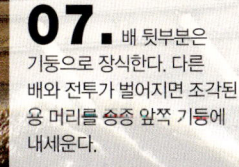

**06.** 조타 노를 배의 오른쪽이나 배의 조종판 쪽에 부착한다. 조종판(스티어링 보드)은 이후 배의 우현을 의미하는 '스타보드'라는 말의 기원이 되었다.

**07.** 배 뒷부분은 기둥으로 장식한다. 다른 배와 전투가 벌어지면 조각된 용 머리를 승증 앞쪽 기둥에 내세운다.

# 중세는 언제부터 언제까지일까?

유럽에서 로마가 붕괴된 이후 이른바 '암흑 시기'가 시작되었다. 그 시기를 중세 시대라 부른다. 무역과 학문이 활기를 띠었으며 인구가 증가하고 사람들이 부유해졌다. 왕들은 자신의 귀족들에게 정착할 땅을 하사하며 권력을 장악하였다.

## 정말 믿을 수 없어!

중세의 농민들은 우리보다 더 좋은 건강식(무설탕, 다량의 채소)을 섭취했다. 이들의 주식은 빵이었으며 하루 최소한 12시간 이상 일하며 칼로리를 소모했다.

## 주요 일지

**800년**
교황이 샤를마뉴 대제에게 황제의 관을 씌워 프랑크(프랑스) 왕위와 신성 로마 제국의 황제 자리에 오르게 되었다.

**1066년**
노르망디공 윌리엄이 잉글랜드를 정복하였다.

**1088년**
유럽 최초의 대학이 이탈리아 볼로냐에 세워졌다.

**1095년**
교황 우르바노 2세가 성지 탈환을 위해 십자군을 소집하였다.

**1140년**
파리 근처 성 드니 수도원이 고딕 양식으로 지어졌다.

**1298년**
마르코 폴로가 아시아 여행기를 책으로 펴냈다.

**1326년**
유럽 전쟁에서 대포가 처음으로 사용되었다.

**1337년**
프랑스와 영국 간에 백년 전쟁이 시작되었고 1453년에 끝났다.

**1347-1351년**
흑사병(페스트)이 유럽을 강타했다.

**1431년**
잔다르크가 화형당했다.

### 권력 피라미드

중세의 귀족들은 왕을 돕는다는 서약을 하고 왕은 이 귀족들을 보호한다는 데 동의했다. 귀족들은 왕으로부터 땅을 하사받았다. 프랑스에서 시작된 이러한 체제를 **봉건제도**라 부른다.

## 십자군 전쟁

- 십자군 전쟁이란 성지(팔레스타인)를 장악하기 위해 기독교도와 이슬람교도 간에 벌어진 전쟁이다.
- 십자군(crusade)이란 말은 십자가를 의미하는 프랑스어 크루아(cruix)에서 유래했다. 유럽의 십자군 기사들은 붉은 십자가가 그려진 튜닉을 입고 다녔다.
- 십자군은 자신들이 전쟁에서 싸우다 죽으면 곧바로 천국으로 갈 수 있다고 믿었다.
- 제1차 십자군 원정(1095~1099)에서 기사들이 예루살렘을 함락시켰다.
- 1187년 이슬람 지도자 살라딘이 다시 예루살렘을 차지했다. 십자군들이 점차 성지에서 추방당했다.

## 기사 작위 받기

**01.** 귀족의 아들로 태어나야 한다. 8살의 나이에 다른 귀족의 성에 수습 기사로 들어가 칼과 창 다루는 법을 배운다.

**02.** 15~16살이 되면 기사의 종자가 되어 항상 기사를 도와야 한다. 기사가 옷 입는 것을 돕고 음식을 준비하고 말과 갑옷을 관리해야 한다.

**03.** 맡은 임무를 제대로 수행했다. 20살 정도가 되었을 때 특별한 의식을 거쳐 기사가 될 수 있다. (기사라는 호칭도 함께 수여된다).

**04.** 의식 바로 전날, 흰색 튜닉과 붉은 가운을 입고 성 안에 있는 예배당에서 진지하게 기도하며 밤을 지샌다. 사제가 검에 축복을 내리고 이것을 제단에 올려놓는다. 다음 날 아침 사제에게 고해 성사를 한다.

**05.** 밖으로 나와 군주 앞에 무릎을 꿇는다. 군주가 검으로 양쪽 어깨를 살며시 두드리면 기사가 된 것이다. 축하 연회가 시작된다.

**06.** 기사가 되는 지름길은 전투에서 용감한 공적을 세우는 것이다. 최고의 공적은 군주의 목숨을 구하는 것이다. 그러면 군주가 너의 검을 가져가고 전장에서 너에게 랜슬롯 경이라는 칭호를 내려 준다.

기사는 기사도 정신의 규율에 복종하도록 되어 있다. 그들은 다음과 같은 것을 약속한다.

★ **가난하고 약한 자들, 특히 여자를 보호한다.**

★ **군주에 복종하고 용기, 정직함, 충성, 강인함을 보인다.**

★ **교회를 방어하고 십자군 전쟁에 참전한다.**

## 수도사와 수도원

- 오로지 교회 사람만이 읽고 쓸 수 있었다. 대수도원장(수도원의 우두머리)은 매우 힘 있는 사람이어서 왕에게 조언을 하고 자문 위원회에서 일했다.
- **지주들이 수도원에 땅을 기부하면 수도사들은 지주들의 영혼을 위해 기도해 주었다. 몇몇 수도사들은 매우 효율적으로 농사를 지어 수도원이 굉장히 부유하게 되는 경우도 있었다.**
- 수도사들은 종교 서적을 손으로 옮겨 적고 이것을 금과 색색의 그림으로 장식하는 데 많은 시간을 보냈다. 이런 책들을 채색 사본이라고 한다.
- **종교적 삶을 사는 여성들을 수녀라 불렀다. 이들은 수녀원에서 살았다.**
- 수도사들은 하루에 7번 기도해야 했다.(미사와 성당의 주요 예배에도 매일 참석해야 했다.)

### 기도 일과

| | |
|---|---|
| 일출시 | 마틴(아침 기도) |
| 오전 6시 | 프라임(제 1시과) |
| 오전 9시 | 터스(제 3시과) |
| 정오 | 섹스트(제 6시과) |
| 오후 3시 | 논(제 9시과) |
| 일몰시 | 베스퍼(저녁 기도) |
| 오후 9시 | 컴플린(밤 기도) |

## 무슨 뜻일까?

중세라는 단어 **미디벌**(medieval)은 두 개의 라틴어 단어 미디움(가운데라는 의미)과 아이붐(시대라는 의미)에서 유래했다. 즉, 중세는 로마 시대와 근대 시대 사이에 끼어 있는 샌드위치와 같은 시기이다.

## 기묘한 이야기

흑사병을 치료하는 방법 중에 하루에 두 번 오줌 한 잔을 마시는 것이 있었다. 살아 있는 닭을 환자 몸의 검게 부풀어 오른 곳에 놓으면 악성 전염병을 쫓을 수 있다고 믿었다.

## 숫자로 알아보기

흑사병은 치명적인 림프절 페스트이며 아시아와 유럽을 휩쓸었다. 이와 쥐를 통해 전염된다.

**4년**
유럽 전역으로 흑사병이 확산된 기간 (1348~1351)

**5-8일**
질환을 앓는 평균 기간

**50%**
죽을 확률

**2500만-5000만 명**
유럽에서 발생한 희생자 수 (전체 인구의 30~60%)

**7500만 명**
아시아에서 희생된 사람의 숫자

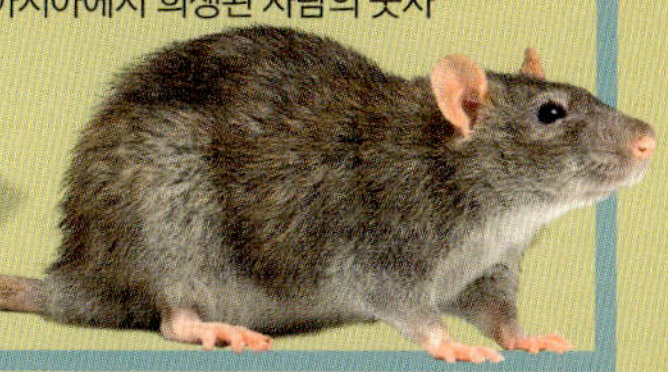

## 급격하게 늘어난 도시들

- 무역과 상업이 호황을 누리며 도시들이 들어섰다.
- 도시들은 매주 또는 계절별로 박람회를 개최하였고 이를 통해 부를 축적했다.
- 이탈리아 북부와 플란더스(벨기에)는 옷감 무역을 통해 유럽에서 가장 부유한 도시가 되었다.
- 숙련된 장인과 상인들이 자신들의 이익 보호를 위한 연합체인 길드를 조직했다.
- 이 시기에 처음으로 보험과 은행이 만들어졌다.

## 고딕 건축

중세 건축가들이 뾰족한 고딕 아치를 만들어 성과 교회를 높게 세웠다.

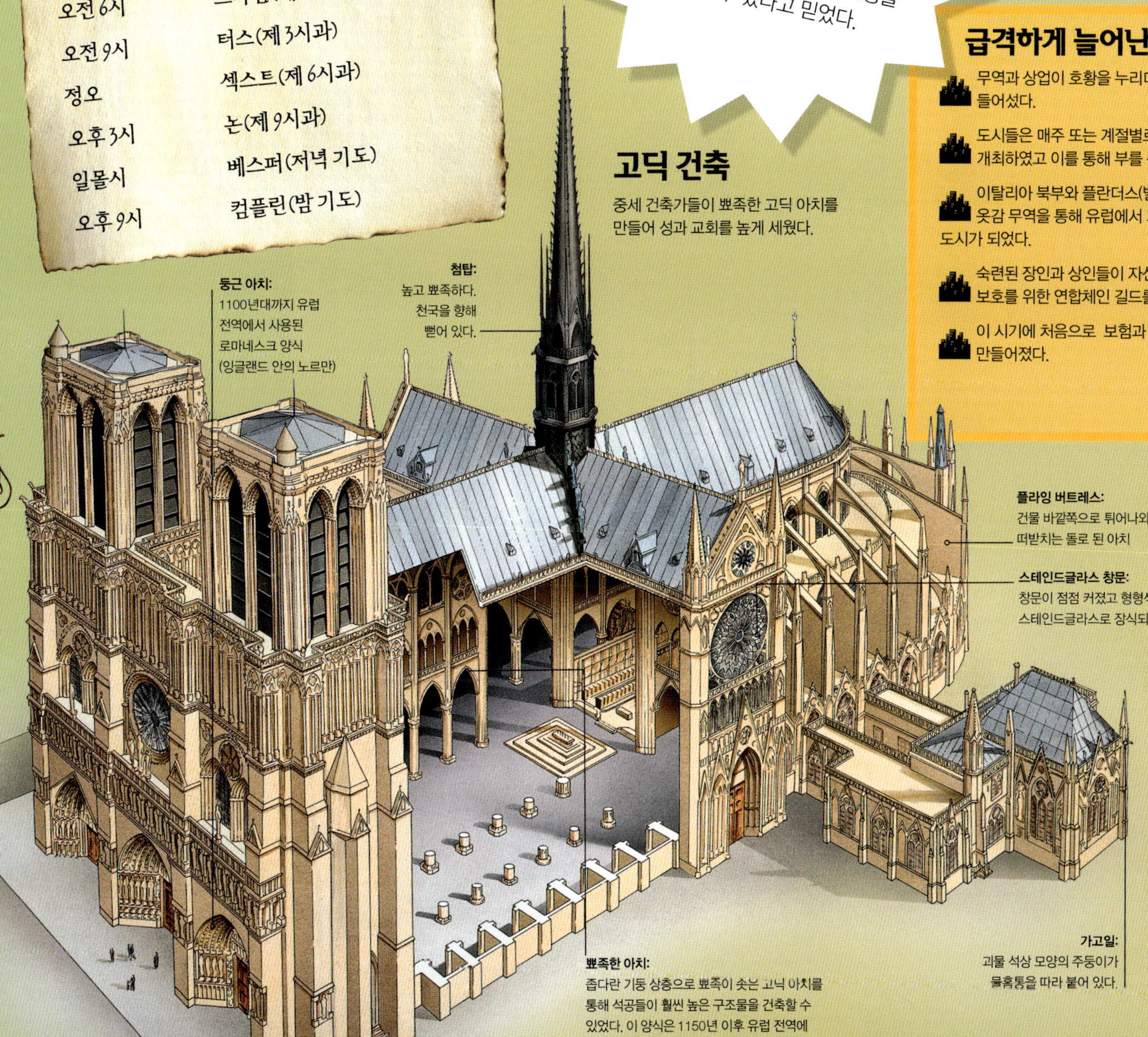

**둥근 아치:** 1100년대까지 유럽 전역에서 사용된 로마네스크 양식 (잉글랜드 안의 노르만)

**첨탑:** 높고 뾰족하다. 천국을 향해 뻗어 있다.

**플라잉 버트레스:** 건물 바깥쪽으로 튀어나와 외벽을 떠받치는 돌로 된 아치

**스테인드글라스 창문:** 창문이 점점 커졌고 형형색색의 스테인드글라스로 장식되었다.

**가고일:** 괴물 석상 모양의 주둥이가 물홈통을 따라 붙어 있다.

**뾰족한 아치:** 좁다란 기둥 상층으로 뾰족이 솟은 고딕 아치를 통해 석공들이 훨씬 높은 구조물을 건축할 수 있었다. 이 양식은 1150년 이후 유럽 전역에 급속하게 전파되었다.

## 말 타고 창 시합 하기

마상 창 시합은 기사들이 전쟁에 대비해 말 타는 기술과 무기 다루는 기술을 점검하는 의미로 시작되었지만 수 세기가 지나면서 인기 있는 토너먼트 시합으로 발전하였다. 수백 명의 관중이 구경을 하며 큰 액수의 돈을 상금으로 걸었다. 극도로 위험한 스포츠이다.

**01.** 하인으로 하여금 갑옷 입는 것을 돕게 하고 말을 준비시킨다.

**02.** 말에 올라 탄 뒤 발은 등자에 걸치고 안장에 자세를 잡는다.

**03.** 오른손에 긴 창을 들고 이것을 반듯이 세운다.

## 시합에 필요한 것들

**갑옷**
확실한 보호를 위해 판금 갑옷을 한 벌로 갖춰 입어야 한다. 마상 창 시합을 할 때에는 상대방이 노리는 부분에 더 무거운 보호 장치가 부착된 특별한 갑옷을 구할 수도 있다.

**투구**
눈을 잘 보호해야 한다는 사실을 잊지 마라. 1559년 창의 일부가 프랑스의 헨리 2세의 안면 보호대를 뚫고 들어가 그의 뇌를 찌르는 사고가 발생했다. 그는 9일 후 사망했다.

**말**
가장 인기 있는 말은 군마(영민한 종자)나 전투마(커다란 전쟁마)이다. 이들도 장식용 커버를 입히고 갑옷으로 머리를 보호한다.

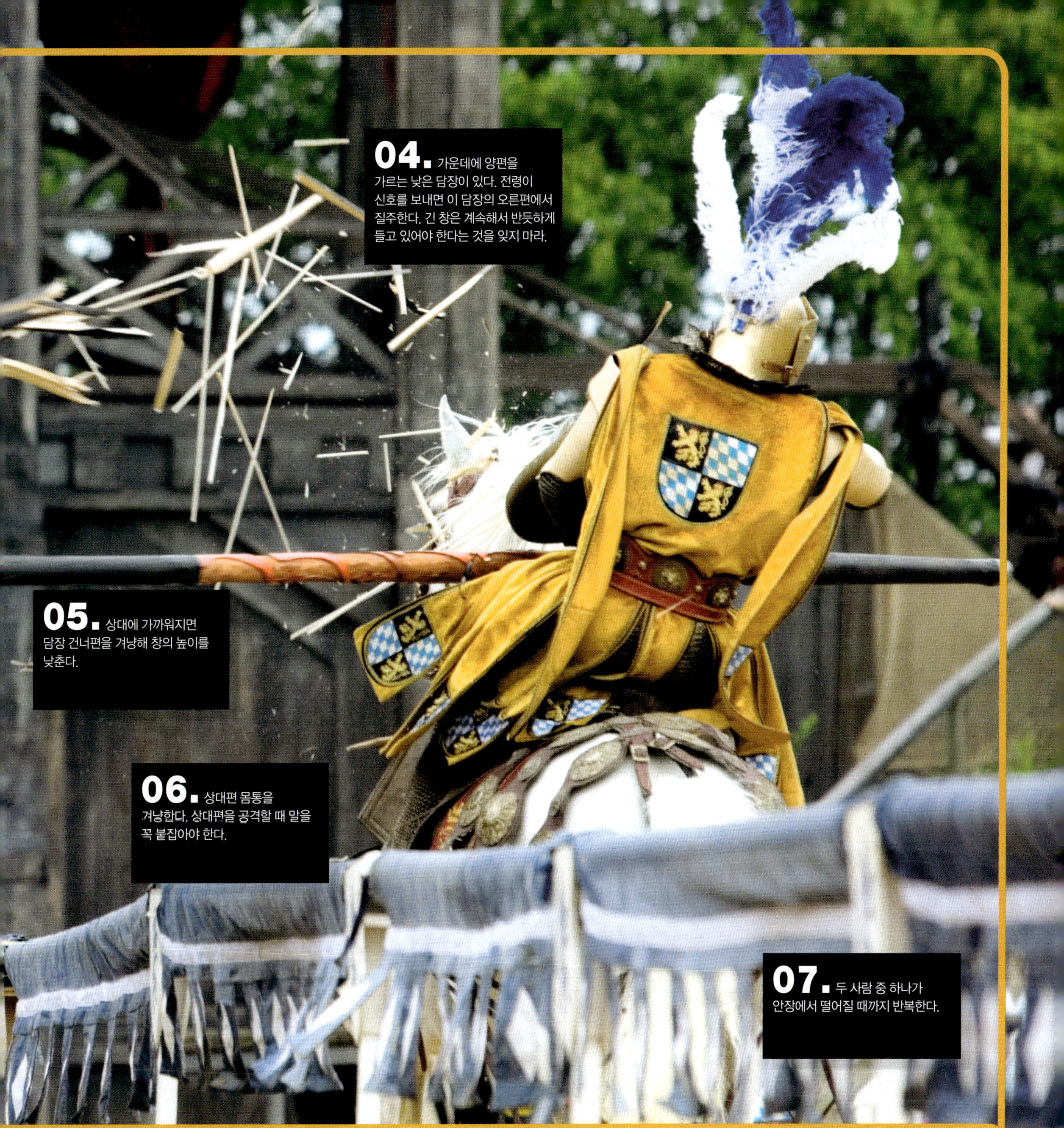

**04.** 가운데에 양편을 가르는 낮은 담장이 있다. 전령이 신호를 보내면 이 담장의 오른편에서 질주한다. 긴 창은 계속해서 반듯하게 들고 있어야 한다는 것을 잊지 마라.

**05.** 상대에 가까워지면 담장 건너편을 겨냥해 창의 높이를 낮춘다.

**06.** 상대편 몸통을 겨냥한다. 상대편을 공격할 때 말을 꼭 붙잡아야 한다.

**07.** 두 사람 중 하나가 안장에서 떨어질 때까지 반복한다.

**창**
견고한 참나무로 만들어야 하며 문장(가문의 상징)으로 장식한다.

**담장**
15세기 담장이 도입되기 전에는 마상 시합이 훨씬 더 위험한 경기였다. 담장 덕분에 말을 보호할 수 있고 창을 좀 더 안전한 각도로 겨냥할 수 있게 되었다.

**전령관**
점수를 기록하고 사회자 역할을 한다. 시합의 시작을 알리고 토너먼트를 위한 규칙을 읽어 준다.

**상대편**
마상 시합에서 상대편 기사도 반드시 갑옷을 착용하고 말을 타야 하며 창을 들어야 한다.

# 오토만은 어떤 나라였을까?

근대 역사에서 가장 강력한 이슬람 국가는 터키 술탄 왕조이다. 술탄은 이슬람교의 종교적 최고 권위자인 칼리프가 수여한 정치적 지배자의 칭호이다. 전성기 오토만 제국은 헝가리에서 이집트까지, 알제리에서 이라크까지 영토를 넓혀 유럽 강대국들을 두려움에 떨게 했다. 시간이 지나면서 오토만 제국의 세력은 점점 약화되었지만 1301년부터 1922년까지 살아남았다.

오토만 제국 사람들이 콘스탄티노플 요새에서 사용한 **대포는 세계에서 가장 큰 것이었다**. 청동으로 된 총렬은 길이가 8.5m에 달했고 두께는 20cm였다. 무게가 544kg이나 나가는 포탄을 1.6km까지 발사할 수 있었다. 이 대포를 원하는 자리로 운반하기 위해 30마리의 황소와 700명의 인부로 구성된 특수 운반조가 필요했다.

## 오토만 제국의 술탄들

**무라드 1세**
(재위 1359~1389년)
다르다넬스를 건너 유럽으로 통하는 내륙 도로를 건설하였으며 에디르네(아드리아노플의 비잔틴 전신)에 수도를 정했다. 코소보 전투 후 살해당했다.

**'벼락왕' 베야지트 1세**
(재위 1389~1403년)
불가리아, 세르비아, 마케도니아를 정복하였다. 하지만 무시무시한 몽골군 지도자 티무르에게 패한 뒤 감옥에 갇혔다.

**'정복자' 메메드 2세**
(재위 1451~1481년)
1453년 콘스탄티노플을 함락하여 비잔틴 제국을 멸망시켰다. 이곳은 나중에 수도로 정해졌다.

**'음산한 사람' 셀림1세**
(재위 1512~1520년)
아버지를 제거하고 동생과 조카들을 모두 죽인 후 시리아, 팔레스타인, 사우디아라비아, 이집트까지 오토만의 세력을 넓혀 갔다.

**'화려한 대제' 술레이만 1세**
(재위 1521~1566년)
그의 재임 기간 46년 동안 오토만 제국의 영토가 가장 넓게 확장되었다.

## 무슨 뜻일까?

오토만 제국 사람들이 **콘스탄티노플**을 점령했을 때 그리스 사람들이 '도시(에이스 틴 폴리스)'로 간다고 말하는 것을 자주 들었다. 이것이 터키어로 축약되어 **이스탄불**이 되었다. 이후 그 이름이 굳어져 도시 이름이 되었다.

## 최고의 호칭

술레이만 1세는 자신을 다음과 같이 불렀다.
"신의 하인, 신의 권력을 하사받아 매우 강한,
지구로 내려온 신의 대리인, 코란의 명령에
복종하고, 전 세계가 코란을 따르도록 하며, 모든
나라의 주인이며 전 세계에 드리워진 신의 그림자,
페르시아, 아랍의 모든 땅에서 술탄 중의 술탄이며,
술탄법의 전파자이며 오토만 칸(일부 회교국의
주권자에게 붙이는 직함) 중 10번째 술탄이며,
술탄, 술탄의 아들, 술레이만 칸."
참으로 대단한 이름이다!

## 페르시아의 사파비 제국(이란) 1501~1722년

- 14살 된 이스마일 1세가 자신을 페르시아 왕으로 선언했다. 그는 전쟁에서 참패한 우즈벡 지도자의 두개골을 술잔으로 만들었다.
- **사파비 제국은 이슬람 시아파를 추종하며 이것을 국교로 만들었다.**
- 가장 위대한 사파비 통치자는 아바스 1세(재위 1587~1629)이다. 그는 군대를 세우고 1623년 오토만 제국으로부터 바그다드를 빼앗았다.
- **아바스의 수도 이스파한은 이슬람 지역에서 가장 영광스러운 도시다. 162개의 사원이 있으며 272개의 공중 목욕탕과 48개의 학교가 있다.**
- 1722년 아프가니스탄 침략자들이 이스파한을 점령했으며 이때 마지막 왕이 살해당했다.

## 인도의 무굴 제국 1501~1857년

- 바부르(재위 1501~1531)는 무굴 왕조를 세운 사람으로 1526년 인도 북쪽으로 쳐들어갔다.
- **바부르의 손자 악바르(재위 1556~1605)의 통치 기간에 제국이 팽창하였다. 지혜로운 이슬람 지도자였던 그는 힌두 백성들을 관용으로 다스렸다.**
- 자항기르(재위 1605~1627)가 페르시아 예술가, 작가, 건축가를 자신의 궁정으로 초대하였다.
- **자한(재위 1627~1666)은 자신의 부인을 기리기 위해 타지마할(위 사진)을 지었다.**
- 대 무굴의 마지막 지배자였던 아우랑제브(재위 1658~1707)는 백성들로부터 신뢰를 잃은 인색한 황제였다.

## 살짝 엿보기

### 병사의 일생

**01:** 예니체리는 오토만 술탄의 친위 보병 부대이다.

**02:** 예니체리라는 이름은 두 개의 터키 단어 예니(새로운), 체리(병사)로 만들어진 것이다.

**03:** 이들은 데브쉬르메(해마다 포로로 잡혀온 기독교 소년들을 콘스탄티노플의 노예로 보내 이슬람 교도로 개종시키는 의식)를 통해 징집된다.

**04:** 예니체리는 오로지 술탄에게만 충성한다. 그들은 병영에서 생활하며 결혼을 하지 못하게 했다.

## 오토만 제국의 용어

**디방** 평의회(디방의 본래 의미인 '낮고 긴 의자'에 앉는다.)
**피르만** 황제의 칙령
**가지** 이슬람을 위해 헌신적으로 싸우는 전사
**하렘** 가족만이 드나들 수 있는 궁전의 사적인 구역
**예니체리** 술탄의 친위 보병
**키오스크** 파빌리온(부속 건물)
**파샤** 군사령관
**쉬블림 포르트** '높은 문'이란 뜻으로 술탄의 정부
**술탄** 이슬람 통치자
**술타나** 술탄의 아내 또는 딸
**비지어** 왕실 총리

**나라 전체나 일부가 오토만 제국에 속해 있던 국가들**

- 알바니아
- 알제리
- 아르메니아
- 아제르바이잔
- 보스니아 헤르체고비나
- 불가리아
- 크로아티아
- 키프로스
- 이집트
- 그루지야
- 그리스
- 헝가리
- 이라크
- 이스라엘
- 요르단
- 리비아
- 마케도니아
- 몬테네그로
- 루마니아
- 러시아
- 사우디아라비아
- 세르비아
- 시리아
- 튀니지
- 터키
- 우크라이나
- 팔레스타인 서안 지구

## 전쟁 일지

- 코소보 전투(1389)로 인해 500년간의 코소보 독립이 끝났으며 이것은 여전히 쓰라린 기억으로 남아 있다.
- **베네치아 군대가 1687년 그리스 아테네를 포위했을 때 오토만 제국 사람들은 파르테논을 탄약 저장고로 사용하였다. 이것이 폭발하여 신전의 상당 부분이 파괴되었다.**
- 무스타파 케말(사진)은 제1차 세계 대전 갈리폴리 전투에서 오토만 측 사령관으로 활약했다. 그는 터키 공화국의 초대 대통령이 되었고(1923) 아타튀르크(터키의 아버지)라는 이름을 얻었다.

## 포위당하다!

- **콘스탄티노플은 삼각형 모양의 땅으로 두 면이 바다에 접해 있고 나머지 한 면은 장성으로 둘러싸여 있다. 이 장성은 5세기에 20km 길이로 축조되었다.**
- 포위 상태는 1453년 4월 6일부터 5월 29일까지 57일간 지속되었다.
- **방어군은 7,000의 병사와 26척의 배를 가지고 있었다. 오토만 제국은 10만 병사와 126척의 배가 있던 것으로 추정된다.**
- 도시가 함락됨으로써 동로마 제국 전통을 이어받은 그리스 비잔틴 제국의 1,000년 역사가 종말을 맞았다.
- **비잔틴 제국의 마지막 황제 콘스탄틴 11세는 도시의 장성에서 터키의 마지막 공격을 방어하다가 숨졌다. 그의 사체는 발견되지 않았다.**
- 대성당 아야 소피아(성스러운 지혜)는 900년 전 유스티니아누스 황제에 의해 건축되었다. 이후 이슬람 사원으로 바뀌었으며 오늘날은 박물관으로 이용되고 있다.

# 르네상스는 무슨 뜻일까?

르네상스란 단어는 '재탄생'을 의미한다. 이것은 1400년대 이탈리아 북부에서 시작된 이래 150년에 걸쳐 유럽 전역으로 퍼져 나간 문화 운동을 일컫는다.

**01:** 14살이 되자, 피렌체에서 명성을 떨치던 조각가이자 화가이며 금 세공인이었던 안드레아 베르키오의 작업실로 들어갔다.

**02:** 한때 밀라노의 공작에게 편지를 써 성, 다리, 무기, 운하 등을 디자인하는 기술자로 일하고 싶다고 제안하여 일자리를 얻었다. 그림도 잘 그린다고 말하는 것은 잊어버렸다.

**03:** 모나리자를 그리는 데 4년이 걸렸다. 그림 속 주인공이 누구인지 왜 미소 짓고 있는지 아무도 모른다. 그녀는 눈썹이 없다. 당시 여자들은 눈썹을 면도했다.

**04:** 그는 인체에서 물의 운동까지 다양한 분야의 사물이 어떻게 작동하는지에 대해 지대한 관심을 갖고 있었다. 이러한 생각을 여러 권의 공책에 하나하나 적어 나갔다.

**05:** 그는 독창적인 아이디어로 장갑차, 기관총, 헬리콥터, 잠수복 등을 설계했다.

**레오나르도 다빈치:** 르네상스의 천재(1452~1519)

## 르네상스 그림의 기법

**원근법:** 거리감이 있는 것 같은 착시 현상이 생긴다.

**살아있는 것 같은 인물**

**밝은 색조**

**스푸마토:** 번지게 하거나 날카로운 윤곽선을 부드럽게 해 3차원 입체 효과를 준다.

**명암법:** 밝음과 어두움의 강렬한 대비

## 살짝 엿보기

### 르네상스

**01:** 피렌체, 밀라노, 우르비노, 베네치아 같은 무역과 금융 도시가 매우 부유해졌고 예술 활동이 활기를 띠게 되었다.

**02:** 예술가들은 고대 그리스와 로마의 이상을 바탕으로 한 새로운 스타일의 건축, 그림, 조각을 발전시켰다.

**03:** 학자들은 그리스어와 라틴어로 된 문헌을 연구하기 시작하여 철학과 과학에 새로운 관심을 불러 일으켰다.

**04:** 교회의 부패에 대한 비판이 거세지고 이로 인해 기독교계가 계속해서 분열되었다.(종교 개혁)

## 다섯 명의 르네상스 예술가

**보티첼리**
'비너스의 탄생'과 같이 길게 흘러내리는 머리카락을 가진 여인을 그렸다. 이것은 바다의 커다란 조개껍질에서 탄생하는 여신을 그린 그림이다.

**뒤러**
르네상스 시기에 활동한 위대한 독일 화가이다. '기사와 사신과 악마'와 같은 목판화는 꽤 음산한 분위기를 연출한다.

**미켈란젤로**
조각가, 화가, 건축가이다. 성이 부오나로티였지만 주로 미켈란젤로로 불렸다. 그의 대작 중에는 바티칸의 시스티나 성당 천장에 그린 '천지 창조'가 있다.

**라파엘로**
그의 대작은 로마에 있다. 이 중에는 교황을 위해 바티칸 스탄체 서명실에 그린 프레스코화도 포함된다.

**티치아노**
왕과 교황을 주로 그린 베네치아 화가이다. 천수를 누리다 페스트로 죽었다.

## 아이들을 위한 충고 몇 마디

에라스무스의 베스트셀러 중에 『아이들을 위한 좋은 예절 안내서』가 있다. 그가 남겨 준 주옥 같은 조언 중에 다음과 같은 것들이 있다.

✔ **하품을 할 때는 항상 손으로 입을 가려라.**

✘ 식탁에서 기름 묻은 손을 핥거나 코트에 문지르지 마라. 냅킨을 이용하라.

✘ **의자를 앞뒤로 흔들지 마라. 사람들이 네가 방귀를 뀌고 있다고 생각할 것이다.**

✘ 코를 푼 다음 손수건을 들여다보며 코딱지를 찾지 마라.

✘ **더러운 손수건을 친구에게 빌려주지 마라.**

## 주요 일지

**1434년** 은행업을 하던 메디치 가문이 실질적으로 피렌체의 통치자가 되었다.

**1455년** 유럽에서 처음으로 책이 인쇄되었다.

**1492년** 스페인의 마지막 이슬람 왕국이었던 그라나다가 몰락했다.

**1498년** 레오나르도 다빈치가 밀라노에서 '최후의 만찬'을 그렸다.

**1504년** 미켈란젤로가 만든 거대한 누드 상 '다비드'가 피렌체의 전시회에 출품되었다.

**1509년** 인문학자 에라스뮈스가 가장 유명한 수필집 '우신예찬'을 저술했다.

**1513년** 마키아벨리가 르네상스 통치자를 위한 안내서인 '군주론'을 썼다.

**1534년** 헨리 8세가 자신이 영국 교회의 최고 수장이라고 선언했다.

**1543년** 코페르니쿠스는 지구가 태양을 중심으로 회전한다는 사실을 증명하는 책을 펴냈다.

### 무슨 뜻일까?

바티칸에 있는 **시스티나 성당**은 건축 책임을 맡았던 교황 식스투스 4세의 업적을 기려 지은 이름이다. 식스투스라고 불린 교황은 5명이 있다. 아마 한 명이 더 있었다면 교황 식스투스 식스(Sixtus the Sixth)라 불렸을 것이다.

### 세상을 움직이고 뒤흔든 사람들

**코페르니쿠스**
이 폴란드의 천문학자는 태양이 지구를 도는 것이 아니라 그 반대로 지구가 태양 주위를 돌고 있다고 주장했다. 이는 교회의 가르침에 반하는 것이었다.

**마키아벨리**
이탈리아 정치가이자 저술가인 그의 이름은 정치적 교활함과 음모의 전형이 되었다.

**에라스뮈스**
최고의 인본주의 학자로 플라톤과 다른 그리스, 로마 학자들의 저술로부터 영감을 얻었다. 에라스뮈스의 작품은 인쇄술 덕분에 베스트셀러가 되었다.

### 개혁을 쉽게 이루는 다섯 단계

**01:** 독일의 성직자 마틴 루터는 교회에 대한 반박문 95조항을 작성하였다.(1517)

**02: 교황은 웜에 있는 교회 앞에서 루터를 체포하여 교회로부터 추방하였다. 루터는 자신의 주장을 철회할 것을 거부하였고 황제 찰스 5세에 의해 파문당했다.**

**03:** 그는 칩거에 들어갔다. 독일은 갈등과 반란으로 내분에 휩싸이게 되었으며 개혁에 대한 지지 세력이 유럽 북부까지 확산되었다.

**04: 독일의 많은 제후들이 개혁을 거부하라는 황제의 압력에 굴복하지 않았다. 이들을 프로테스탄트라고 부른다.**

**05:** 아우구스부르크 평화 조약(1555)에 따라 백성들이 어떤 종교(프로테스탄트 또는 로마 가톨릭)를 믿을지 스스로 결정할 권리를 부여했다.

## 구텐베르크의 인쇄기로 책 인쇄하기

**대략 1450년경 독일의 장인인 구텐베르크가 뺐다 끼웠다 할 수 있는 활자판을 이용하는 인쇄기를 발명하였다. 처음으로 인쇄한 책은 성경이었다. 180개 사본 모두를 인쇄하는 데 1년이 걸렸다. 같은 시간에 성경 필사본을 만든다면 겨우 한 권을 만들었을 것이다.**

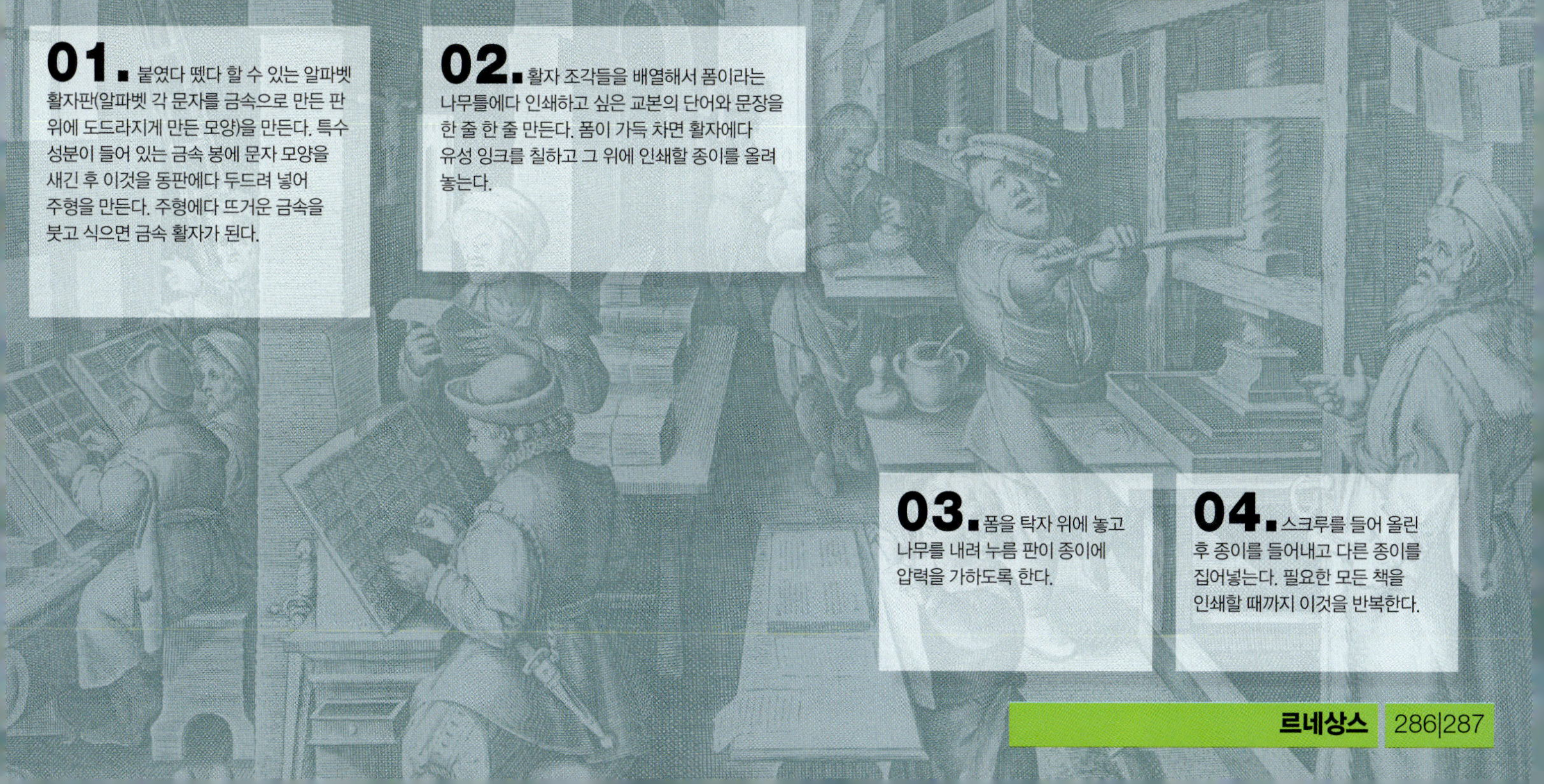

**01.** 붙였다 뗐다 할 수 있는 알파벳 활자판(알파벳 각 문자를 금속으로 만든 판 위에 도드라지게 만든 모양)을 만든다. 특수 성분이 들어 있는 금속 봉에 문자 모양을 새긴 후 이것을 동판에다 두드려 넣어 주형을 만든다. 주형에다 뜨거운 금속을 붓고 식으면 금속 활자가 된다.

**02.** 활자 조각들을 배열해서 폼이라는 나무틀에다 인쇄하고 싶은 교본의 단어와 문장을 한 줄 한 줄 만든다. 폼이 가득 차면 활자에다 유성 잉크를 칠하고 그 위에 인쇄할 종이를 올려 놓는다.

**03.** 폼을 탁자 위에 놓고 나무틀을 내려 누름 판이 종이에 압력을 가하도록 한다.

**04.** 스크루를 들어 올린 후 종이를 들어내고 다른 종이를 집어넣는다. 필요한 모든 책을 인쇄할 때까지 이것을 반복한다.

# 발견의 시대는 어떻게 시작되었을까?

유럽 상인들은 아시아에서 들어오는 사치품(비단, 면, 향신료) 무역을 장악하고자 하는 열망이 강했고 이로 인해 선박 건조술과 항해술이 함께 발전했다. 이러한 발전 덕에 장거리 탐험 여행이 유행하게 되었고 15세기와 18세기 사이 세계 지도가 새로 제작되었다.

### 서양인들이 찾아다니던 향신료

계피

후추

정향

생강

육두구

### 잘못 든 길

**크리스토퍼 콜럼버스는** 독학으로 항해술을 배운 뒤 1492년 **향신료 제도**를 찾아 서쪽으로 항해했다. 그의 배 세 척 (산타마리아, 핀타, 니나)은 아메리카 바하마에 도착하였고 콜럼버스는 이 땅을 아시아로 착각하고 있었다.

### 무슨 뜻일까?

페르디난드 마젤란은 남아메리카의 케이프 혼의 거친 파도를 헤치고 1520년 11월 28일 태평양으로 나왔다. 그는 태평양을 보고 **'평안한 바다'**라고 불렀다. 그는 태평양이 얼마나 큰 바다인지 알지 못했다. 이후 90일 간의 항해 끝에 1521년 3월 6일 마침내 괌에 이르렀다.

## 주요 일지

**1487–1488년** 포르투갈 항해사 바르톨로뮤 디아스가 아프리카 서해안을 따라 항해한 후 희망봉을 돌아 인도양으로 들어갔다.

**1492년** 크리스토퍼 콜럼버스가 아메리카를 발견하기 위해 스페인을 출발해 서쪽으로 항해했다.

**1497년** 이탈리아 태생 존 가보트(지오반니 가보토)가 브리스톨에서 노바스코샤까지 항해했다.

**1497–1498년** 바스코 다 가마가 최초로 포르투갈에서 인도까지 왕복 항해했다.

**1499년** 아메리고 베스푸치가 남아메리카 해안을 탐험했다.

**1500년** 카브랄이 인도로 항해하다 브라질을 발견했다.

**1509–1510년** 로페즈 세퀴라가 유럽인으로는 처음으로 말라카(향신료 제도)에 도착했다.

**1516년** 포르투갈 탐험가 라파엘 페레스트렐로가 중국에 도착했다.

## 비참한 종말을 맞은 탐험가들

✹ 바르톨로뮤 디아스는 1500년 희망봉에서 폭풍을 맞아 사망했다.

✹ **마젤란은 1521년 필리핀 전투에서 사망했다.**

✹ 베라자노는 1528년 과들루프에서 살해당했고 그곳 사람들은 그의 시체를 먹어 치웠다.

✹ **헨리 허드슨은 1611년 반란을 일으킨 선원들에 의해 바다로 던져졌으며 결국 죽었다.**

✹ 프란시스 드레이크는 1596년 스페인을 급습하기 위해 원정을 꾀하다 괴혈병에 걸려 죽었다.

✹ **제임스 쿡 선장은 1779년 성난 섬 주민에 의해 살해당했다.**

✹ 존 프랭클린의 배는 1847년 북극을 거쳐 태평양으로 항해하는 북서 항로를 개척하던 중 두꺼운 얼음에 갇혔다. 결국 그와 105명의 동료들은 굶어 죽었다.

존 프랭클린의 배가 북극의 얼음에 갇혀 있다.

## 비스킷 만드는 방법

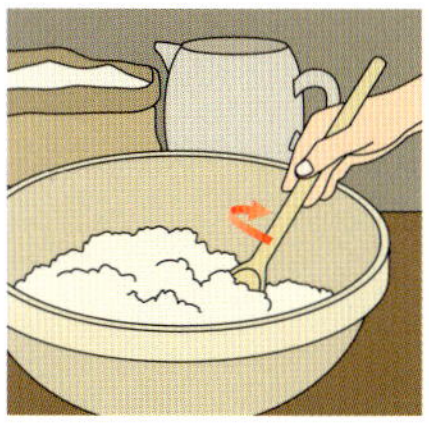

**01.** 밀가루와 물을 4:1로 섞고 소금을 넣는다.

**02.** 밀가루 반죽을 펴서 칼로 사각형 모양의 금을 긋거나 둥근 모양으로 도려 낸다. 딱딱하게 굳을 때까지 오븐에서 굽는다.

**03.** 먹기 전에 망치로 세게 내려쳐 조각을 낸다. 아니면 먹기 좋게 곤죽이 될 때까지 수프에 담가 둔다.

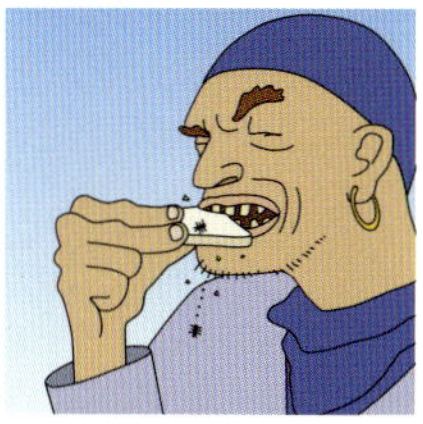

**04.** 바구미(작고 검은 곤충)가 있는지 잘 살펴보고 먹는다.

### 바다의 살인자

장기간의 항해에 신선한 과일과 채소가 부족하면 많은 선원들이 **괴혈병**에 걸린다. 잇몸에서 피가 나고 이가 빠지며 환자는 점점 몸이 약해져 결국 죽게 된다. 이를 해결하기 위해 영국 해군이 선원들에게 다량의 라임 주스를 먹였다. 이 때문에 영국인들에게 라이미(limeys)라는 별명이 붙게 되었다.

### 정말 믿을 수 없어!

1494년 교황이 칙령에 의해 대서양이 스페인과 포르투갈령으로 양분되었다. 중앙아메리카에 가상으로 선을 긋고 서쪽 땅은 스페인령이 되고 동쪽은 포르투갈령이 되는 것이다. 이로 인해 포르투갈이 1500년 브라질에 대한 점유권을 주장하게 되었다. 하지만 그 선이 정확하게 어디를 가리키는지 아무도 모른다.

## 항해를 나설 때 준비해야 할 물건들

- 초기 탐험가들의 탐험을 토대로 만든 지도와 해도
- 나침반. 어느 방향으로 항해할지 파악하는 데 반드시 필요하다.
- 직각기. 수평선으로부터의 북극성이나 태양의 거리를 측정해서 위도(적도로부터 떨어진 거리)를 계산한다. 하늘이 맑아야 측정이 가능하다.
- 아주 많은 양의 밧줄
- 물. 가능한 한 많이, 갑판 아래 통에 보관해서 바닥짐(중심을 잡기 위해 바닥에 놓는 무거운 물건)으로 이용한다.
- 비스킷. 건빵이라고 부르기도 한다.
- 절이거나 말린 고기, 말린 콩, 딱딱한 치즈, 소금에 절인 생선
- 구슬, 장신구 등과 같은 교역할 물건.
- 총. 적대적인 원주민이나 해적과 싸우기 위해 필요하다.

지도와 해도

나침반

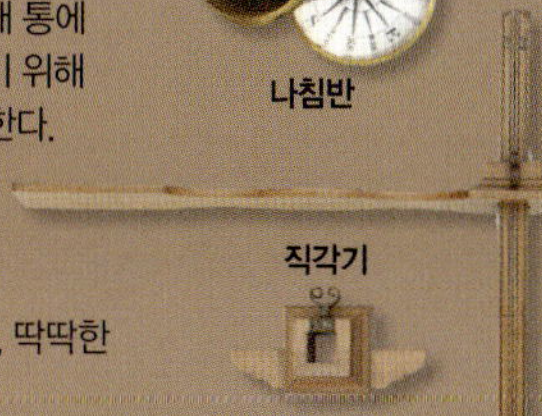

직각기

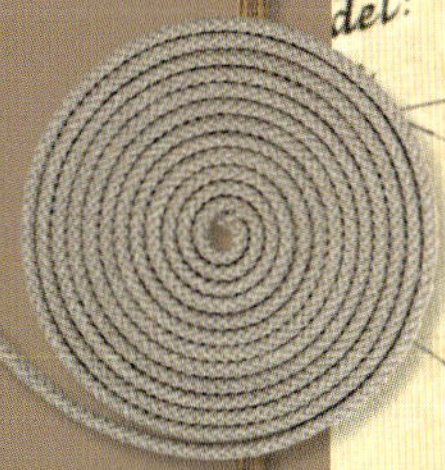

밧줄

**1519–1522년** 마젤란이 처음으로 세계 일주 항해를 지휘했다. 하지만 필리핀에서 사망했고 세바스티안 델 카노가 항해를 마무리했다.

**1524년** 베라자노가 북아메리카의 대서양쪽 해변을 따라 항해했다.

**1535–1536년** 프랑스인 자크 카르티에가 캐나다의 세인트로렌스 강을 탐험하였다.

**1606년** 네덜란드 탐험가 윌렘 잰츠가 오스트레일리아 북쪽을 탐험하였다.

**1642–1644년** 네덜란드인 안손 태스만이 반 디에먼스 랜드(태즈메이니아)와 뉴질랜드에 도착했다.

**1767–1768년** 루이 앙투안 드 부갱빌이 프랑스를 위해 남태평양 섬을 탐험하였다.

**1768–1771년** 제임스 쿡이 태평양 탐험을 하기 위해 먼저 뉴질랜드와 오스트레일리아 동쪽 해안을 탐험하였다.

# 유럽의 왕권은 어떻게 막강해졌을까?

1500년대 이전의 귀족들은 항상 왕에 대한 반란을 꾀했다. 시간이 지나면서 왕은 돈을 모아 직업 군인을 양성하여 시민 전쟁을 종결시켰다. 그 결과 왕들은 나라를 통치할 신성한 권한을 부여받았다고 믿었으며 아무도 자신들의 명령을 거역할 수 없다고 생각했다.

## 행복한 가족?

16세기에는 권력을 유지하기 위해 결혼을 잘하는 것이 매우 중요한 일로 여겨졌다. 몇몇 왕족들이 어떻게 정략 결혼을 했는지 아래에 나와 있다.

황제 카를 5세는 아라곤의 캐서린의 **조카**였다. 또 캐서린은 영국의 헨리 8세의 **첫째 부인**이었다.

스페인의 왕 펠리페 2세는 카를 5세의 아들로 영국의 메리 여왕과 결혼하였다. 메리는 캐서린과 헨리의 **딸**이다. 메리가 죽자 펠리페 2세는 다시 메리의 **이복 자매**인 엘리자베스 1세에게 청혼하였다. 하지만 그녀는 거절했다.

스코틀랜드 여왕 메리는 헨리 8세의 **손녀뻘**이었으며 엘리자베스 1세의 **사촌**이었다. 메리는 프랑스의 왕 프랑수아 2세의 **부인**이었다. 프랑수아 2세는 발루아 왕조의 엘리자베트의 **형제**였으며 엘리자베트는 다시 펠리페 2세의 다음 **부인**이 되었다. 프랑수아의 다른 **자매**인 발루아 왕조의 마르그리트는 프랑스의 앙리 4세와 **결혼**했다.

**누가 이런 말을 했는지 추측해 보자.**

**01.** "나는 신에게는 스페인어로, 여자에게는 이탈리아어로, 남자에게는 프랑스어로, 말에게는 독일어로 말한다."

**02.** "네가 나에게 플강드르의 암말을 보냈구나."

**03.** "나는 왕의 심장과 위를 갖고 있다. 또 잉글랜드 왕의 심장과 위도 갖고 있다."

**04.** "파리에서 미사 보는 일는 매우 가치 있는 일이다."

**05.** "짐이 곧 국가다."

**(정답은 왼쪽 끝에)**

## 숫자로 알아보기

프랑스의 베르사유 궁정은 거대하다.

**11헥타르**
지붕의 넓이

**67개**
계단실의 수

**357개**
궁전에 있는 거울의 수

**500m**
건물 정면의 폭

**800헥타르**
대지의 넓이

**700개**
방의 수

**1,250개**
벽난로의 수

**1,400개**
분수의 수

**2,153개**
창문의 수

**51,210m²**
바닥의 넓이

## 베르사유 궁전의 예절

- 오로지 왕과 왕비(또는 방문 중인 군주)만이 팔걸이의자에 앉을 수 있다.
- **왕의 형제 또는 왕의 자손들은 팔걸이는 없고 등받이만 있는 의자에 앉는다.**
- 공작들은 패드를 댄 드럼 모양의 작은 의자인 '따부레'에 앉도록 되어 있다.
- **나머지 모든 사람들은 서 있어야 한다.**
- 신하는 왕이 머무는 방문을 새끼손가락으로 긁으며 들어오라는 허락이 떨어질 때까지를 기다려야 한다. 노크를 하면 안 된다.

- **약 100명의 귀족이 매일 왕의 기상과 취침 의식에 참여하기 위해 대기하고 있었다. 그들은 왕의 옷을 잡거나 왕실의 찻 주전자를 가져오는 특권을 누리기 위해 서로 싸웠다.**

## 태양왕 루이 14세

프랑스의 **루이 14세**(가운데 그림)(1643~1715)는 귀족들이 반란을 계획하지 못하도록 **베르사유**에 있는 자신의 거대한 궁전에서 같이 살도록 했다. 인간의 삶이 그를 중심으로 회전한다 해서 태양왕이라는 별명이 붙여졌다.

## 헨리 8세의 여섯 부인

**잉글랜드의 왕 헨리 8세 (재위 1509~1547년)**

**이혼** (아라곤의 캐서린)

**이혼** (클레브스의 앤)

**처형** (앤 불린)

**처형** (캐서린 하워드)

**사망** (제인 시모어)

**무사히 생존** (캐서린 파)

## 단두대 처형

왕들은 자신이 나라를 통치할 신성한 권리가 있다고 주장하지만 백성들이 항상 여기에 동의한 것은 아니다. 영국의 **찰스 1세**가 결국 백성들에게 당하고 만 것처럼 그는 국회의 동의가 없어도 나라를 다스릴 수 있다고 생각했으며 강경한 개신교 신자들에게 자신의 종교관을 강요하기도 하였다. 시민 전쟁을 일으킨 것은 치명적 실수였다. 찰스는 전쟁에서 패했고 1649년 단두대에서 머리가 잘려 나갔다.

## 끔찍한 차르

- 뇌제(雷帝) 이반(1530~1584)은 러시아의 '차르'로 공식 선포된 첫 번째 대공이다.
- 그의 별명 '뇌제(그로즈니)'는 러시아 말로 '경탄할 만한'으로 번역하는 것이 좀 더 정확하다.
- 처음에는 아주 잘했다. 새로운 법을 도입하고 군대를 개선하고 궁전의 크기를 3배 이상 확장했다.
- 그러나 모든 것이 끔찍하게 변해 갔다. 자신의 백성을 겁주기 위해 군대를 동원했고 수천 명을 처형했다.
- 그의 횡포는 날이 갈수록 심해져 어느 날 광분하여 자신의 아들을 살해했다. 이후 이에 대해 뼈저리게 후회했고 스스로를 용서하지 않았다.

## 유럽의 왕가

**부르봉:**
프랑스(1589~1792)
스페인(1700~1932, 1975 복고)

**브라간사:**
포르투갈(1640~1910)

**합스부르크:**
오스트리아(1282~1918)
스페인(1516~1700)
포르투갈(1598~1640)

**하노버:**
영국(1714~1901)

**호엔촐레른:**
브란덴부르크-프로이센 (1415~1918);
독일 제국(1871~1918)

**오라녜 나사우:**
네덜란드(1815~ )

**로마노프:**
러시아(1613~1917)

**사보이:**
사르데냐와 피에몬테(1720~1861)
이탈리아(1861~1946)

**작센-코부르크고타/윈저:**
영국(1901~ )

**스튜어트:**
스코틀랜드(1327~1601)
잉글랜드와 스코틀랜드(1603~1714)

**튜더:**
잉글랜드(1485~1603)

**발루아:**
프랑스(1328~1589)

**정답: 1.** 카를 5세 **2.** 잉글랜드의 헨리 8세가 네 번째 부인 클레브스 앤을 처음 보자마자 한 말 **3.** 잉글랜드의 엘리자베스 1세
**4.** 프랑스의 앙리 4세, 왕이 되기 위해 가톨릭으로 개종하자마자 한 말 **5.** 프랑스의 루이 14세

# 식민지는 어떻게 만들어졌을까?

새로운 땅에 사람들이 새로 정착하게 되면 자신들이 생활하던 본국과 긴밀한 관계를 유지하며 생활한다. 1500년에서 1900년 사이 유럽의 강대국들은 아메리카에서 아프리카, 아시아, 태평양까지 전 세계에 식민지를 건설하였다. 이처럼 해외 식민지를 다수 건설한 국가를 제국이라 부른다. 스페인은 1500년대 해외에 제국을 건설한 최초의 유럽 국가이다. 그러나 1900년이 되면 영국이 가장 큰 제국으로 떠오르게 된다.

### 대영 제국의 보석

소위 '대영 제국'의 가장 빛나는 보석은 사실상 인도였다. 빅토리아 여왕은 1877년 인도의 황제가 되었다. 그러나 인도를 직접 방문하지는 않았다. 인도가 1947년 독립을 쟁취할 때까지 대영 제국을 대표하는 총독이 이곳을 통치했다.

### 대영 제국에 관한 네 가지 사실

**01:** 대영 제국은 빅토리아 여왕 시대에 최고의 전성기를 누렸다(1837~1901년).

**02:** **한때 지구 면적의 5분의 1을 차지하고 세계 인구의 4분의 1에 해당하는 인구가 있었다.**

**03:** 식민지는 영국에 설탕, 목화, 차, 바나나, 고무, 팜유 등과 같은 원료를 제공하였다. 그리고 영국에서 생산되는 제품들을 식민지에 팔았다.

**04:** **영국은 식민지에 법원, 병원, 학교, 철도 등을 세웠다. 하지만 그곳의 전통, 언어, 종교에 대한 배려 없이 그런 일들을 진행했다.**

### 좀 더 알아보기: **19세기 유럽의 제국들**

**벨기에:** 콩고

**영국:** 오스트레일리아, 캐나다, 뉴질랜드, 남아프리카, 지브롤터, 인도, 버마(미얀마), 스리랑카, 이집트, 수단, 서아프리카, 동남아프리카, 말레이 반도, 싱가포르, 피지와 기타 태평양 제도들, 브리티시기아나(온두라스), 서인도 제도(자마이카, 트리니다드, 기타 섬들)

**프랑스:** 알제리, 모로코, 프랑스령 중앙아시아, 프랑스령 서아프리카, 마다가스카르, 인도차이나(베트남, 캄보디아, 라오스), 프랑스령 폴리네시아(타히티), 프랑스령 기아나

**독일:** 카메룬, 독일령 동아프리카(탄자니아), 독일령 서남아프리카(나미비아)

**이탈리아:** 리비아, 에리트레아, 소말리아

**네덜란드:** 네덜란드령 동인도 제국(인도네시아), 네덜란드령 앤틸리스 제도(아루바), 수리남

**포르투갈:** 앙골라, 모잠비크

**스페인:** 필리핀, 푸에르토리코, 쿠바

### 설탕 농장과 노예 수입

- 포르투갈 항해자들이 대서양에서 **마데이라와 카나리아 제도**를 발견하였다. 그들은 이 섬을 식민지로 만들었고 거기에 **사탕수수**를 재배하기 시작했다.
- 1550년 무렵 **브라질에 커다란 설탕 농장**을 만들었으며 노동력을 확보하기 위해 **아프리카 노예**들을 수입했다.
- 설탕 재배는 **카리브 해의 섬들**로 확산되었다. 이 농장들을 지금은 대부분 네덜란드, 프랑스, 영국인의 소유이다.
- **지역 주민 모두**가 질병, 전쟁으로 사망하자 **아프리카로부터 수천 명의 노예가 수입되어** 사탕수수 농장에서 노동을 했다.

### 외세의 침략

식민지가 되는 것을 원주민에게 괴로운 일이다. 땅을 빼앗기고 외부인의 질병에 대한 면역력이 없어서 천연두, 홍역, 볼거리와 같은 질병에 걸려 전멸되기도 한다. 외부인은 총을 갖고 있었기 때문에 저항해 봤자 속수무책이었다.

## 숫자로 알아보기

아메리카의 식민지 정책은 끔찍한 결과를 초래했다. 백인들은 1500년에서 1880년대 초까지 수백만 명의 아프리카인들을 노예로 부리기 위해 대서양 건너 아메리카로 강제 이주시켰다.

**2,000명**
1550년대 한 해 평균 강제 이주된 아프리카 노예의 수

**1만 명**
1650년대 한 해 평균 강제 이주된 아프리카 노예의 수

**10만 명**
1750년대 한 해 평균 강제 이주된 아프리카 노예의 수

**1200만 명**
농장에서 일을 하기 위해 강제로 이주된 아프리카 노예의 총 수

## 초기의 13개 식민지:

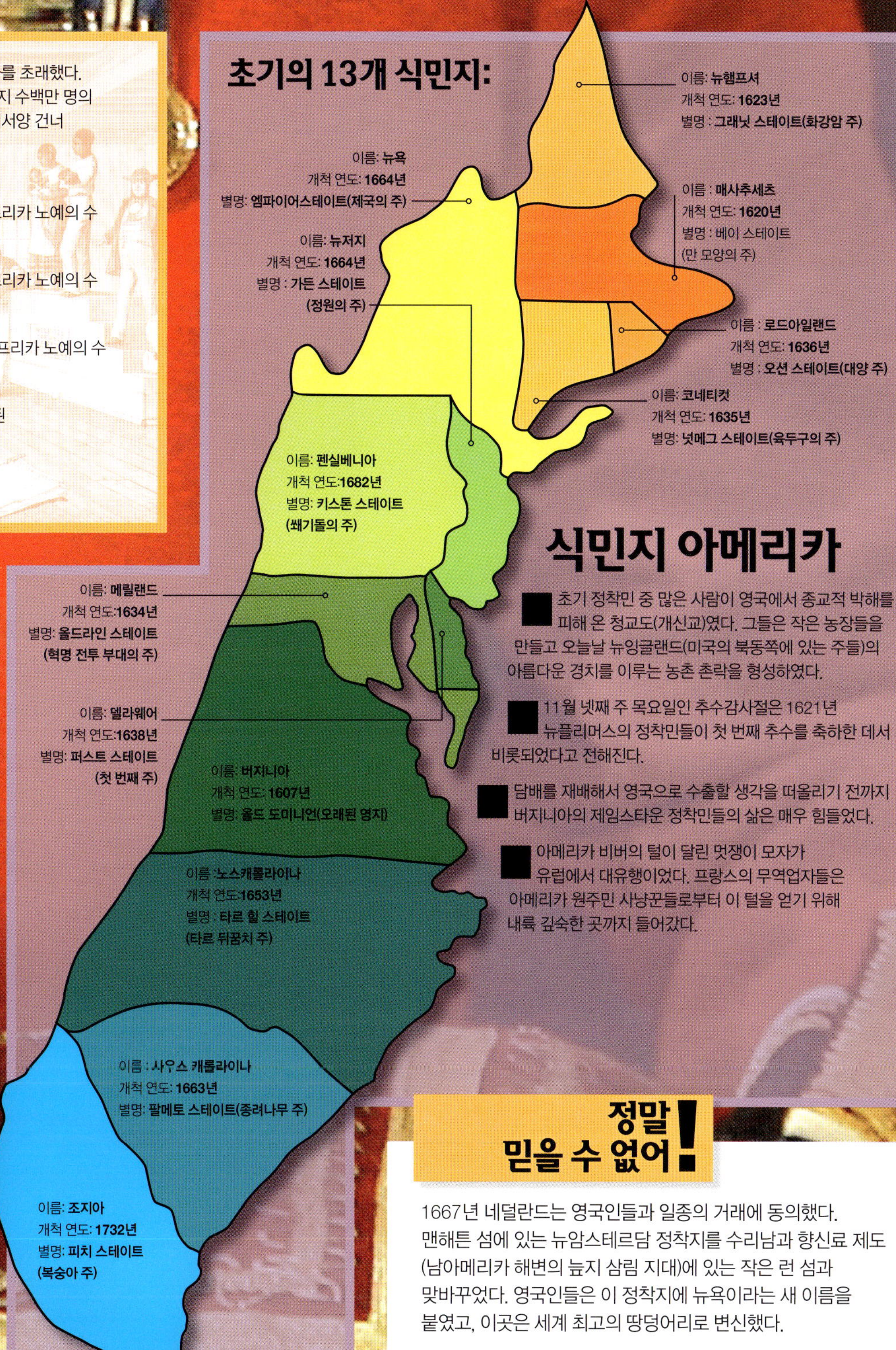


## 식민지 아메리카

- 초기 정착민 중 많은 사람이 영국에서 종교적 박해를 피해 온 청교도(개신교)였다. 그들은 작은 농장들을 만들고 오늘날 뉴잉글랜드(미국의 북동쪽에 있는 주들)의 아름다운 경치를 이루는 농촌 촌락을 형성하였다.
- 11월 넷째 주 목요일인 추수감사절은 1621년 뉴플리머스의 정착민들이 첫 번째 추수를 축하한 데서 비롯되었다고 전해진다.
- 담배를 재배해서 영국으로 수출할 생각을 떠올리기 전까지 버지니아의 제임스타운 정착민들의 삶은 매우 힘들었다.
- 아메리카 비버의 털이 달린 멋쟁이 모자가 유럽에서 대유행이었다. 프랑스의 무역업자들은 아메리카 원주민 사냥꾼들로부터 이 털을 얻기 위해 내륙 깊숙한 곳까지 들어갔다.

## 정말 믿을 수 없어!

1667년 네덜란드는 영국인들과 일종의 거래에 동의했다. 맨해튼 섬에 있는 뉴암스테르담 정착지를 수리남과 향신료 제도(남아메리카 해변의 늪지 삼림 지대)에 있는 작은 런 섬과 맞바꾸었다. 영국인들은 이 정착지에 뉴욕이라는 새 이름을 붙였고, 이곳은 세계 최고의 땅덩어리로 변신했다.

## 차 재배와 무역

- 중국에 있던 **포르투갈 무역업자들**이 유럽으로 차를 가져왔다.
- **영국**은 중국에서 차와 맞바꿀 생각으로 인도에서 **아편**을 재배하기 시작했다. 또 **인도와 스리랑카에서는 차를 직접 재배**하기 시작하였다.
- 영국은 북아메리카 식민지에서 **차에 세금을 부과**하기 시작했다. **아메리카 사람들은 이를 거부했고** 보스턴 항구에서 화물선에 실려 있던 차를 바다에 버렸다. 이들이 커피에 맛을 들이게 된 것이 그리 놀랄 일은 아니다!

## 독립을 향하여

**1776년** 영국의 통치에 대해 13개 미국 식민지가 반란을 일으켰다.

**1810–1823년** 남아메리카가 스페인의 통치에서 벗어났다.

**1922년** 아일랜드(과거 대영 제국)가 독립국이 되었다.

**1946년** 필리핀이 미국으로부터 독립했다.

**1947년** 인도와 파키스탄이 독립했다.

**1949년** 인도네시아가 네덜란드로부터 독립을 쟁취했다.

**1957–1975년** 카리브 해부터 태평양까지 전 세계 식민지 국가들이 독립을 쟁취했다.

**1990년** 아프리카의 마지막 식민지인 나미비아가 남아프리카공화국으로부터 독립을 했다.

# 혁명은 왜 일어나는 것일까?

세계의 질서 체계가 뒤집히면서 빠르고 극적으로 변화되는 시기를 혁명이라 한다. 정치적 혁명은 사람들 사이에 통치자에 대한 불만이 많고 더 이상 참지 못하게 되면 발생한다. 시민들은 통치자를 타도하고 새로운 정부를 세웠는데 때로는 이 과정에서 폭력 사태가 벌어져 많은 피를 흘리기도 하였다. 1789년 프랑스 혁명과 1917년 러시아 혁명에서 이 같은 일이 일어났다.

## 좀 더 알아보기: 정치적 혁명들

**✪ 아메리카 혁명(1775-1783년)**
13개의 식민지 주가 영국을 떨쳐 버리고 미합중국으로 다시 태어났다.

**✪ 프랑스 혁명(1789-1793년)**
왕권에 반대하는 폭동으로 공화국이 세워졌다. 왕은 참수 당했다.

**✪ 1848년 혁명(1848년)**
유럽 전역에 혁명이 일어났다.

**✪ 중국 혁명(1911년)**
민중 반란으로 인해 청 왕조가 무너졌다.

**✪ 러시아 혁명(1917년)**
차르(왕)가 강제로 왕위에서 물러나고 볼셰비키 정부가 권력을 잡았다.

쿠바의 혁명가 체 게바라

**✪ 쿠바 혁명(1959년)**
피델 카스트로가 우파 독재자를 물리치고 쿠바에 공산 정권을 세웠다.

**✪ 문화 혁명(1966-1976년)**
마오쩌둥이 중국에서 '사회주의의 적'을 뿌리 뽑기 위해 대대적인 숙청 운동을 전개했다.

**✪ 크메르 루주(1975년)**
공산주의 게릴라가 캄보디아에서 정권을 잡았다. 강경 노선 정부에 의해 300만 명 이상의 사람들이 죽음으로 내몰렸다.

**✪ 이란 혁명(1979년)**
이란(페르시아)의 왕이 물러나고 이슬람 공화국이 들어섰다.

**✪ 벨벳 혁명(1989년)**
동유럽과 소련에서 공산주의 통치가 붕괴하자 평화로운 시위를 통해 체코슬로바키아의 공산주의 정권이 교체되었다.

## 프랑스 혁명이 일어난 과정

**01.** 왕과 왕비는 베르사유 궁전에서 호화로운 삶을 누리는 반면 나머지 프랑스 민중들은 굶주림에 고통받고 있었다.

**02.** 왕이 세금을 올리기 위해 삼부회를 소집한다. 이로 인해 평민을 대표하는 제3계급이 분노하며 왕에게 대항하기 위해 의회를 세웠다.

**03.** 왕이 군대를 보내 의회를 해산하려 한다는 소문이 퍼졌다. 파리의 폭도들이 왕의 요새였던 바스티유 감옥으로 몰려가 거기에 갇혀 있던 7명의 죄수를 풀어 주었다. 1789년 7월 14일 프랑스 혁명이 시작되었다.

**04.** 혁명 민중(귀족들이 입는 반바지를 입지 않은 사람들이라는 뜻의 '상퀼로트'로 불린다) 무리가 거리를 돌아다니면서 '자유, 평등, 박애'라는 슬로건을 내걸고 귀족 정치를 끝내라고 요구했다.

# 다섯 명의 혁명 지도자

**조지 워싱턴(1732~1799년)**
한때 버지니아의 농부였던 그는 영국의 통치에 반기를 들어 전쟁에서 승리한 후 미국의 초대 대통령으로 선출되었다.

**로베스피에르(1758~1794년)**
프랑스 귀족과 정치적 반대자들에 맞서 공포 정치를 추진하다 단두대의 이슬로 사라졌다.

**레닌(1870~1924년)**
러시아 볼셰비키를 이끌다 1917년 10월 권력을 잡고 소비에트 러시아의 첫 번째 지도자가 되었다.

**트로츠키(1879~1940년)**
볼셰비키 혁명의 핵심 인물로 스탈린(레닌의 후계자)과 사이가 나빠진 후 송곳에 머리가 찔려 암살당했다.

**마오쩌둥(1893~1976년)**
중국 공산당 지도자로 1949년 중화인민공화국의 건립을 총지휘했다.

**산업 혁명**
**(1760~1900년)**
급격한 사회 경제적 변화의 시기로 사람들이 농촌을 떠나 도시의 공장에서 일하며 살게 된다.

## 무슨 뜻일까?

피비린내 나는 프랑스 혁명의 상징 **단두대(기요틴)**는 해부학 교수였던 기요탱 박사의 이름에서 유래했다. 그는 처형하는 가장 빠르고 깨끗하고 인간적인 방법으로 단두대를 옹호했다. 매우 **날카로운 칼날**이 위에서 뚝 떨어지면 일초도 안 되어 죄인의 머리도 뚝 떨어진다. 교수형이나 도끼로 행하는 참수형보다 훨씬 빠르다.

살짝 엿보기

## 산업 혁명

**01:** 영국에서 새로운 기계가 발명되어 목화와 양모로 실을 잣는 속도가 빨라졌다. 처음에는 이것들을 물레방아로 움직였으나 후에 증기 기관이 발명되어 이를 대신했다.

**02:** 제철 기술이 개선되면서 철의 강도는 높아지고 가격은 내려갔다.

**03:** 농업 기술의 변화로 곡식 재배에 필요한 노동력이 줄어들고 이로 인해 농민들이 농촌을 떠나 제분소나 공장에 취직하게 된다. 산업 도시가 빠르게 성장한다.

**04:** 광산의 석탄을 나르고 완성된 제품을 운반하기 위해 운하가 건설되었다.

**05:** 50년도 지나지 않아 철도가 운하를 대신했다. 대중을 위한 최초의 철로가 1825년 개통되었다.

**06:** 1869년 미국에서 최초로 대륙을 횡단하는 철로가 완성되었다. 육로가 열리며 산업이 빠르게 팽창하였다. 대량 생산 기술이 발달하며 생산 비용도 절감되었다.

**과학 혁명**
**(1550~1800년)**
근대 과학의 초석이 마련되었다. 중세 교회가 가르친 천동설과 달리 행성이 태양 주위를 회전한다는 지동설과 함께 시작된 과학적 진보로 인해 세계에 대한 사고 방식이 혁명적으로 변화하였다.

**농업 혁명**
**(1700~1850년)**
농촌에 전면적인 변화를 몰고 왔다. 좀 더 효율적인 농사법이 시행되면서 농지 짓는 데 필요한 인력이 줄어들었다.

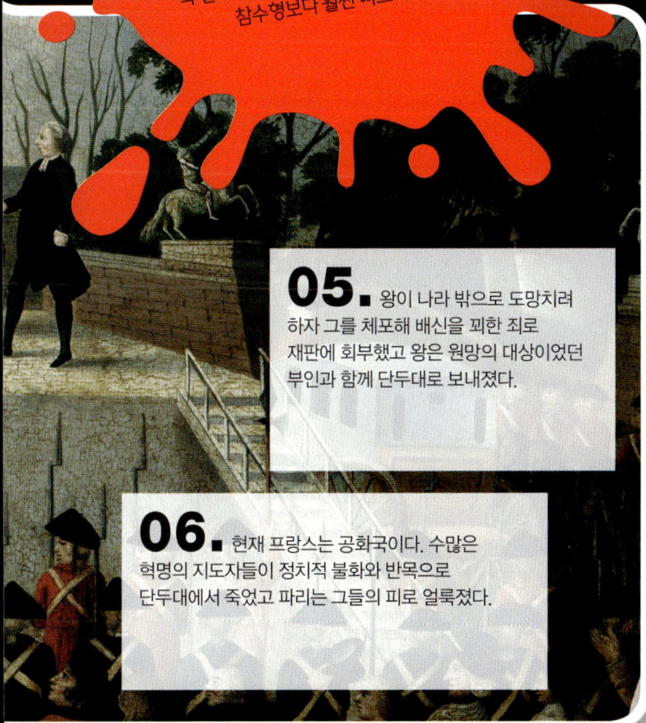

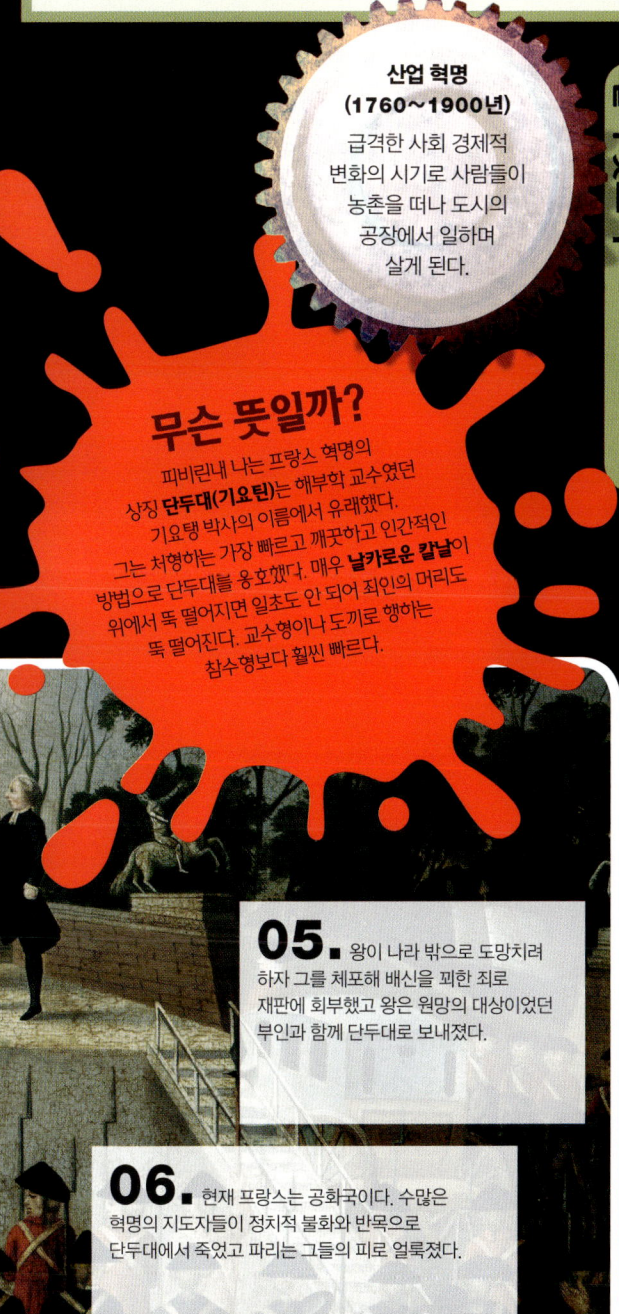

**05.** 왕이 나라 밖으로 도망치려 하자 그를 체포해 배신을 꾀한 죄로 재판에 회부했고 왕은 원망의 대상이었던 부인과 함께 단두대로 보내졌다.

**06.** 현재 프랑스는 공화국이다. 수많은 혁명의 지도자들이 정치적 불화와 반목으로 단두대에서 죽었고 파리는 그들의 피로 얼룩졌다.

## 정말 믿을 수 없어!

러시아 혁명 지도자 레닌의 사체는 그가 죽은 1924년 이후 모스크바의 붉은 광장에 있는 대리석 마우솔레움(묘지)에 안치되어 대중에 공개되고 있다. 마우솔레움은 18개월마다 폐쇄되는데 특수한 시체 방부 보호액으로 처리하고 옷을 갈아 입히기 위해서이다.

**정보 혁명**
**(1980년대~ )**
컴퓨터 기술과 마이크로 칩에 의해 세계에 혁명적인 변화가 일어나고 있다. 인터넷은 산업, 정치, 교육, 오락 등의 접근 방식을 새롭게 재창조하고 있다.

제1차 세계 대전 당시의 참호 전투

# 전쟁이 가장 많이 일어난 시기는 언제일까?

20세기에는 매년 지구 어딘가에서 전쟁이 일어났다. 최소한 165개의 주요한 전쟁이 있었다. 약 4000만 명의 군인이 죽었으며 이들 중 75%가량이 제1, 2차 세계 대전에서 사망했다. 수백만 명의 양민들 또한 전쟁으로 목숨을 잃었다.

## 20세기 10대 주요 전쟁

**01: 제1차 세계 대전** (1914~1918년)

**02: 러시아 시민 전쟁** (1918~1921년)

**03: 중국 시민 전쟁** (1927~1949년)

**04: 스페인 내전** (1936~1939년)

**05: 제2차 세계 대전** (1939~1945년)

**06: 아랍-이스라엘 전쟁** (1948~1973년)

**07: 한국 전쟁** (1950~1953년)

**08: 베트남 전쟁** (1964~1973년)

**09: 이란-이라크 전** (1980~1988년)

**10: 걸프 전쟁** (1991년)

## 최고 기록은?

기록상 **가장 짧은 전쟁**은 단 38분 동안 벌어졌다. 1896년 아프리카의 동쪽 해안에 있는 섬 잔지바르와 영국 사이에 일어났던 전쟁이었다.

**위험!** 전쟁으로 상처 입은 전 세계 여러 나라에 1억 1000만 개 이상의 대인 지뢰가 버려져 있다. 이 **치명적인 폭발물**은 한 해 수천 명의 사람을 죽게 하거나 불구로 만든다.

## 주요 일지

초강대국이었던 미국과 소련은 40여 년 동안 경쟁 상태에 있었다. 이 냉전 기간 동안 세계는 항상 긴장 관계에 있었으며 초강대국들은 지구 전체를 파괴하기에 충분한 핵무기를 축적하였다.

**1945-1948년**
소련이 동유럽을 지배하게 되고 공산주의 정권이 들어섰다.

**1949년**
중국은 공산주의 공화국이 되었고 소련과 동맹을 맺었다.

**1950년**
공산주의 국가인 북한이 남한을 침공하였고 미국이 이끄는 군대가 반격에 나섰다.

**1952-1953년**
핵무기 경쟁이 시작되었다.

**1956년**
소비에트 군대가 헝가리에서 폭동을 진압했다.

**1961년**
베를린 장벽이 세워져 공산주의 정권인 동베를린과 서베를린 사이를 봉쇄했다.

**1964년**
미국이 북베트남 공산주의자들에 반대해 전쟁을 일으켰다.

**1970년**
미국과 소련이 핵무기를 감축하기 위해 대화를 시작했다.

**1979년**
소련이 아프가니스탄을 침공하였다.

**1985년**
미하일 고르바초프가 소련의 지도자가 되어 개혁을 단행하였다.

**1988-1991년**
공산주의 통치가 소련과 동유럽에서 붕괴했다.

## 얼마나 오랫동안 전쟁이 지속되었을까?

**? 백년 전쟁**(1337~1453년) 영국과 프랑스 사이의 전쟁. 중간에 잠깐씩 전쟁을 멈춘 시기도 있었지만 116년간 지속되었다.

**? 30년 전쟁**(1618~1648년) 가톨릭과 개신교 사이의 고통스런 싸움으로 주로 독일에서 일어났다.

**? 7년 전쟁**(1756~1763년) 유럽인들의 싸움이 세계전으로 확산된 최초의 전쟁

**? 6일 전쟁**(1967년) 이스라엘이 이집트, 시리아를 패배시키고 요르단 강 서안 지구를 점령하는 데 걸린 시간

**? 백 시간 전쟁**(1969년) 축구 시합에서 폭동이 일어난 후 온두라스와 엘살바도르 사이에 벌어진 싸움

### 전쟁 이야기

- 중세의 포위 공격전에서 페스트로 죽은 희생자를 담장 밖의 적군에게 던지는 일은 늘 있는 일이었다. 세균전의 초기 형태라고 할 수 있다.
- 화학 무기가 처음 사용된 전쟁은 제1차 세계 대전이다. 독일군이 연합군 참호로 머스터드 가스(폐를 공격하는 노란색의 유성 액체)를 살포했다.
- 참호 속에서 싸우던 독일군과 연합군이 1914년 크리스마스에 축구 시합을 하기 위해 임시 휴전을 선포했다.
- 소련군이 제2차 세계 대전에서 개를 훈련시켜 등에다 폭발물을 매단 채 탱크 밑으로 기어 들어가게 했다. 폭발물의 점화 장치가 당겨지면 탱크가 파괴된다. 물론 개도 함께 폭발된다.

### 정말 믿을 수 없어!

프라하에서 몇몇 개신교 신자들이 가톨릭 칙사를 성 창문 밖의 똥 더미로 던지면서 30년 전쟁이 시작되었다. 악취가 진동하였다.

이슬람 테러 단체 알카에다가 2001년 9월 11일 뉴욕의 무역 센터 쌍둥이 빌딩을 비행기로 공격한 후 미국 대통령 조지 부시는 **테러와의 전쟁**을 선포하였다. 이 테러로 인해 거의 3,000명의 사람이 죽었으며 아프가니스탄과 이라크에 대한 미국의 군사 행동이 개시되었다.

### 열 명의 뛰어난 군사 지휘관

**알렉산드로스 대왕**
마케도니아 제국을 건설했으며 전투에서 한 번도 패한 적이 없다.

**한니발**
그의 부하들(대여섯 마리의 군용 코끼리도 함께)을 데리고 알프스를 건너 로마군을 물리쳤다.

**카이사르**
갈리아(프랑스)를 정복하고 스스로 로마의 군주가 되었다.

**살라딘**
이슬람 군대를 조직하여 십자군에 저항했다.

**칭기즈 칸**
흑해로부터 태평양까지 거대한 제국을 통치한 몽골의 전제 군주

**나폴레옹**
유럽의 모든 군대와 싸워 물리쳤다. 다음의 사람을 만날 때까진…….

**웰링턴 공작**
워털루 전투에서 나폴레옹을 물리친 영국의 장군

**로버트 리**
미국의 시민 전쟁에서 성공적으로 전투를 수행한 연합(남부군) 사령관

**에르빈 롬멜**
제2차 세계 대전 당시 북아프리카에서 독일군을 지휘했다. 하지만 이후 히틀러와 사이가 틀어졌다.

**게오르기 주코프**
제2차 세계 대전에서 가장 성공적인 활약을 펼친 구소련의 장군

## 배가 고프다고? 음식 이름이 붙은 전쟁들

**감자 전쟁**(1778년)
이것은 아무래도 이름이 좀 잘못된 것 같다. 프로이센과 오스트리아 양쪽이 서로 싸우기보다는 군량 감자를 확보하기 위해 시골을 샅샅이 뒤지고 다니는 데 전념했기 때문이다.

**오렌지 전쟁**(1801년)
이 전쟁은 스페인 여왕의 연인이 나폴레옹의 명령을 받아 포르투갈을 침략한 후 여왕에게 보낸 오렌지 선물에서 이름이 유래했다.

**페이스트리 전쟁**(1838년)
몇몇 멕시코 군인이 프랑스 페이스트리 요리사 가게를 망가뜨렸다. 멕시코 정부는 보상을 거부했고 이로 인해 프랑스 군대가 쳐들어갔다.

**대구 전쟁**(1975년)
북대서양 어업권을 놓고 영국과 아이슬란드 사이에 벌어진 충돌이다. 실질적인 전투는 많이 일어나지 않았으나 그물이 많이 찢어졌다.

← **1902년:** 테디 베어(곰 인형)가 인기를 얻었다. 테디 베어란 이름은 미국의 대통령 테오도어(테디) 루즈벨트의 이름에서 유래했다.

→ **1903년:** 라이트 형제가 북캘리포니아의 키티호크에서 처음으로 동력 기관을 이용해 비행하는 데 성공했다.

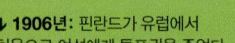

↓ **1906년:** 핀란드가 유럽에서 처음으로 여성에게 투표권을 주었다.

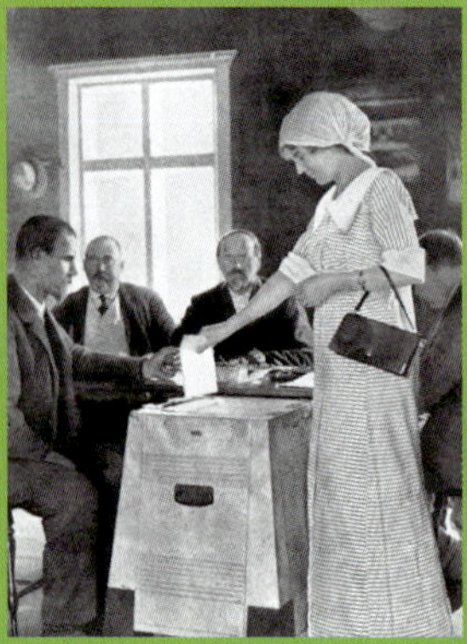

↓ **1908년:** 헨리 포드가 T모델 포드 자동차를 생산하기 시작했다. 세계에서 처음으로 대량 생산 체제를 도입해 만든 차이다.

# 1900년대

→ **1912년:** 타이타닉호가 첫 항해 도중 빙하에 부딪혀 침몰했다.

↓ **1914년:** 제1차 세계 대전이 시작되었다. 1918년에 끝났다.

↑ **1916년:** 영국의 아일랜드 통치에 반대하는 부활절 봉기가 일어났다.

↑ **1917년:** 러시아 혁명이 일어났다.

← **1918년:** 스페인 독감이 유행하여 전 세계에서 수백만 명이 사망하였다.

# 1910년대

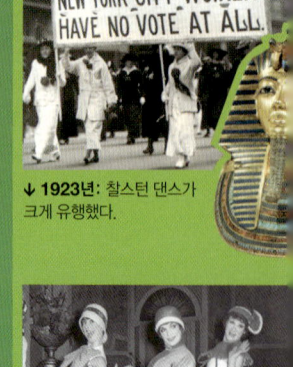

↓ **1923년:** 찰스턴 댄스가 크게 유행했다.

# 1920년대

↓ **1951년:** 컬러 텔레비전이 미국에 소개되었다.

↓ **1953년:** 영국 케임브리지 대학 과학자들이 DNA를 발견하였다.

↓ **1955년:** 미국의 흑인 여성 로사 팍스가 버스에서 백인에게 자리 양보하기를 거부했다. 이는 미국에서 시민권 운동을 촉발시키는 계기가 되었다.

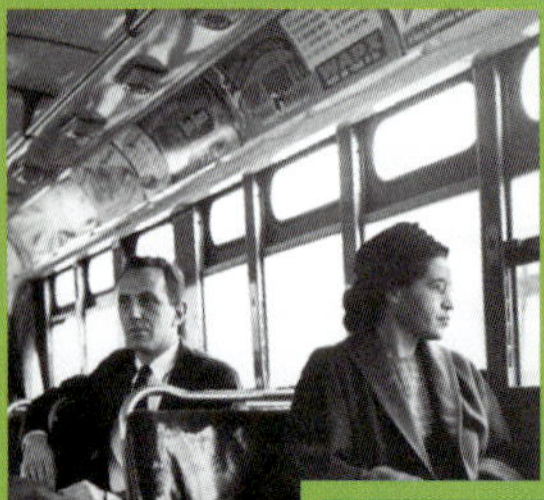

↓ **1956년:** 아프리카의 영국 식민지 중 가나가 처음으로 독립하였다.

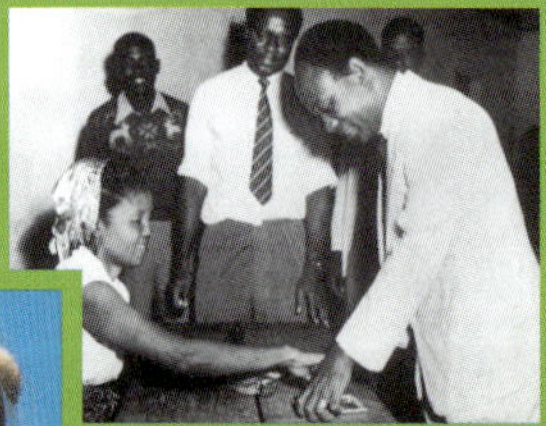

← **1959년:** 검고 흰 얼룩말 줄무늬 그려진 수영복을 입고 있는 바비 인형이 시판되기 시작했다.

# 1950년대

← **1961년:** 동독과 서독을 갈라 놓은 베를린 장벽이 세워졌다.

↓ **1963년:** 미국의 케네디 대통령이 암살당했다.

↓ **1964년:** 비틀스가 미국에서 선풍적인 인기를 얻었다.

↓ **1967년:** 처음으로 심장이 이식되었다.

**1968년:** 파리에서 거리 시위가 있었다. 미국의 학생들이 베트남전에 반대하는 시위에 가담하였다.

→ **1969년:** 미국의 두 우주인이 인간으로서는 처음으로 달에 걸음을 내디뎠다.

# 1960년대

→ **1972년:** 휴대용 계산기가 처음 등장했다.

↑ **1978년:** 처음으로 시험관 아기가 태어났다.

→ **1979년:** 이슬람 혁명을 통해 이란에서 정권이 교체되었다.

# 1970년대

← **1920년:** 미국에서 여성들이 투표할 권리를 얻었다.

← **1922년:** 고고학자들이 이집트에서 투탕카멘의 무덤을 발굴하였다.

**1926년:** 처음으로 텔레비전을 통해 영상이 전달되었다.

↑ **1927년:** 최초의 유성 영화 '재즈 싱어'가 상영되었다.

← **1928년:** 플레밍이 페니실린을 발견하였다.

→ **1931년:** 엠파이어 스테이트 빌딩이 뉴욕에 문을 열었다.

↓ **1933년:** 히틀러가 독일의 수상이 되었고 반유대인법을 통과시켰다.

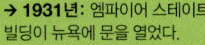

← **1934년:** 러시아에서 스탈린의 '대공포'가 시작되었다. 노동자 수용소에서 수백만 명이 죽었다.

↓ **1935년:** 나일론이 발명되었다.

↓ **1936년:** 미국의 흑인 육상 선수인 제시 오언스가 베를린 올림픽에서 4개의 금메달을 땄다. 흑인을 싫어하던 히틀러는 역겨운 표정으로 경기장을 떠났다.

↑ **1939년:** 히틀러가 폴란드를 침공하고 제2차 세계 대전이 시작되었다. 1945년 종전되었다.

# 1930년대

**1940년:** 맥도날드가 처음으로 미국 캘리포니아 샌버너디노에서 문을 열었다.

→ **1941년:** 일본이 미국 하와이의 진주만에 있는 해군 기지에 폭탄 공격을 했다. 그 이후 미국이 제2차 세계 대전에 가담하게 되었다.

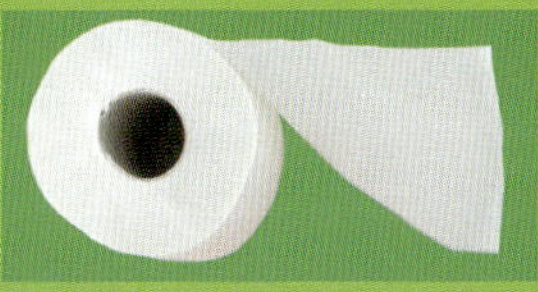

← **1942년:** 두 겹으로 된 부드러운 화장지가 처음으로 시판되었다.

↓ **1945년:** 미국이 일본의 히로시마와 나가사키에 원자 폭탄을 투하했다.

↑ **1948년:** 이스라엘이 건국되었다.

→ **1949년:** 중국 공산당이 시민 전쟁에서 승리하였다.

# 1940년대

↑ **1973년:** 미국이 베트남전에서 철수했다.

← **1975년:** 폴 포트가 캄보디아 공산주의 독재자가 되었고 그에 의해 수백만 명이 학살당했다.

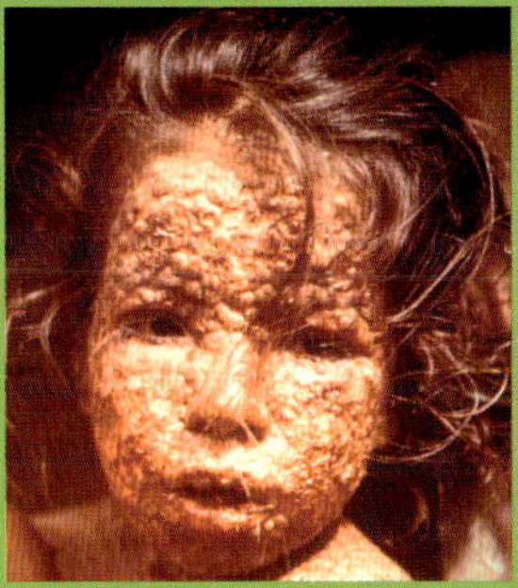

← **1980년:** 세계보건기구가 천연두가 근절되었다고 공식 선언했다.

↓ **1982년:** 마이클 잭슨의 '스릴러'가 앨범 판매 최고 기록을 세웠다.

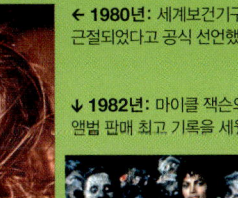

↓ **1984년:** 에이즈 바이러스가 발견되었다.

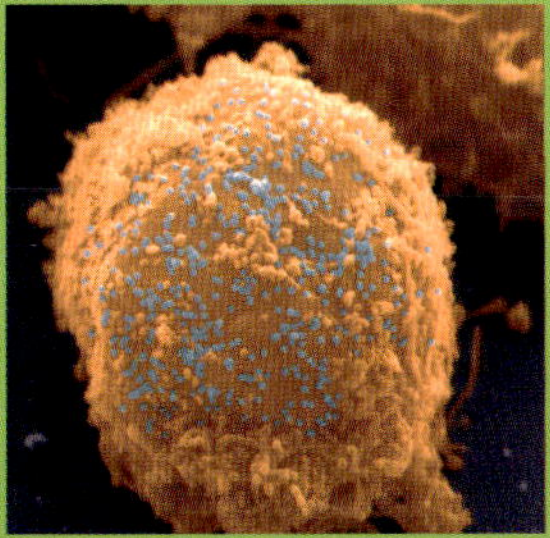

↑ **1986년:** 우크라이나의 체르노빌에서 역사상 최악의 원자력 발전소 사고가 터졌다.

→ **1989년:** 공산주의가 붕괴되면서 냉전이 종식되었다.

# 1980년대

→ **1990년:** 넬슨 만델라가 27년 만에 감옥에서 풀려났다. 그는 4년 후 남아프리카 공화국의 대통령으로 선출되었다.

← **1991년:** 러시아의 공산주의 통치가 막을 내렸다.

→ **1992년:** 유고슬라비아가 분열되면서 발칸에서 전쟁이 일어났다.

↓ **1994년:** 아프리카의 르완다에서 집단 학살이 자행되었다.

↑ **1996년:** 복제 양 돌리가 탄생했다.

→ **1997년:** JK 롤링이 처음으로 '해리 포터'를 출판했다.

# 1990년대

# 찾아보기

# 사진 저작권

**DK would like to thank:**
Steven Carton, Jenny Finch, and Fran Jones for additional editorial work, Stefan Podhorodecki for additional photography, and Lee Ritches for additional design. Peter Pawsey for creative technical support. Nick Deakin of www.spaceboosters.co.uk and Carole Stott for mission patches. Charlotte Webb for proofreading. Jackie Brind for preparing the index.

**The publisher would like to thank the following for their kind permission to reproduce their photographs:**

*Key: a–above; b–below/bottom; c–centre; f–far; l–left; r–right; t–top*

**1** Corbis: Andrew Brookes (ftr/light bulb); Jason Horowitz / Zefa (ftr/ganesh); Images.com (tl/heart); Fred Prouser / Reuters (cra/tutankhamun). Getty Images: Philippe Body / Hemis (bc/pyramids); Photographer's Choice RR / Steve McAlister (clb/brain). **3** Corbis: Andrew Brookes (ftr/light bulb); Jason Horowitz / Zefa (ftr/ganesh); Images.com (tl/heart); Fred Prouser / Reuters (cra/tutankhamun). Getty Images: Philippe Body / Hemis (bc/pyramids); Photographer's Choice RR / Steve McAlister (clb/brain). **4** Corbis: Andrew Brookes (ftr/light bulb); Images.com (tl/heart) (bl/ganesh). **5** Corbis: Jason Horowitz / Zefa (ftl/ganesh); Images.com (br/heart). **6–7** Getty Images: Stocktrek Images (c). **7** Getty Images: (tr); Digital Vision (br); Ian McKinnell (c); NASA – digital version copyright Science Faction (cb); National Geographic (ca); Stocktrek (cr). **8** NASA: HST (bl); SOHO (tr). Science Photo Library: NASA (cl); Victor de Schwanberg (cr). **9** NASA: HST (bc) (br); SOHO (bl). Science Photo Library: Mark Garlick (clb); Pascal Goetgheluck (tr); David A. Hardy (cla); Max Planck Institute for Astrophysics (fbr). **10** ESA: (cl). NASA: HST (tr) (bc) (bl) (br) (c) (fbl) (fbr). NOAO / AURA / NSF: (cra) (cr) (crb). **10–11** NASA: HST. **11** 2MASS: J. Carpenter, T. H. Jarrett, & R. Hurt (cl). Galaxy Picture Library: NASA/JPL-Caltech (t). Science Photo Library: Magrath Photography (cr). **12** Anglo Australian Observatory: Royal Observatory, Edinburgh/David Malin (bl). NASA: (bc) (br); HST (l) (cl). **12–13** NASA: HST.
**13** Galaxy Picture Library: DSS1 (tr); Gordan Garradd (tl); Gordon Garradd (tc). NASA: HST (ftl) (cr) (fcl); JPL-Caltech/K. Su (University of Arizona) (ftr); SST/IRAS (fcr); X-ray: NASA/CXC/PSU/S.Park & D.Burrows.; Optical: NASA/STScl/CfA/P.Challis (bl). **14** NASA: SOHO (c) (cb). Science Photo Library: Lawrence Berkeley National Laboratory (b). **15** Science Photo Library: Pekka Parviainen (tl); Eckhard Slawik (c). **16** NASA: (bl). Science Photo Library: John Sanford (t). **17** Corbis: Roger Ressmeyer (br). NASA: (t). **18** Corbis: NASA/Roger Ressmeyer (tl). **18–19** Corbis: epa/Gerhard Neukum. **19** Corbis: NASA/Roger Ressmeyer (br). NASA: JPL (c) (t). **20** Corbis: Araldo de Luca (bl). Galaxy Picture Library: NASA / JPL / University of Arizona (br). **21** Galaxy Picture Library: NASA / ESA / E.Karkoschka (tl). NASA: (c) (br) (bl/iron). **22** DK Images: Colin Keates / courtesy of the Natural History Museum, London (fbl/stony) (br/io) (br/titan) (cb/miranda) (fcrb/phobos). NASA: (cl). **22–23** Galaxy Picture Library: Robin Scagell (background). **23** Galaxy Picture Library: Robin Scagell (c). NASA: (fcr). **24–25** Alamy Images: Ian McKinnell (c). **25** Corbis: The Gallery Collection (bc).
**26** Corbis: Roger Ressmeyer (l). Jodrell Bank Observatory, University of Manchester: (crb). NASA: (br). **26–27** NASA: HST. **27** akg-images: (tr/Archimedes). Alamy Images: Wiskerke (b). ESA: (tl). European Southern Observatory: H. Zodet (crb). W.M. Keck Observatory: UCLA/Ian McLean (cra). NASA: HST (clb); JPL-Caltech/STScl (cl); SOHO (cla); X-ray: NASA/CXC/CfA/M.Markevitch et al; Optical: NASA/STScl; Magellan/U.Arizona/D.Clowe et al Lensing Map: NASA/STScl; ESO WFI; Magellan/U.Arizona/D.Clowe et al (tr). Science Photo Library: Kapteyn Laboratorium (cr).
**28** NASA: JHUAPL/CIW (tr); JPL (l). **28–29** NASA: ESA/Johns Hopkins University; JPL/Cornell University/Maas Digital (br). **29** NASA: JPL (tl) (tr); JSC (cr); KSC (bc). **31** Corbis: Bettmann (ftl); Hulton-Deutsch Collection (tl); Reuters (ftr/Dennis Tito). Science Photo Library: Ria Novosti (tr/Leonov). **33** DK Images: NASA (fbr). **34** Corbis: NASA Handout/CNP (cr). NASA: (tc); KSC (c). **34–35** NASA. **35** Corbis: NASA TV/epa (tl); Roger Ressmeyer (cr). NASA: KSC (tc). Science Photo Library: NASA (cb); The Image Bank / Andy Rouse (ftr); The Image Bank / Philippe Bourseiller (cra).
**36** Getty Images: The Image Bank / Matthew

Septimus (tl). **36-37** Getty Images: Photographer's Choice / Sami Sarkis. **37** Getty Images: Gallo Images / Richard du Toit (fcla); National Geographic / Michael Nichols (ftr); National Geographic / Tim Laman (tl); Stone / Will & Deni McIntyre (cra). **38** Science Photo Library: European Space Agency (crb). **39** Science & Society Picture Library: NASA (crb). Science Photo Library: NOAA (br); Worldsat International (cr). **40** DeepSeaPhotography.Com: (cb). **40-41** Corbis: Rick Doyle (c). **41** NOAA: (bc). SeaPics.com: (tc). **42** Getty Images: Digital Vision (tl); Sean Gallup (cla/Matterhorn); Gavin Hellier (cla); Arte Wolfe (cl). **42-43** Corbis: Galen Rowell (c/background). **43** Corbis: David Brooks (br); Lowell Georgia (bc); Danny Lehman (cb/high peaks); Francesc Muntada (c); Hans Reinhard (cb); Chris Rogers (cla); George Steinmetz (fcra). Getty Images: Paula Bronstein (tr); Mario Colonel (fcr/paragliding); Leo Mason (crb/hellskiing); Marc Muench (bl); Pascal Rondeau (crb/canyoning); Tyler Stableford (crb/ice climbing). **44** Photolibrary: Doug Allan (bl). Royal Geographical Society Picture Library: Bruce Herrod (bc). **44-45** Alamy Images: Robert Preston Photography (c). Corbis: Robert Holmes (bc). **45** Alamy Images: Keith Taylor (br). Royal Geographical Society Picture Library: Bruce Herrod (bc). **46** Corbis: DLILLC (fcla/Japanese Macaques). **46-47** Photolibrary: Carini Joe (c/background). **47** Alamy Images: Greg Vaughn (tl). Corbis: (ftr) (ftl); Bettmann (clb); Gary Braasch (br); Douglas Peebles (cb); Roger Ressmeyer (fclb); Weda / epa (ca); Masahiro Yamanashi (tc). Photolibrary: Mark Hamblin (tr); French Peter (bc). **48** Corbis: Tom Bean (bc); Macduff Everton (bl). NASA: (br). **49** Corbis: Bettmann (cla) (cl); Reuters/Wolfgang Rattay (bl); Sygma/Hashimoto Noboru (clb). DK Images: Courtesy of the Museu da Cidade, Lisbon (tl). Science Photo Library: Geoeye (tc) (tr). **50** Corbis: Jon Arnold / JAI (cl); Dean Conger (fbr); Tony Craddock / Zefa (fbl); Liu Liqun (bc). Getty Images: National Geographic / Phil Schermeister (br); Stone / Will & Deni McIntyre (bl). **50-51** Corbis: Owen Franken (background). **51** Corbis: Du Huaju / Xinhua Press (c). Getty Images: (fclb); Gallo Images / Richard du Toit (fcl); National Geographic / Ralph Lee Hopkins (ftl); Photographer's Choice / Tom Till (fcla). **52** Alamy Images: Steven J. Kazlowski (cra) (ca). Ardea: Jean Paul Ferrero (tr). Corbis: Wolfgang Kaehler (tl); Alison Wright (cla). FLPA: Colin Monteath (tc). Getty Images: Dean COnger / National Geographic (crb). **52-53** Corbis: Ralph A. Clevenger (c/background). Science Photo Library: NSIDC / NASA (c/ice sheet on earth). **53** Alamy Images: David Wall (c). Corbis: Richard A. Cooke (ca/crevasse); Peter Johnson (ca/iceberg); Carl Purcell (ca/retreating glacier); Galen Rowell (tc). NASA: (tl). **54** Alamy Images: Photoshot Holdings Ltd (bl/inselberg); science photos (fbl/butte); Patrick Ward (clb/race). Corbis: Bertrand Gardel (clb/salt); Zhuoming Liang (br); Jim Sugar (cl); Martin B. Withers (fbr). Science Photo Library: NASA (clb/test probe); George Steinmetz (bl). **54-55** Getty Images: Mike Theiss / National Geographic (c). **55** Alamy Images: John Elk III (bc/arch); Peter M. Wilson (bc/wadi). Getty Images: D. Steven Smith (c). **56** Corbis: Tom Bean (br/Taiga); Frans Lanting (bl/rainforest); Sally Morgan / Ecoscene (fbr/temperate forest). Getty Images: rubberball (cl). **56-57** iStockphoto.com: konradlew (c/background). **57** Corbis: Theo Allofs / zefa (crb). DK Images: Alan Watson (cl). **58** Ardea: David Wall (fbr). FLPA: imagebroker / J. W. Alker (fbl); Minden Pictures (br). naturepl.com: Doug Perrine (bl). **58-59** FLPA: Reinhard Dirscherl (c). **59** Ardea: Kurt Amsler (cb/platform reef); Jean Paul Ferrero (c/patch reef). Corbis: Jack Fields (ca/atoll reef) (ca/Barrier reef lagoon). FLPA: Minden Pictures (tc). **60** Corbis: Warren Faidley (ca); Michael Freeman (c); Larry W. Smith (cb); Weatherstock (bc). **60-61** Corbis: Eric Nguyen (c/background). **61** Corbis: Mike Alquinto (br); First (tr). Getty Images: Gerben Oppermans (tc). **62** Corbis: Roger Ressmeyer (cla). **63** Corbis: Buddy Mays (cra/Ship Rock); Smithsonian Institution (cl). **66** Getty Images: The Image Bank / Michael Wildsmith (bl/nails). **66-67** Getty Images: Photodisc / Livio Sinibaldi. **67** Getty Images: Stone / Davies and Starr (bl). **68** DK Images: Demetrio Carrasco / Rough Guides (crb); Colin Keates / courtesy of the Natural History Museum, London (bc) (c/fossil). Getty Images: Ken Lucas (bl) (br); Ross Rappaport (tl). **68-69** Corbis: Gunter Marx (c). **73** The Natural History Museum, London: Annes Publishing (bl/Saurolophus) (c) (fbr); De Agostini (br/Lambeosaurus); Kokoro (tl). **74** Corbis: Hubert Stadler (c/background). DK Images: Centaur Studios, Graham High model maaker / Dave King (c) (bc/Albertosaurus) (br/Gorgosaurus libratus) (fbr/Alioramus remotus). The Natural History Museum, London: Annes Publishing (bl/Tarbosaurus). **75** Corbis: Reuters (tl); Sygma / Close Murray (br). DK Images: Rough Guides / Demetrio Carrasco (cr). **76** DK Images: Steve Gorton / John Holmes – modelmaker (clb/Euoplocephalus). The Natural History Museum, London: (cl/Scelidosaurus). **76-77** Corbis: George H. H. Huey (c). **77** DK Images: Andy Crawford / Robert L. Braun – modelmaker (c/Stegosaurus); Dave King / Graham High at Centaur Studios – modelmaker (tr/Triceratops); Tim Ridley / Robert L. Braun - modelmaker (cr/Styracosaurus). Science Photo Library: Simon Fraser (cla/fern background). **78-79** Getty Images: Daisy Gillardini (c). **79** DK Images: Colin Keates / courtesy of the Natural History Museum, London (ftr). Science Photo Library: Martin Dohrn / Stephen Winkworth (tr). **81** Science Photo Library: Christian Darkin (c). T→bingen Unversity: (tl) (c/intact skeleton). **82** DK Images: Andy Crawford / courtesy of the Royal Tyrell Museum of Palaeontology, Alberta, Canada (cr/jigsaw of bones) (c/femur); Colin Keates / courtesy of the Natural History Museum, London (cr/belemnite). **83** The Bridgeman Art Library: (bl/Mary Anning). Corbis: Richard T. Nowitz. DK Images: Andy Crawford / courtesy of the State Museum of Nature, Stuttgart (c/egg fossils); Lynton Gardiner / courtesy of The American Museum of Natural History (c/skin fossiil); Ed Homonylo / courtesy of Dinosaur State Park, Connecticut (cla/footprint fossil) (cla/broad-leaved fossil); Colin Keates / courtesy of the Natural History Museum, London (tl/cycads) (cla/conifer fossil); Harry Taylor / courtesy of the Natural History Museum, London (br/fish fossil); Harry Taylor / courtesy of the Royal Museum of Scotland, Edinburgh (ftl/fern fossil). Getty Images: Hulton Archive (clb/William Buckland); Louie Psihoyos (clb/Sir Richard Owen); Tropical Press Agency (bl). **84** DK Images: Jon Hughes / Bedrock Studios (fcl/dire wolf); Natural History Museum, London (fclb/smilodon). **84-85** Corbis: Craig Tuttle (background). **85** DK Images: Natural History Museum, London (ftl/moeritherium) (br) (fbl); Royal British Columbia Museum, Victoria, Canada (fbr). **86** Getty Images: David Maitland (br). **86-87** Getty Images: Michael Rosenfeld (c). **87** Getty Images: Pier (clb); Elena Segatini (bl); G. Warner (cra). **88-89** Photolibrary: Nacho Moro (c). **89** Alamy Images: Mark Boulton (bc). DK Images: Stephen Hayward (tc); Colin Keates / courtesy of the Natural History Museum, London (cr/lycopodium). **90** Corbis: Ashley Cooper (tl); Andreas Lander (c); Martin Harvey (clb/flies). Getty Images: David C. Tomlinson (cb); Charles Melton (bl); Dibyangshu Sarkar (cb/sunflowers); Gail Shumway (cl/butterfly); Roy Toft (clb). **90-91** Getty Images: Emma Thaler (c/main background). **91** Getty Images: Henning Kaiser (fbr); Clive Nichols (tc); Yo / Stock4B (fbl/stem). **92** Corbis: Desmond Boylan (bl). **93** Getty Images: Howard Rice (cb); Alison Wright (bc). **94** Alamy Images: Dennis MacDonald (cla/four seasons of tree). Corbis: Bob Krist (tr). **94-95** Alamy Images: Michael Pole (c/background). **97** Alamy Images: Pavel Filatov (tc). Getty Images: Thad Samuels Abel II / National Geographic (cb/broomrape). Photolibrary: Ken Stepnell (bl). **98-99** naturepl.com: Nick Garbutt (c/background). **100** Science Photo Library: (bl); Biomedical Imaging Unit, Southampton General Hospital (br); Dr. Gary Gaugler (bc/Bacilli); Eric Grave (bc/Spirilla). **100-101** Science Photo Library: Steve Gschmeissner (c). **101** DK Images: Denis Finnin & Jackie Beckett / The American Museum of Natural History (cr); NIKID Design Ltd (tr). **102** Photolibrary: Roger Eritja (cr). Science Photo Library: Steve Gschmeissner (bl). **102-103** Photolibrary: Diana Mewes (c/background). **103** Alamy Images: Roger Coulam (c/Jelly Antler); Chris Madden (c/Devil's fingers). Photolibrary: Richard Packwood (cl). Science Photo Library: Thomas Marent / Eurelios (fcl/Bridal veil). **104** Getty Images: Pete Atkinson (clb); Fernando Bueno (bc); Manoj Shah (tc); Joseph Szentpeteri / National Geographic (c); Norbert Wu (cla). **104-105** Getty Images: Roy Toft / National Geographic. **106** Corbis: Clouds Hill Imaging (cb); Bob Krist (cl); Visuals Unlimited (bl/chiton) (fbr); Lawson Wood (br/Gastropod). DK Images: Harry Taylor / courtesy of the Natural History Museum, London (bl). **106-107** Alamy Images: Ashley Cooper (c/background). **107** Corbis: Gary Bell (bc). Getty Images: Norbert Wu (br). naturepl.com: Brandon Cole (cra); Constantinos Petrinos (tr) (crb). **108** Alamy Images: Phil Degginger (fcrb/firefly). Corbis: Visuals Unlimited (cl). Getty Images: Ryan McVay (crb/lights). naturepl.com: Pete Oxford (br). **108-109** Getty Images: Hiroshi Higuchi (c/background). **109** Getty Images: 3D4Medical.com (cla); Visuals Unlimited /Dr. Dennis Kunkel (clb/botfly). iStockphoto.com: RussellTatedotcom (tl). Science Photo Library: Barbara Strnadova (bl/termite). **110** Still Pictures: Wildlife / A. Krieger (bl). **111** naturepl.com: Hans Christoph Kappel (tr); Barry Mansell (tl). Photolibrary: Ted Mead (ca/Red back spider); GW. Willis (c/Brown recluse spider). **112** Corbis: Visuals Unlimited (cla). DK Images: Colin Keates / courtesy of the Natural History Museum, London (bc/horseshoe crab). Getty Images: Mike Severns (cl). **112-113** Photolibrary: Marevision (c). **113** DK Images: Frank Greenaway / courtesy of the Natural History Museum, London (cla/hermit crab eating). Photolibrary: Mark Webster (tc). **114** Getty Images: RIchard Dirscherl (bc); Gary Meszaros (bl). **114-115** Getty Images: Georgette Douwma (c/Powderblue surgeonfish school). **115** Getty Images: Brandon Cole / VIsuals Unlimited (c); Peter David (cra); Georgette Douwma (tr); Richard Herrmann (fbr/blue shark); Carl Roessler (bc/Great white); Brian Skerry / National Geographic (br/Tiger Shark); Norbert Wu (bc/Hammerhead). **116** Corbis: Nigel J. Dennis (cra/Tomato frog); Patricia Fogden (cr/Darwin's frog). Getty Images: Michael Langford (cb/caecilian); Jim Merli (crb/Budgett's frog). **117** Getty Images: George Grall / National Geographic (tr/strawberry poison dart frog); Gerold & Cynthia Merker (cr/painted mantella); Joel Sartore (cra/golden frog). Ian Morris: Frogwatch (fcrb). naturepl.com: Triturus Alpestris (c/newts and background). **118** Corbis: Rod Patterson (bl). Getty Images: Yuri Cortez / AFP (bc/crocodilian); Joe McDonald (cl) (br/tortoise); Joel Sartore (bc/lizard); Karl Shone (fbr). **118-119** NHPA / Photoshot: Stephen Dalton (c). **119** Corbis: Patricia Fogden (bc); Chris Mattison / FLPA (tr); Andy Rouse (c). FLPA: imagebroker / J. W. Alker (crb/krait). Getty Images: Nicole Duplaix / National Geographic (cb/taipan); Muntz (crb/Tiger snake). NHPA / Photoshot: Mark O'Shea (br/sea snake). **120** naturepl.com: Doug Allan (br); David Kjaer (fbr); Rolf Nassbaumer (bc); Anup Shah (bc/ostriches). **121** Getty Images: VEER Elan Sun Star (bc/Parrots); Visuals Unlimited / Steve Maslowski (fbr). iStockphoto.com: dumayne (tl). naturepl.com: Chris Gomersall (fbl); Tony Heald (br/swallow); David Kjaer (bc/owl); Anup Shah (bl/flamingos). **122** DK Images: Jamie Marshall (bc/primate). Photolibrary: Juniors Bildarchiv (c). **122-123** Photolibrary: Hoffmann Photography (c/zebra background) (cb/looking under nest) (clb/using claws). **123** Corbis: Tom Brakefield (clb/anteater sniffing) (cl/jaguar). DK Images: Philip Dowell (br/zebra). FLPA: Jurgen & Christine Sohns (crb/anteater claw). Getty Images: Tim Laman / National Geographic (tr); Winifred Wisniewski (cb/gazelle). **124** Corbis: Joe McDonald (cl/owl); Fritz Rauschenbach (cr); Peet Simard (clb/cricket). DK Images: Sean Hunter (cla/hare). naturepl.com: Todd Pusser (bl). Science Photo Library: Gary Meszaros (clb/frog). **124-125** Corbis: DLILLC (c). **125** Corbis: DLILLC (cla/chameleon eye); Frans Lanting (clb/tigers eye); Frans Lemmens (fcla/frog eye); George D. Lepp (ftr/butterflies); Martin Harvey (fclb/hornbill eye); Joe McDonald (ftl/duck-billed platypus); Visuals Unlimited (cl/hover fly); Robert Yin (fcl/cuttlefish eye). Getty Images: Dorling Kindersley; James L. Stanfield / National Geographic (tc/rat). naturepl.com: Richard De Toit (tr/hyenas). **126** Alamy Images: Steve Bloom Images (c). Corbis: Tim Davies / DLILLC (tl). **127** Corbis: Tim Davies / DLILLC (tc); DLILLC (tl) (cr); Frans Lemmens / zefa (bl); Martin Harvey (tr); Gabriela Staebler (cla). DK Images: Kim Taylor (cra/songthrush). Getty Images: altrendo nature (crb/skunk); Timothy Laman / National Geographic (fcr/mandrill); Kim Steele (cra/firefly). **128** Corbis: Steve & Ann Toon (cra/rabbits). FLPA: Suzi Eszterhas / Minden Pictures (cl) (bl). **128-129** FLPA: Suzi Eszterhas / Minden Pictures (background). **129** FLPA: Mitsuaki Iwago / Minden Pictures (cla); S & D & K Maslowski (tl). Getty Images: Heinrich van den Berg (br); Stephen Fink (fbl); Gallo Images-Heinrich van den Berg (bc/heron); Steven Kaziowski (bc/bald eagle). NHPA / Photoshot: Stephen Dalton (bl); David Watts (cla/red-backed shrike). **130** Getty Images: Jeff Foott (c); Garth McElroy (tc). naturepl.com: Anup Shah. **130-131** Corbis: Joe McDonald (c). **131** Corbis: Hal Beral (tl); Patricia Fogden (br); Eric & David Hosking (tc); Martin Harvey (bc). DK Images: Thomas Marent (tr). naturepl.com: David Hall (c). **132** Corbis: Wolfgang Kaehler (c). Getty Images: Visuals Unlimited/David Wrobel (tl). NHPA / Photoshot: Woodfall Wild Images/Richard Revels (cl). **133** Corbis: Charles Philip Cangialosi (c); Eric & David Hosking (t); George McCarthy (tr); Roger Tidman (tl) (cra). Getty Images: Robert Harding World Imagery/Steve & Ann Toon (crb/meerkats); Stone/John William Banagan (fbl); Taxi/Richard H. Johnston (crb); Taxi/Timelaps/Tony Evans (fbr). **134** Corbis: Nigel J. Dennis (br); Roger Tidman (cl). Getty Images: Daryl Balfour (bc); Norberto Duarte (clb). **134-135** Corbis: Tim Davis (c/background with polar bear). **135** Corbis: Reneé Lynn (tr). Getty Images: James Balog (c); Hulton Archive (tc); Louis Schwartzberg (cb). NHPA / Photoshot: Roger Tidman (bc). **136** Corbis: Visuals Unlimited (br). **136-137** Getty Images: 3D4Medical.com. **137** Corbis: Micro Discovery (br). Getty Images: 3D4Medical.com (tr) (ca); De Agostini Picture Library (cl) (crb); Stone/Sandra Baker (clb); Taxi/Sarah Jones (Debut Art) (bl); Visuals Unlimited/Dr. Dennis Kunkel (cr). **138** Science Photo Library: Dr Arthur Tucker (bl). **138-139** Corbis: Paul W. Liebhardt. **139** Alamy Images: SCPhotos/Jagdish Agarwal (tl). Corbis: moodboard (tr) (cr). Getty Images: 3D4Medical.com (fbl); National Geographic/Darlyne A. Murawski (br); Science Faction/David Scharf (bl); Visuals Unlimited/Dr. Dennis Kunkel (fbr). Science Photo Library: Custom Medical Stock Photo/Richard Wehr (cl); Martin Dohrn (tc); Eye of Science (crb); Andrew Syred (clb). **141** Corbis: Blaine Harrington III (bc). **142** Science Photo Library: David Mack (t). **142-143** Getty Images: 3D4Medical.com. **143** Science Photo Library: David Mack (tr); AFP/Kazuhiro Nogi (tr). **144** Getty Images: AFP/Yoshikazu Tsuno (tl); Clive Brunskill (tc). Science Photo Library: (crb) (br); Astrid & Hanns-Frieder Michler (cra). **146** Getty Images: Hulton Archive/Silver Screen Collection (br); Richard B. Levine (bc). Science Photo Library: Eye of Science (r/tick); Sinclair Stammers (r/bug). **147** Corbis: Bettmann (fbr); The Gallery Collection (fbl). Mary Evans Picture Library: (bl). Science Photo Library: (br). **148** PA Photos: Ben Curtis (br). **149** Corbis: bilderlounge (tc). Getty Images: Photodisc/Nick Koudis (cr); Visuals Unlimited/Dr. Dennis Kunkel (cl). **151** Getty Images: Taxi/Gabrielle Revere (cra); Ian Waldie (br). **152** Photovault: (t) (cr). **152-153** Science Photo Library: Nancy Kedersha. **154-155** Alamy Images: foodfolio. **156** Corbis: Heide Benser (c). Science Photo Library: BSIP VEM (br); Edelmann (bc); Hybrid Medical Animation (bl); Professors P. M. Motta & S. Makabe (fbl); Science Pictures Ltd. (fbr). **156-157** Science Photo Library: James King-Holmes (background). **157** Science Photo Library: (tc/four hands); Neil Bromhall (fbl); BSIP, ATL (bl); Gary Carlson (tl). **158-159** Getty Images: Stone/Yorgos Nikas. **159** Getty Images: Photographer's Choice/David Gould (tc); Science Faction (b/angiogram); Stone/UHB Trust (b/ultrasound). Science Photo Library: (cla) (clb); Ian Boddy (tl); Dr David M. Martin (br); Mona Lisa Production/Thierry Berrod (tr); Hank Morgan (b/PET scan); David Scharf (cl); Zephyr (b/CT scan). **160** Corbis: Joseph Sohm / Visions of America (bc). Getty Images: Dorling Kindersley (c); MedicalRF.com (crb); Photodisc (clb); A & L Sinibaldi (br); Lisa Valder / Taxi (cla). **160-161** Getty Images: Michael Dunning (c). **162** Science Photo Library: Alex Bartel (bl). **163** Science Photo Library: CERN (cb). **165** Corbis: (cla); Bettmann (ca/Seaborg); Underwood & Underwood (t). DK Images: Natural History Museum / Harry Taylor (tr). **166** Alamy Images: blickwinkel (cl); foodfolio (tl). Getty Images: Stone/Ezio Geneletti (bl). **166-167** Getty Images: Photographer's Choice/Martin Ruegner. **168** Alamy Images: Richard Broadwell (clb). Science Photo Library: Hank Morgan (br). **168-169** Corbis: William Sallaz (c). **169** Alamy Images: David Ball (cr). Corbis: Bill Varie (cla/lift button). Science Photo Library: David Becker (tr/fingerprints); Martin F. Chillmaid (clb); Adam Jones (tl/starting fire). **170** Alamy Images: Lebrecht Music & Arts Photo Library (bc). The Bridgeman Art Library: Galleria Palatina, Palazzo Pitti, Florence (bl). Corbis: (br). **170-171** Anglo Australian Observatory: David Malin (c). **171** Science Photo Library: Laguna Design (br/Moon over the Earth). **172-173** iStockphoto.com: designalldone (c/background). **173** DK Images: Dave King / Courtesy of The Science Museum, London (crb). Getty Images: Abrahms / Lacagnina (cb/x-ray). Science Photo Library: Pekka Parviainen (tr). **174** DK Images: Colin Keates / courtesy of the Natural History Museum, London (clb/gold). Science Photo Library: Gustioimages (br). **174-175** Corbis: Rob Matheson (c/background) (ftr/Watt) (tl/de Coulomb). **175** Corbis: Bettmann (tr/Volta); Hulton-Deutsch Collection (tc/Joule). DK Images: NASA (ca/Earth) (tc/Ohm). iStockphoto.com: Hulton Archive (ftl/Ampere). **176** Alamy Images: David Tipling (br/rainfall). Corbis: Envision (crb). iStockphoto.com: tiburonstudios (tl). Science Photo Library: Simon Fraser (bl/acid rain destruction); David Mack (bl/digestive juices). **177** Alamy Images: Dburke (fbr/oven cleaning); MaRoDeem Photography (br/hair remover); Photodisc (bc/milk of magnesia). Corbis: Sadao Meajima (tl). **178-179** Corbis: Matthias Kulka (c/clocks background). **179** DK Images: NASA / digital eye (tr); James Stevenson / National Maritime Museum, London (tl); Clive Streeter / courtesy of the Science Museum, London (cl). Science Photo Library: (bl/marine chronometer). **180** Courtesy of Apple Computer, Inc.: (cb). **181** Alamy Images: A. T. Willett (bc). Courtesy of Apple Computer, Inc.: (ftr). Corbis: David Arky (fbl) (cb/magnetic tape) (cb/punched cards); Bettmann (tr). DK Images: Colin Keates / courtesy of the Natural History Museum, London (ca/moth). courtesy Intel Corporation Ltd: (bl). **182** Corbis: Michael Maloney / San Francisco CHronicle (ca); Doug Wilson (tr). DK Images: Dave King / courtesy of the Science Museum, London (bc); Clive Streeter / courtesy of the Science Museum, London (cb). Science & Society Picture Library: Manchester Daily Express (tl); Science Museum (cr). Sony Corporation: (tc). **183** Courtesy of Apple Computer, Inc.: (tl). Corbis: Bettmann (crb). Science Photo Library: Science Source (fbl). **185** Alamy Images: Ian Masterton (tc). DK Images: Lindsey Stock (crb). Science Photo Library: Hank Morgan (bl). **186** Corbis: Paul Hardy (cb). **187** Corbis: (tr); Everett Kennedy Brown (ca); Ted Spiegel / The Nobel Foundation (crb). DK Images: (bl/x-ray). Getty Images: Tim Flach (br); Lauren Nicole (fbr). **188** Alamy Images: nagelestock.com (ftr/St Peter's Basilica). DK Images: Paul Wilkinson (ca). Getty Images: Richard A. Brooks / AFP (cb); Paul Chesley (ftl/Pantheon); Wilfried Krecichwost (tl/Hagia Sofia); PhotoLink (tc/Dome of the Rock); Robert Harding World Imagery / Walter Rawlings (fcra); Dave Saunders (tr/St Basil's Cathedral); Jeremy Woodhouse 2008 (tc/The Duomo). **188-189** Corbis: Joseph Sohm / Visions of America. **189** Alamy Images: David R. Frazier Photolibrary, Inc. (tc/new orleans); Johan Furusjö (tr/stockholm); Jon Arnold Images Ltd (ftr/

cornwall). DK Images: Bethany Dawn (fclb); Jamie Marshall (bl); Rough Guides (c). Getty Images: Gallo Images / Travel Ink (tr/london); Brendan Hoffman (tl/washington). **190** Corbis: Keith Hunter / Arcaid (tr). DK Images: Lindsey Stock (fcrb/London Eye). Getty Images: Walter Bibikow (crb/aqueduct); Dennis Flaherty (br/bascule); Tim Hawley (cl/San Francisco bridge); Hiroyuki Matsumoto (tl/flat roadway); Hiroakai Otsubo (fbl); Kim Steele (clb/arched bridge); Travel Ink (clb/cable-stayed bridge); Hiroyuki Yamaguchi / Sebun Photo (cla). **190–191** Corbis: Jean-Pierre Lescourret (c). **191** Mark D. Anderson: (br/Kamfers Dam). Corbis: Kevin Schafer (bc/Uros Islets). Getty Images: AFP (fbl); Adam Jones (cra); Preston Schlebusch (fbr); Spaceimaging.com (ca). **192** Getty Images: (c); AFP (clb); Ian Cumming (crb); John William Banagan (bl). **192–193** Getty Images: Scott E. Barbour (c/highway). **193** Getty Images: Stocktrek Images (bl). **194** Alamy Images: Geoff Waugh (clb/folding bike). Corbis: Claro Cortes IV (bl/plastic containers); Robert Harding World Imagery (bl/rickshaw); Xinhua photo / Zhou Hua (cla/police bikes). **195** Corbis: Hulton-Deutsch Collection (bl/1839 bike); Jean-Yves Ruszniewski (cla/Lance Armstrong). DK Images: Clive Streeter / courtesy of the Science Museum, London (bl/1863 bike) (bc/1885 bike). Science & Society Picture Library: Science Museum (bc/1920s bike). **196** Alamy Images: Paul Cox (cb); Photo Network (cra). DK Images: Simon Clay / courtesy of the National Motor Museum, Beaulieu (tl/Benz car). **196–197** Bugatti Automobiles S.A.S.: (c). **197** Alamy Images: izmostock (ftr); Annette Price / H2O Photography (cr/Gibbs Aquada). DK Images: Dave King / courtesy of the National Motor Museum, Beaulieu (tc/pneumatic tyre). Getty Images: Jeff T. Green (cra/Tango car). Rinspeed Inc.: (br/Rinspeed Squba). **198** Anglo Australian Observatory: Noah Addis / The Star-Ledger (bc/barge). DK Images: Tina Chambers / courtesy of the National Maritime Museum (fbr/cruise liner) (bc/junk) (br/dhow); James Stevenson & Tina Chambers / courtesy of the Exeter Maritime Museum / The National Maritime Museum, London (fbl/canoe); James Stevenson & Tina Chambers / courtesy of the National Maritime Museum, London (br/trawler). **198–199** Corbis: Jack Atley / Reuters (c). **199** DK Images: Tina Chambers / courtesy of the National Maritime Museum (bc/container ship); David Peart (fbl/ferry); James Stevenson & Tina Chambers / courtesy of the National Maritime Museum, London (bl/oil tanker). Solent News & Photo Agency, Southampton: Zachary Culpin (cb/pumpkin boat). **200** Getty Images: Tim Sloan (bc). **200–201** DK Images: Rowan Greenwood (c). **201** Alamy Images: Alistair Scott (cb). Corbis: David Bathgate (c); Ashley Cooper (tr). Bruce Wood: (bl). **202** Alamy Images: Stan Kujawa (fclb/Underground train); Liu Xiaoyang (fclb/Maglev). Corbis: Rudy Sulgan (fbl). DK Images: Mike Dunning (ftl). Getty Images: Hulton Archive (fbr/underground railway). Science & Society Picture Library: NRM / Pictorial Collection (bc/Stevenson's locomotive); National Railway Museum (bl/Trevithick's locomotive); Science Museum (bc/Liverpool & Manchester Railway). **202–203** Alamy Images: Alvey & Towers Picture Library (c); Bobbo's Pix (c/background). **203** Alamy Images: China Images (fbr/maglev railway); Colin Underhill (br/Birmingham maglev). Corbis: Wolfgang Kaehler (tr). Getty Images: Keystone (br/bullet train); MPI / Andrew Joseph Russell (fbl/USA rail completion). Milepost 92 1/2: railphotolibrary.com (bc). **204** Corbis: Wally McNamee (fcl). **204–205** Corbis: Fridmar Damm /zefa (c/clouds); Reuters (cb). **206–207** Getty Images: Scott Robin Barbour (c). **207** Getty Images: ChinaFotoPress (fcrb); Digital Vision (bl); Mark Segal (cr); James Strachan (br); Stephen Studd (clb); Gordon Wiltsie / National Geographic (fcra). **210** Corbis: Roy Dabner / epa (c). DK Images: Gunter Marx / courtesy of Stanly Park, Totem Park, Vancouver (cl). **211** Corbis: Kelly Owen / NOAA (cl); Peter Turnley (tr). **212** Alamy Images: Sue Cunningham Photographic (cb). Corbis: Stephane Reix (fbr). **212–213** Alamy Images: Jim Zuckerman (c). **213** Alamy Images: Krys Bailey (fcra/Atacama Desert); Tom Brakefield (fcrb/capybara); Martin Harvey (ftr); Tom Till (fcra). Corbis: Richard Cummins (cra); Betrand Gardel (fcrb); Buddy Mays (fbr); Alison Wright (fcr). **214** Corbis: Jonathan Blair (cl); Svenja-Foto / zefa (c/River Danube). Getty Images: Uyen Le (ca). **215** Corbis: Seppo Sirkka / epa (bc). **216** Corbis: Creasource (cb). **216–217** Alamy Images: John Arnold Images Ltd (c). **217** Corbis: Stephanie Colasanti (br); Redlink / Li Shao Bai (ftr); Mark Remissa / epa (fbr/spinning silk); Sygma / Dung Vo Trung (fbl); WildCountry (ca). DK Images: Jamie Marshall (tl/Gojal). **218** Corbis: David Turnley (bl). Getty Images: Daryl Balfour (clb); Jack Dykinga (br). **218–219** Corbis: Bruno Fert (c). **219** Alamy Images: JTB Photo Communications, Inc. (ca). Corbis: Michel Gounot / Godong (tr). Getty Images: Central Press (cb). **220** Corbis: Morton Beebe (cb/Sir Edmund Hillary); Bettmann (fcrb/Sir Ernest Rutherford); Lucas Jackson / Reuters (clb/Russell Crowe); Lucy Nicholson / Reuters (cb/Peter Jackson); Schlegelmilch (crb/Bruce McLaren). DK Images: Rowan Greenwood (fcl). **220–221** Corbis: zefa / Larry WIlliams (c). **222** Getty Images: Daisy Gilardini (crb). **223** Corbis: Ralph A. Clevenger (tc); Robert Harding World Imagery (ftr); Rick Price (tr); Denis Scott (ftl); Paul Souders (tl); Wolfgang Kaehler (c). Getty Images: NASA (bl); Time Life Pictures / NASA (br). **224** Alamy Images: Nicholas Eveleigh (br). **225** Corbis: Fly Fernandez / zefa (cb/laptop); Nicj Hawkes / Ecoscene (bl); Karen Kasmauski (tr); Paul W. Liebhardt (cb/watching tv); Andy Rain / epa (clb); Benjamin Rondel (tl); Christian Schallert (bc). **226** Alamy Images: F1online digitale Bildagentur GmbH (ftr/Shenzhen); ImageState (fclb). Corbis: Fly Fernandez / zefa (cl/Mumbai); Danny Lehman (ca/Mexico City); Christine Schneider / zefa (fcla); TongRo Image Stock / Brand X (cla/Seoul); Tsukioka Youichi / amanaimages (bl/Osaka). DK Images: Demetrio Carrasco / Rough Guides (clb/Hollywood sign). **226–227** Corbis: Hiroyuki Matsumoto / amanaImages (c/background). **227** Alamy Images: Mathias Beinling (tr/Guangzhou skyscraper); Matt Lim (tr/Chongqing skyscraper); Marek Zuk (br/Phoenix). Corbis: Ralf-Finn Hestoft (tc/Chicago skyscraper); Attila Kisbenedek / epa (fbl); Vishal Olwe / epa (bc/Mumbai); Qilai Shen / epa (bc/Shanghai); Tony Waltham / Robert Harding World Imagery (cla); Nik Wheeler (tc) (c). **228** Alamy Images: Richard Levine (c) (bc/Kiribati flag) (bl/Guatemala flag) (fbl/Eagle flag button) (fbr/Dominica flag); tompiodesign.com (bl/Uganda flag). **228–229** Alamy Images: Stuwdamdorp (c). **229** Alamy Images: Sylvia Cordaiy Photo Library Ltd (tl) (fbl/Papu New Guinea flag); tompiodesign.com (bl/Zimbabwe flag). Photolibrary: Marcel Jolibois (br). **232** Alamy Images: imagebroker (tr). Getty Images: Aaron Black (br/mountaineering); Ian Cumming (bc/trekking); Alex Misiewicz (c); Richard Price (fbr). **232–233** Alamy Images: Robert Harding Picture Library Ltd (c/beach scene). **233** Corbis: Guido Cozzi (bc/zip lining); Sean Davey (br/surfing); Kennan Ward (clb). DK Images: Rowan Greenwood (cra). Getty Images: Aaron Black (bc/rock climbing); Steve Bly (bl/rafting); John Kelly (fbl); Darryl Leniuk (fbr); Anne-marie Weber (bc/bungee jumping). **234** Getty Images: Ed Kash / National Geographic (tc). **234–235** Corbis: Bruno Morandi / Hemis (c). **235** Getty Images: Domino (tc); Larry Gilpin (cra); Jose Luis Paleaz (tr); Spencer Platt (br); VIsions of America / Joe Sohm (cr). **236** Corbis: Kazuyoshi Nomachi (tr). Getty Images: Reinhard Hunger (cr/white undergarment). **237** Corbis: Richard Bickel (cla/Buddhist temple); Jason Horowitz (tc/Ganesh); Ivan Vdovin (cl/church). **238** Alamy Images: SCPhotos (tl). **238–239** Getty Images: Ary Diesendruck (c/background). **239** Alamy Images: View Stock (cl/Moon festival). Corbis: Bob Krist (cla/Diwali); Frédéric Soltan (bl/Holi). Getty Images: Mehdi Fedouach / AFP (clb/Purim); Mitch Hrdicka (tr); Dennis Mosner (clb/Easter); Yoshikazu Tsuno / AFP (clb/Setsubun). **240–241** Photolibrary: John Lawrence (c). **241** Alamy Images: David Preutz (ca). DK Images: Kate Warren / Museum of Mankind / British Museum (tc/bead belt). Getty Images: Hulton Archive (fbl/Karen Blixen). **245** Corbis: Creasource (crb). Getty Images: Douglas C. Pizac / Pool (crb/lawyer); Michael Kelly (crb/jury). **246** iStockphoto.com: Kronick (cl). **247** akg-images: (cra/Zamenhof); New Line Productions / Album (cra/Lord of the Rings). Alamy Images: Pictorial Press Ltd (fbr). iStockphoto.com: Kronick (tc). The Kobal Collection: Paramount (tr) (bl/Dr Zeus) (br/JRR Tolkein). **248** Corbis: Bettmann (bc/CS Lewis); Hulton-Deutsch Collection (fbl); Reuters (bc/JK Rowling). Getty Images: Time & Life Pictures (fbr/Beatrice Potter). Rex Features: Marty Hause (bc/RL Stone). **248–249** Alamy Images: Porky Pies Photography (c/background books). **249** Bloomsbury Publishing Plc: J.K. Rowling / Harry Potter and the Philosopher's Stpne / Bloomsbury (cr). Corbis: Hulton-Deutsch Collection (bl); Andanson James / Sygma (fbl); Kelly-Mooney Photography (tc). DK Images: Clive Streeter (clb/manga). Nobel Foundation: (cr/Nobel Prize). TopFoto.co.uk: PA (bc/Adam Hargreaves). **250** Corbis: Hubert Stadler (bl). **250–251** Rex Features: Alastair Muir (c). **251** Alamy Images: North Wind Picture Archives (bc). Corbis: Eriko Sugita / Reuters (br). Lebrecht Music and Arts: Dee Conway (cra/ballet); Tristram Kenton (cra/Opera). Photolibrary: Steve Vidler (crb/Noh). Photostage: Donald Cooper (tr/play). Rex Features: Alastair Muir (cr/musical). **252** akg-images: Bildarchiv Steffens (cla/knucklebones). Corbis: James Leynse (cb); Lawrence Manning (cl/Go). DK Images: Geoff Dann / Royal Pavilion Museum and Art Galleries, Brighton (cl/Mancala); Peter Hayman / The British Museum (cla/Senet). **252–253** Getty Images: Time & Life Pictures (c/background). **253** Corbis: Bettmann (bl). trekstor.de: (c). **254** Corbis: Summerfield Press (tr). Getty Images: Dave Etheridge-Barnes (bl). **255** Alamy Images: Picture Contact (bc). Getty Images: AFP (cr); Wolfgang Kumm / AFP (br). **256** Alamy Images: Pictorial Press (bl). Corbis: Bureau L.A. Collection (br). Getty Images: Scott Barbour (fbr); Kevin Mazur (bc); Michael Ochs Archives (fbl). **256–257** Alamy Images: Content Mine International. **257** Corbis: Lyn Goldsmith (bl); Nancy Kaszerman (cb). Rex Features: Skyline Features (tr). **258–259** Getty Images: Alvis Upitis. **260** Alamy Images: The London Art Archive (tr). Corbis: Matthew Ashton / AMA (bl); Jon Hrusa (br); William Sallaz / Duomo (tc/Michael Jordan). Getty Images: Stu Forster (ftr); Popperfoto (tc). **261** Corbis: Tony Roberts (tc/Jack Nicklaus); Jon Simon (tl). Getty Images: Hamish Blair (ftl); Marcel Mochet (tc/Ellen MacArthur). **264** Corbis: Adrian Bradshaw / epa (cl). **264–265** Corbis: Gero Breloer (c). **265** Corbis: Tom Fox / Dallas Morning News (tl); Elizabeth Kreutz (tr); Wally McNamee (tc); STR / EPA (bc). **266–267** Getty Images: Taxi / Keren Su. **267** Getty Images: The Bridgeman Art Library / Amadeo Preziosi (tr); De Agostini Picture Library / DEA Picture Library (ftl); Gallo Images / Travel Ink (cla); Kenneth Garrett / National Geographic (cr); Photographer's Choice / Hugh Sitton (fcrb); Photographer's Choice RF / Guy Vanderelst (fcra). **268** akg-images: (fclb/cleopatra); Andrea Jemolo (ftl/khufu). Corbis: Gianni Dagli Orti (fcl/ramses); Fred Prouser / Reuters (fcl/tutankhamun). DK Images: The British Museum (fcla/hatshepsut) (fbr/amon). iStockphoto.com: magaliB (br/ra). **268–269** Photolibrary: Age Fotostock / P Narayan (bc/isis) (bl/osiris) (br/horus) (br/seth) (fbl/sobek). **269** iStockphoto.com: magaliB (fbl/anubis). **270** DK Images: Michelle Grant / Rough Guides (c). iStockphoto.com: Mlenny (cb). **271** Alamy Images: Roger Cracknell 05 (crb/Socrates); The London Art Archive (cra/Aristotle) (cr/Homer); The Print Collector (cra/Hippocrates). Corbis: Gianni Dagli Orti (tl); Araldo de Luca (c). DK Images: Jerry Young (tc/turtle). iStockphoto.com: fajean (clb/Column illustrations) (cb/Corinthian column top); PhotographerOlympus (clb/Ionic column top); skm2000 (fclb/Doric column top). **272** Alamy Images: The Print Collector (br) (fcr/Elagabalus). **273** akg-images: (br/Diocletion); Electa (cr/Commodus). Alamy Images: Interfoto Pressebildagentur (cl/Caligula); Louvre, Paris / Peter Willi (fbr/Constantine I). The Bridgeman Art Library: Louvre, Paris / Index (bc/Marcus Aurelius); Naples, Museo Archeologico Nazionale (c/Nero). DK Images: The British Museum / Alan Hills and Barbara Winter (fcl/Tiberius). **274** Alamy Images: andrewwheeler.com (bc/silk); Robert Harding Picture Library Ltd (crb); Arni Katz (fbr). Corbis: Asian Art & Archaeology, Inc. (bl); Lester V. Bergman (br). Getty Images: China Photos (clb) (ca); dk (br/cross bow). **274–275** Corbis: Wolfgang Kaehler (cl). **275** Alamy Images: GFC Collection (bc/Porcelain); Interfoto Pressebildagentur (cr); Ian McKinnell (bc/fireworks); Natural Visions (clb). Corbis: Richard Cummins (bl); Louis Laurent Grandadam (cb); Chris Hellier (fbr); Danny Lehman (crb); Richard Swiecki (tl). Getty Images: China Photos (cla); Alfred Eisenstaedt (fbl). **276** Getty Images: Alejandro Balaguer (bl). iStockphoto.com: KeithBinns (crb). **276–277** Corbis: Benelux / zefa (ca/sky). Getty Images: Wide Group (cb). **277** Alamy Images: aerialarchives.com (cl); The Anthony Blake Photo Library (cr); Peter Horree (tr/Tlaloc); The London Art Archive (ftl); Photofrenetic (tl/Coatlicue). The Bridgeman Art Library: AISA / Museo de Arqueologia Mexico City, Mexico (tr/Xipe Totec); Bildarchiv Steffens Henri Stierlin (tc/Quetzalcoatl). Corbis: Werner Forman (ftr/Xochiquetzal). **278** The Bridgeman Art Library: Giraudon / Viking Ship Museum, Oslo (tr). iStockphoto.com: bubaone (cr/book icons). **278–279** Alamy Images: Horizon International Images Limited (c/calm sea). Corbis: Jon Sparks (bc/waves). DK Images: Tina Chambers / courtesy of the National Maritime Museum (bc/viking boat). **279** The Bridgeman Art Library: Archives Charmet / Private Collection (bl). Corbis: Werner Forman (tl). DK Images: Peter Anderson / courtesy of the Statens Historiska Museum, Stockholm (tr/Freyr). iStockphoto.com: Pshenichka (cb/runes); zmajdoo (cr/longboat drawing). Werner Forman Archive: (cr); Arhus Kunstmuseum, Denmark (tc); National Museum, Copenhagen (ftr); Statens Historiska Museum, Stockholm (ftl). **280** Getty Images: The Bridgeman Art Library (bc). **282** DK Images: Wallace Collection / Geoff Dann (bc). **282–283** Alamy Images: imagebroker. **283** DK Images: Wallace Collection / Geoff Dann (fbl). **284** akg-images: Erich Lessing (cl/Bayezid I) (bl/Suleyman I); Dagli Orti (A) /Museo Correr Venice (clb/Selim I). The Art Archive: Dagli Orti (A) / Turkish & Islamic Art Museum, Istanbul (cla/Murad I). The Bridgeman Art Library: Stapleton Collection (clb/Mehmed II). DK Images: Mike Dunning / courtesy of the Capitoline Museums, Rome (cr). **284–285** DK Images: Christopher & Sally Gable (c). **285** Corbis: Kazuyoshi Nomachi (tl). DK Images: Barnabas Kindersley (br). **286** Alamy Images: Interfoto Pressebildagentur (tl). The Bridgeman Art Library: The Weston Park Foundation, UK (br). Corbis: Bettmann (cb/Michelangelo); Alexandre Evariste Fragonard (cra); The Gallery Collection (cb/Albrecht D→rer); Michael Nicholson (bc) (cb/Raphael); Summerfield Press (cb). **287** The Bridgeman Art Library: Private Collection / Philip Mould Ltd. London (c/Erasmus); The Stapleton Collection / Private Collection (cb). **288** Alamy Images: Mikael Utterstrom (c). The Bridgeman Art Library: Royal Geographical Society, London (clb). DK Images: Jerry Young (cla/nutmeg). **288–289** The Bridgeman Art Library: British Library, London (background map). **289** Alamy Images: Mary Evans Picture Library (bl). DK Images: James Stevenson / National Maritime Museum, London (br/cross-staff). **290** DK Images: Max Alexander / courtesy of l'Etablissement Public du Musee et du Domaine National de Versailles. Reunion des Musees Nationaux / Art Resource, NY. (cla). Getty Images: The Bridgeman Art Library (br). **290–291** Getty Images: The Bridgeman Art Library (c) (cb/Anne of Cleves) (crb/Catherine Parr). **291** Getty Images: The Bridgeman Art Library (fbr) (bc) (bl) (c) (crb). **292** National Portrait Gallery, London: (bl). **292–293** Getty Images: C Squared Studios (c/crown); Toby Melville / AFP (background). **293** Corbis: Leonard de Selva (tl). **294** Corbis: Stefano Bianchetti (c). DK Images: Jamie Marshall (cl). **294–295** Corbis: Alfredo Dagli Orti (bc). **295** Corbis: Hulton-Deutsch Collection (tr/Trotsky). Getty Images: Arthur S. Aubry (cla/cog); Grant Faint (cr); Saul Gravy (bc). **296** Corbis: Bettmann (tl). **296–297** Chris Stowers: Panos (c). **297** Alamy Images: Interfoto Pressebildagentur (cra/Saladin); North Wind Picture Archives (cra/Hannibal). Corbis: Bettmann (crb/Rommel) (br) (cra/Caesar); Araldo de Luca (tr/Alexander the Great). Getty Images: Ira Block (cr); Hippolyte Delaroche / The Bridgeman Art Library (cr/Napoleon); Alexander Gardner / Hulton Archive (crb/Robert E. Lee); Marie-Victoire Jaquotot / The Bridgeman Art Library (crb/Wellington). **298** Corbis: (br/Moon landings) (ca/Spanish flu) (ca/WWI) (cb/Berlin Wall) (cla/woman voting) (crb/heart transplant) (crb/Kennedy motorcade) (fbl/Rosa Parks) (fbr/baby) (fcra/Flemming) (fcrb/Pol Pot) (ftr/US Women votes) (tl/Wright brothers); Bettmann (fcra/Charleston) (ftl); FrEdEric Neema / Sygma (bl/Barbie); Swim Ink 2, LLC (ca/Russian poster); Underwood & Underwood (tc/SS Titanic). DK Images: Dave King / courtesy of the Science Museum, London (fclb) (bc/The Beatles) (cra/Easter Rising). Getty Images: (bl/Ghana); Thomas Northcut (clb/DNA). Science & Society Picture Library: Science Museum (fcrb/calculator). **298–299** Corbis: The Gallery Collection (tc/Tutankhamun). **299** Bloomsbury Publishing Plc: J.K. Rowling / Harry Potter and the Philosopher's Stpne / Bloomsbury (fbr). Corbis: (ca) (cla/Jesse Owens) (cra/Israel founded) (fcla/The Jazz Singer) (fclb/Vietnam War) (fcra/Chinese truck) (fcra/Hiroshima); Bettmann (tc/Empire State Building); CDC / PHIL (clb/smallpox); Igor Kostin / Sygma (cb/Chernobyl); Colin McPherson / epa (br/sheep); Reuters (fcrb/besieged Sarajevo); Christine Spengler (fbl) (br/Rwanda); David Turnley (crb/fallen statue); Peter Turnley (bc/Berlin Wall); Paul Velasco (fcrb/Nelson Mandela). DK Images: Andy Crawford / courtesy of the Museum of the Revolution, Moscow (ca/Stalin); courtesy Glasgow Museum (ftl/early tv). Getty Images: (tl/Hitler); Time & Life Pictures (ftr/Pearl Harbor). Science Photo Library: Eye of Science (bl/virus). **300** Corbis: Images.com (fcla/heart); Fred Prouser / Reuters (ftl/tutankhamun). Getty Images: Photographer's Choice RR / Steve McAlister (tl/brain). **301** Corbis: Andrew Brookes (tc/light bulb). **302** Corbis: Jason Horowitz / Zefa (fclb/ganesh); Images.com (fcla/heart); Fred Prouser / Reuters (ftl/tutankhamun). Getty Images: Philippe Body / Hemis (ftl); Photographer's Choice RR / Steve McAlister (tl/brain). **303** Corbis: Andrew Brookes (tc/light bulb). **304** Corbis: Jason Horowitz / Zefa (fclb/ganesh); Images.com (fcla/heart); Fred Prouser / Reuters (ftl/tutankhamun). Getty Images: Philippe Body / Hemis (ftl/pyramids); Photographer's Choice RR / Steve McAlister (tl/brain)